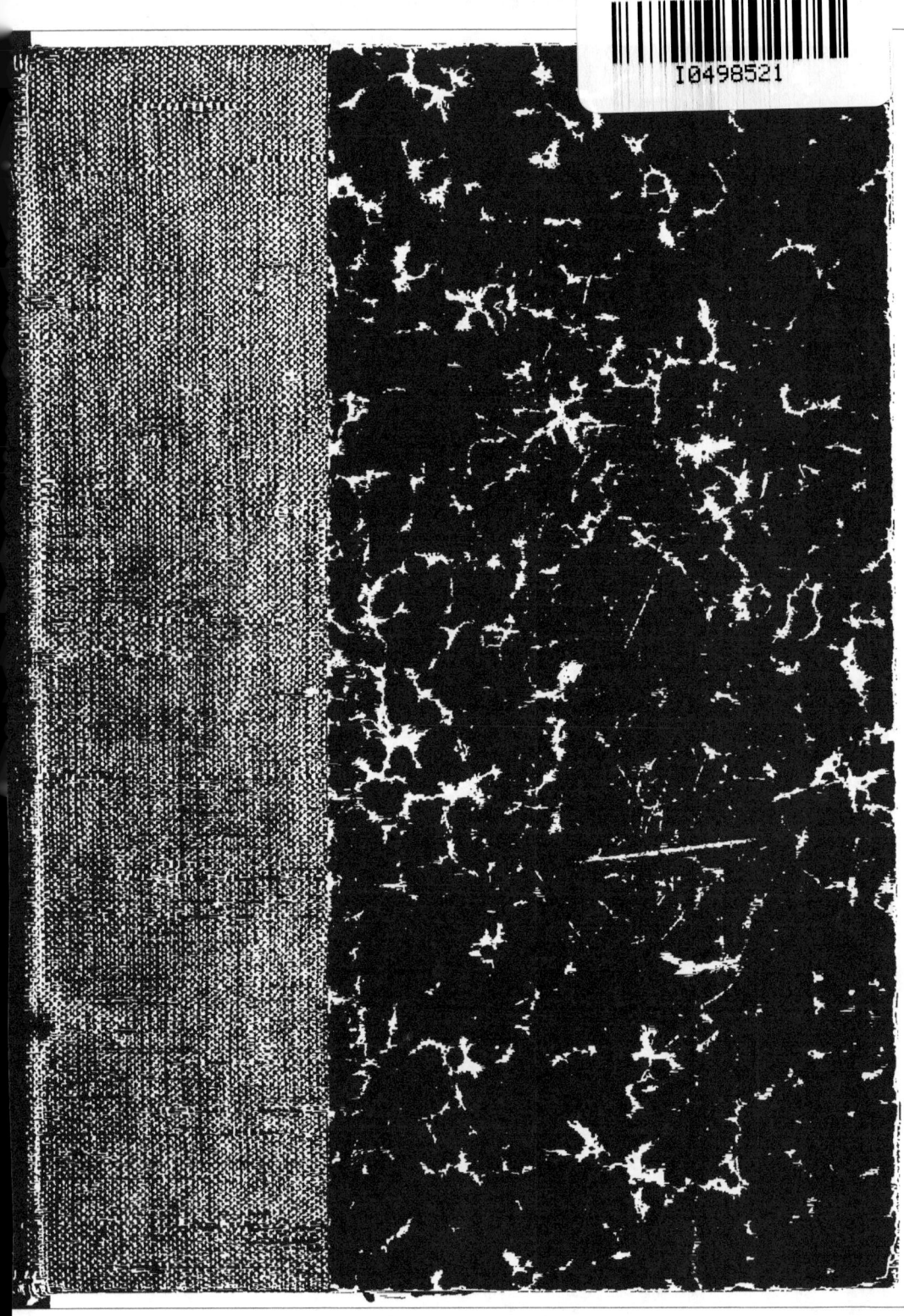

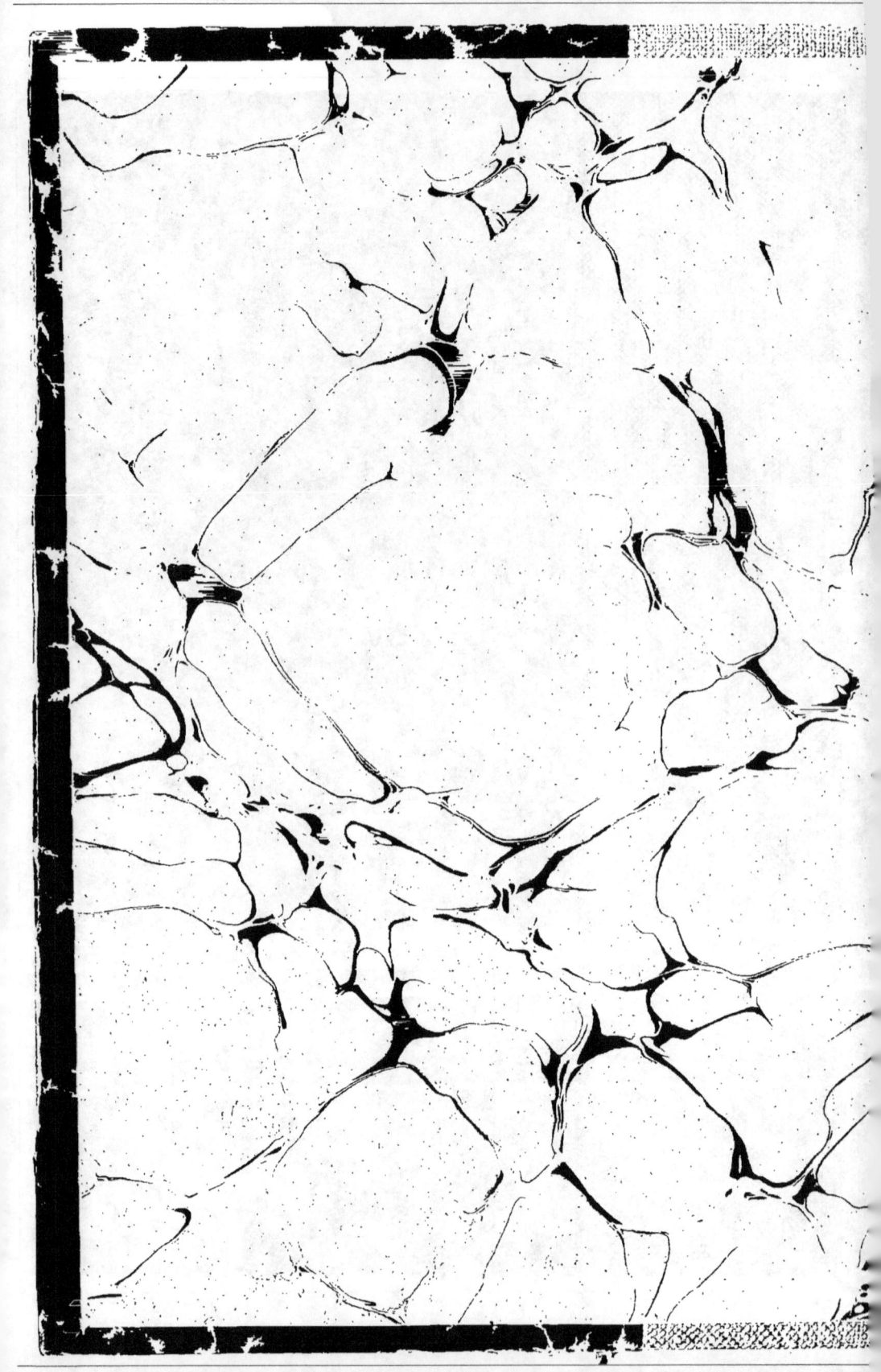

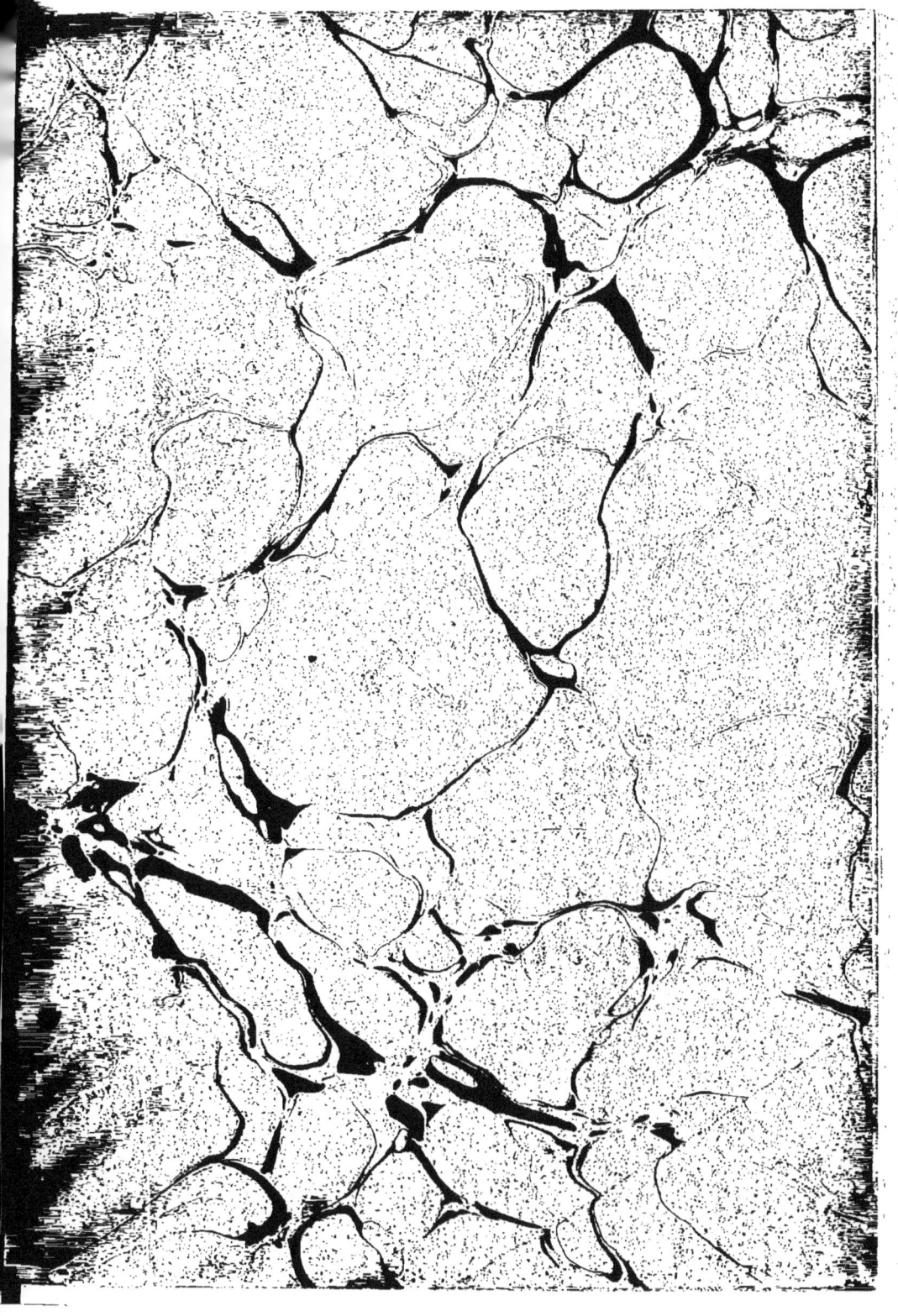

SALOMON REINACH
CONSERVATEUR DES MUSÉES NATIONAUX
MEMBRE DE L'INSTITUT

RÉPERTOIRE
DE PEINTURES

DU MOYEN AGE ET DE LA RENAISSANCE

(1280-1580)

TOME SIXIÈME

CONTENANT 600 GRAVURES

D'après les dessins de PARIDE WEBER

Prix : VINGT francs.

PARIS
ÉDITIONS ERNEST LEROUX
28, RUE BONAPARTE, 28

1923

OUVRAGES DU MÊME AUTEUR

Manuel de Philologie classique, 2 vol., 1883-1884. (Nouveau tirage, 1907.)
Traité d'épigraphie grecque, 1885.
Grammaire latine, 1886.
La colonne Trajane, 1886.
Conseils aux voyageurs archéologues, 1886.
Catalogue sommaire du Musée de Saint-Germain, 1887 (3e éd., 1899).
E. POTTIER et S. REINACH. *La nécropole de Myrina*, 2 vol., 1887.
Atlas de la province romaine d'Afrique, 1888.
Voyage archéologique de Le Bas en Grèce et en Asie Mineure, 1888.
Esquisses archéologiques, 1888.
Époque des alluvions et des cavernes, 1889.
Minerva, 1889 (6e éd., 1909).
Les Gaulois dans l'art antique, 1889.
L'histoire du travail en Gaule, 1890.
Peintures de vases antiques, 1891.
KONDAKOF, TOLSTOI, S. REINACH, *Antiquités de la Russie méridionale*, 1891.
Chroniques d'Orient, 2 vol., 1891, 1896.
Antiquités du Bosphore cimmérien, 1892.
L'origine des Aryens, 1892.
A. BERTRAND et S. REINACH, *Les Celtes du Pô et du Danube*, 1894.
Bronzes figurés de la Gaule romaine, 1894.
O. MONTELIUS et S. REINACH, *Les Temps préhistoriques en Suède*, 1895.
Épona, la déesse gauloise des chevaux, 1895.
Pierres gravées, 1895.
La sculpture en Europe avant les influences gréco-romaines, 1896.
Répertoire de la statuaire grecque et romaine, 4 vol., 1897-1910.

Répertoire de vases grecs et étrusques, 2 vol., 1899-1900.
Guide illustré du musée de Saint-Germain, 1899. (Nouv. éd., 1922).
H. C. LEA, *Histoire de l'Inquisition*, trad. par S. REINACH, 3 vol., 1900-1902.
La représentation du galop, 1901.
L'album de Pierre Jacques, 1902.
Recueil de têtes antiques, 1903.
Le Musée chrétien de Saint-Germain, 1903.
Un manuscrit de la Bibliothèque de Philippe le Bon à Saint-Pétersbourg, 1904.
Apollo, histoire générale des arts, 1904 (10e éd., 1921).
Répertoire de peintures du Moyen-Age et de la Renaissance, t. I-V, 1905-1922.
Cultes, mythes et religions, t. I-IV, 1905-1912.
Tableaux inédits ou peu connus, 1906.
Album des moulages et modèles en vente à Saint-Germain, 1908.
Répertoire de reliefs grecs et romains, 3 vol., 1909-1912.
Répertoire de l'art quaternaire, 1913.
Orpheus, histoire générale des religions, 1909 (30e éd., 1921).
Chronologie de la guerre, 10 vol., 1913-1919.
Histoire de la Révolution russe (1905-1917), 1918.
Histoire sommaire de la guerre de quatre ans, 1919.
Catalogue illustré du Musée de Saint-Germain, 2 vol., 1917, 1921.
Répertoire de peintures grecques et romaines, 1922.
A short history of Christianity, 1922.

RÉPERTOIRE
DE PEINTURES
DU MOYEN AGE ET DE LA RENAISSANCE

(1280-1580)

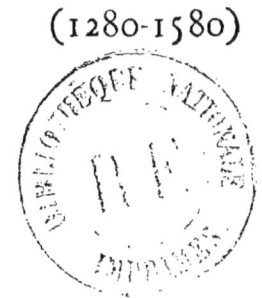

SALOMON REINACH
CONSERVATEUR DES MUSÉES NATIONAUX
MEMBRE DE L'INSTITUT

RÉPERTOIRE
DE PEINTURES

DU MOYEN AGE ET DE LA RENAISSANCE

(1280-1580)

TOME SIXIÈME
CONTENANT 600 GRAVURES

D'après les dessins de PARIDE WEBER

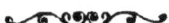

Prix : **VINGT** francs.

PARIS
ÉDITIONS ERNEST LEROUX
28, RUE BONAPARTE, 28

—

1923

INTRODUCTION

Enfin! Je viens de les compter à nouveau plus exactement : cela fait en tout 6.224 peintures, sur lesquelles à peu près 25 doubles emplois. Dès l'*Introduction* du tome I, qui en contient 1.046, je disais et je prouvais qu'on n'avait jamais réuni autant de reproductions de peintures de la Renaissance. Aujourd'hui je ne répète pas la même chose, car c'est trop évident. Et pourtant, que de milliers de tableaux intéressants j'aurais encore à faire dessiner et graver! Mais il est temps de songer à d'autres travaux; *sat picturae datum*. Est-il utile d'exprimer, même timidement, le vœu que ce recueil trouve des continuateurs? C'est une tâche laborieuse et sans gloire, mais qui n'est pas sans donner des satisfactions d'ordre intellectuel. Les *Corpus*, même imparfaits, survivent quelquefois aux meilleurs romans. Qui nous donnera le *Répertoire* du xviie siècle? Beaucoup de dessins devraient être faits d'après d'anciennes gravures, ce qui serait, d'ailleurs, une facilité...

On trouvera, à la fin du présent volume, qui clôt la série des *Répertoires de peintures*, trois énormes index de tout l'ouvrage, complétant, corrigeant et annulant les index partiels publiés à la suite des volumes I-IV. Ces derniers index ne seront jamais réimprimés; les volumes reparaîtront, allégés d'autant. Les additions et rectifications que j'ai données à la suite du troisième volume ont été aussi remaniées et mises à jour dans celui-ci. A mesure que les volumes du *Répertoire* seront réédités, les *addenda* et *errata* passeront dans le texte; le moment viendra où il sera superflu de les reproduire; jusque-là, je prie les lecteurs consciencieux d'en tenir compte et d'exécuter à la main, sur leur exemplaire, les corrections les plus importantes, dont le nombre est malheureusement assez élevé.

Beaucoup d'informations sur des collections américaines où sont récemment entrées des peintures venues d'Europe m'ont été obligeamment fournies par M. Seymour de Ricci, qui est admirablement averti de ces déménagements de tableaux. Mais qui peut prétendre les connaître et les suivre tous? Dans l'index général, j'ai marqué de l'astérisque les collections qui, depuis 1900 environ, ont passé en vente ou ont été divisées par voie d'héritage : c'est à peine s'il en reste la dixième partie. Sauf les Musées publics et quelques rares collections privilégiées (généralement des majorats), le commerce transocéanien emporte tout ; déjà le Canada, l'Amérique du Sud et même l'Australie commencent à bénéficier aussi de cette migration en masse d'œuvres d'art que l'Europe appauvrie est impuissante à retenir. Somme toute, ce n'est pas un grand malheur pour l'Europe, déjà très suffisamment pourvue de trésors inaliénables, et c'est un grand bonheur pour des pays qui, participant sur le tard à la civilisation européenne, ont le droit de connaître directement quelques-uns de ses plus beaux fruits, d'autant plus sûr d'y être conservés avec soin qu'il a fallu plus de sacrifices pour les conquérir.

J'ai donc renoncé à consigner dans les *additions* toutes les informations qui me sont parvenues, à différentes époques, sur les migrations de peintures. A quoi bon prodiguer les noms de détenteurs éphémères qui ne sont pas toujours les vrais possesseurs ? On ne m'en voudra pas, je l'espère, de m'être montré sobre à cet égard. Les marchands de tableaux sont discrets et en sauront toujours plus que moi.

Il me reste, avant de prendre congé, à remercier une fois de plus le dessinateur du *Répertoire*, M. Paride Weber, sans lequel ce volumineux ouvrage serait toujours resté à l'état de projet. Pour alléger sa tâche, j'ai parfois mis à l'épreuve d'autres artistes, mais je n'ai jamais pu utiliser un spécimen apporté par l'un d'eux. J'ose dire que pour apprécier les dessins de M. Weber, il faut s'être essayé comme je l'ai fait moi-même, à l'imiter. Ses calques originaux, singulièrement maltraités à la réduction et au tirage, ont été collés dans de nombreux albums et sont déposés au Musée de Saint-Germain. Le jour où personne ne saura plus dessiner au trait et à la plume — et ce jour ne paraît pas bien éloigné — on viendra étudier ces beaux calques de photographies et rendre à l'étonnante habileté de l'auteur l'hommage que je ne lui ai jamais marchandé.

S. R.

Musée de Saint-Germain, 20 août 1922.

SAINT ABDON ET SAINT SENNEN

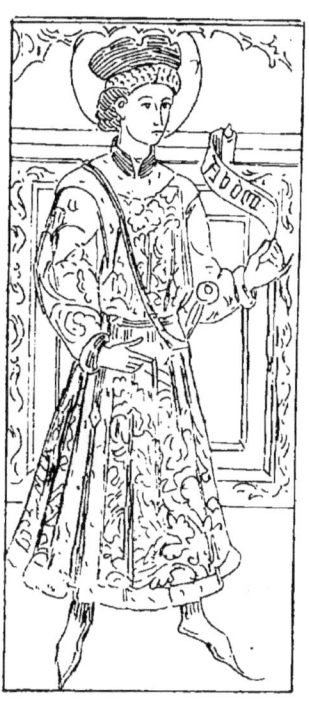

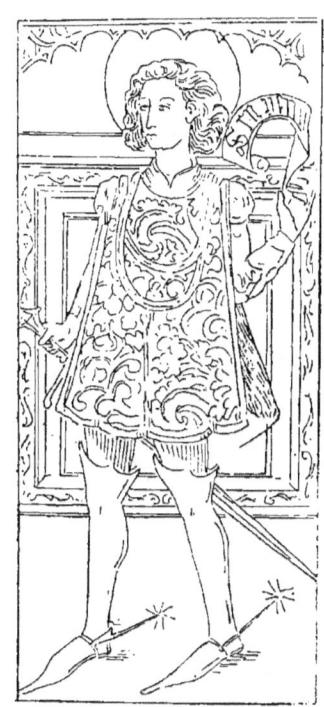

1, 2. Vente B. Hochou, Paris, 11 juin 1903, n. 10. École catalane. S. Abdon et S. Sennen, princes persans, martyrs sous Dèce.

2. Augsbourg. Maximilianeum. Chr. Amberger. Portrait de Guillaume Moerz.

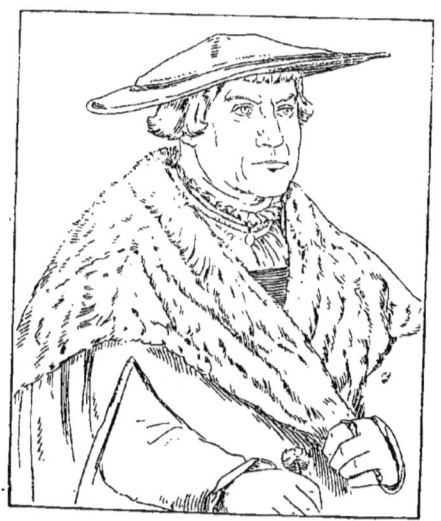

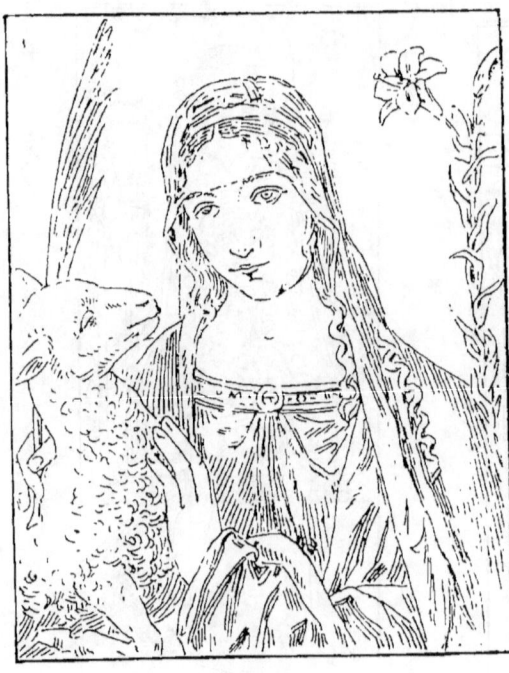

1. New-York, coll. Jules S. Bach, ancienne collection Salamanca, B. Lu[i] Ste Agnès. — *Sedelmeyer Galler[ie]* 1911, n. 58.

2. Autrefois chez l'abbé Requin, p[uis] dans le commerce. Portrait attribué [au] Maître de Moulins. — *Bachstitz Ga[l]lery*, 192[1] (La Haye).

3. Vienne 163. Titien. Isabelle d'Es[te]. Peint en 1534; copié à Mantoue p[ar] Rubens. Titien a travaillé non d'ap[rès] l'original, mais d'après un portrait an[té]rieur. — O. Fischel, *Tizian*, 61.

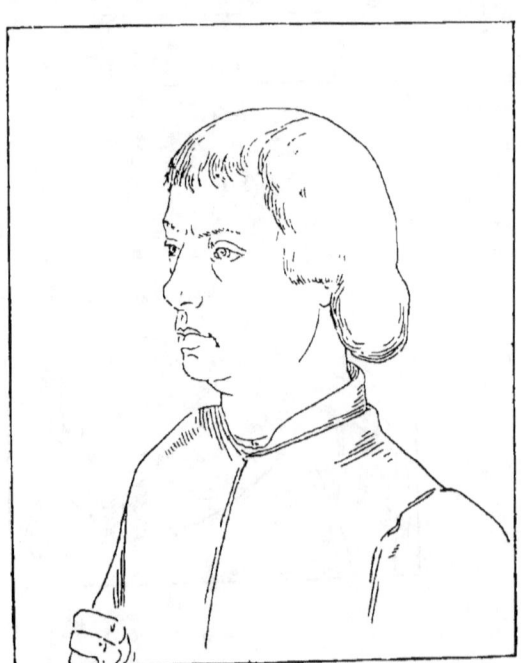

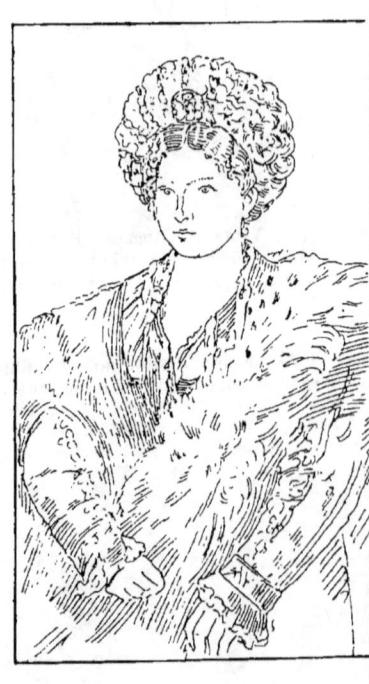

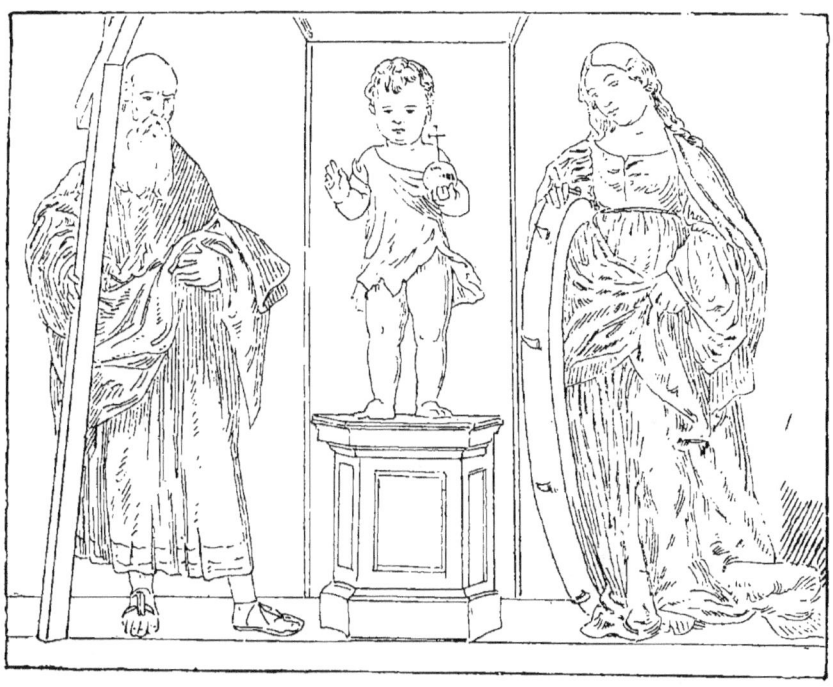

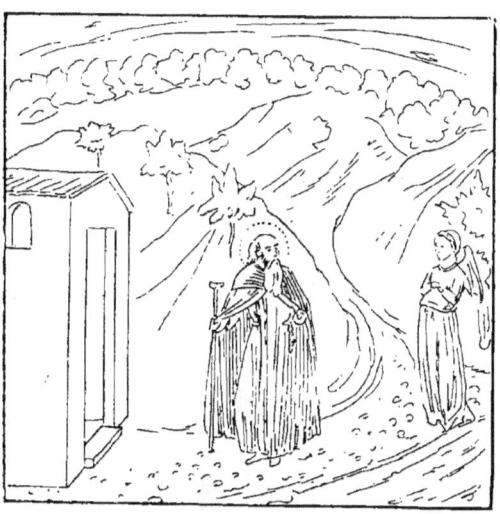

1. Venise. S. Ermagora. Titien. L'Enfant Jésus entre S. André et Ste Catherine d'Alexandrie. — O. Fischel, *Tizian*, 13.

2. Coll. Jarves à New-Haven (E. U.), n. 57. Sassetta. S. Antoine rencontre une tentatrice sous l'aspect d'un ange. — *Rassegna d'arte*, 1911, p. 202; Siren, *Catal. of the Jarves coll.*, p. 151-154.

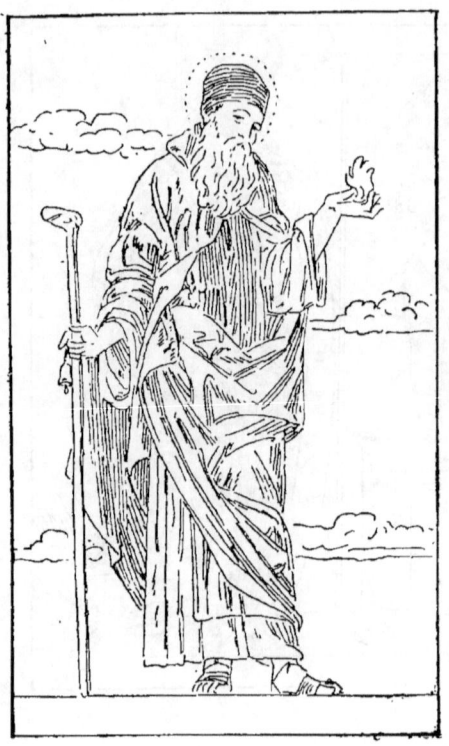
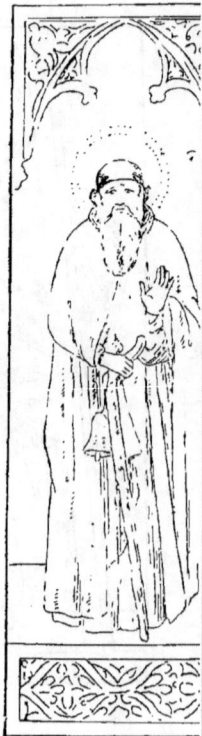
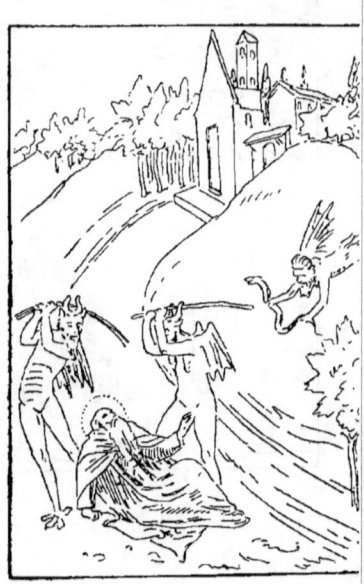

1. Attribué à Bonsignori. S. Antoine au désert. — *Mitteilungen der Gal. Helbing*, 1912, p. 84.

2. Vente Ferroni, Rome, avril 1909. Ecole des Vivarini. S. Antoine.

3. Coll. Jarves à New-Haven (E. U.), n. 58. Sassetta. S. Antoine frappé par des démons. — *Rassegna d'arte*, 1911, p 202 ; Siren, *Catal. of the Jarves coll.*, p. 151-154.

SAINT ANTOINE ET SAINT VITAL

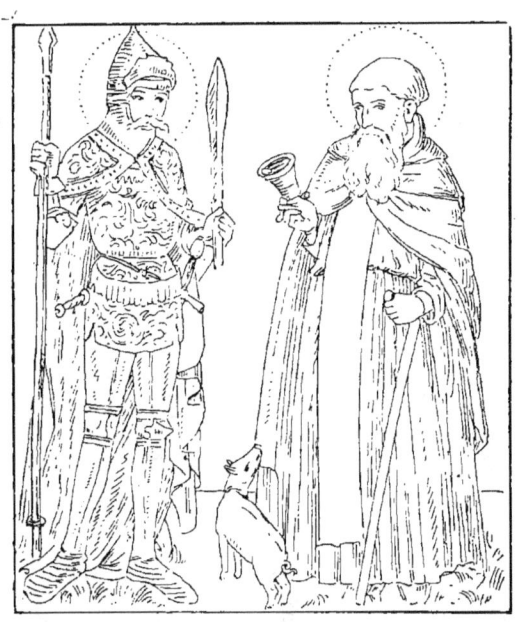

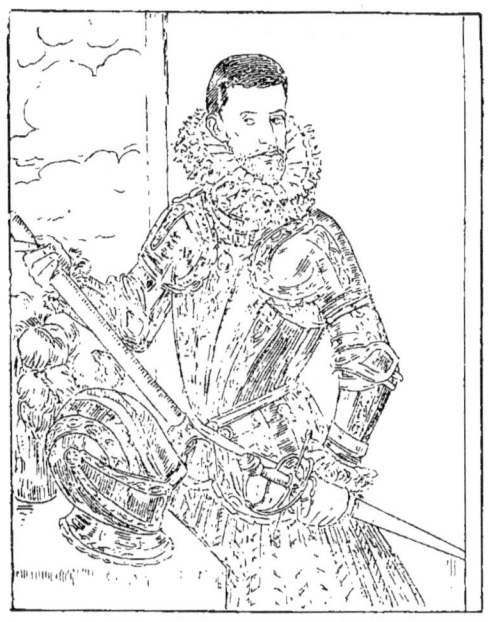

1. Munich. Musée national 245. Ecole de Souabe vers 1440. S. Vital (lance et massue) avec S. Antoine (cloche, bâton, goret). Provient d'Ulm.

2. Coll. Valencia de San Juan. Pourbus le Jeune. L'archiduc Albert d'Autriche. — *Les Arts*, 1909, n. 87, p. 5.

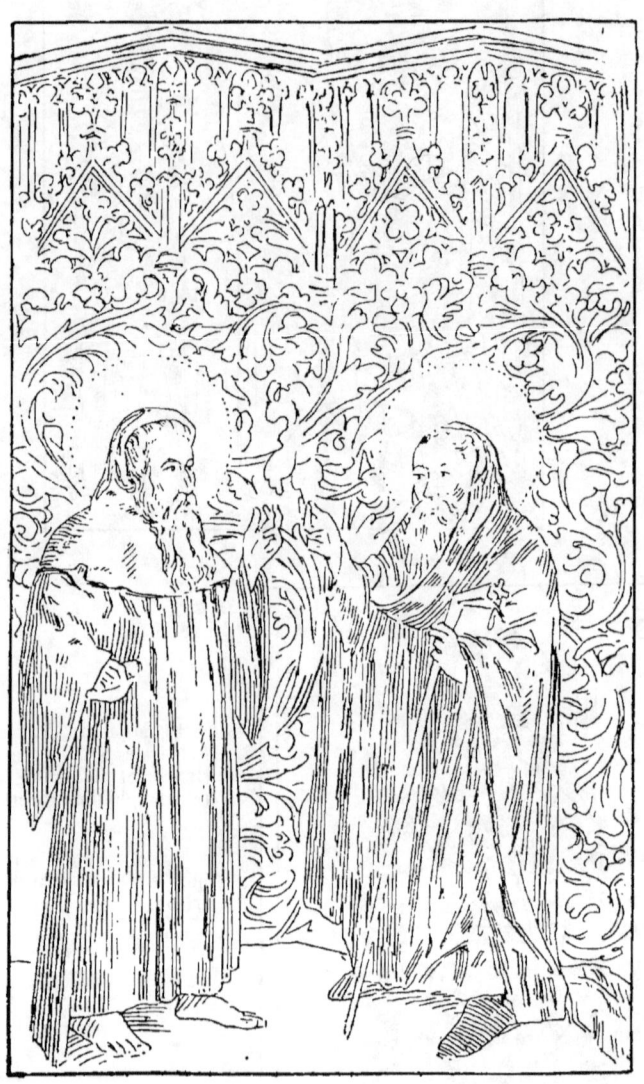

Nuremberg. Frauenkirche. Maître dit de l'autel de Tucher. Les saints ermites Antoi(?) (à droite) et Paul. — Heidrich, *Altdeutsche Malerei*, 37.

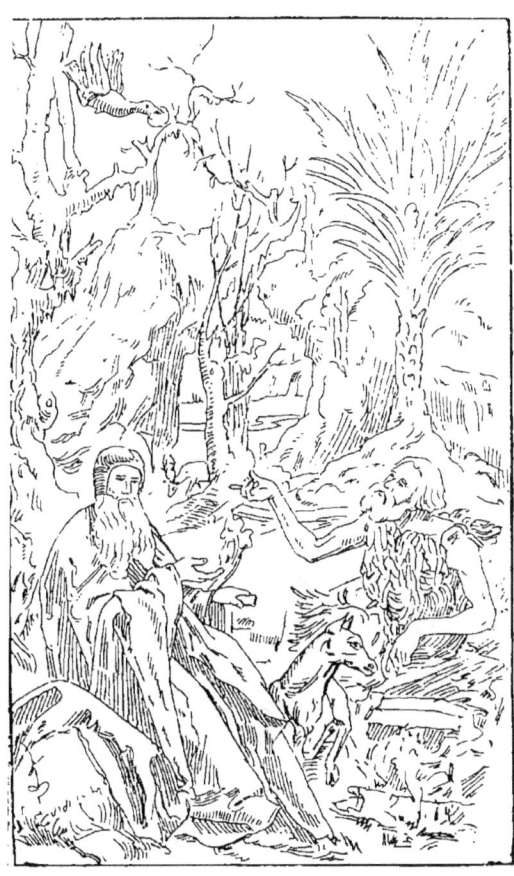

1. Colmar. Mathias Grünewald. S. Antoine et S. Paul, ermites, nourris au désert par un corbeau. — A. Michel, *Histoire de l'art*, t. V p. 76; *Kunstgeschichte in Bildern*, IV, 42, 4; *Revue de l'art*, 1904, II, p. 428; Heidrich, *Altdeutsche Malerei*, 140; Réau *Grünewald*, p. 218.

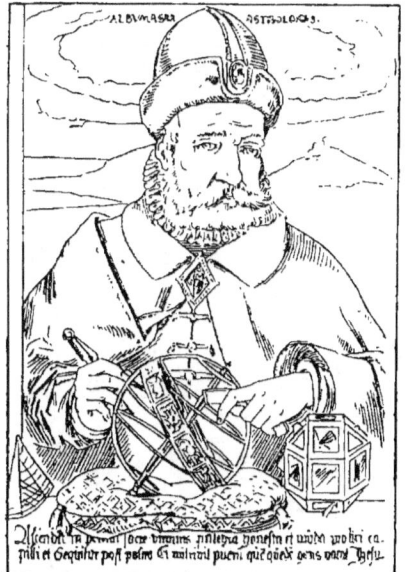

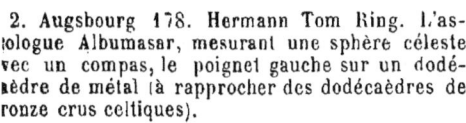

2. Augsbourg 178. Hermann Tom Ring. L'astrologue Albumasar, mesurant une sphère céleste avec un compas, le poignet gauche sur un dodécaèdre de métal (à rapprocher des dodécaèdres de bronze crus celtiques).

1. Donaueschingen 1. Ecole de Souabe. Les saints ermites Antoine et Paul ; dans le ciel, le Père Eternel entouré d'anges. Daté 1445. — Heidrich, *Altdeutsche Malerei*, 29 ; Réau, *Grünewald*, p. 215.

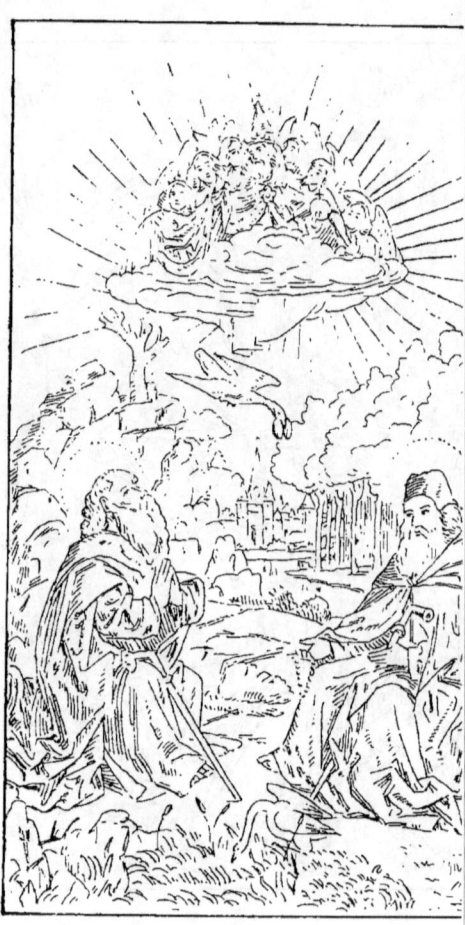

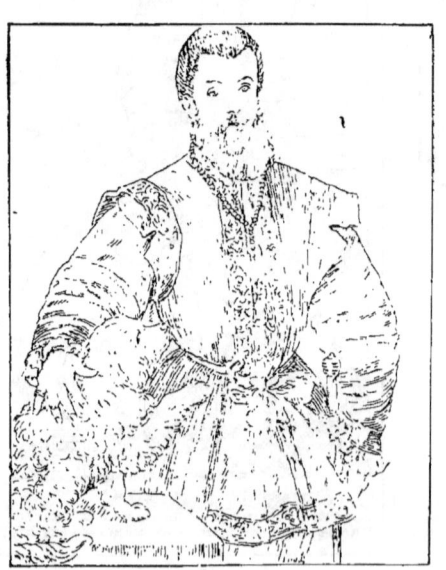

2. Madrid 408. Titien. Frédéric Gonzague, de Mantoue (d'après Gronau, *Tizian*. p. 8 autrefois cru portrait d'Alphonse d'Este. O. Fischel. *Tizian*, 40.

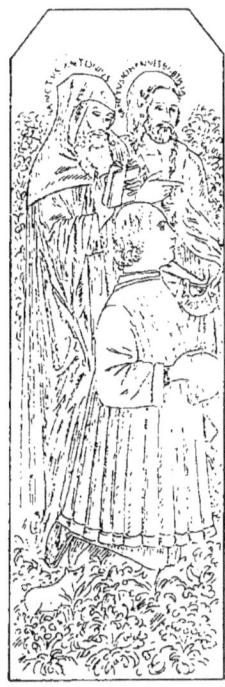 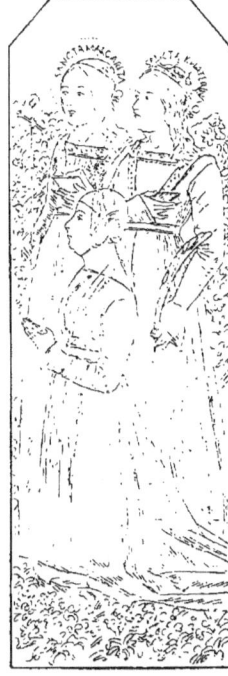

1, 2. Vente Haro, 12 déc. 1911, n. 95 et 96. Attribué à Benozzo Gozzoli. Donateur avec S Antoine et S. Jean Baptiste ; donatrice avec Ste Marguerite et Ste Catherine.

3. Munich. Musée National 222. Ecole de Michel Pacher. S. Augustin et Ste Monique. Provient de Neustift près de Brixen, Tyrol.

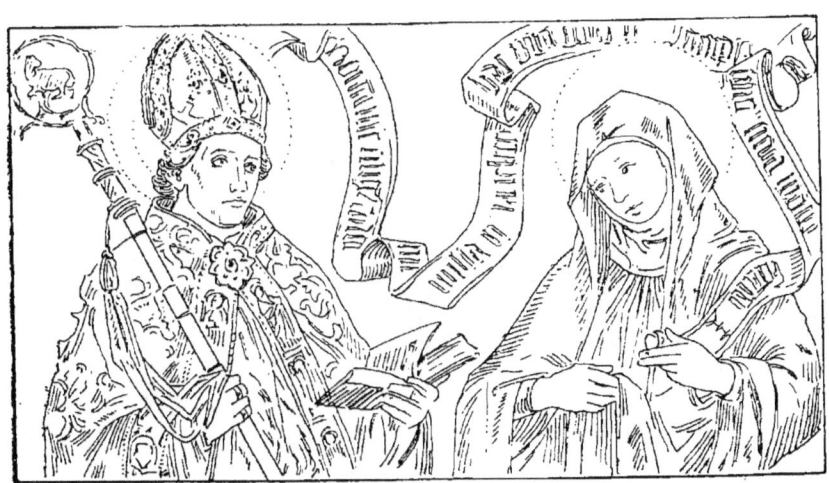

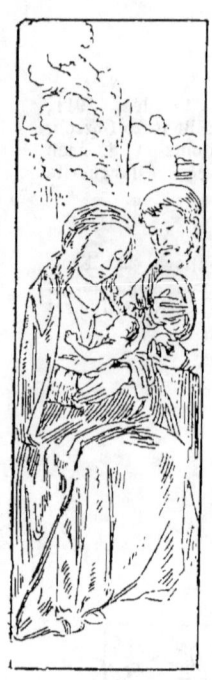 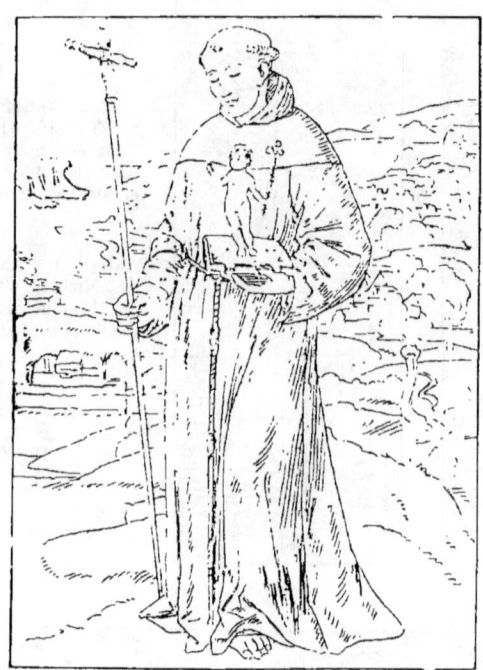 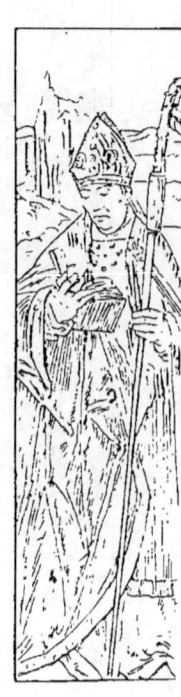

1. Bruxelles (acquis en 1919). Ambr. Benson (signé A B). Au milieu, S. Antoine de Padoue portant l'Enfant Jésus ; à g., la Vierge l'Enfant et S Joseph ; à dr., un saint évêque lisant Anc. coll. Valencia de S. Juan à Madrid. — Bodenhausen. *G. David*, p. 202 ; *Gazette*, 1919, II, p. 334 (Fiérens).

2. Hanovre. Holbein le jeune. Portrait de Mélanchthon. — P. Ganz, *Holbein*, 92.

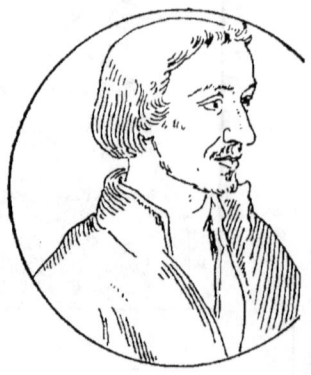

SAINT AUGUSTIN ET TROIS AUTRES DOCTEURS 11

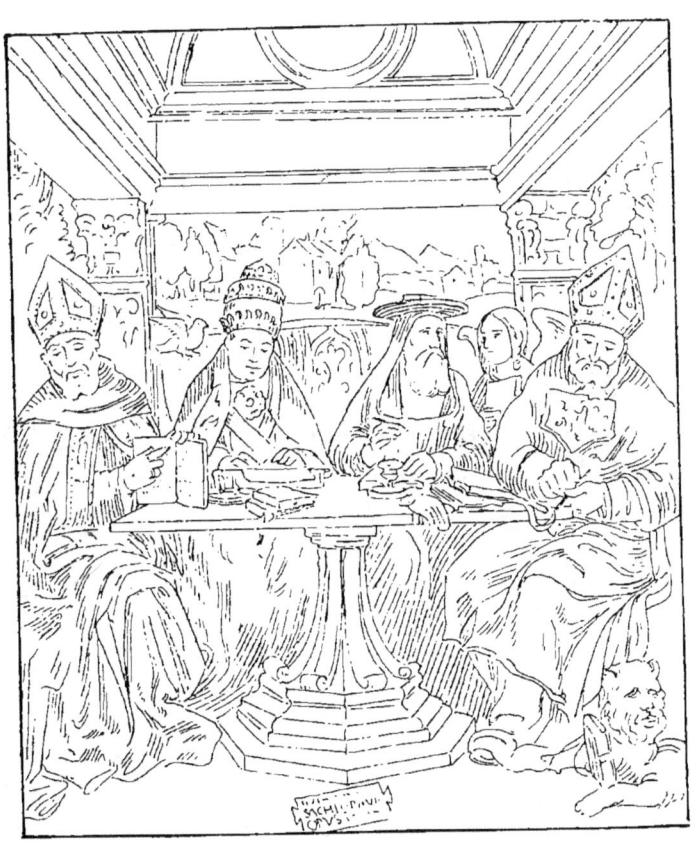

Louvre 1488. Sacchi di Pavia. Les quatre docteurs de l'Église : SS. Augustin, Grégoire le Grand, Jérôme et Ambroise. Signé et daté, 1516. — Sig. Maro (S. R.), *Chefs-d'œuvre du Louvre*, p. 34; Cavalcaselle, éd. Borenius, t. II, p. 405.

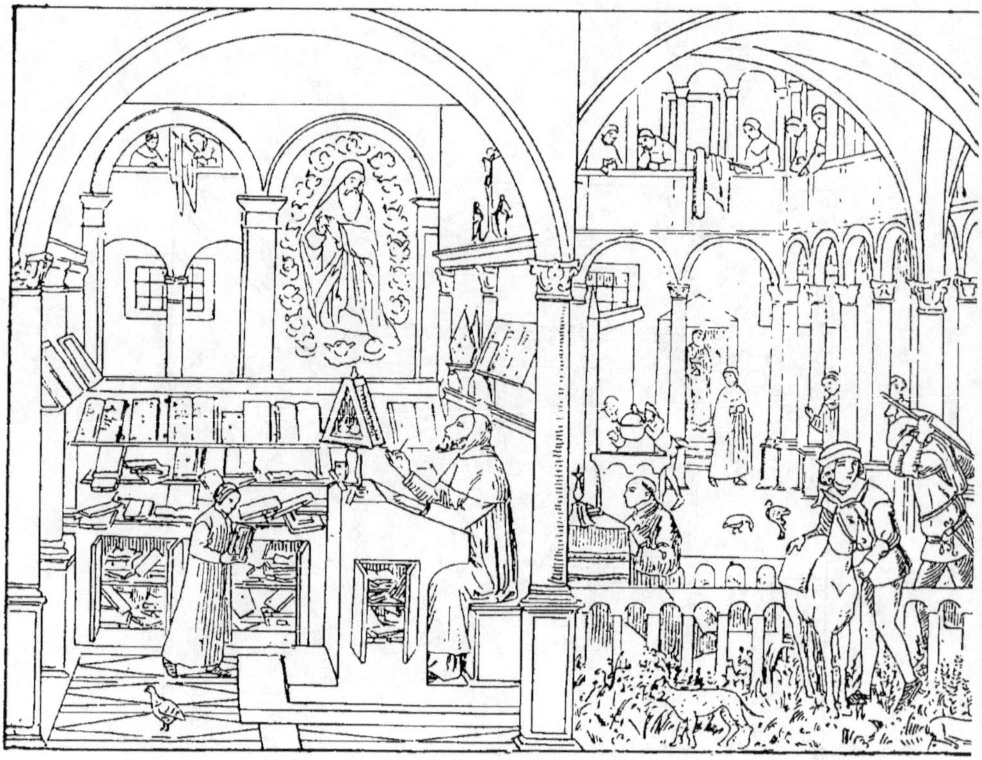

1. Dans le commerce en 1921 à Londres. Attribué à G. Mansueti. Scènes de la vie de S. Augustin.

2. Dans le commerce en 1921. Hans Wertinger. Portrait du duc Jean, évêque de Ratisbonne, palatin du Rhin. Daté 1533.

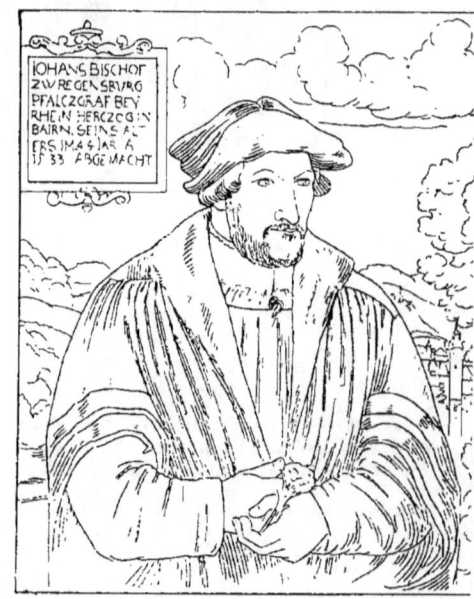

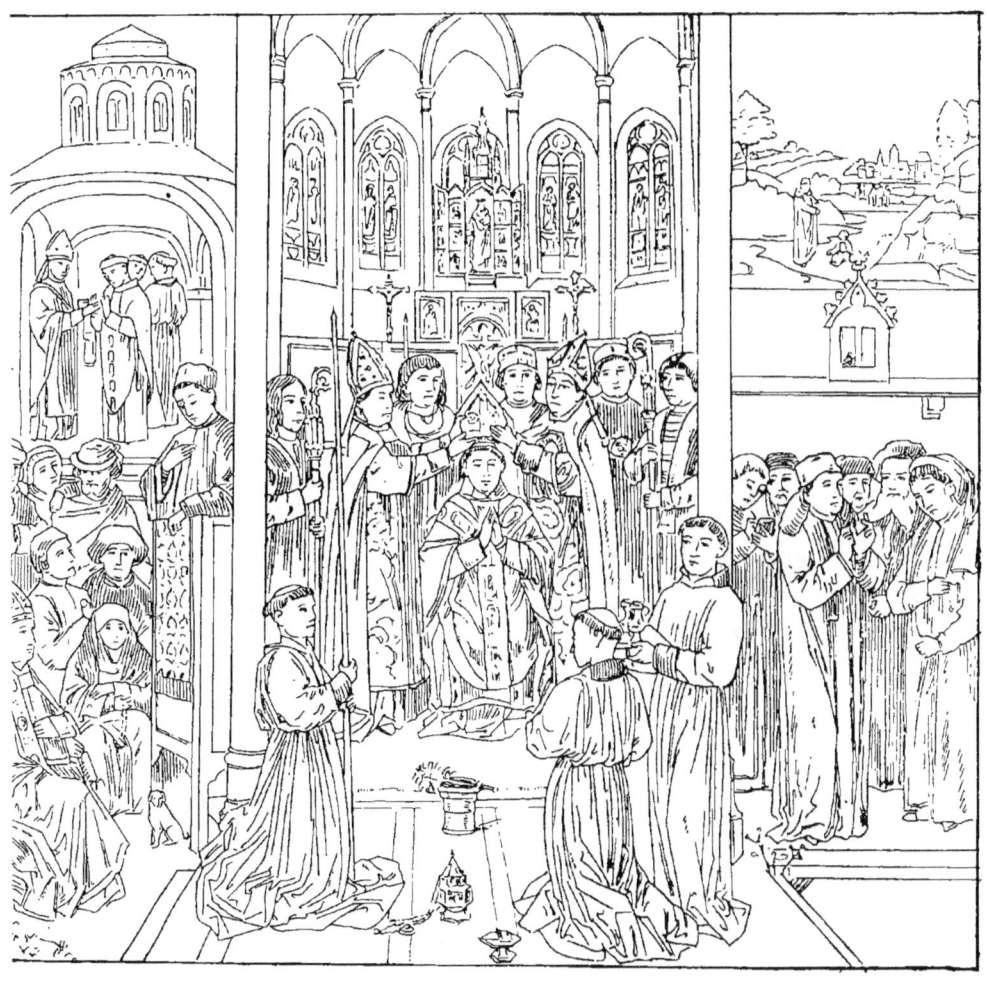

Autrefois chez Yerkes aux États-Unis, puis chez Gans à Francfort et dans le commerce (1921). Attribué à Simon Marmion (vers 1480). Intronisation de S. Augustin ; à droite, la légende du saint avec l'enfant sur le bord de la mer. 1,30 × 1,53. — *Bachstitz Gallery*, La Haye, 1921, n. 51 (phot.).

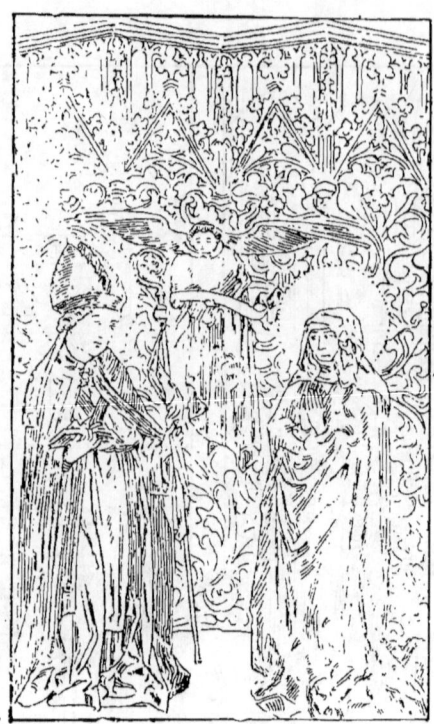

1. Nuremberg. Frauenkirche. Maître dit de l'autel de Tucher. S. Augustin, Ste Monique et un ange. — Heidrich, *Altdeutsche Malerei*, 36.

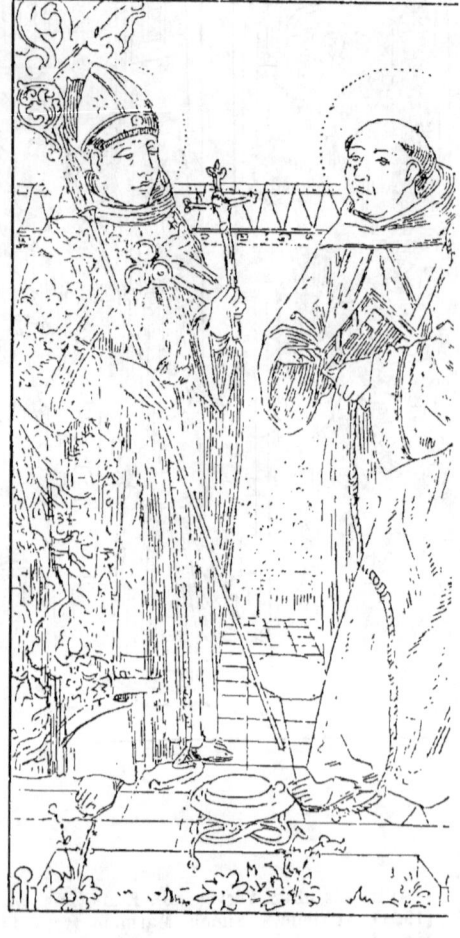

2. Autrefois chez Boehler à Munich. Attribué à Zeitblom. Un saint évêque et S. Bonaventure, cardinal.

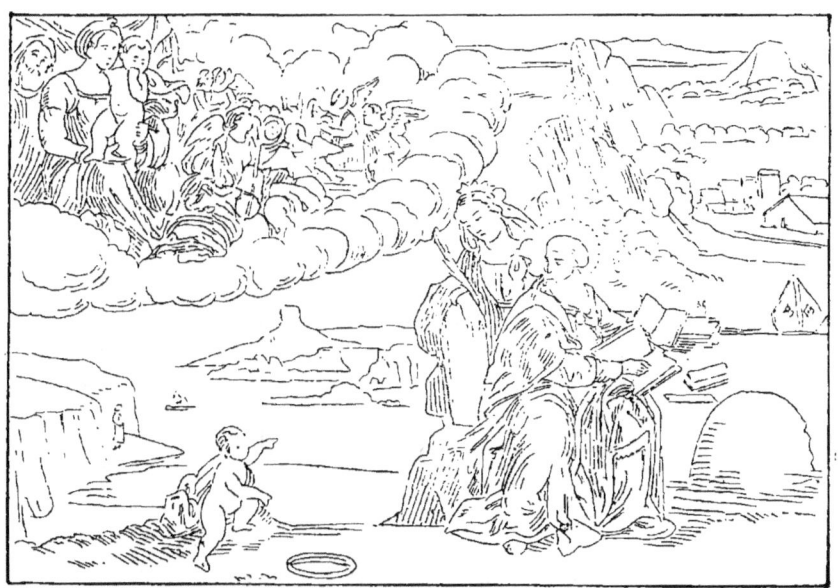

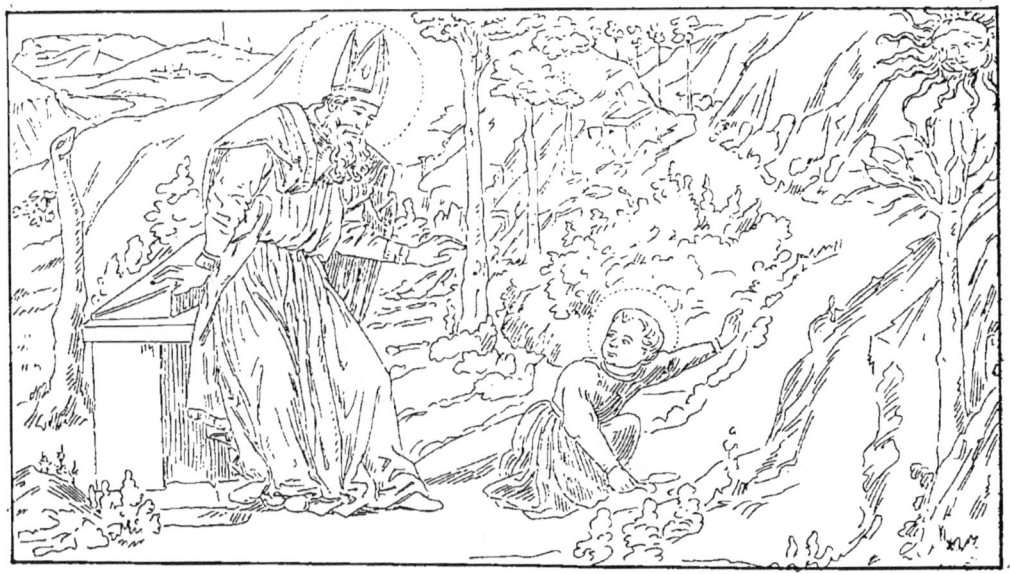

1. Attribué à Garofalo. S. Augustin et l'enfant sur le bord de la mer. — *Mitteil. Gal. Helbing* 1914, n° 8 (variante du tableau de la National Gallery, *supra*, t. III, p. 541).
2. Anc. coll. de la princesse Eugénie d'Oldenbourg. Fra Filippo Lippi. Même sujet. — P. P. Weiner, *Coll. russes*, pl. à la p. 22.

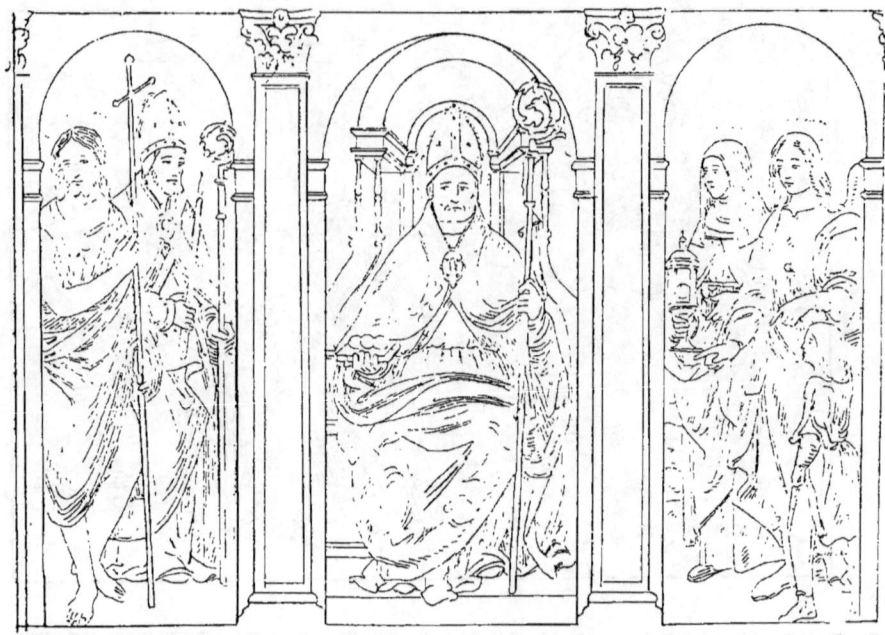

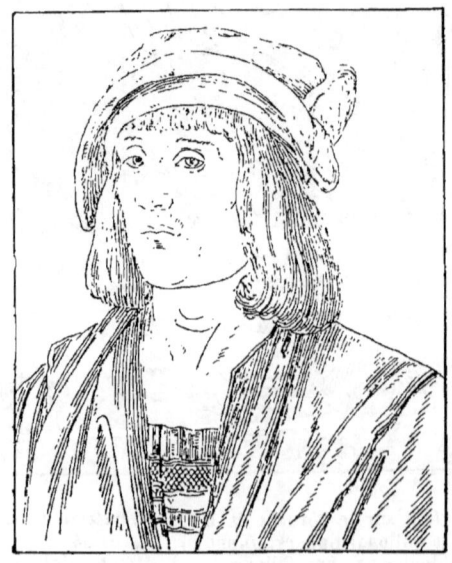

1. Ancienne coll. Crespi à Milan (vente de 1914, n. 48). A. et M. Piazza. S. Augustin assis entre S. Jean-Baptiste et un S. évêque à sa dr., Ste Claire, Tobie et l'ange à sa g. — Venturi, *Gall. Crespi*, pl. à la p. 278.

2. Brême. B. Beham. Portrait d'inconnu

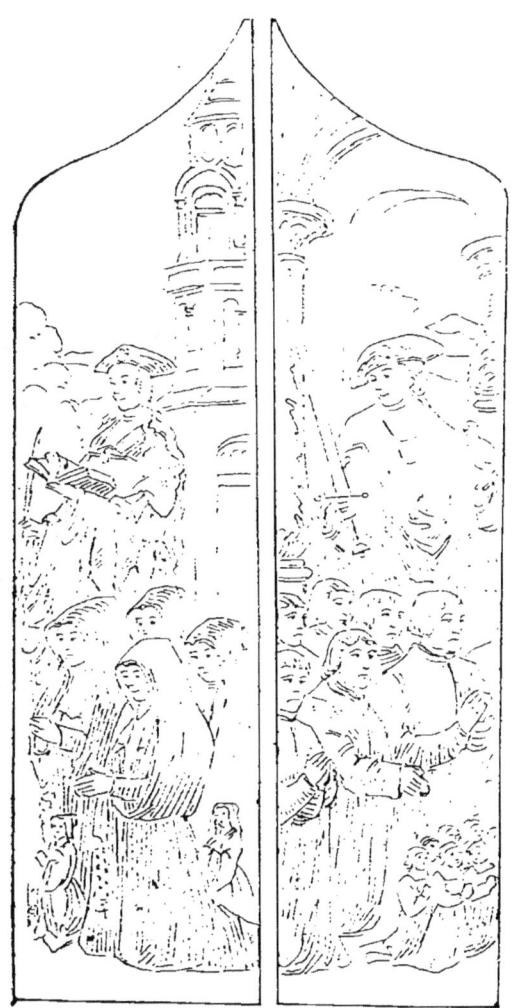 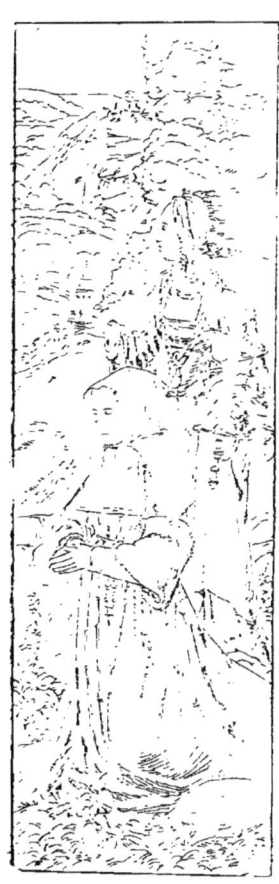

1, 2. Coll. Ch. Oulmont à Paris. B. Bruyn le jeune. Volets avec donateurs et donatrices protégés par S. Bavon et Ste Barbe.
3. Oldenburg. École flamande. Volet. Une donatrice protégée par Ste Barbe.

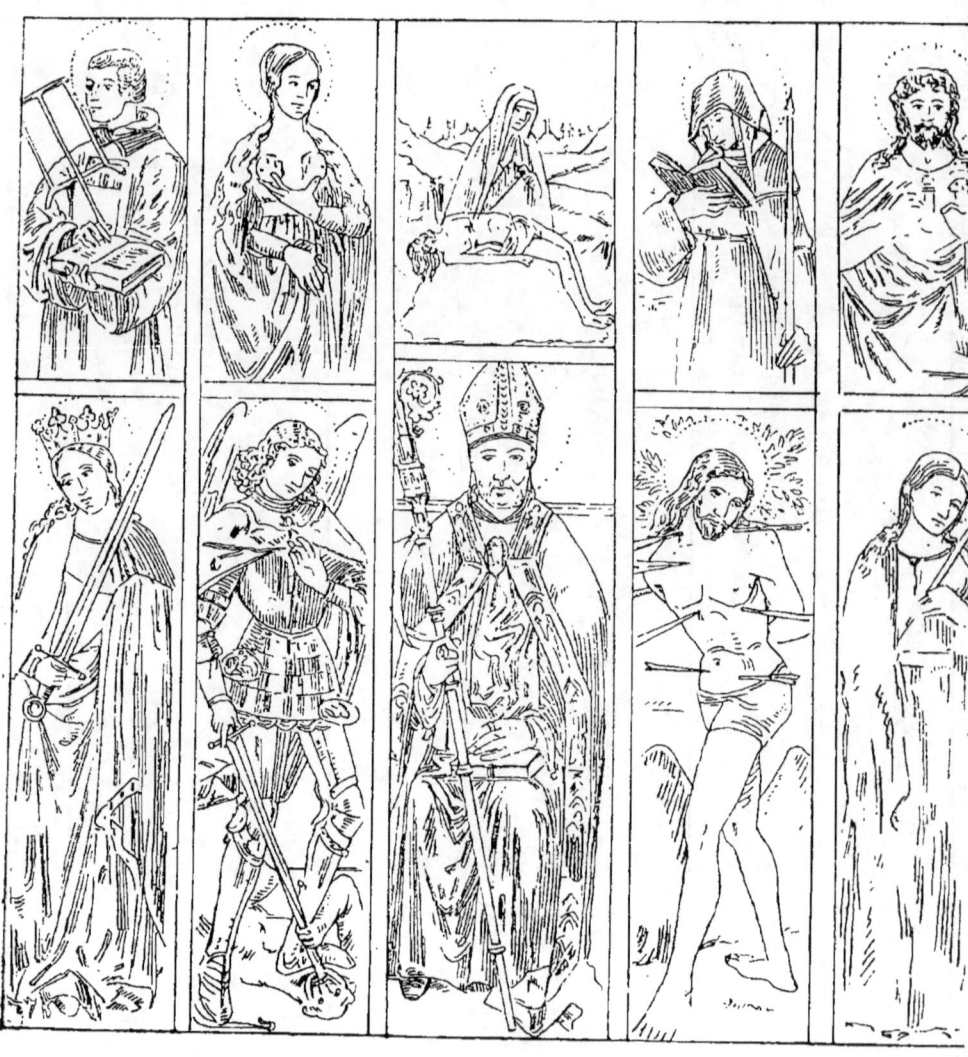

Eglise de Bonson (Alpes-Maritimes). Ecole de Nice. Retable. Au centre, S. Benoît évêque; au-dessus, Jésus mort sur les genoux de la Vierge; alentour, S. Laurent, Ste Agathe, Ste Brigitte, S. Jean-Baptiste, Ste Catherine, S. Michel, S. Sébastien, Ste Apolline (tenailles où se trouve une dent, invisibles sur la phot.). — Exposition rétrosp. de Nice, n. 3, p. 40 du catalogue.

1. Nuremberg 110. Maître dit de l'autel de Peringsdorf (autrefois identifié à Michel Wolgemut). Vision de S. Bernard. Peint en 1487. — Heidrich, *Altdeutsche Malerei*, 91.

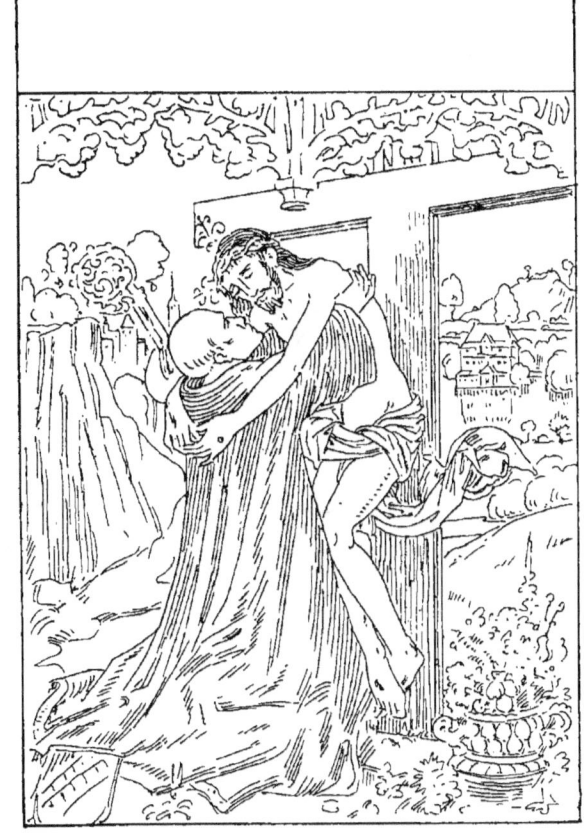

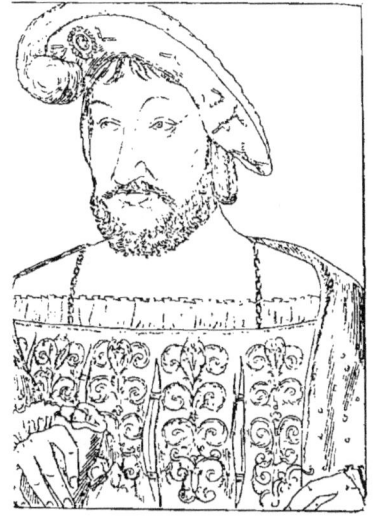

2. Chez Sekeyan à Paris en 1918. Attribué à Gossaert (Jean de Mabuse). Portrait de François Ier. Des variantes de ce portrait ont été signalées dans les coll. Doetsch, Henry Goldman, etc.

SAINT BERNARD. SAINT MICHEL

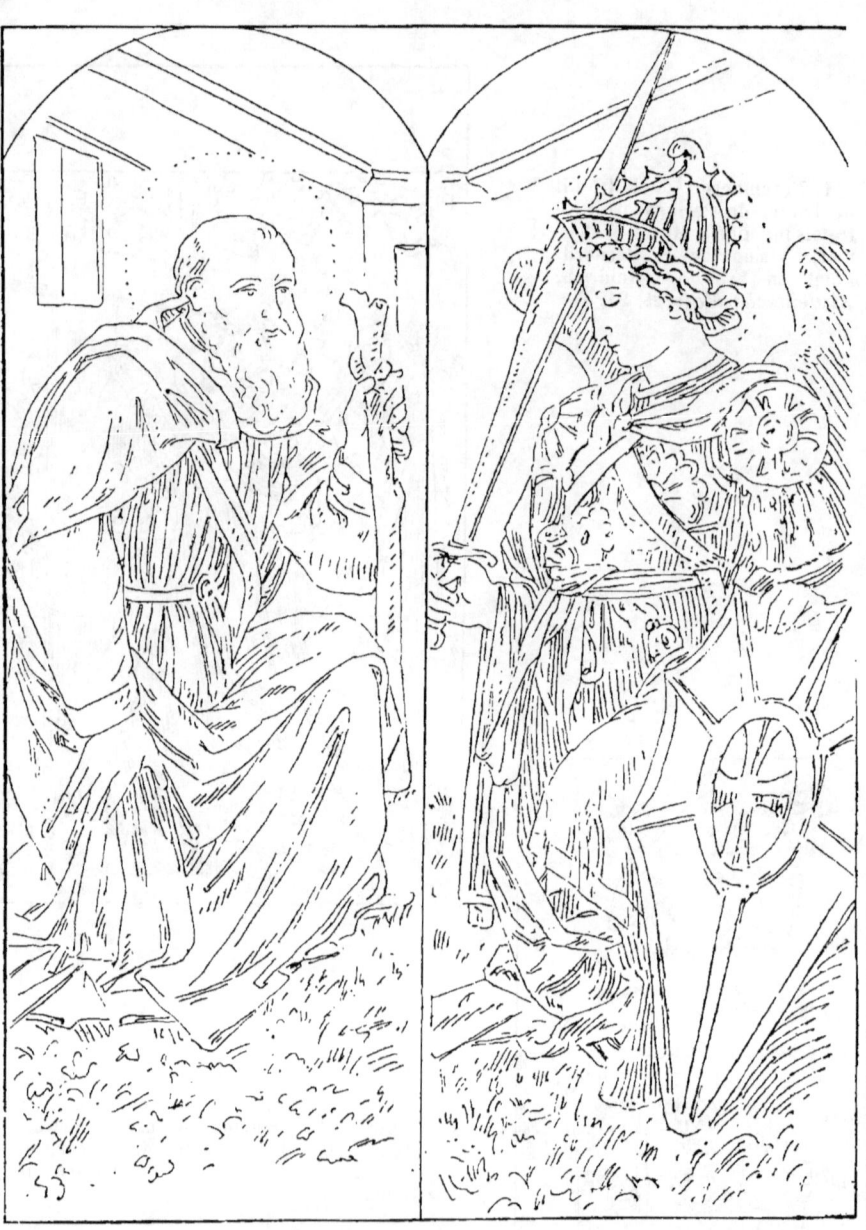

Coll. Cook à Richmond. Attribué à Filippo Lippi. S. Bernard (non S. Joseph) et S. Miche
Volets d'un triptyque peint en 1457 pour Jean de Médicis et acquis en 1871 à Madrid ;
centre est perdu. — *Les Arts*, 1905, n. 44, p. 4 ; *Catalogue of Doughty House*, t. I, n.
pl. 3.

SAINT BLAISE

1. Raguse. San Domenico. Titien. S. Blaise (modèle d'église) avec Ste Madeleine, le jeune Tobie, l'ange et le donateur. — O. Fischel, *Tizian*, 152.

2. Augsbourg. Jakob Elsner. Portrait de Jörg Ketzler de Nuremberg.

3. Augsbourg. Maximilianeum. Chr. Amberger. Portrait d'une Welser, femme de C. Peutinger.

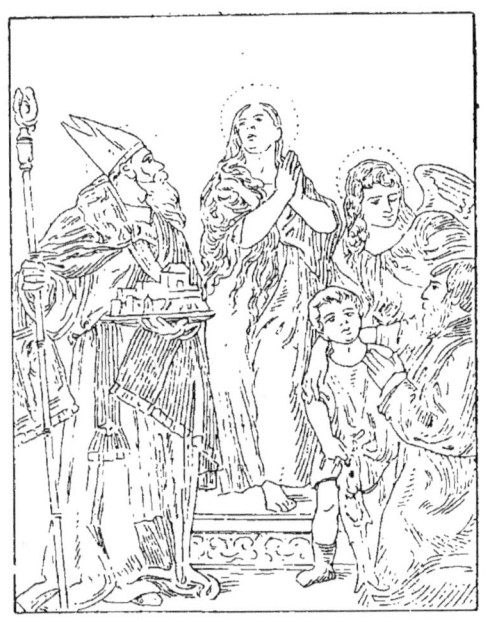

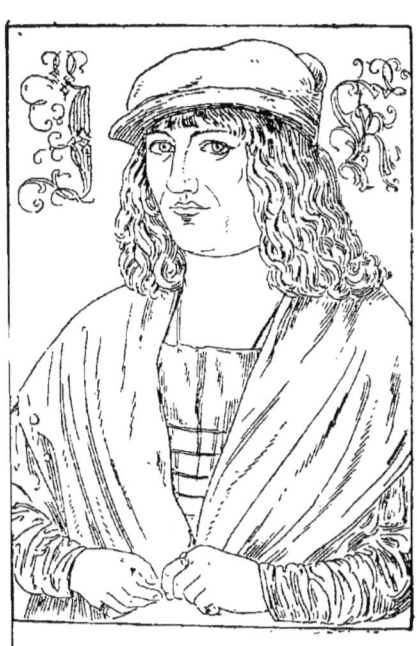

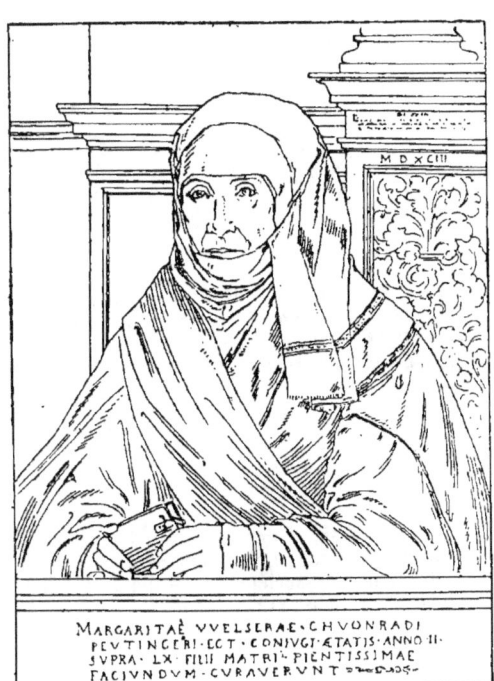

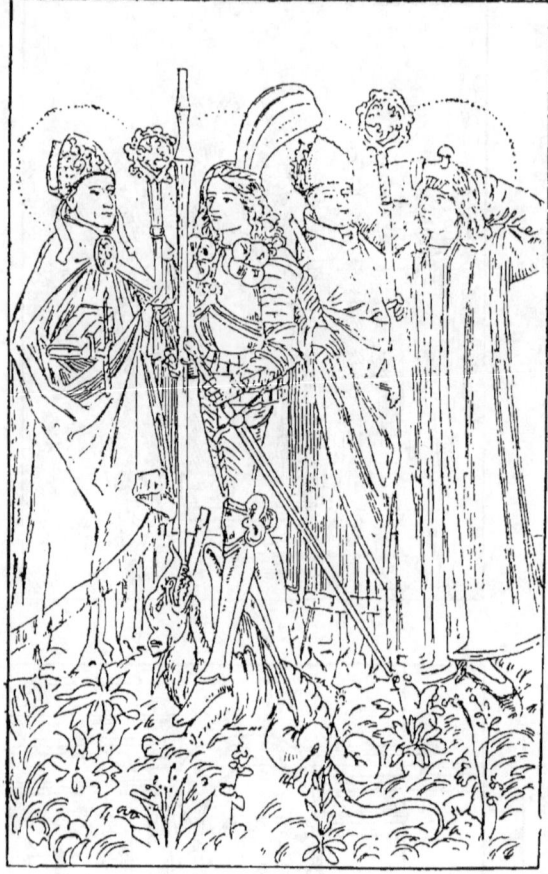

1. Coll. de Frances, Lady Trevelyan. École allemande. Volet de retable. Les SS. Blaise, Georges, Erasme, Pantaléon (les mains clouées sur la tête). — *Exhib. early German art*, pl. 2.

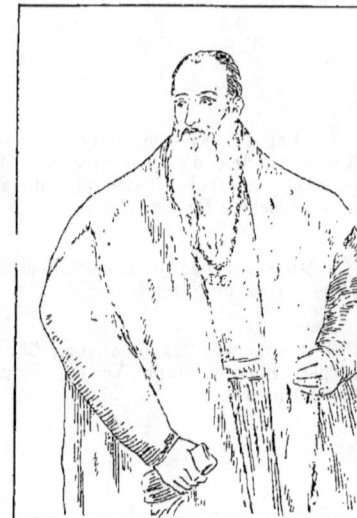

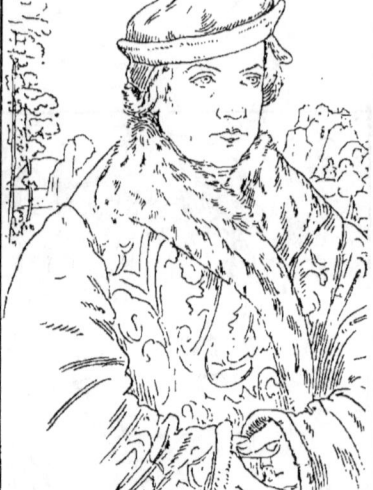

2. Besançon. Titien. Portrait de Nicolas Perrenot de Granvelle, peint en 1548. — Gons(e) *Musées de France, La peinture*, p. 67 (sur les repeints); O. Fischel, *Tizian*, 101.
3. Londres, Société des Antiquaires. Attribué à L. Lotto. Portrait d'homme. — *Bur Magazine*, mai 1912, p. 101.

1. Eglise S. Martino de Treviglio. Zenale ou Butinone. Les trois saintes Lucie, Catherine et Madeleine. — Hamann, *Ital Malerei*, 174; Venturi, *Storia*, VII, 4 fig. 582; *Burl. Magazine*, 1904, IV, p. 179.

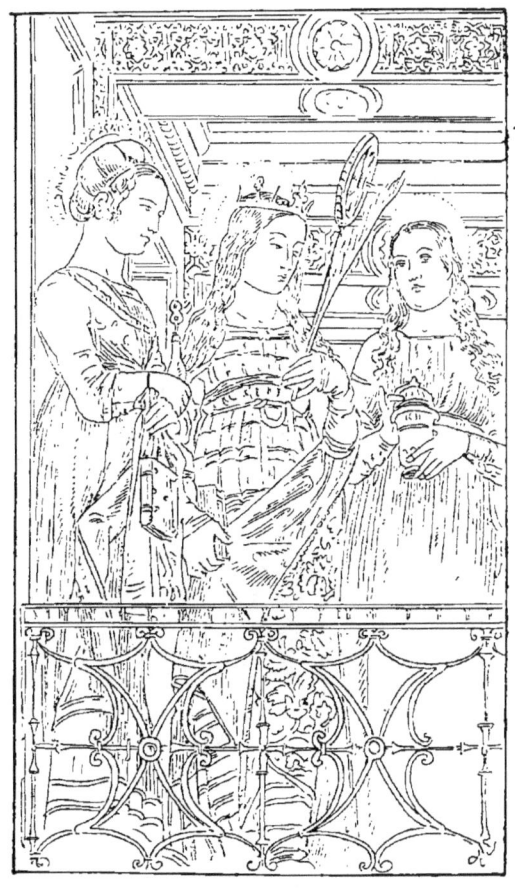

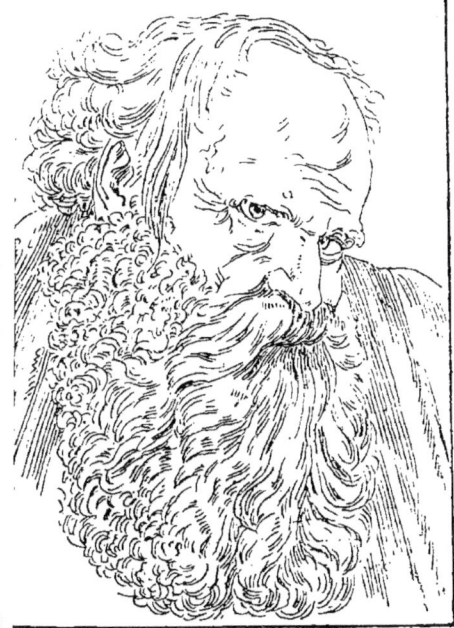

2. Berlin 552 *b*. Hans Baldung Grien. Tête de vieillard, autrefois attribuée à Albert Dürer. Ancienne coll. Suermondt à Aix-la-Chapelle. — Heidrich, *Altdeutsche Malerei*, 124.

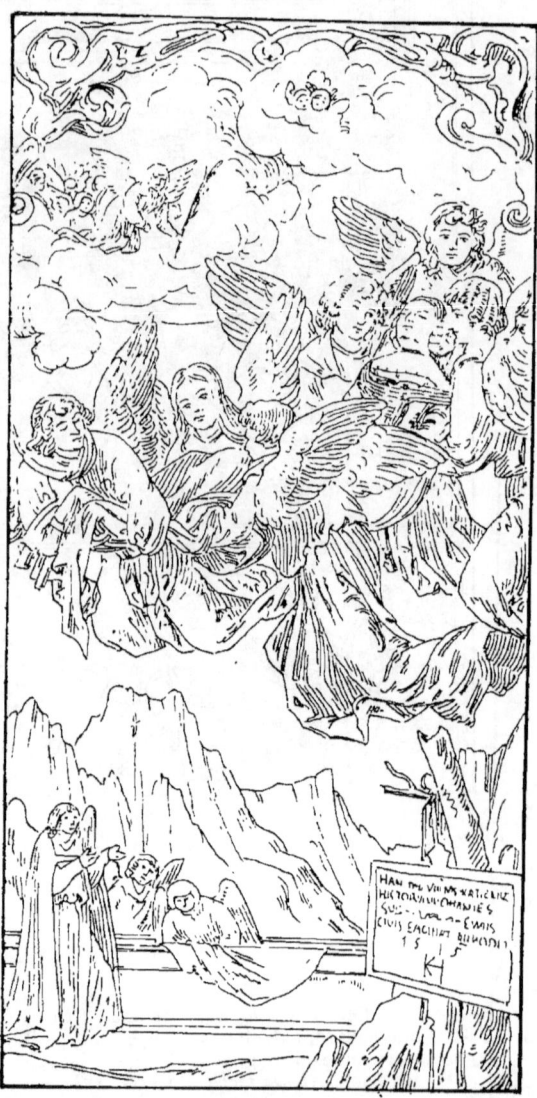

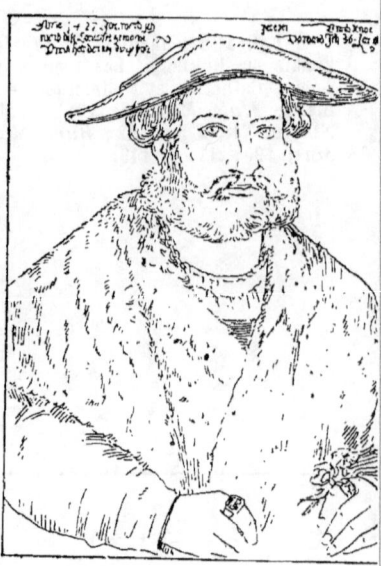

2. Stuttgart. Musée des Antiquités. Chr. Amberger. Portrait d'Heinrich Moerz.

1. Cracovie. Eglise de la Vierge Marie. Hans von Kulmbach. Ensevelissement de Ste Catherine. Peint en 1515. — Heidrich, *Altdeutsche Malerei*, 117.

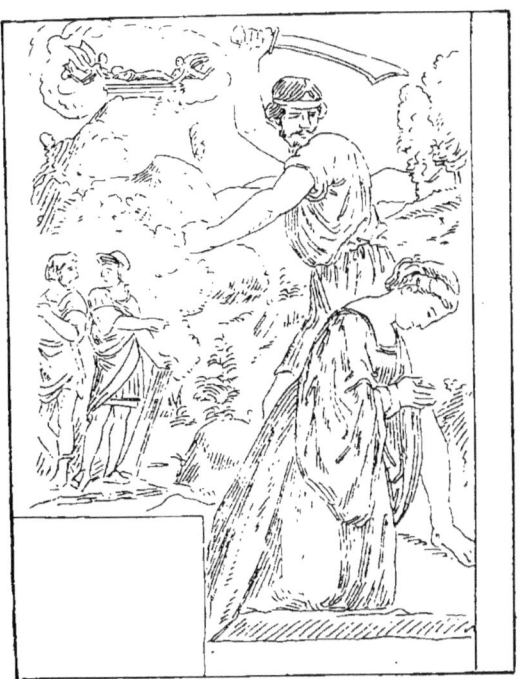

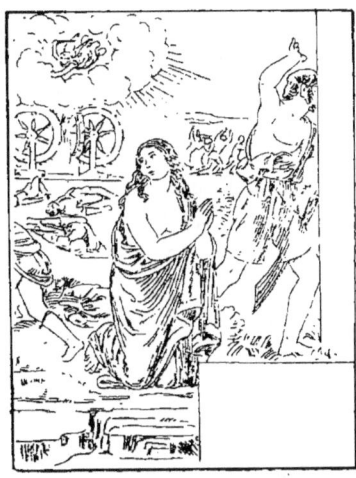

1. Monastero Maggiore près de Milan. Eglise de S. Maurice. B. Luini. Martyre de Ste Catherine. — *Rassegna d'arte*, 1911, p. 10.

2. Au même endroit, du même. Ste Catherine se préparant à la mort par la prière. — *Ibid.*

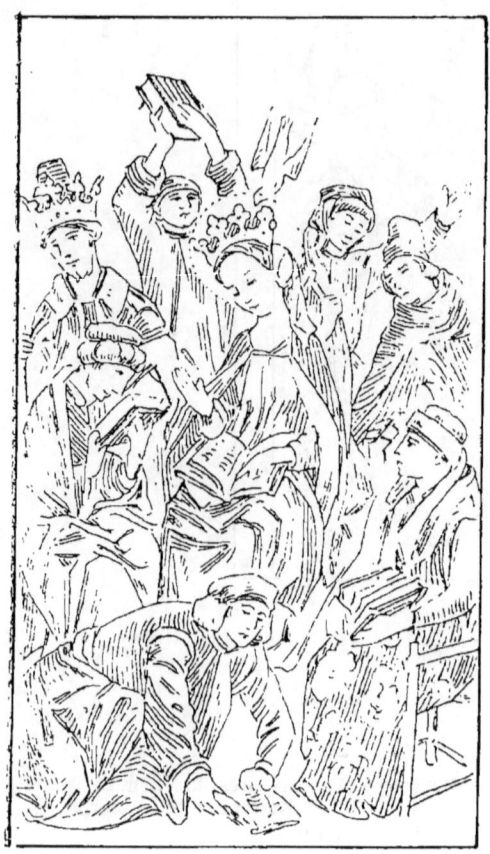 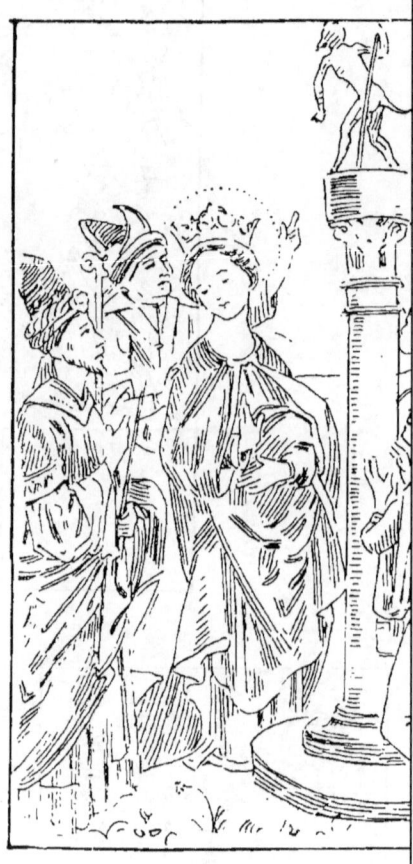

Munich. Musée national n. 17, 18. École bavaroise vers 1470. S⁽ᵉ⁾ Catherine, éclairée p[ar] la colombe du Saint-Esprit, dispute avec des savants en présence de l'Empereur ; elle s'e[n]tretient avec l'Empereur devant l'idole, figurée sous l'aspect d'un diable, qu'elle refuse d'adore[r]

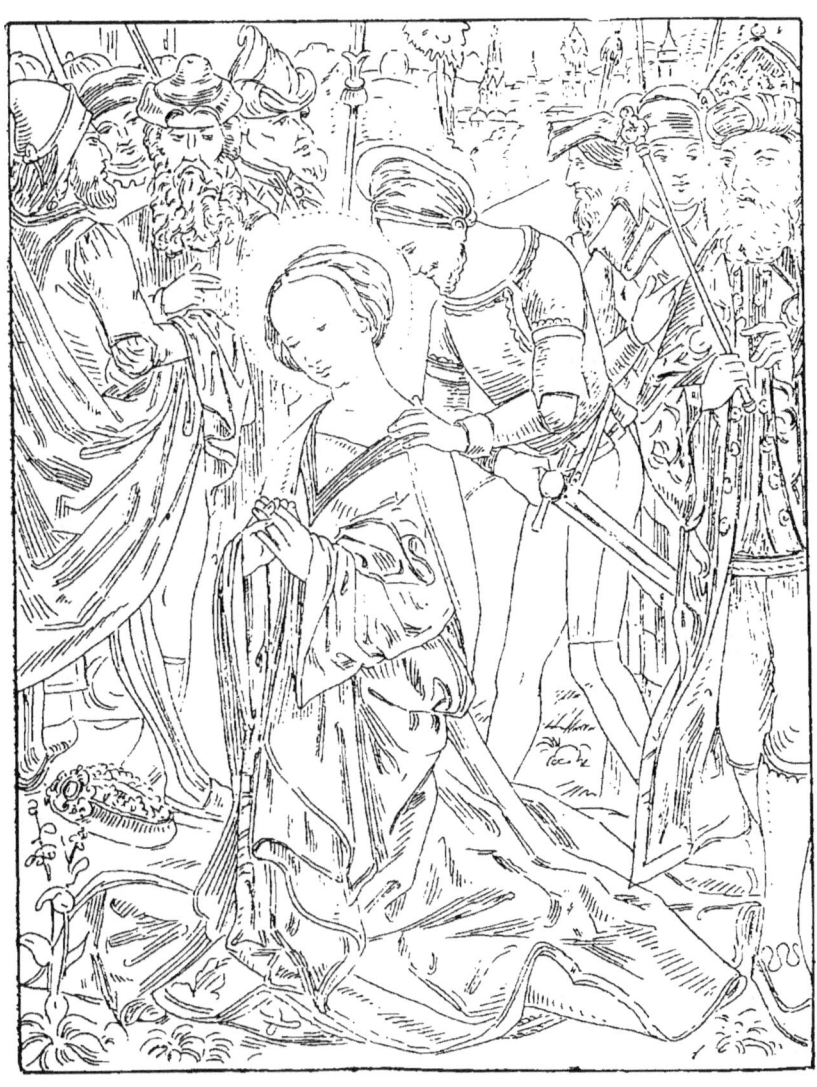

Vente Dollfus, Paris, mai 1912, n. 30, puis chez Adrien Dollfus à Paris. École franconienne. Préparatifs du martyre de Ste Catherine.

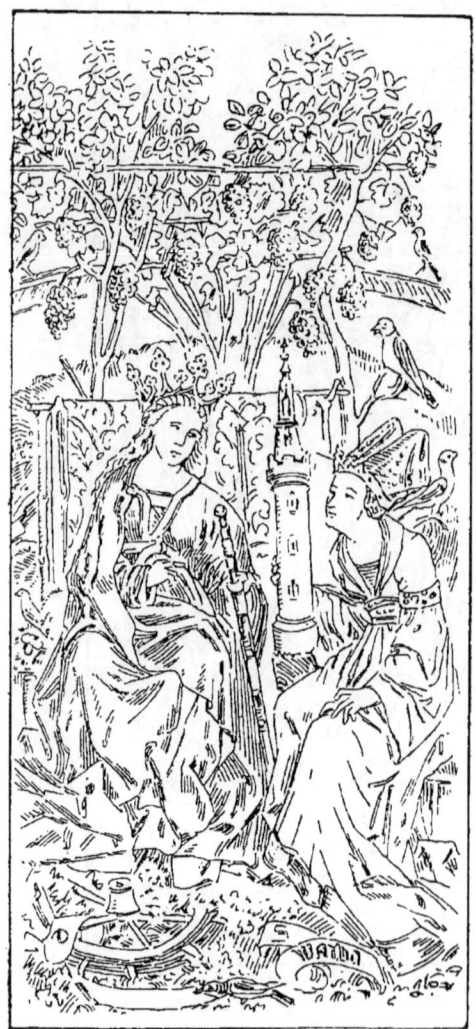
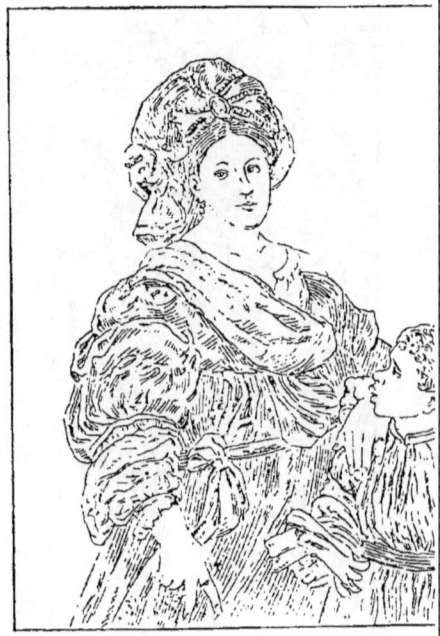

2. Ancienne coll. de Lipperheide à Berlin. Copie d'un tableau perdu de Titien (c plus haut, II, 636, 2). Laura Dianti (?) avec un négrillon. Il y a d'autres répliques. — O. Fischel, *Tizian*, 187.

1. Munich. Musée National 36. Ecole bavaroise vers 1490. Ste Catherine s'entretenant avec Ste Barbe, dans un jardin clos.

SAINTE CATHERINE, SAINTE CÉCILE

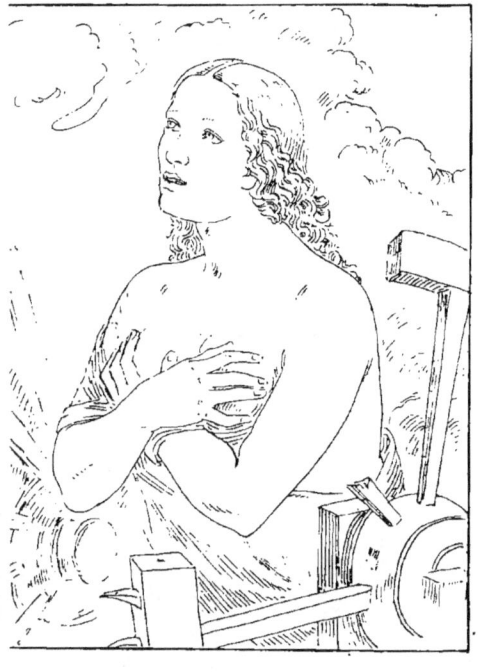

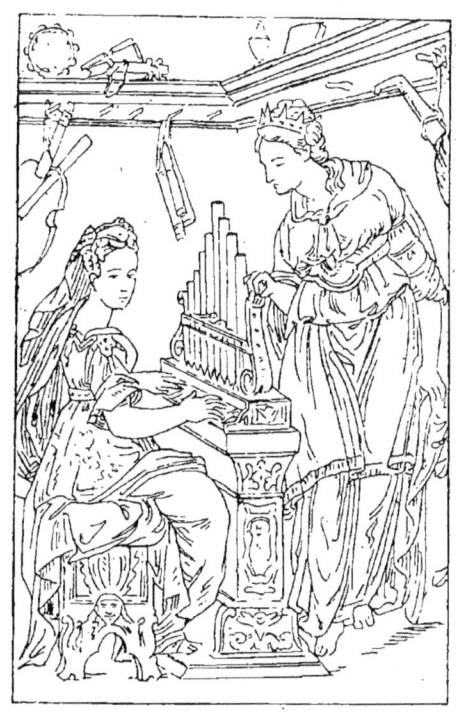

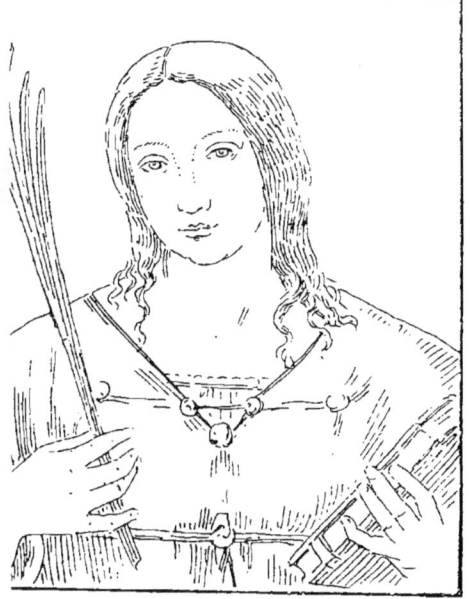

1. Florence. Pitti 381. B. Luini. Ste Catherine en prière.

2. Crémone. S. Sigismond, B. Campi. Ste Cécile et Ste Catherine. — Rosini, *History of painting in Italy*, V, pl. 183.

3. Copenhague. B. Luini. Ste Catherine. Répliques à Windsor, Budapest, etc. — Mario Krohn, *Italienske Billeder i Danmark*, p 94; *Rassegna d'arte*, 1910, p. 44.

1 Autrefois dans la collection du comte de Salis; d'après une vieille photographie. Ecole lombarde (Gianpedrino ou Luini). Ste Catherine tenant la palme du martyre. Voir la page précédente.

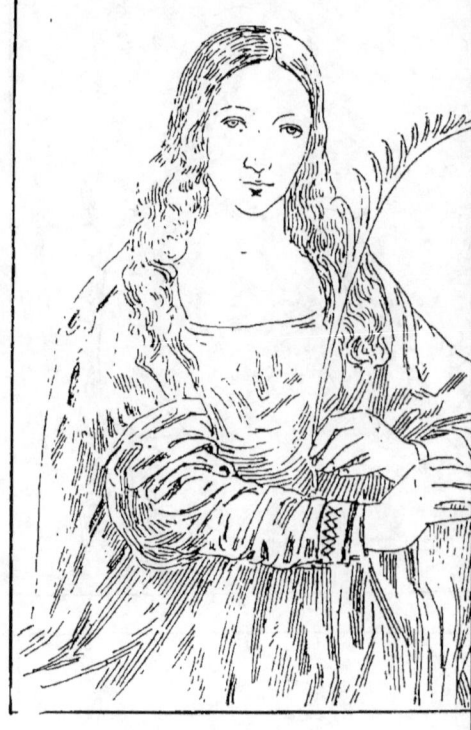

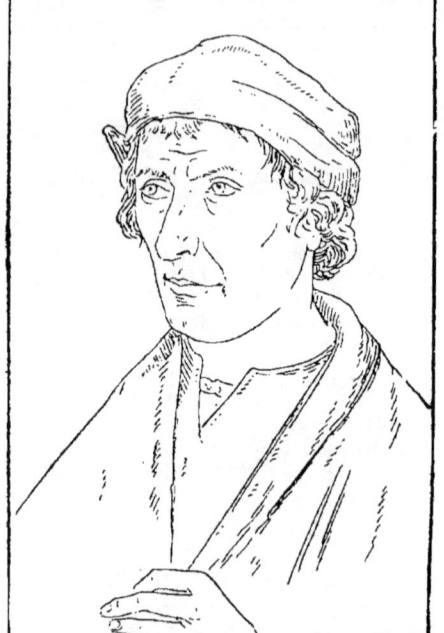

2. Nuremberg 62. Ecole allemande vers 1510. Portrait d'homme.

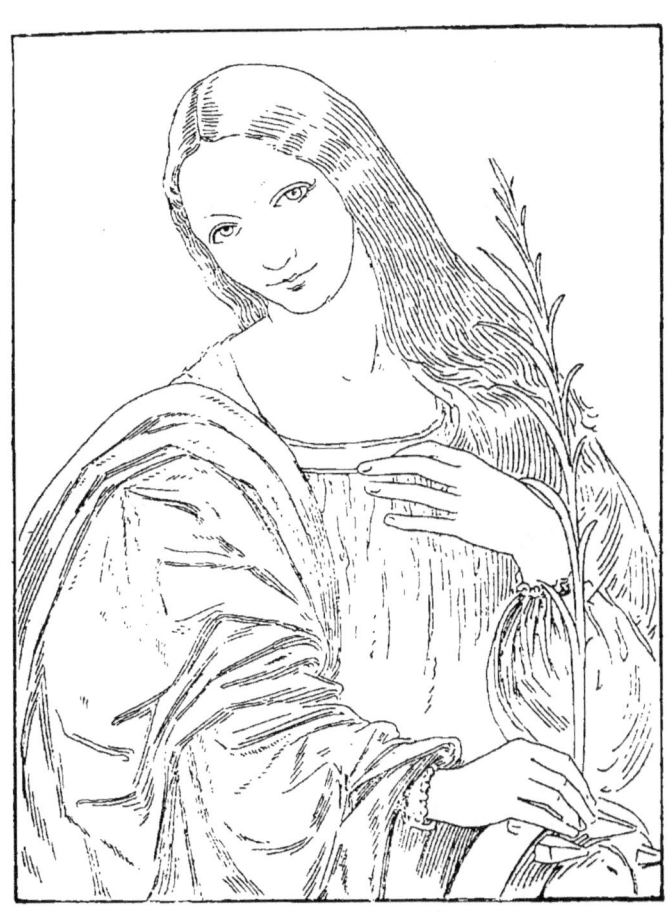

Coll. Horwath à Genève. Attribué à Gianpedrino. Sainte Catherine. — P. Sarasin, *Der Verkündigungsengel des Lionardo da Vinci*, 1917, pl. 16.

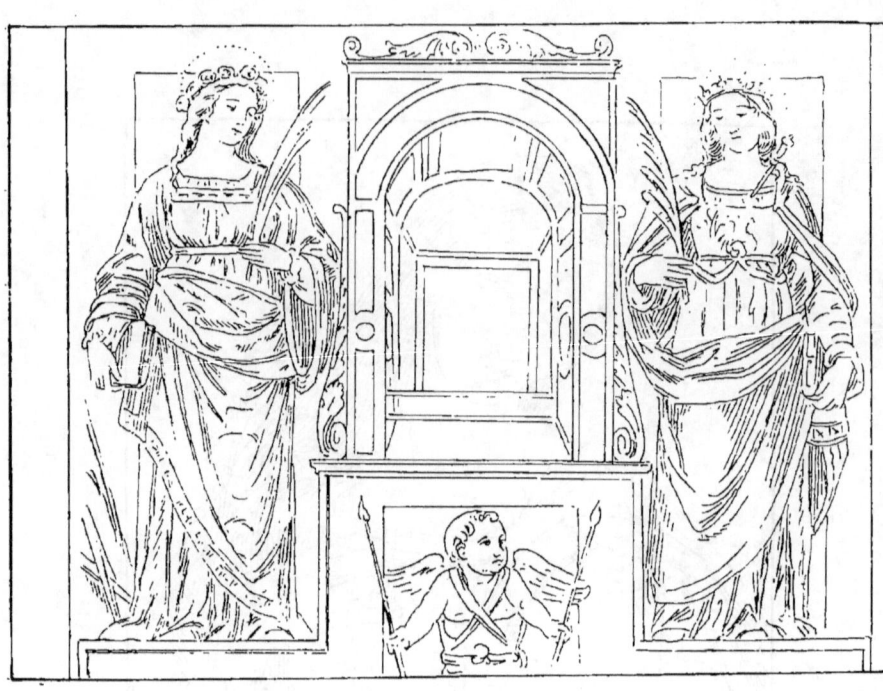

1. Monastero Maggiore. Eglise de S. Maurice. B. Luini. Ste Cécile et Ste Ursule (à gauche de l'autel majeur). — *Rassegna d'arte*, 1911, p. 11.

2. [Coll. Nostitz à Prague (catal. 1905, n. 18). B. Beham. Portrait d'une princesse bavaroise. VBI AMOR FIDES, devise sur la chaîne émaillée. Daté 1534.

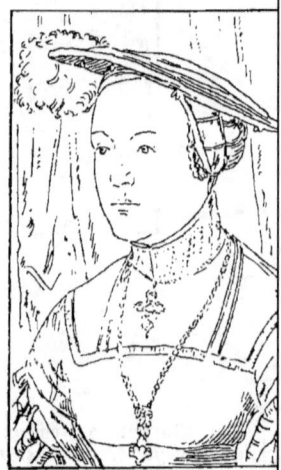

SAINT CHRISTOPHE, SAINTE MADELEINE, ETC.

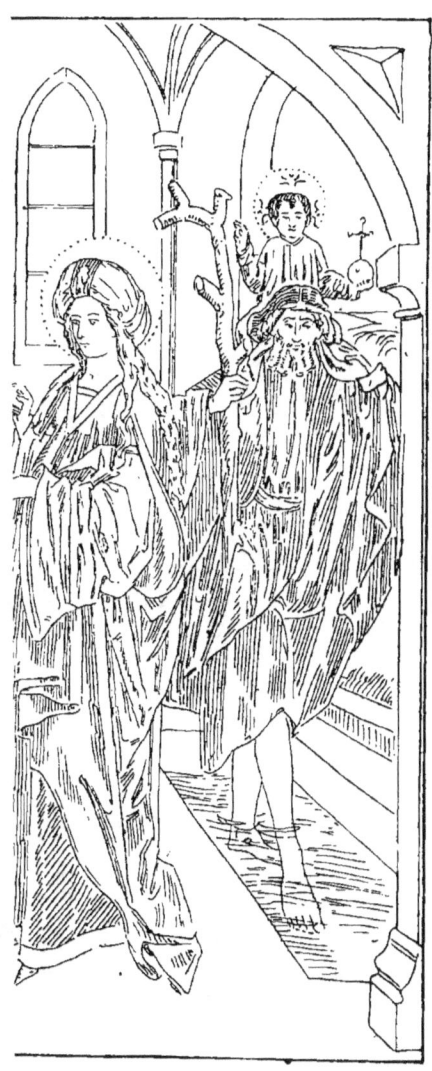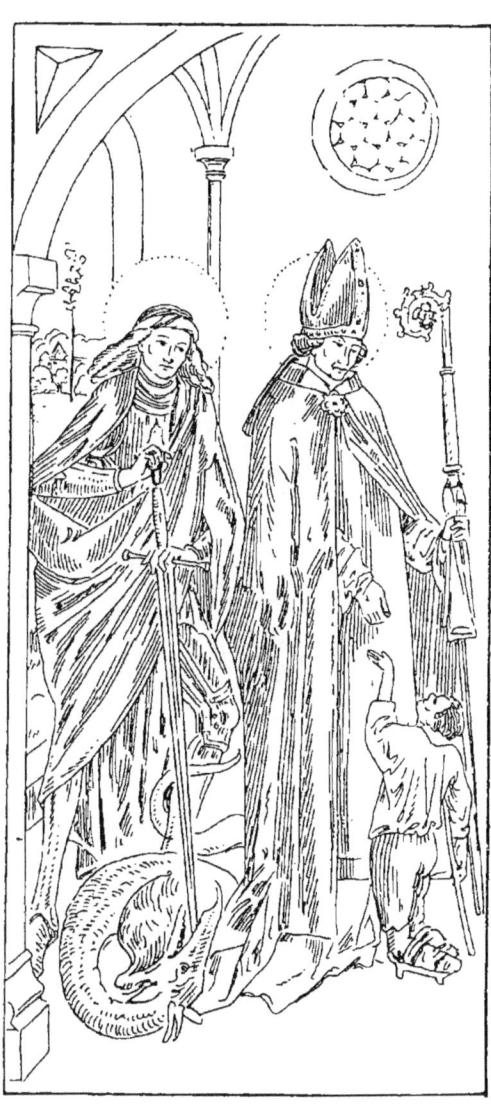

Collection Martin le Roy à Paris. Attribué à B. Strigel. Sur deux volets, S. Christophe portant l'Enfant Jésus, Ste Madeleine, Ste Marguerite, S. Grégoire évêque d'Utrecht (?) — *Les Arts*, 1902, n. 10, p. 9.

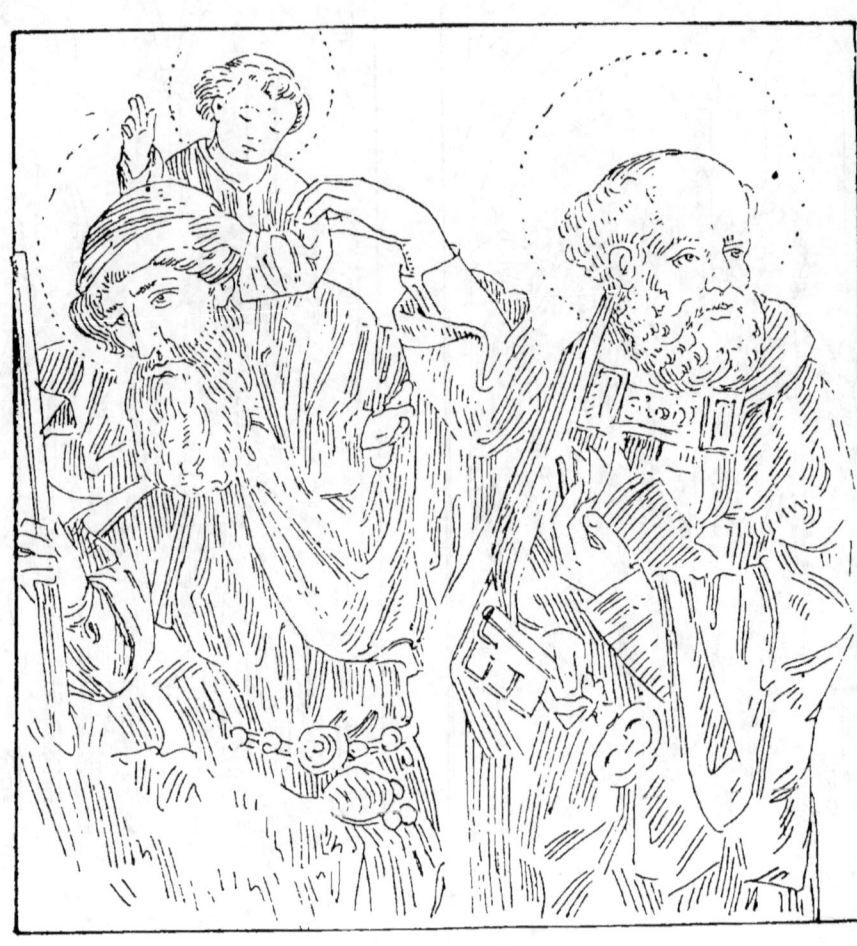

Berne 31. H. Bichler (le maître à l'œillet). S. Christophe portant l'Enfant Jésus et S. Pier
Provient de la cathédrale de Saint-Vincent à Berne.

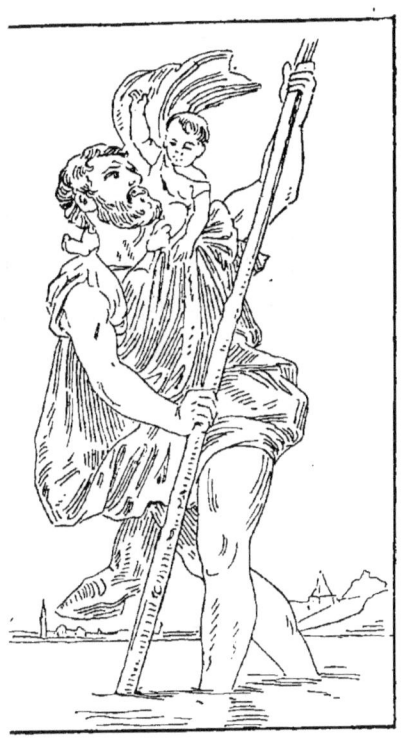

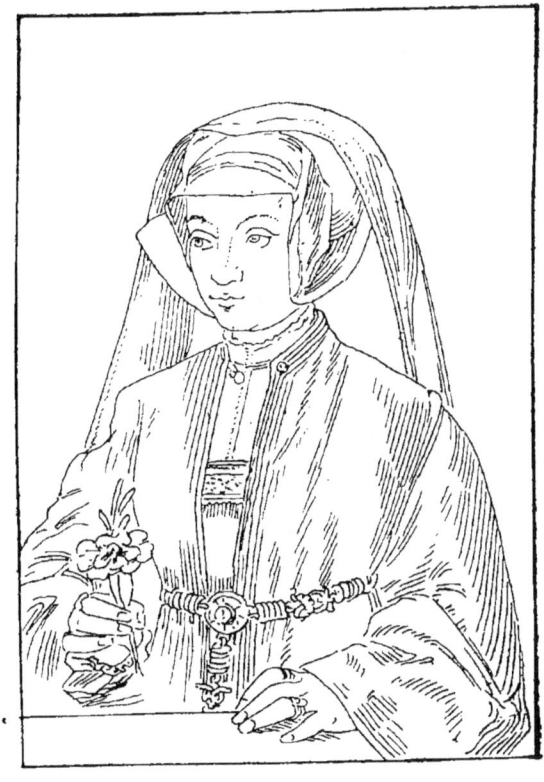

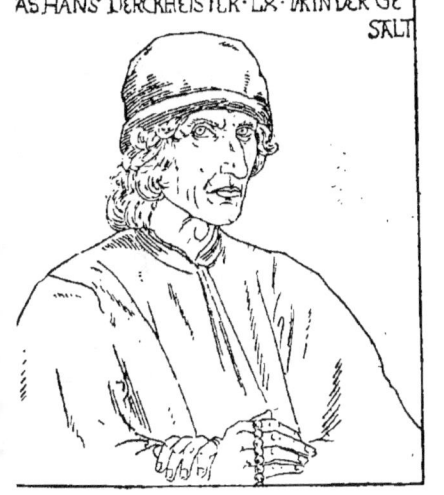

1. Venise. Palais des Doges. Titien. S. Christophe portant l'Enfant Jésus. Peint en 1523. — O. Fischel, *Tizian*, 42.

2. Cologne 361. B. Bruyn. Portrait dit *la femme à l'œillet*. Cf. *suprà*, t. I, 606, 2.

3. Nuremberg 119 a. Mich. Wohlgemuth. Portrait de Hans Perkmeister (1496).

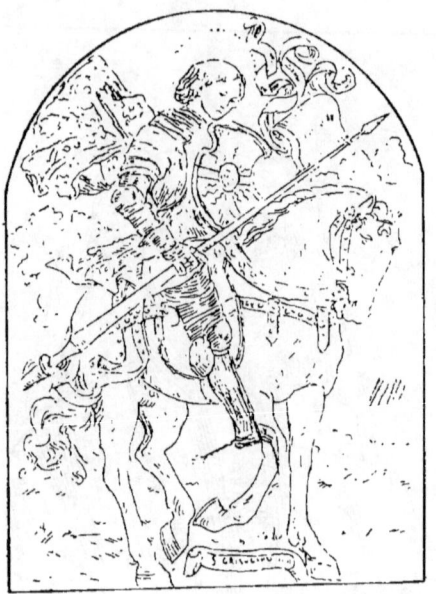

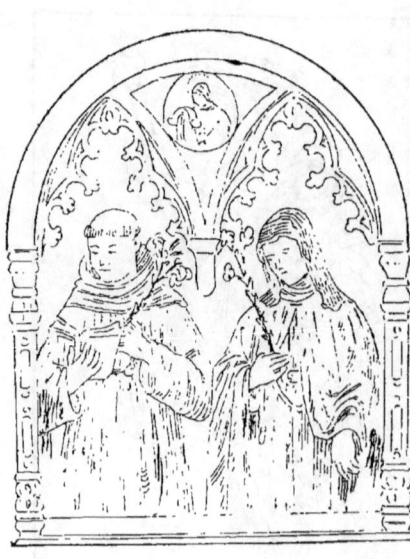

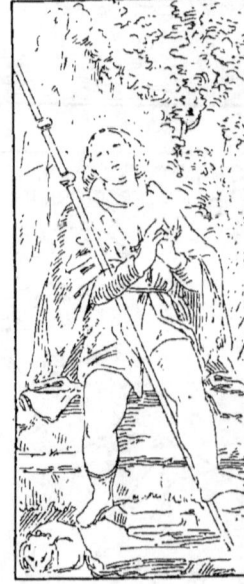

1. Venise. Eglise de San Trovaso. Jacobello del Fiore (?) S. Chrysogone. — *Rassegna d'arte*, 1911, p. 26 ; L. Testi, *Storia della pittura veneziana*, 1, p. 413-415.

2. Vatican. Ecole des Marches. S. Antoine de Padoue et Ste Claire. — *Rassegna*, 1911, p. 5.

3. Legnano. Eglise de S. Magno. B. Lanini. S. Roch. — *Ibid.*, 1910, p. 120.

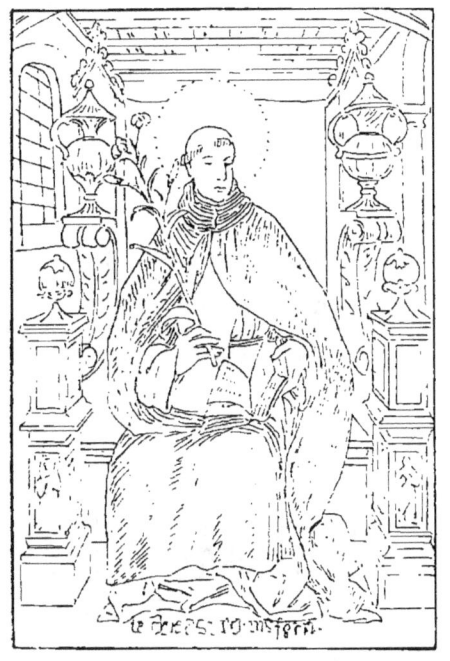
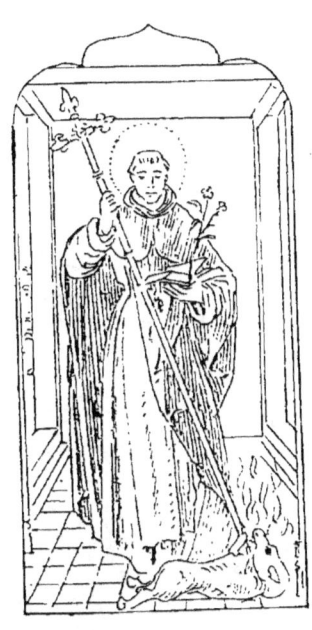
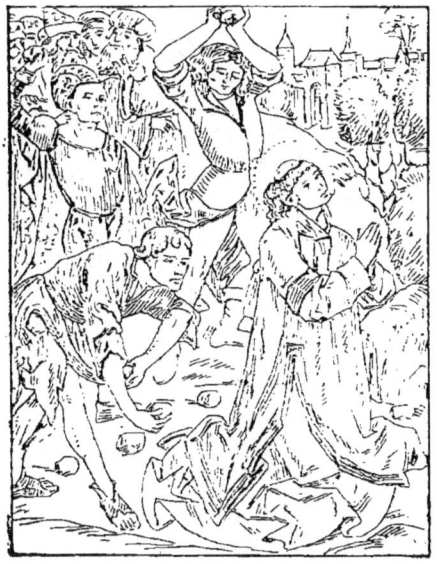

1. Coll. Lazaro à Madrid. F. de Castro, S. Dominique. — *L'Art et les artistes*, sept. 1912, p 246.

2. Même coll. Même sujet. Ecole de Berruguete. — *Ibid.*, p. 249.

3. Munich. Musée national 54. Ecole de Munich vers 1480 (a été aussi attribué à Kulmbach). Lapidation de S. Etienne.

38 SAINTES DOROTHÉE, CATHERINE, MADELEINE

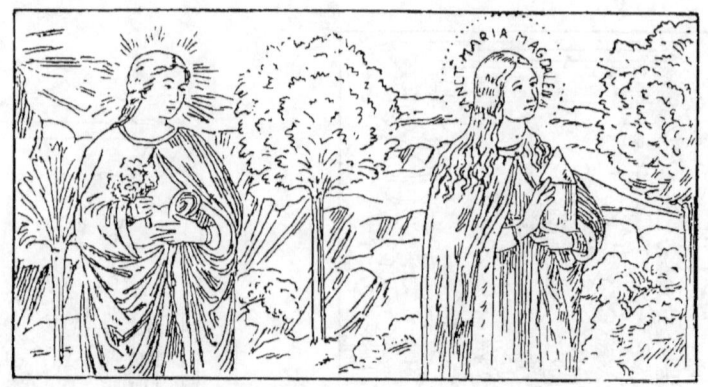

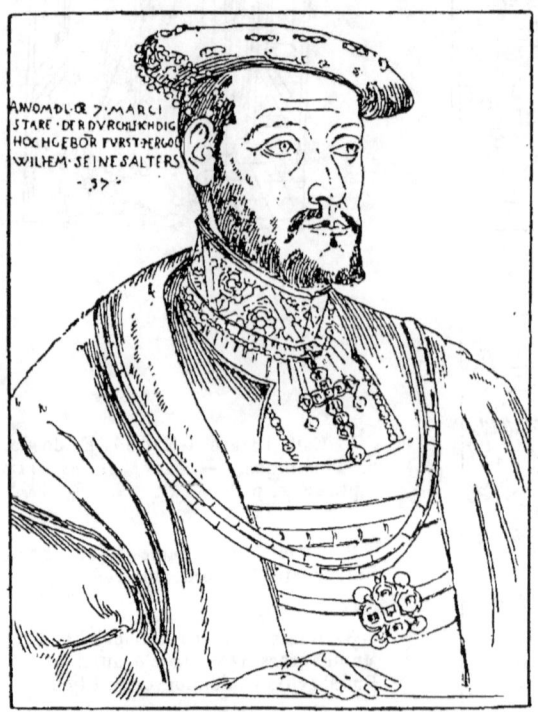

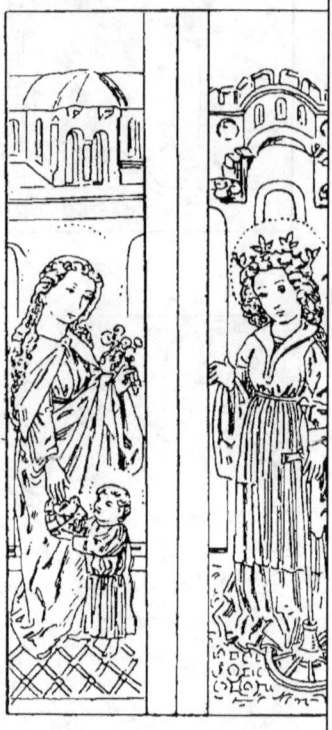

1. Béziers 192. Benozzo Gozzoli (Berenson, *Flor. painters*, p. 113). Ste Dorothée Ste Madeleine
2. Augsbourg. Maximilianeum. Chr. Amberger. Le duc Guillaume IV.
3, 4. Munich. Musée national 249-50. Ecole de Conrad Witz. Ste Dorothée et Ste Catherine

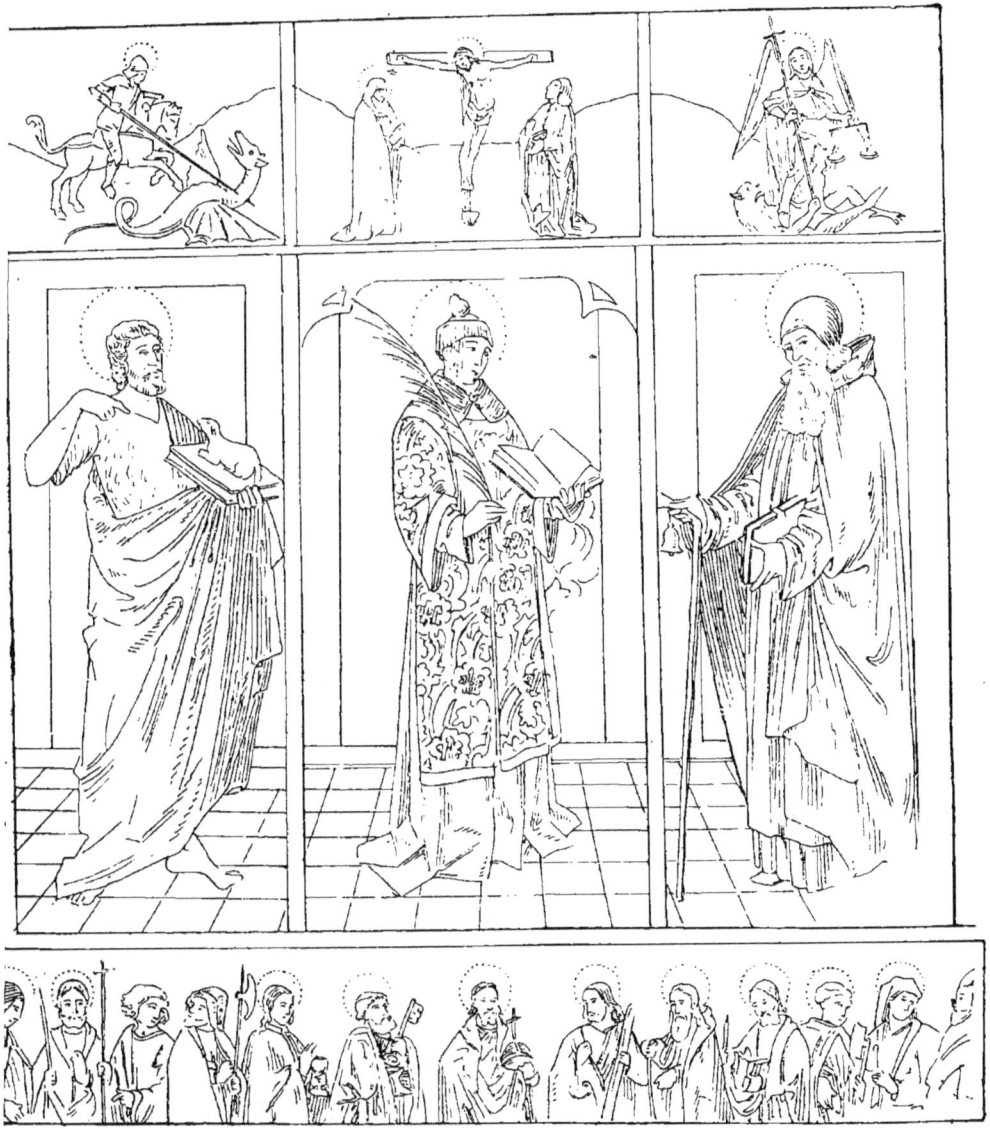

Chapelle de Saint-Etienne à Gréolières (Alpes-Maritimes). Ecole de Nice. Retable de S. Etienne. Panneau central : S. Etienne entre S. Jean-Baptiste et S. Antoine ermite. Au dessus, Jésus en croix, S. Georges et S. Michel. Sur la prédelle, Jésus et les apôtres. — Exposition rétrospective de Nice, n. 11 (p. 50 du catalogue); *Burlington Magazine*, XXI, 1912, p. 153.

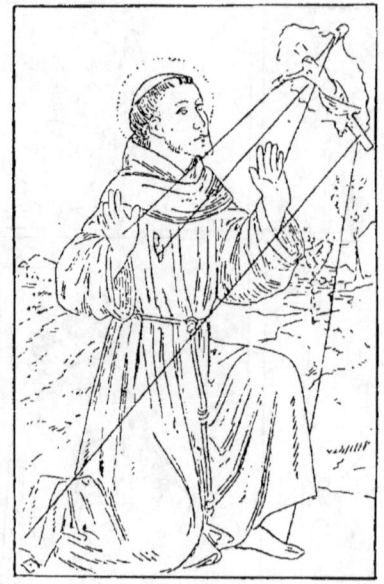

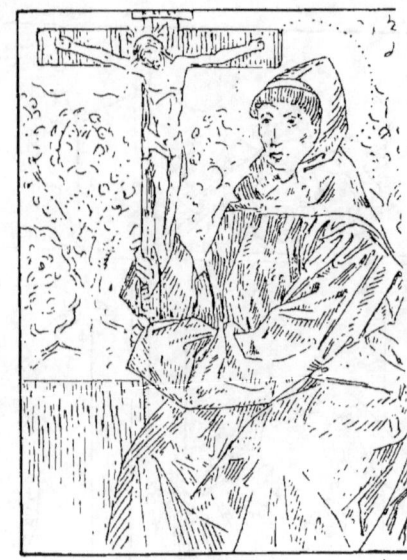

1. Milan, Brera (don de Sipriot). A. Borgognone. S. François recevant les stigmates. — *Arte*, 1893, p. 394.

2. Lisbonne. Ecole de Nuno Gonçalves. S. François.

3. Madrid 412. Titien. Portrait d'un chevalier de S. Jean de Malte. — O. Fischel, *Tizian*, 61.

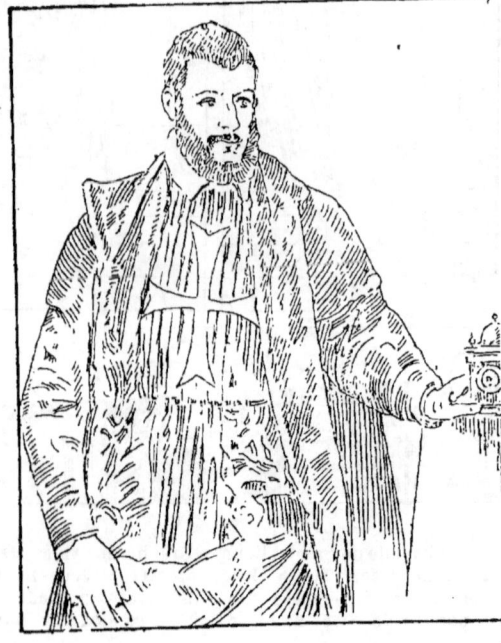

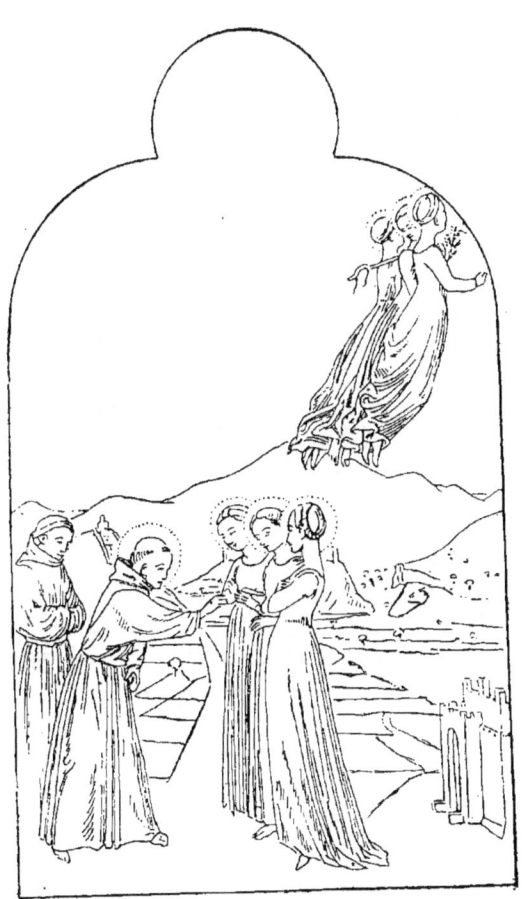

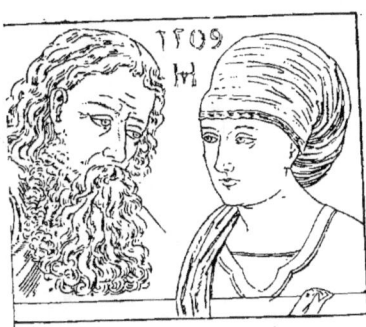

1. Chantilly 10. Sassetta. Rencontre de S. François avec les trois jeunes filles; le saint épouse en elles la Pauvreté, la Chasteté et l'Humilité. Anc. coll. Reiset. Chef-d'œuvre. D'autres portions de ce polyptyque sont dans les coll Chalandon, Berenson (infra, p. 42, n. 1) et Martel. — Burlington Magazine, 1903, I, p. 318; L'Art et les artistes, nov. 1919, p. 98.

2. Nuremberg 211. Ecole de Nuremberg. Double portrait daté de 1509.

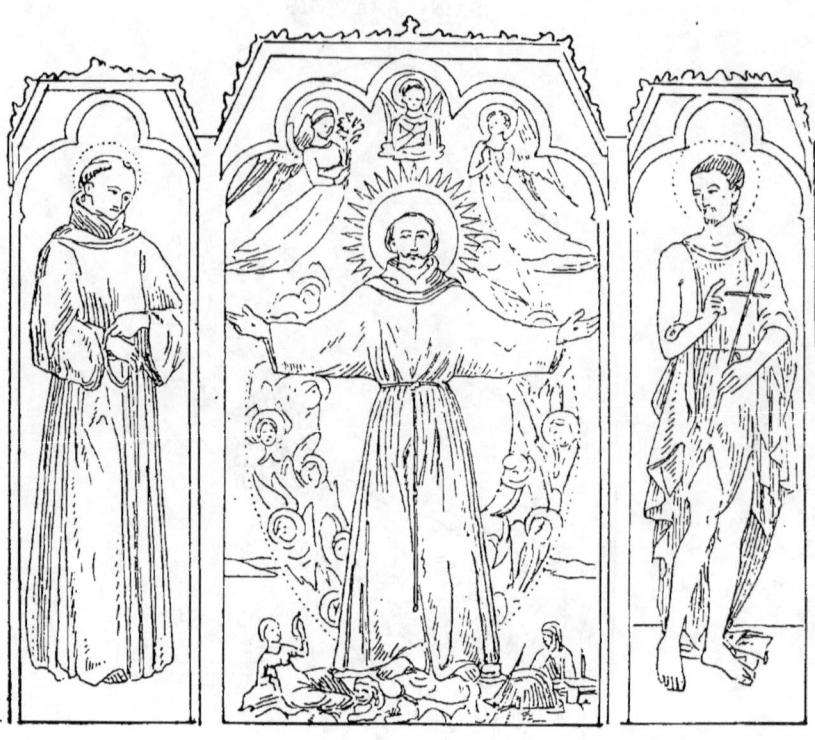

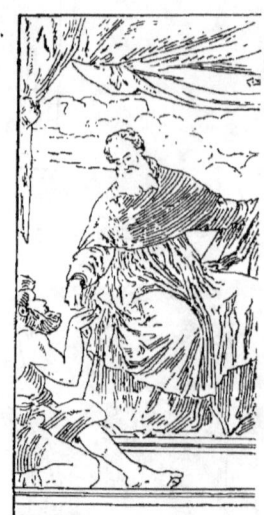

1. Coll. Berenson à Settignano. Sassetta. S. François en extase ; sur les volets, le bienheureux Raineri Rasini et S. Jean-Baptiste. Le panneau central a déjà été donné (IV, 549). — *Burl. Mag.*, 1903, III, p. 32; *L'Art et les artistes*, nov. 1919, p. 103.

2. Venise. San Giovanni Elemosinario. Titien. La charité de S. Jean Hospitalier. — O. Fischel, *Tizian*, 55.

. Naples. Sacristie de l'église
iciscaine de S. Lorenzo à Naples.
ibué (par Bredius) à Simon Mar-
n, puis (par Bertaux) au peintre
ilan de Valence Jacomart Baço,
elé à Naples en 1440 par le roi
honse d'Aragon. S. François don-
t sa règle. — *Revue de l'art*,
7, II, p. 349; *Bulletino d'arte*,
8, p. 463.

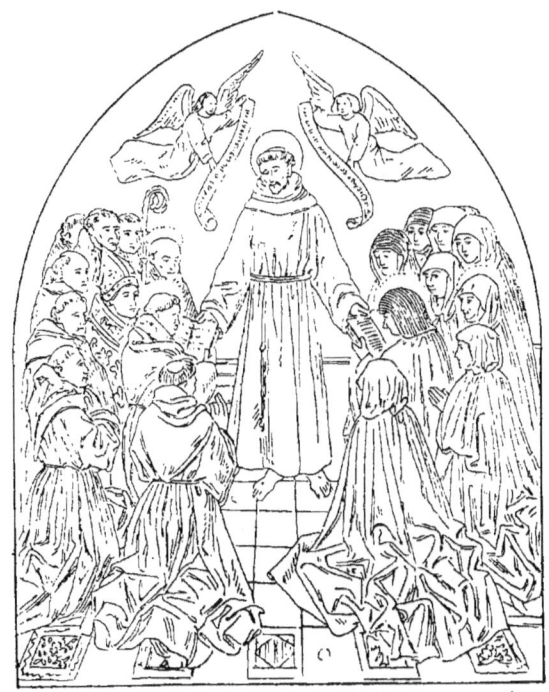

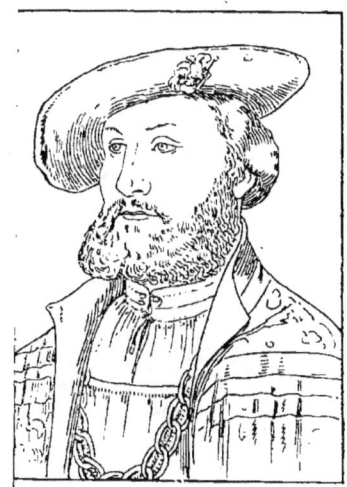

2. Augsbourg 118. École du Haut-Rhin,
1530. Portrait présumé du comte Ulrich de
Wurtemberg.

SAINT FRANÇOIS

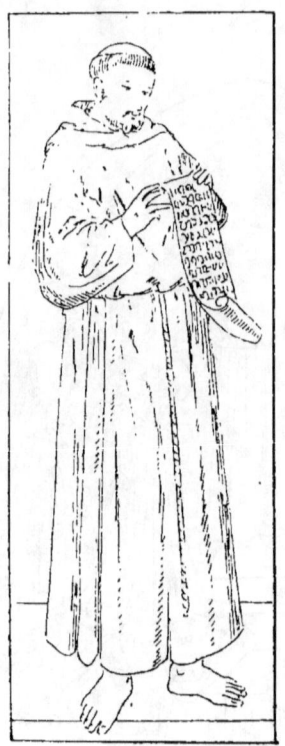
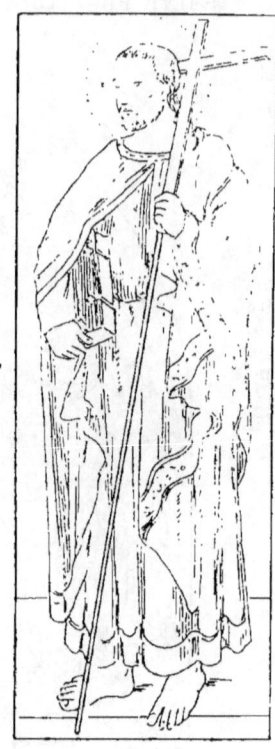

1. Vente Ferroni, avril 1909 (prov. de Nevin). École toscane. çois et S. Philippe rence (?)

2. Coll. Schickler à puis chez Hamilton à Ne Botticelli. Portrait de — *Art in America* p. 26.

3. Stuttgart. Attribué berger. Portrait de femm

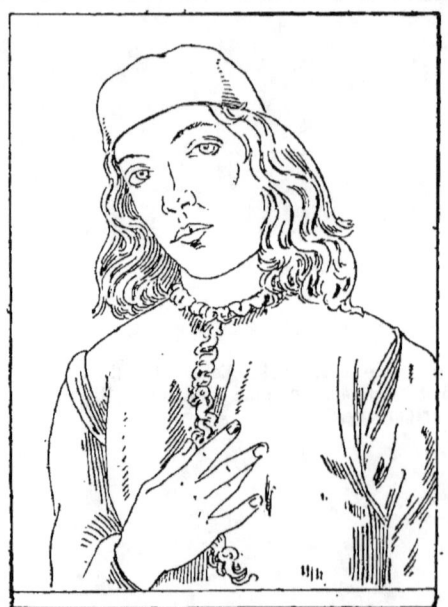
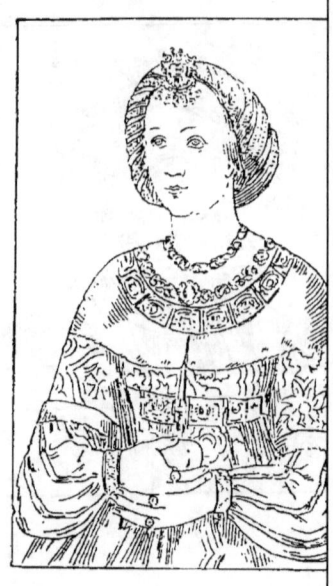

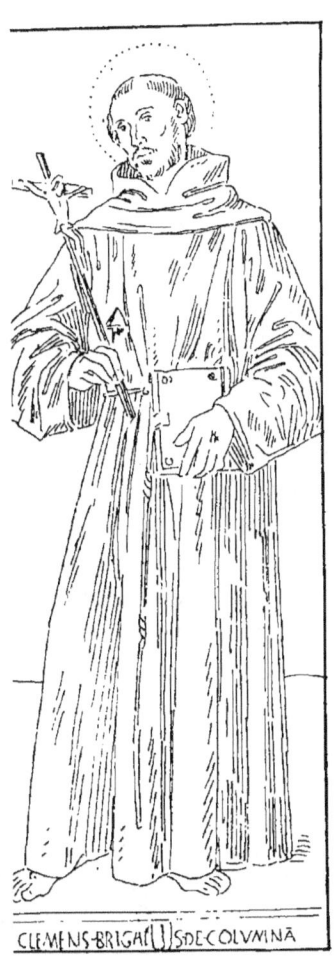 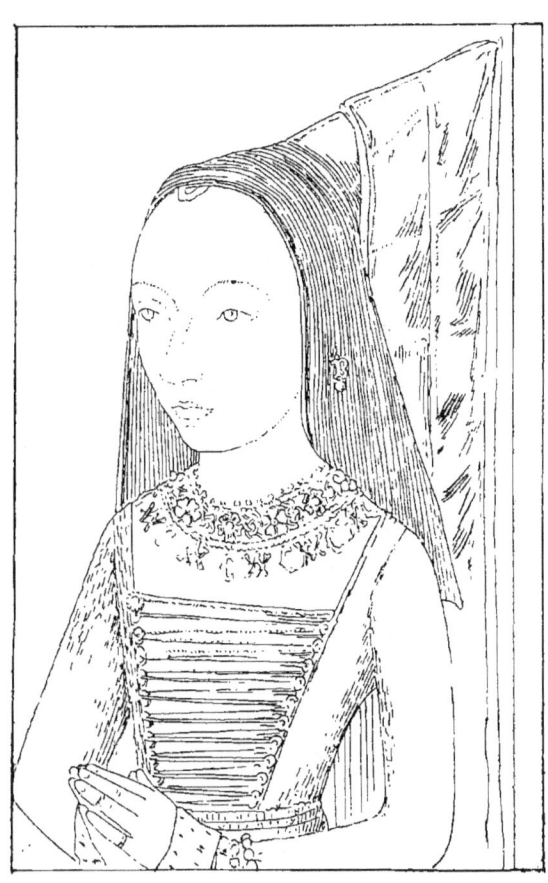

1. Coll. Platt à Englewood (E. U.). Antoniazzo Romano. S. François d'Assise. — *Rassegna d'arte*, 1910, p. 100.
2. Autrefois chez Dowdeswell à Londres, puis à Paris dans le commerce. École de Bourogne (?) Portrait d'une jeune femme en prière.

46   SAINT GEORGES

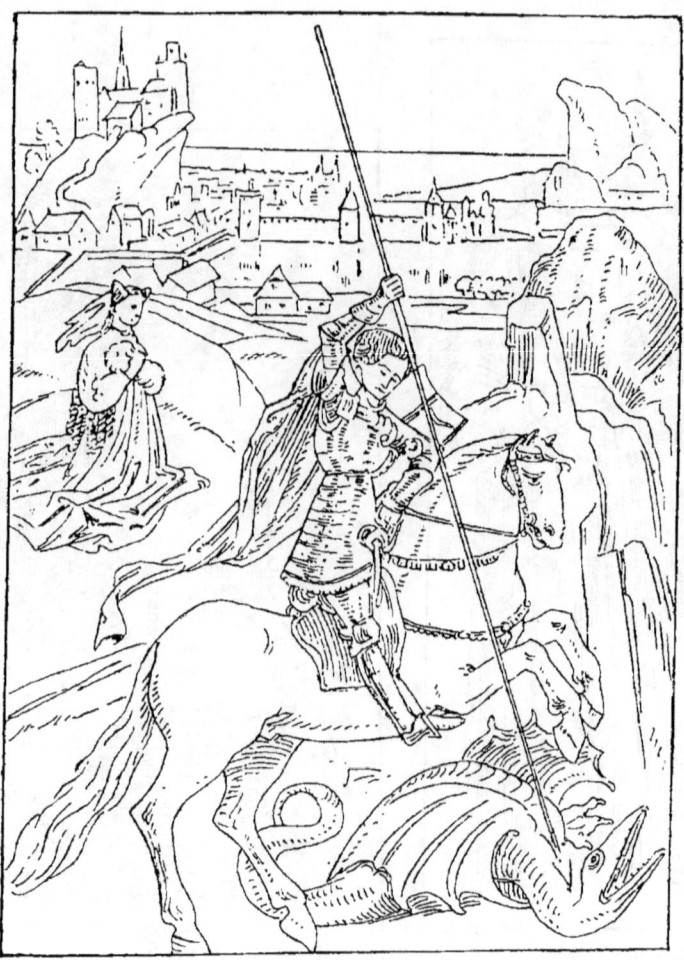

Collection du général Plaoutine à Petrograd; exposé au Burlington Club en 1921. A[ttribué]
à J. ou à H. van Eyck, ou encore à un miniaturiste de l'école de Campin ou à C. Witz. « [Mer]-
veille de minutie, ce tableau rappelle les meilleures miniatures des Heures de Turin [et]
les dépasse, ainsi que toutes les autres peintures de l'époque des van Eyck, par le fini m[icros]-
copique. » (Martin Conway, *The Van Eycks*, p. 63). D'après une phot.

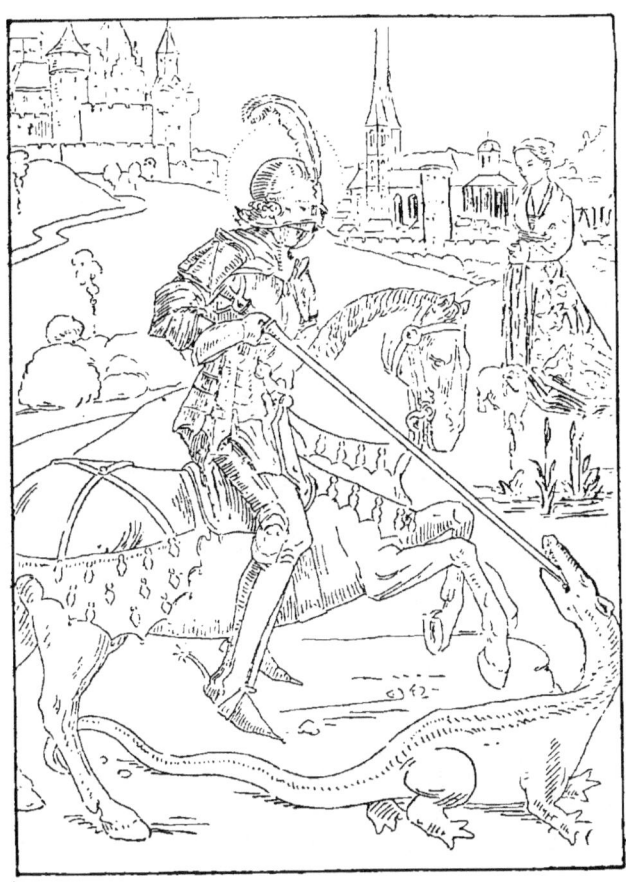

Nördlingen. Friedrich Herlin. S. Georges. — Heidrich, *Altdeutsche Malerei*, 44.

48 SAINT GEORGES

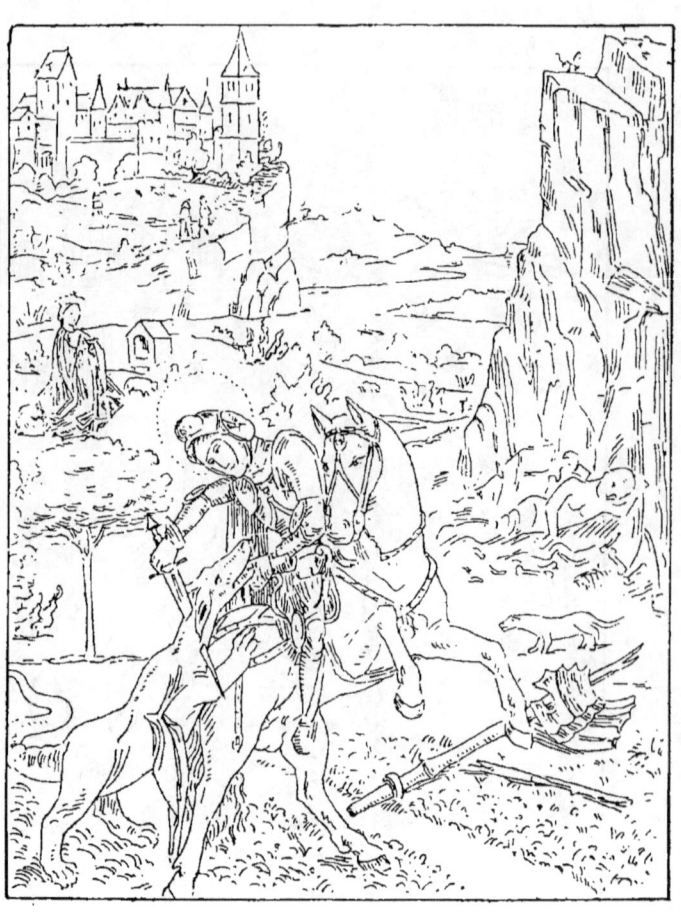

Bâle 31. Ecole de Souabe (ou de Bâle) vers 1445. S. Georges. Tableau provenant de l'église S. Martin à Sierenz, Haute-Alsace. — Heidrich, *Altdeutsche Malerei*, 28.

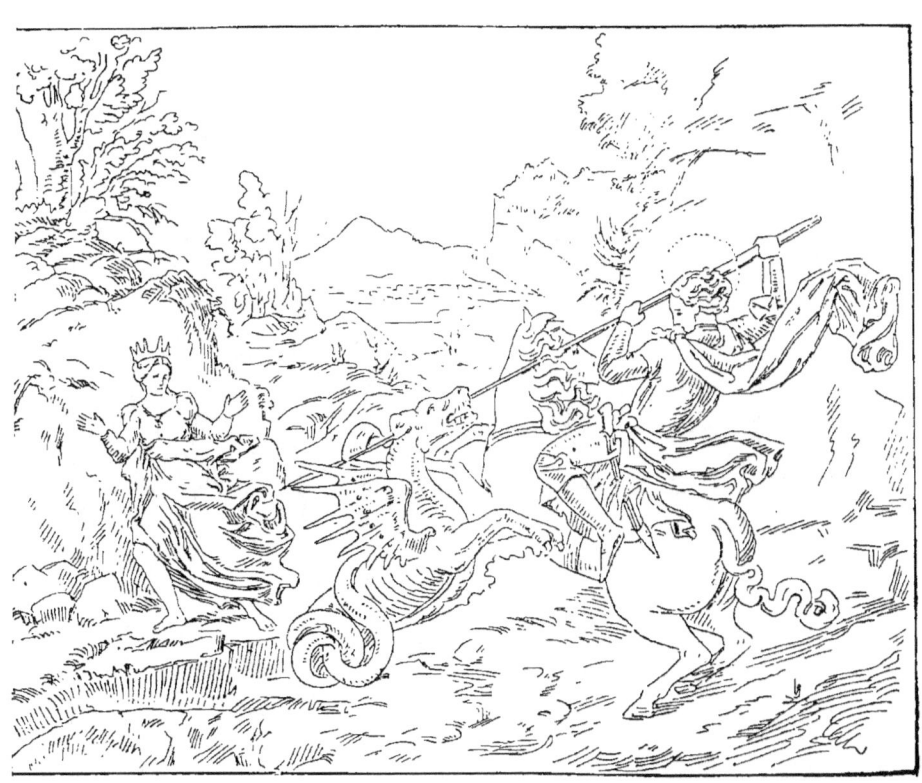

Rome. Musée National (palais Corsini), 3724. Attribué par Venturi à Giorgione. S. Georges combattant le dragon en présence de la princesse qui s'enfuit. — *Arte*, 1900, p. 216 ; *Les Arts*, 1902, n. 8, p. 17 ; Cook, *Giorgione*, p. 91 ; Lafenestre et Richtenberger, *Rome*, t. II, p. 83.

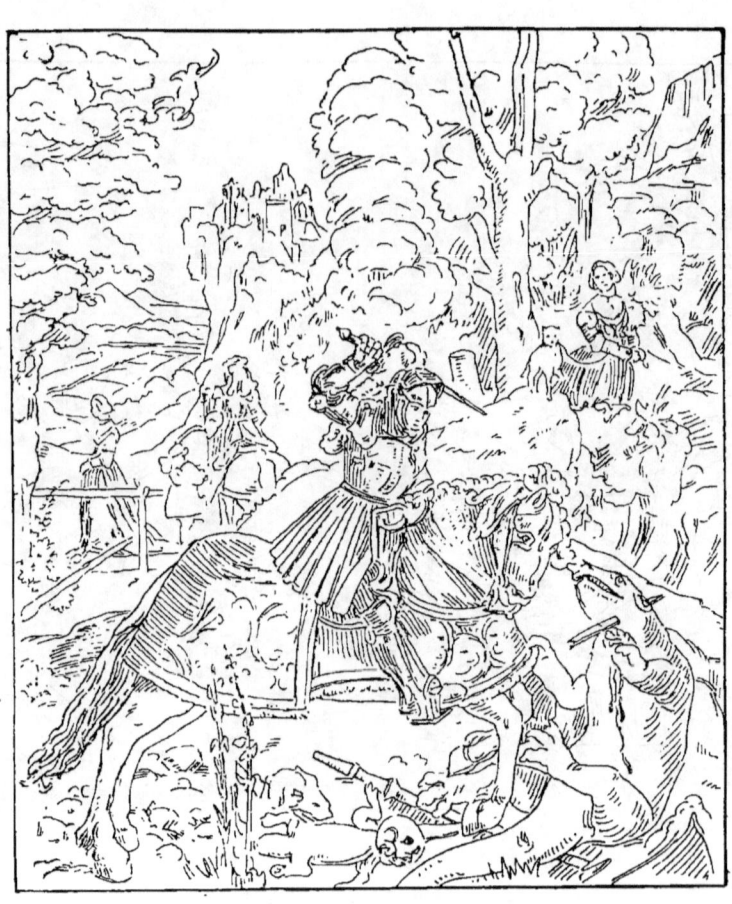

Vienne 1431. Attribué à Leonhard Beck († 1512 à Augsbourg). S. Georges. L'ange haut à g.) est une addition du XVIIᵉ siècle. — Heidrich, *Altdeutsche Malerei*, 175.

SAINT GEORGES

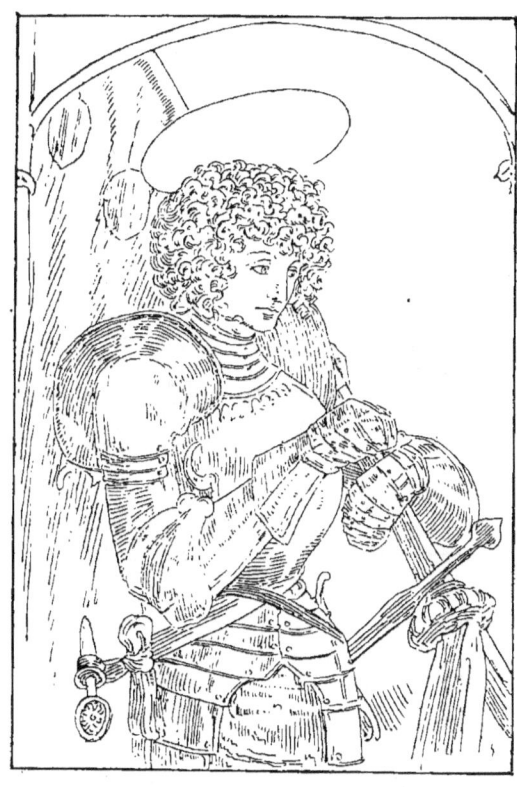

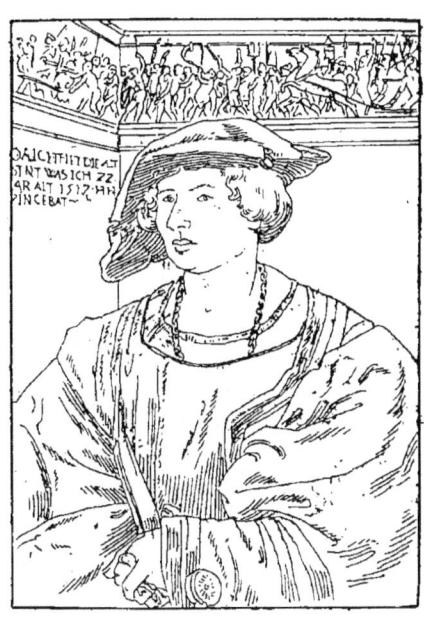

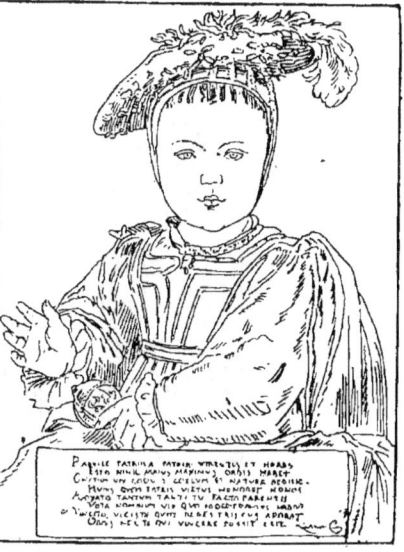

1. Nüremberg 212. Hans von Kulmbach S. Georges portant un drapeau rouge. — Heidrich, *Altdeutsche Malerei*, 116.

2. New-York. Holbein le jeune. Portrait de Benedikt von Hertenstein, 1517. — Ganz, *Holbein*, 15.

3. Hanovre. Holbein le jeune. Portrait d'Édouard, prince de Galles. 1539. — Ganz, *Holbein*, 122.

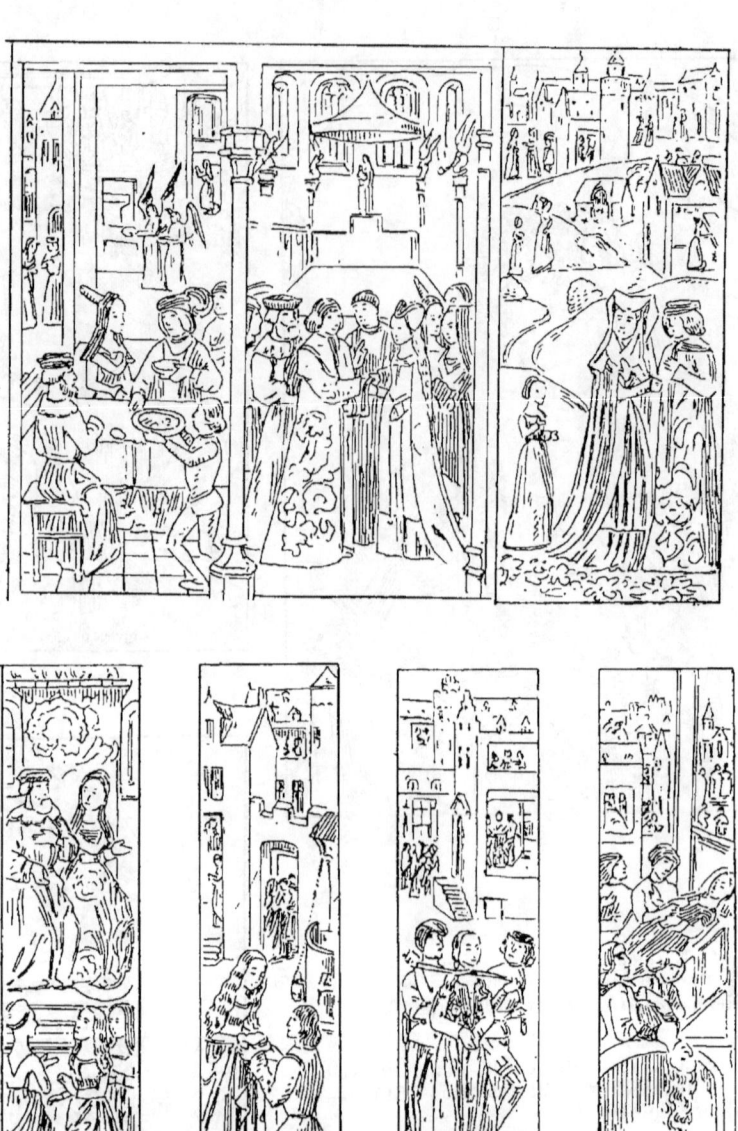

New-York, Metropolitan Museum. École flamande. Légende de Sᵗᵉ Godeliève, qui étranglée par ordre de son mari Bertolf (de Ghistelles) et jetée dans un puits. — Dollfus, Paris, mai 1912, n. 87, avec phot.; *Bull. Metrop. Mus.*, 1912, p. 126.

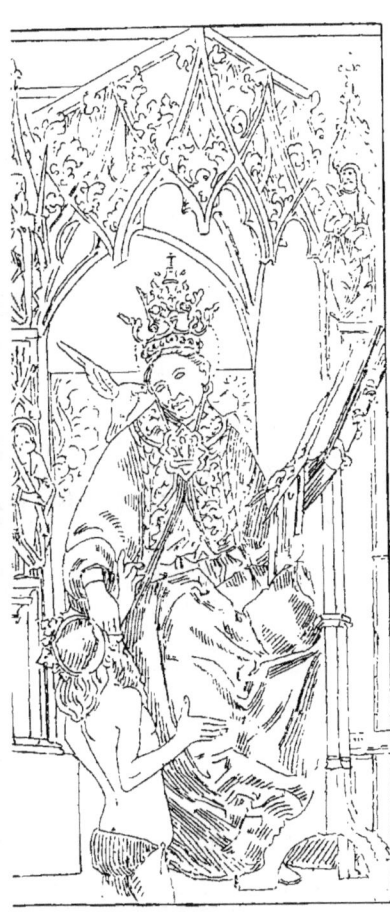

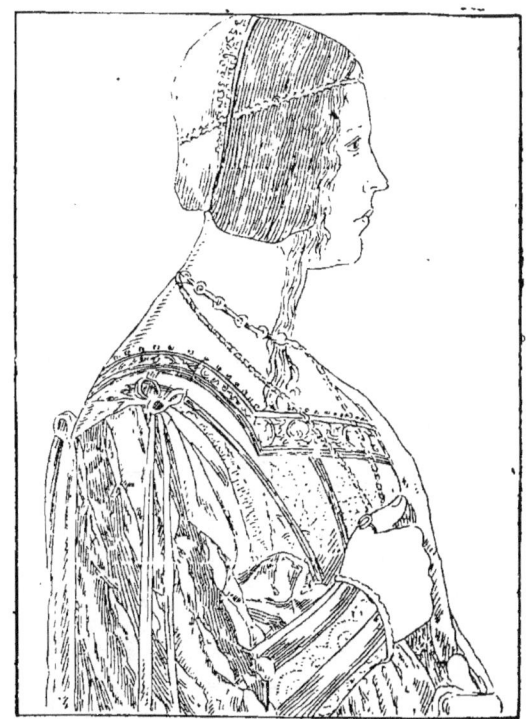

2. National Gallery 803, Marco Marziale. Portrait de Doralice Raimondi, femme de Tommaso Raimondi ; détail d'une circoncision signée, peinte en 1500. — H. Schulze, *Weibliches Schönheitsideal*, 44.

1. Munich 2598 (anc. 298 a). Michael Pacher S. Grégoire pape retire Trajan des flammes de l'Enfer, sous l'inspiration de la colombe du Saint-Esprit. Pendant d'un autre panneau représentant S. Augustin causant avec l'enfant qui tient une cuiller pour épuiser l'eau de la mer. Ce sont des parties d'un retable de Brixen (1491) dont les autres sont aussi à Munich. — Heidrich, *Altdeutsche Malerei*, 78.

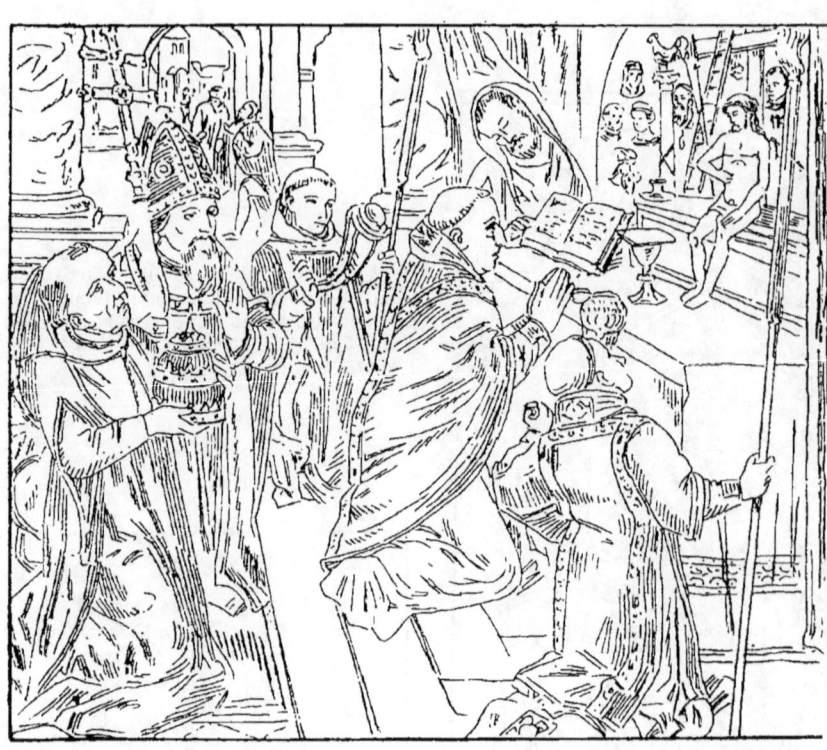

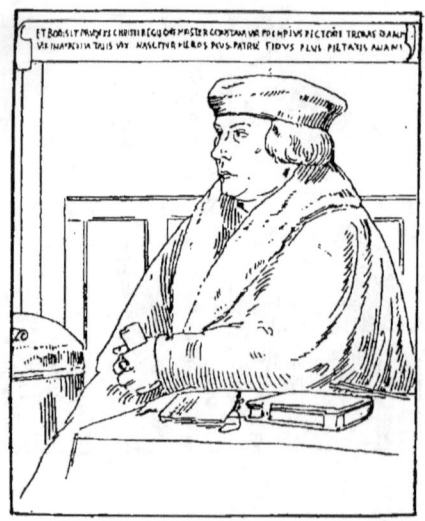

1. Vente Helbing. 8 mars 1911. Petrus N laus Moraulus (probablement identique à Pi Claessens de Bruges). Messe de S. Gréga Signé : *Petri Nicolai Moraulı Brugis Flandria in platea quae dicitur De O Sack*. Ancienne collection Sepp à Mun 65 × 78. — H. J. Weale, art. *Claeis (Pieter I)* dans Thieme et Becker, p. 33.

2. Coll. Frick à New-York (jadis chez l Caledon à Tittenhanger). Holbein le je Portrait de Thomas Cromwell. — *Burl. M* oct. 1911, p. 6; Ganz, *Holbein*, 106.

SAINT HONORAT, SAINT CLÉMENT, SAINT LAMBERT

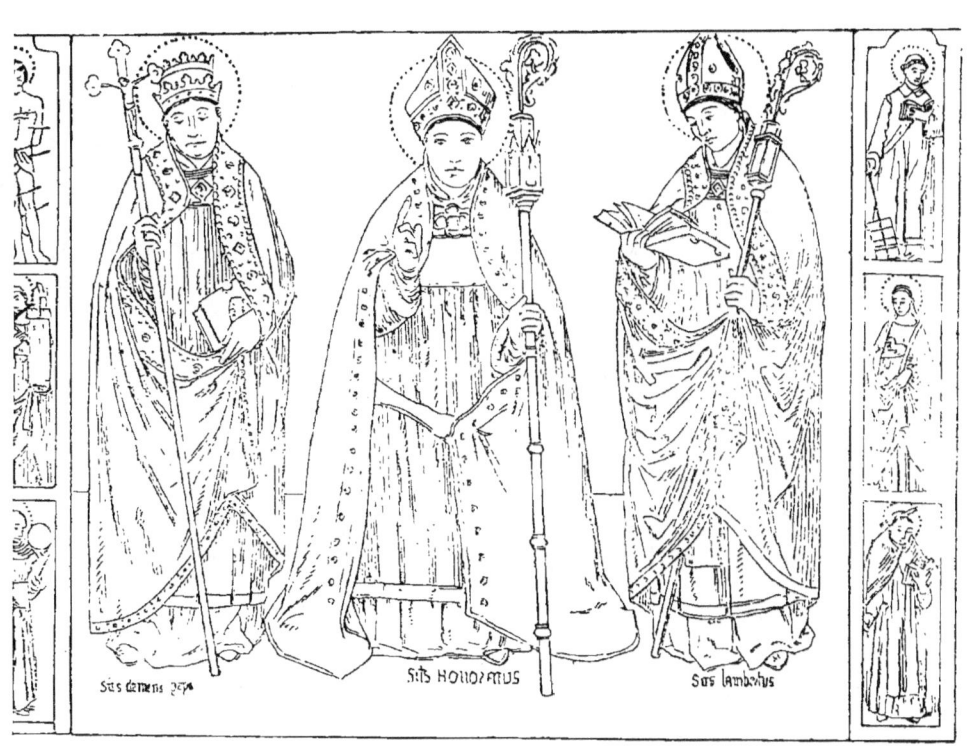

Grasse. Cathédrale, École de Nice. S. Honorat, évêque, entre S. Clément, pape, et S. Lambert, évêque de Vence. A g., S. Sébastien, S¹ᵉ Barbe, S. Bernardin de Sienne; à dr., S. Pierre Martyr, S¹ᵉ Agnès et S. Laurent. — Exposition rétrospective de Nice, n. 10, p. 49 du catalogue.

56   SAINT HONORÉ, SAINT HUGUES

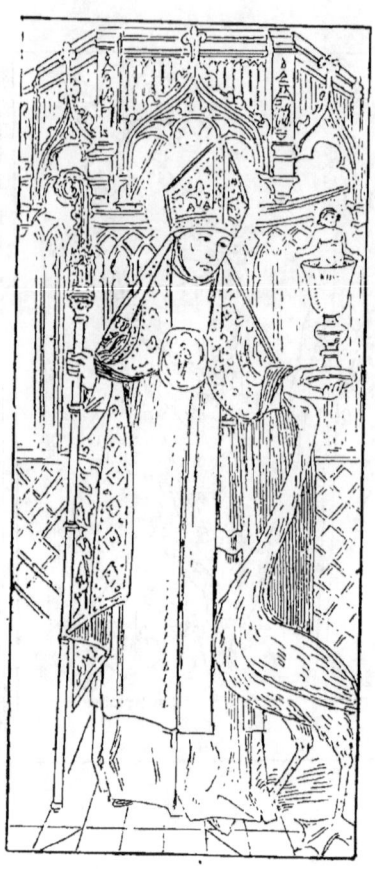 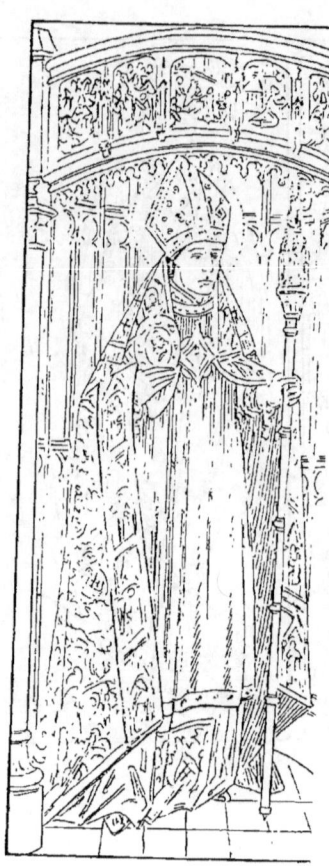

Chicago, coll. Martin Ryerson ; vente Kræmer, Paris, 2 juin 1913, n. 22 et 23. d'Amiens. S. Hugues, évêque de Grenoble (le cygne symbolise la vie solitaire) et S. H évêque d'Amiens (ce dernier déjà donné plus haut, II. 619). Prov. de l'ancienne char de S. Honoré au faubourg Thuison-les-Abbeville ; ces tableaux, qui ornaient avec d'au grand autel, furent donnés avant 1440 au prieur par Philippe le Bon.

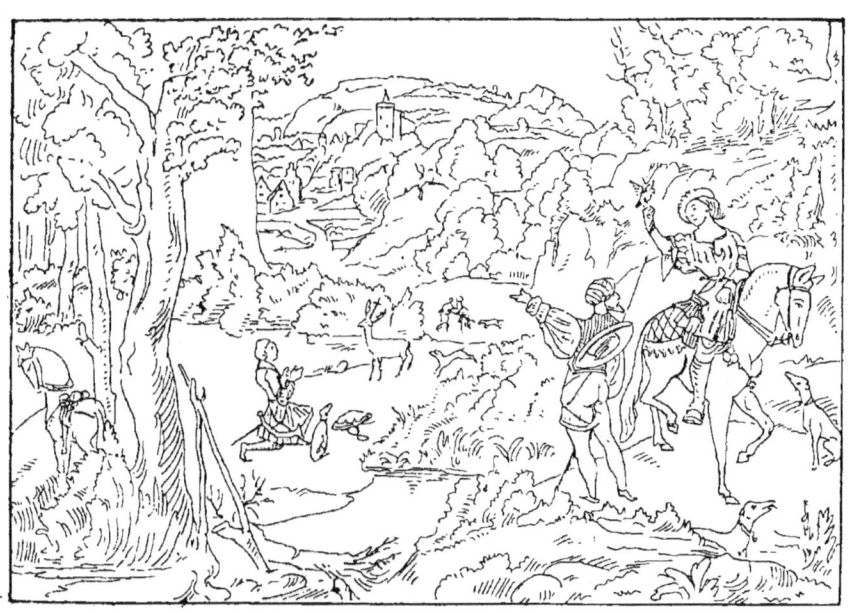

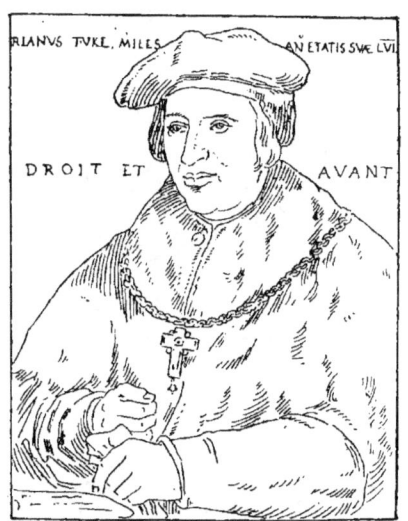

1. Vente Watelin, Paris, 17 novembre 1919. Attribué à Herri met de Bles, dit Civetta. Chasse et vision de S. Hubert.

2. Coll. W. B. Dickermann à New-York (jadis chez Miss Guest à Londres). Holbein le jeune. Portrait de Sir Bryan Tuke. — Ganz, *Holbein*, 79.

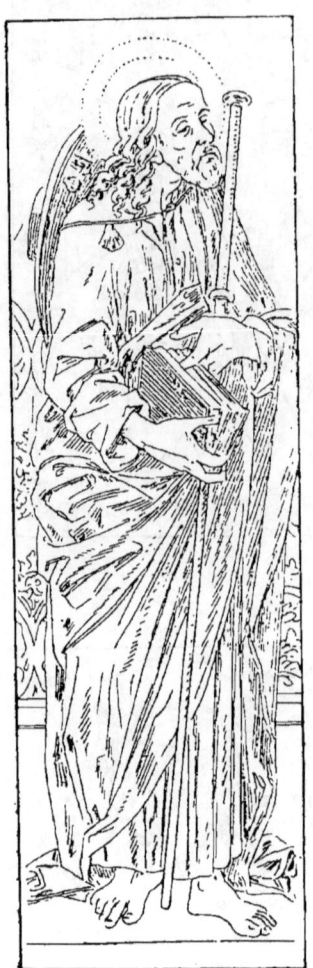
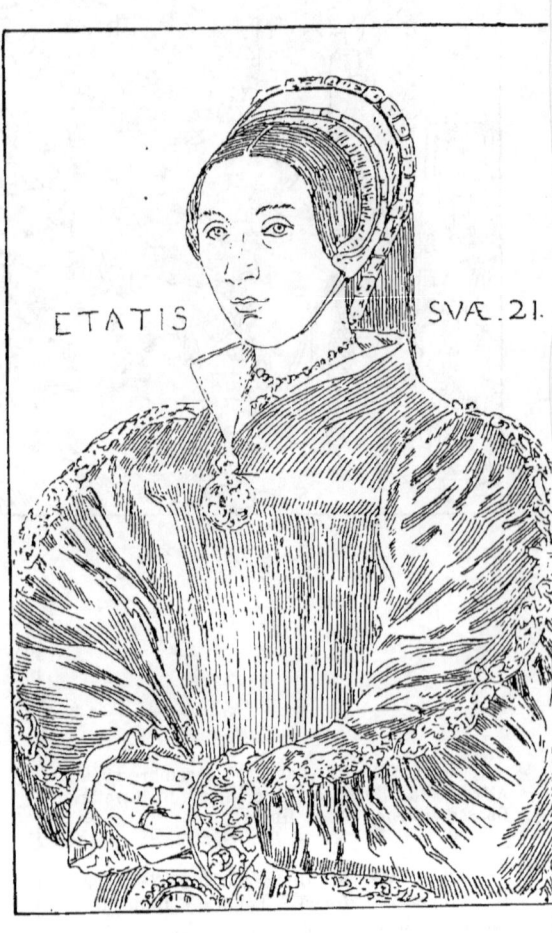

1. Collection F. L. Babbott à Brooklyn. Carlo Crivelli. S. Jacques le Majeur. Autref
chez Sir C. A. Turner à Londres. — *Rassegna d'arte*, 1911, p. 207.
2. National Portrait Gallery 1119. D'après Holbein. Catherine Howard, reine d'Angleterre (154
L'original, longtemps perdu, reparut à Londres en 1910 et fut vendu au Canada (Coll. Jam
H. Dunn). — P. Ganz, *Holbein*, 126 (l'original); *Les Arts*, 1902, n. 12, p. 11 (la copie).

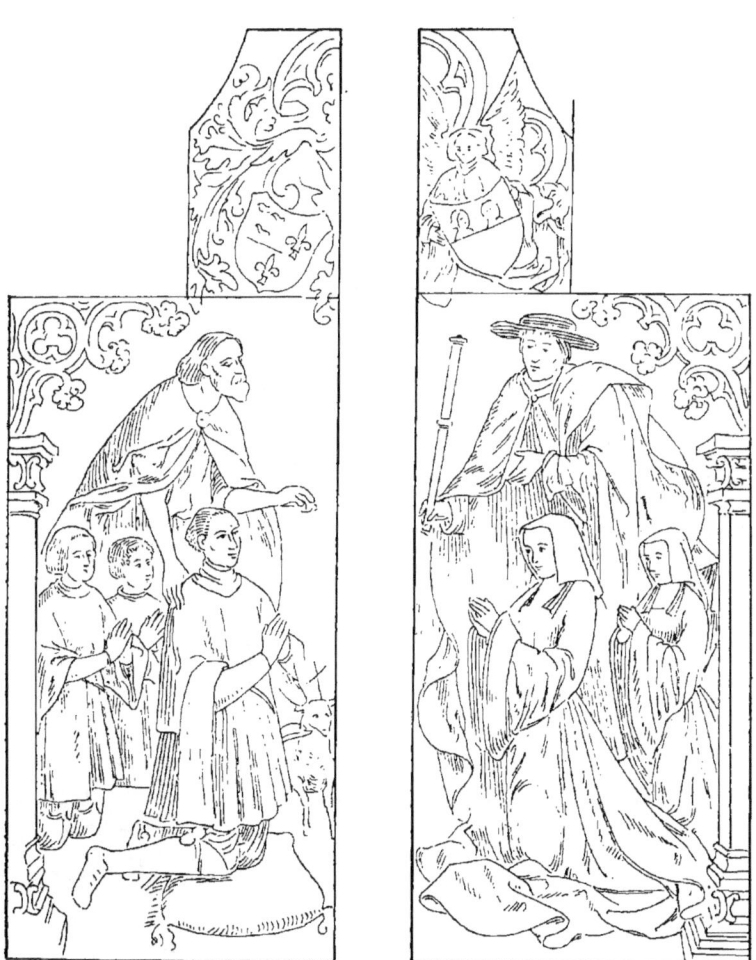

Lierre près Anvers. Goossens (Gossuin) van der Weyden. Volets du triptyque Colibrant (cf. *supra*, V, p. 59). Jean Baptiste Colibrant et sa femme Jacqueline protégés par S. Jean-Baptiste et S. Jacques le Majeur. — *Burlington Magazine*, nov. 1914, pl. à la p. 69.

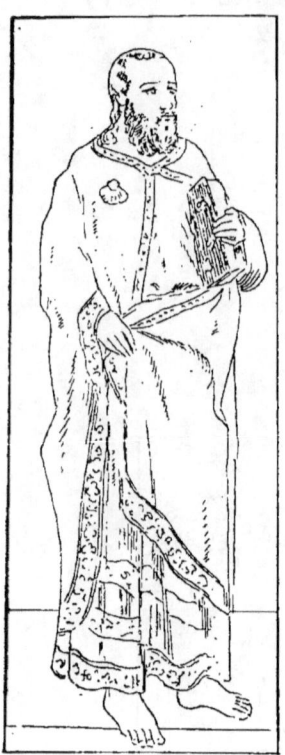
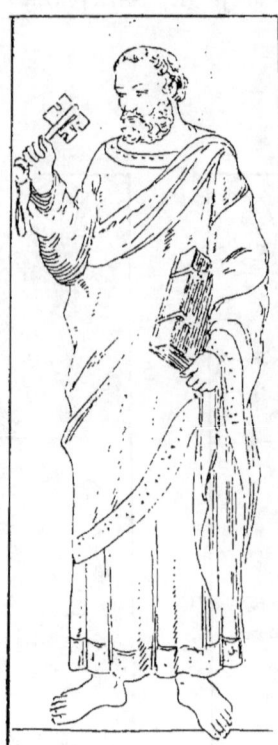

1. Vente Ferroni, Rom[e]
avril 1909. Ecole des Marches.
S. Jacques Majeur et S. Pier[re].
Ancienne collection Nevin.

2. Augsbourg 177. Hermann Tom Ring. Un savant oriental.

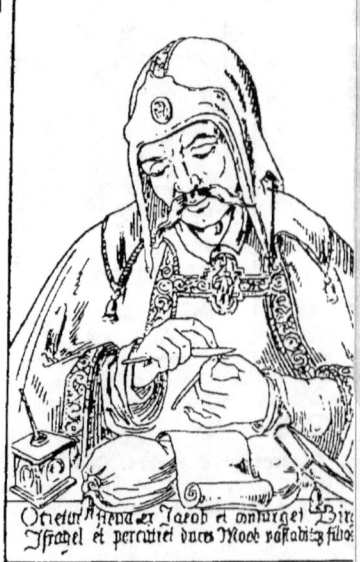

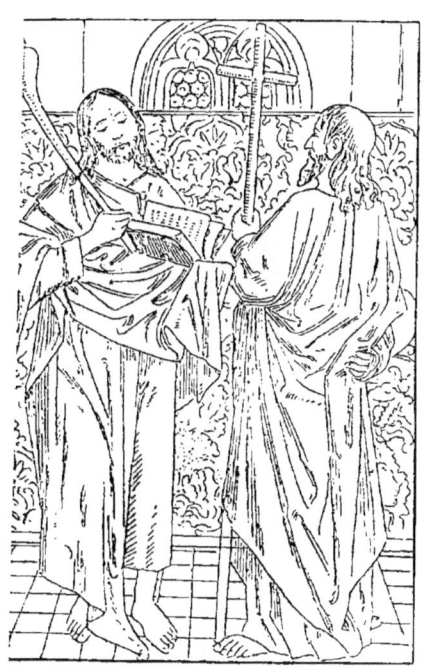 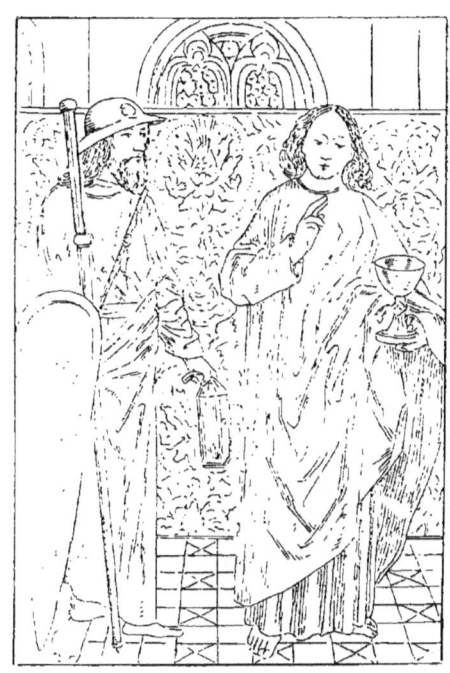

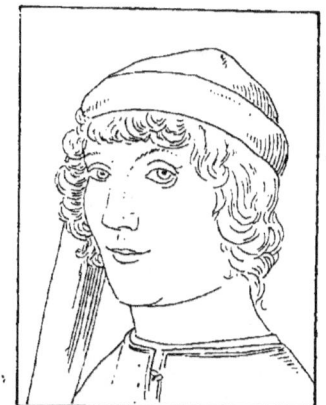

1, 2. Autrefois chez Böhler à Munich. Volets attribués au maître de la Sainte Parenté (*Sippenmeister*). Jésus ressuscité apparait à S. Jacques Mineur (caractérisé par la massue, instrument de son supplice); S. Jacques Majeur et S. Jean l'Évangéliste.

3. New-York (Coll. Altman). Antonello de Messine. Portrait d'homme. Déjà donné moins exactement, t. I, p. 135. — B. Berenson, *Venetian painters in America*, p. 30.

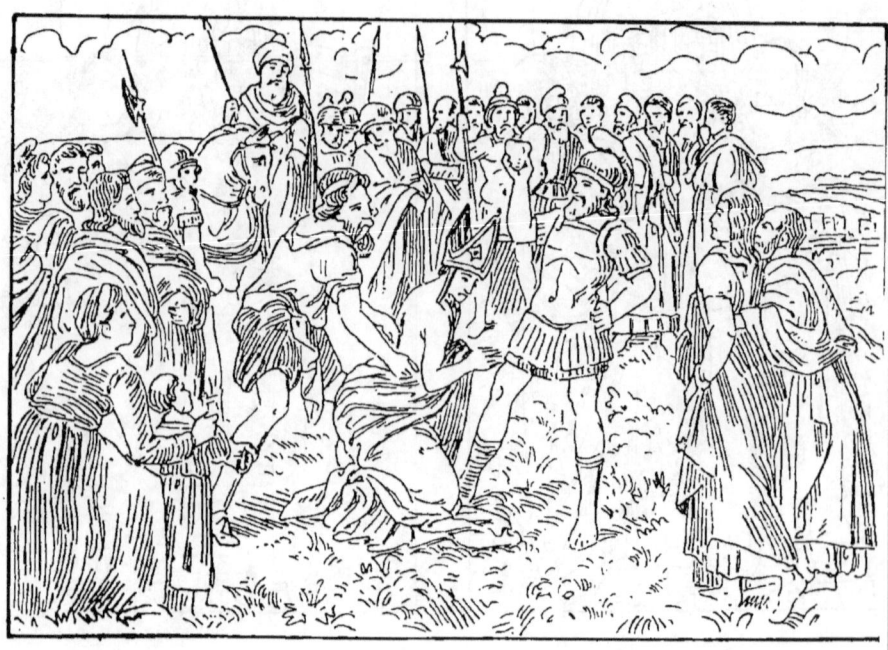

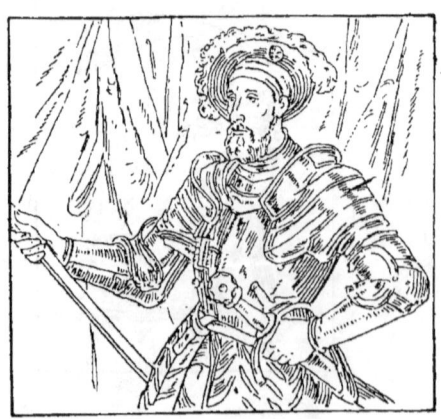

1. Vente Kraemer à Paris, 2 juin 1913, n. 58. Marcellus Koffermans. Martyre de S. Janvier.

2. Dalkeith Castle, chez le duc de Buccleuch. Holbein le jeune. Portrait de Sir Nicholas Carew. — Ganz, *Holbein*, 77.

SAINT JEAN L'ÉVANGÉLISTE

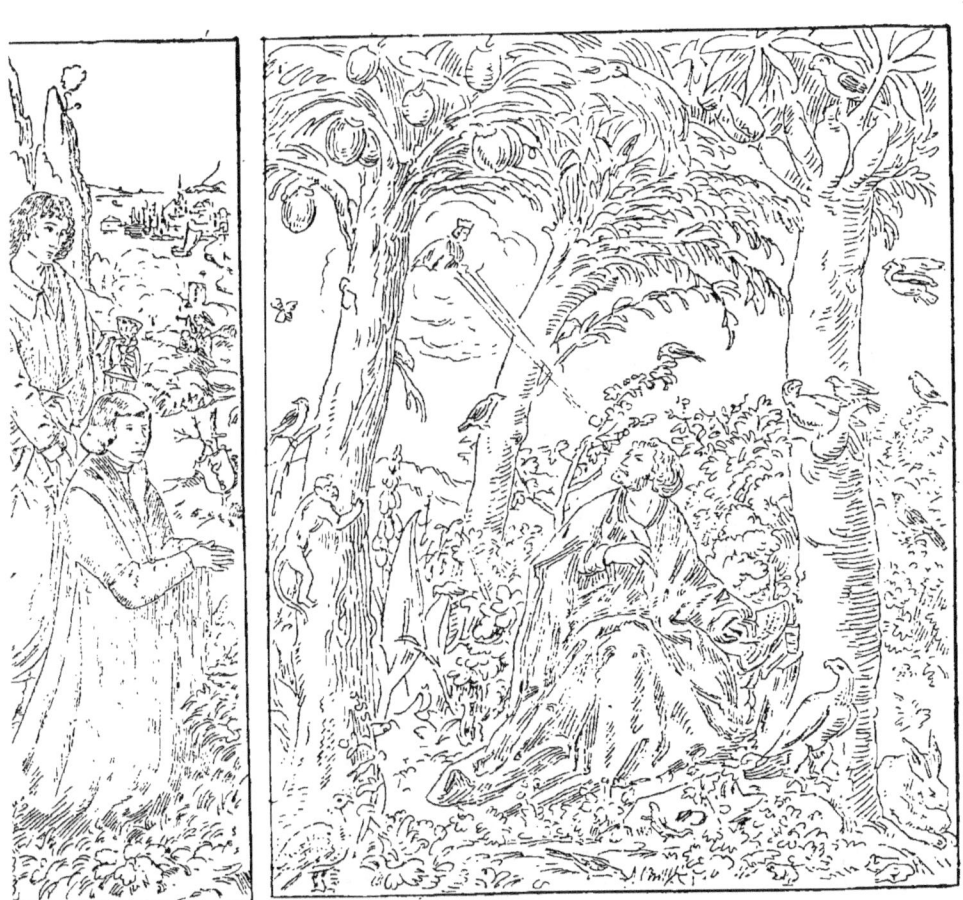

1. Oldenburg. École flamande. S. Jean l'Évangéliste et un donateur. Volet.

2. Munich 685 (anc. 222 a). Hans Burgkmair. S. Jean à Patmos aperçoit la Vierge. Signé et daté, 1518. — Heidrich, *Altdeutsche Malerei*, 173.

SAINT JEAN L'ÉVANGÉLISTE

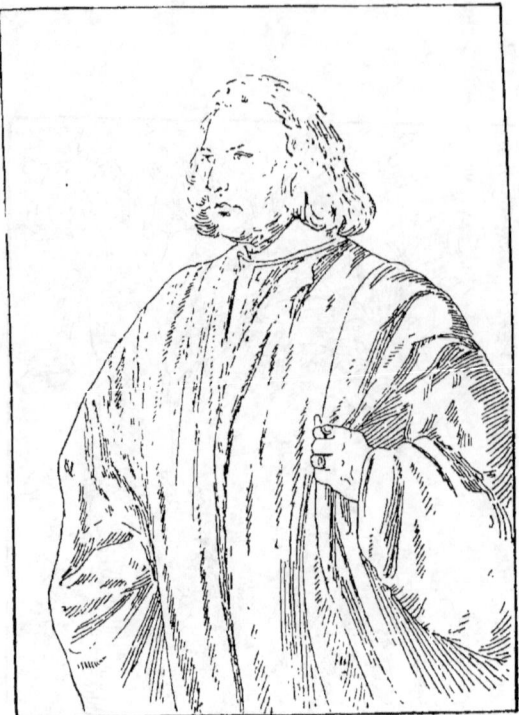

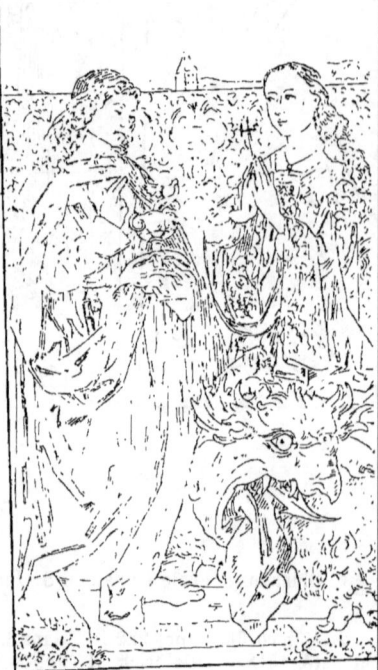

2. Vienne 167. Titien. Portrait présumé du médecin Parma. Attribué par Wickhoff à Domenico Campagnola. — O. Fischel, *Tizian*, 27.

1. Munich 581 (anc. 50). Maître de l'autel de S. Barthélemy (ou de l'autel de Thomas) S. Jean l'Evangéliste et Ste Marguerite. Volet gauche de l'autel de Saint-Barthélemy à Munich, n. 48, provenant de S. Columba à Cologne. Voir l'autre volet plus haut. t. II, p. 574. — Aldenhoven, *Kölnische Malerschule*, pl. 90 et p. 269; Heidrich, *Altniederl. Malerei*, 192.

RÉSURRECTION DE DRUSIANE

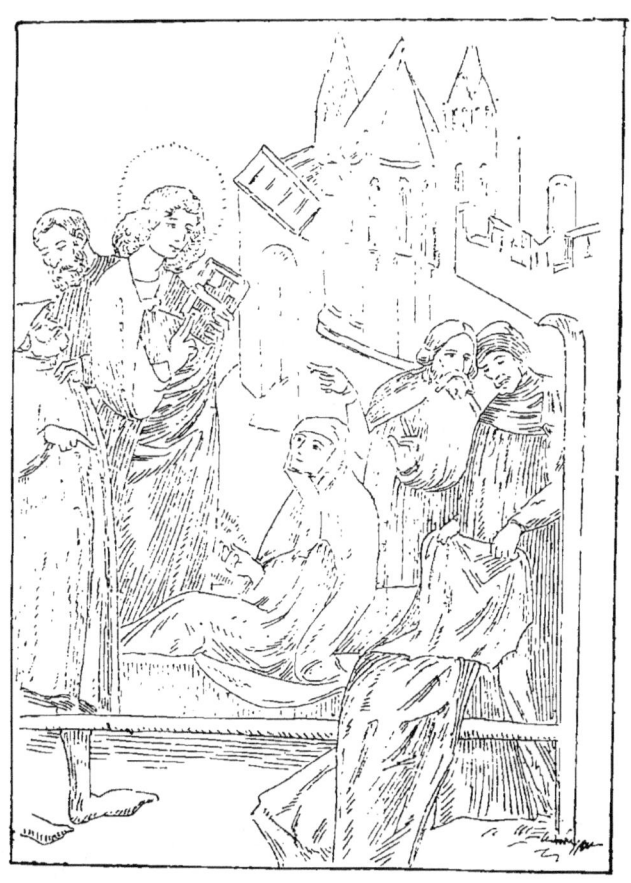

Munich, Musée national 3. École de Munich (vers 1400). Drusiane est réveillée par S. Jean l'Évangéliste. Fond d'or uni. Phot. dans le catalogue.

MARTYRE DE SAINT JEAN L'ÉVANGÉLISTE

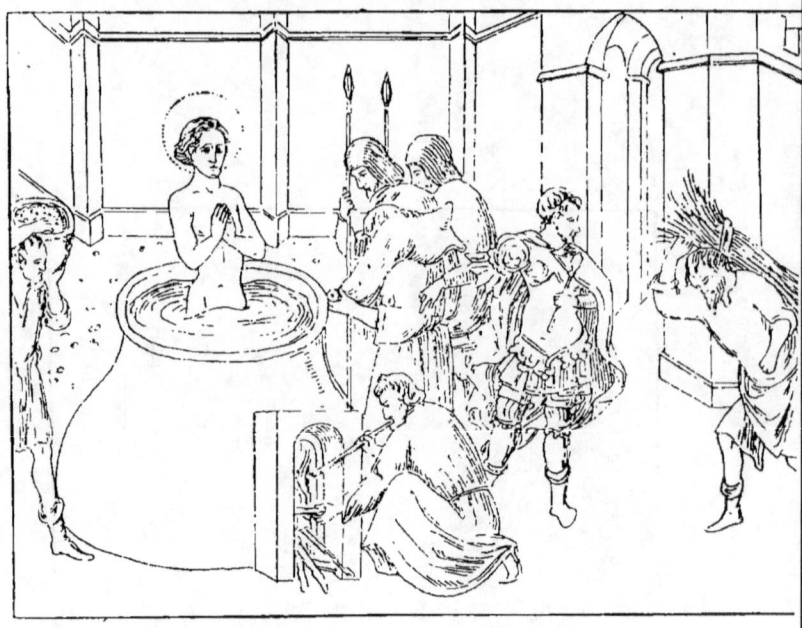

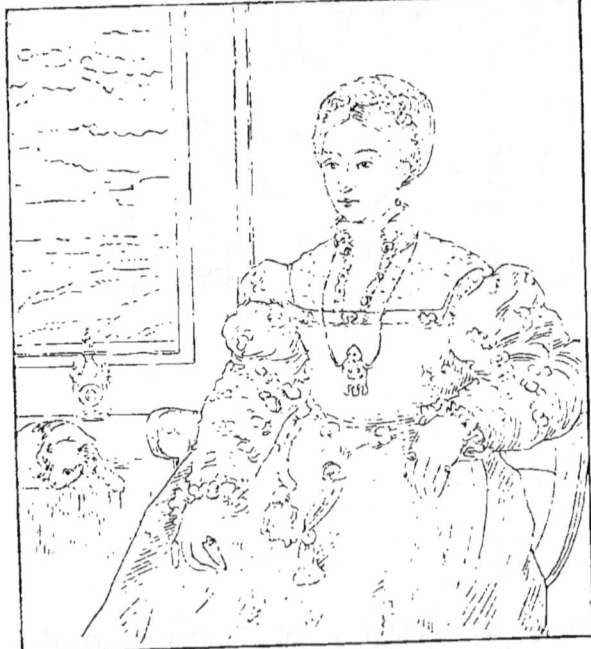

1. Coll. Desmottes (1900, n. 450), puis M Roy. Giovanni di Paolo. de S. Jean l'Évangél l'huile bouillante. — C tin Le Roy, Peinture p. 9.

2. Florence. Uffizi, tien. Portrait d'Éléonor zague, duchesse d'Urbi de Francesco della Rov en 1547 et célébré l'Arétin. — Lafenestr p. 166; Dennistoun. Me the Dukes of Urbino. ton, t II, p. 328; Tizian, 63.

SAINT JÉRÔME 67

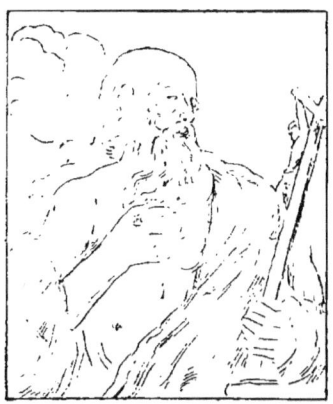

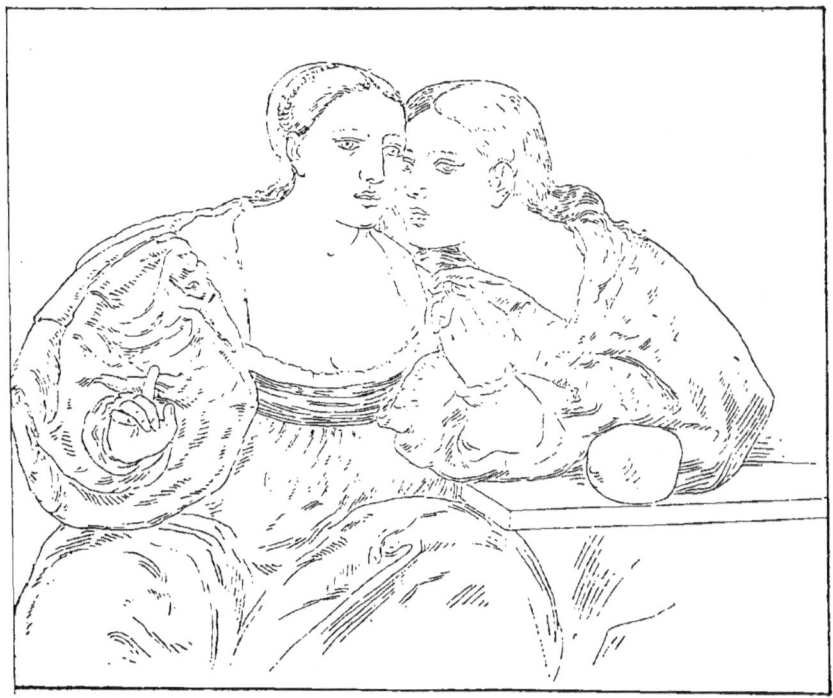

Turin 161. Titien. S. Jérôme se frappant avec une pierre. — O. Fischel, *Tizian*, 152.
Coll. Ridolfi à Sessa près de Milan. Sebastiano del Piombo. Deux sœurs. Réplique au ais de Monaco.

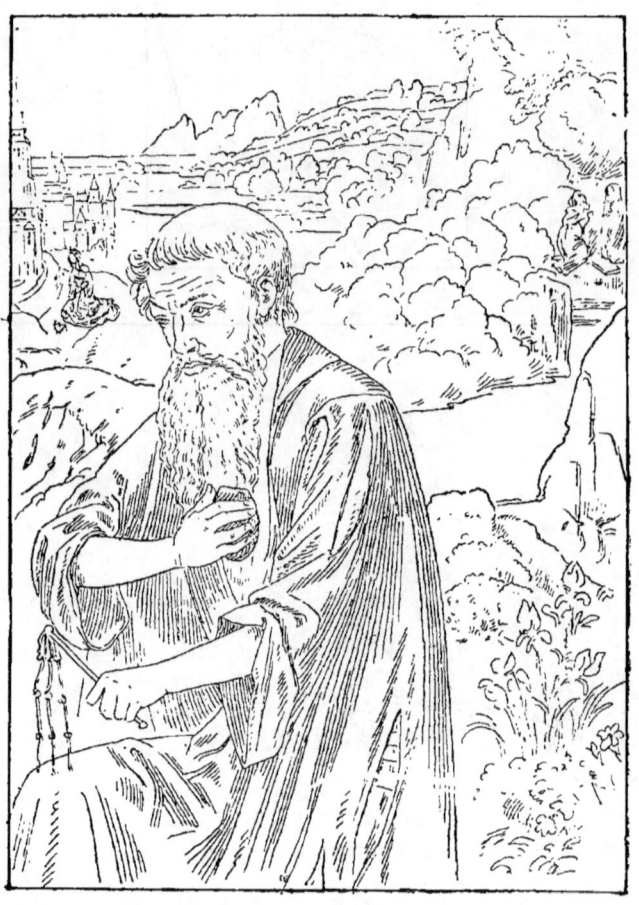

Etait, en 1918, chez Sekeyan à Paris. Ecole flamande. S. Jérôme tenant une pi(erre?) une discipline. Au fond, une dame agenouillée.

SAINT JÉRÔME 69

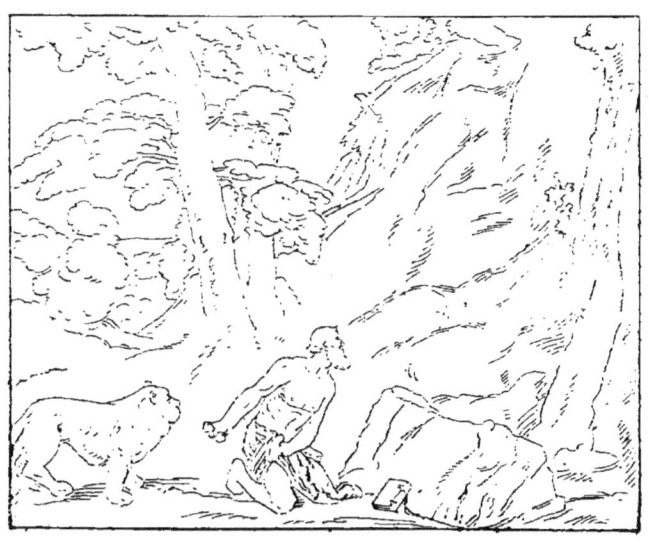

1. Louvre 1585. Titien. S. Jérôme suivi de son
lion familier. Il existe nombre d'anciennes copies.
O. Fischel, *Tizian*, 125.

2. Coll. Platt à Englewood, New-Jersey. Jacopo
␣Sellaio. S. Jérôme priant dans le désert (faux
monogramme d'Albert Dürer). Tableau analogue au
Louvre, n. 1658.

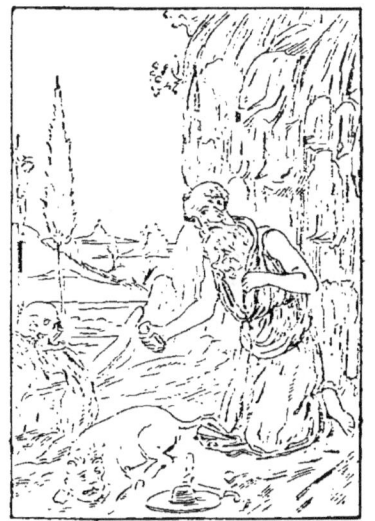

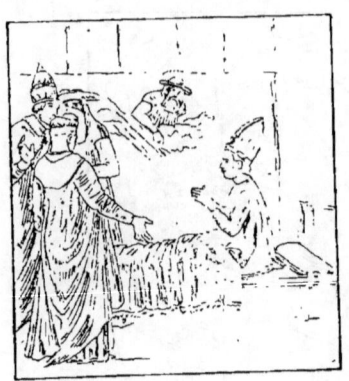
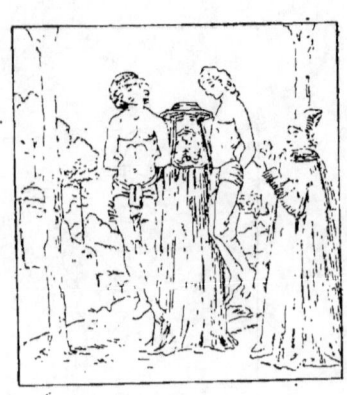
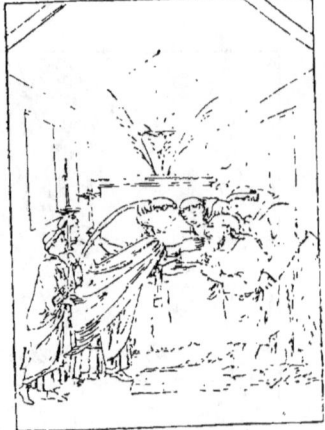

1. Louvre 1415. Pesellino. Résurrection d'un évêque. — *Gazette*, 1908, I, p. 315.

2. Louvre 1415. Pesellino S. Jérôme assistant des condamnés à mort. — *Ibid.*, 1908, I, p. 313.

3. Coll. Altman au Musée de New-York. Botticelli. Dernière communion de S. Jérôme (sujet très rare avant Carrache et Dominiquin). Répliques dans la coll. Benson et à Gênes. — *Burl. Mag.*, nov. 1915, p. 45.

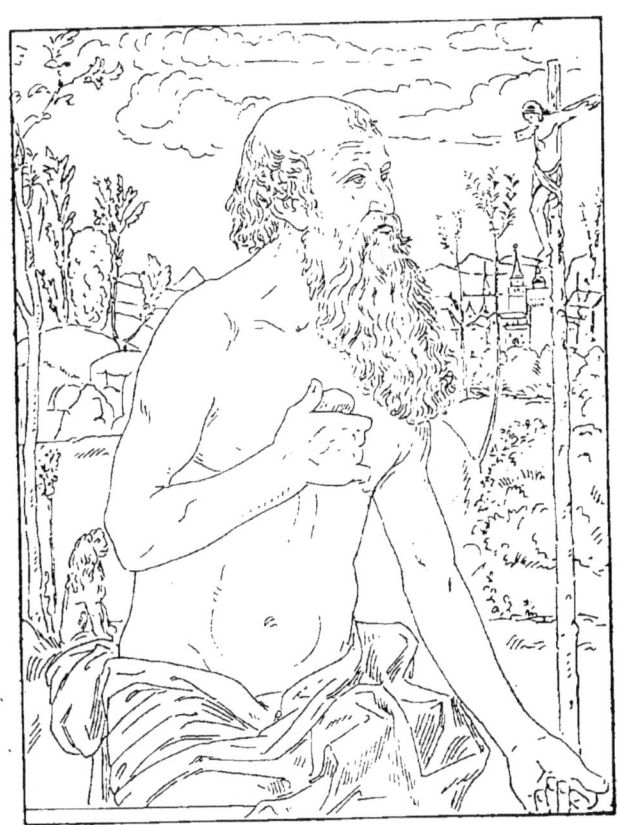

Modène. Marco Meloni. Saint Jérôme se frappant avec une pierre. — R. Hamann, *Ital. rührenaissance*, 132.

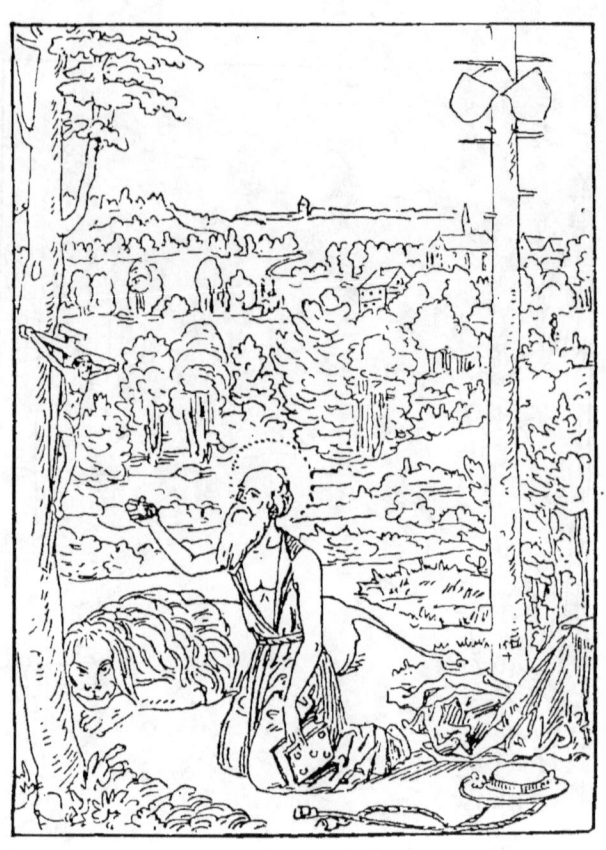

Autrefois chez Fr. Lippmann, puis chez Miethke. Ecole flamande. Saint Jérôme au dé
Daté 152 (le dernier chiffre illisible). — *Blätter für Gemäldekunde*, I, p. 90.

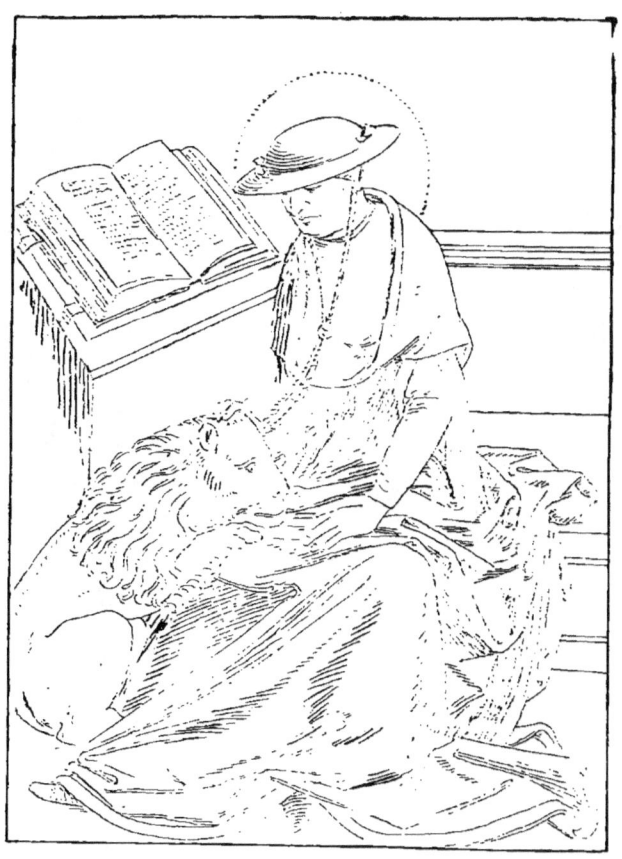

Collection Figdor à Vienne. Rueland Frueauf. Saint Jérôme caressant son lion familier. Daté 1498 (sur la Bible). — Heidrich, *Altdeutsche Malerei*, 71.

74   SAINT JÉRÔME

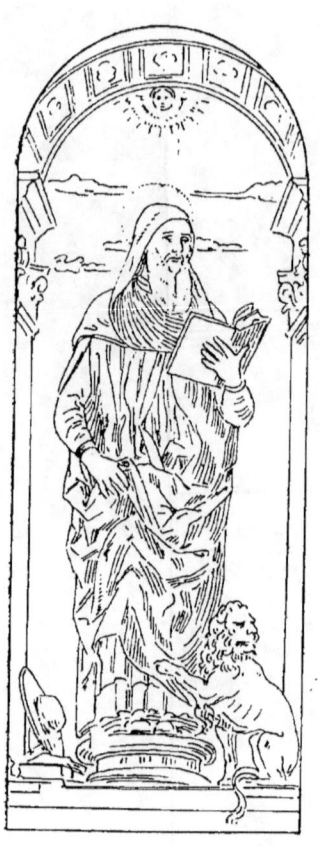
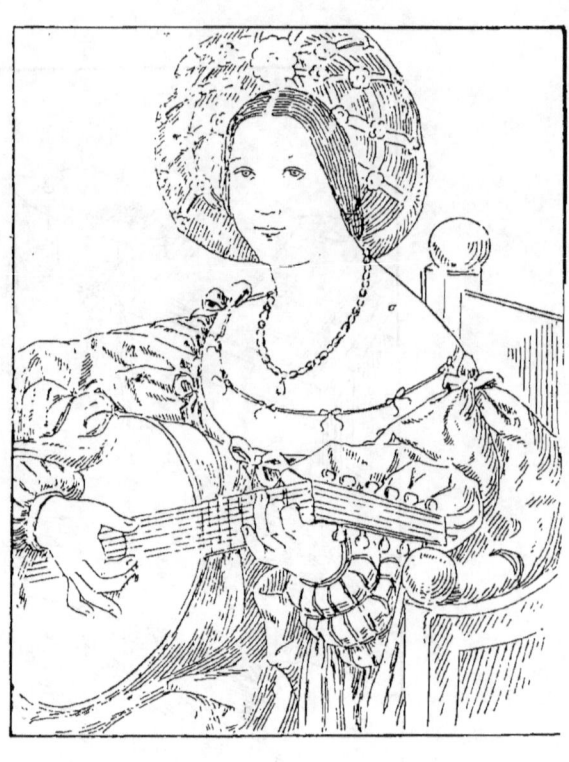

1. Ferrare. Attribué à Cossa ou à Tura. Saint Jérôme lisant. — Venturi, *Storia*, VII, 3 fig. 445; Hamann, *Ital. Frührenaissance*, 161.
2. Anc. coll. de Mlle Hertz à Rome, A. Solario. Portrait d'une joueuse de luth. — H. Schulze, *Weibliches Schönheitsideal*, 46.

SAINT JÉRÔME

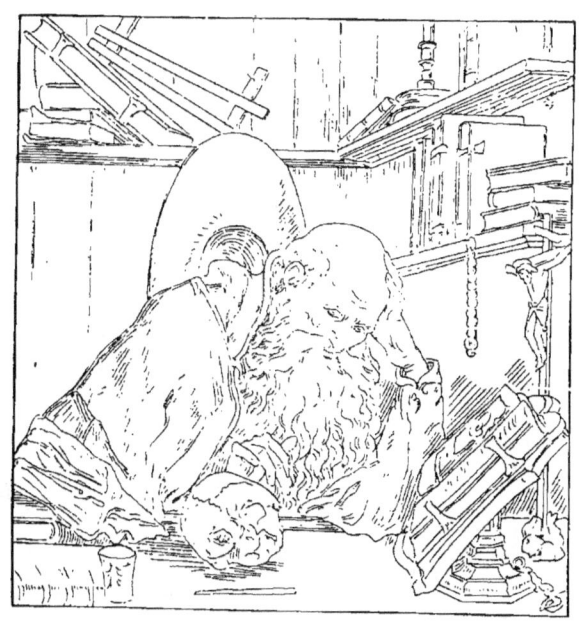

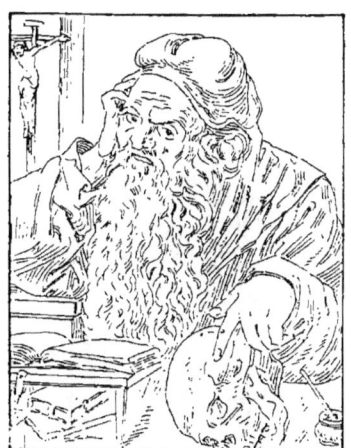

1. Berlin 574 B. Marinus van Roymerswale. Saint Jérôme au travail dans sa cellule. Autrefois attribué à Metsys. Imité du S. Jérôme peint par Dürer à Anvers en 1521 (le suivant).

2. Lisbonne. A. Dürer. Saint Jérôme — V. Scherer, *Dürer*, p. 59: *Zeitschrift für bildende Kunst*, 1900, p. 19.

76 SAINT JÉRÔME

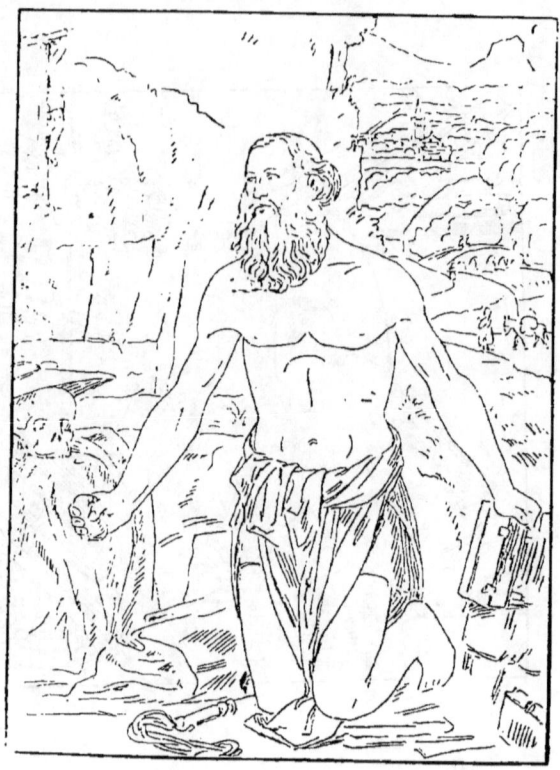

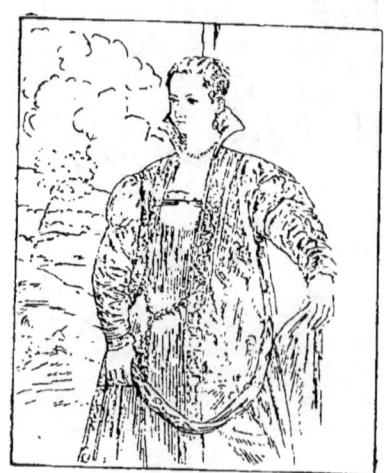

1. Vienne 87. B. Luini. Saint Jérôme au
Prov. de la Casa Crivelli à Milan. — Venturi,
Crespi, p. 244.

2. Philadelphie, coll. J.-E. Widener (autr.
Maniago). Titien. Portrait d'Irène de Spilin
— O. Fischel, *Tizian*, 137.

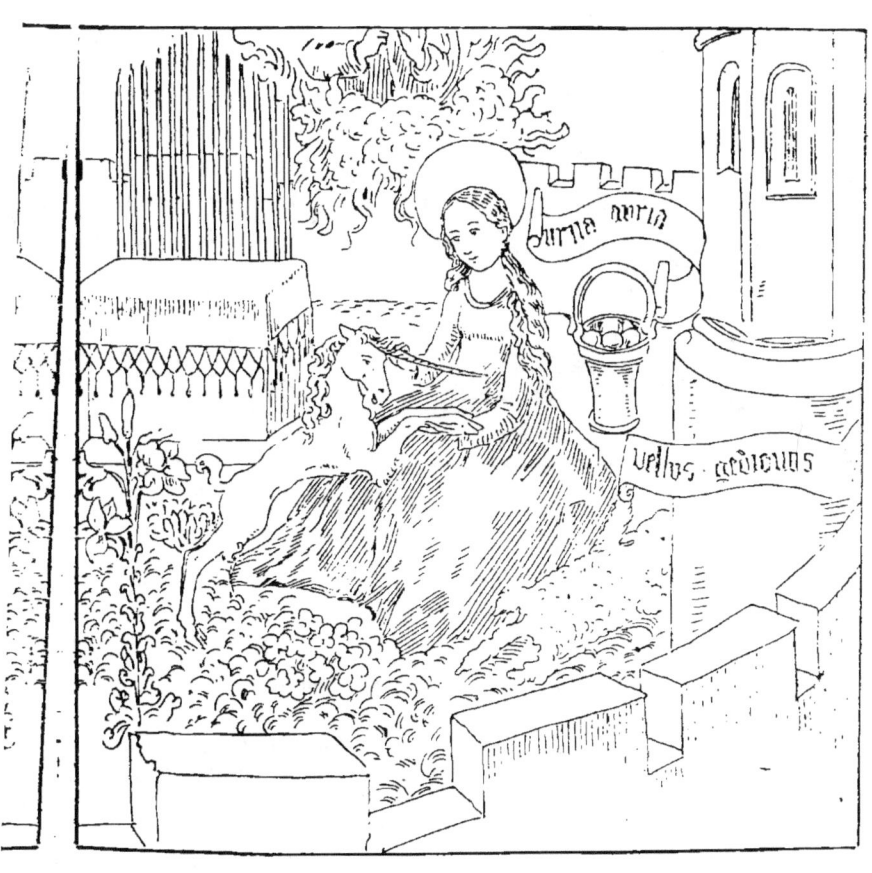

Colmar. Eglise S. Martin. Ecole de Schongauer. Sainte Justine et la licorne. — H. Schulze, *Veibliches Schönheitsideal.* 184.

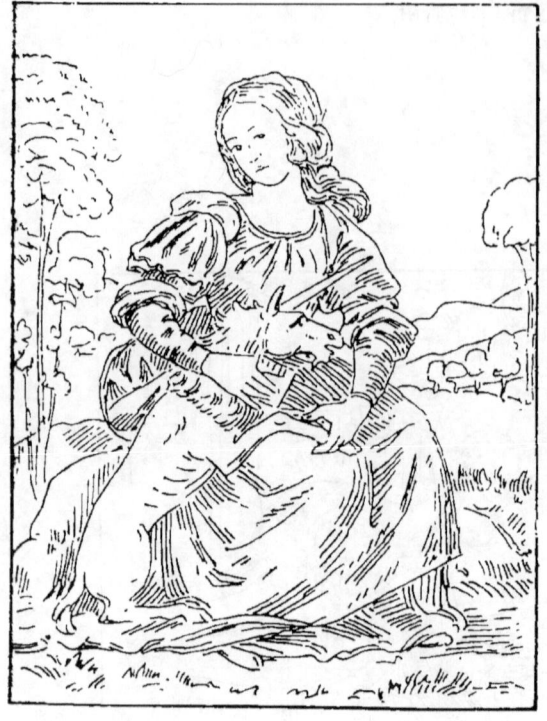

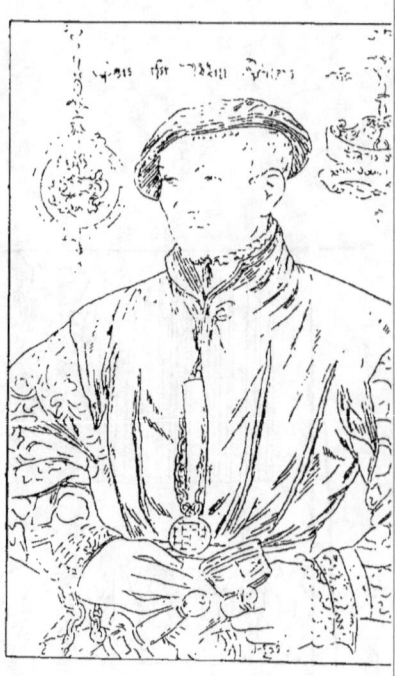

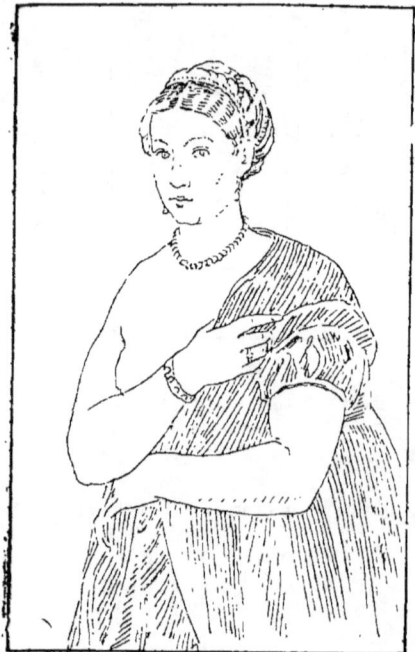

1. Coll. Lanckoronski à Vienne. M Albertinelli. Ste Justine avec la licorne, bole de pureté.

2. Bâle 389. Hans Hug Kluber. Portr Hans Rispach, âgé de 26 ans ; peint en Signé du monogramme. Aquarelle sur p

3. Vienne 197. Titien. Portrait pr d'Eléonore de Gonzague, nue sous ses rures. Figure qualifiée à tort de *Vén* tableau appartint à Charles Ier d'Angle — O. Fischel, *Tizian*, 48.

SAINT KILIAN

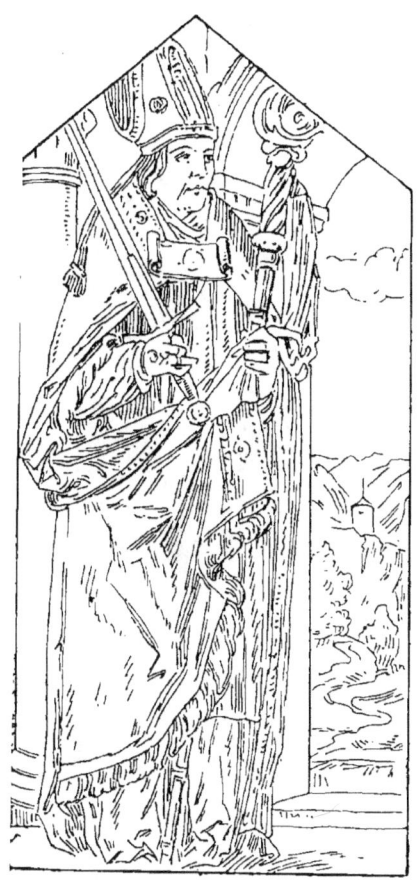 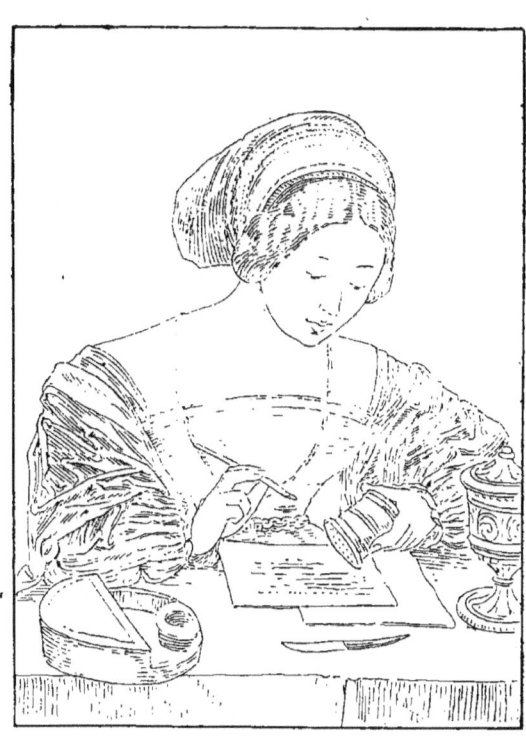

1. Munich. Musée national 402. Ecole de Grünewald. Saint Kilian (épée, *pedum*).
2. Bruges. Maître des femmes à mi-corps. Jeune femme séchant à la poudre d'or ce qu'elle vient d'écrire. — H. Schulze, *Weibliches Schönheitsideal*, 144.

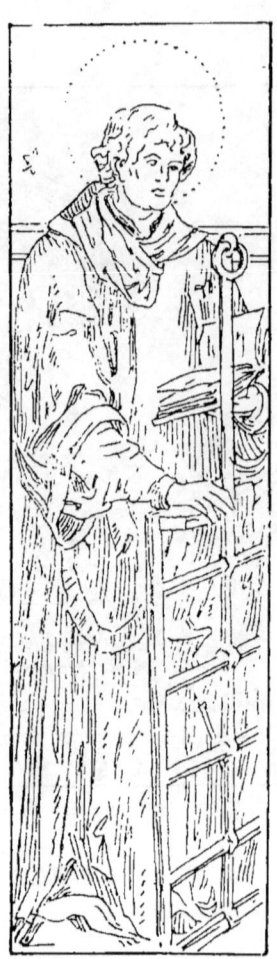 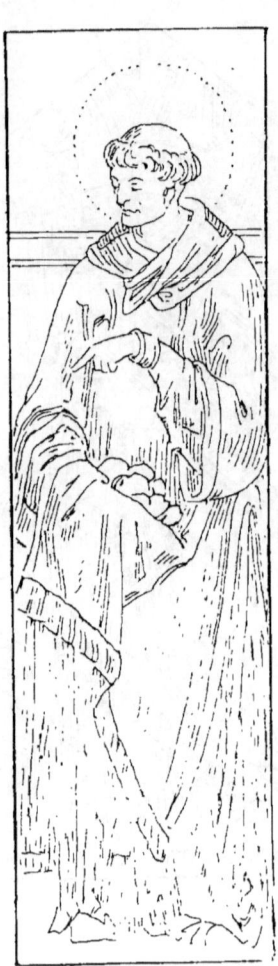

Munich. Musée national 385, 386. Hans von Kulmbach. S. Laurent (avec le gr
S. Etienne (tenant des pierres dans sa dalmatique).

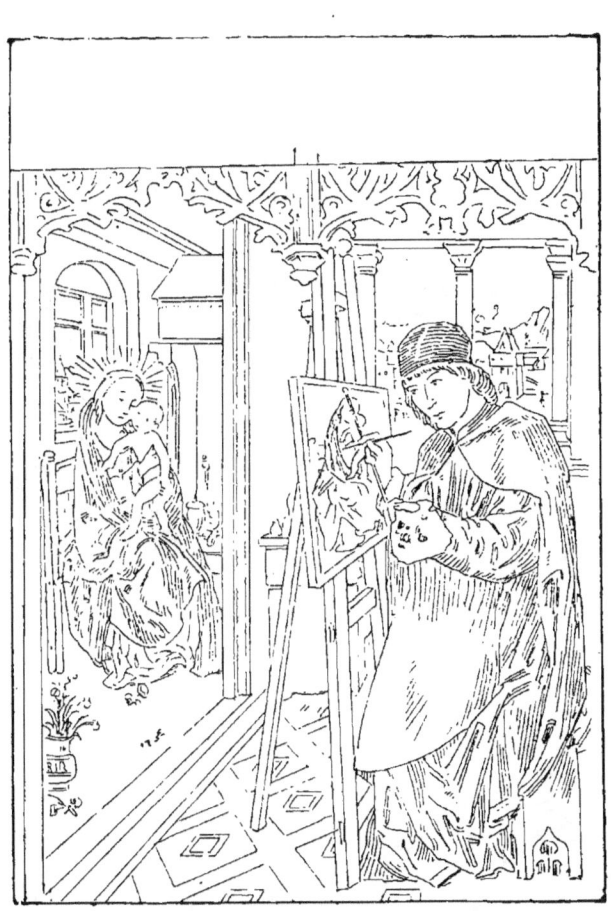

1. Nuremberg, 109. Maître de l'autel voué par Sébastien Peringsdorf dans l'église des Augustins à Augsbourg, autrefois identifié à Michael Wolgemut. Saint Luc peignant la Vierge et l'Enfant. Panneau peint en 1487. — Heidrich, *Altdeutsche Malerei*, 90.

1. Berne 324. Nicolas Manuel Deutsch. S. Luc peignant la Vierge. Volet. Au revers, la naissance de la Vierge. Signé NMD.

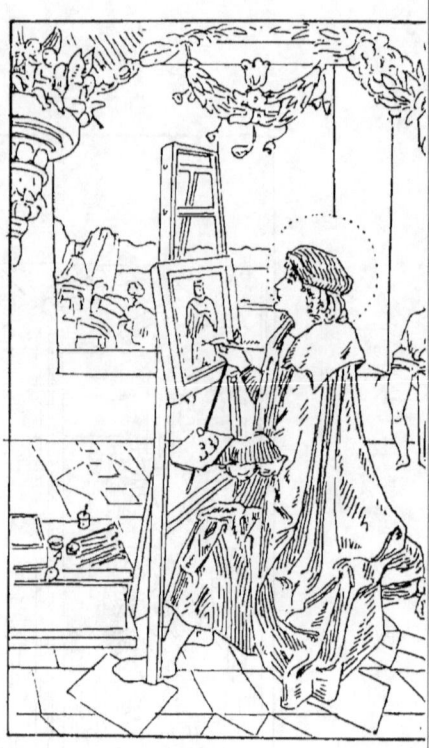

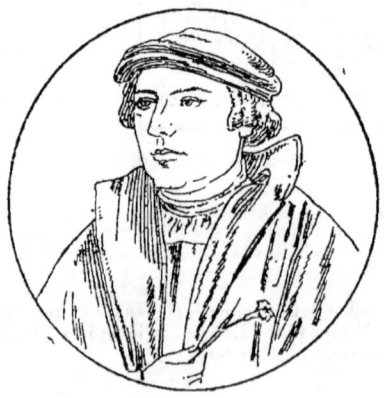

2. Coll. Goldschmidt-Przibram à Holbein le jeune. Portrait d'homme. *Holbein*, 104.

SAINT LUC

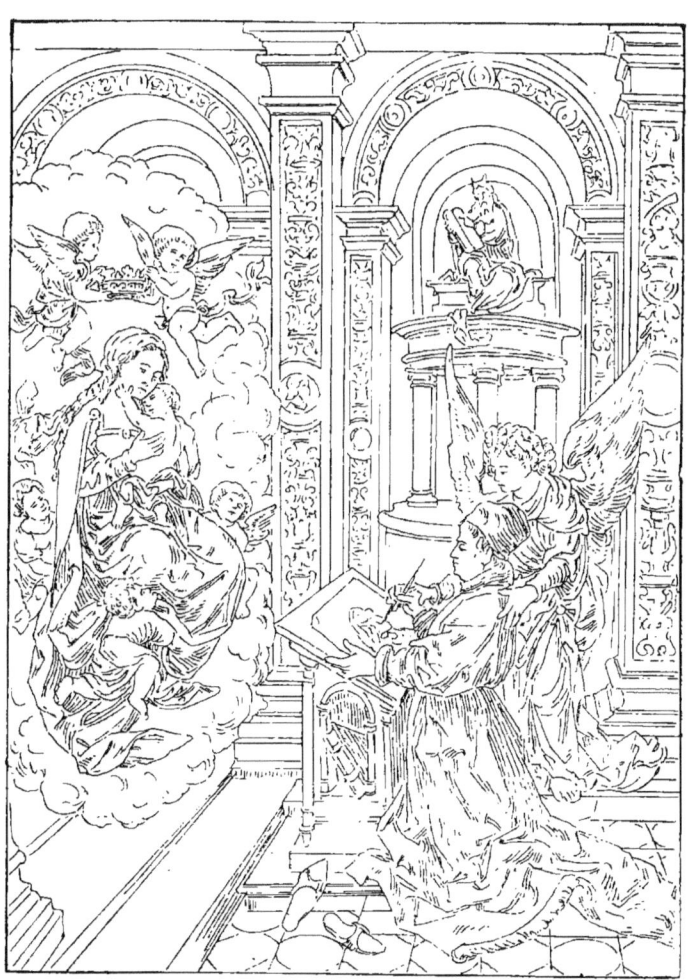

Vienne 754. Jean Gossaert (de Mabuse) Saint Luc peignant la Vierge et l'Enfant, entourés d'anges; un ange conduit sa main. — *Museum*, VI, 154; Heidrich, *Altniederländ. Malerei*, 125.

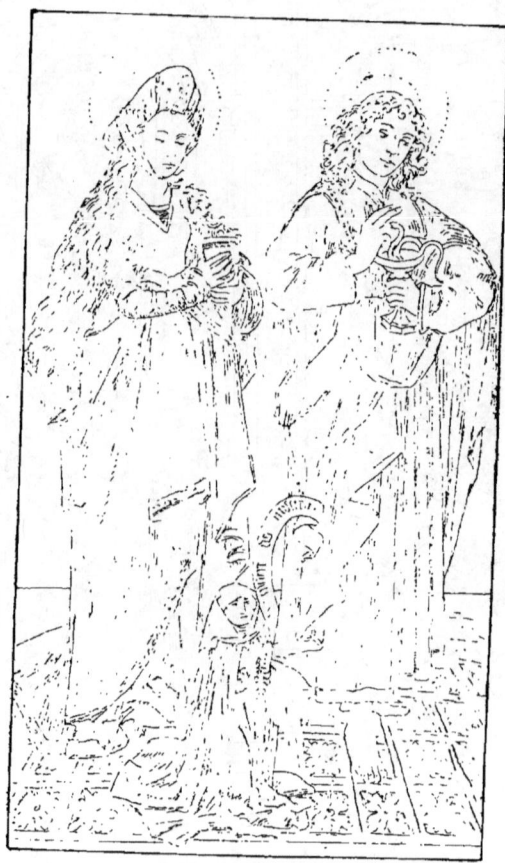

Autrefois chez la comtesse E. Schouvaloff à Petrograd. École allemande (?) Ste Marie-leine et S. Jean l'Évangéliste avec une donatrice. Volet — P. P. Weiner, *Collections* pl. à la p. 72.

SAINTE MADELEINE

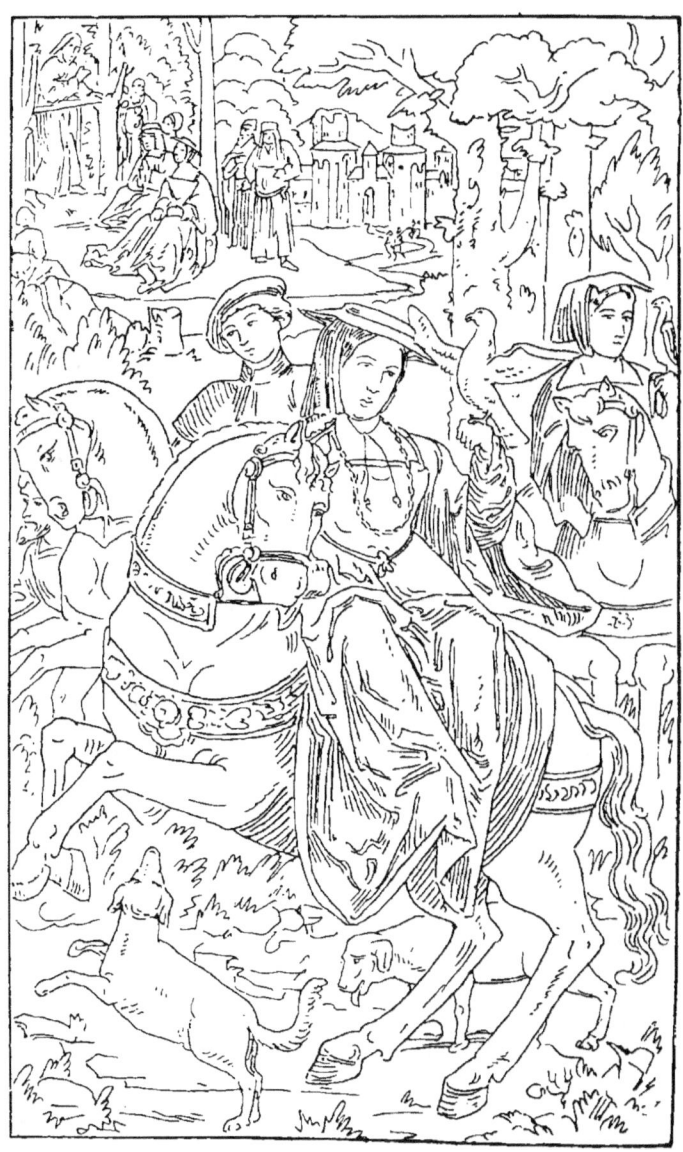

Autrefois chez Meazza à Milan, puis dans le commerce. Maître flamand dit *de Sainte Madeleine*. La sainte est à la chasse, en joyeuse compagnie. On a signalé des peintures de la même main à Schwerin, à Budapest et ailleurs. — *Meisterwerke der niederl. Malerei* (expos. rétrosp. de Bruges), pl. 73, p. 28.

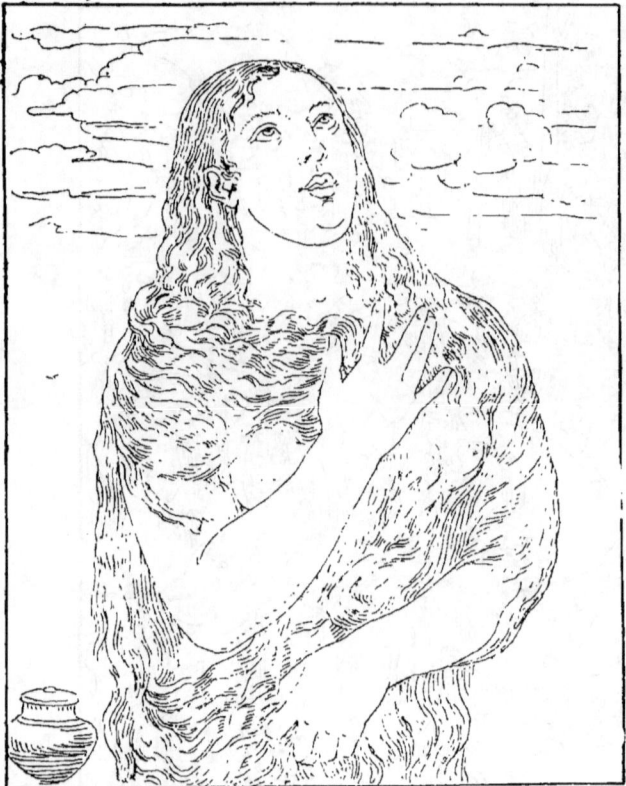

1. Florence. Pitti €
Ste Madeleine en priè
sur le vase à g. Il y a
répliques de cette figui
Fontaine trouvait «
grasse. et fort agréabl
il en vit une, en 1663
collection de Richelieu
nestre et Richtenber
 ence, p. 123 ; Fische
51.

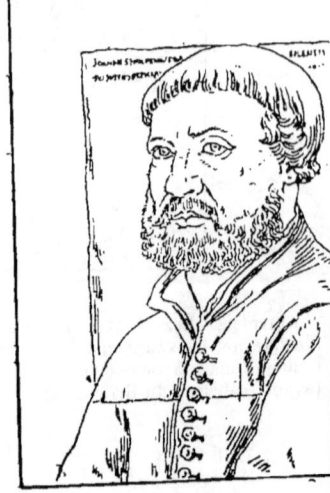

2. Florence. Uffizi. Holbein le jeune. Son portrait. — Ganz, *Holbein*, 134.

SAINTE MADELEINE

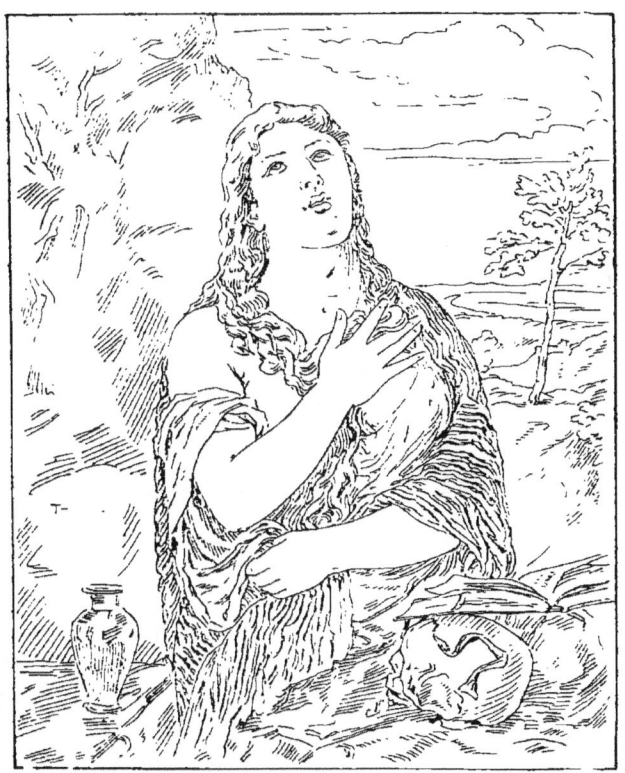

Ermitage 98. Titien. Ste Madeleine en prière. Signé à g. Provient du palais Barbarigo à Venise, où il était jusqu'en 1850 (le catal. de l'Ermitage énumère les répliques et anciennes copies). — O. Fischel, *Tizian*, 154.

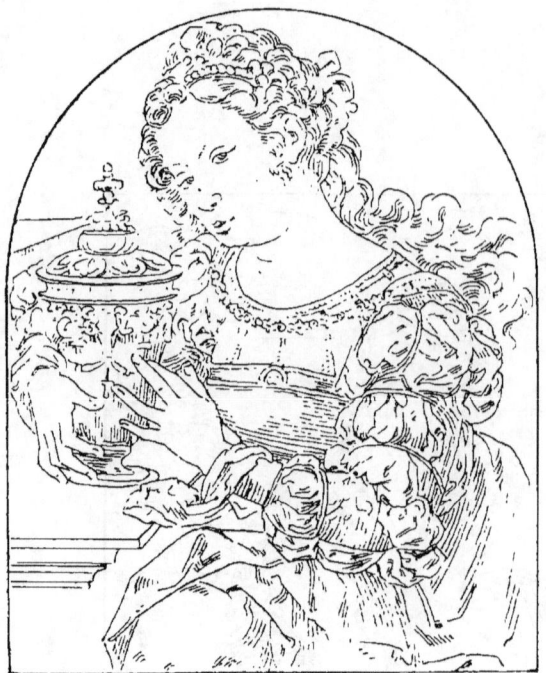

1. Vente G. V., Paris, 14 m[a]
Attribué à Van Orley. Ste M
0,48 × 0,40.

2. Louvre, 2714. Holbein le jeune. Portrait de Will. Warham, archevêque de Cantorbéry. Réplique à Londres, Lambeth palace. — Ganz, *Holbein*, 71.

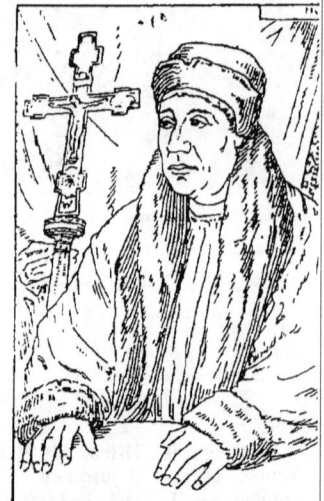

SAINTE MADELEINE

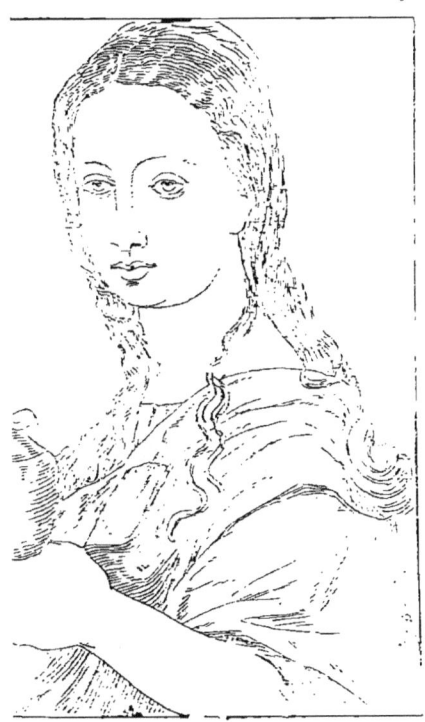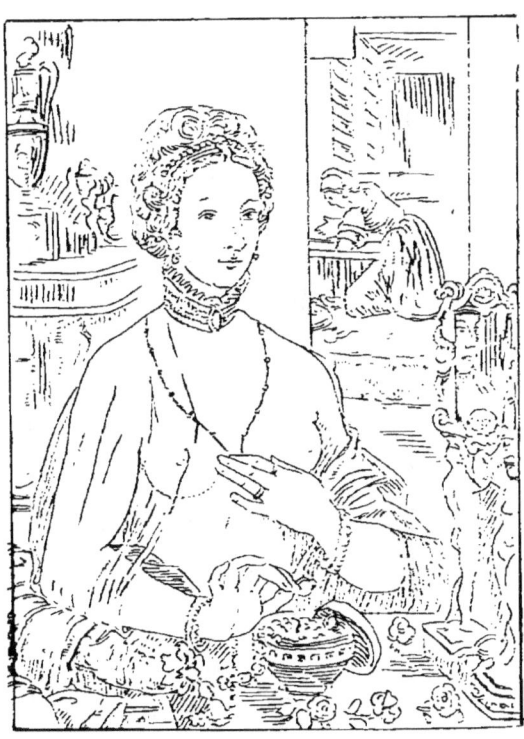

1. Ancienne coll. Lachnicki à Varsovie (pl. 19 du catalogue, avec texte polonais). Attribué à Andrea del Sarto. Ste Madeleine.

2. Dijon 118. École de Clouet (?) Attribué aussi à Franz Floris. Diane de Poitiers (?) retirant un bijou d'une boîte ; un miroir reflète ses traits. On y voyait autrefois à tort Gabrielle d'Estrées ; mais ce peut être une autre dame du temps d'Henri II. — *Gazette*, 1920, II. p. 177.

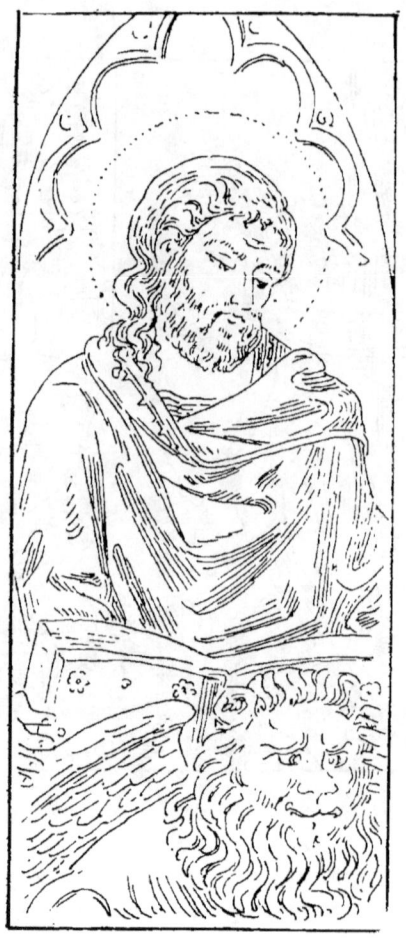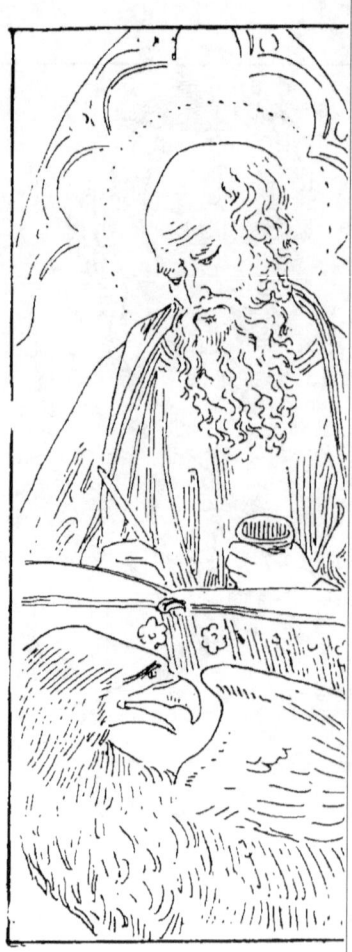

Oldenburg. Attribué à Taddeo di Bartolo. Les deux évangélistes S. Marc et S. Jean

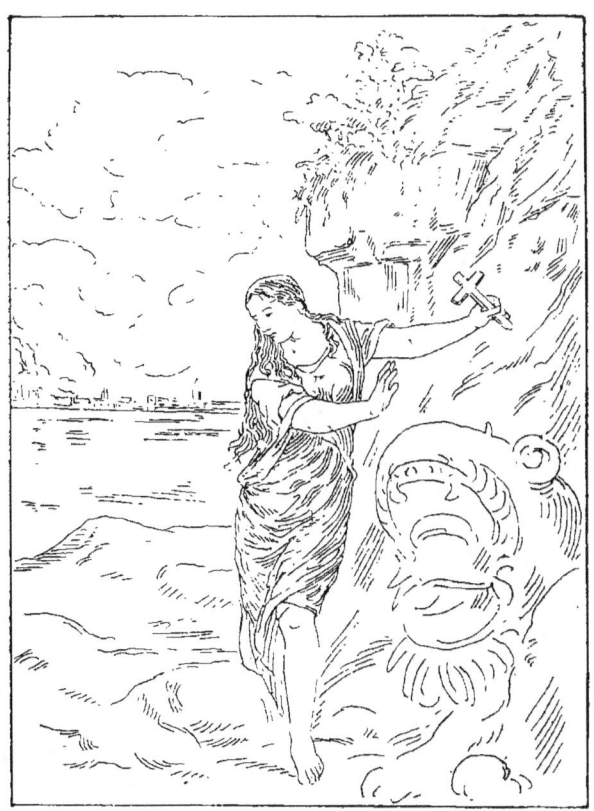

Madrid 445. Titien. Ste Marguerite, la croix à la main, tient en respect le dragon. Signé. Acquis à la vente de Charles Ier. — O. Fischel, *Tizian*, 112; Cavalcaselle, *Tizian*, p. 548.

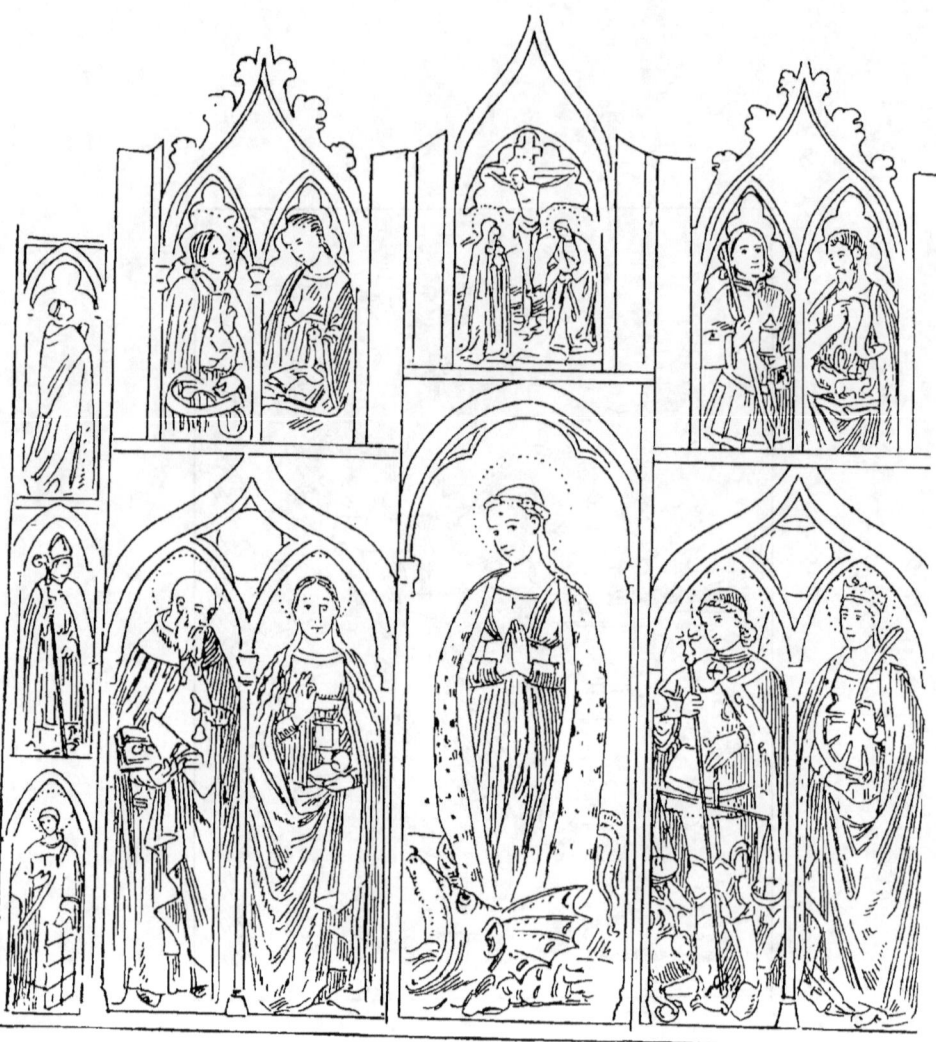

Cathédrale de Fréjus. Jacques Durandi. Rétable de Ste Marguerite. A dr. et à g. sainte, qui sort du corps du dragon, S. Antoine ermite, Ste Madeleine, S. Michel, Ste Catherine ; au-dessus, Jésus en croix, l'Annonciation, l'archange Raphaël, S. Jean-Baptiste pourtour, S. Pierre de Luxembourg, un saint évêque, S. Laurent (à g.) ; Ste Anne, un évêque et S. Etienne (à dr). Une inscr. donne le nom du peintre. — Exposition rétros Nice, n. 9 (p. 47 du catalogue).

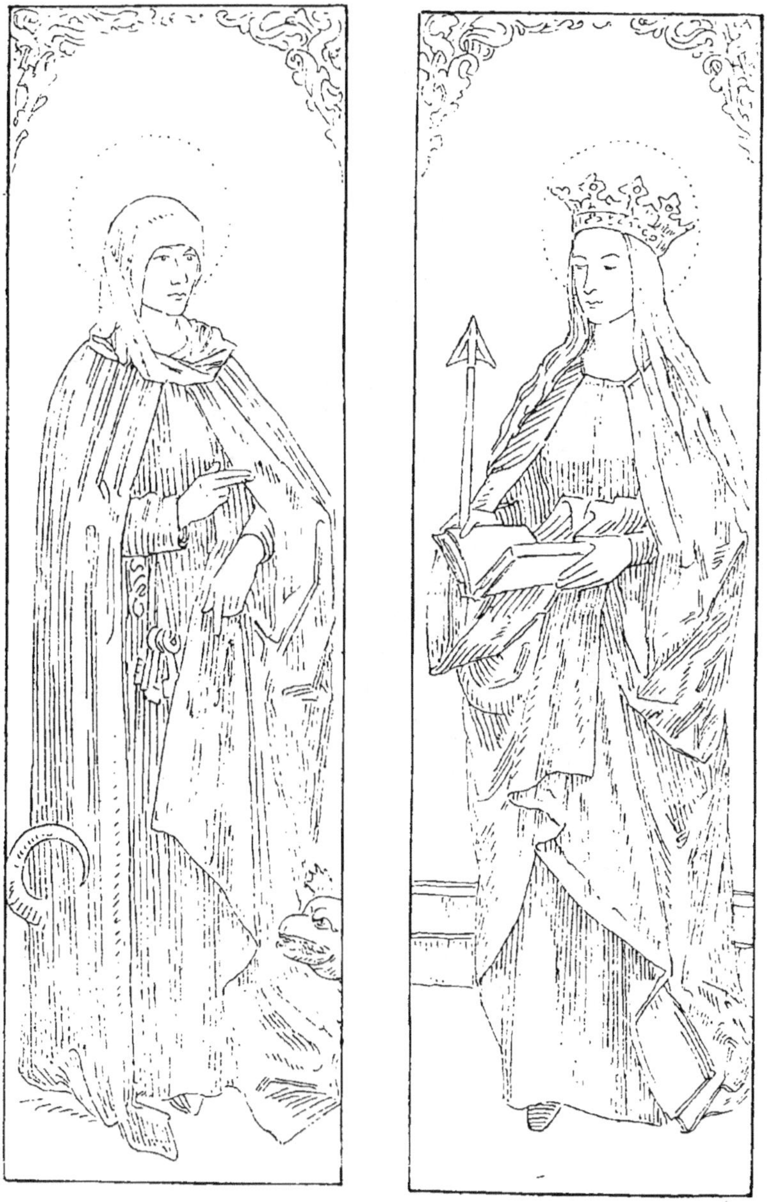

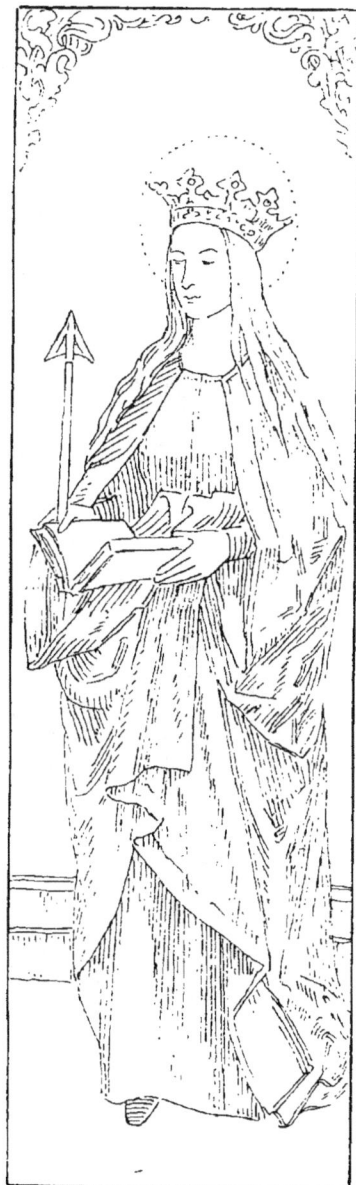

1, 2. Munich, 175, 176. Barth. Zeitblom. Ste Marguerite et Ste Ursule (flèche). Prov. de la Moritzkapelle à Nuremberg. — Heidrich, *Altdeutsche Malerei*, 55.

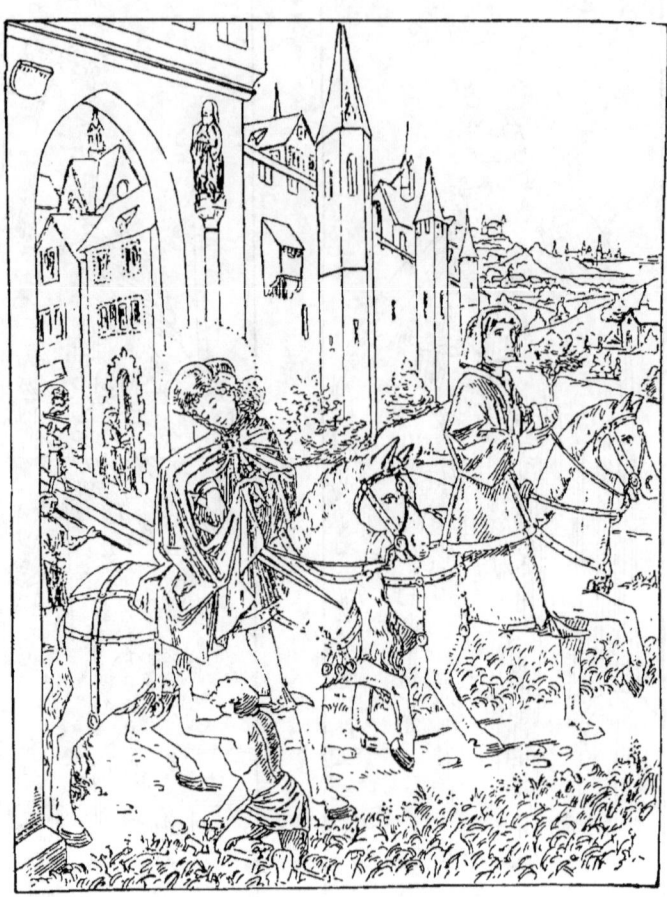

Bâle, 32. École de Conrad Witz. S. Martin, chevauchant avec un compagnon, partage son manteau avec un pauvre. Autrefois dans l'église de Saint-Martin à Sierenz (Haute-Alsace).

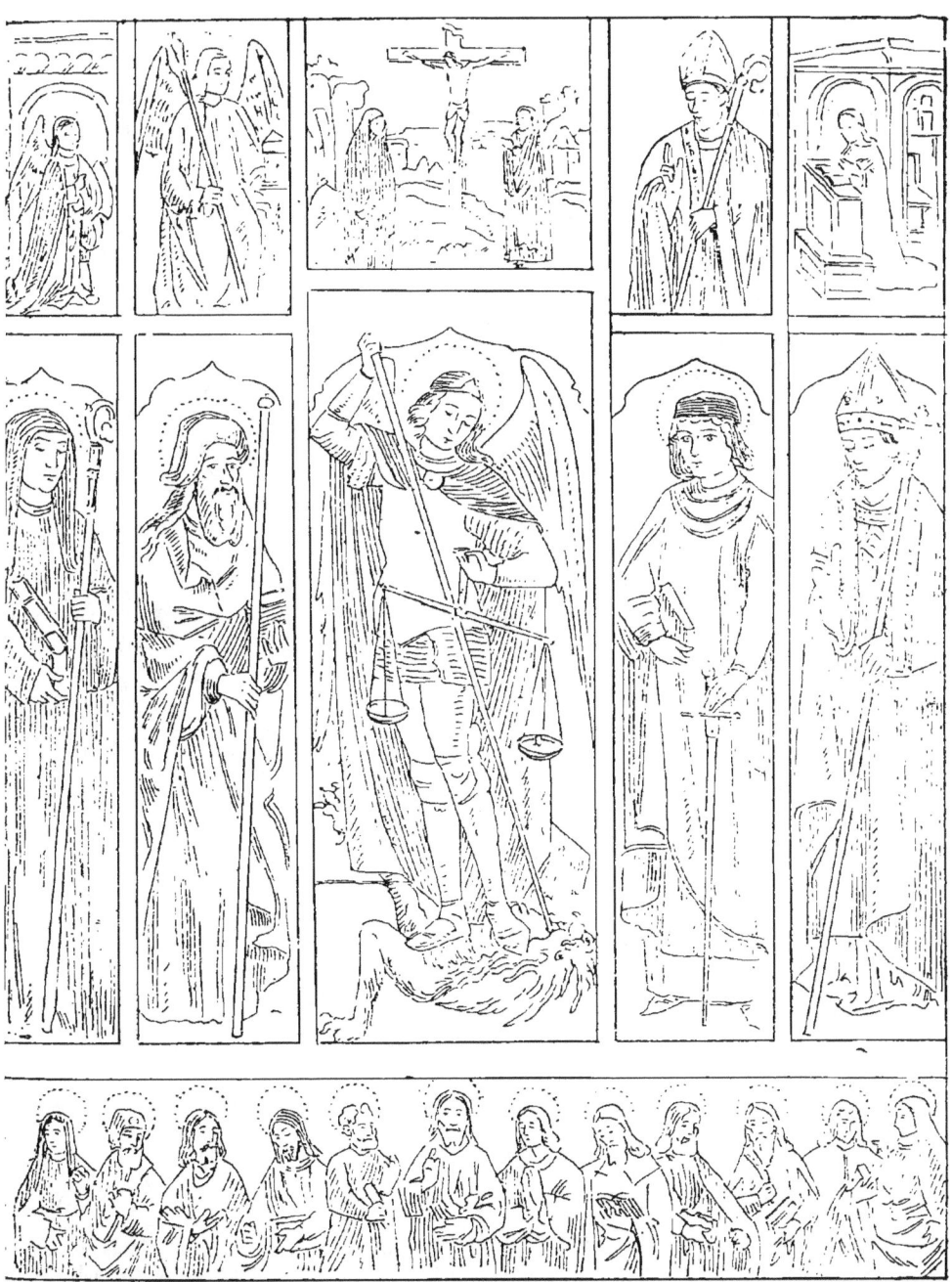

Nice, 167-8. École niçoise. Retable de S. Michel : 1° S. Michel, S. Maur (?), S. Jacques le Majeur ; 2° S. Nazaire (?) et un saint évêque ; 3° Jésus en croix, ange de l'Annonciation, Raphaël ; 4° un saint évêque, la Vierge de l'Annonciation ; 5° Jésus et les douze apôtres. — Expos. rétrosp. de Nice, n. 31 (p 69 du catalogue).

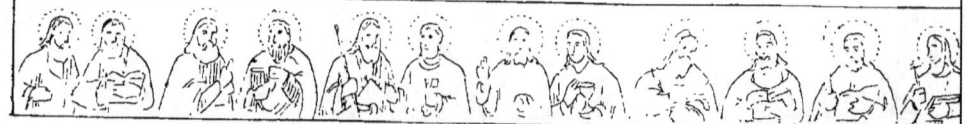

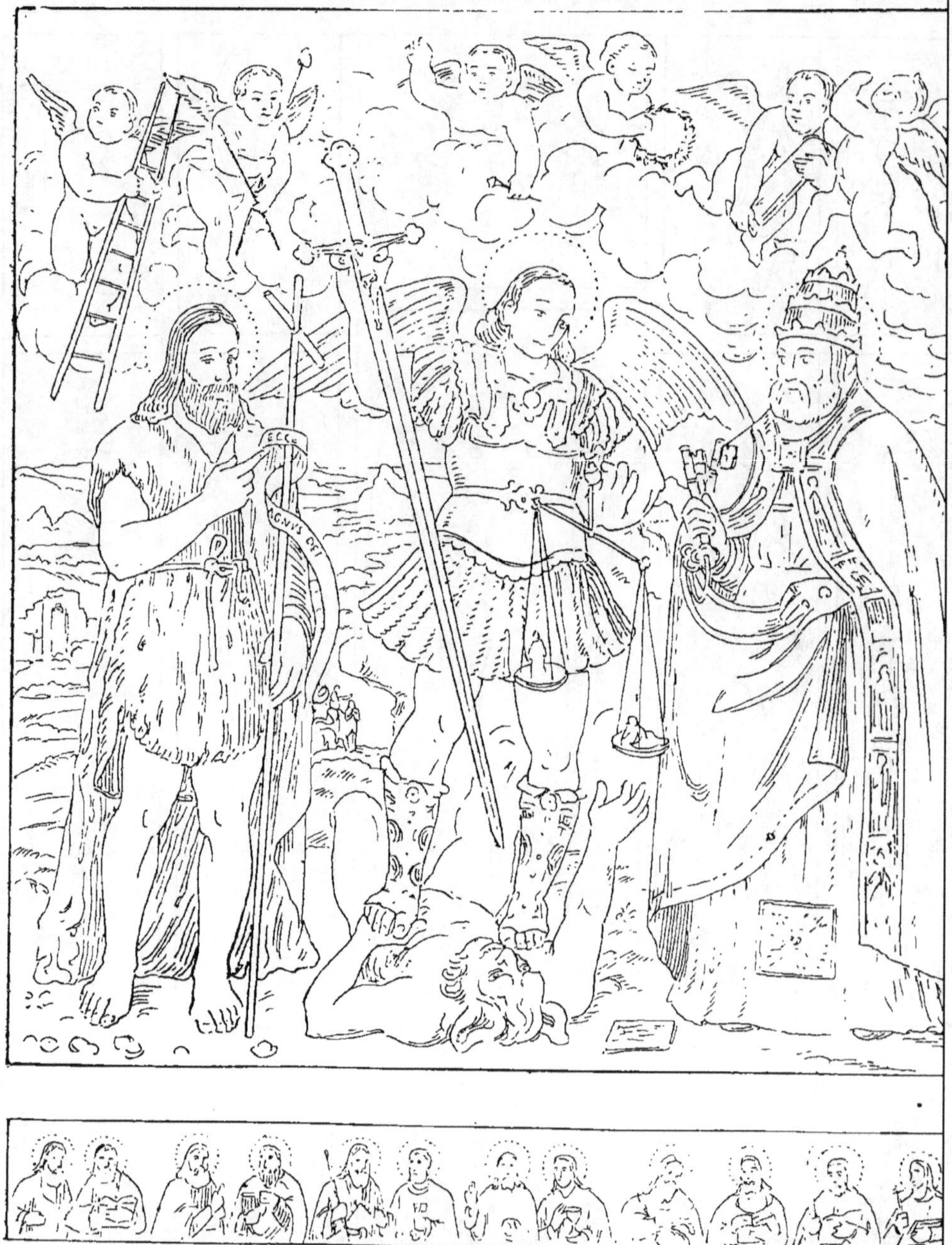

Église de Menton. Antoine Manchello. Retable de S. Michel. Le saint, écrasant le dé[mon] est entre S. Jean l'Évangéliste et S. Pierre pape ; au-dessus, anges avec les instrumen[ts de] la Passion ; au-dessous, Jésus et les douze apôtres. Une inscr. donne le nom de l'artiste [et la] date, 1565. Un fronton (non figuré) représente la Vierge de Pitié entre la Vierge et l'[ange] Gabriel. — Expos. rétrosp. de Nice, n. 22 (p. 59 du catalogue).

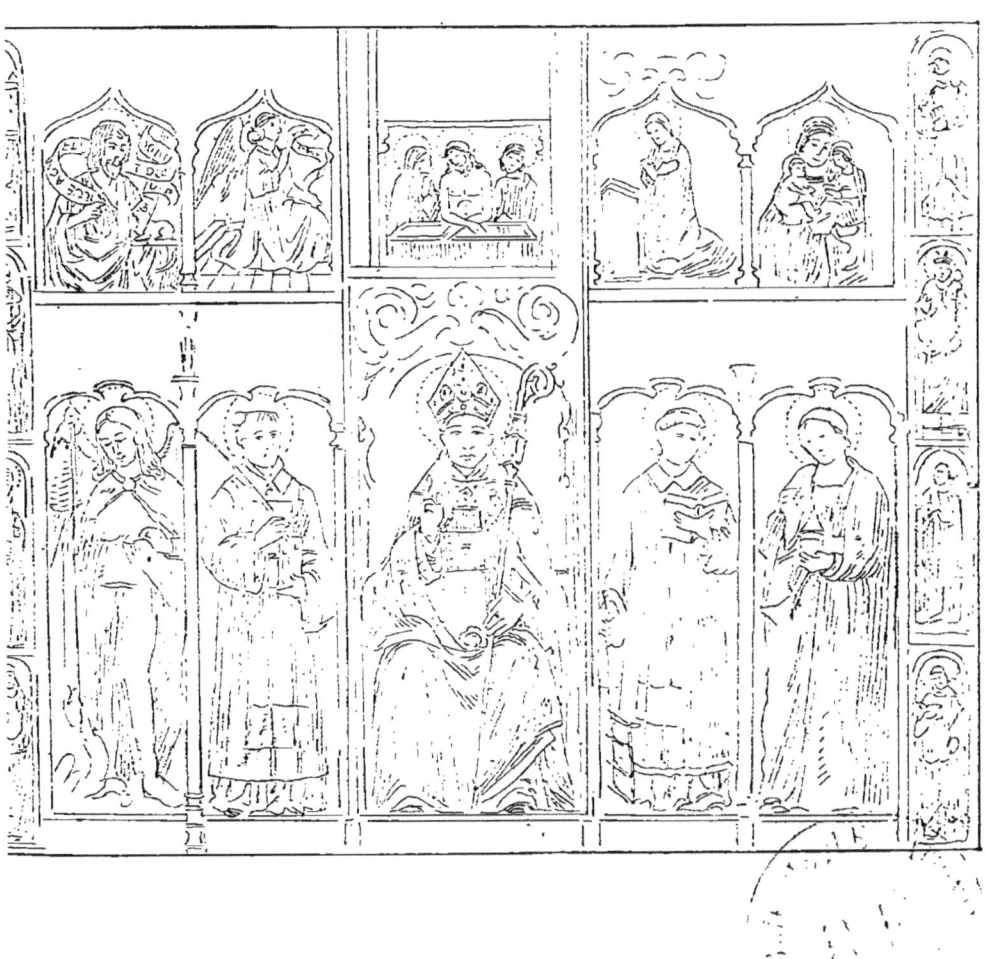

Cathédrale de Monaco. Louis Bréa. Retable de S. Nicolas : 1° S. Nicolas entre S! Michel, S. Etienne, S. Laurent et S¹ᵉ Madeleine; 2° Jésus, homme de douleurs, entre la Vierge et S. Jean ; 3° l'Annonciation, S. Jean l'Évangéliste, S¹ᵉ Anne tenant sur ses genoux la Vierge lisant et l'enfant Jésus ; 4° à g., S¹ᵉ Barbe, S. Bernard, S¹ᵉ Claire, S¹ᵉ Dévote ; 5° à dr., S¹ᵉ Brigitte, S. Blaise et deux autres saints. Les noms des personnages sont inscrits à leurs pieds (le catalogue ne donne pas ceux des deux derniers). — Exposition rétrosp. de Nice, n. 23 (catalogue, p. 60).

1. Venise. S. Sebastiano. Titien. S. Nicolas prêchant. Peint en 1563. — G. Fischel, *Tizian*, 142.

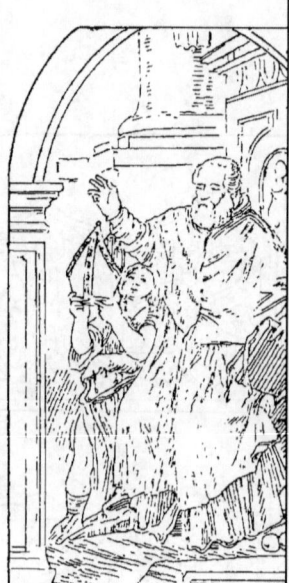

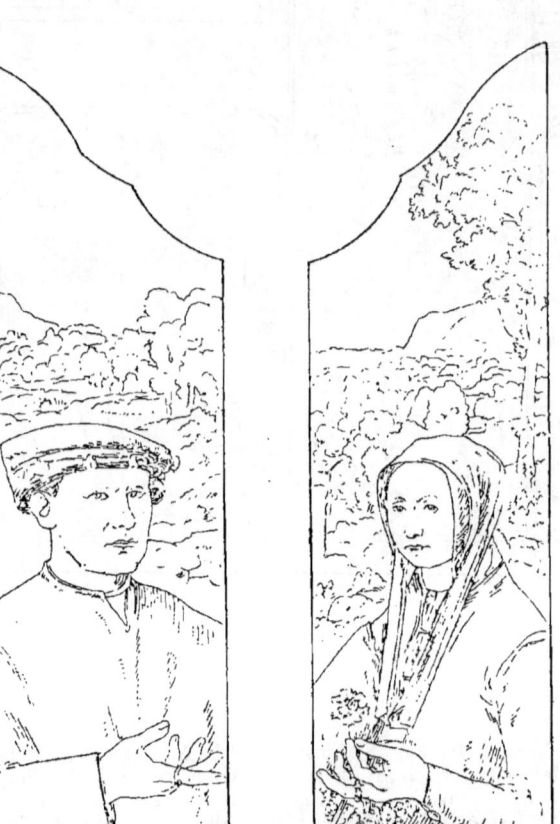

2. Utrecht. Scorel. Deux (volets). — Dülberg, *Altholländische Gemälde in Utrecht*, pl. 2

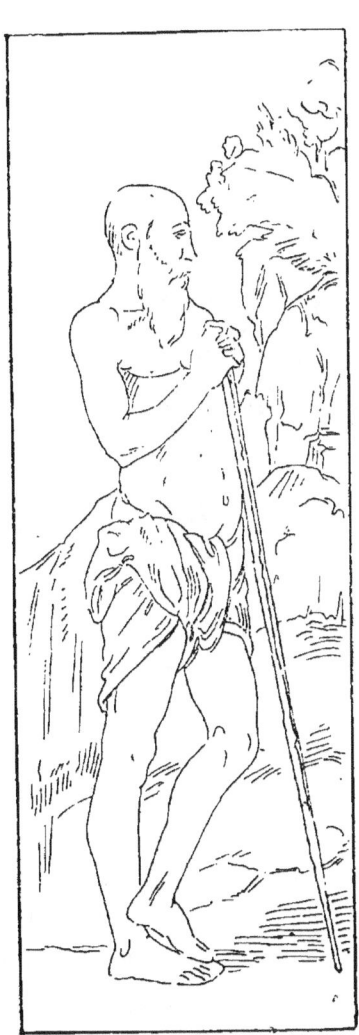 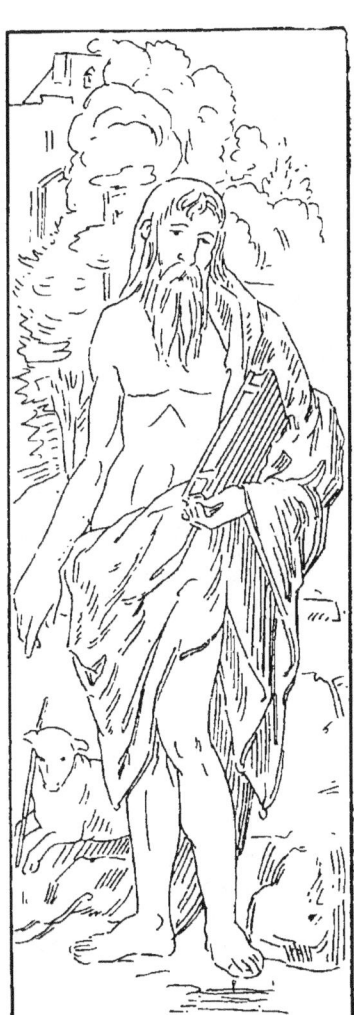

1. Brême. Albert Dürer. |S. Onuphre (et non S. Christophe) et S. Jean-Baptiste. — Scherer, *Dürer*, 23.

100   SAINT PAUL

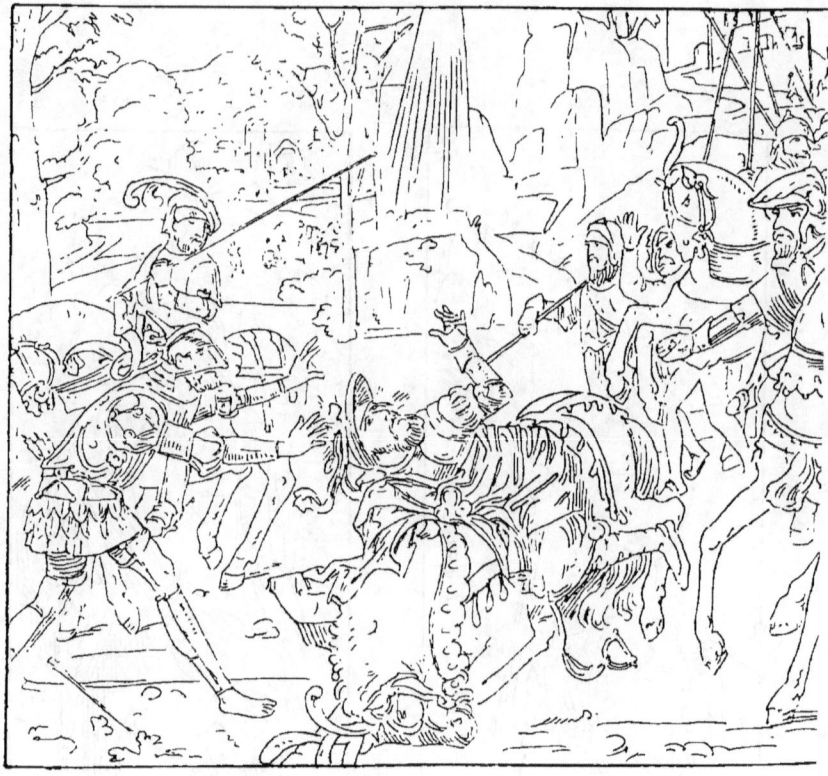

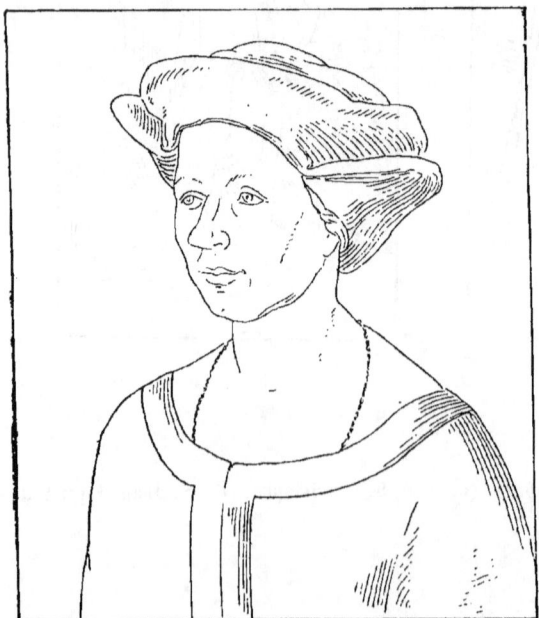

1. Coll. Verhaegen à l'
Attribué à Jean Bellegambe.
de S. Paul. — *Meistern*
Niederl. Malerei (exp. r
Bruges), pl. 80, p. 30.
2. École de Bâle. Portrait
Dans le commerce en 1'
× 0,293.

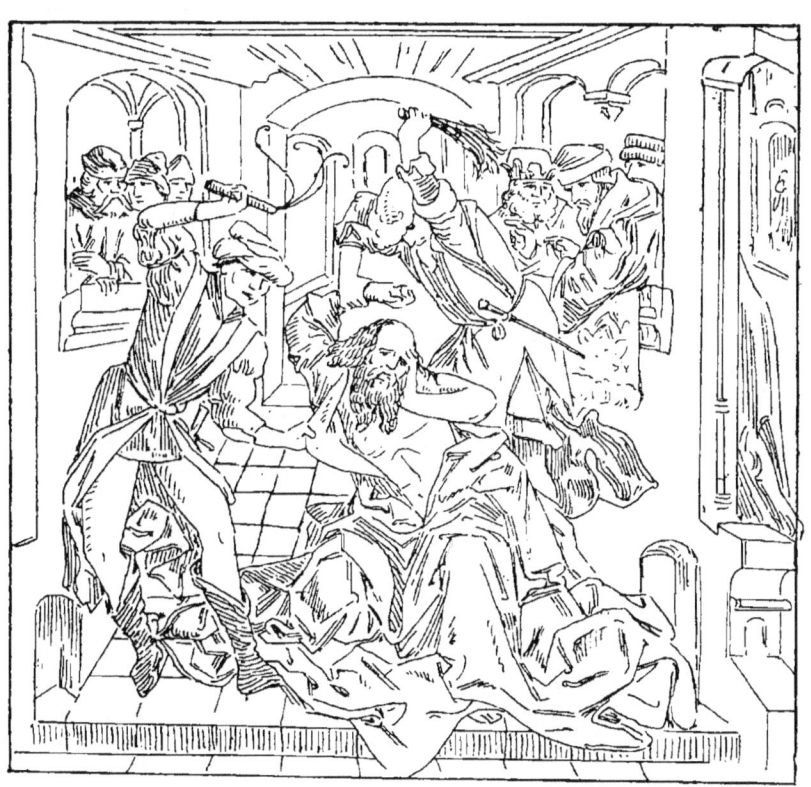

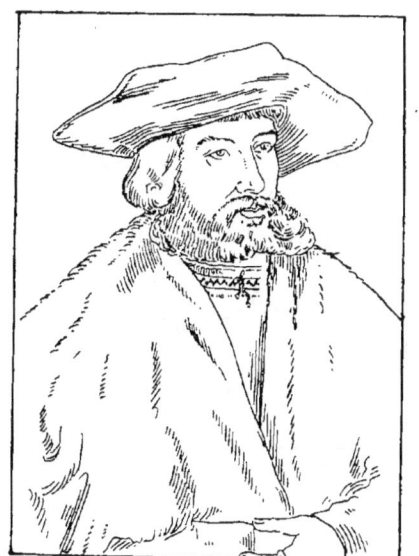

1. Munich. Musée national 53. Jean Pollack. [De]ux bourreaux flagellent S. Paul qui tombe à [ge]noux sous les yeux de spectateurs aux fenêtres. [Au] revers de ce panneau est peint un *Ecce Homo*.

2. Nuremberg. École de Pencz. Portrait de Hans [T]raub.

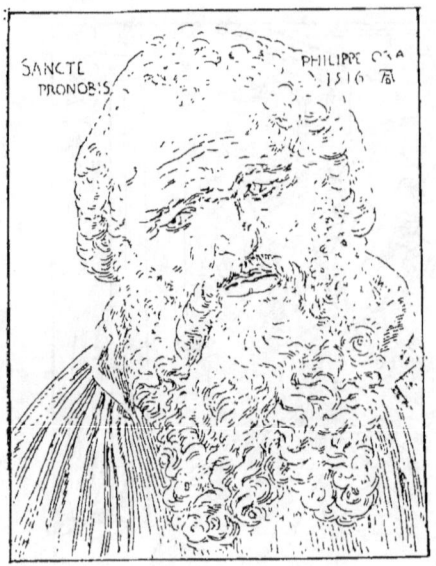
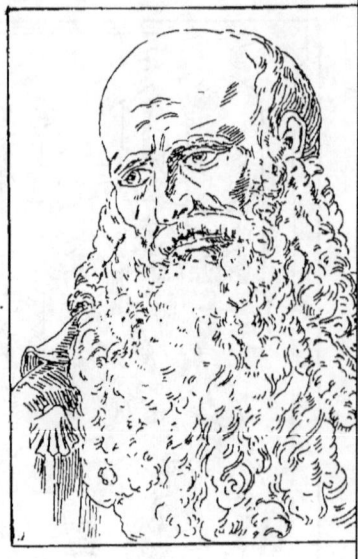

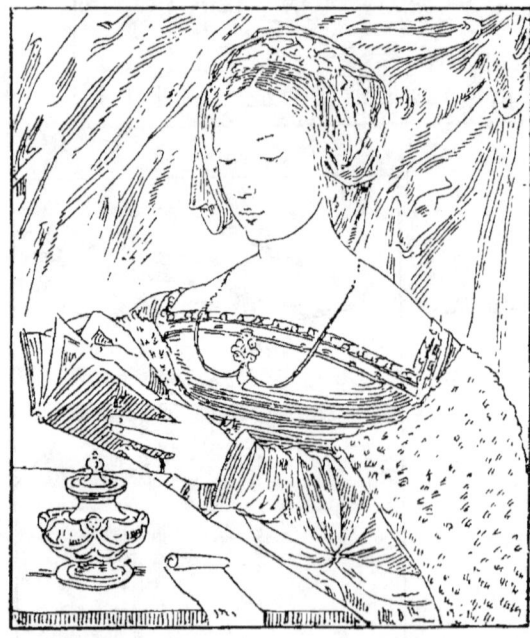

1, 2. Florence. Uffizi.
Dürer. Saint Philippe et S[ain]t
[Jac]ques le Majeur. Tableaux
datés 1516. — V. Scherer,
48.

3. Vente anonyme, Paris,
1910, n. 47. Une des nom[breuses]
répliques de la prétendue [Made]-
line de Bavière d'Ambrosius [Benson]
donnée par le catalogue c[omme]
portrait de Marguerite d[?]
par Mostaert (voir plus ha[ut,]
p. 399 et 342 ; IV, 656). [C'est une]
Ste Madeleine lisant, d'a[près le]
type créé par G. David.

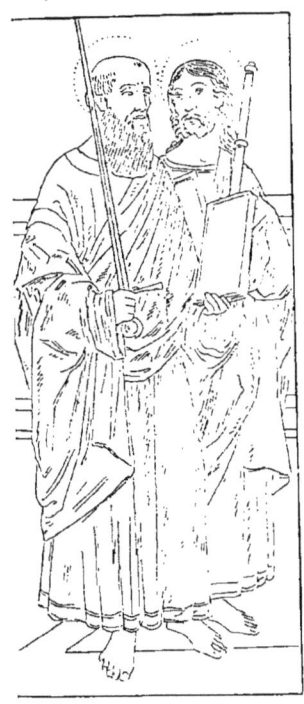
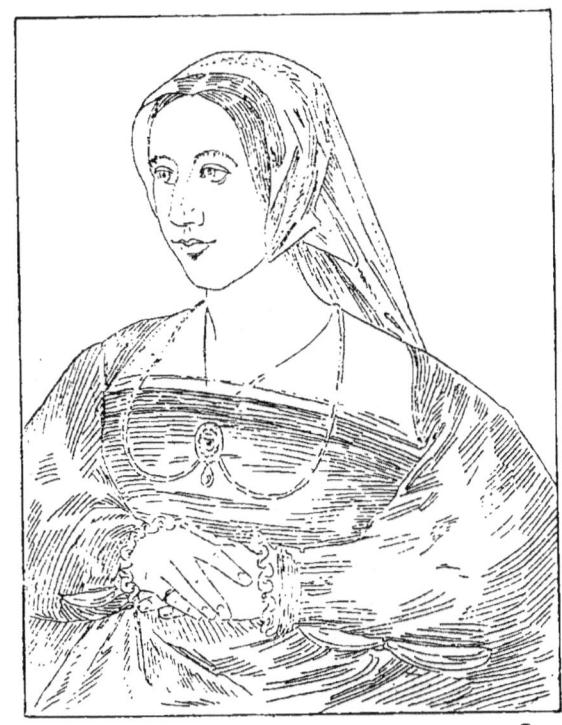
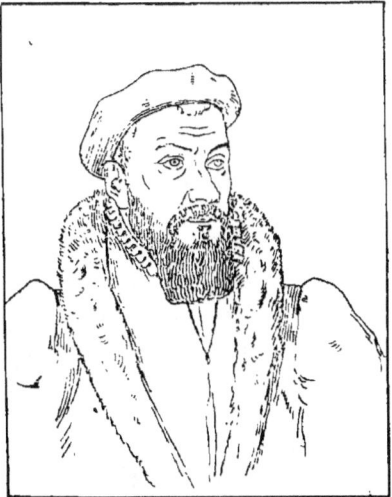

1. Vente Crespi (1914), n. 53. Cristoforo da Parma (Berenson). S. Paul et S. Jacques. — Venturi, *Gall. Crespi*, n. 263.

2. Anc. coll. Ashburnham. Ecole de Holbein. Portrait de Catherine Parr. — *Les Arts*, 1902, t. 12, p. 11.

3. Stuttgart. Ecole de Holbein. Portrait d'un conseiller.

104 CHUTE DE SIMON LE MAGICIEN

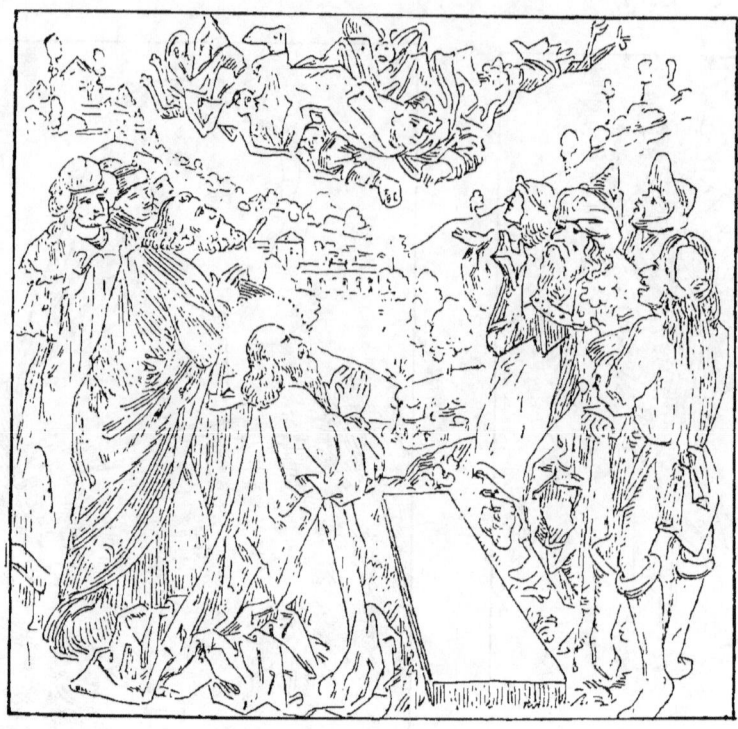

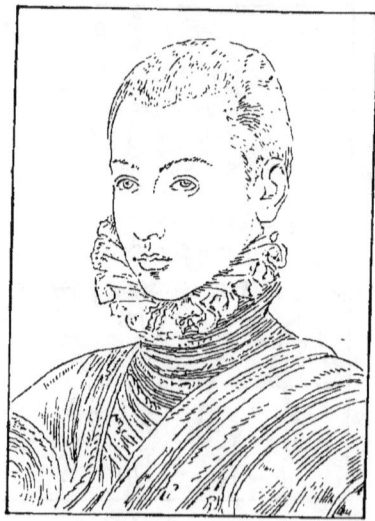

1. Munich. Musée National 50. Jan S. Paul, agenouillé et en prière, regarde cieu| Simon qui, pressé par des diables, t ciel devant de nombreux spectateurs.

2. Lisbonne. Alonso Sanchez Coello. Po jeune homme.

SAINT PIERRE

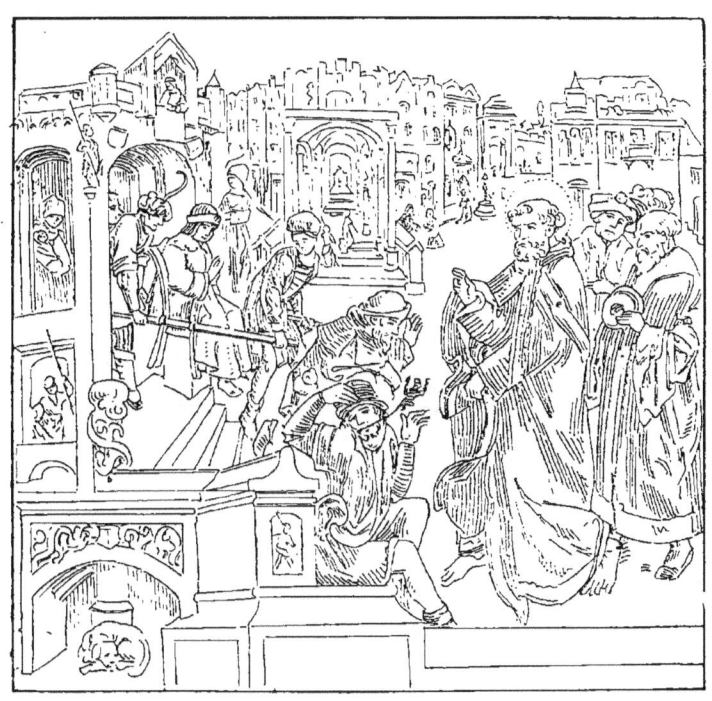

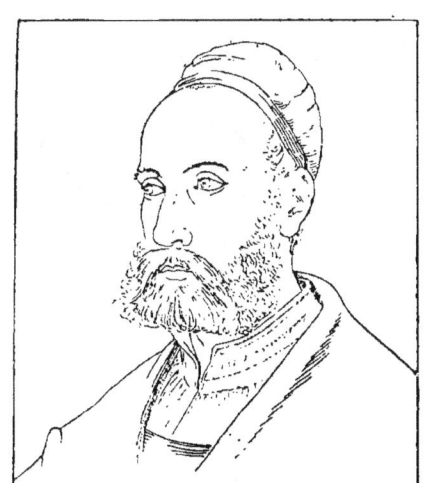

1. Munich. Musée national 48. 'an Pollack. Saint Pierre guérit un possédé dont la bouche laisse échapper un diable. A g., des porteurs amènent un malade. Provient de l'église de S. Pierre à Munich. Peint vers 1480.

2. Augsbourg (coll. Fugger-Babenhausen). Ulrich Apt. Portrait d'Ulrich Fugger. Cf. plus haut. t. III, p. 799.

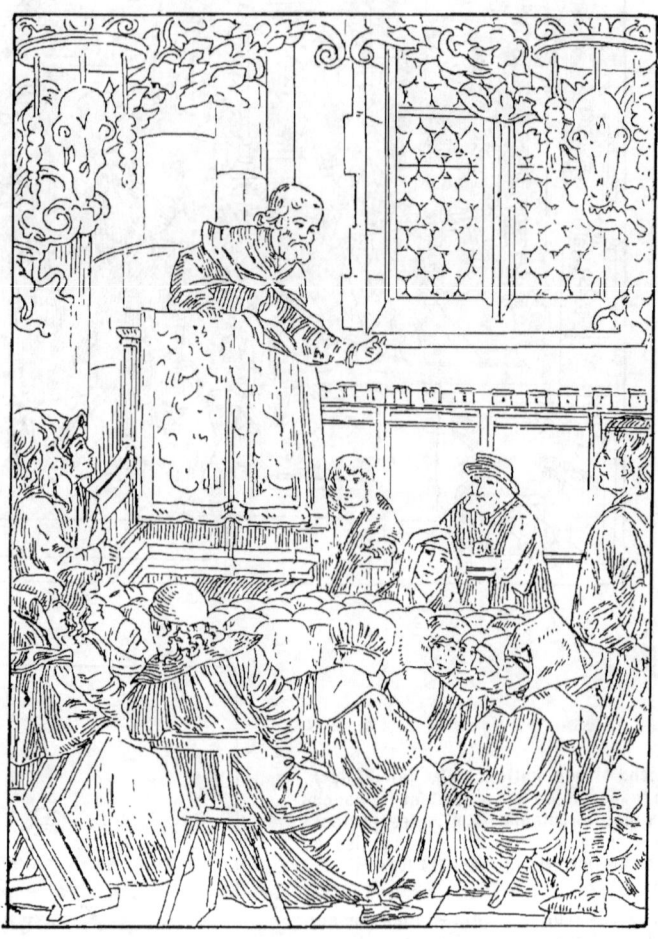

Florence. Uffizi. Hans von Kulmbach. Prédication de S. Pierre. — Heidrich, *Altdeu Malerei*, 114.

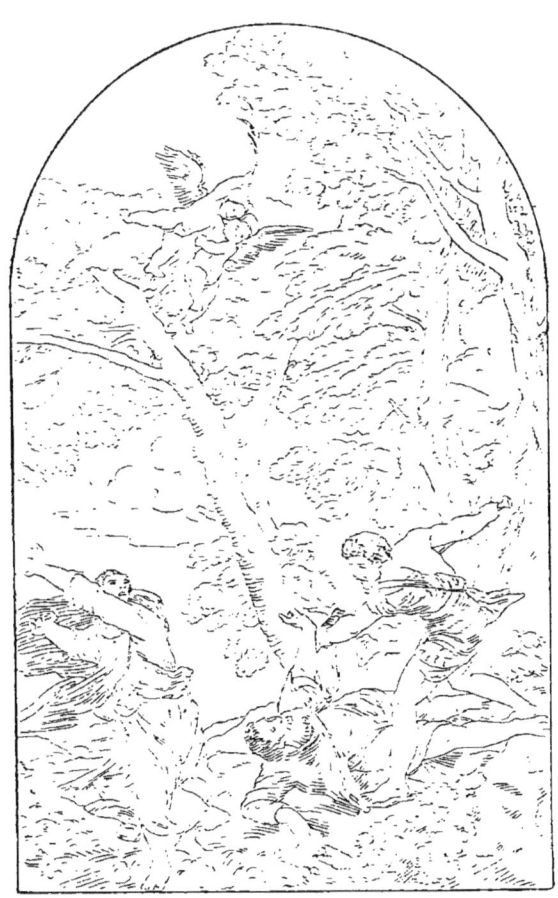

Autrefois à Venise, dans l'église de S. Giovanni e Paolo; on conserve plusieurs grandes copies anciennes de l'original, brûlé le 16 août 1867 avec un tableau de G. Bellini. Titien. Le meurtre de S. Pierre Martyr. — Fischel, *Tizian*, 50.

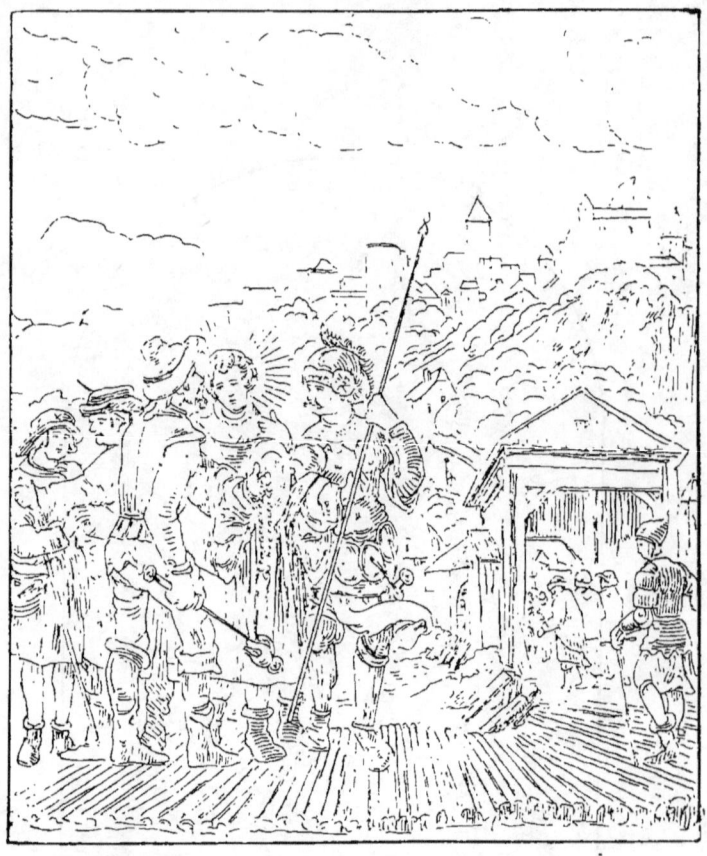

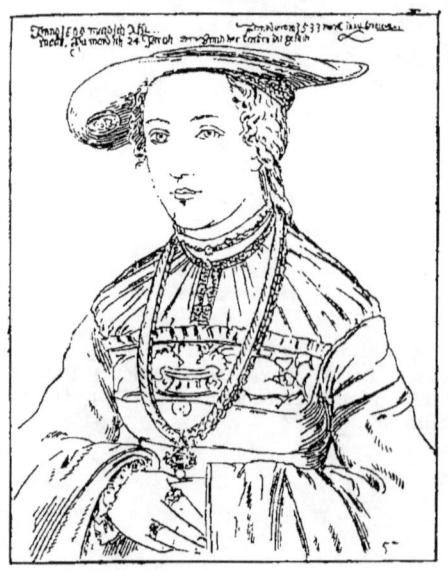

1. Nuremberg 247. Albrecht Al[tdorfer].
S. Quirin, conduit au supplice par deux [soldats,]
traverse un pont de bois; derrière [lui on]
arrête un pèlerin. Signé du monogramm[e. Fait]
partie d'une série de six tableaux relat[ifs à la]
légende de S. Quirin, peints vers 152[6. Les]
deux sont à l'Académie de Sienne. — H[aendcke,]
Altdeutsche Malerei, 147.

2. Stuttgart. Musée des Antiquités. [Étran]ger. Portrait d'Afra Mörz, née Rehm

SAINT ROCH, SAINT COSME

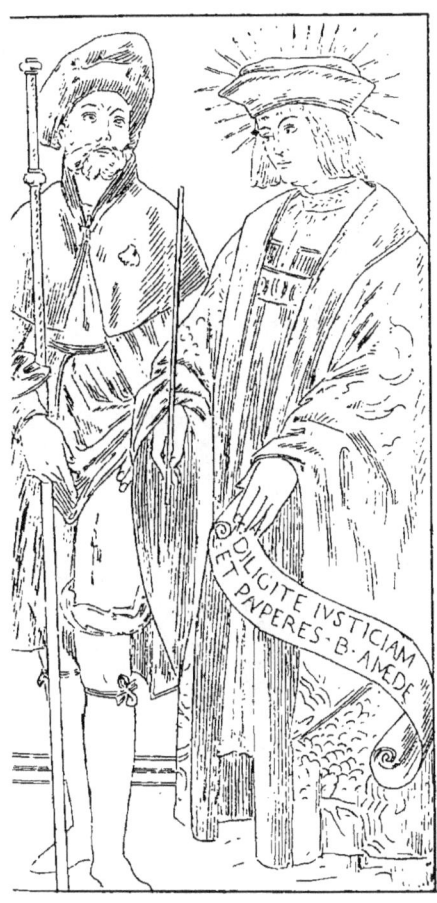

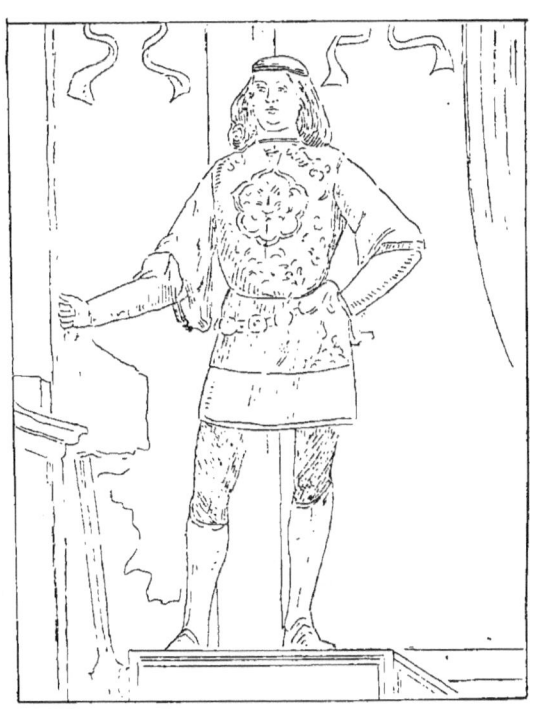

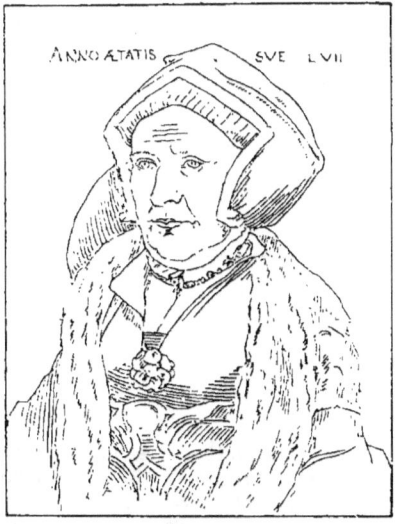

1. Villa de l'Ariana, près de Genève. École piémontaise. S. Roch et S. Cosme.

2. Cathédrale de Trévise. Tombeau des Onigo. Lorenzo Lotto (ou Jacopo dei Barbari, Berenson), Portrait d'un homme d'armes. — *Arte*, 1898, pl. à la p. 142; Venturi, *Storia*, t. VII, 4, p. 761, fig. 487.

3. Coll. Gardner à Boston. Holbein le Jeune. Portrait de Lady Margaret Butts. — Ganz, *Holbein*, 133.

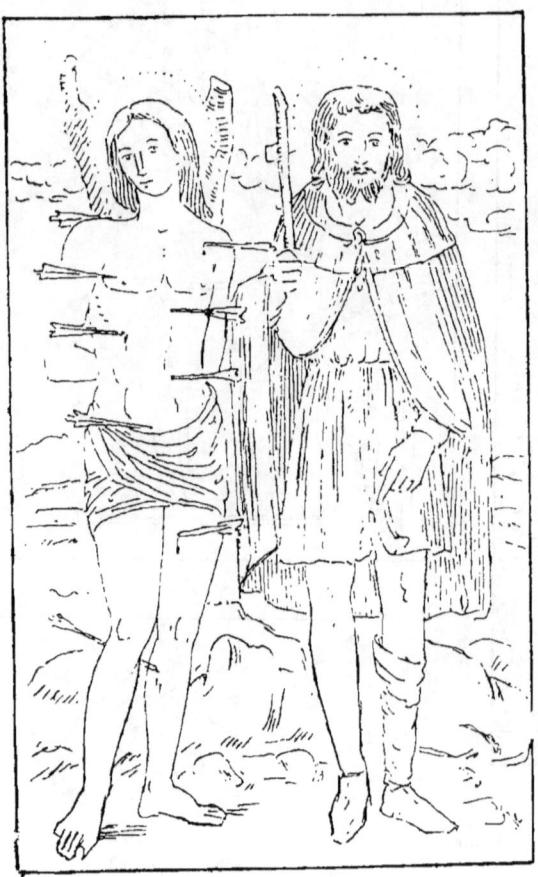 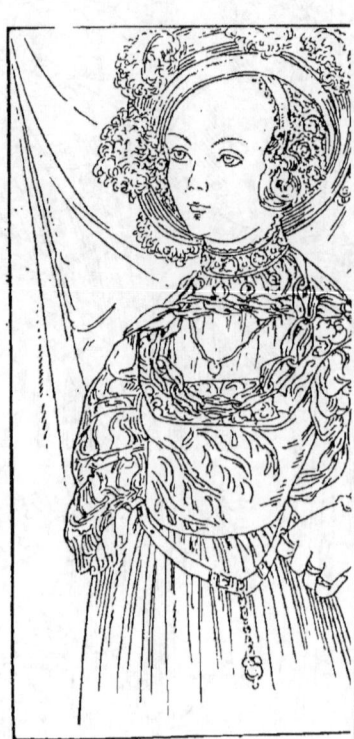

1. Etait en 1912 chez l'antiquaire Salomon à Nice. François Bréa. S. Sébastien et S. R
Signé et daté (date 15..., peu lisible). Très retouché. — Exposition rétrospective de N
n. 47 (p. 80 du catalogue).
2. Donaueschingen. Lucas Cranach. Portrait d'une jeune fille.

SAINTS SÈBASTIEN, AUGUSTIN, JÉRÔME ET ÉTIENNE

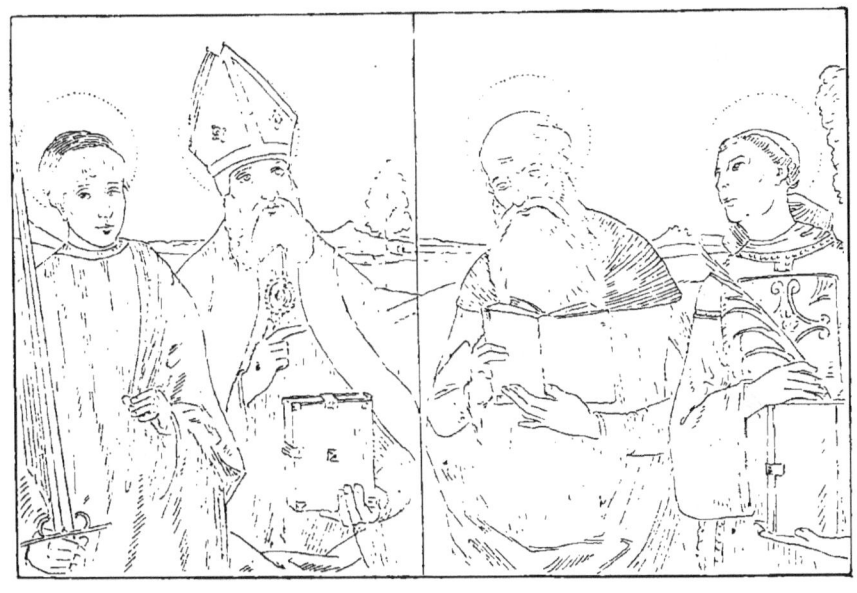

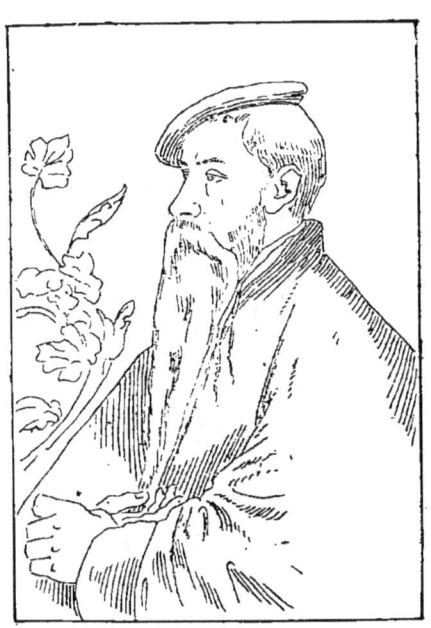

1. Vente Janiello, 22 avril 1911, pl. 15, puis ans la galerie Sangiorgi à Rome, 1912. Domenico Panetti. Les saints Sébastien, Augustin, Jérôme et Étienne.

2. Hampton Court. Holbein le jeune. Portrait de John Reskimer of Murthyr. — Ganz, *Holbein*, 113.

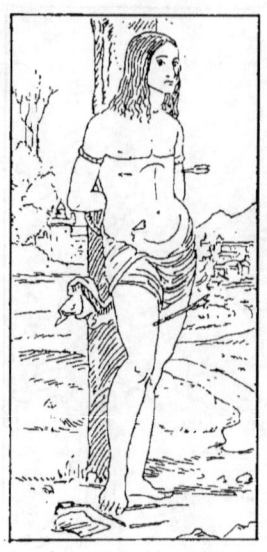

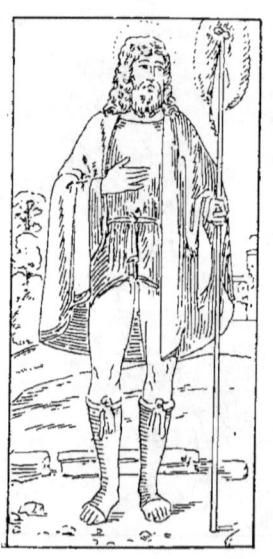

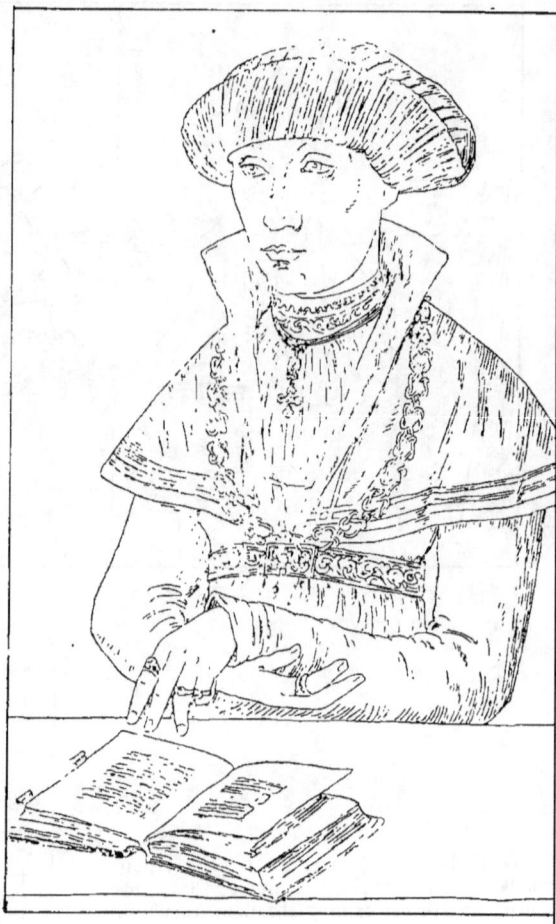

1, 2. Ancienne coll. Cavalieri à Ferrare. Erc. S. Sébastien et S. Roch. — *Mittheilungen der Galer bing*, 1914, n. 8.

3. Ancienne coll. Ch. Butler. H. Krell. Portrait de fer *Early German art*, pl. 36.

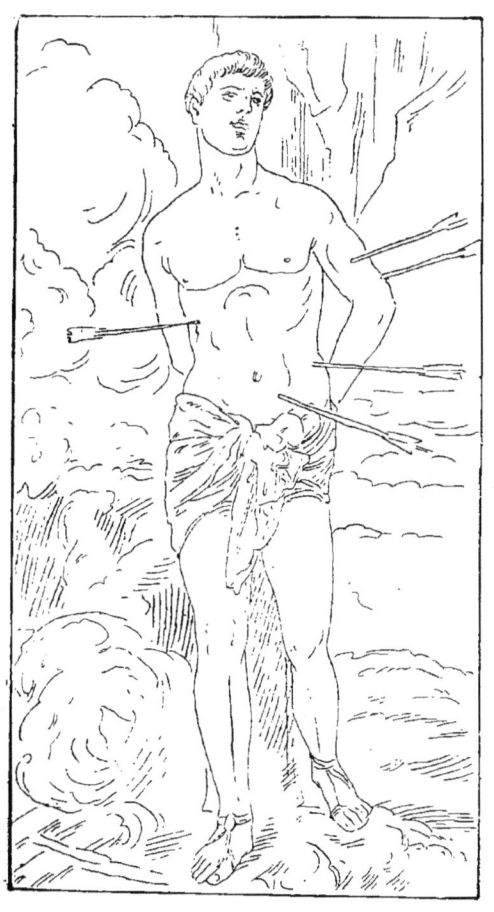
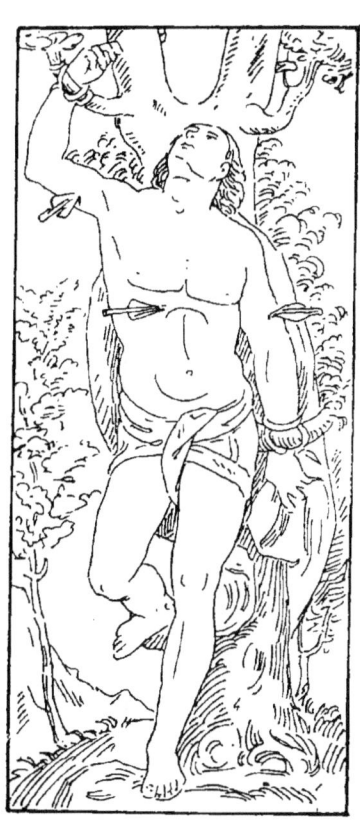

1. Ermitage. Titien. Saint Sébastien. — O. Fischel, *Tizian*, 87.
2. Legnano. Egl se de S. Magno. Bernardino Lanino. Saint Sébastien. — *Rassegna d'arte*, 1910, p. 120.

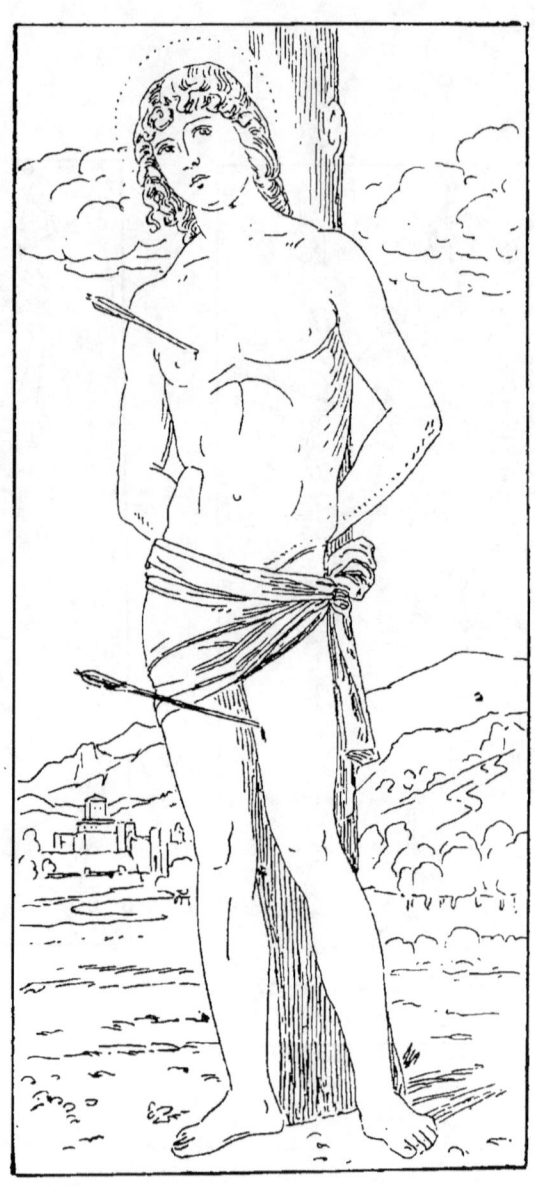

Collection Berenson à Settignano. Cima da Conegliano. Saint Sébastien. — *Rass d'arte*, 1911, pl. à la p. 25.

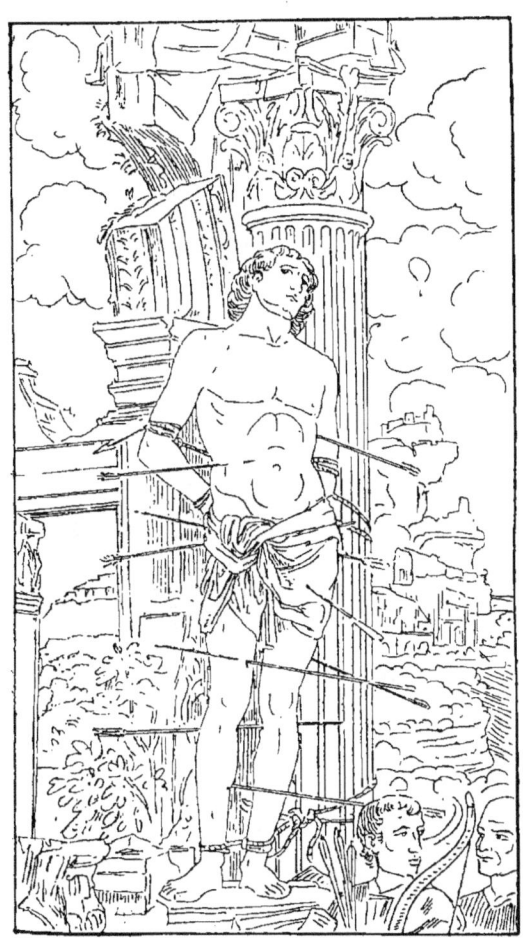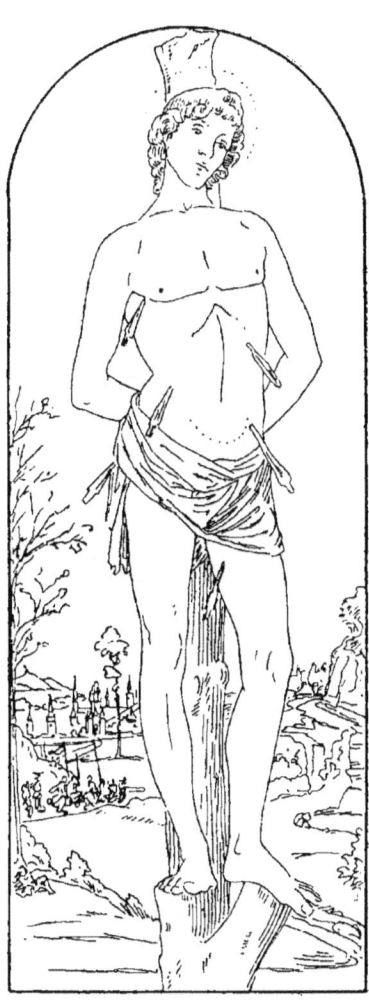

1. Église d'Aigueperse, puis (1910) au Louvre, n. 1373 *a*. A. Mantegna. Saint Sébastien ; en bas un archer et un autre personnage. C'est François Lenormant qui a le premier reconnu l'importance de cette peinture (cf. *Bull. du Comité*, 1918, p. 201). — Kristeller, *Mantegna*, éd. angl., p. 138, fig 156; *Rassegna d'arte*, 1911, p. 7; *Les Musées de France*, 1911, p. 81. Voir la notice du catal. du Louvre par S. de Ricci.

2. Berlin 1128. A. Mantegna. Saint Sébastien. Autrefois à Sainte Marie Majeure à Florence. Peint en 1474. — Hamann, *Frührenaissance*, 17.

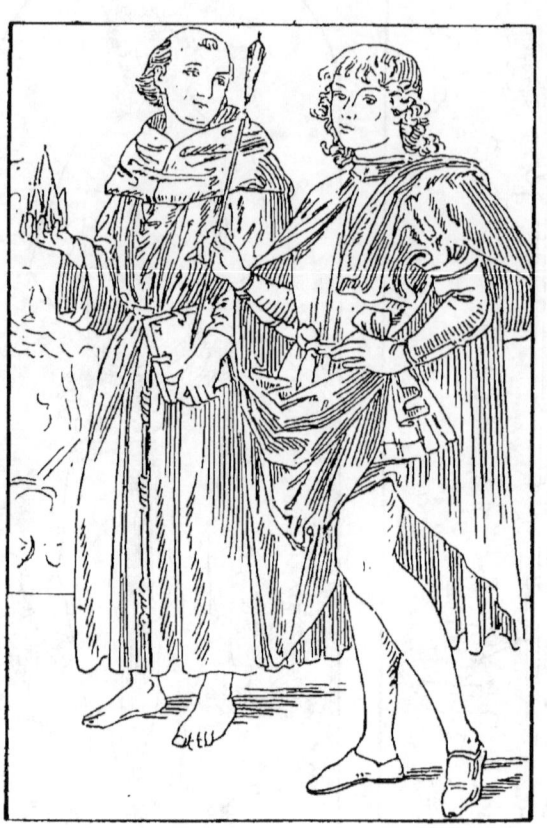
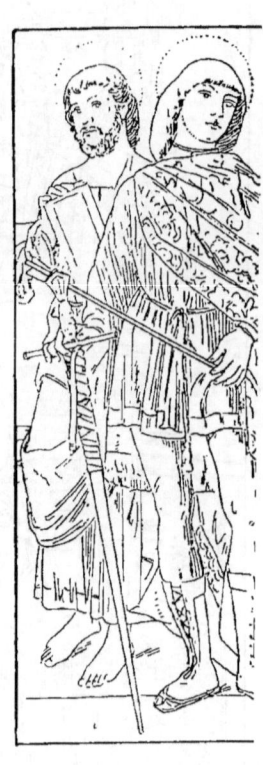

1. Nantes 62. Fiorenzo di Lorenzo. Saint Sébastien et S. Antoine de Padoue (?) Cacault (1810). — Gonse, *Musées de France, Peinture*, p. 233 ; *Rassegna d'arte*, p. 158 ; 1909, p. 73.

2. Vente Crespi, Paris, 1914, n. 54. Attribué à Girolamo da Santa Croce ou à Cristo de Parme (voir plus haut, p. 101). S. Sébastien (?) et un apôtre. — Venturi, *Galleria Cr*, p. 162.

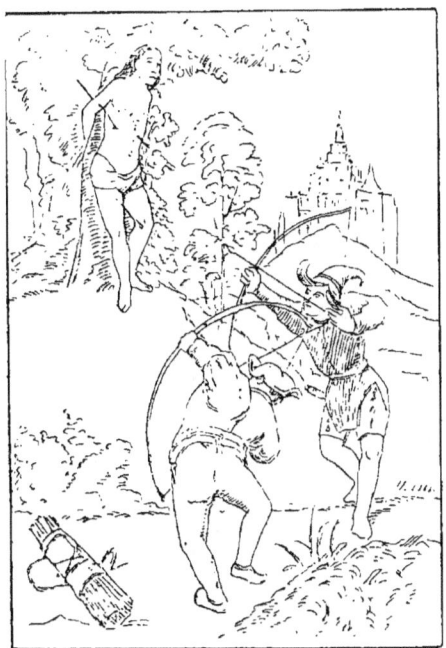

1. Vérone Liberale da Verona. Saint Sébastien. — Biermann, *Verona*, p. 110.

2. Vente Ferroni, Rome, avril 1909. Ecole flamande. Martyre de Saint Sébastien.

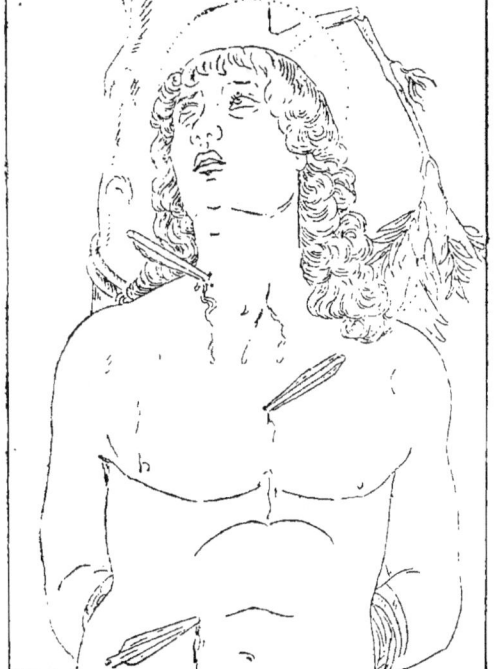

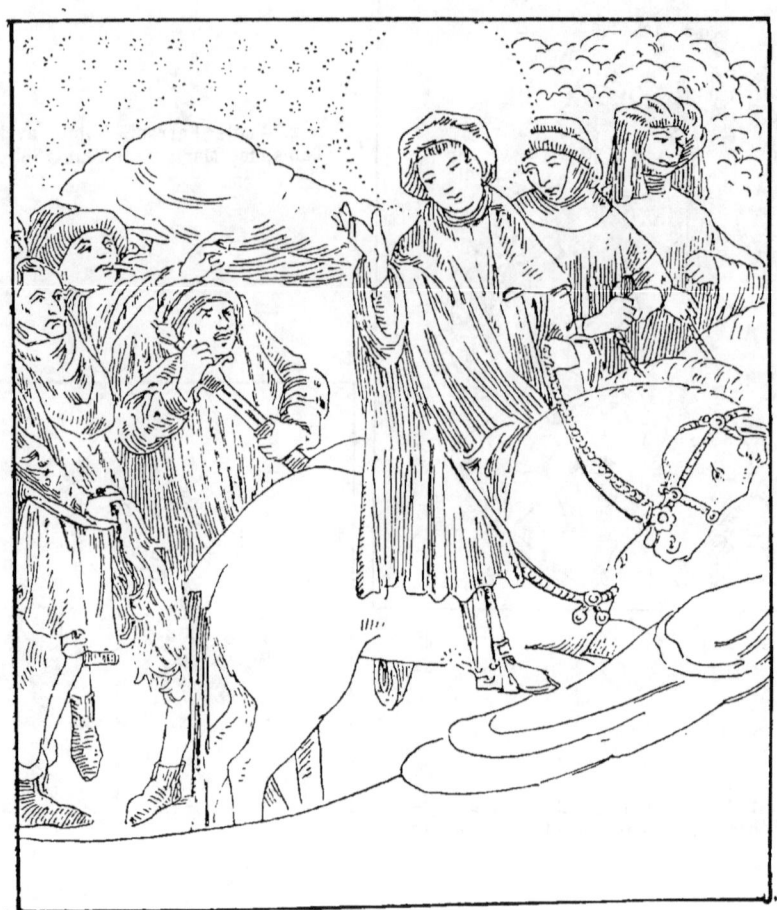

1. Hambourg. Meister Francke. S. Thomas de Canterbury échappe à ses ennemis d'eux a coupé la queue du cheval du saint et la tient dans sa main — Heidrich. *Altdeu Malerei*, 10.

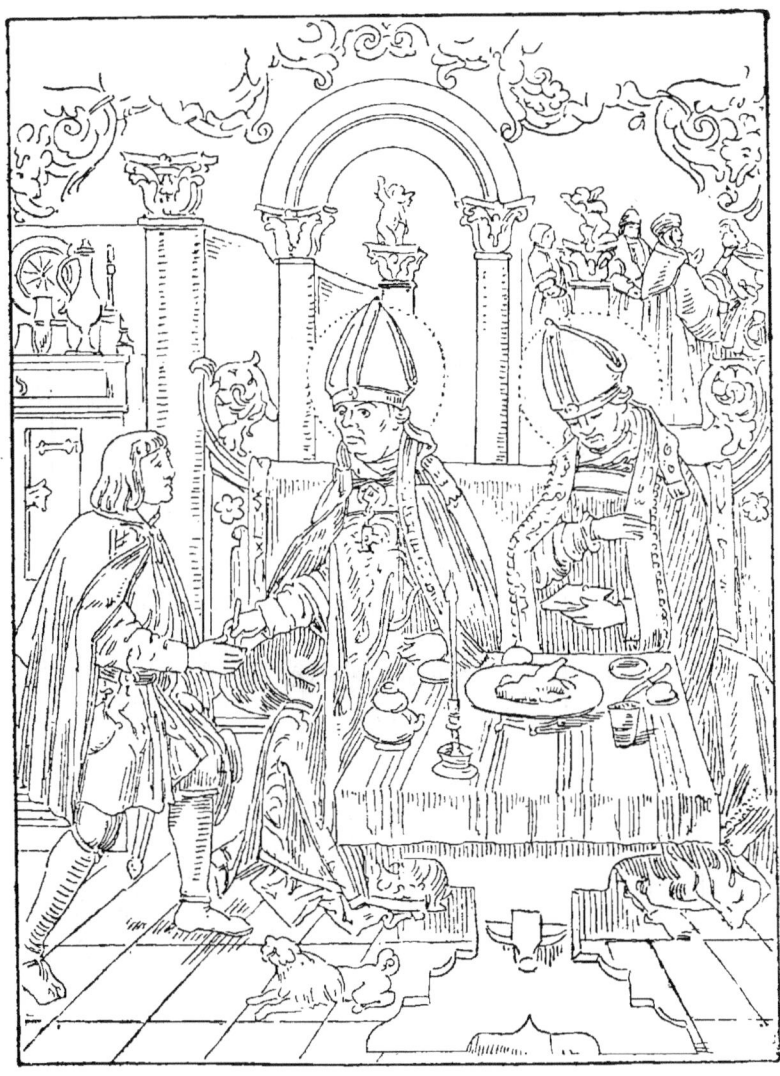

Augsbourg 74. Holbein le Vieux. Les saints évêques Ulrich et Wolfgang, assis à table depuis le jeudi soir (c'est un vendredi matin), reçoivent un messager du duc de Bavière. Wolfgang lit la lettre, tandis qu'Ulrich, distrait, récompense le messager par le don d'une tranche d'oie. Au fond à dr., en présence du duc de Bavière, la tranche d'oie se transforme en poisson. Autrefois, avec trois autres panneaux, sur l'autel de Ste Catherine à Augsbourg. — Heidrich, *Altdeutsche Malerei*, 183.

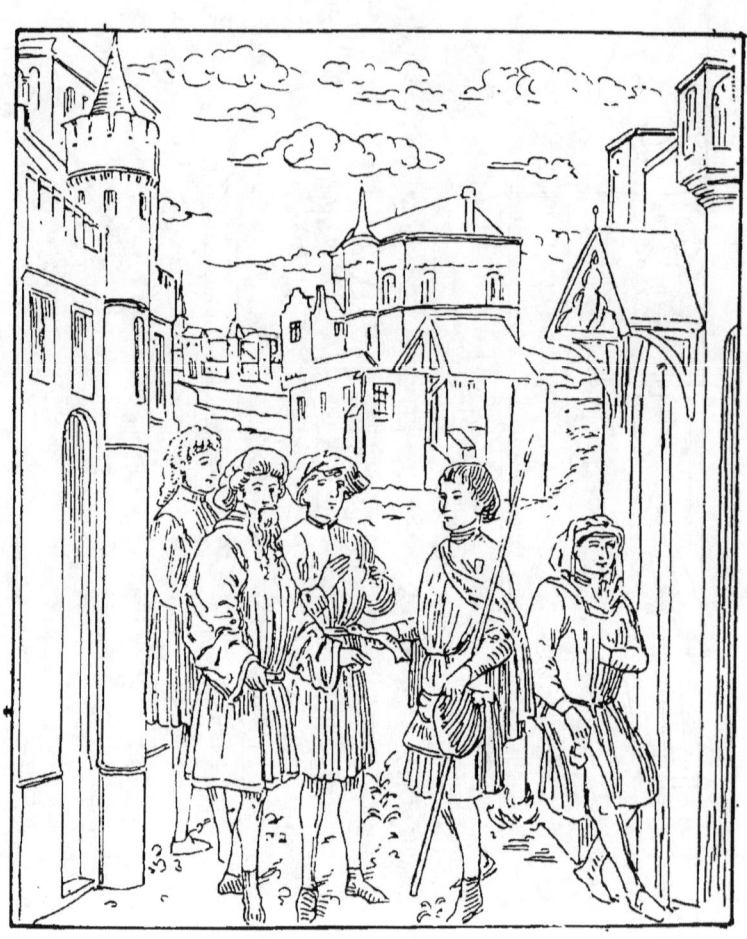

Augsbourg. Église de S. Ulrich. Maître dit de la légende de S. Ulrich. Partie moyenne des deux panneaux relatifs à cette légende (1460-1470). Le messager voir p. 119) montrer la tranche d'oie au duc de Bavière pour dévoiler l'hypocrisie du saint ; mais tranche d'oie, entre ses mains, se métamorphose en poisson. — Heidrich, *Altdeut Malerei*, 64.

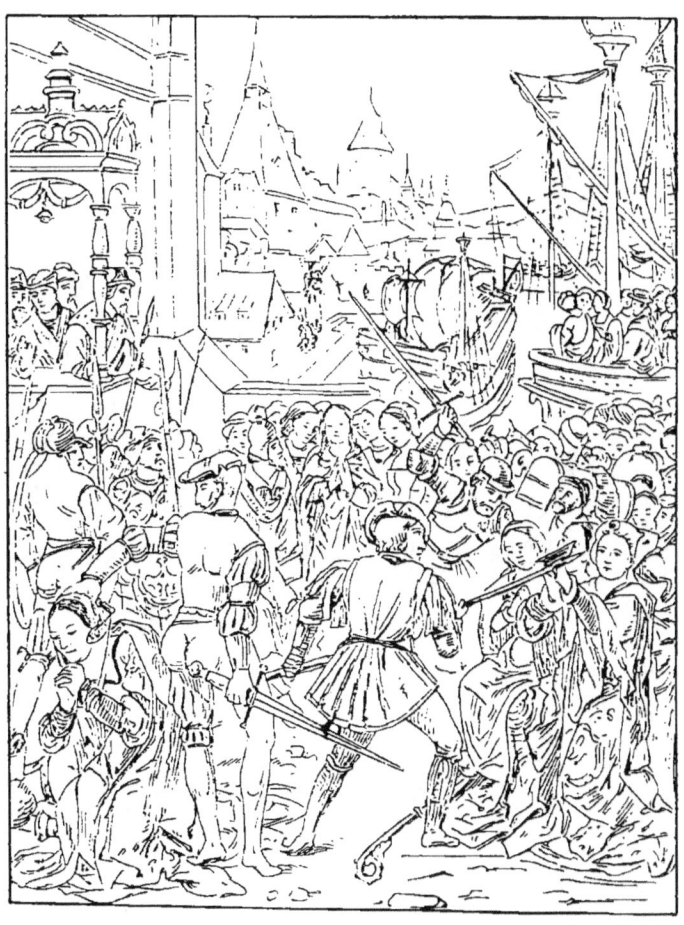

Vente Dollfus, Paris, avril 1912, n. 27. Auj. à Paris, coll Adrien Dollfus. Ecole de Cologne. Massacre de Ste Ursule et des onze mille Vierges. Autrefois dans la collection de Juigné (vente de 1898, n. 17.)

122 SAINTE URSULE

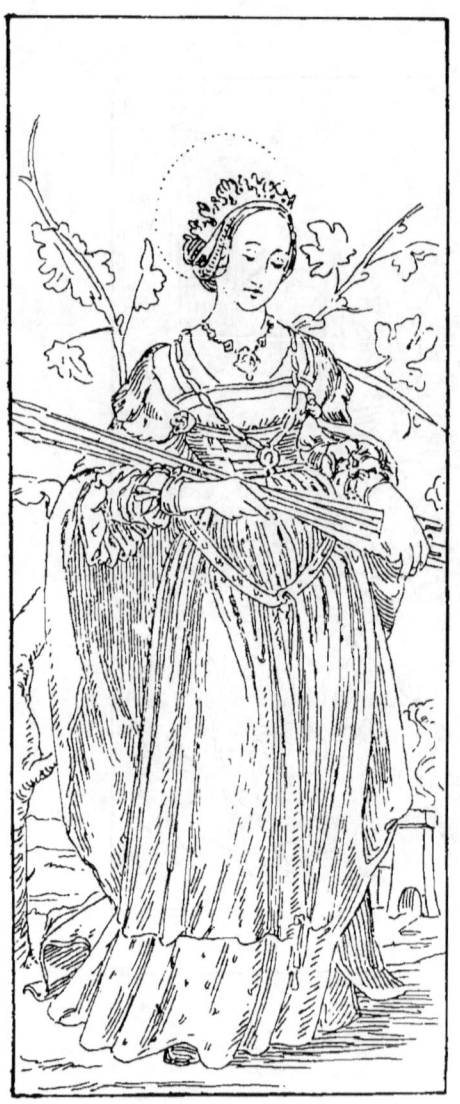

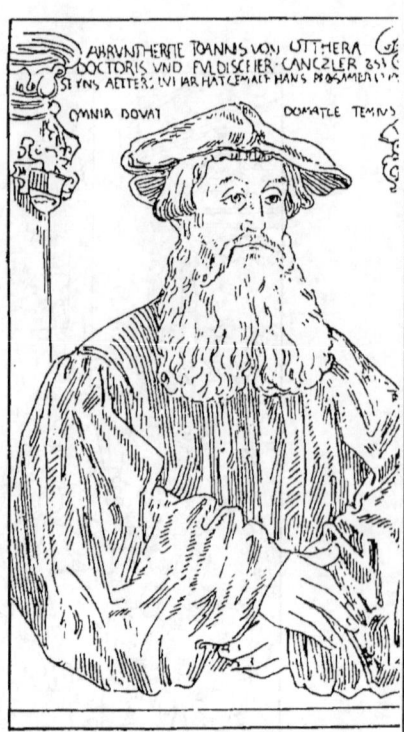

2. Collection Gotthelf Meyer à Vienne
Hans Brosamer. Portrait du chancel
Fulda Johann Otthera; signé et daté
L'inscr., en allemand, se termine par la
latine : *Omnia donat domatque tem*
dr. et à g., armoiries du chancelier e
femme — *Blätter für Gemäldekund*
p. 124.

1. Carlsruhe 65. Hans Holbein le Vieux. Ste Ursule tenant quatre flèches. Signé et 1522. — Heidrich, *Altdeutsche Malerei*, 190.

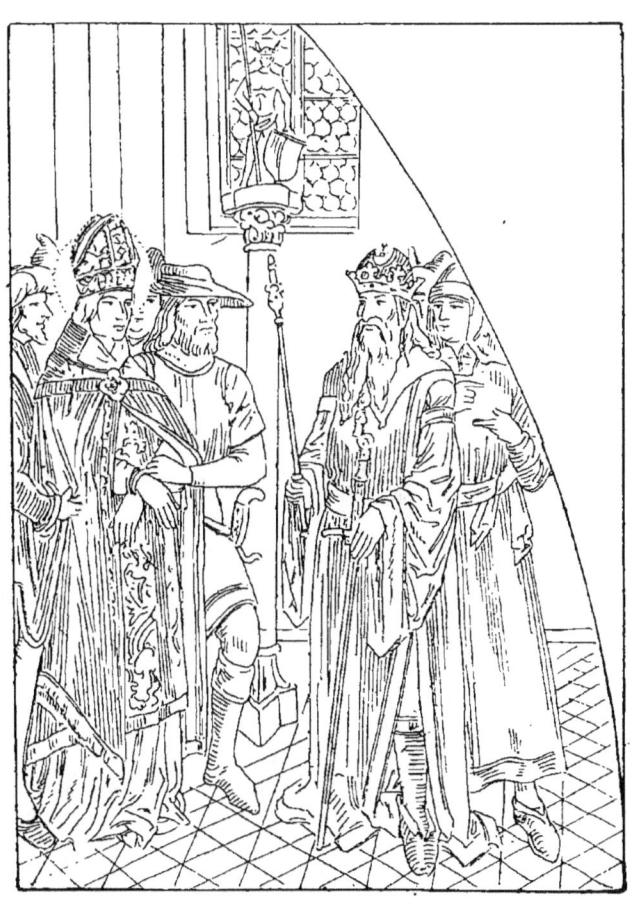

Augsbourg 50. Barth. Zeitblom. S Valentin, en costume épiscopal, les mains liées, refuse à l'empereur de renier sa foi. Au fond une idole sur une colonne. — Heidrich, *Altdeutsche Malerei*, 56.

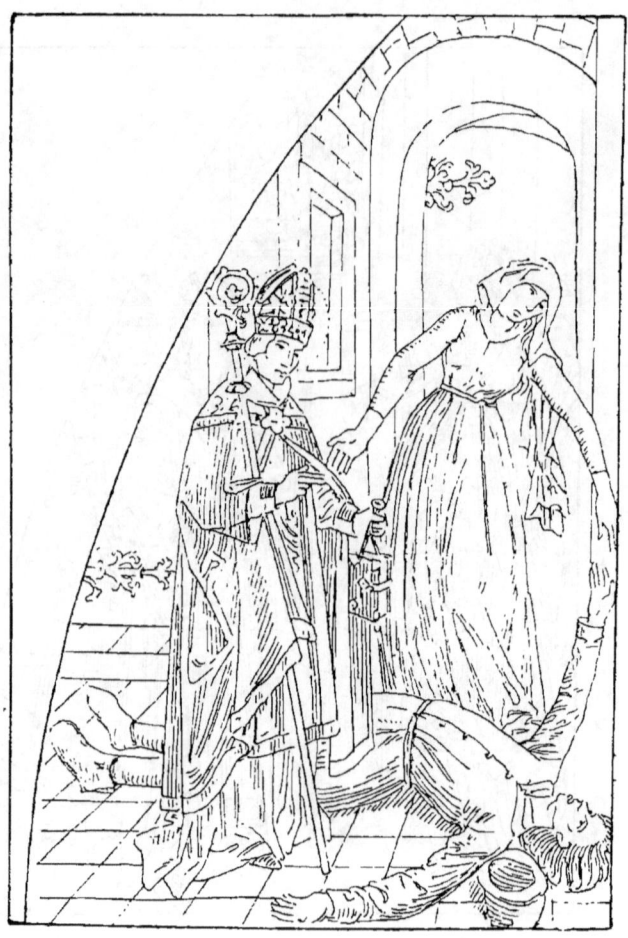

Augsbourg 49. Barth. Zitblom. Le saint évêque Valentin guérit un jeune homme é
ique, fils du savant Romain Craton. Au second plan, la mère désolée du malade. Vole
tableau d'autel autrefois dans l'église des Dominicains à Augsbourg. — Heidrich, *Alldeu
Malerei*, 57.

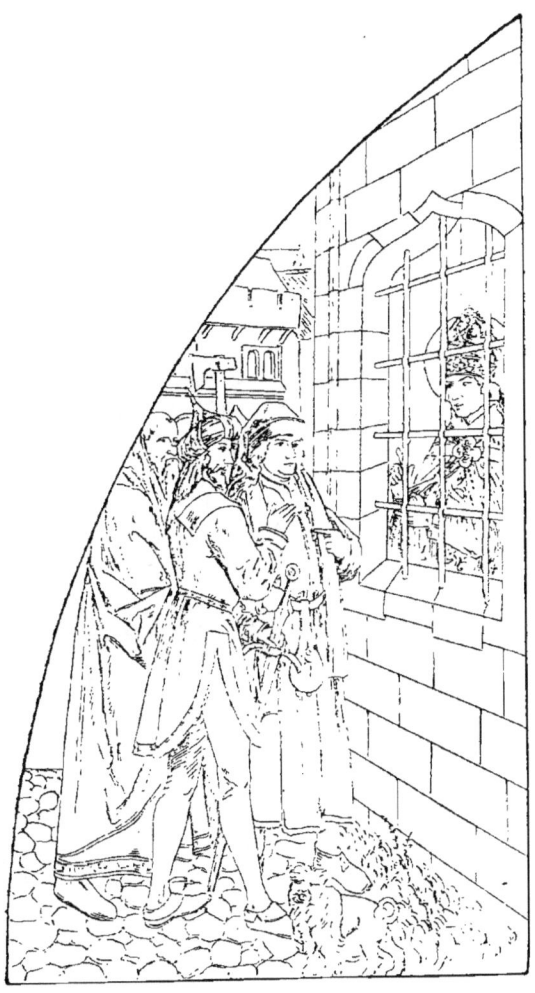

Augsbourg 51. Barth Zeitblom. L'évêque Valentin, derrière les grilles de sa prison, bénit le bourreau qui a refusé d'exécuter le jugement porté contre lui. Volet d'un tableau d'autel autrefois dans l'église des Dominicains à Augsbourg.

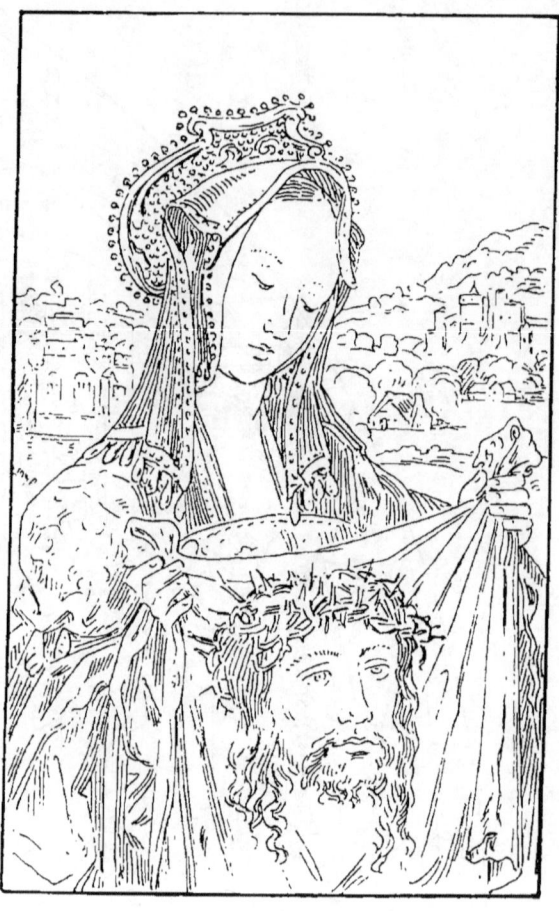

Vente Dollfus, Paris, avril 1912, n 81, puis à Paris chez Bacri. Jacob Cornelisz d'Amst dit aussi van Oostsanen. Ste Véronique montrant le Saint Suaire.

SAINTE VÉRONIQUE 127

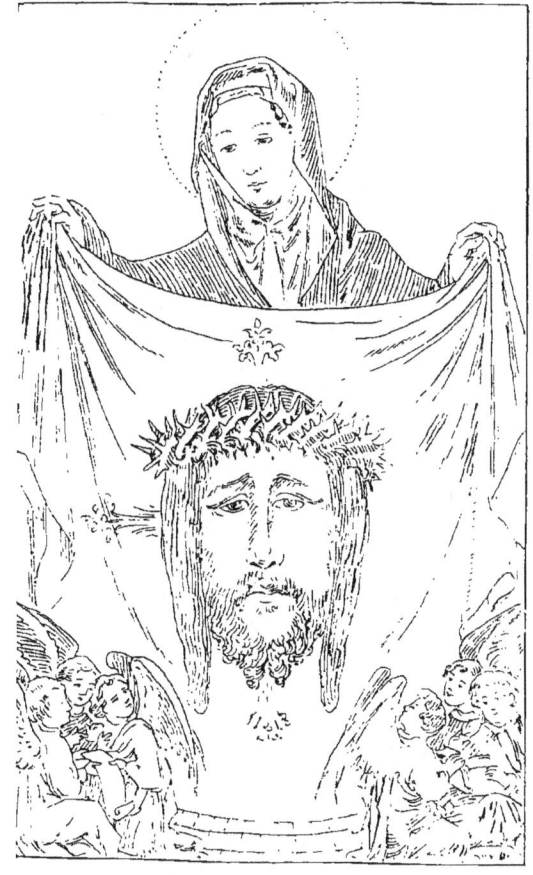

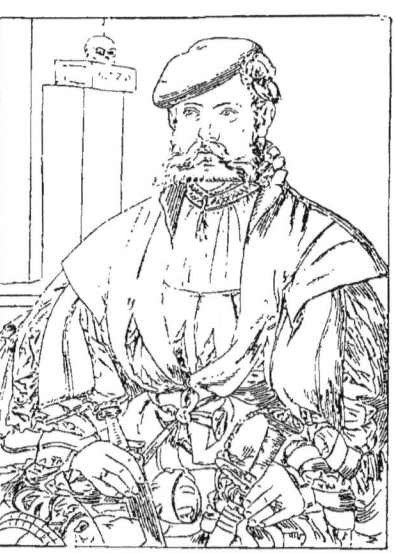

2. Augsbourg. École de Ratisbonne vers 1523. Portrait d'un prince allemand.

1. Munich 1. Attribué au Maître Wilhelm (de Herle) à Cologne. Ste Véronique montrant le Saint Suaire à des Anges. — Aldenhoven, *Kölner Malerschule*, p. 63 et pl. 15 ; E. Heidrich, *Altdeutsche Malerei*, 2.

128   SAINT VINCENT

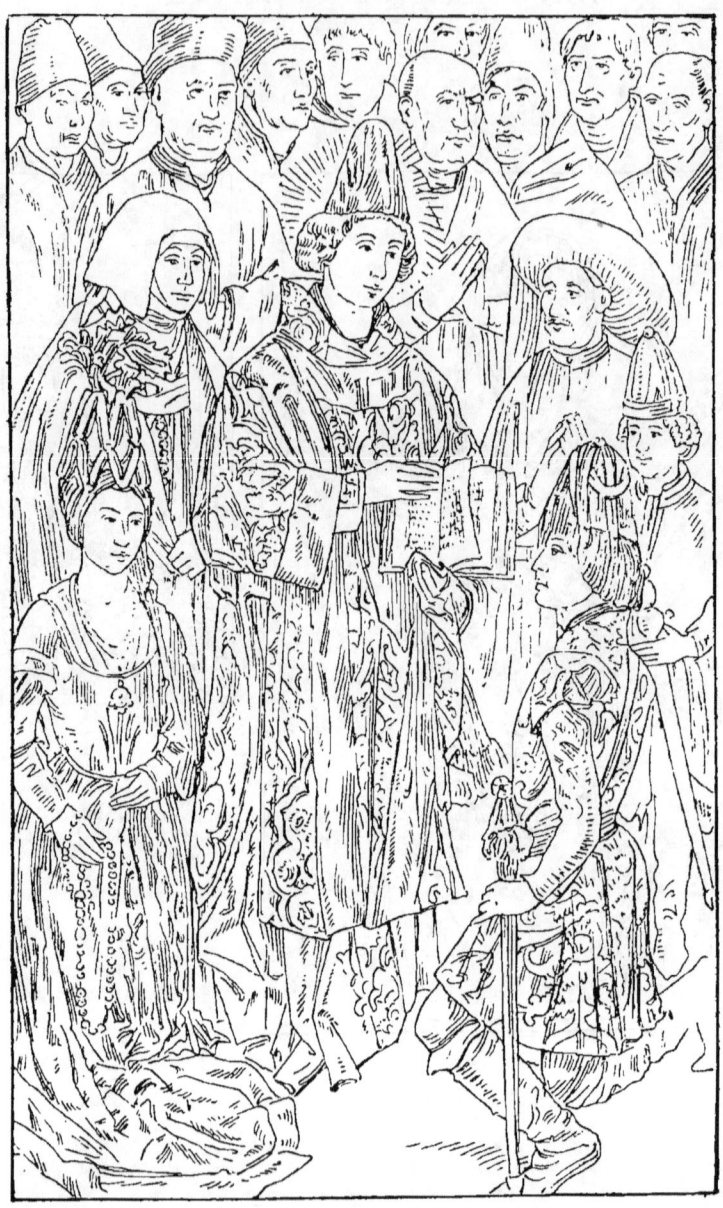

Lisbonne. Musée du Patriarcat. Nuno Gonzalves Panneau central de l'Adoration de S
cent, dit triptyque de l'Infant. L'homme au grand chapeau, à la gauche du Saint
l'infant Don Henrique; le guerrier agenouillé est Alphonse V; à côté de lui est « l'e
pâle qui devait être le roi Jean II. » Peint vers 1460, sous l'influence de Hugo van der
et de Chirlandajo (?) Signé (monogramme) sur la botte droite du roi — E. de Figue
Nuno Gonzalves, p. 88; Bertaux, *ap.* A. Michel, *Histoire de l'art*, IV, p. 871.

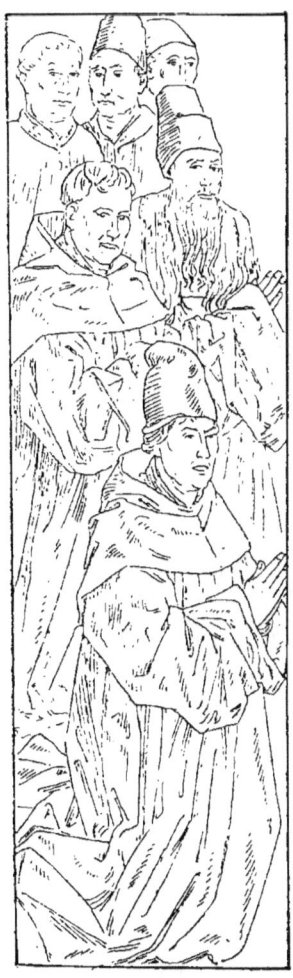 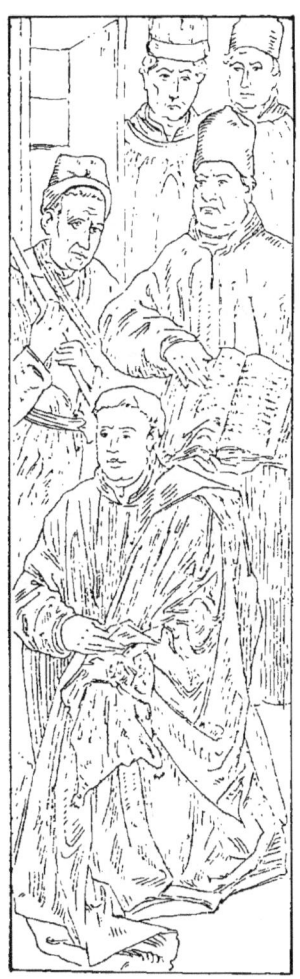

Lisbonne. Musée du Patriarcat. Nuno Gonçalves. Volets de l'Adoration de S. Vincent (triptyque de l'Infant), dits volets des moines (*frades*) et de la relique (*reliquia*) : — J. de Figueiredo, *Nuno Gonçalves*, p. 88, 136 ; Bertaux, *ap.* A. Michel, *Histoire de l'art*, IV, p. 872.

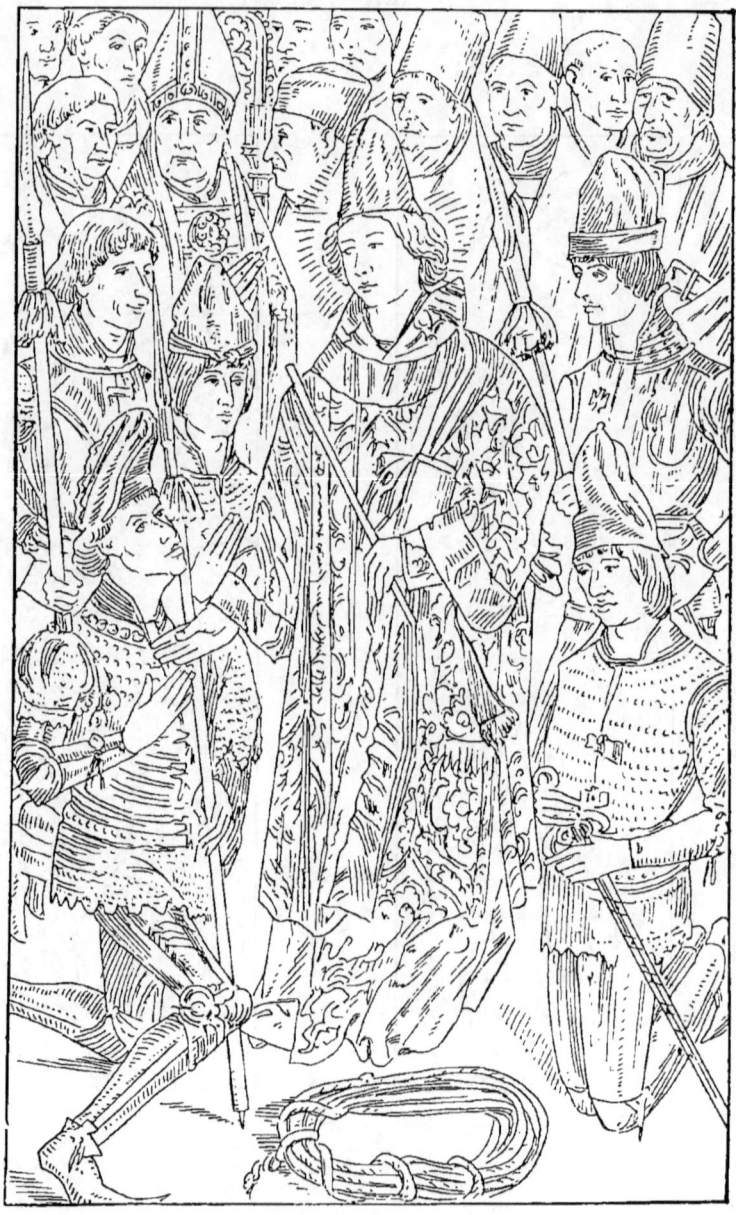

Lisbonne. Musée du Patriarcat. Nuno Gonçalves. Panneau central du triptyque dit de l'archevêque. Adoration de S. Vincent (au milieu). L'homme ridé en haut à dr. est Eannes de Zurara (?) — J. de Figueiredo, *Nuno Gonçalves*, p 80, 112. Voir les précédents.

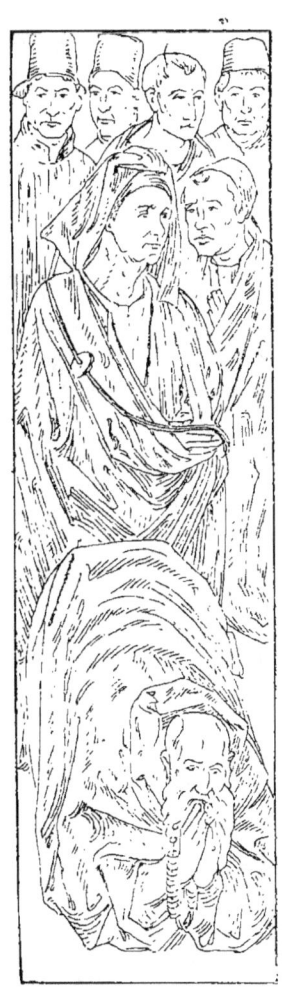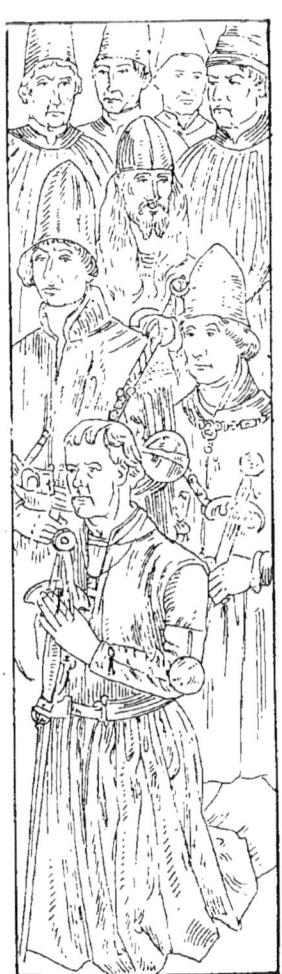

Lisbonne. Musée du Patriarcat. Nuno Gonçalves. Volets du triptyque dit de l'archevêque, le premier représentant les hommes de mer (*pescadores*), le second les chevaliers (*cavalleiros*) — J. de Figueiredo, *Nuno Gonçalves*, p. 80, 120, 124.

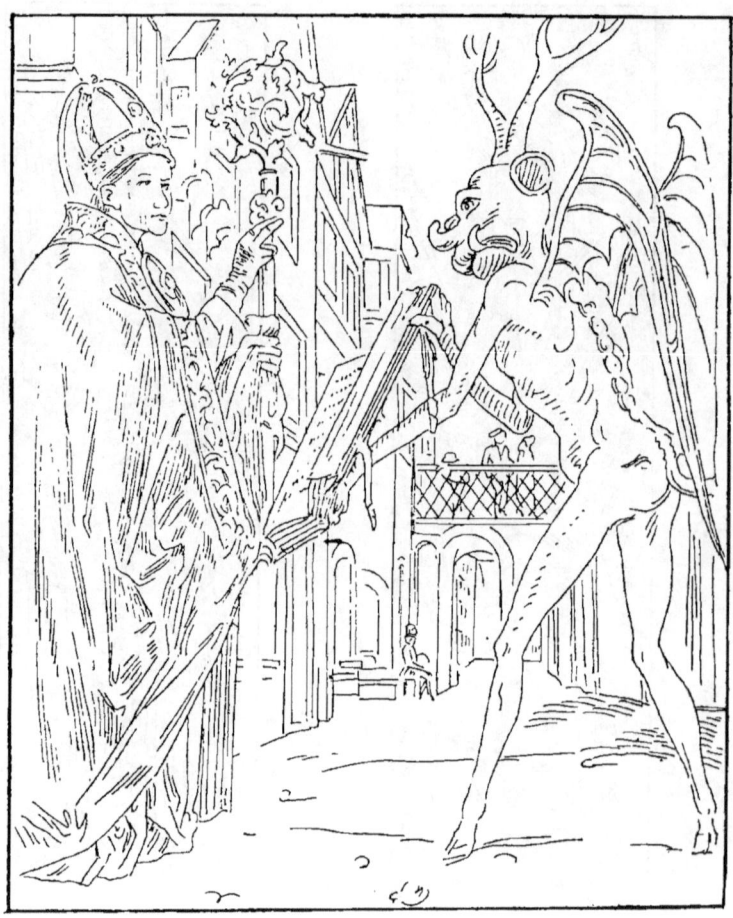

Ausgbourg 174. Michael Pacher. S. Wolfgang, évêque de Ratisbonne, oblige le Dia[ble à] tenir son missel. Revers du panneau représentant S. Ambroise assis (Augsbourg 145[).] Prov. de l'église des Augustins à Neustift près de Brixen. — Heidrich, *Altdeutsche Mal[erei]* 77.

SAINT WOLFGANG ET SAINTE ODILE

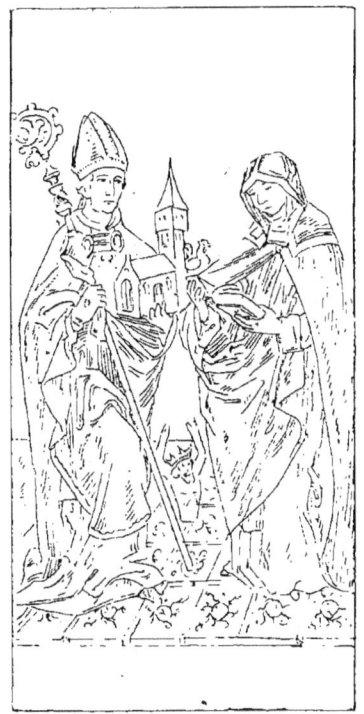

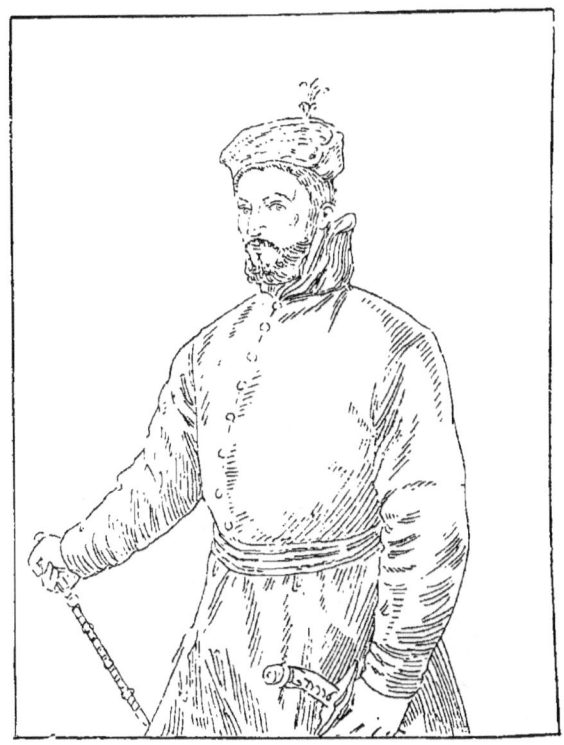

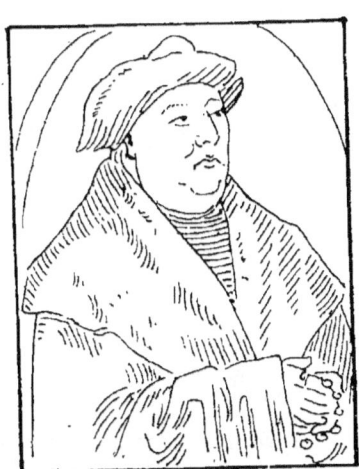

1. Munich. Musée national 276. Ecole de Souabe vers 1470. S. Wolfgang, portant un modèle de l'Eglise et Ste Odile (Ottitia), portant un livre sur lequel est un coq. Plus bas, un roi à demi-nu s'élevant à mi corps du Purgatoire.

2. Florence. Pitti 201. Titien. Le cardinal Hippolyte de Médicis. Peint en 1533. — O Fischel, *Tizian*, 55.

3. Vente Lempertz à Cologne, 1898. Maître de la Mort de la Vierge. Portrait d'homme

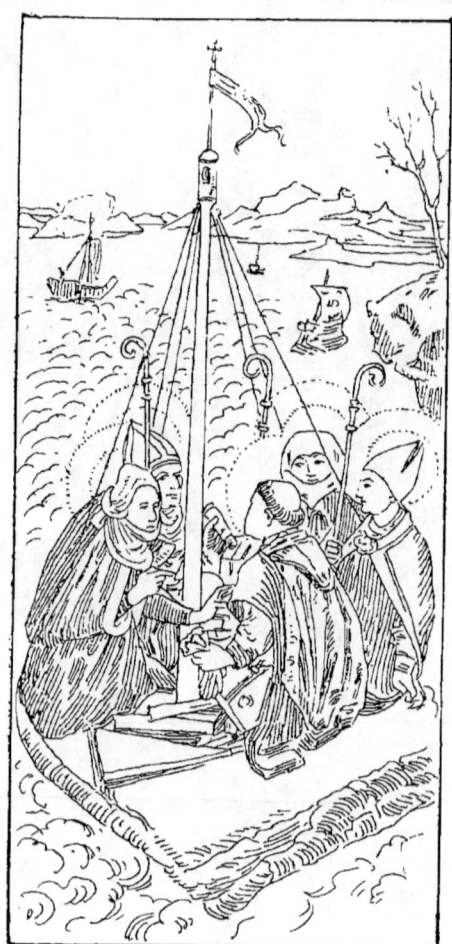 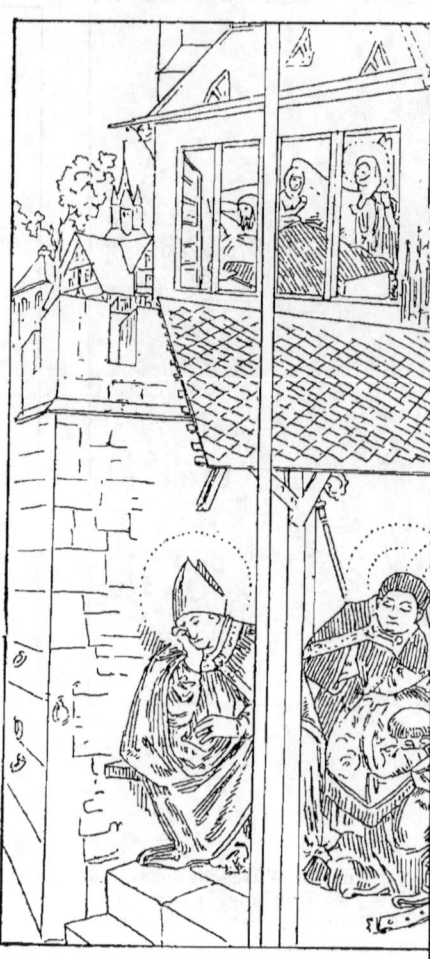

1, 2. Église de Tiefenbronn. Autel de Ste Madeleine. Lucas Moser. Les saints La[zare],
Maximin, Cedonius, Marie-Madeleine et Marthe sont en mer, poussés vers le port de Mars[eille].
A leur arrivée, ils s'endorment en plein air, tandis que Marie-Madeleine apparaît en son[ge à]
la reine du pays et, sans réveiller son mari, lui enjoint de faire accueil aux étrangers. [Peint]
en 1431. — *Gazette*, 1907, I, p. 375; *Burlington Magazine*, t. X, p. 258; Heid[rich,]
Altdeutsche Malerei, 4, 5.

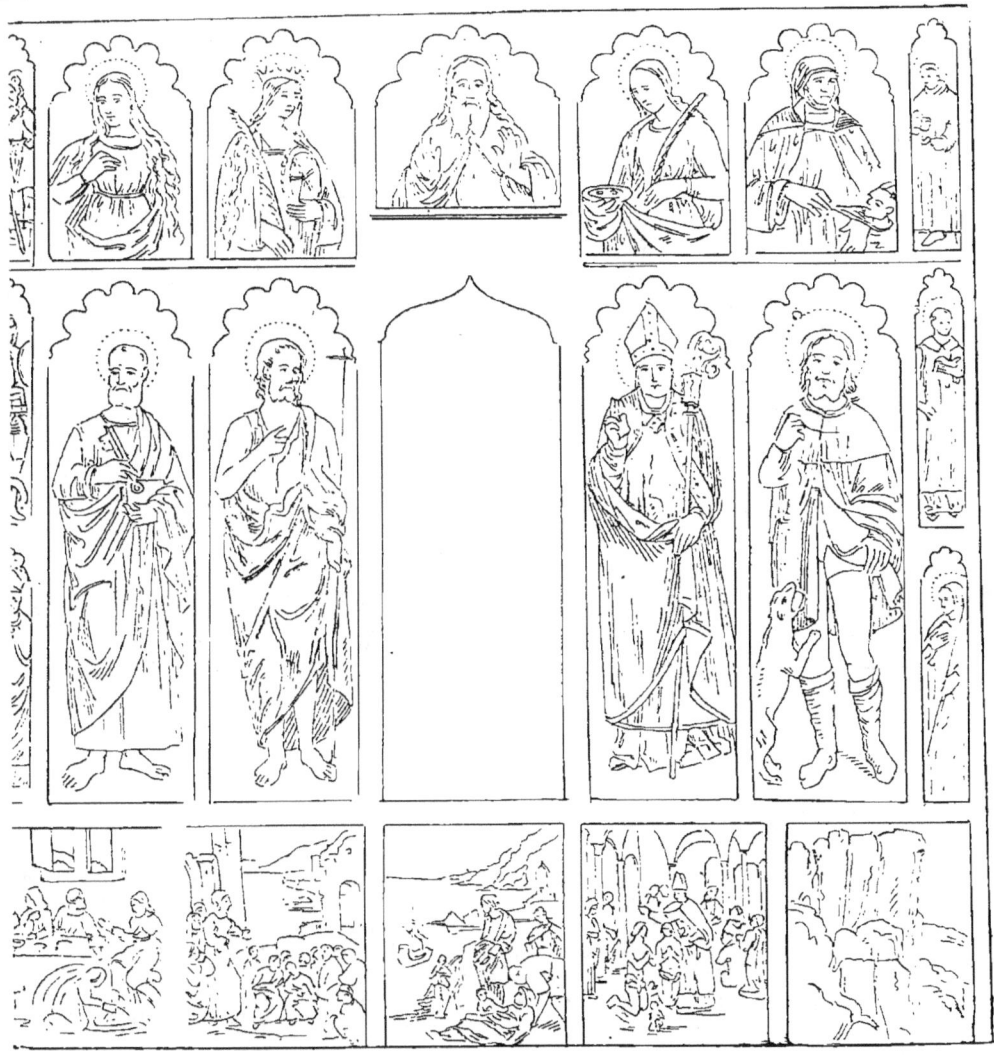

Église de Contes. Alpes-Maritimes. École de Nice. Autour de la statue de Ste Madeleine, dans la niche centrale, on voit S. Pierre et S. Jean (à g.), S. Véran, évêque, et S. Roch à droite ; au-dessus, le Père éternel, Ste Pétronille, Ste Catherine (à g.), Ste Lucie et Ste Brigitte (?) tenant en laisse le diable par sa ceinture (à dr.). Sur les bandes latérales, S. Christophe, S. Georges, S. Honorat, S. Maur, S. Laurent et S. François (?). Sur la prédelle, Madeleine lavant les pieds de Jésus et prêchant à Marseille ; le chef de la province de Marseille abandonne sa femme dans une île ; il est baptisé par S. Maximin ; Madeleine à la Ste Baume. — Exposition rétrosp. de Nice, n. 7 (p. 45 du catalogue).

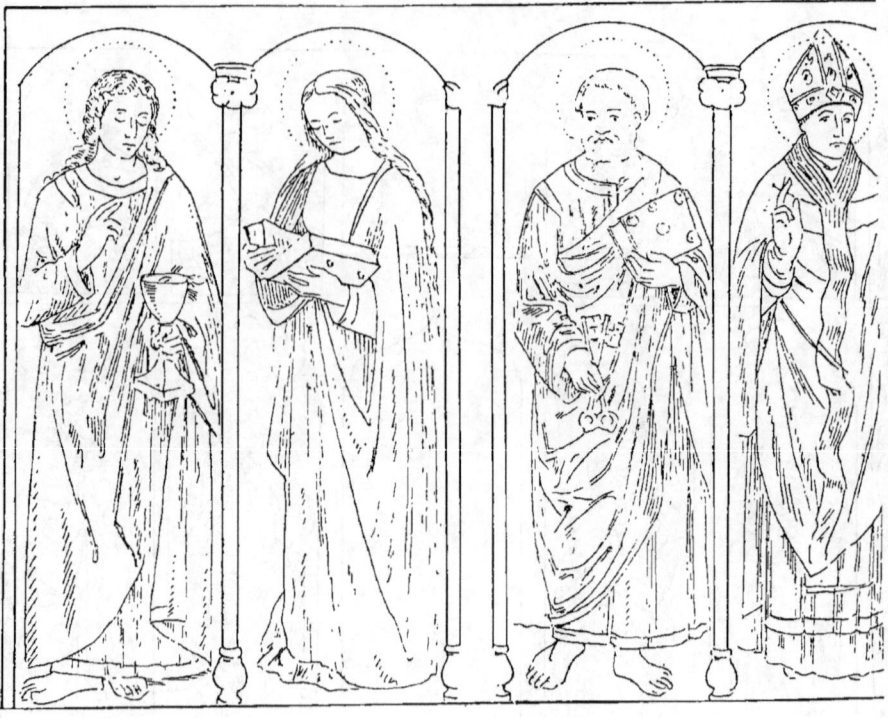

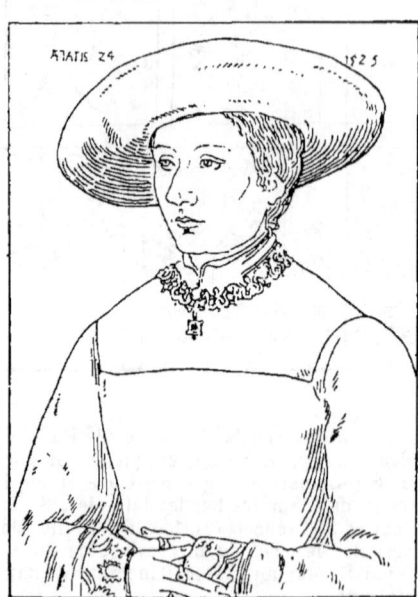

1. Église de Saint-Martin-Vésubie (Al[pes]-Maritimes). École de Nice. S. Jean l'Évangé[liste], Ste Pétronille (nom inscrit), S. Pierre et S. [Mar]tin, évêque — Exposition rétrosp. de [Nice], n. 54, 55 (p. 86-87 du catalogue).

2. Nuremberg 273. École de Pencz. La fe[mme] de Hans Straub, née Pirckheimer. Daté 1[525]

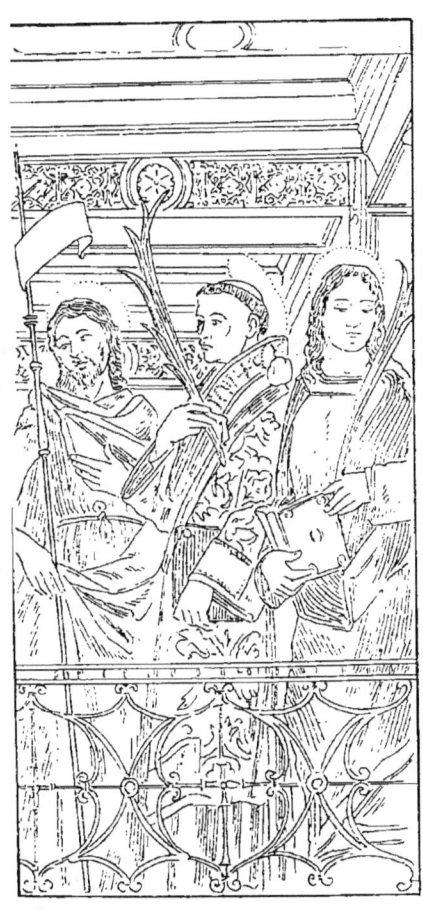 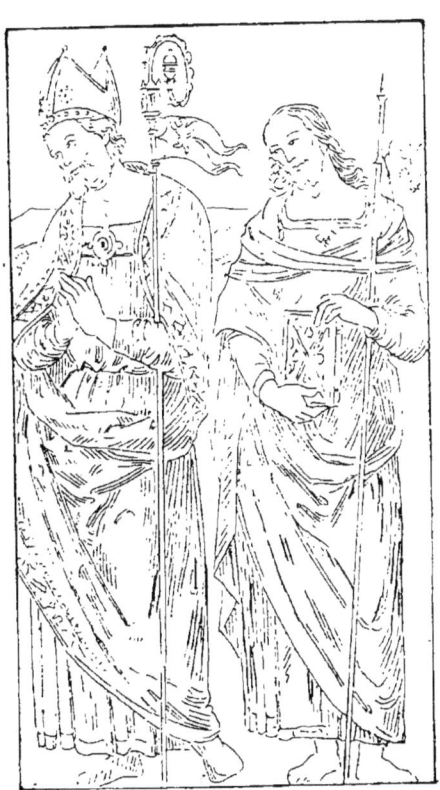

1. Treviglio. S. Martino. Zenale ou Butinone. S. Jean-Baptiste, S. Étienne, S. Jean l'évangéliste. — Hamann, *Ital. Malerei*, 175 ; *Burl. Mag.*, IV, 179 ; Venturi, *Storia*, VII, 4, fig. 570.

2. Lyon 59. Pérugin. S. Herculan et S. Jacques le Majeur. Envoi de l'État en 1803. — *Rassegna d'arte*, 1908, p. 192.

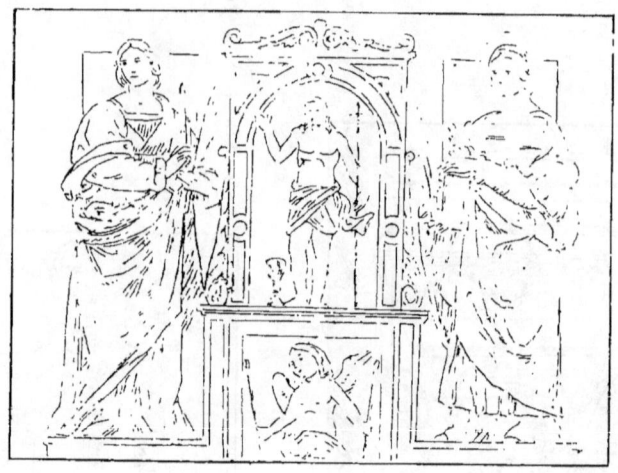

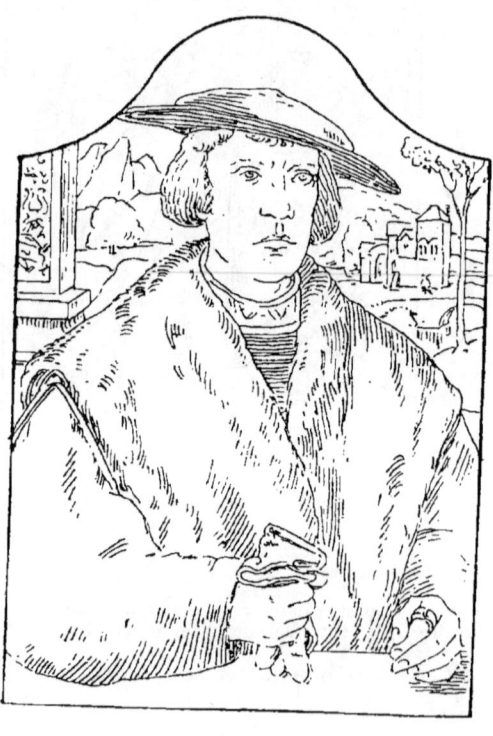

1. Église de Saint Maurice au M
tero Maggiore près de Milan. B.
Jésus, avec une plaie d'où s'échap
filet de sang, entre S. Apolli
Ste Lucie. — *Rassegna d'arte*,
p. 11.

2. Strasbourg 28. Barth. Bruyn.
trait d'homme, daté de 1532. Aut:
chez Virnich à Bonn.

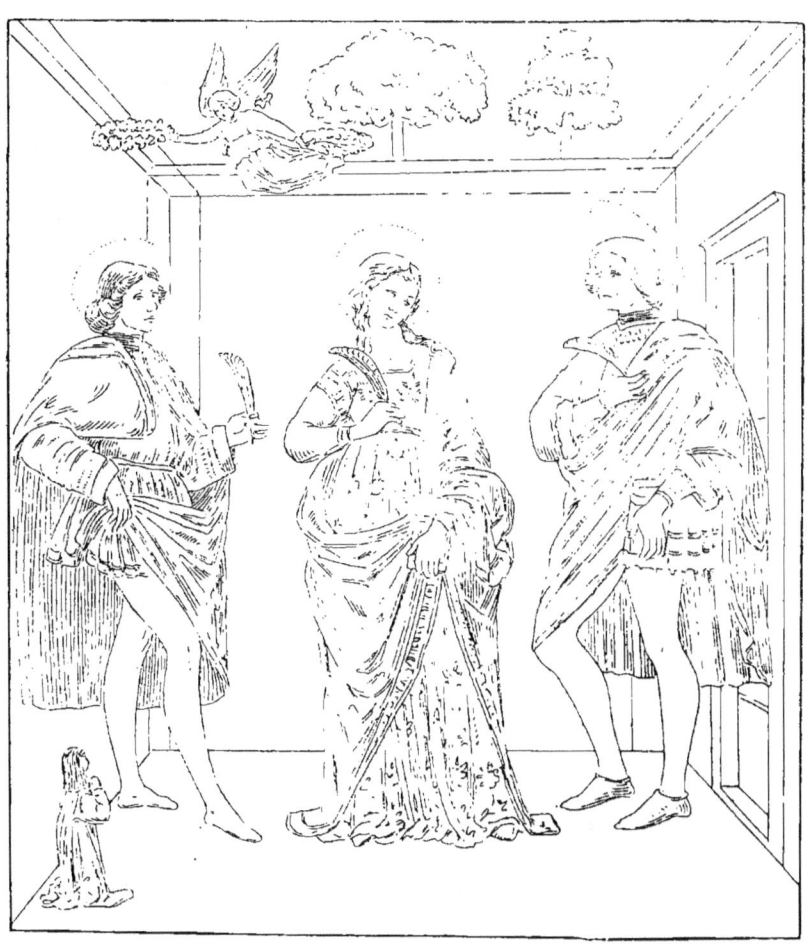

Collection Gustave Dreyfus. École florentine Une sainte (Catherine?) est debout entre deux jeunes saints (Gervais et Protais?); en haut, un ange apporte une couronne; en bas, à g., une petite dévote en prière. — *Les Arts,* n. 73, p. 6.

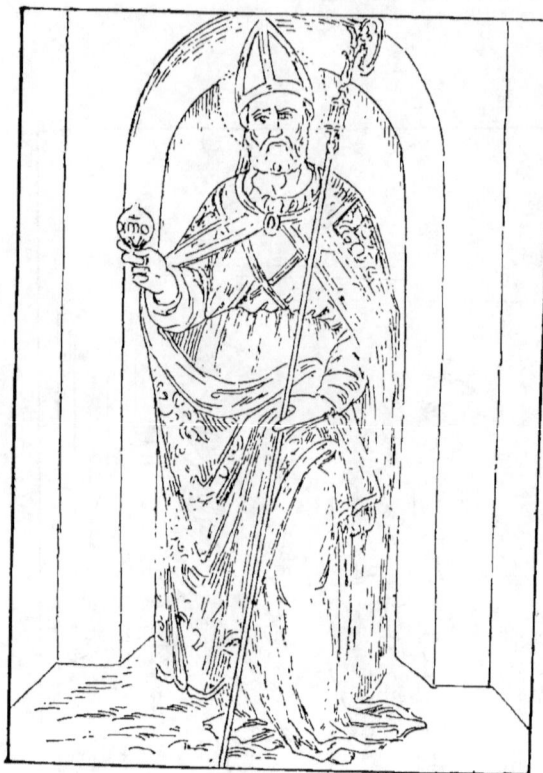
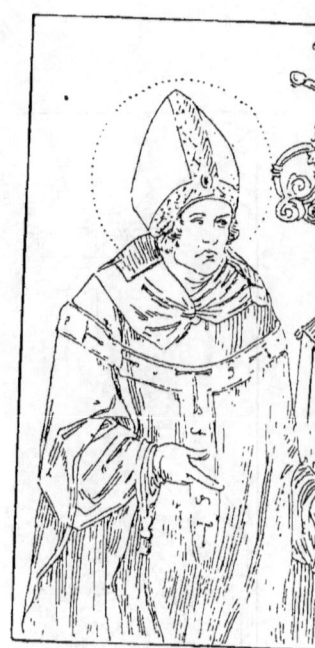
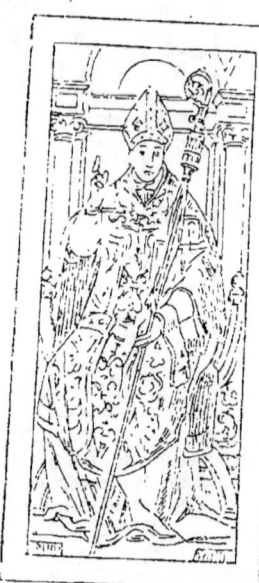

1. Genève. École florentine. Saint évêque.

2. Munich. Musée national 387. Hans von Kulmbach. Saint évêque.

3. Lisbonne. École portugaise. Saint évêque

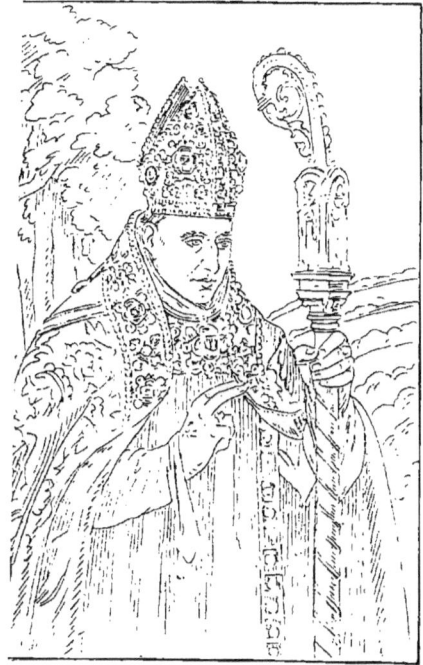

1. Vente de la marquise de Ganay, née Ridgway (1922, n. 41). Attribué à Gérard David. Un saint évêque. — *Les Arts*, 1907, n. 96, p. 4.

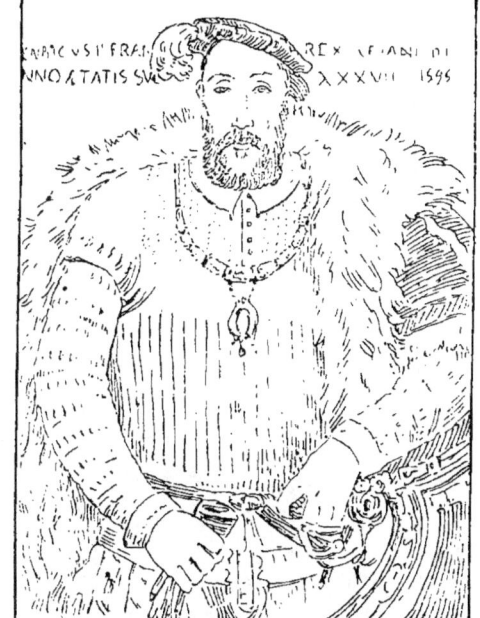

2. Musée du Puy. École française. Portrait du roi Henri II à 37 ans, peint en 1546. — *Les Arts*, 1904, n. 28, p. 43.

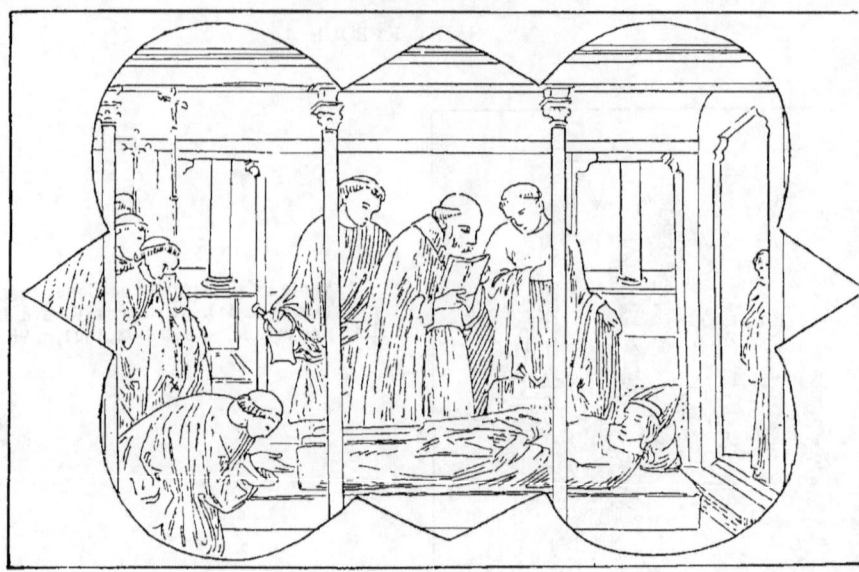

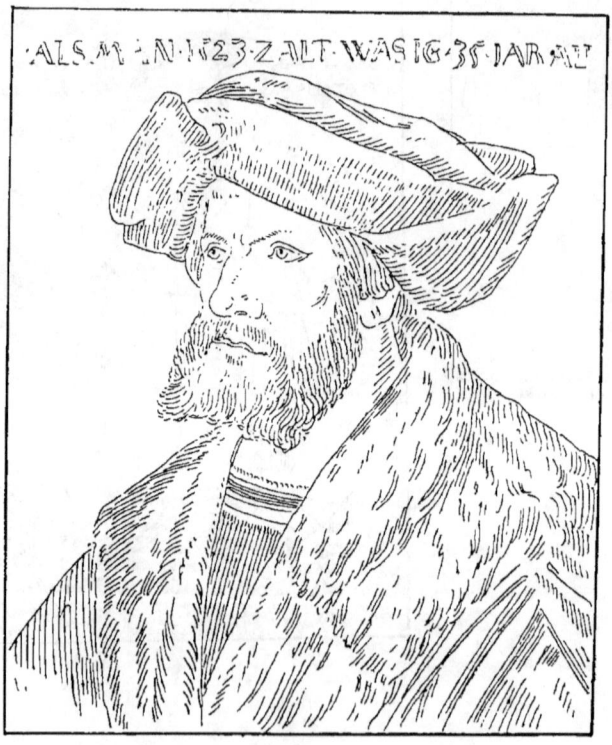

1. Nice. Attribué à Lo[renzo] Monaco. Obsèques d'un évêque.

2. Collection E. Picot à [...] Hans Maler zu Schwaz. Po[rtrait] d'homme, daté 1523. — *Arts*, 1909, n. 93, p. 31

SAINTS GUÉRISSEURS

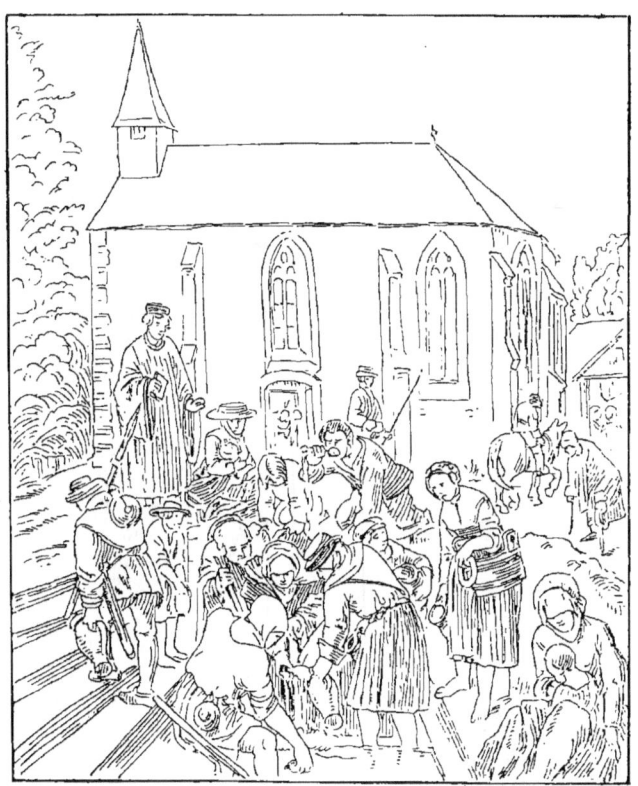

Dans une collection privée à Augsbourg (1909). Albrecht Altdorfer. Des malades et des estropiés s'empressent autour d'une source miraculeuse. Ce panneau appartient à la même série que ceux où est racontée la légende de S. Quirin. — Heidrich, *Altdeutsche Malerei*, 150.

1. Florence. Scalzo. Andrea del Sarto. La Charité. Fresque peinte en 1520 ; le modèle est la femme de l'artiste, Lucrezia. — Schulze, *Weibliches Schönheitsideal*, 26.

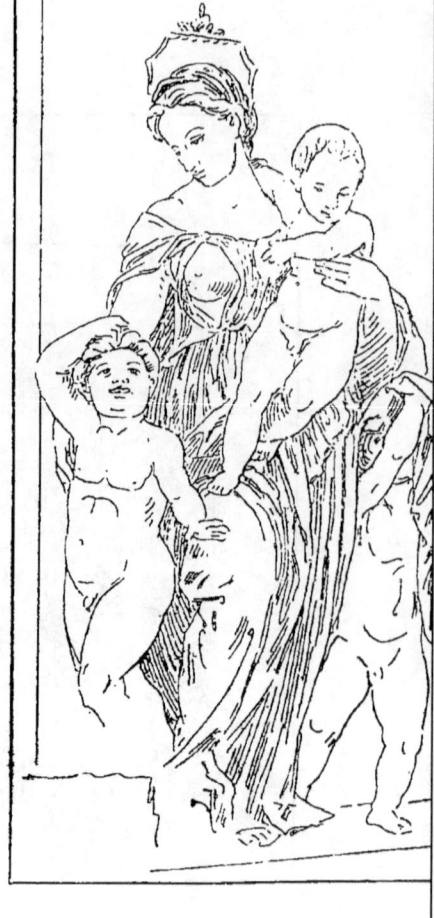

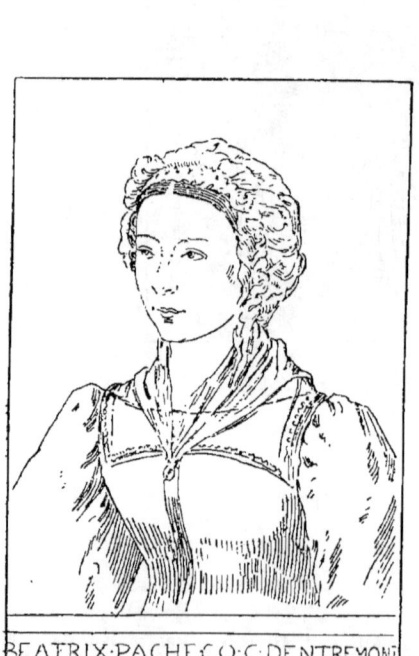

2. Versailles. Attribué à Corneille de Beatrix Pacheco, comtesse d'Entremont. — *Arts*, 1905, n. 45, p. 28.

LA CHARITÉ

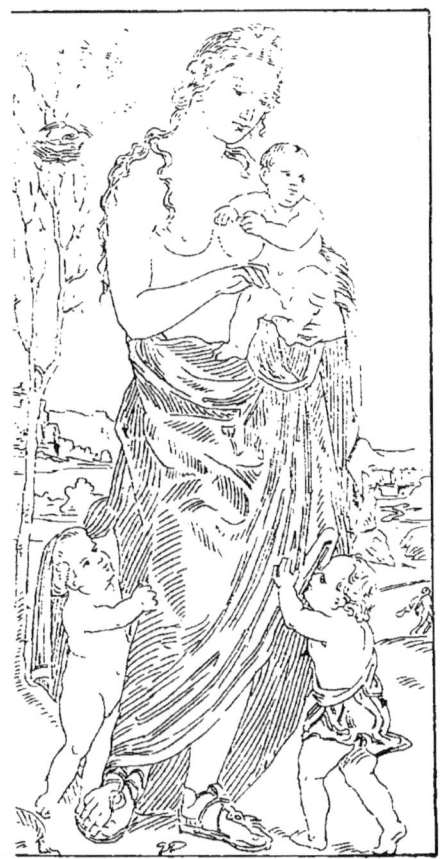
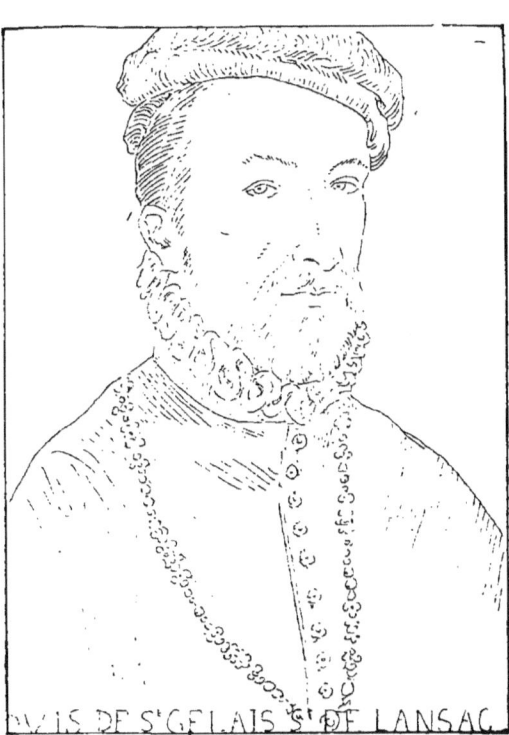

1. Berlin 109. Sodoma La Charité avec des enfants. Peint vers 1503-5. — H. Schulze, *Weibliches Schönheitsideal*, 62.
2. Coll. Arconati-Visconti au Louvre, n. 12. École de Clouet. Louis de Saint-Gelais, seigneur de Lansac et de Précy-sur-Oise, ambassadeur à Rome en 1554, à l'âge de 48 ans. — *Les Arts*, 1903, n° 19, p. 30.

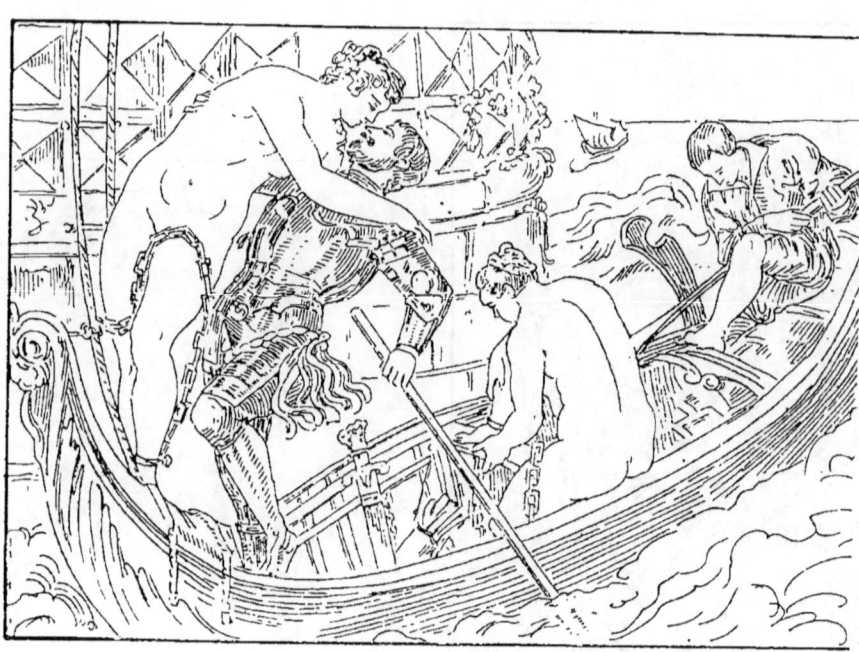

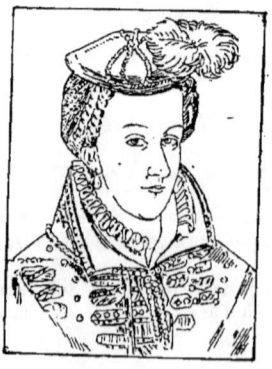

1. Dresde 269. Tintoret. Un chevalier en armure accoster sa barque au pied d'une tour ; il y a déjà fait [s]ortir une femme nue, qui délie ses chaînes, et soutient d'u[ne main] une autre femme nue, encore chargée de fers. Le sujet [est] emprunté à une nouvelle ou à un poème. Peut-être ide[ntique] au tableau acheté en 1743 à Mantoue et décrit ainsi pa[r Al-]garotti : « Tintoret admirable, d'un caractère singulier, [qu'on] chercherait vainement ailleurs. » H. Schulze, *Weib[liches] Schönheitsideal*, 100 ; Thode, *Tintoretto*, p. 69.

2. Nat. Portrait Gallery. École de Clouet. Marie-Stua[rt.] *Burl. Mag.*, juillet 1916, p. 148.

LA FOI

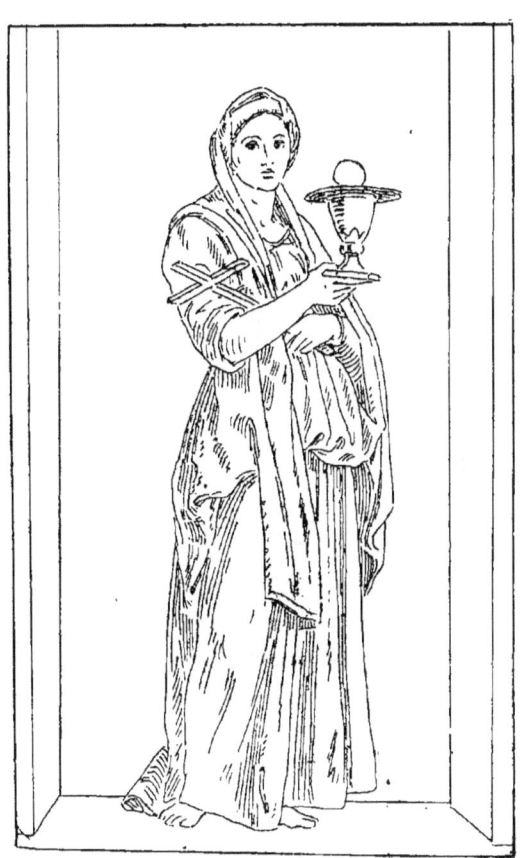

1. Florence. Scalzo. André del Sarto. La Foi portant une croix et un calice surmonté d'une hostie. Fresque peinte en 1520. — Lafenestre et Richtenberger, *Florence*, p. 308 ; H. Schulze. *Weibliches Schönheitsideal*, fig. 27.

2. Coll. Raczynski à Posen. Sofonisba Anguissola. Les sœurs Lucie, Europe, Anne et Marie jouant aux échecs ; signé et daté 1555. — *Burl. Mag.*, mars 1915, p. 228.

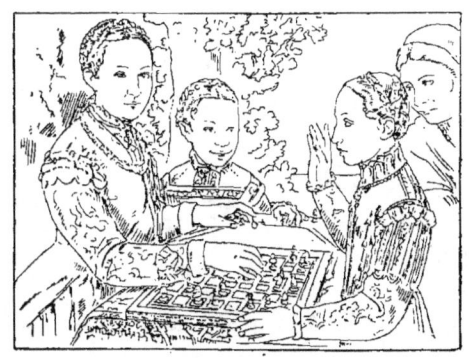

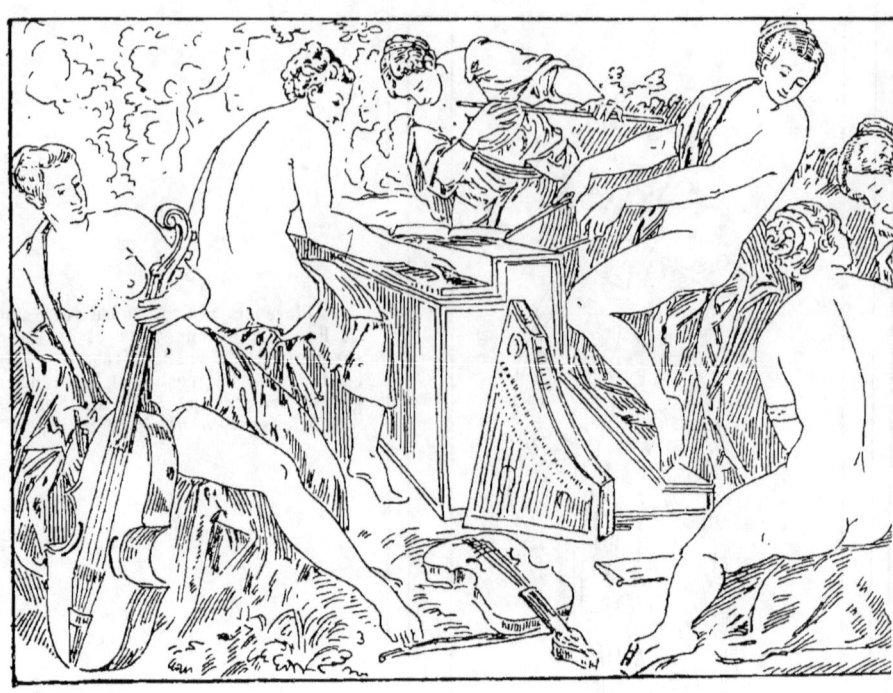

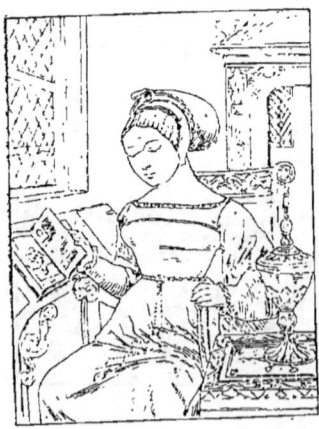

1. Dresde 265. Tintoret. Six femmes font de la
deux sont occupées à l'orgue, une troisième jo
flûte, une quatrième de la basse; à droite, ur
assise regarde un cahier de notes que lui n
sixième. A terre, un violon et un archet. Au
Prague. Tableau de la jeunesse de l'artiste. — H.
Weibliches Schönheitsideal, 101 ; Thode, Ti
p. 23.

2. Coll. de Lord Spencer à Althorp. Maître des
à mi-corps (cru à tort Luc de Heere). Portrait
Jane Grey (?). — Gazette, 1908, 1, p. 229.

LA SAGESSE

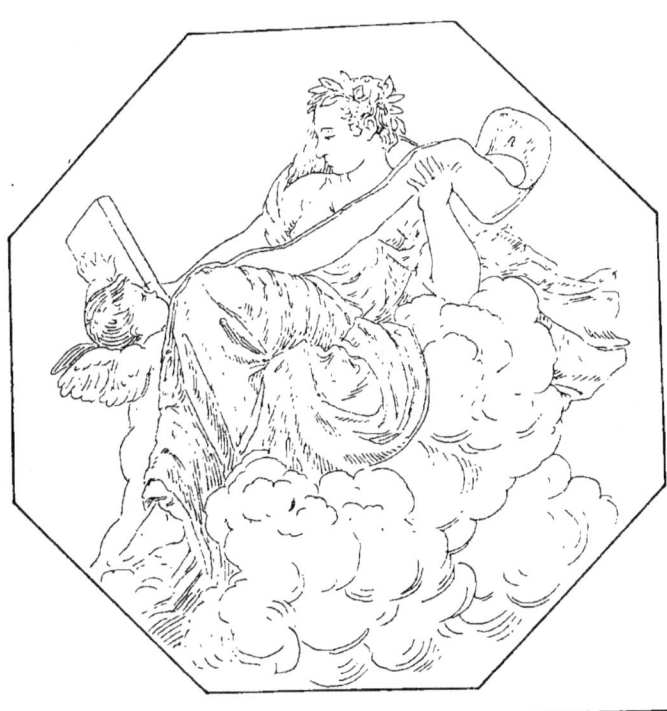

1. Venise. Palais Royal. Plafond de l'antichambre de la bibliothèque. Titien. La Sagesse. — Lafenestre et Richtenberger, *Venise*, p. 300; O. Fischel, *Tizian*, 126.

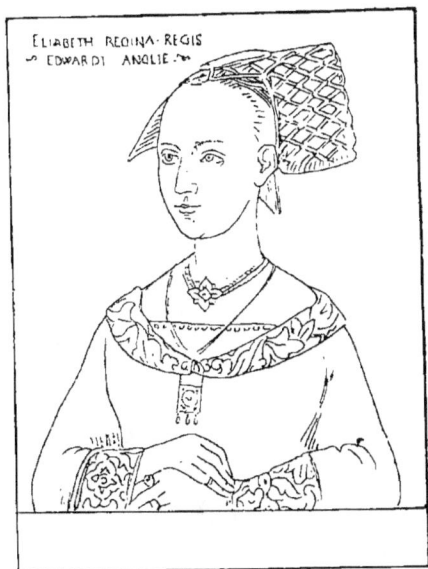

2. Oxford. École anglaise (?) Portrait d'Élisabeth Woodwille, femme d'Édouard IV, morte en 1492. — *Illustr. catal. of a loan coll. of portraits*, Oxford, 1904 n. 8,

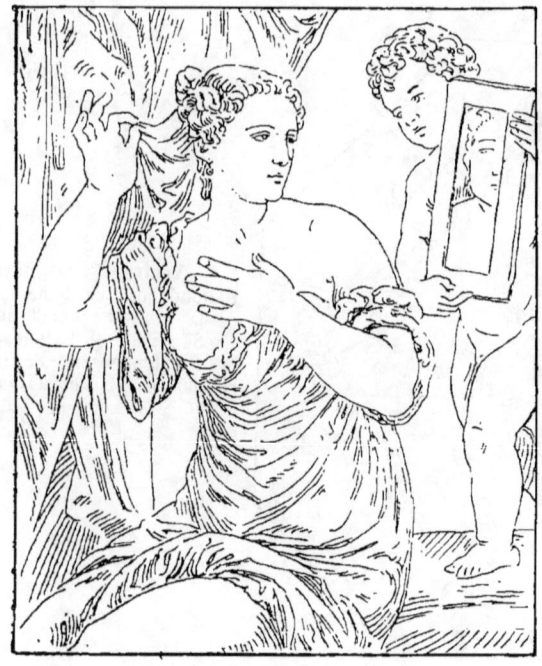
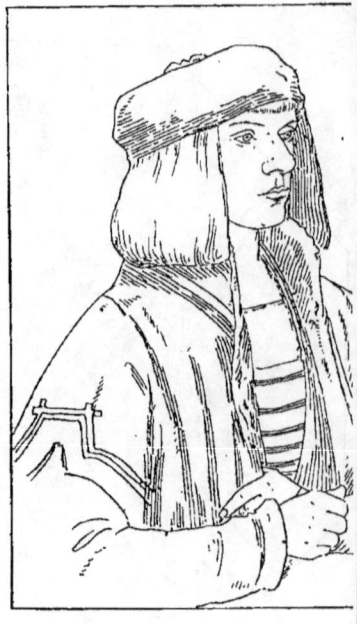
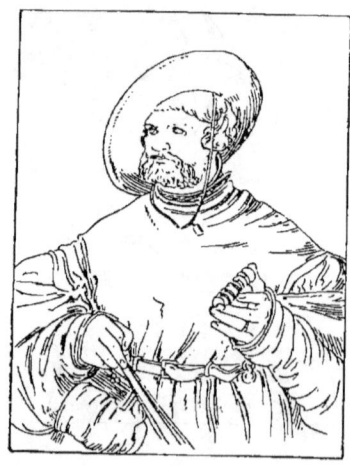

1. Rome. Académie de Saint-Luc. Ecole de Ti
L'Amour présente un miroir à la Vanité (en Vé
On lit au-dessus : *Omnia Vanitas*. — O. Fis
Tizian, 185; Cavalcaselle, *Tizian*, p. 703 (répliqu

2. Nuremberg 185. B. Strigel. Portrait d'homme

3. Coll. Fr. Buxton. Ecole de Saxe. Portrait
joaillier. — *Early German Art* (1906), pl. 37.

LA VANITÉ

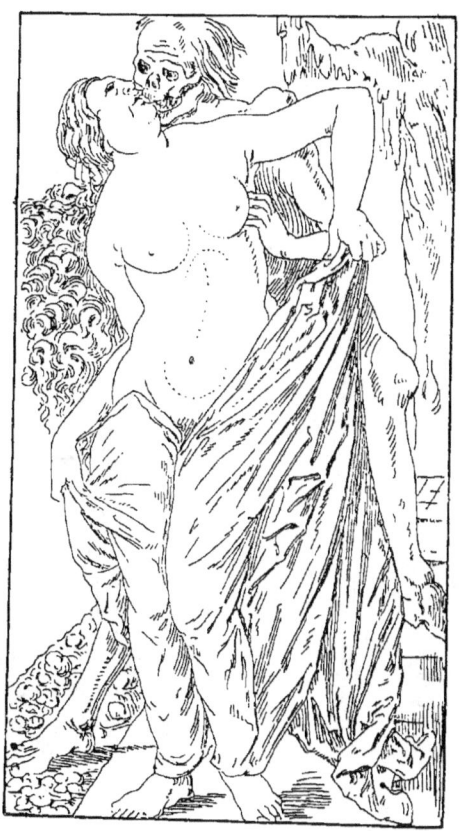

1. Bâle 19. Hans Baldung Grien. Une femme demi-nue, devant un tombeau ouvert, est embrassée par la Mort. — Heidrich, *Altdeutsche Malerei*, 127.

2. Chez Colnaghi à Londres en 1913. Carpaccio. Portrait d'un sénateur vénitien. — *Burl. Mag.*, juin 1913, p. 128.

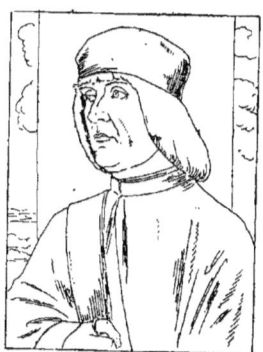

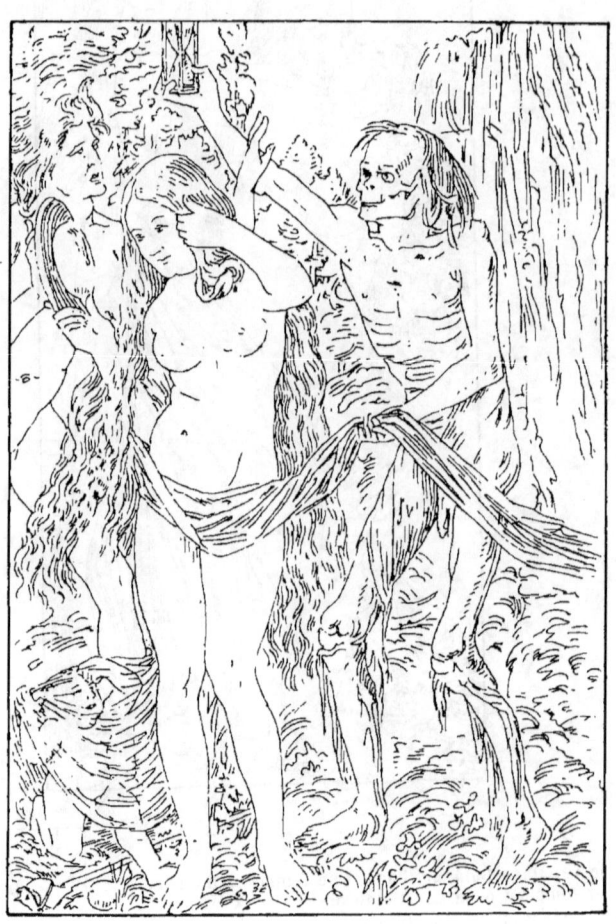

Vienne 1423. Hans Baldung Grien. La Vanité. Une femme nue se regarde dans un m
et range ses cheveux ; derrière elle, la Mort tient le sablier au-dessus de sa tête ; de
elle, une vieille femme (le Vice?) essaie d'éloigner la Mort. A g., Cupidon agenouillé. A
fois attribué à Altdorfer. — H. Schulze, *Weibliches Schönheitsideal*, 190.

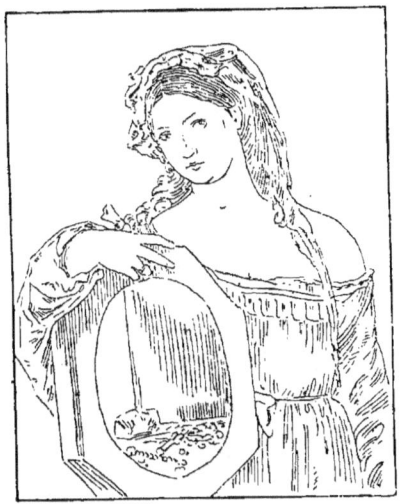

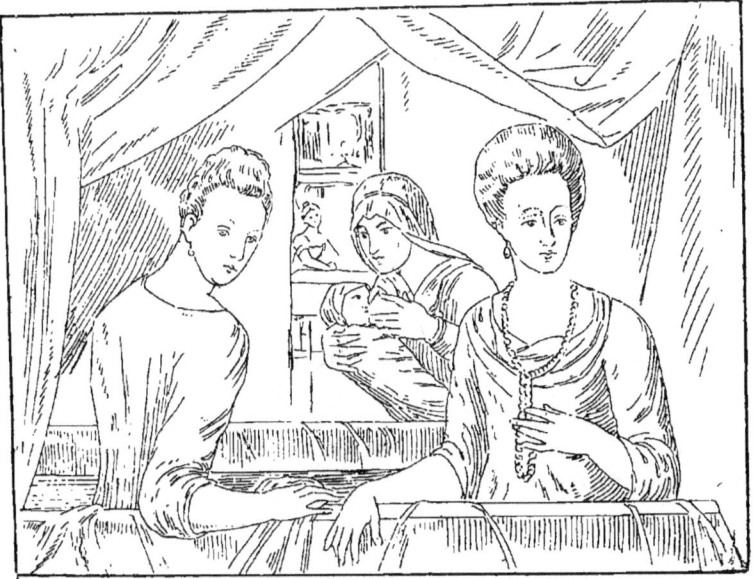

1. Munich 1110. Titien. Une belle femme s'appuie sur un miroir où l'on voit des bijoux, des monnaies d'or et une vieille fileuse (manque dans la gravure). Elle tient à la main une torche qui s'éteint. Tableau très endommagé. — O. Fischel, *Tizian*, 44.

2. Coll. Genevaux à Montpellier, puis Musée de la société archéologique (1919). Ecole française, à l'imitation de Clouet. Gabrielle d'Estrées et la duchesse de Villars au bain ; au fond une nourrice portant le duc de Vendôme. — *Gazette*, 1920, II, p. 171.

154   LA VANITÉ

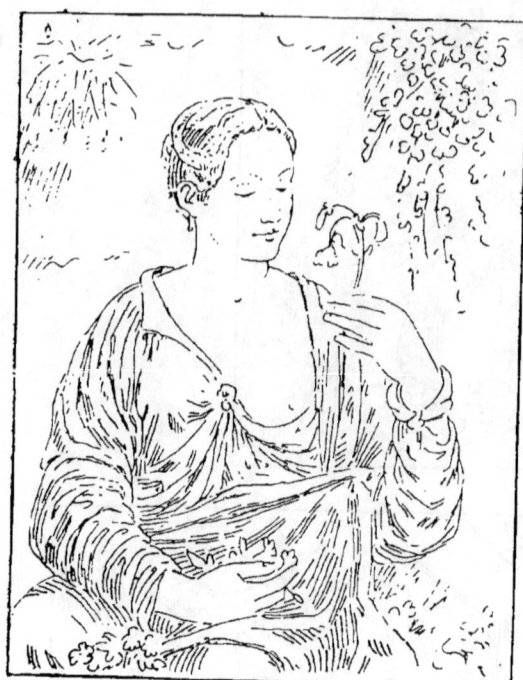

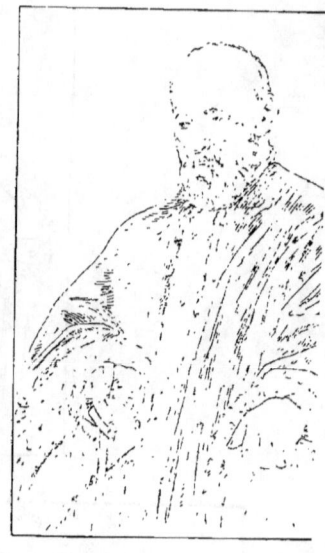

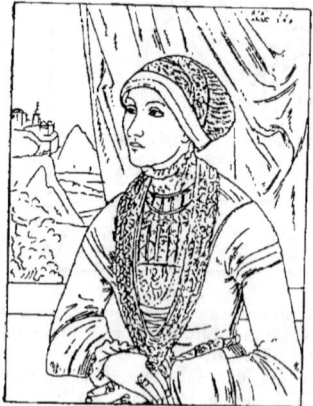

1. Ermitage 74. Attribué à B. Luini (peut-[être] de Melzi). Tableau connu sous le nom de « Columbina », à cause de la fleur que la dame [tient] et contemple. On y a vu aussi Flore ou l'allég[orie] de la Vanité. Autrefois chez Marie de Méd[icis] (1649), chez le duc d'Orléans et Guillaume II [de] Hollande. Plusieurs répliques, entre autres [chez] Lord Northbrook, à Stration, à Stafford Hous[e, à] Rossie Priory, à Dorchester House et à Blois. G. Williamson, *Luini*, p. 137; *Rassegna*, 1[...] p. 28.

2. Coll. Cook à Richemond. Tintoret. Por[trait] d'un sénateur. — *Les Arts*, 1905, n. 44, p. 3[...]

3. Anc. coll. de sir Ch. Turner. L. Cran[ach]. Portrait de femme. — *Early German Art*, pl. [...]

ALLÉGORIE DU BANQUET DE LA VIE

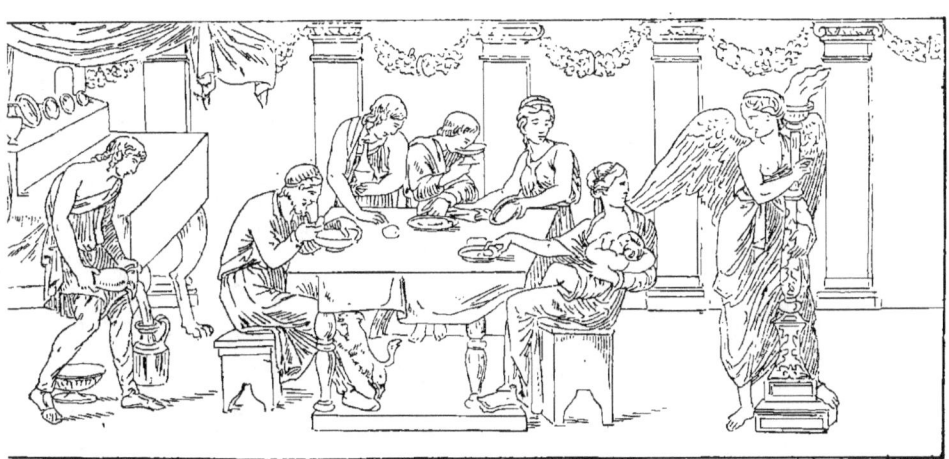

1. Mantoue. Palais du Té. Jules Romain Scène de banquet (banquet de la vie?). — Arco, *Giulio Romano*, p. 49, pl. 27.

2. Coll. Arconati-Visconti au Louvre, n 13. Ecole de Clouet. Portrait de Nicolas de Neuville, seigneur de Villeroy. — *Les Arts*, 1903, n. 19, p. 30.

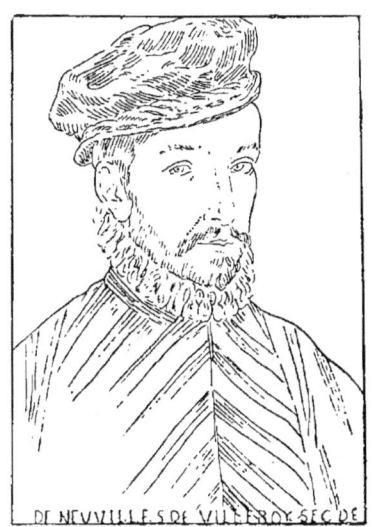

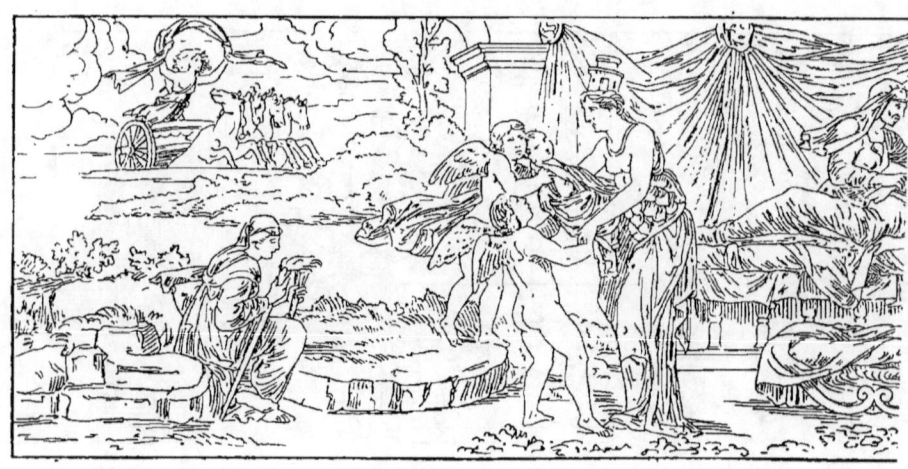

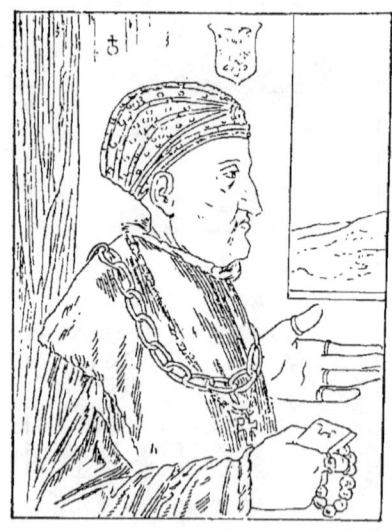

1. Mantoue. Casino della Grotta. Ju main. Allégorie de la naissance. *Giulio Romano*, p. 49, pl. 25.

2. Nantes 593. Ecole allemande. Po l'empereur Frédéric III († 1493). attribué à Holbein le Vieux. Une ancie est au Fitzwilliam Museum de Ca n. 287. Ce tableau faisait partie de lection Cacault formée en Italie (1810

ALLÉGORIE DE L'AMOUR 157

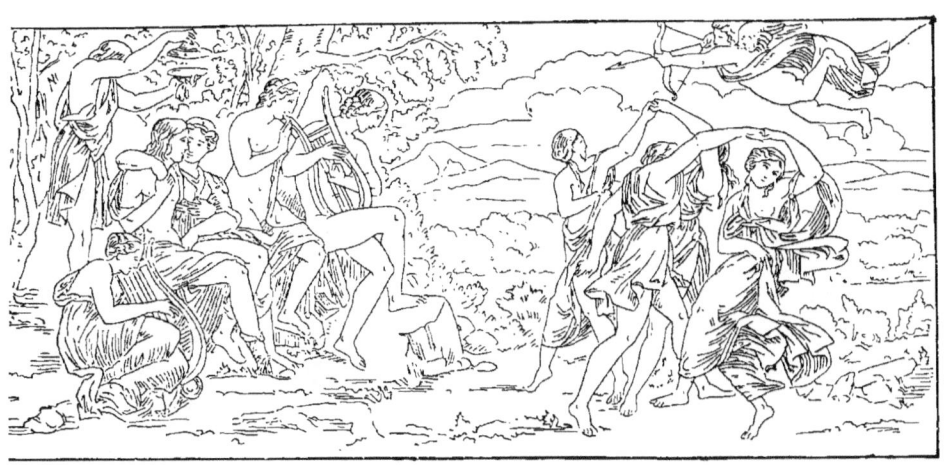

1. Mantoue. Palais du Té. Jules Romain Allégorie de l'Amour. — Arco, *Giulio Romano*, p. 49, pl 26.

2. Bâle 393. Ambrosius Holbein. Portrait du peintre bâlois Hans Herbster (1468-1550). Daté 1516. Le nom du peintre a été inscrit postérieurement sur la balustrade. Acquis en 1898 de la collection Northbrook à Londres.

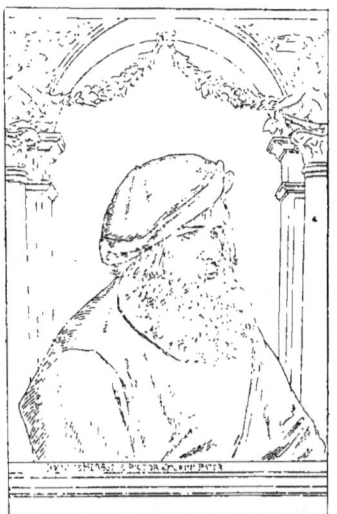

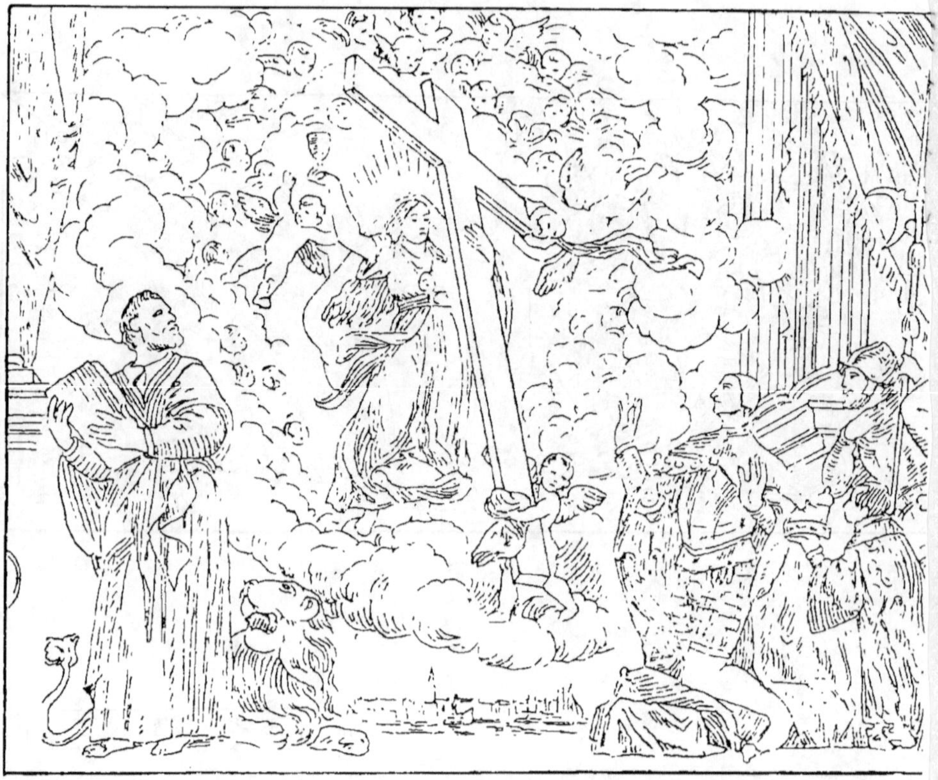

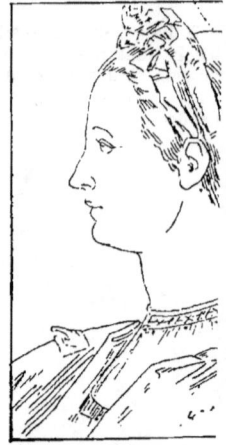

1. Venise. Palais Ducal, salle des Quatre-Portes. Titien. Le doge Antonio Grimani adorant la Foi, qui apparaît dans une gloire, élevant de la main droite un calice et s'appuyant de la gauche à une grande croix survolée par une ronde de chérubins. Auprès du doge, un page et deux hallebardiers ; à g., S. Marc, tourné vers la Foi, le lion à ses pieds. Commandé en 1555, mais achevé seulement par le neveu du maître, Marco Vecellio. — Lafenestre et Richtenberger, *Venise*, p. 293 ; O. Fischel, *Tizian*, 124.

2. Galerie Borghèse à Rome. Cesare da Sesto (?). Portrait d'une dame avec l'auréole d'une sainte. — *Burl. Mag.*, fév. 1912, p. 264.

LA RELIGION SECOURUE PAR L'ESPAGNE

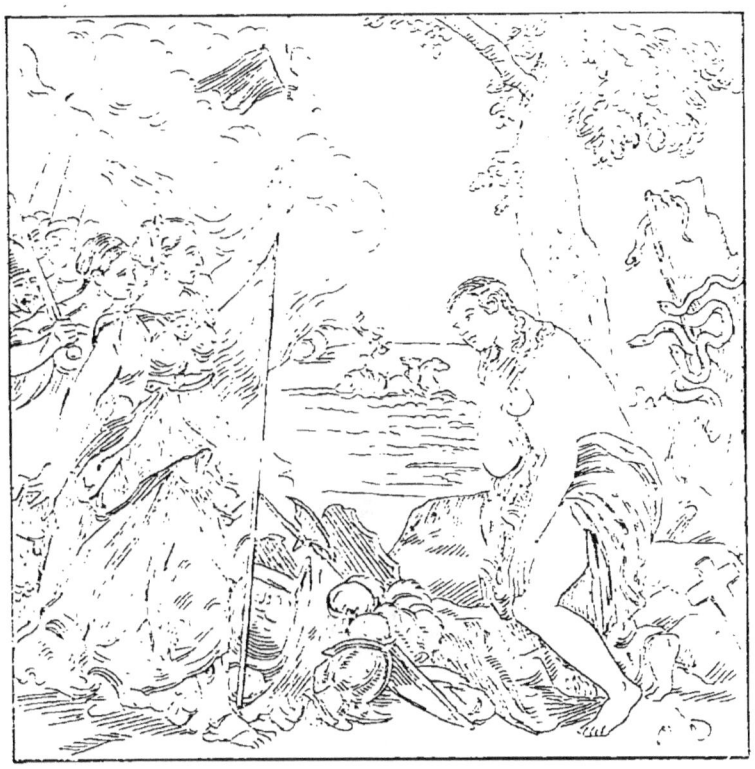

1. Madrid 430. Titien. Une femme presque nue (la Religion) paraît implorer la protection d'une guerrière portant un étendard et un bouclier aux armes de l'Espagne, suivie d'autres guerrières et de guerriers. Derrière la femme nue on aperçoit une croix renversée et un tronc d'arbre autour duquel s'enroulent des serpents. Au fond, Neptune sur son char fendant les flots. Peut-être une allégorie sur la bataille de Lépante. 1571. — O. Fischel, *Tizian*, 157 ; Hourticq, *Jeunesse de Titien*, 263.

2. Coll. Layard, puis National Gallery. Ecole de G. Bellini. Portrait d'homme. — *Burl. Mag.*, sept. 1918, p 102.

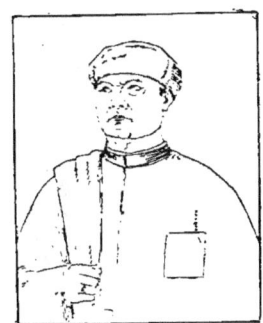

ALLÉGORIE ASTROLOGIQUE

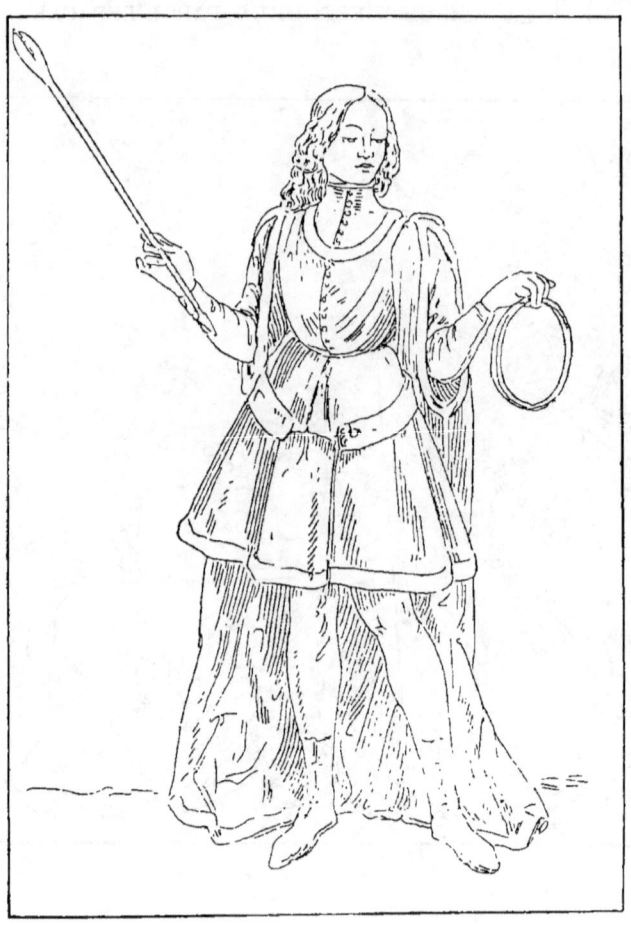

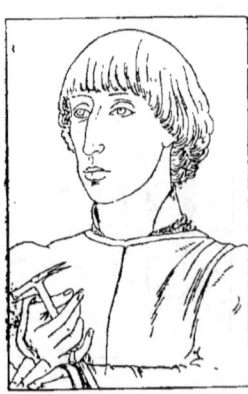

1. Ferrare. Palais Schifanoja. Fr. Cossa. Un homme une lance et un cercle. Expliqué par Warburg (*Cor intern. di storia d'arte*, 1912) par l'ouvrage astro d'Albumasar. — Venturi, *Storia*, VII, 3, fig. 454; H *Frührenaissance*, fig. 155.

2. Chez Speyer à Londres, puis chez Dreicer à N et légué au Metropolitan Museum (1921). Rogier v Weyden. Portrait de Lionello d'Este tenant un r (attribut inexpliqué). — *Burl. Mag.*, janvier 1911 (fro en couleurs).

ALLÉGORIE ASTROLOGIQUE

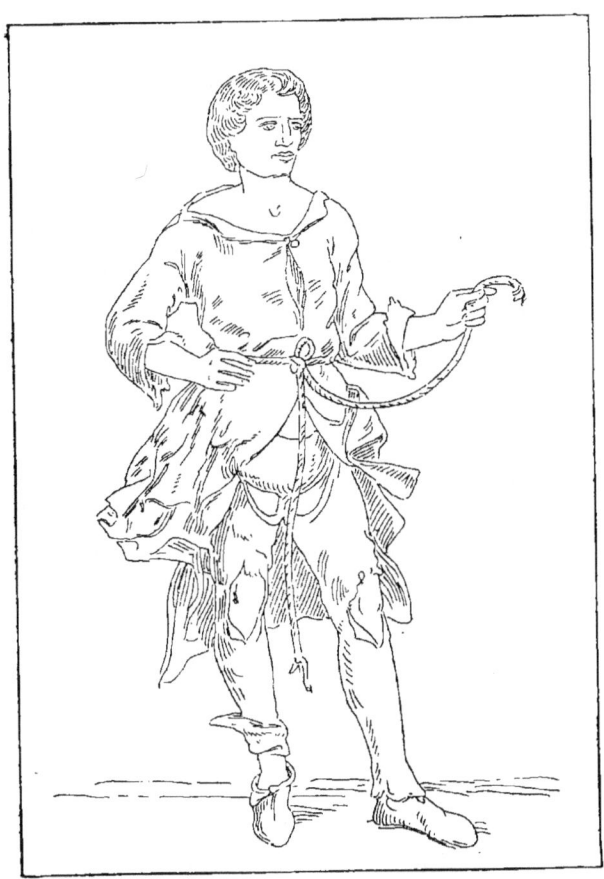

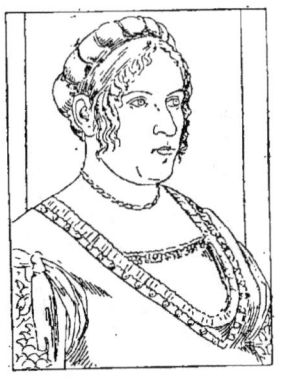

1. Ferrare. Palais Schifanoia. Fr. Cossa. Un homme tenant une corde. Expliqué par Warburg (*Congresso internaz. di Storia dell'arte*, 1912) d'après l'ouvrage astrologique d'Albumasar. — Venturi, *Storia,* VII, 3, fig. 435 ; Hamann, *Frührenaissance*, fig. 154.

2. Chez Colnaghi à Londres en 1913. Carpaccio. Portrait d'une Vénitienne. — *Burl. Mag.*, juin 1913, p. 127 (en couleurs).

162   ALLÉGORIE DE LA MÉDECINE

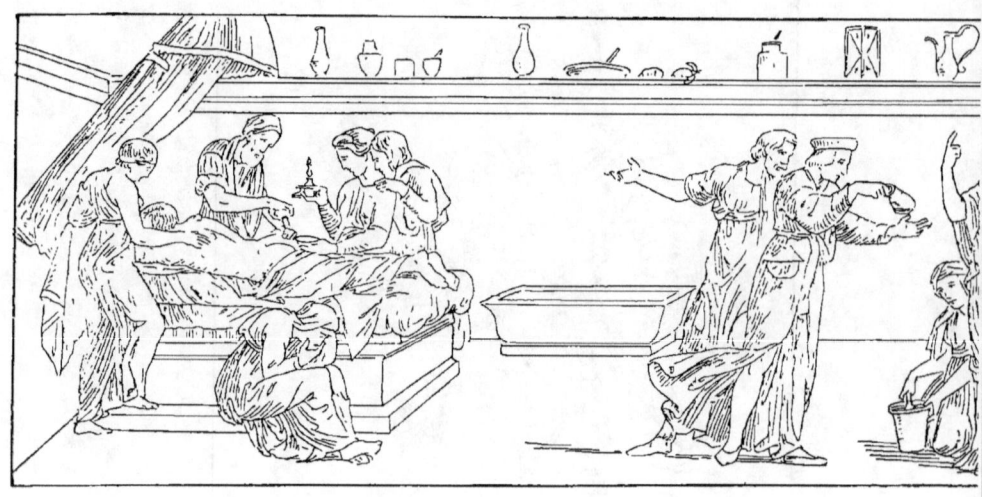

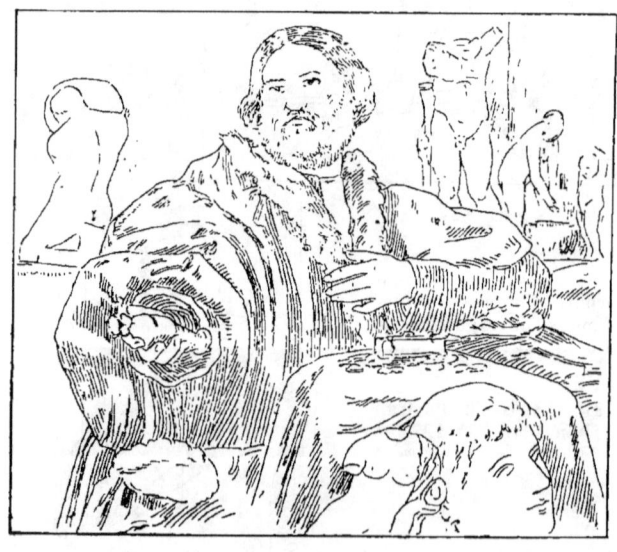

1. Mantoue. Palais du
Jules Romain. Allégorie d[e la]
Médecine. Pose de ventou[ses.]
— Arco, *Giulio Romano*, p. [,]
pl. 32.

2. Hampton Court. L. Lo[tto.]
Portrait d'un amateur de scu[lp-]
tures antiques, Andrea Odoni[. —]
Rev. archéol., 1916, I, p. 4[;]
B. Berenson, *Lotto*, pl. à
p. 174.

ALLÉGORIES DE LA MORT ET DE LA RENOMMÉE 163

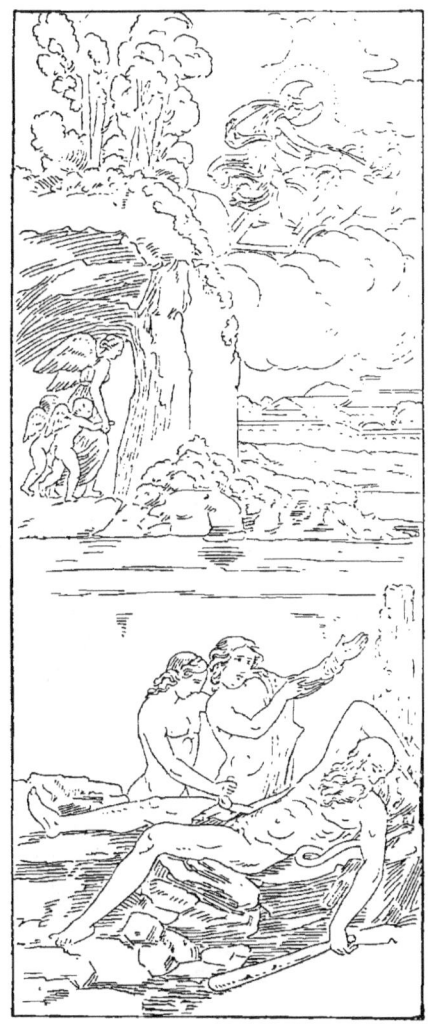 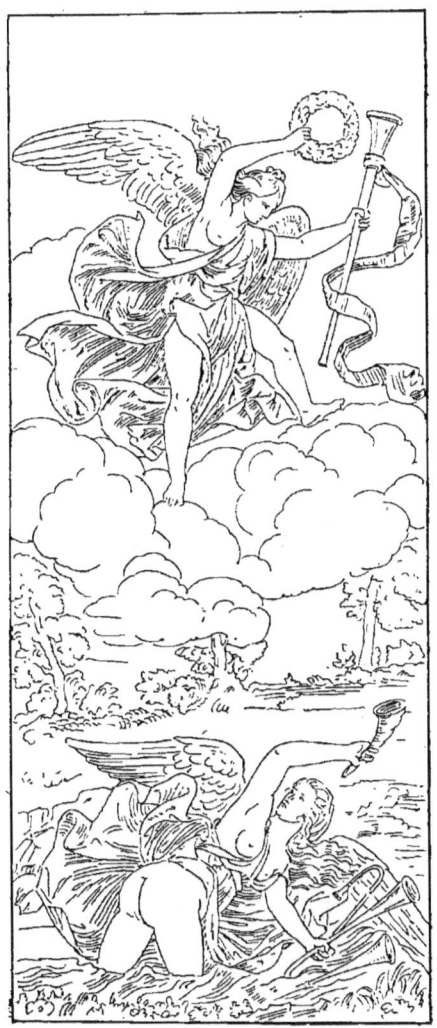

1, 2. Mantoue. Palais du Té. Jules Romain. Allégories : 1° de la mort; 2° de la bonne et de la mauvaise renommée. En haut, à gauche, Diane conduit son bige. — Arco, *Giulio Romano*, p. 49, pl. 33 et 36.

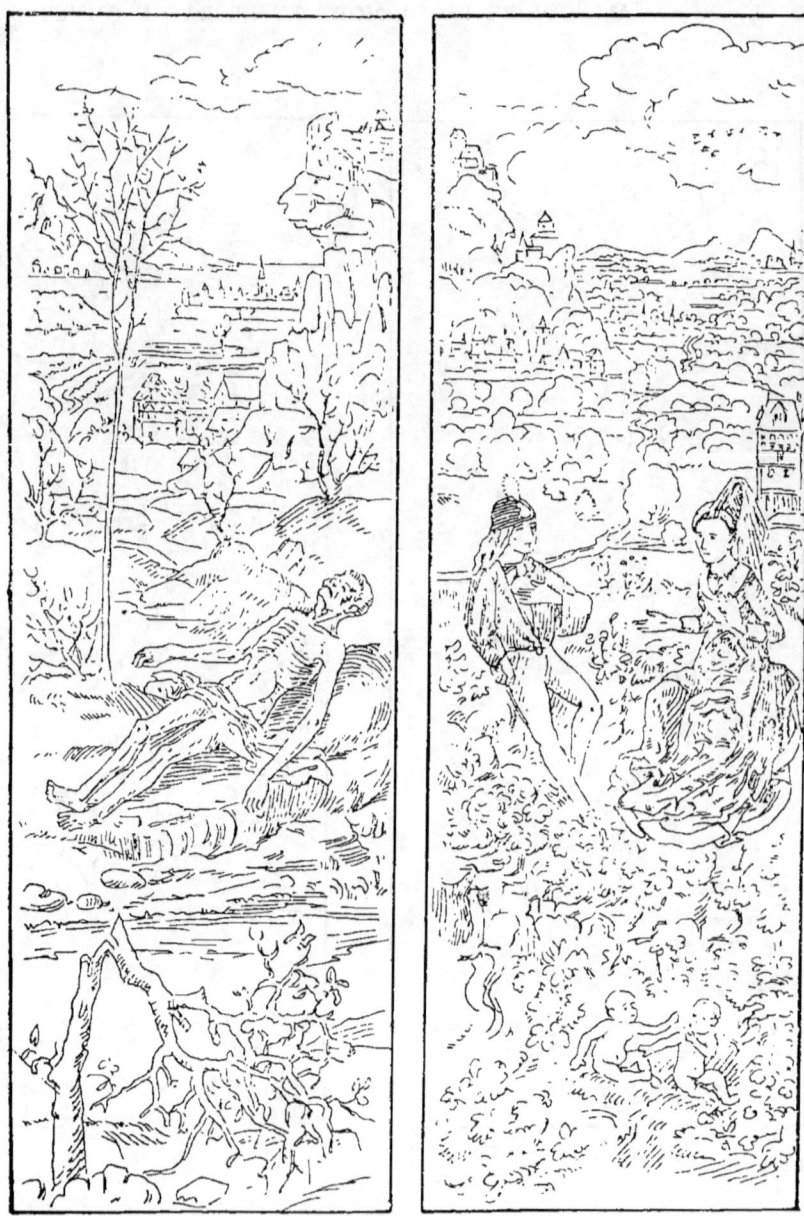

Nuremberg 135. Ecole allemande (?) vers 1480. Allégorie de la vie et de la mort. [A dr.,] un cavalier et une dame dans un paysage fleuri; sur le devant, deux Amours jouan[t] d'une source. A g., dans un paysage d'hiver, un squelette abandonné. Attribué jad[is par] Waagen à Gérard van der Meire; pourrait être d'un peintre français. — Heidrich, *Alldeu[tsche] Malerei*, 53.

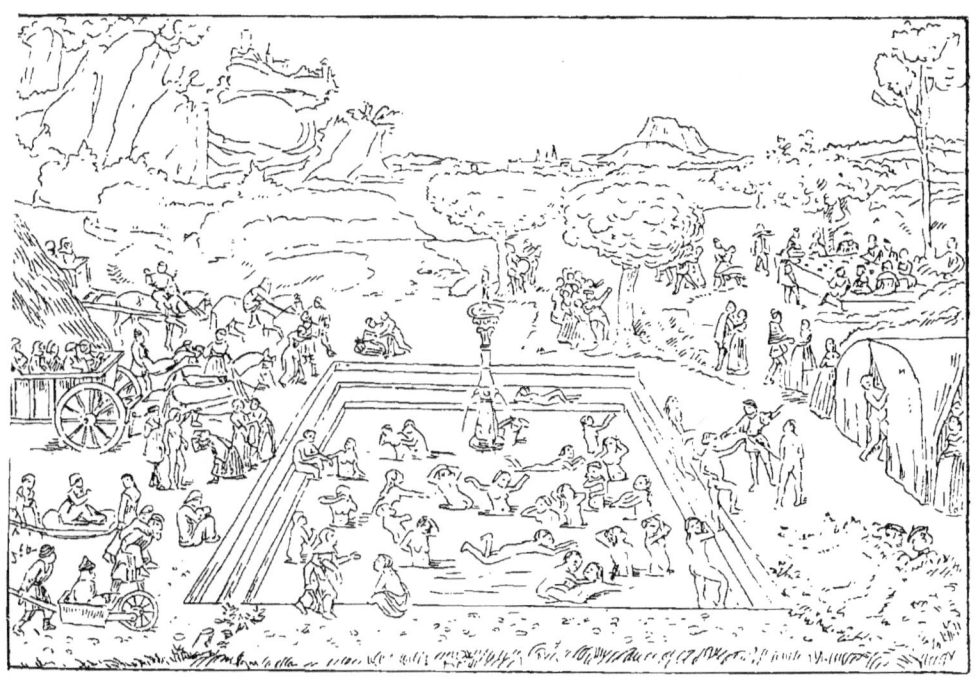

1. Berlin 593. Lucas Cranach. La fontaine de Jouvence (*Jungbrunnen*). Signé et daté 1546. Les vieilles femmes sont amenées à la source en brouette, en charrette, en litière, à cheval ou portées sur les épaules d'un homme : une fois déshabillées en présence de surveillants, elles s'ébattent dans la piscine, sortent rajeunies et vont se rhabiller sous des tentes, auprès desquelles une grande table est servie et des couples se livrent à la danse. — H. Schulze, *Weibliches Schönheitsideal*, p. 189 ; Ed. Heyck, *Lukas Cranach*, p. 107.

2. Coll. de l'Earl of Malmesbury, puis chez Colnaghi. Attribué à Raphaël, puis à Rid. Ghirlandajo. Portrait d'homme. — *Burl. Mag.*, mai 1913, p. 65 ; Passavant-Lacroix, *Raphael*, t. II, p. 363.

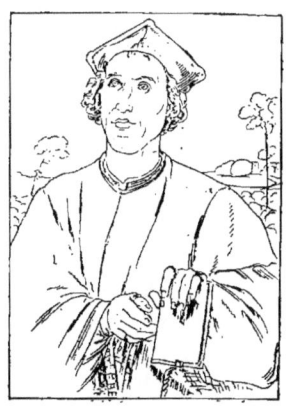

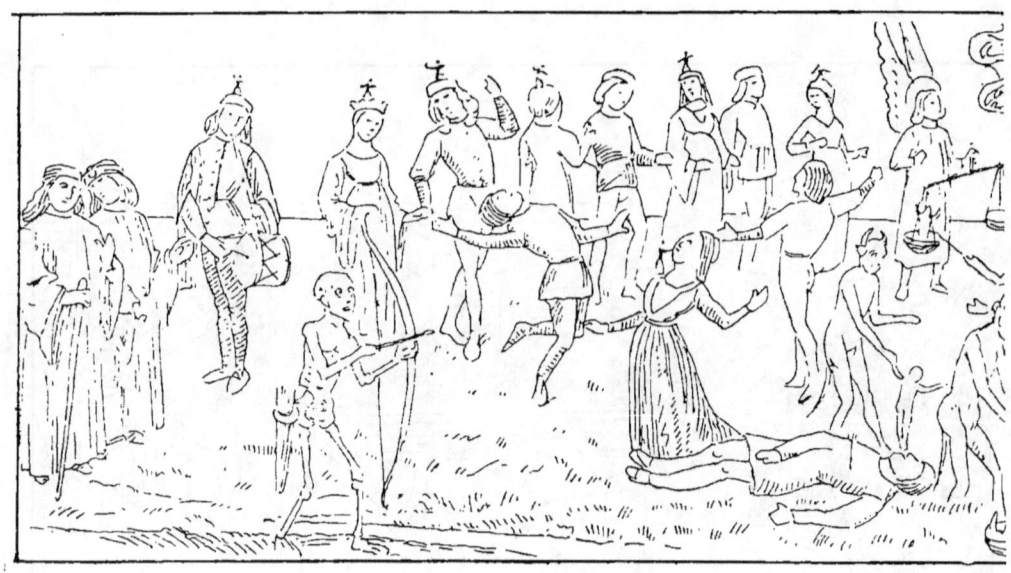

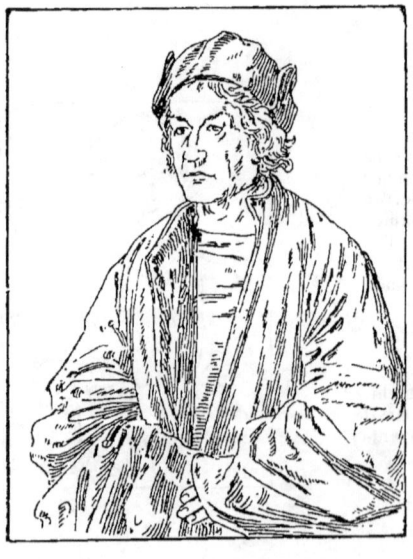

1. Eglise de Le Bar, Alpes-Maritimes. École niçoise. La danse macabre. « Des hommes et des femmes dansent une ronde au son du galoubet et d'une sorte de tambourin; sur la tête de chaque danseur un diablotin signifie la possession de l'âme du pécheur ». A g., la Mort bande son arc sur des gens attirés par la musique; une femme s'affaisse, tandis qu'un diable retire l'âme d'un danseur étendu mort. A dr., un autre diable plonge une âme condamnée dans la gueule du dragon infernal; l'archange Michel tient la balance et Jésus apparaît dans les nuées. — A. L. Sardou, *La danse macabre du Bar*, 1883 (en couleurs); Expos. rétrosp. de Nice, n. 17 (p. 53-55 du catalogue).

2. National Gallery D'après A. Dürer; copie d'un original perdu. Portrait du père de l'artiste. — Heidrich, *Altdeutsche Malerei*, 93; cf. *Repertorium*, XIX, p. 14; *Burl. Mag.*, oct. 1918, p. 142.

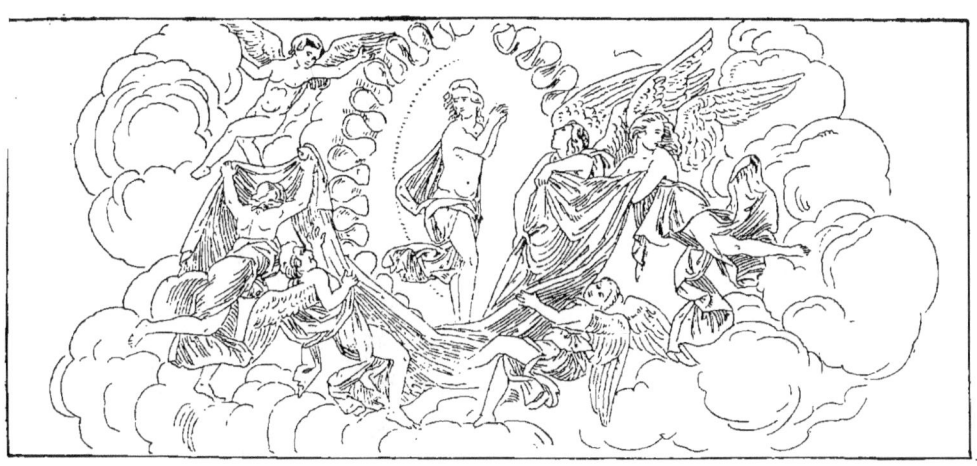

1. Mantoue. Palais du Té. Jules Romain. Allégorie de l'âme humaine montant au ciel. — Arco, *Giulio Romano*, p. 50, pl. 34.

2. Bâle 21. Ecole de Hans Baldung Grien. Portrait présumé de Jakob Meyer zum Pfeil, âgé de 20 ans. Daté 1511.

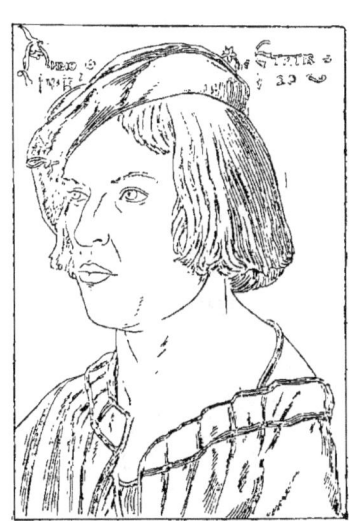

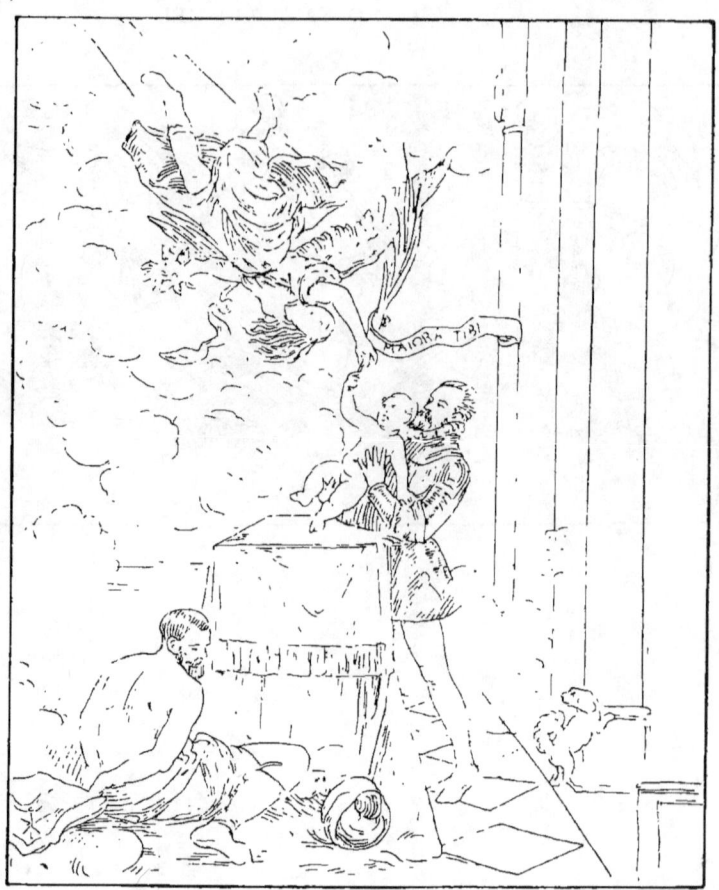

1. Madrid 431. Titien. Philippe II, revêtu d'une armure à corps, dans une galerie d'où l'on aperçoit la mer, avec l'es[cadre] turque incendiée à Lépante (détail invisible sur notre de[ssin]) tient dans ses bras son fils l'Infant don Fernand (né deux [mois] avant Lépante, 1571) et semble le consacrer à la Victoire qu[i des]cend du ciel tenant une couronne de lauriers et une palme[. Sur] une bandelette attachée à celle-ci, on lit ces mots : *Majora [tibi]*. A g.. un prisonnier turc. Signé *Titianus Vecellius aeques Caes(aris) fecit*. — O. Fischel, *Tizian*, 162.

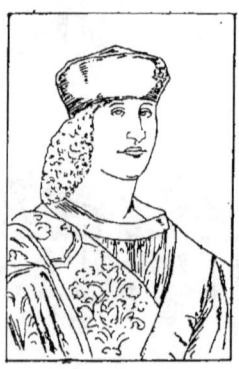

2. Soc. des Antiq. de Londres. Ecole vénitienne (L. L[otto?]). Portrait d'homme. — *Burl. Mag.*, mai 1912, p. 101.

ALLÉGORIE

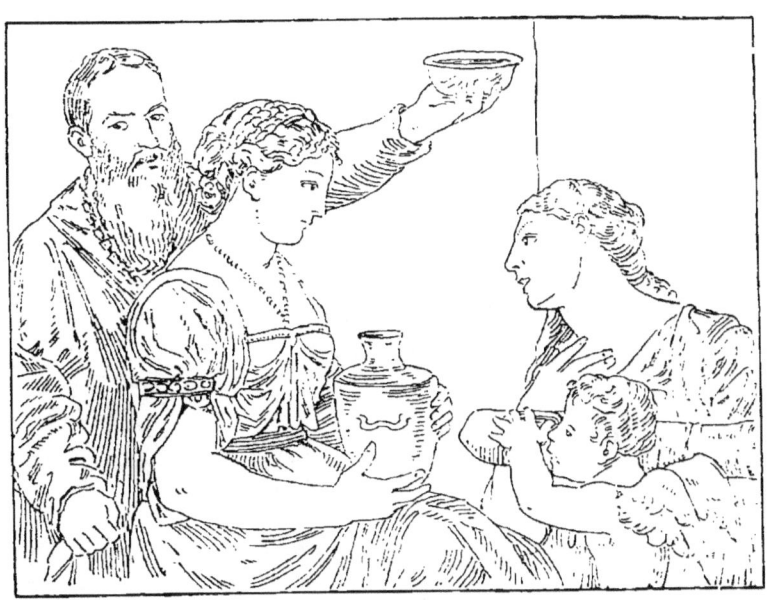

1. Vienne 173. Titien. Allégorie. Une jeune [fe]mme (Vénus ?) a reçu un vase des mains [d']une jeune fille (Psyché ?) et le tient des deux [m]ains sur ses genoux. Derrière elle, un homme [b]arbu élève une coupe; à droite, Cupidon por[ta]nt son carquois. — O. Fischel, *Tizian*, 58.

2. Bâle 22. Ecole de Baldung Grien. Por[tr]ait de J. Meyer zum Pfeil, plus tard bourgmes[tr]e de Bâle, à l'âge de 25 ans, en 1513. Les [a]rmoiries et le nom du modèle sont des addi[ti]ons.

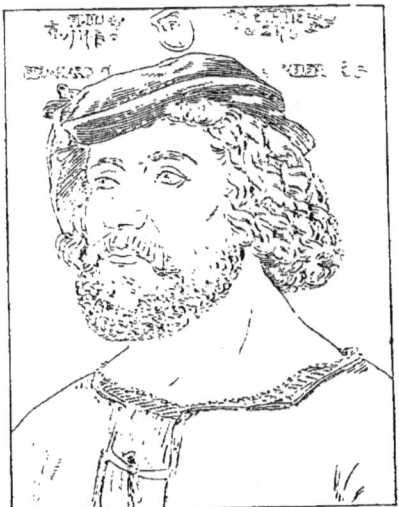

170 ALLÉGORIE

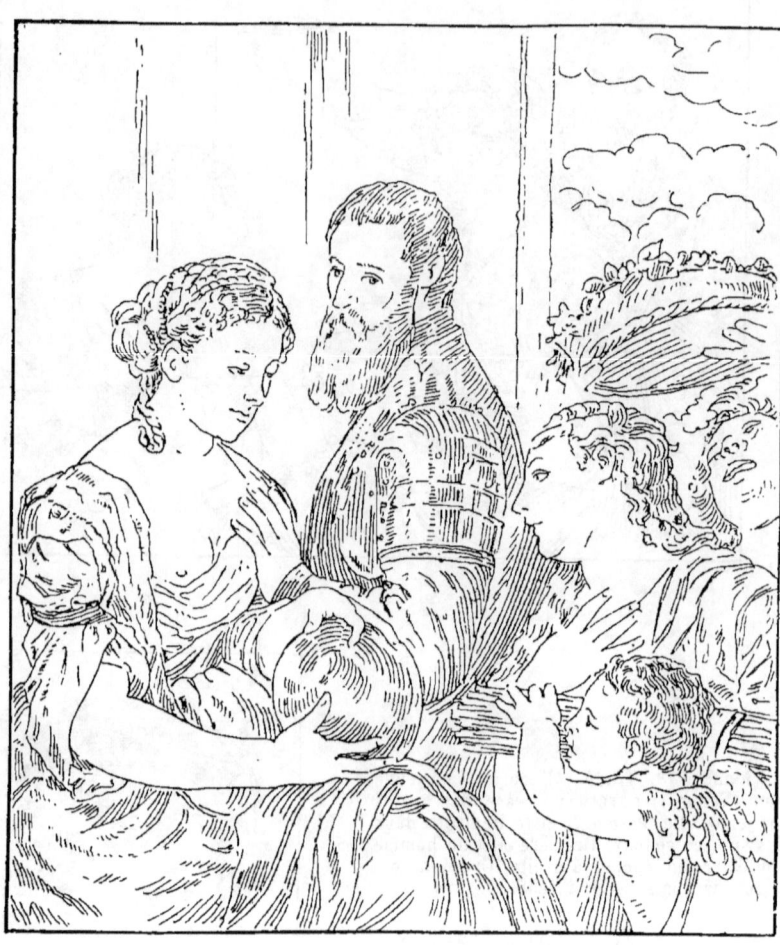

Louvre 1589. Titien. Suivant la tradition, l'homme barbu serait Alphonse d'Avalos, n del Vasto. Hourticq (*Jeunesse de Titien*, p. 226) pense que l'homme est Titien lui-posant sa main sur la poitrine de sa femme Cécilia, morte récemment (1530), qi à la main un globe de cristal, symbole de la fragilité du bonheur. « L'Amour et ses l'Hymen et ses myrtes, la Fécondité et ses fruits, s'empressent autour de la jeune fer Peint vers 1531 pour le duc de Mantoue. — O. Fischel, *Tizian*, 57.

ALLÉGORIE

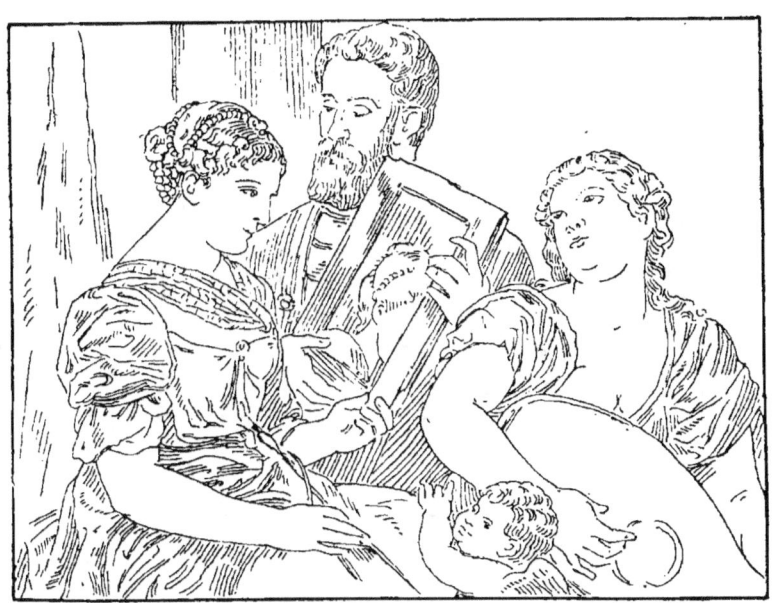

1. Vienne 187. Titien. Un jeune homme présente un miroir à une jeune femme, sur les genoux de laquelle s'appuie Cupidon; à dr., une joueuse de luth. Le cavalier serait Alphonse d'Avalos (Hourticq, Jeunesse de Titien, p. 225). — O. Fischel, Tizian, 58.

2. Florence. Uffizi 605. Titien. Portrait de François Marie della Rovere, duc d'Urbin, signé. — O. Fischel, Tizian, 62.

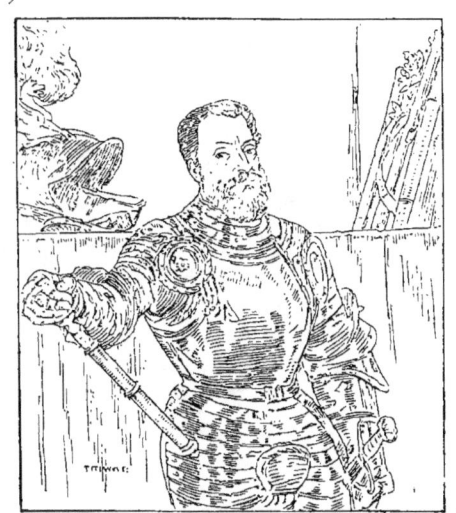

172 ALLÉGORIE

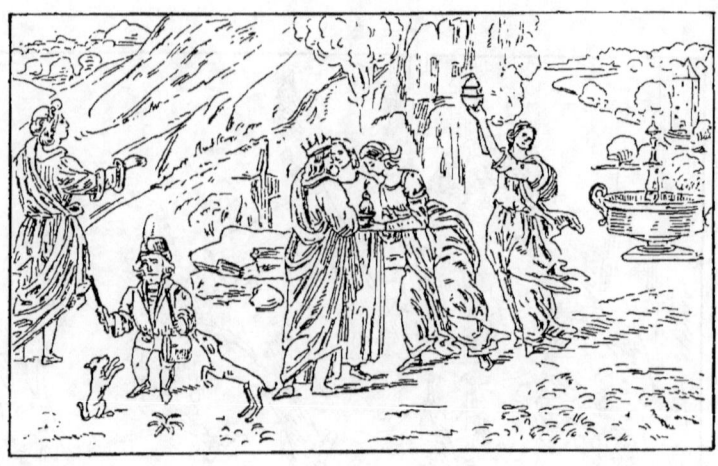

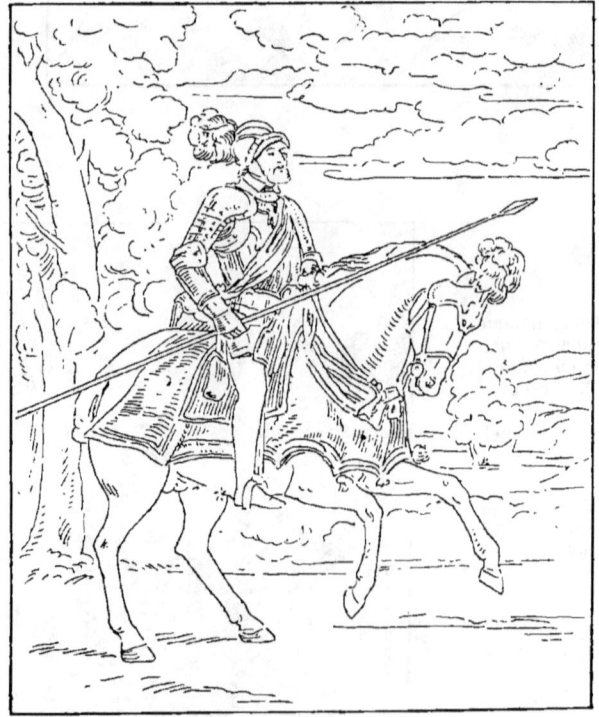

1. Attribué à Jac
Sellaio. Allégorie ine
— *Mitth. Gal. Helb*
vier 1913.

2. Madrid 410. Titien
Quint à la bataille de M
Chef-d'œuvre peint en
O. Fischel, *Tizian*, 99

ALLÉGORIE

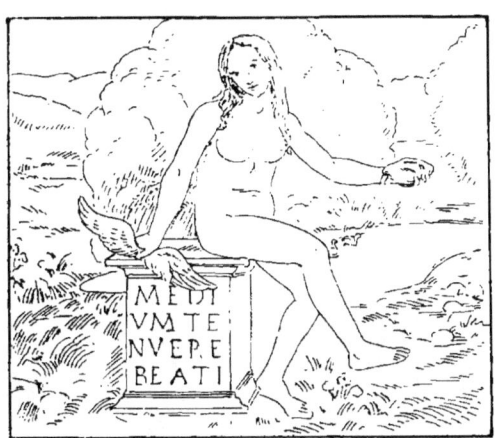

1. Milan. Collection Talacchini. École de Luini. Figure allégorique tenant une tortue (lenteur) et une paire d'ailes (Icare), assise sur un rocher où est inscrit le vers médiéval (variante d'un vers connu d'Ovide) : *medium tenuére beati*. — *Rassegna d'arte*, 1910, p. 43.

2. Genève 413. École de Clouet. Diane de Poitiers (?) Inscr. *Sabina Poppaea* (femme de Néron.) — Une réplique, avec la même inscr., était à Paris chez Larcade en 1920 ; il y en a d'autres. — *Gazette*, 1920, II, p. 173.

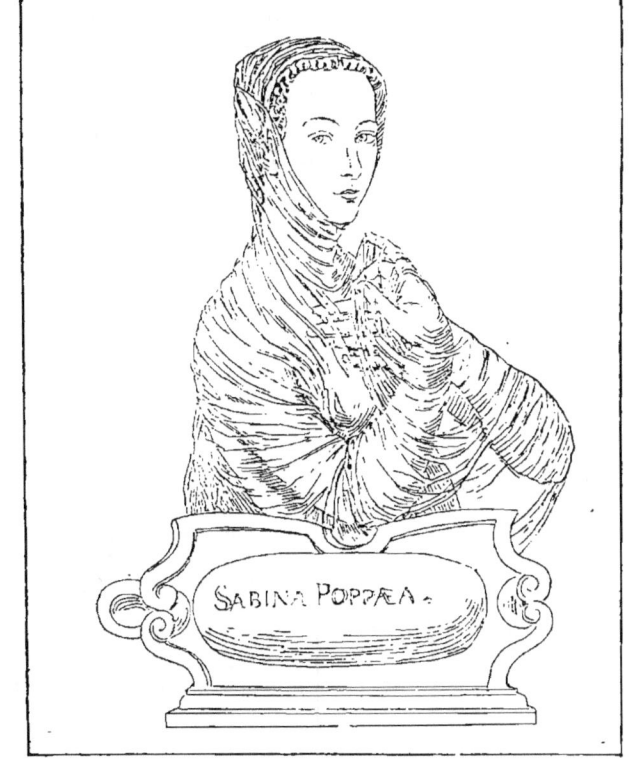

174   TRIOMPHE DE L'AMOUR

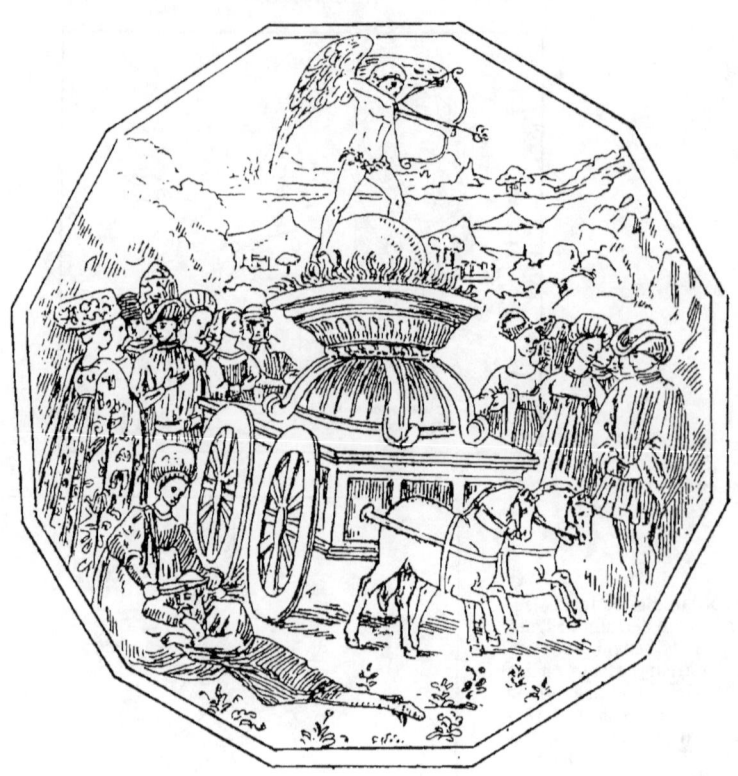

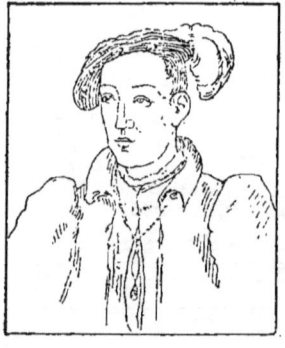

1. Ancienne collection Cernuschi, puis chez Martin Paris. École florentine. Triomphe de l'Amour. Plateau chée. Le char porte une cuve d'où jaillissent des flamm qui entourent le globe d'or sur lequel se tient l'Amour *lection Martin Le Roy, Peintures*, pl. V; *Les Arts*, 19 p. 6; *Mon. Piot*, 1, p. 224.

2. Chantilly 244. Corneille de Lyon. Le dauphin fils de François Ier (1518-1536).

TRIOMPHE MILITAIRE

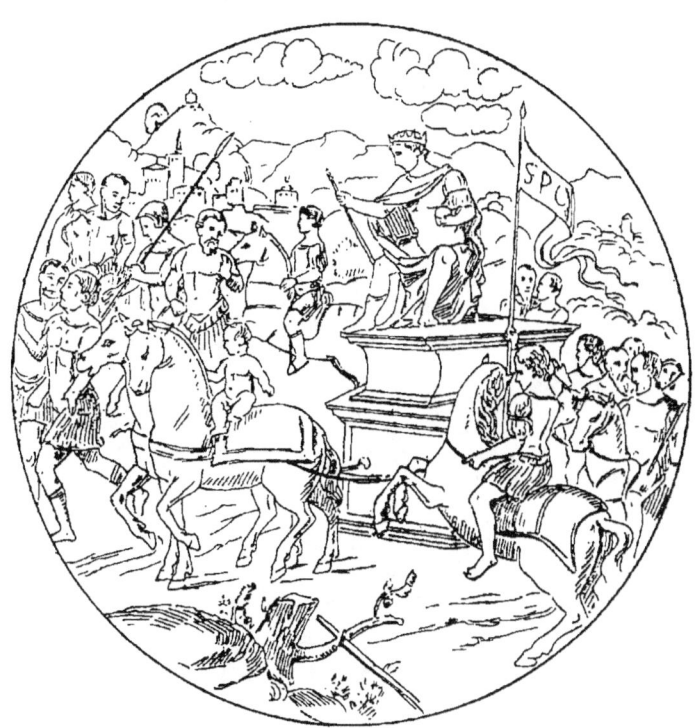

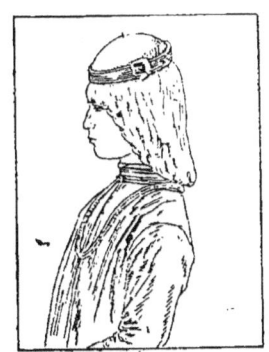

1. Musée Jacquemart-André, n. 1011. Attribué à Girolamo Andrea Mocetto. Triomphe d'un chef d'armée romain ; sur drapeau porté par le cavalier à g., on lit les lettres SPQ (R). des vingt-cinq panneaux peints en grisaille et composant plafond « encyclopédique », qui furent acquis à Venise de ggenheim en 1886.

2. Galerie Colonna 135. Giov. Santi. Portrait de Guidobaldo Urbin (autrefois dit portrait de Raphaël par son père ; cf. savant, II, p. 612). — Laf. Richt., *Rome*, p. 174.

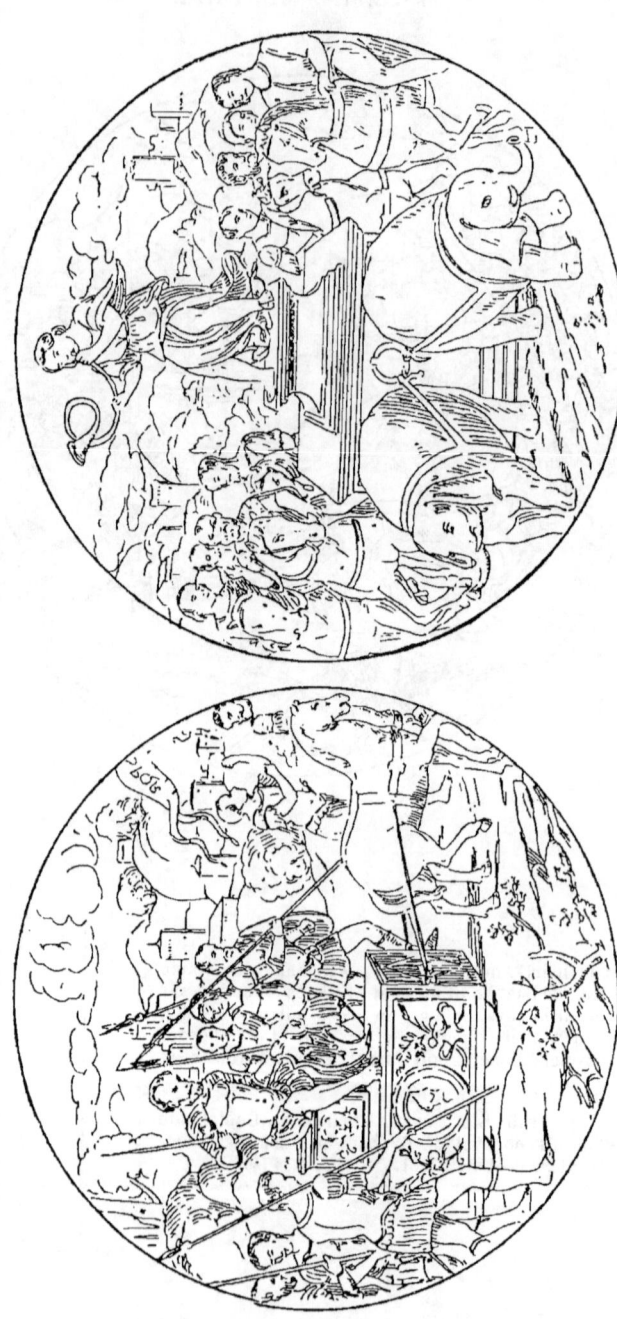

1, 2. Musée Jacquemart-André, n. 1011. Attribué à Girolamo d'Andrea Mocetto. Deux triomphes, le premier d'un général, le second de la Renommée. Panneaux peints en grisaille ayant figuré dans un plafond, acquis de Guggenheim à Venise en 1886.

TRIOMPHES

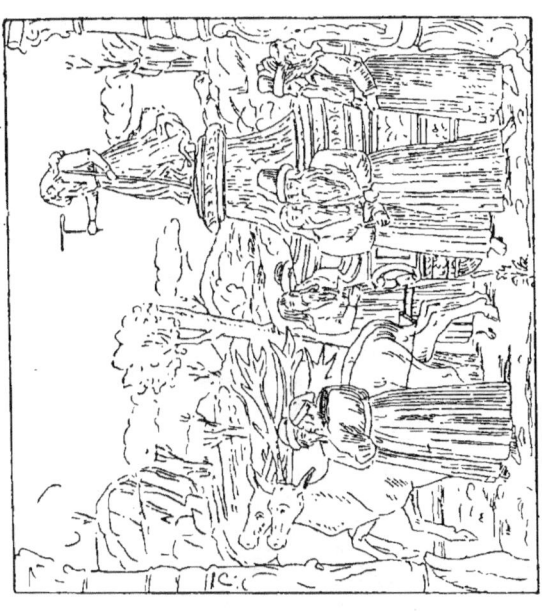
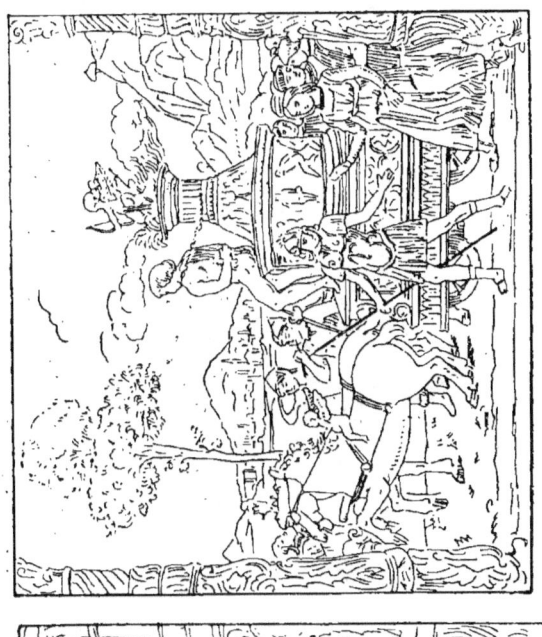

Munich 1022 b et 1022 f. Attribués à Francesco Mantegna, puis à Bonsignori. Triomphe de l'Amour et Triomphe du Temps. Panneaux appartenant à une série qui était dans le palais Colloredo près d'Udine, acquis à Florence en 1905. — *Zeitschrift für bild. Kunst*, 1880, XV, p. 62 ; *Rassegna d'arte*, 1911, p. 39, 41.

178 TRIOMPHES

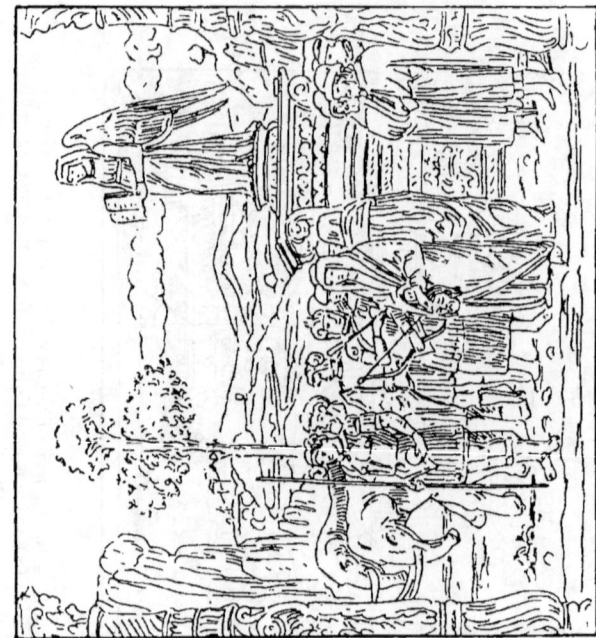
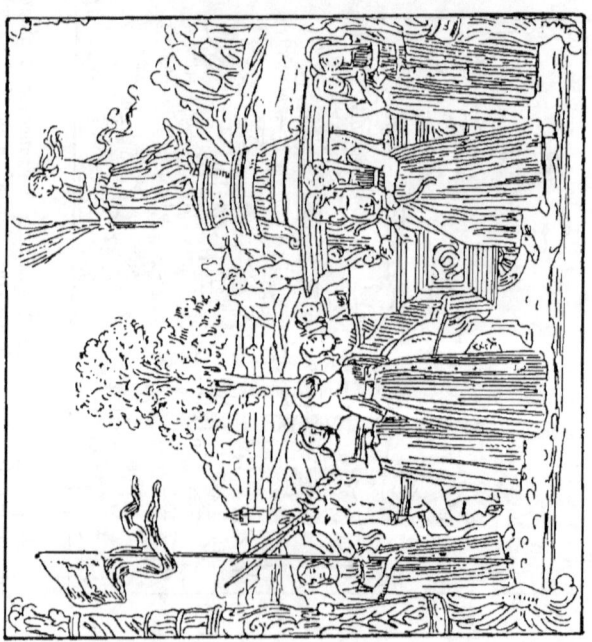

Munich 1022 c et 1022 e. Attribués à Francesco Mantegna, puis à Bonsignori. Triomphe de la Chasteté (palme, licorne) et triomphe de la Renommée (tablettes, éléphants). Autrefois au château du Colloredo près d'Udine. — *Zeitschr. für bild. Kunst*, 1880, XV, p. 61; *Rassegna d'arte*, 1914, p. 39.

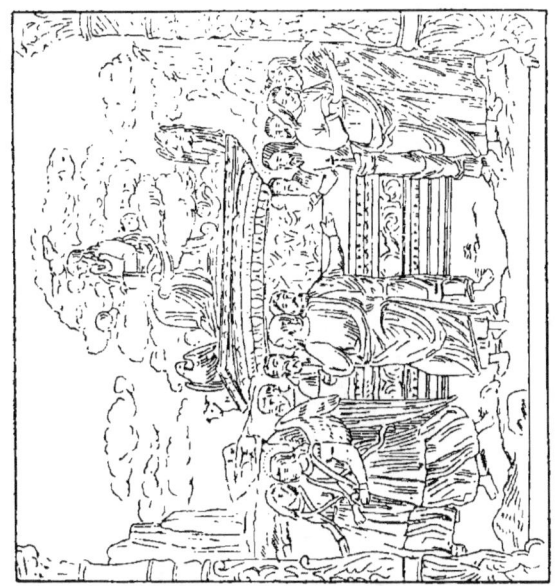
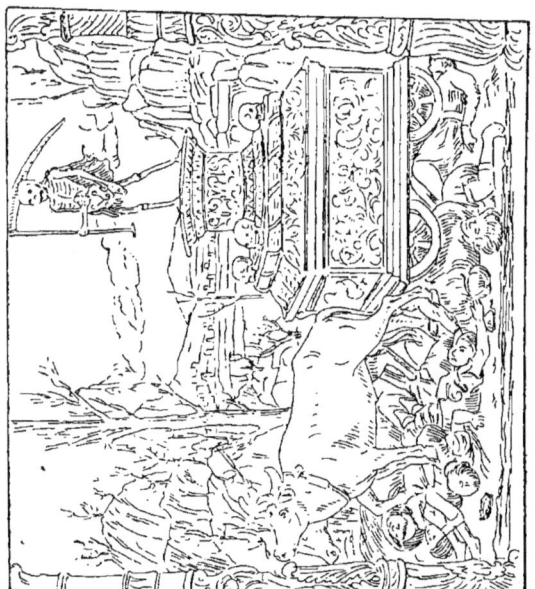

Munich 1220 g et 1022 d. Attribués à Fr. Mantegna, puis à Bonsignori. Triomphe de l'Éternité, le Père Éternel sur un char traîné par des anges) et triomphe de la Mort (faux, buffles). Autrefois au château de Colloredo près d'Udine. — *Zeitschrift für bildende Kunst*, 1880, XV, p. 61 ; *Rassegna d'arte*, 1911, p. 41. 40.

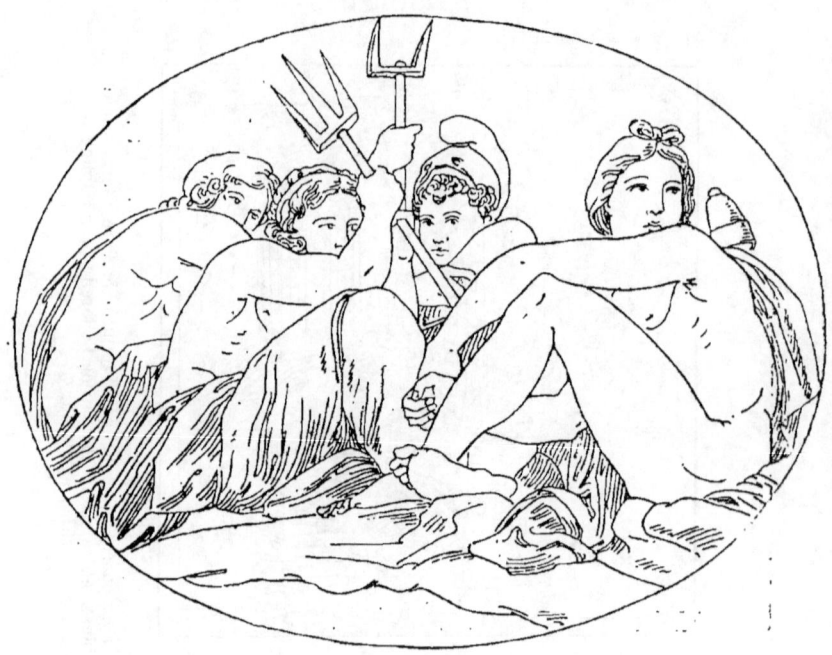

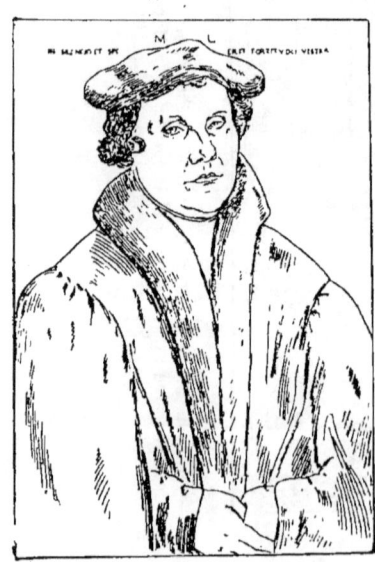

1. Fontainebleau (?) Primatice. Groupe d[e] nités. — Rosini, *Storia*, *Atlas*, pl. 139 autre indication).

2. Oldenburg. Lucas Cranach. Portrait d[e Mar]tin Luther (M L.) avec la devise : *In silentio erit fortitudo vestra*.

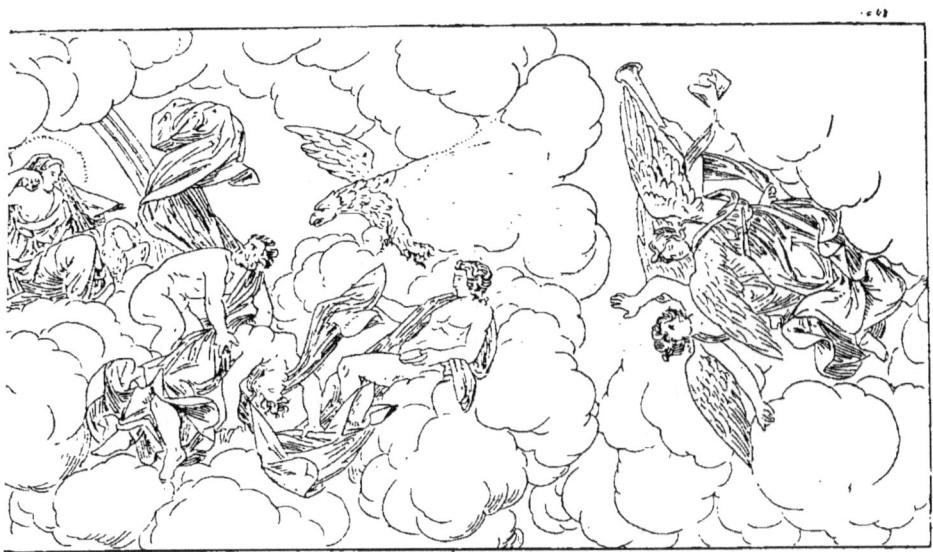

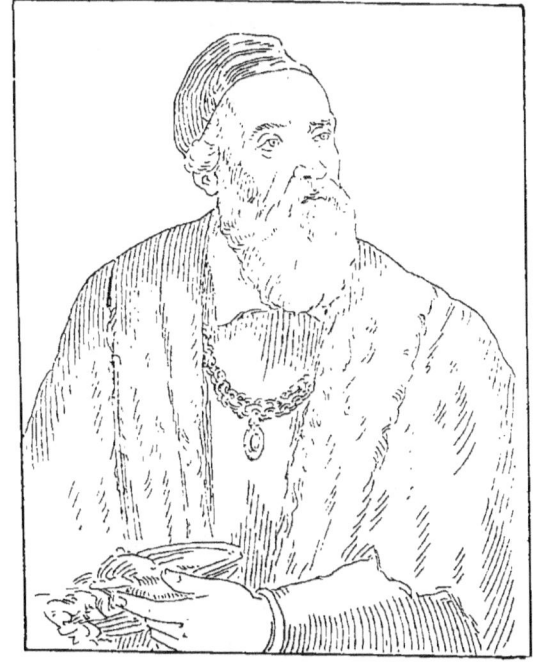

1. Mantoue. Palais ducal. Jules Romain. L'Olympe. A g., Junon regarde Jupiter qui enlève une jeune fille ; au milieu, Ganymède et l'aigle ; à droite, deux Renommées ailées Composition difficile à expliquer. — Arco, *Giulio Romano*, p. 57, pl. 49.

2. Florence. Uffizi 384. Titien. Son portrait. Analogue à celui de Berlin, n. 163 (Fischel, frontispice). — O. Fischel, *Tizian*, 176.

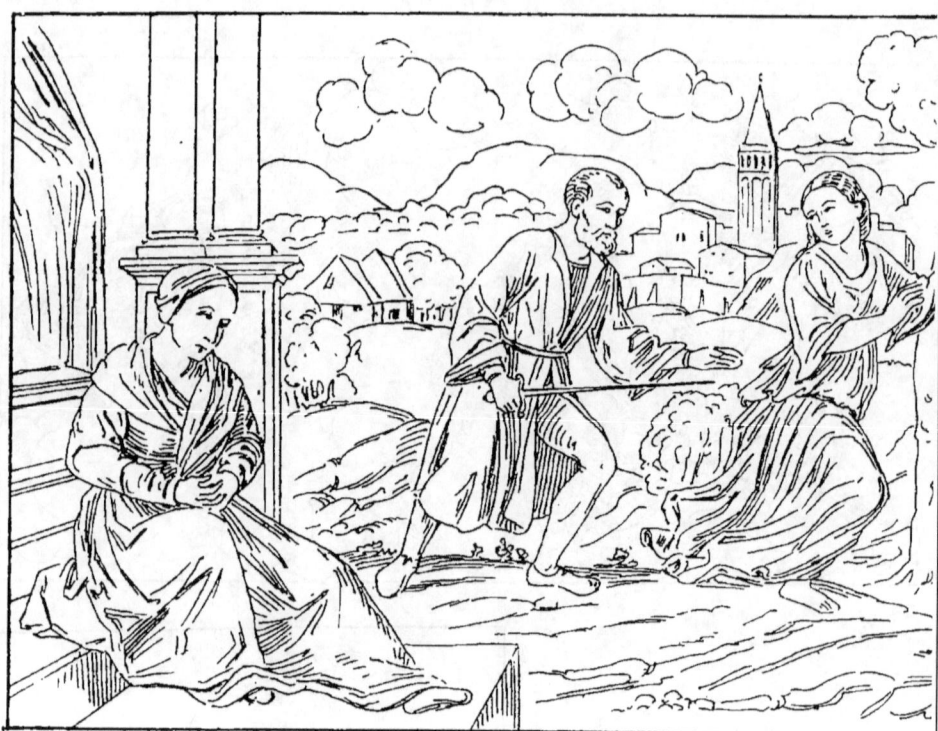

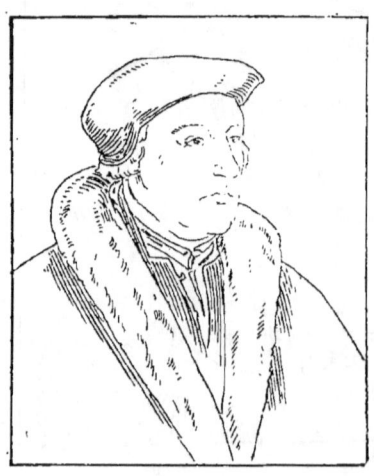

1. Musée Jacquemart-André à Paris, n. 1011. Attrib
Iamo d'Andrea Mocetto. Myrrha amoureuse, poursuiv
père Theias, changée en arbre et donnant le jour à Ad
neau d'un plafond composé de 25 sujets peints en grisa
de Guggenheim à Venise en 1886.

2. Vente chez Christie, 21 juill. 1914. n. 39. École d
Portrait de George Neville, Lord Bergavenny. Daté 1553
Mag., déc. 1914, p. 99.

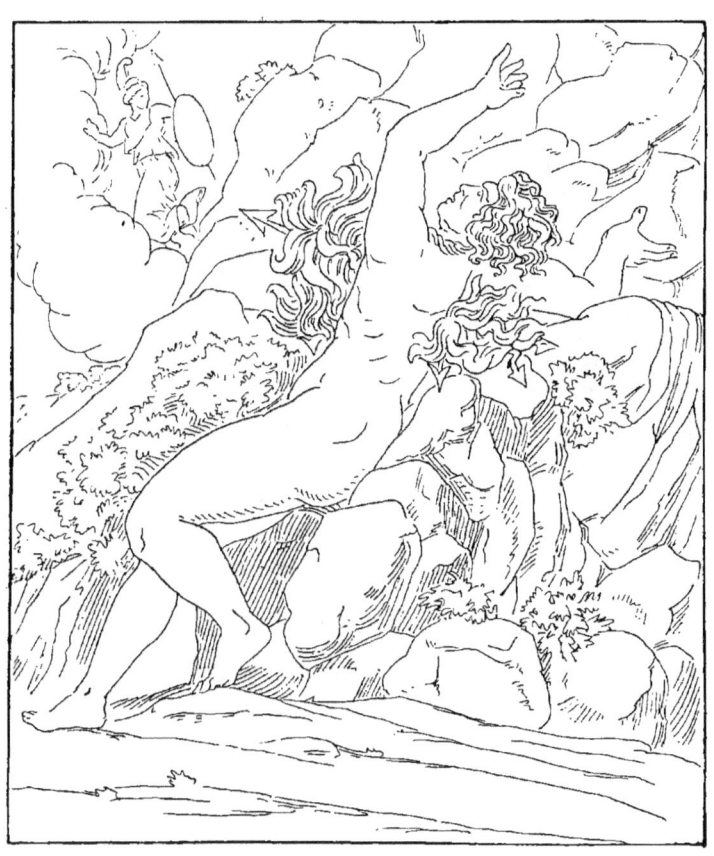

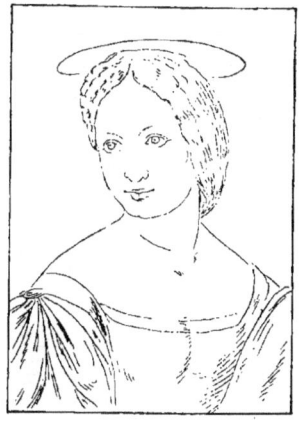

1. Mantoue. Palais ducal. Jules Romain. Ajax foudroyé.
— Arco, *Giulio Romano*. p. 58, pl. 54.

2. Galerie Borghèse à Rome. Attribué à Brescianino.
Portrait de femme en Ste Catherine. — *Burl. Mag.*,
fév. 1912, p. 264.

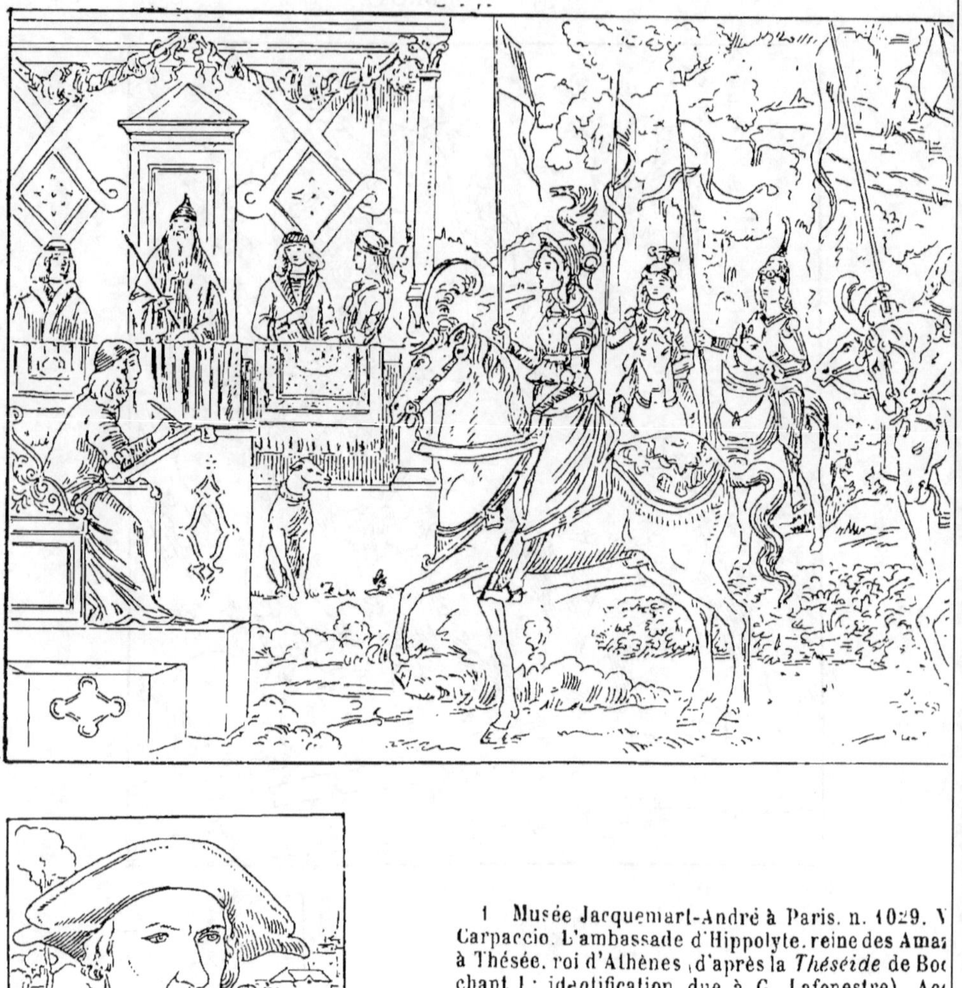

184   LES AMAZONES DEVANT THÉSÉE

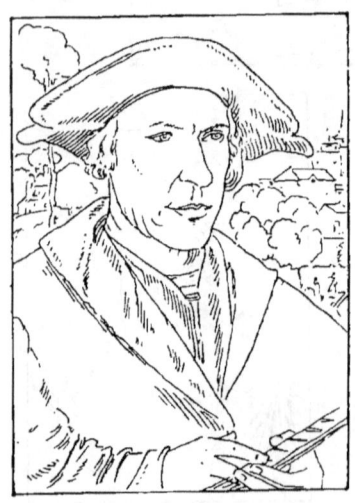

1. Musée Jacquemart-André à Paris. n. 1029. V. Carpaccio. L'ambassade d'Hippolyte, reine des Ama[zones] à Thésée, roi d'Athènes (d'après la *Théséide* de Boc[cace], chant I; identification due à G. Lafenestre). Ac[quis à] la vente Hermann Sax Venise, 6 déc. 1893, n. *Revue de l'art*, 1913, II, p. 435; *Catalogue-*[somm]aire, pl. à la p. 145.

2. Galerie Nostitz à Prague (n° 95 du catal. de 1[...] Maître de la légende de Ste Madeleine ?) Portr[ait de] vieillard.

AMOURS

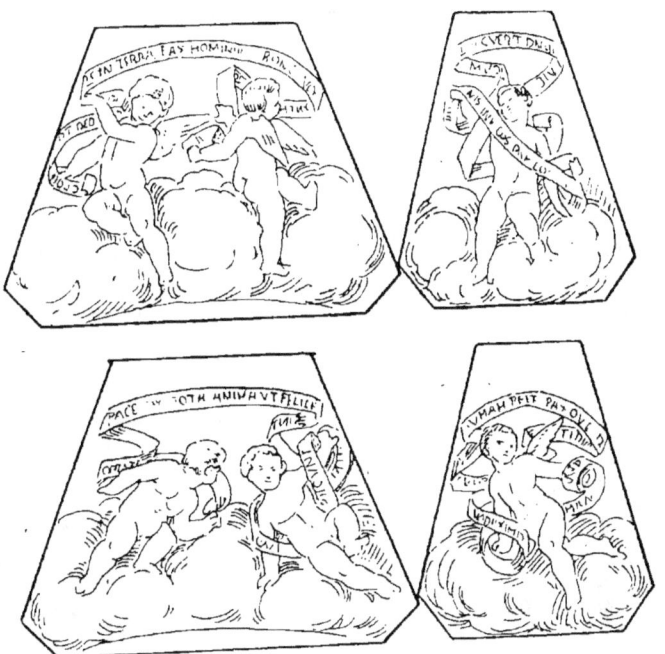

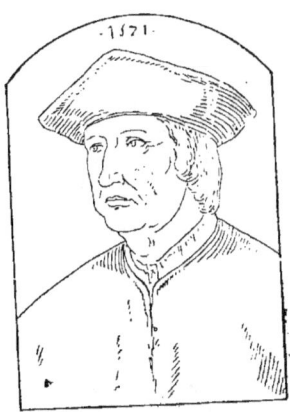

1. Église de S Catarina à Verceil. B. Lanini. Amours portant des banderoles. — *Rasseyna d'arte*, 1910, p. 119.

2. Chez Demotte à Paris en 1920. École française. Portrait de M. de la Belle Fourrière, grand-veneur de Louise de Savoie (inscr. sur le cadre). Daté 1521. — *Burl. Mag.*, déc. 1919, p. VII.

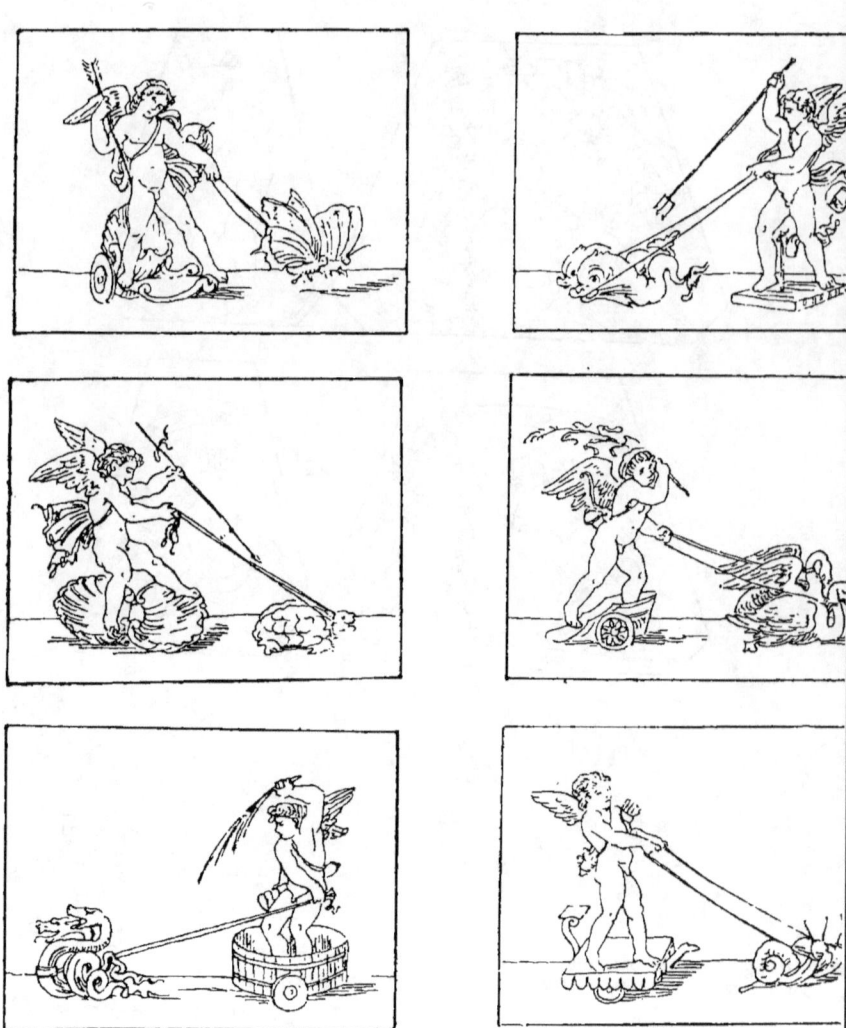

Peintures de la salle de bain du cardinal Bibiena au Vatican. Raphaël et ses Amours conduisant des animaux, peut-être d'après des vestiges de fresques a(?) (papillons, dauphins, tortues, cygnes, serpents, escargots) — Lübke, *Raffael*, II, 74; vant-Lacroix, *Raphaël*, II, p. 231.

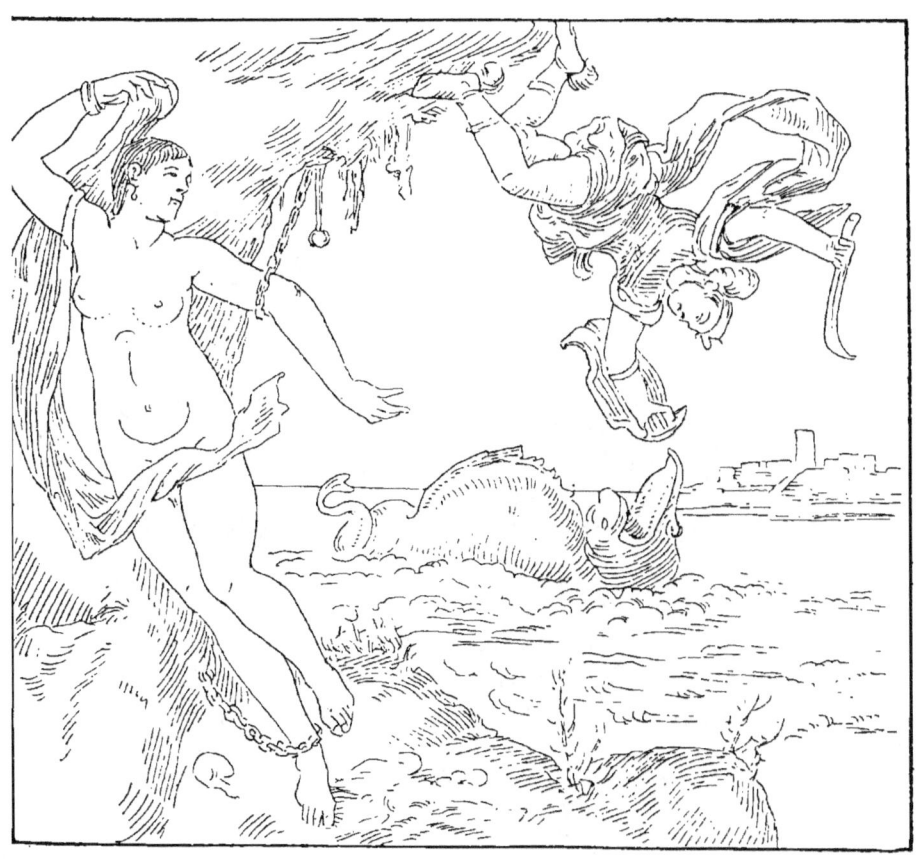

Londres, Manchester square coll. Richard Wallace). Titien. Andromède délivrée par Persée. Aussi attribué à Paul Véronèse (l'attribution à Titien est de Claude Phillips). — O. Fischel, *Tizian*, 144.

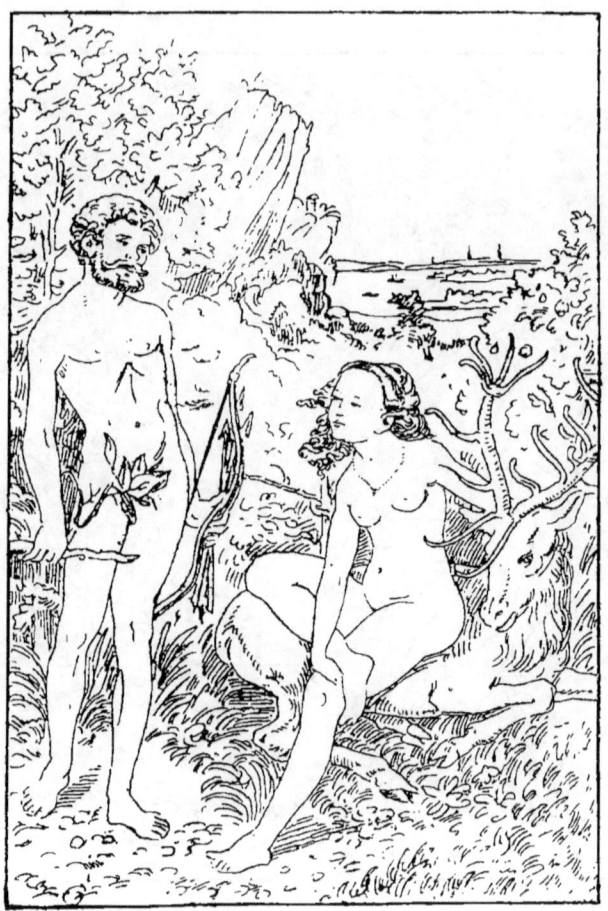

Berlin 564. Lucas Cranach. Apollon et Diane. Signé et daté 1530. — Heidrich, *Altde Materei*, 164; Ed. Heyck, *Lukas Cranach*, p. 86.

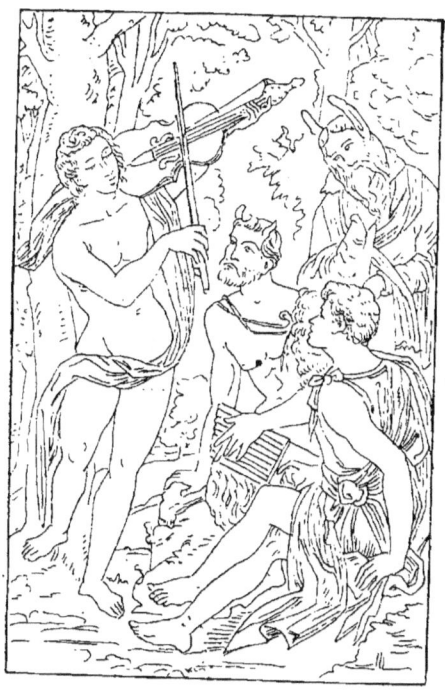

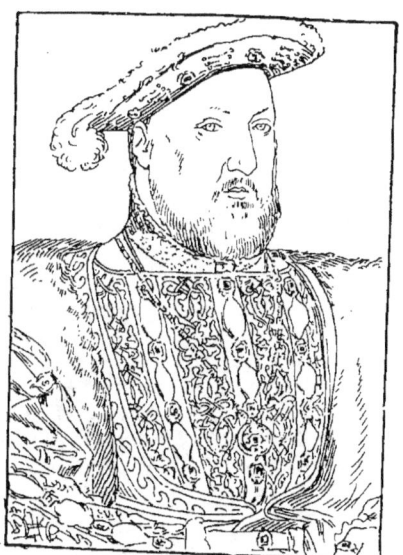

2 Collection de Lord Spencer à Althorp. Holbein le jeune. Portrait de Henri VIII! — Ganz, *Holbein*, p. 120.

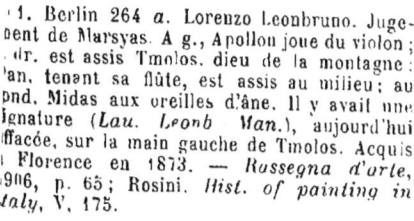

1. Berlin 264 a. Lorenzo Leonbruno. Jugement de Marsyas. A g., Apollon joue du violon; dr. est assis Tmolos, dieu de la montagne; l'an, tenant sa flûte, est assis au milieu; au fond, Midas aux oreilles d'âne. Il y avait une ignature (*Lau. Leonb Man.*), aujourd'hui ffacée, sur la main gauche de Tmolos. Acquis à Florence en 1873. — *Rassegna d'arte*, 1906, p. 65; Rosini. *Hist. of painting in Italy*, V, 175.

190   APOLLON ET LES MUSES

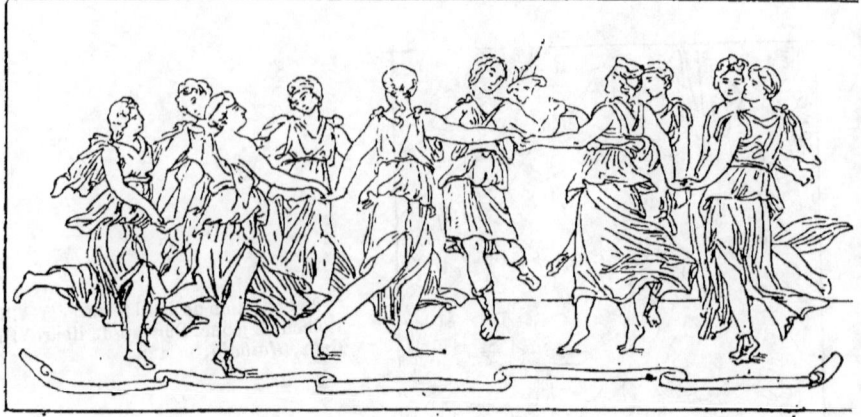

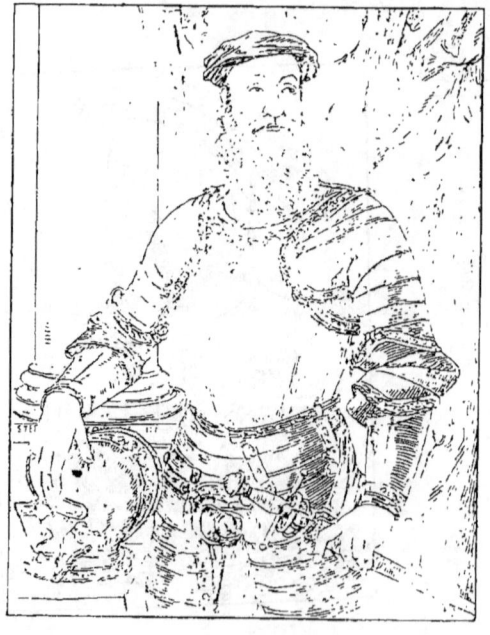

1. Florence. Pitti 167. Jules
La danse d'Apollon avec les M
Louvre de 1799 à 1815. —
Hist. of painting in Italy, V,

2. Palais Corsini à Rome
national). 2171. Bronzino. Por
Stefano Colonna. Signé et daté
Lafenestre et Richtenberger,
t. II, pl. à la p. 76; *Les Art*
n. 8, p. 25.

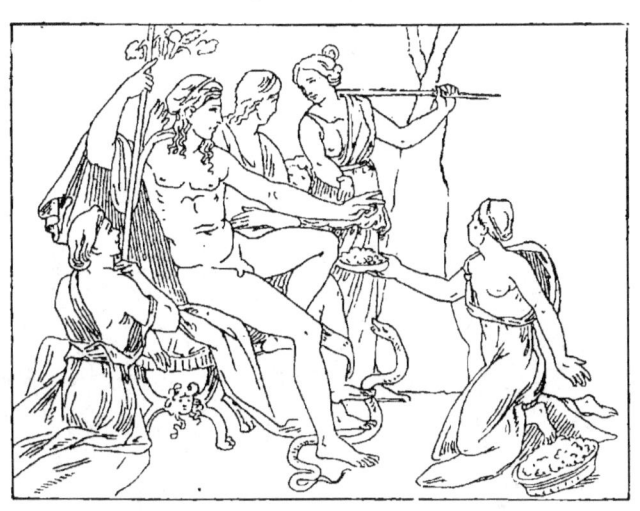

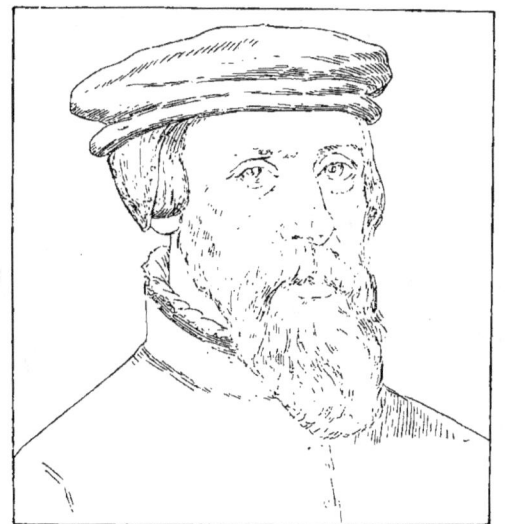

1. Luca Penni. Offrande à Apollon. J'ignore où est cette peinture. — Rosini, *History of painting in Italy*, V, 10.

2. Oldenburg. Nicolas Lucidel, dit Neufchatel. Portrait d'homme.

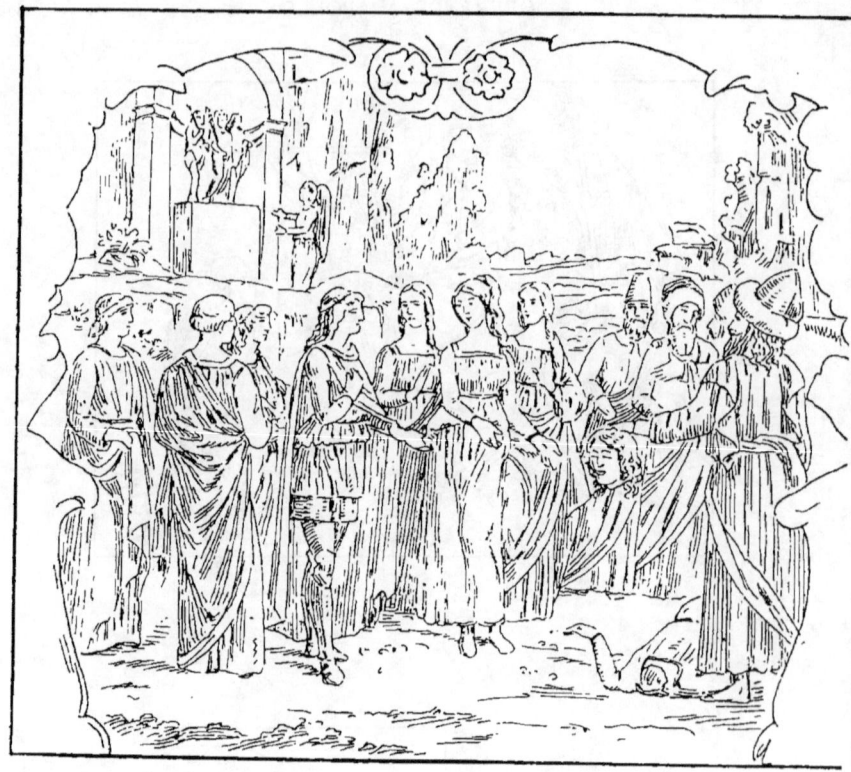

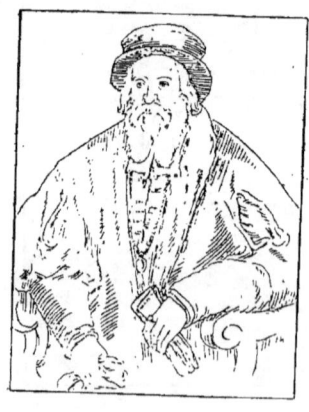

1. Paris. Musée Jacquemart-André, n. 1054. Vérone. Histoire d'Atalante et de Mélanion. Décora coffret de mariage.

2 Coll. A. Ruck. Attribué à L. Lotto. Portrait lard — *Burl. Mag.*, juillet 11920, p. 39.

ATALANTE ET MÉLANION

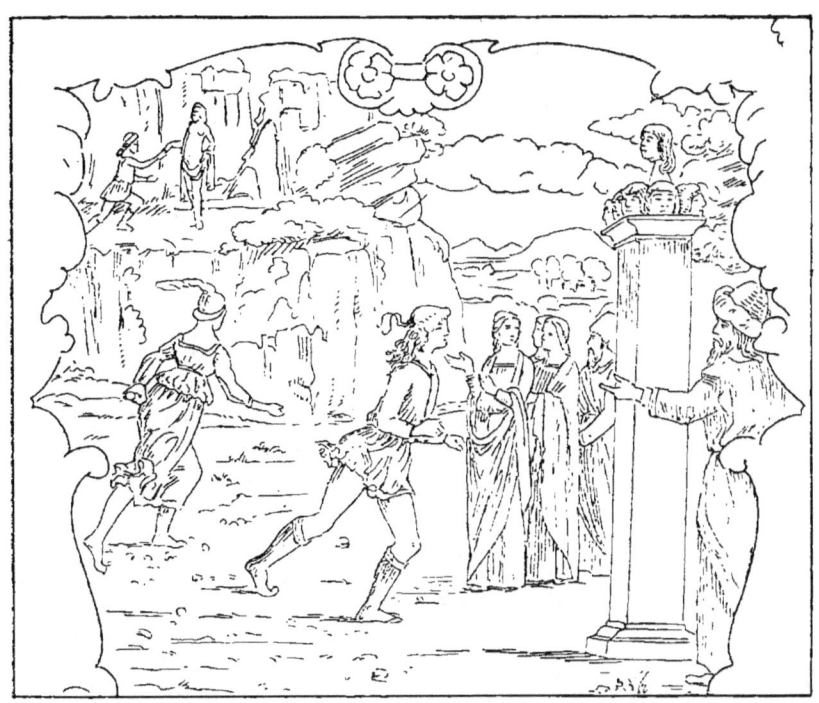

1. Paris. Musée Jacquemart-André, n. 1054. École de Vérone. Histoire d'Atalante et de Mélanion. Décoration d'un coffret de mariage. Peinture analogue au Musée de Vérone. Voir p. précédente.

2. Coll. Hugh Morrison à Fonthill. Lucas de Heere. La reine Elisabeth d'Angleterre. — *Burl. Mag.*, janvier 1915, p. 63.

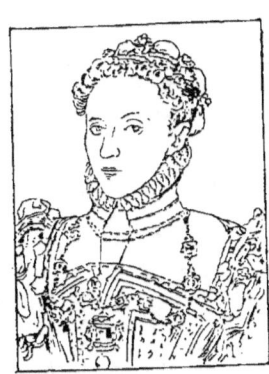

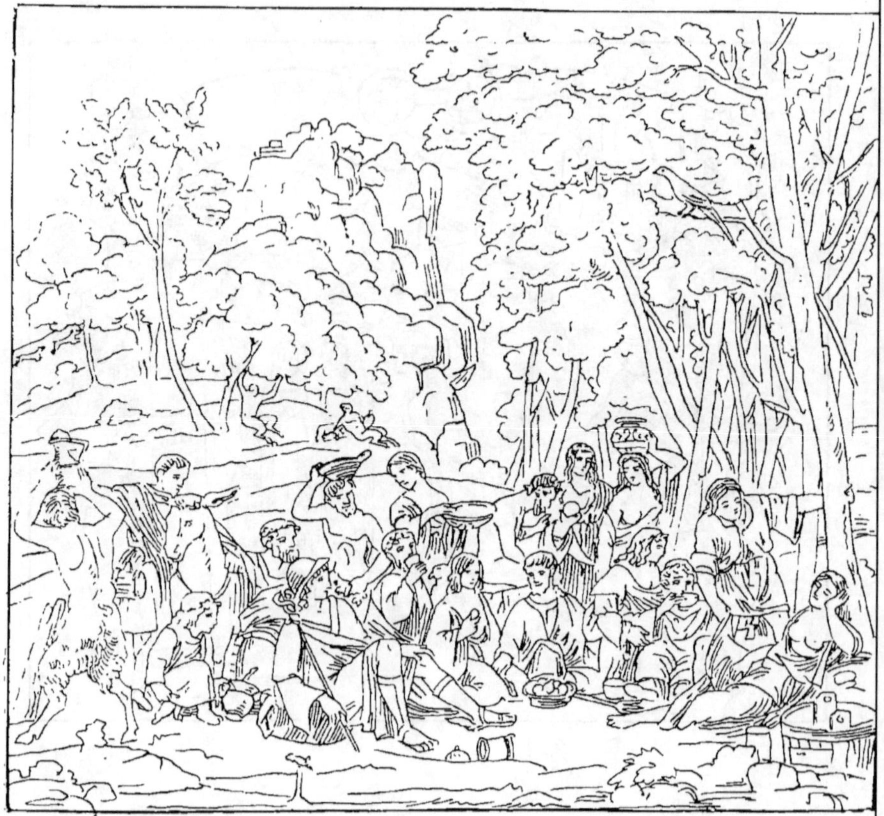

BACCHANALE. HERCULE

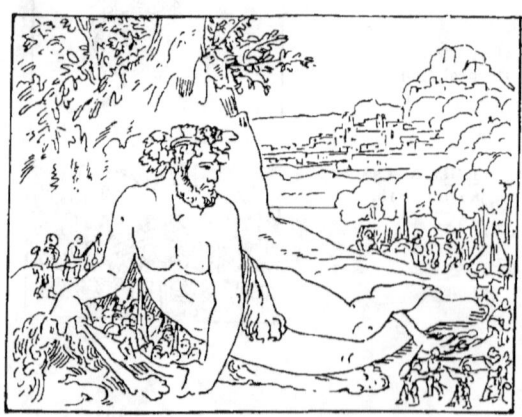

1. Autrefois à Alnwick Castle chez Hamilton à New-York et Widener à Philadelphie, G. Bell Titien). Bacchanale et festin de Signé et daté, 1514. — D'Agin Hist. de l'art, pl. 143; Cavalc éd. Borenius, II, pl. à la p. 190 in America, 1920, pl. 3 (la pre phot.).

2. Graz. Dosso. Hercule e Pygmées. — Jahrbuch (des prussiens), XXI, 1900, p. 267.

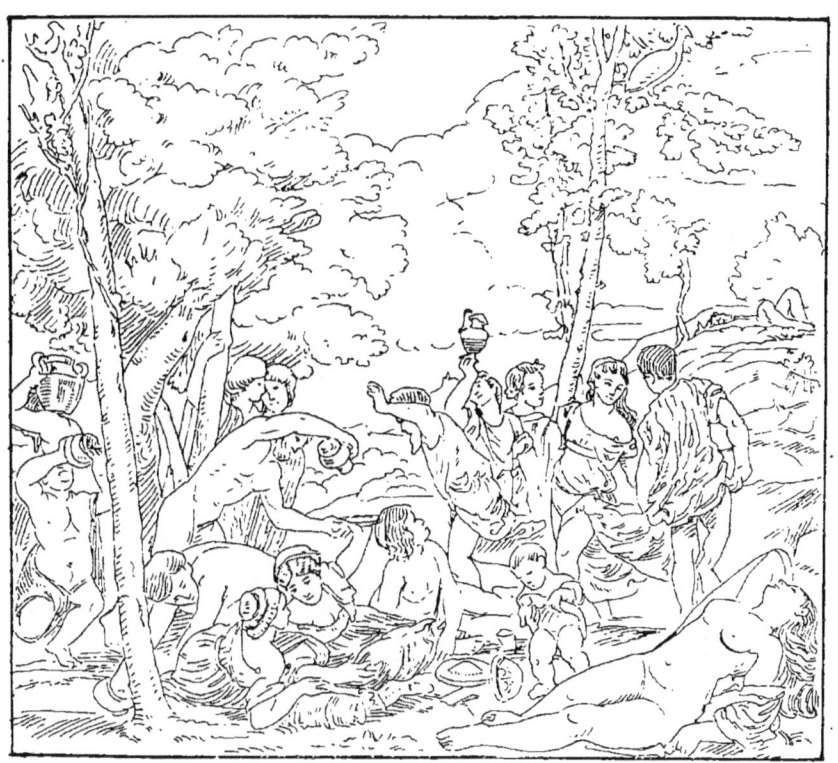

Madrid 418. Titien. Bacchanale. A dr., Ariane endormie; auprès d'elle un enfant *meiens*. Au fond, à dr., le vieux Silène est endormi sur une colline. Autrefois dans la galerie Panfili à Rome. Peint en 1518. — Cavalcaselle, *Tizian*, p. 189; O. Fischel, *Tizian*, 30; *Revue de l'Art*, 1907, 1, p. 435.

2. Madrid. Ant. Moro. Portrait de Catalina, reine de Portugal. — *Les Arts*, avril 1908, p. 17.

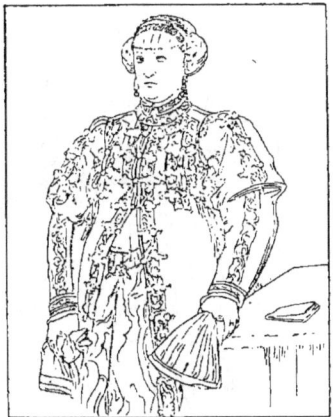

1. Vente Alexis Orloff, Paris, 29 avril 1920, n. 1063. Lucas Cranach. Bacchanale. Silène, deux nymphes nues et des Amours.

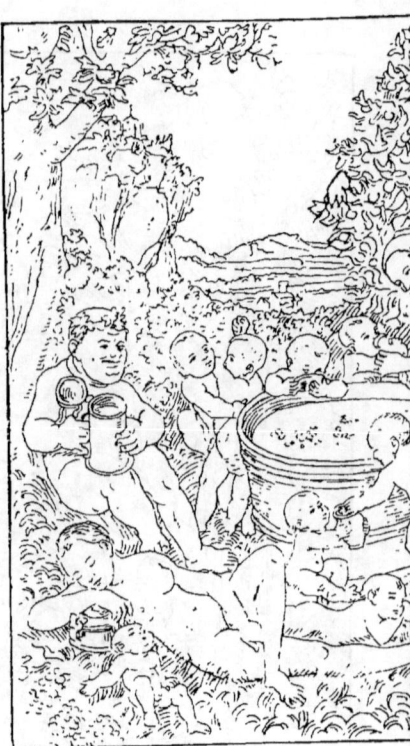

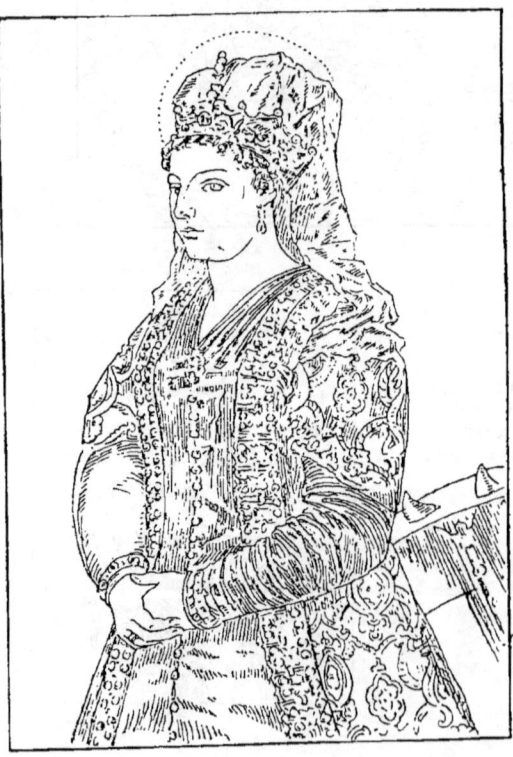

2. Florence. Uffizi 648. Titien. Catarnaro, reine de Chypre, en Ste Ca Peint en 1542. Il y a plusieurs répli O. Fischel, *Tizian*, 74.

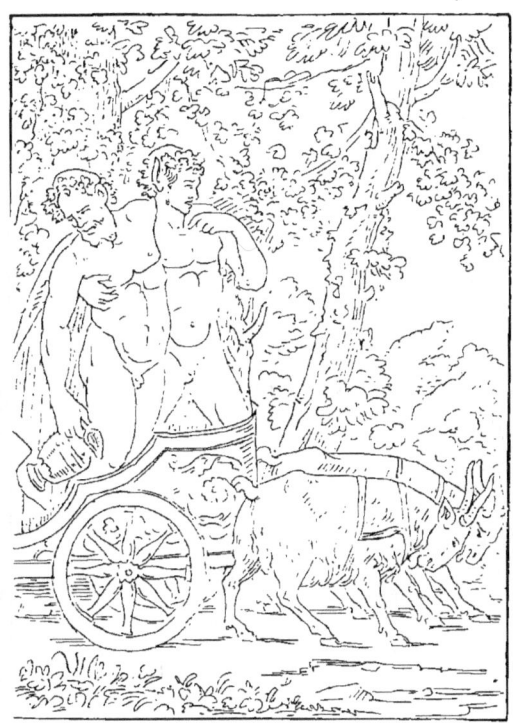

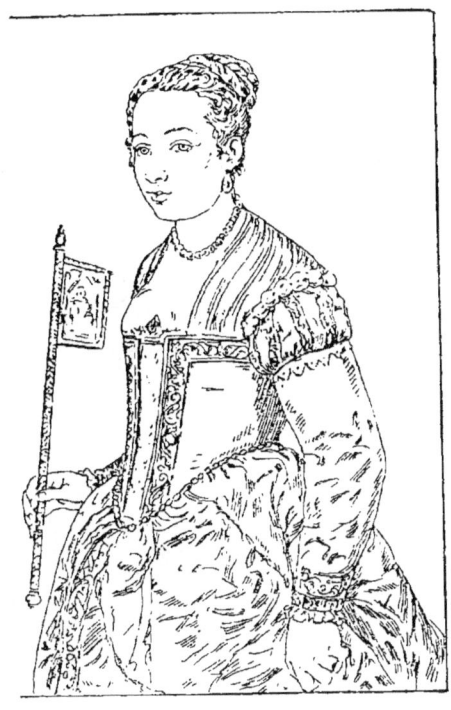

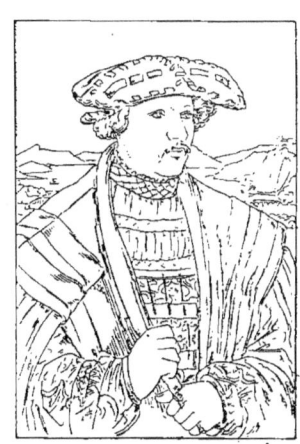

. Mantoue. Palais du Té. Jules Romain. Bacchus, sur un
 r traîné par des boucs, soutenant un vieux Silène ivre.
Arco, *Giulio Romano*, p. 50, pl. 37.

2. Coll. P. Bosch, au musée de Madrid. Paul Véronèse
rtrait de la fille de Titien. — *Les Arts*, 1903, n. 22.
 21.

3. Musée de Dublin. Maître dit des portraits Holzhausen.
rtrait de Heinrich Knoblauch. — *Early German Art*,
 11.

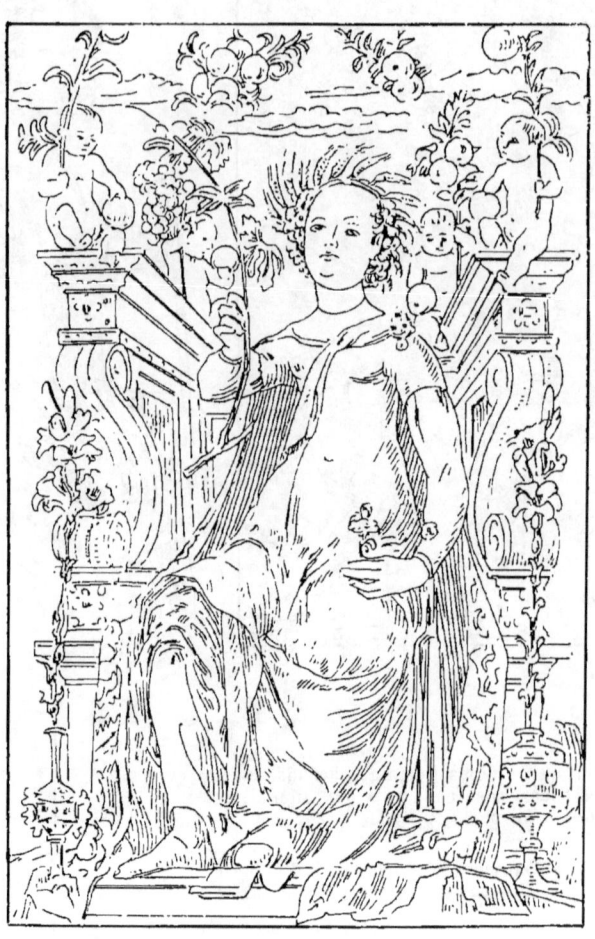

Budapest 101 Michele Pannonio (peintre hongrois de l'école de Ferrare). Cérès. Si EX. MICHAELE. PANONIO. — H. Schulze, *Weibliches Schönheitsideal*, 53.

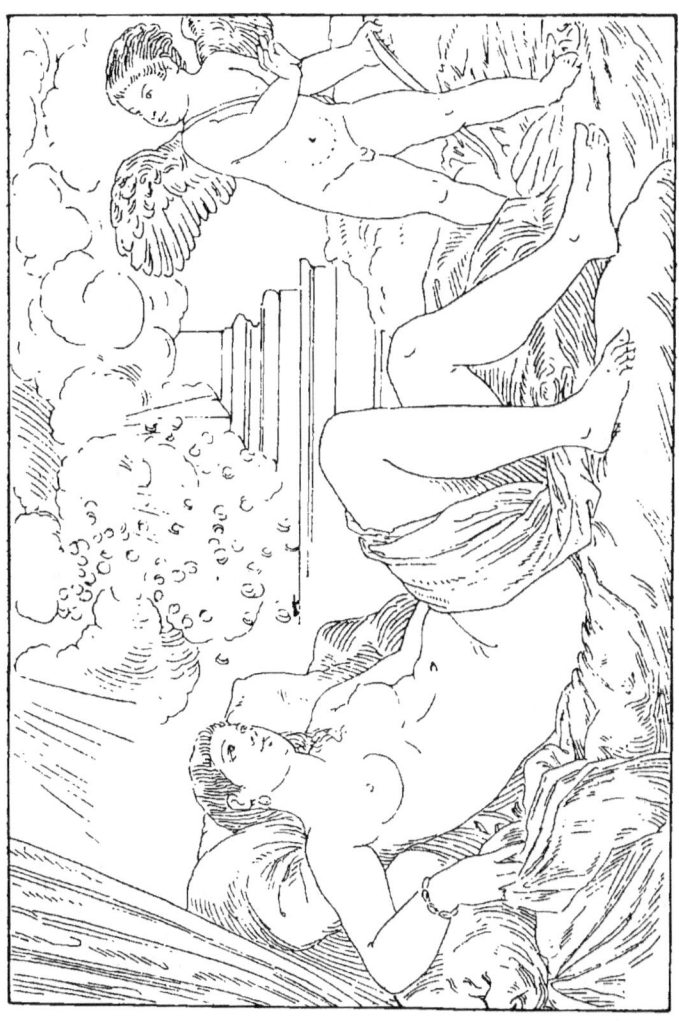

Naples. Titien. Danaé recevant la pluie d'or. Nombreuses répliques et copies: Titien lui-même a souvent répété ce sujet — O. Fischel, *Tizian*, 86; Cavalcaselle, *Tizian*, p. 468.

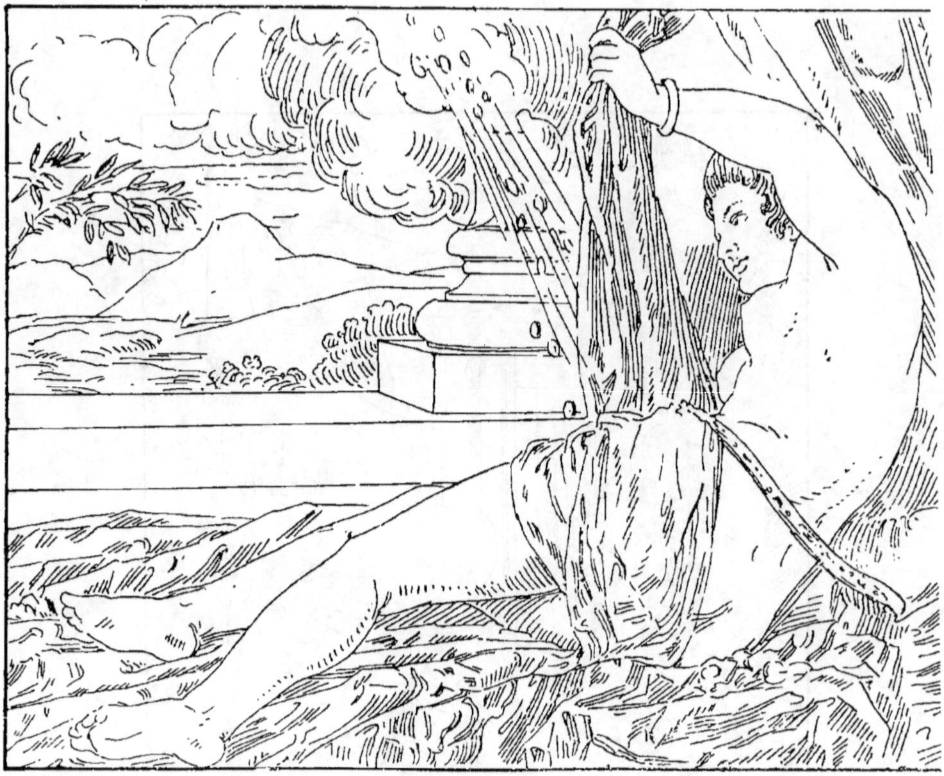

200   DANAÉ

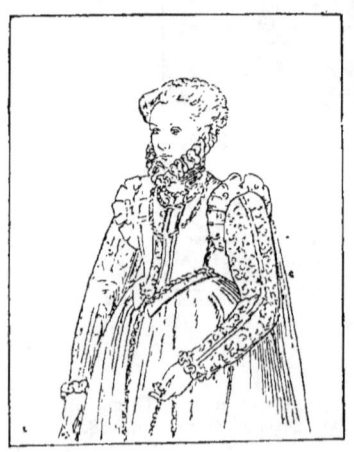

1. Turin, 564. Attribué à Paul Véronèse. Dana
vant la pluie d'or. — *Arch. storico dell' arte*,
p. 134; H. Schulze, *Weibliches Schönheitside*

2. Madrid. Ant. Moro. Portrait d'une incoun
Les Arts, avril 1908, p. 25.

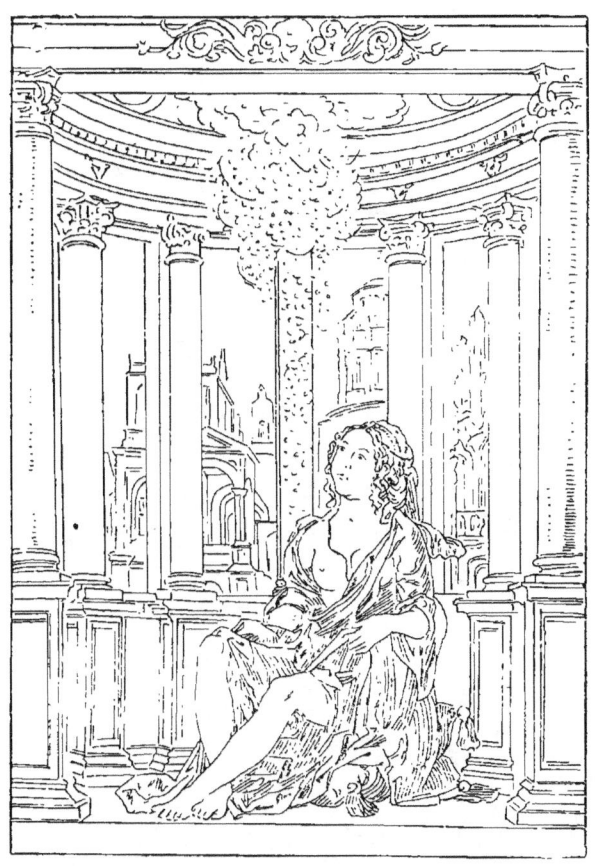

Munich 156. Jan Gossaert (de Mabuse). Danaé recevant la pluie d'or. Signé et daté : *Joannes Malbodius pingebat 1527*. — Woermann, *Geschichte der Malerei*, t. II. p. 520 ; H. Schulze, *Weibliches Schönheitsideal*, 145.

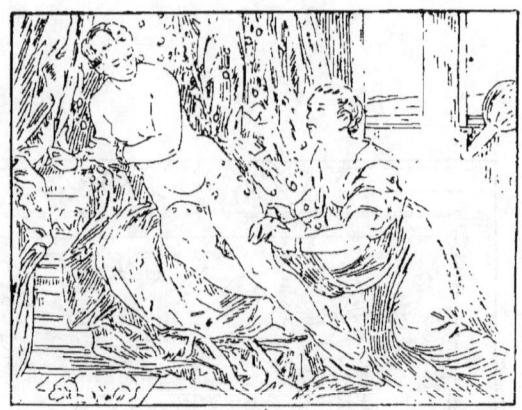

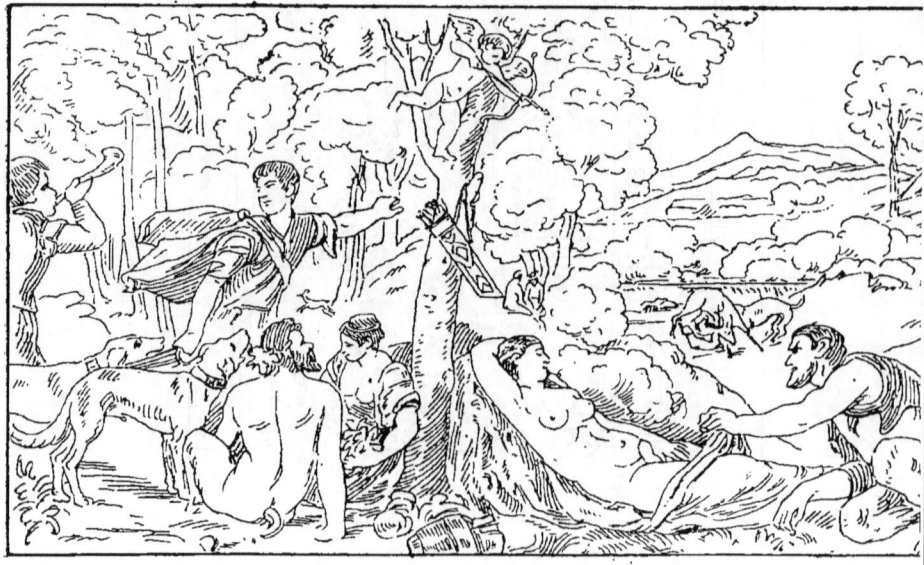

1. Lyon 36. Tintoret. Danaé recevant la pluie d'or. — Dissard, *Musée de Lyon*, p.
2. Louvre 1587. Titien. Jupiter et Antiope (?). Connue sous le nom de *Venus del* cette peinture ayant été conservée jusqu'en 1624 au château du Pardo, près de Mad a pensé (Hourticq, p. 259), que le satyre découvrant la Nymphe n'est qu'un épisode, le vrai sujet du tableau est Actéon. Donné par Philippe IV à Charles Ier (1623), p Jabach, Mazarin et Louis XIV (1661). Plusieurs fois réparé et repeint. — O. Fischel, 135 ; Cavalcaselle, *Tizian*, p. 629 (avec gravure) ; Hourticq, *Jeunesse de Titien*, p. 2

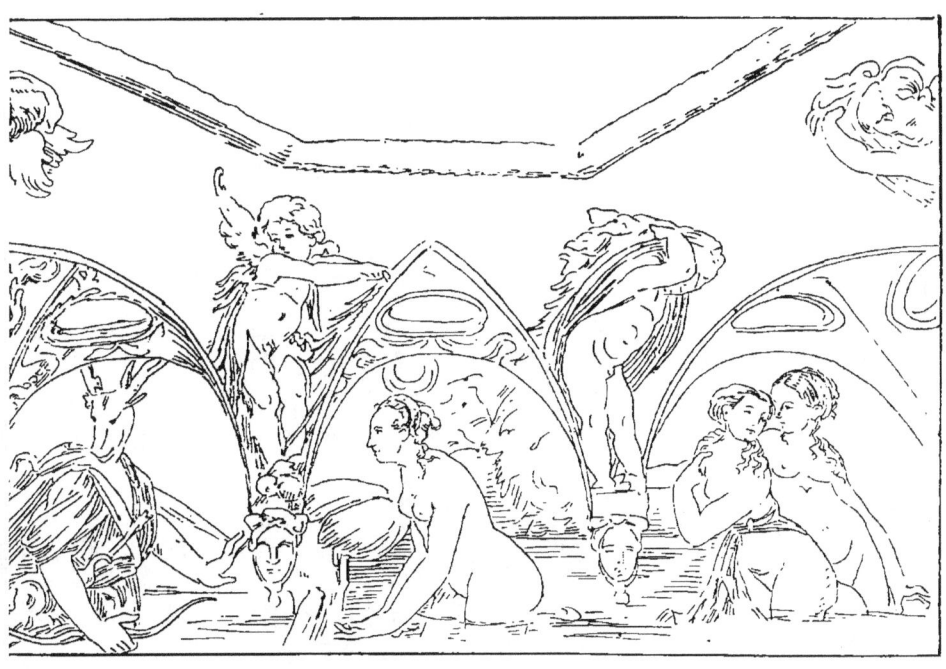

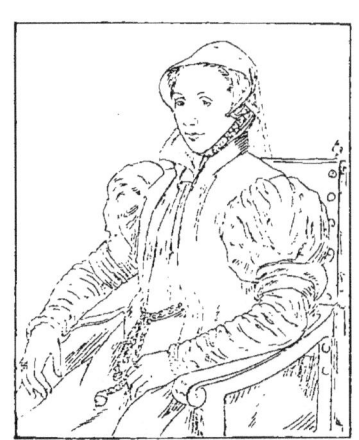

1. Fontanellato. Villa de Sanvitale. Franc. Mazzuoli dit Parmegianino. Diane au bain et Actéon transformé en cerf. Fresque. — H. Schulze, *Weibliches Schönheitsideal*, 51; Corr. Ricci, *Correggio*, éd. all.. p. 413.

2. Ermitage. Antonio Moro. Portrait de Lady Gresham. — *Burl. Mag.*, avril 1912, p. 53.

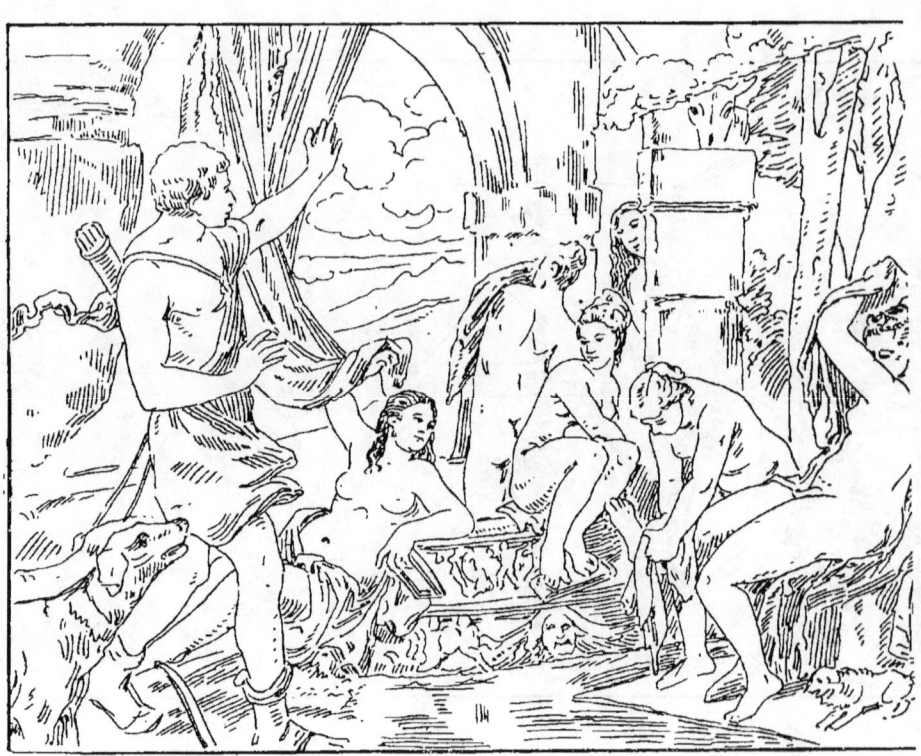

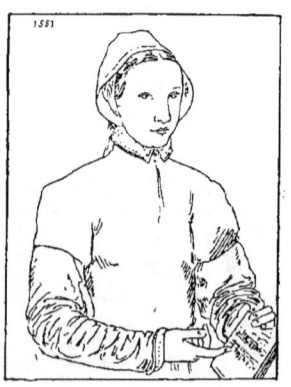

1. Madrid, 423. D'après Titien (copie de Del M[...] Diane au bain avec ses nymphes, surprise par Actéon H. Schulze, *Weibliches Schönheitsideal*, 86 ; Cavalcas[...] *Tizian*, p. 594

2. Newbattle Abbey. Antonio Moro. Portrait de fe[...] (1551). — *Burl. Mag.*, oct. 1910, p. 11.

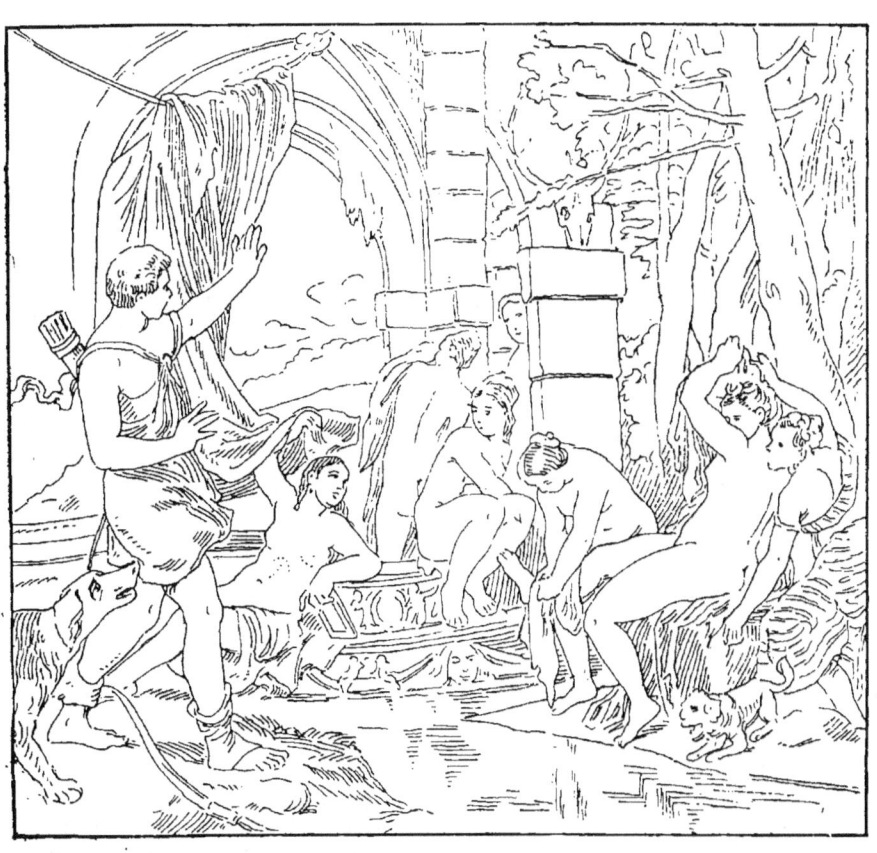

Londres, Bridgewater House (lord Ellesmere). Titien. Diane et ses nymphes surprises au bain par Actéon. Peint en 1559. Signé. Donné par Philippe V à l'ambassadeur Grammont, puis au Palais royal chez le duc d'Orléans. Voir p. 204. — Cavascaselle, *Tizian*, p. 593 ; O. Fischel, *Tizian*, 127.

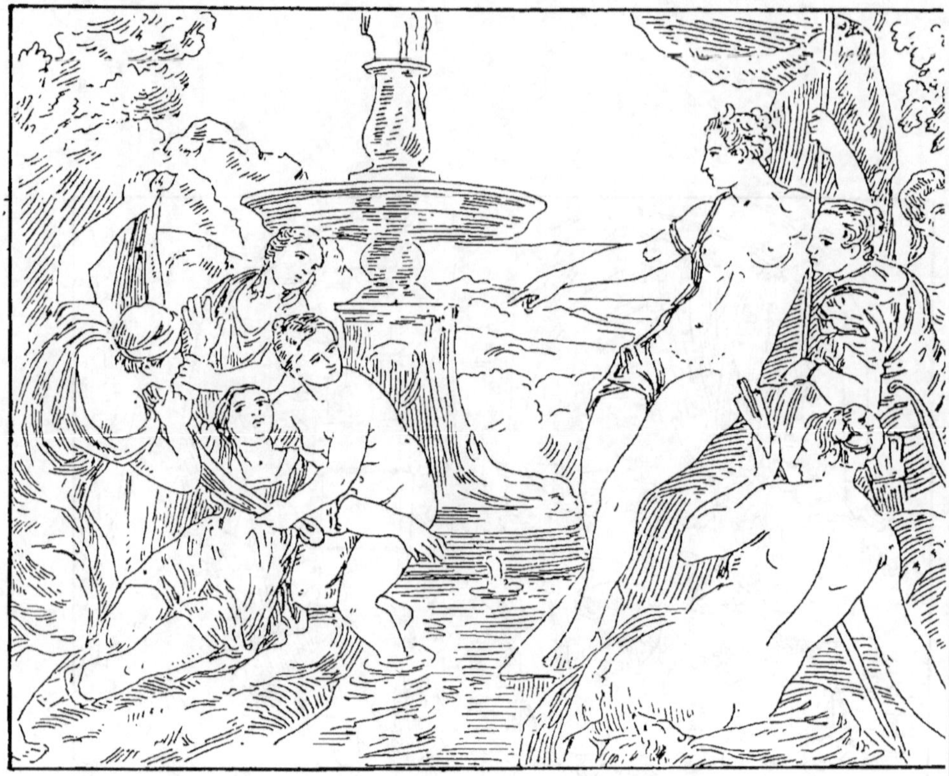

206 DIANE ET CALLISTO

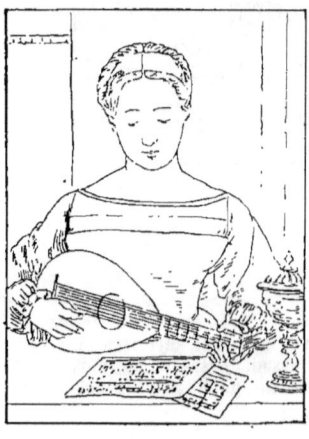

1. Madrid. 424. D'après Titien. Copie de Del Mazo (nombreux changements. Diane découvrant la faut(nymphe Callisto. L'original, donné par Philippe V bassadeur de France, est à Bridgewater House (voir vante). — Cavalcaselle, *Tizian*, p. 594.

2. Hanovre. Maître des femmes à mi-corps. Jou luth. — *Gazette*, 1908, I, p. 229.

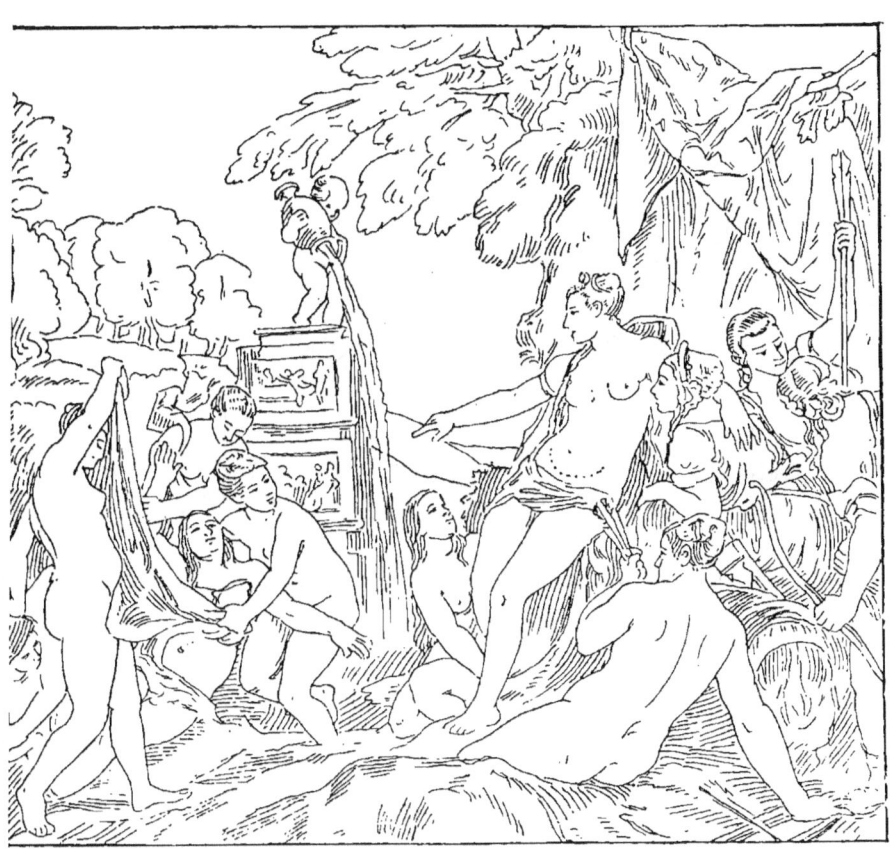

Londres. Bridgewater House (lord Ellesmere). Titien. Diane découvrant la faute de la nymphe Callisto. Signé. Autrefois au Palais royal de Madrid ; donné par Philippe V au marquis de Grammont ; puis dans la galerie du duc d'Orléans, vendue à Londres. Voir p. 206. — O. Fischel, *Tizian*, 129 ; Cavalcaselle, *Tizian*, p. 594.

ENLÈVEMENT D'EUROPE

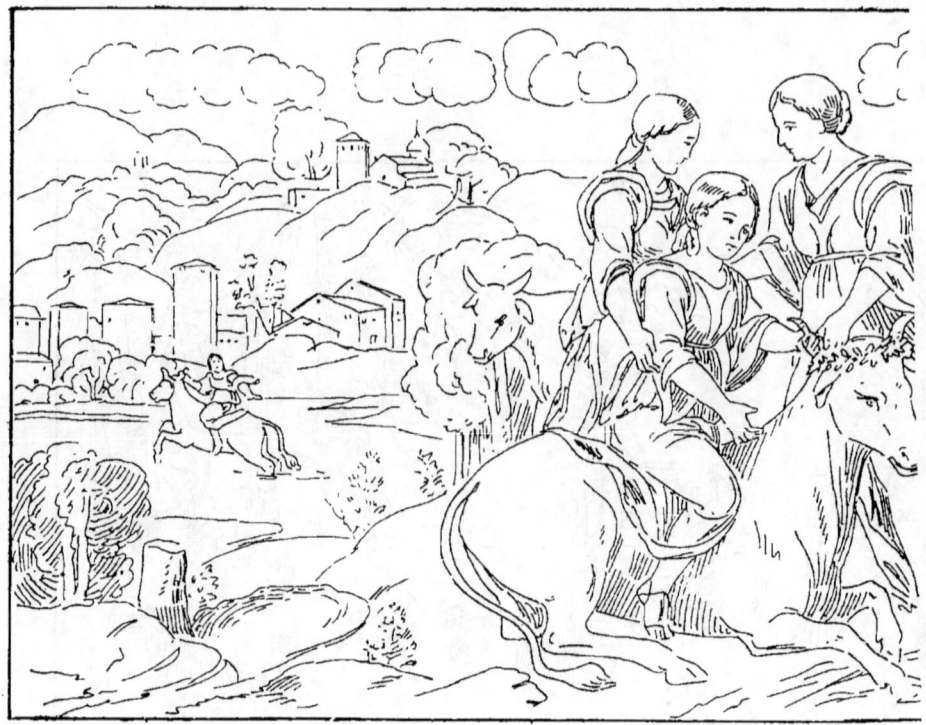

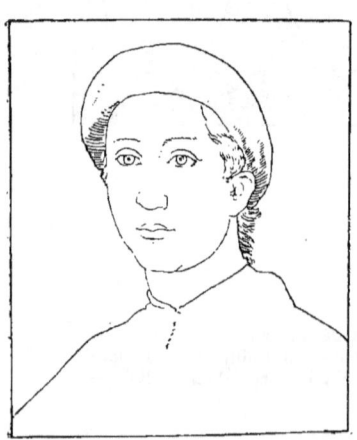

1. Musée Jacquemart-André à Paris, n. 1011. [Attri]bué à Girolamo d'Andrea Mocetto Un des ving[t] panneaux d'un « plafond encyclopédique » pei[nt en] grisaille. Enlèvement d'Europe. Acquis en 18[..] Guggenheim à Venise.

2. Coll. Wilson Steer. Attribué à Bugiardini. [Por]trait de femme (?) — *Burl. Mag.*, avril 1916,

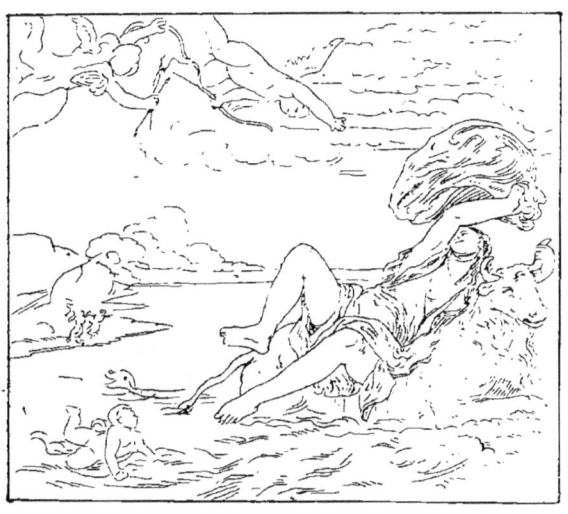

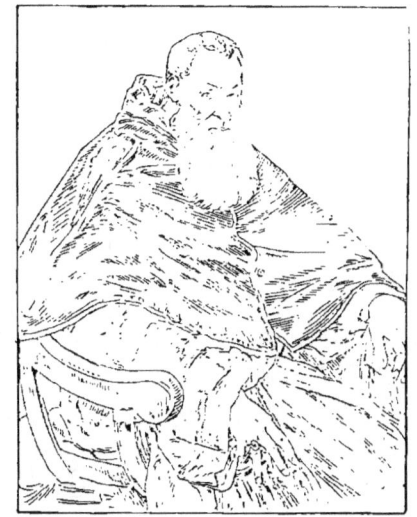

1. Collection de Mme Gardner à Boston autrefois dans la galerie d'Orléans et à Cobham Hall). Titien. Enlèvement d'Europe. Signé. — O. Fischel, *Tizian*, 134 ; Cavalcaselle, *Tizian*, p. 622 ; Berenson, *Venetian painters*, pl. à la p. 104.

2. Naples. Titien. Portrait du pape Paul III. — O. Fischel, *Tizian*, 79.

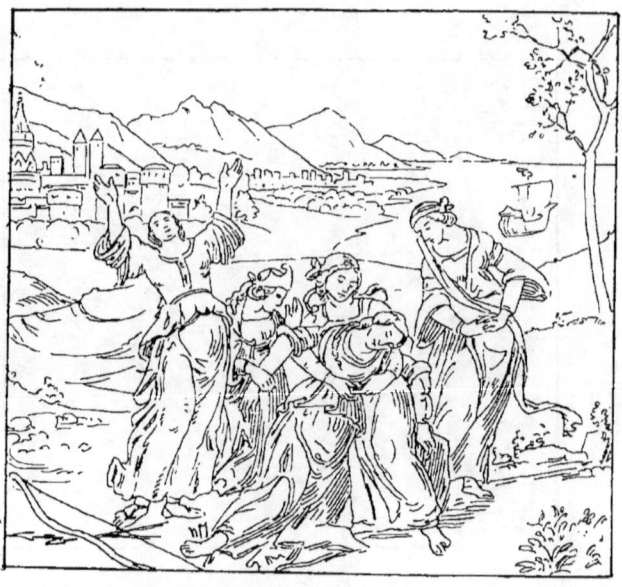

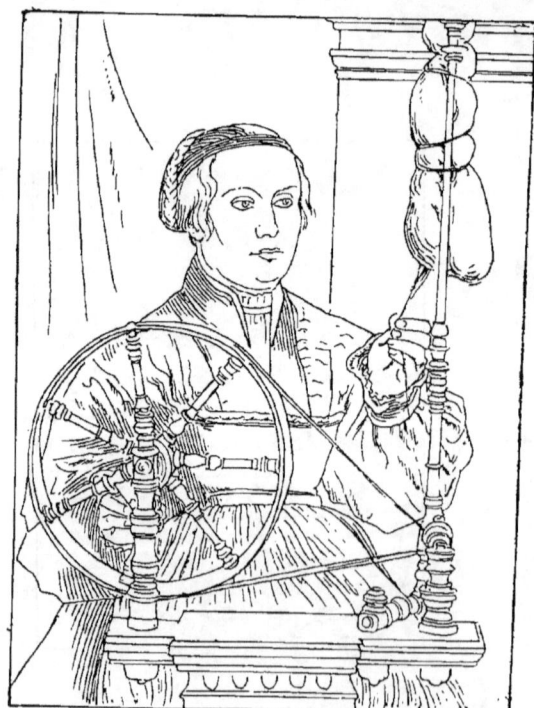

1. Coll. James Murnaghan à Ecole des Romagnes vers 1500.] tation sur Eurydice morte (?) — *Mag.*, fév. 1922, p. 75.
2. Dans le commerce en 1921. bué à G. Pencz. Portrait d'une 0,98 × 0,70.

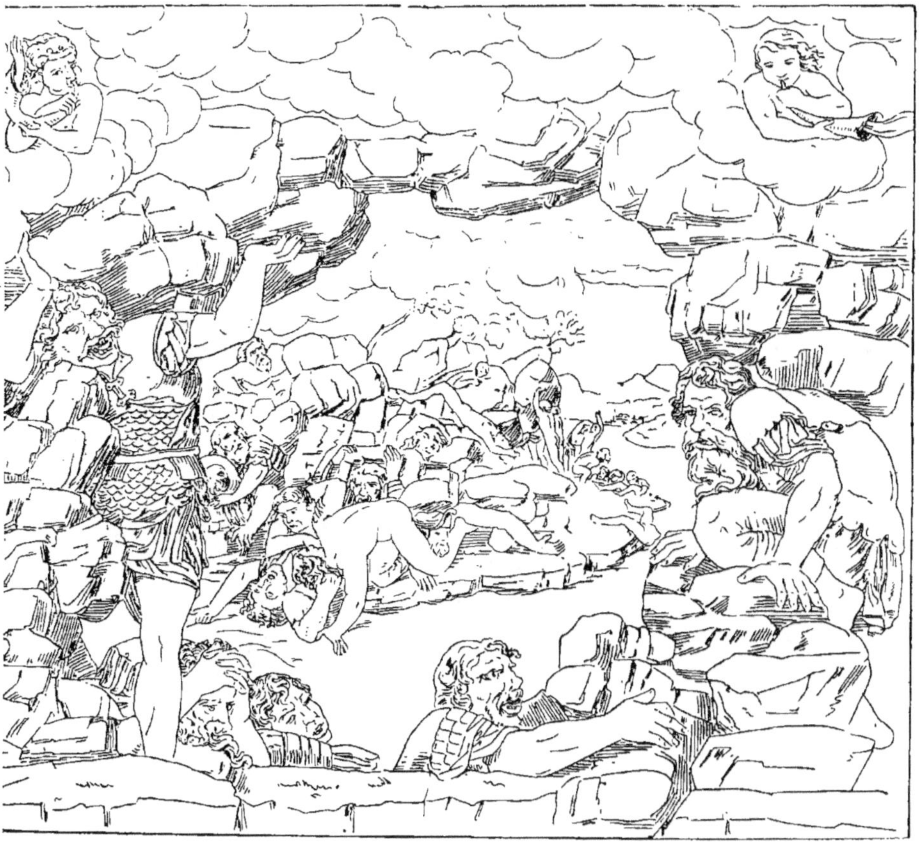

LA CHUTE DES GÉANTS   211

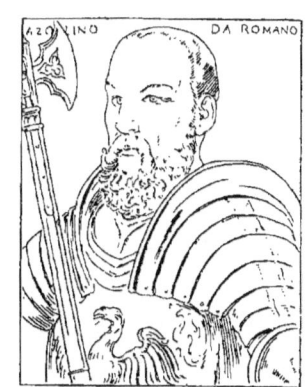

1. Mantoue. Palais du Té. Jules Romain. La chute des
Géants. — Arco, *Giulio Romano*, p. 46, pl. 12.

2. Chez Max Rothschild à Londres en 1914. Bronzino.
Portrait idéalisé d'Ezzelino da Romano. — *Burl. Mag.*,
nov. 1914, p. 50.

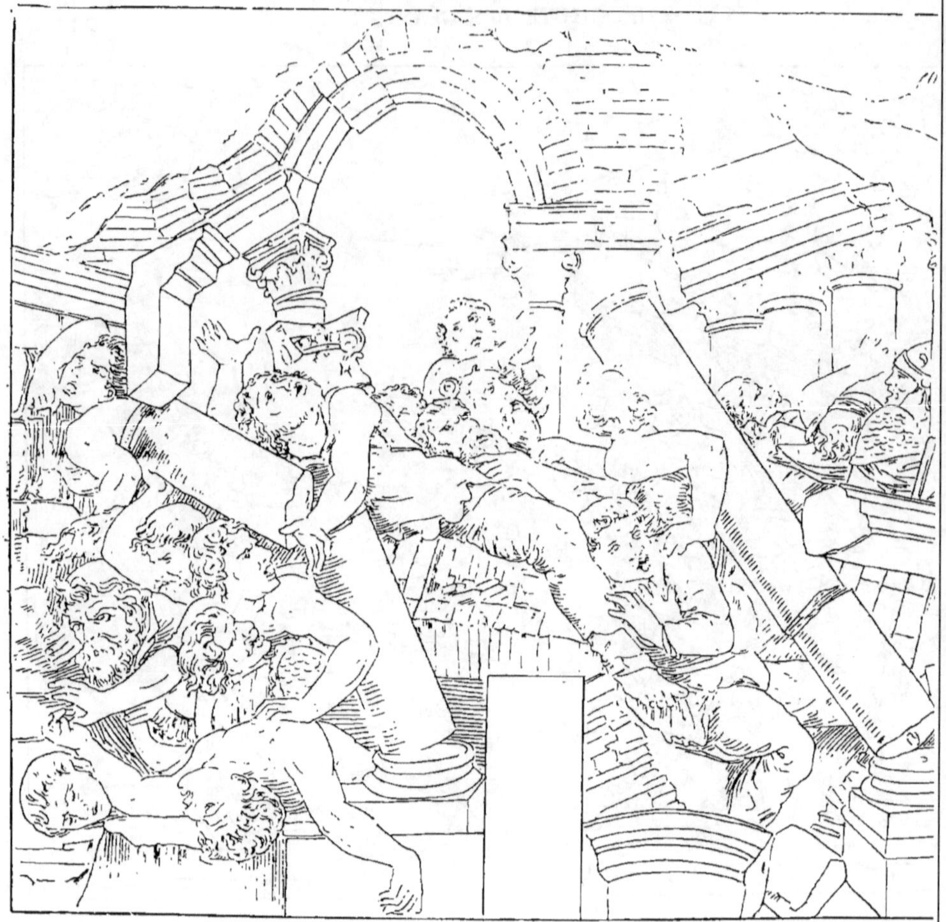

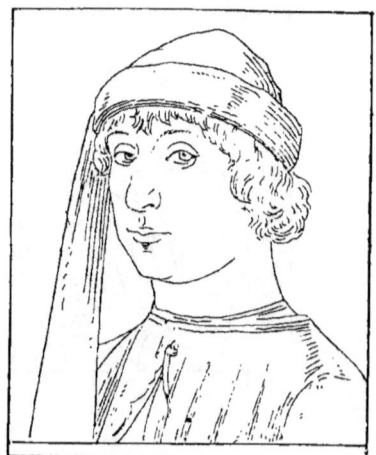

1. Mantoue. Palais du Té. Jules Romain. chute des Géants, écrasés par des colonnes qu brisent. — Arco, *Giulio Romano*, p. 46, pl.

2. Coll. Johnson à Philadelphie. Antonello Messine. Portrait de jeune homme (cf. plus h p. 61). — Berenson, *Venetian paintings in A rica*, p. 29.

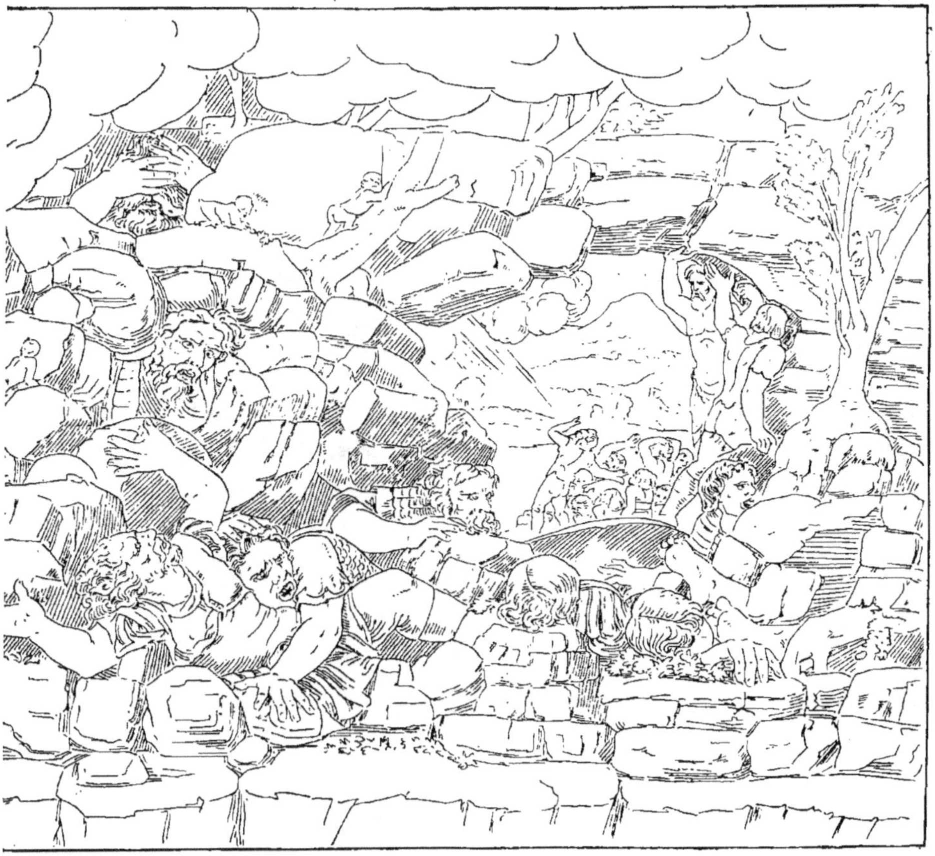

LA CHUTE DES GÉANTS 213

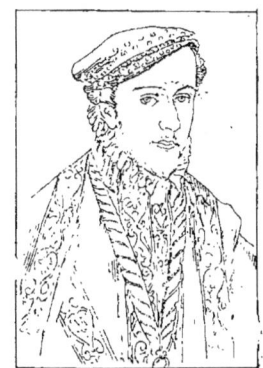

1. Mantoue. Palais du Té. Jules Romain. La chute des Géants, écrasés sous les rochers qui s'éboulent. — Arco, *Giulio Romano*, p. 46, pl. 18.

2. Newbattle Abbey. Gerl. Flicke. Portrait de Jacques de Savoie, duc de Nemours. — *Burl. Mag.*, juin 1910, p. 148.

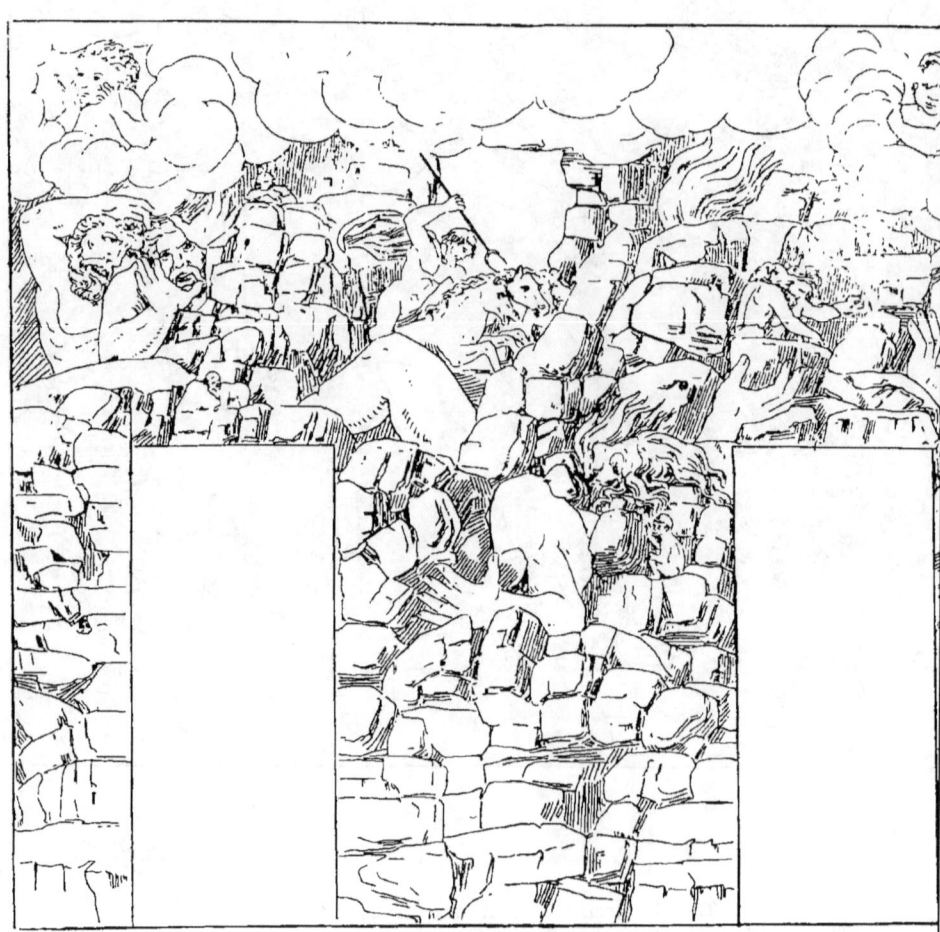

Mantoue. Palais du Té. Jules Romain. La chute des Géants. — Arco, *Giulio R*... p. 46 pl. 19.

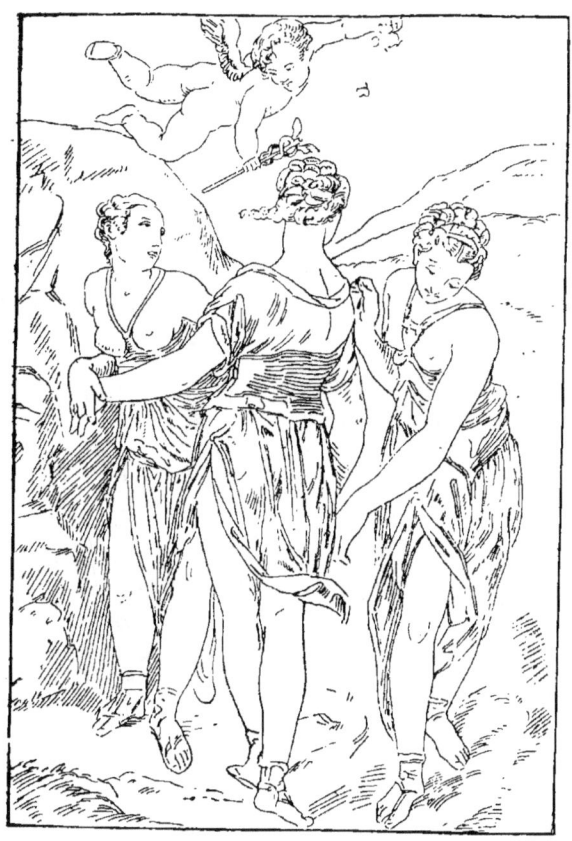

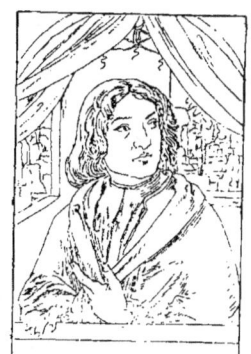

1. Budapest, 207. Giorgio Vasari. La danse des trois Grâces. — H. Schulze, *Weibliches Schönheitsideal*, 38.

2. Coll. Layard (Nat. Gallery). Attribué à Botticelli. Portrait d'homme. — *Burl. Mag.*, sept. 1918, p. 102.

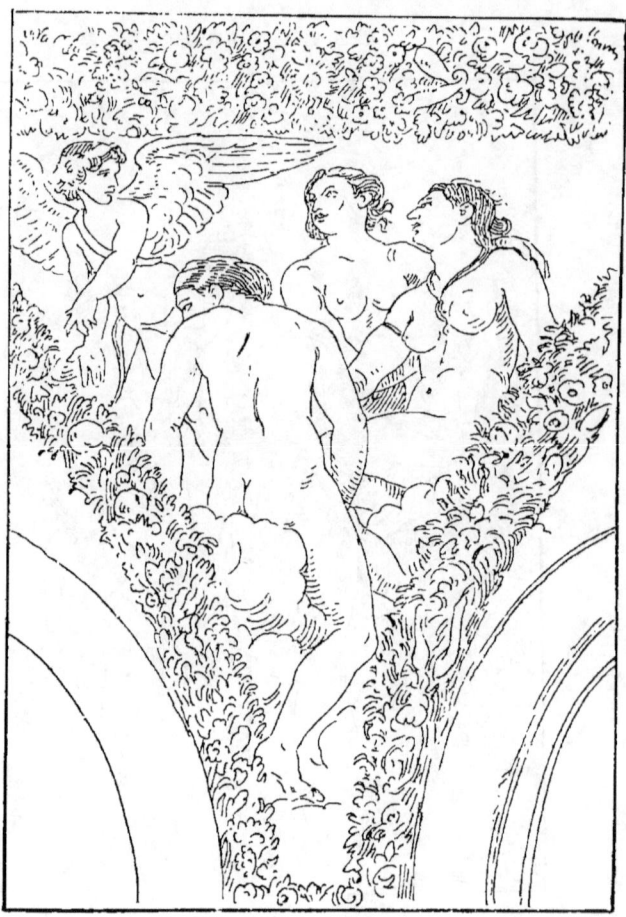

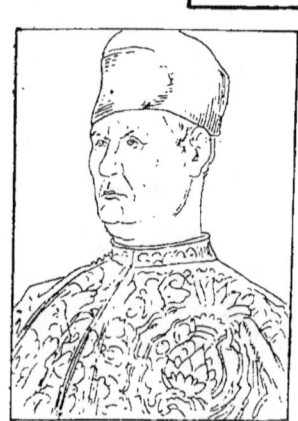

1. Rome. Farnésine. Raphaël et ses élèves. Cupidon
Psyché aux trois Grâces assises sur des nuages (celle qu[i]
de dos est de Raphaël lui-même). Episode de l'histo[ire]
Psyché. Peint en 1517. — Rosenberg, *Raffael*, 82 ; Pas[...]
Lacroix, *Raphael*, t. II, p. 283.
2. Earl of Brownlow. Attribué à Gentile Bellini. Port[rait]
Bartol. Colleoni. — *Burl. Mag.*, avril 1912, p. 48.

JUGEMENT DE PARIS 217

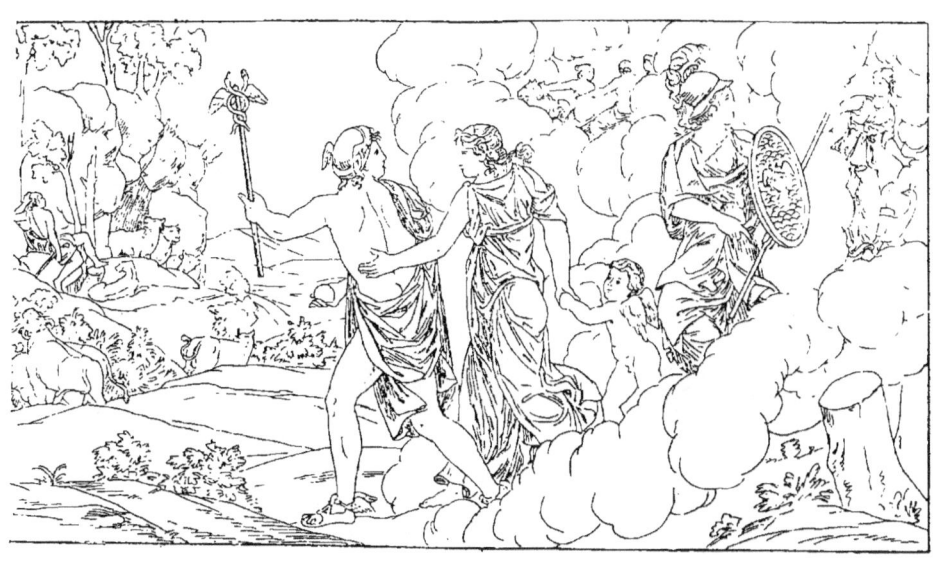

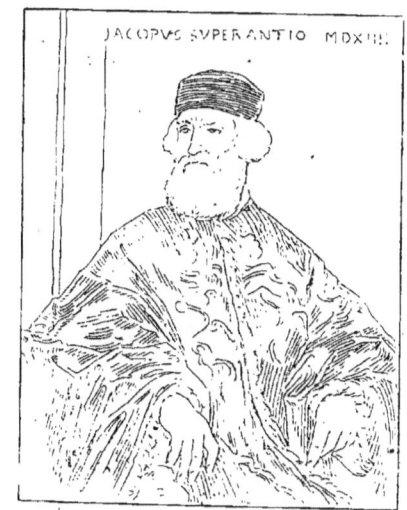

1. Mantoue. Palais ducal. Jules Romain. ercure conduit les déesses vers Paris pour re jugées. — Arco, *Giulio Romano*, p. 55, . 40.

2. Venise. Académie 245. Attribué à Titien à Tintoret. Portrait du procurateur Jacopo Francesco Soranzo, 1522. — Lafenestre et chtenberger, *Venise*, pl. à la p. 90; Fischel, *Tizian*, 178.

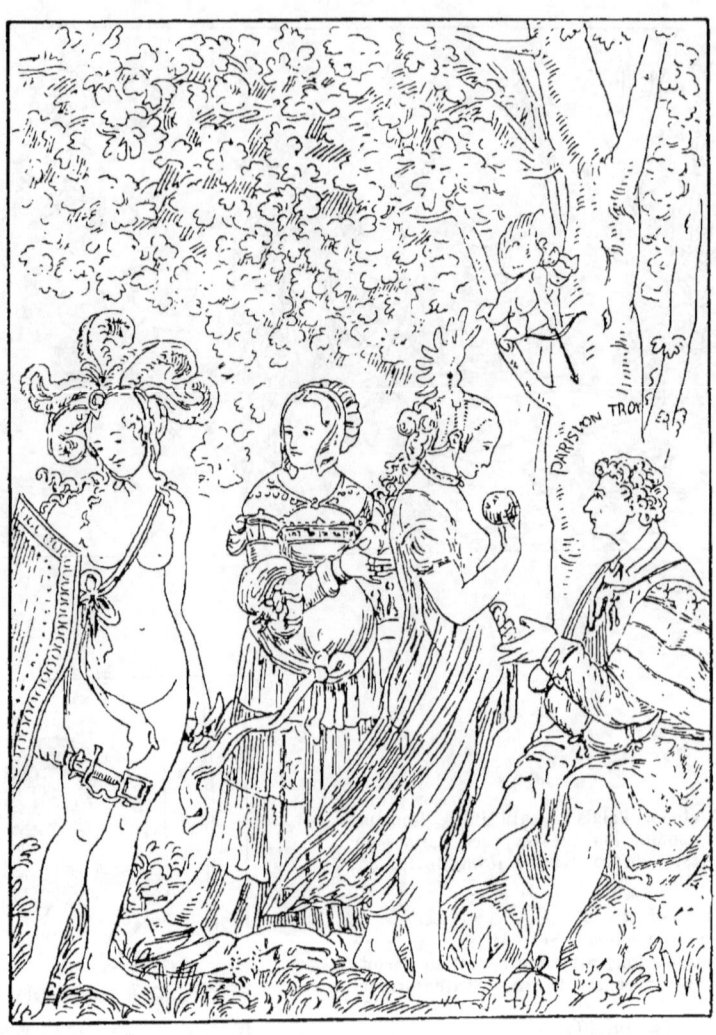

Bâle 422. Nicolas Manuel Deutsch. Le jugement de Pâris. — *L'Art et les ar* juill. 1913, p. 151; Heidrich, *Altdeutsche Malerei*, 130.

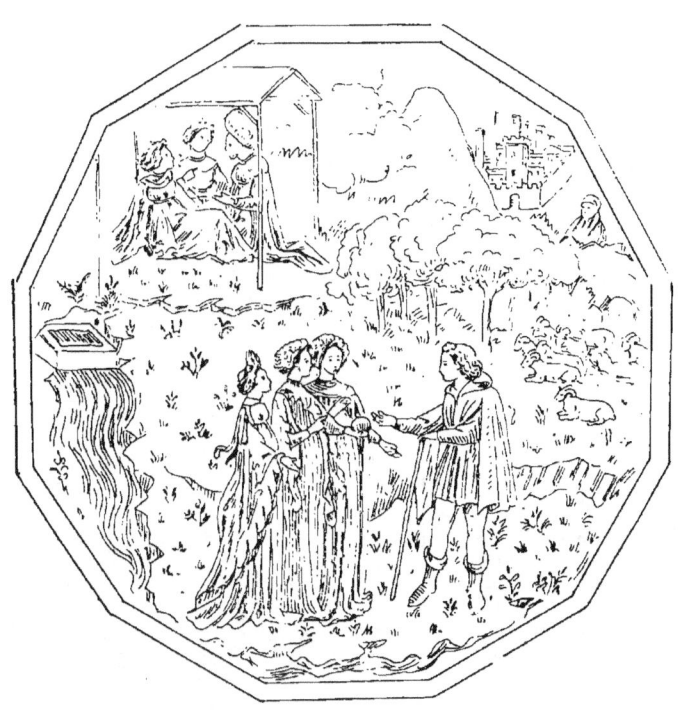

1. Collection Martin Le Roy à Paris. Ecole florentine. Pâris et les trois déesses. Plateau d'accouchée. Réplique dans la coll. Carrand à Florence. — *Coll. Martin Le Roy, Peintures*, pl. 6 ; *Les Arts*, 1902, n. 10, p. 7.

2. Coll. Ashburnham. Sofonisba Anguissola. Son portrait à trente ans (1558). — *Burl. Mag.*, mars 1915, p. 228.

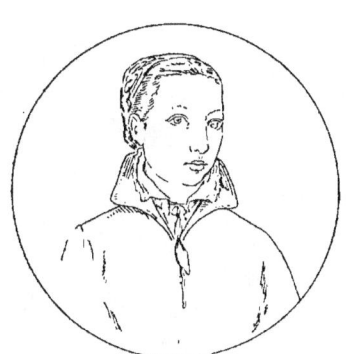

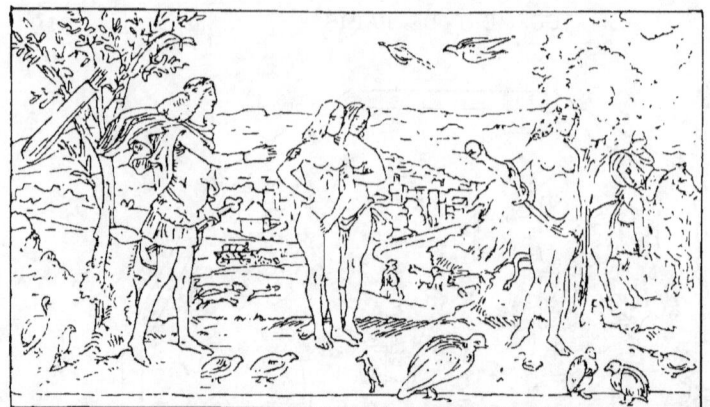

1. Coll. Frank
bin. Michel de V
Jugement de Pa
Burl. Mag., fév.
d. 75.

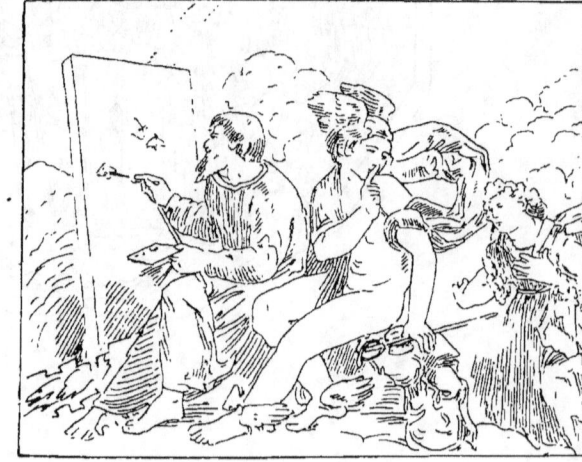

2. Coll. Lanckoronski à Vienne.
Dosso. Jupiter peintre ; Mercure
impose silence à la Vertu
(d'après un opuscule italien du
xvᵉ siècle que l'on attribuait à
Lucien). — *Jahrb.* (des musées
prussiens), XXI, 1900, p. 264.

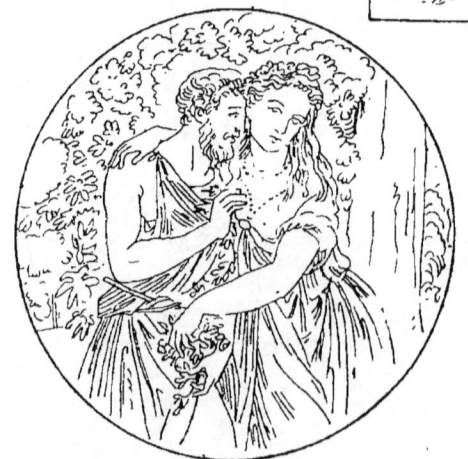

3. Louvre 1178. Paris, Bordone. Ver
et Pomone (?) — Landon. *Annales du M
IV, 1821, pl. 24.

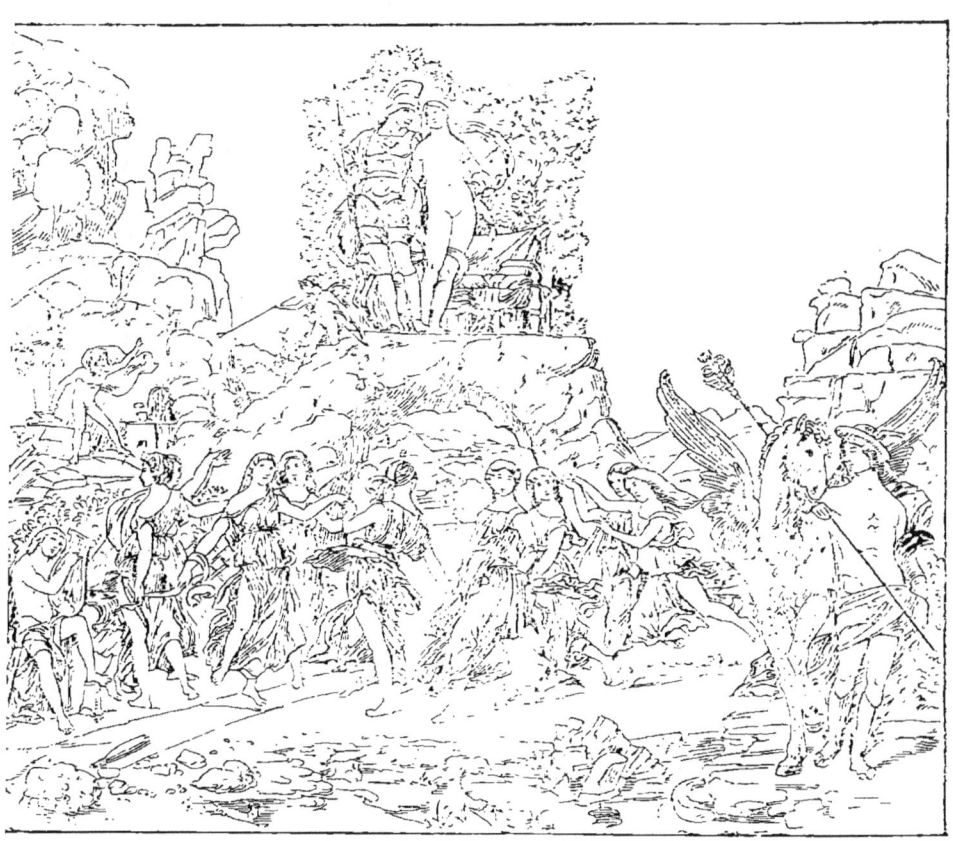

Louvre 1375. A. Mantegna. Le Parnasse. Vénus et Mars considèrent les Muses dansant au son de la lyre d'Apollon ou d'Orphée ; à dr., Mercure et Pégase au pied de l'Hélicon. A la dr. de Mars, l'Amour dirige sa sarbacane sur Vulcain dans sa forge. Tout n'est pas expliqué dans cette scène, peinte pour le *camerino* d'Isabelle d'Este. Château de Richelieu, puis au Louvre (1801). — Kristeller, *Mantegna*, éd. angl., pl. 22; *Jahrbuch* (des musées prussiens), XXII, 1901, p. 157; Knapp. *Mantegna*, p. 59; *Rev. arch.*, 1920, I, p. 214 (Mercure associé à Pégase).

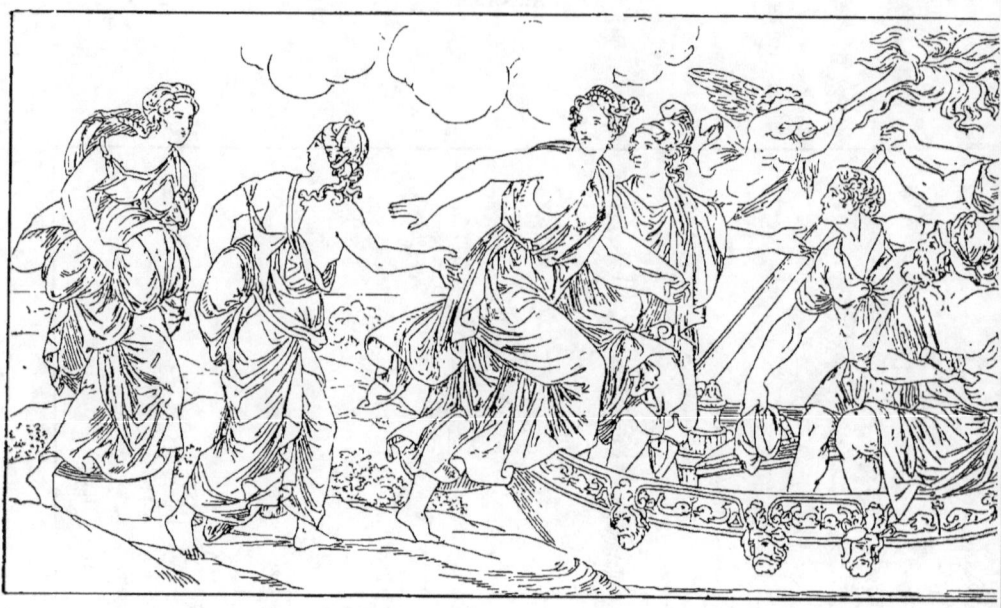

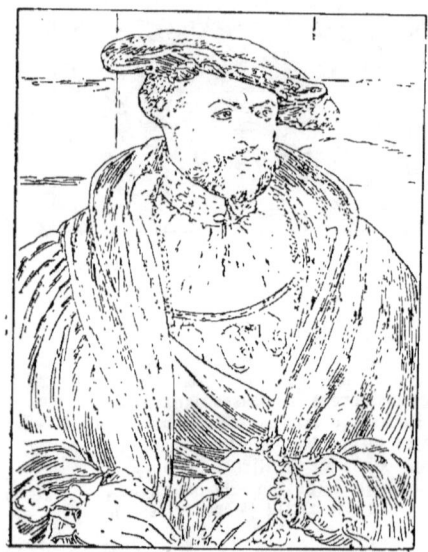

1. Mantoue. Palais ducal. Jules Romain. Enlèvement d'Hélène par Paris. — Arco, *Giulio Romano*, p. 56, pl. 41.

2. Coll. Martin Le Roy à Paris. École suisse. Portrait d'homme. Au revers du panneau est une copie sommaire de la *Dorothée Offenburg en Laïs* de Holbein. — *Les Arts*, 1902, n. 10, p. 29; *Coll. Martin Le Roy, Peintures* pl. 29.

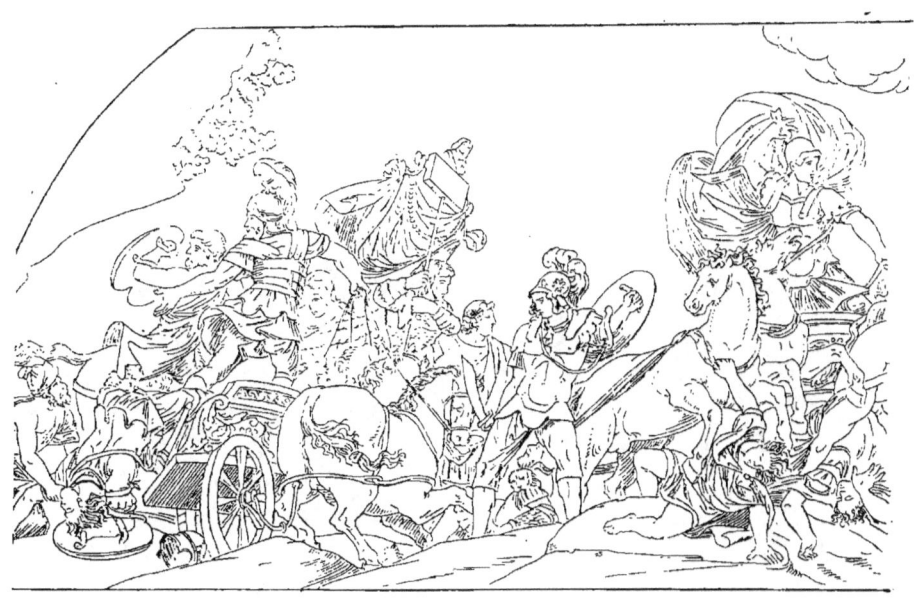

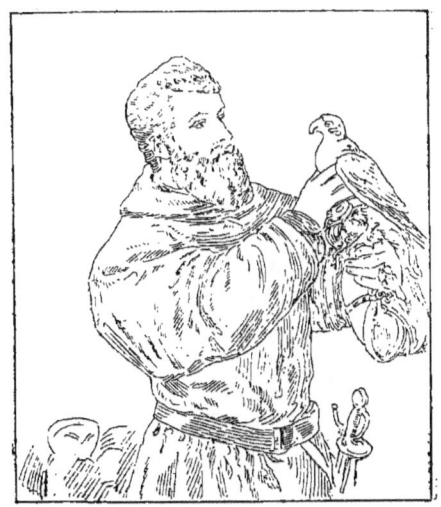

1. Mantoue. Palais ducal. Jules Romain. ...rion emportant le corps de Patrocle (*Iliade*, XVII, 717). — Arco, *Giulio ...mano*, p. 57, pl. 48.

2. Autrefois à Castle Howard chez l'earl Carlisle. Titien. Portrait présumé de ...ancesco Maria della Rovere (cru autrefois Giorgio Cornaro, frère de Catarina). — Fischel, *Tizian*, 38.

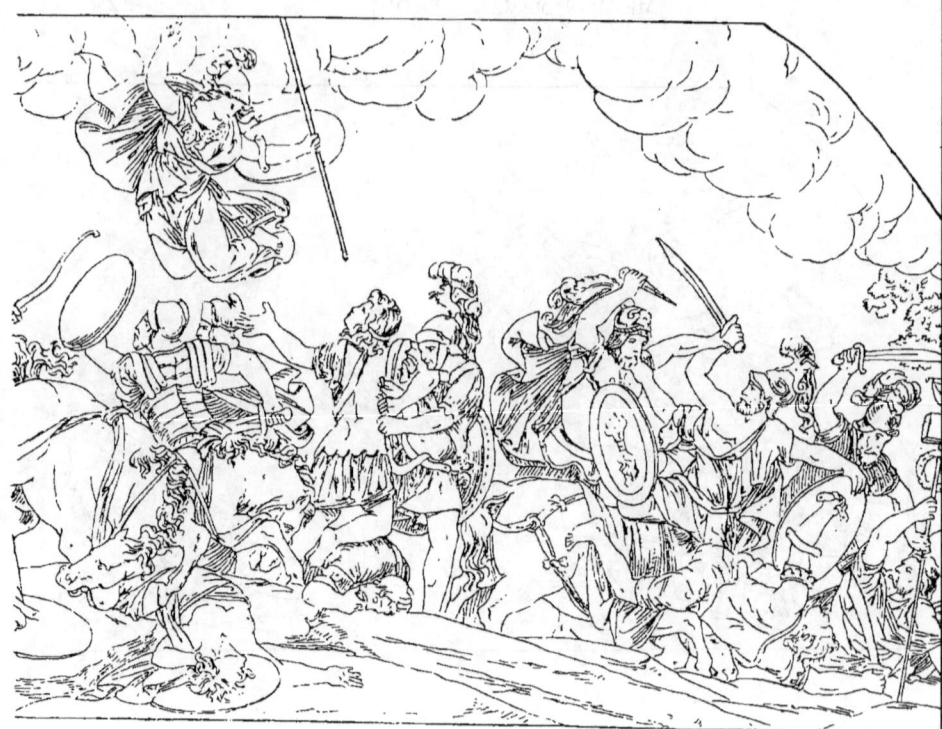

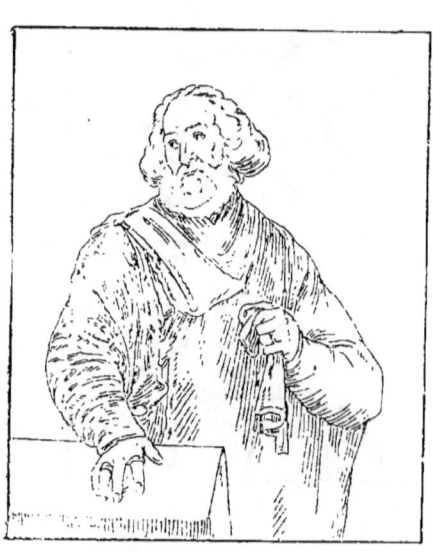

1. Mantoue. Palais ducal. Jules Ro[main]. Diomède blessé par Pandare, à l'instigati[on de] Minerve (*Iliade*, V, 99). — Arco, (*[Giulio] Romano*, p. 57, pl. 44.

2. Rome. Galerie Doria. Tintoret (e[t] Titien). Portrait d'un vieillard. — O. F[ischel,] *Tizian*, 181.

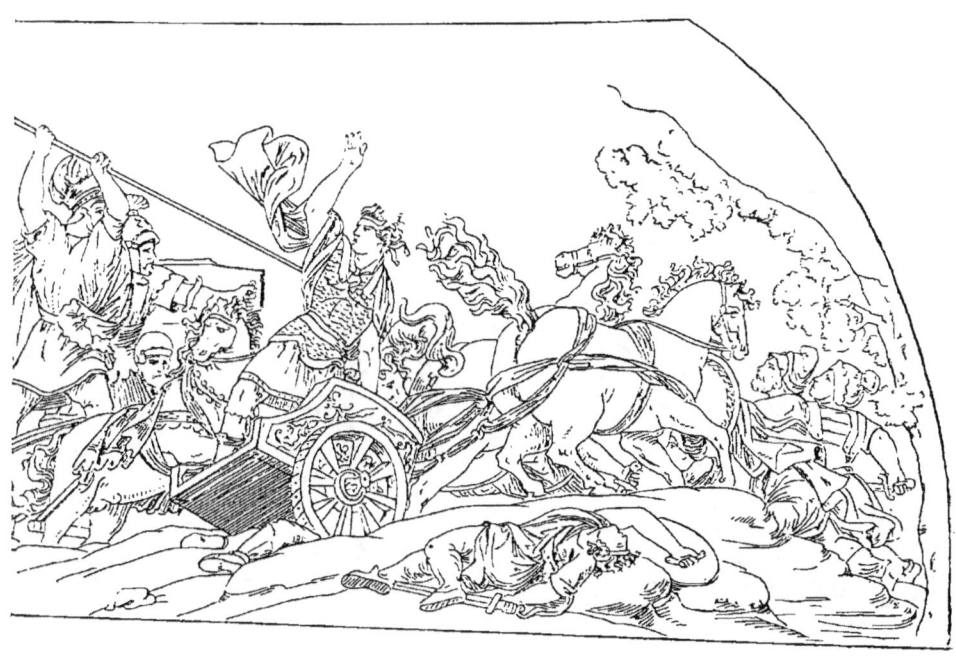

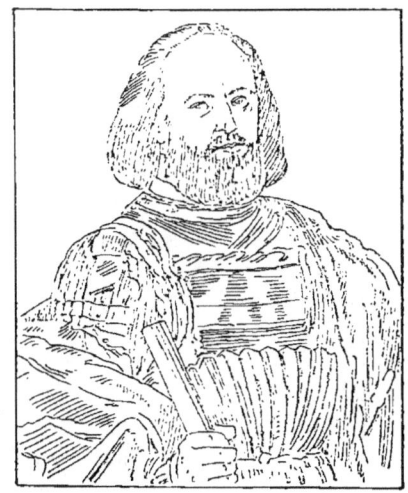

1. Mantoue. Palais ducal. Jules Romain. La mort de Pandare. — Arco, *Giulio Romano*, p. 57, pl. 45.

2. Berlin 161. Titien. L'amiral vénitien Giovanni Moro (mort en 1539). — O. Fischel, *Tizian*, 66.

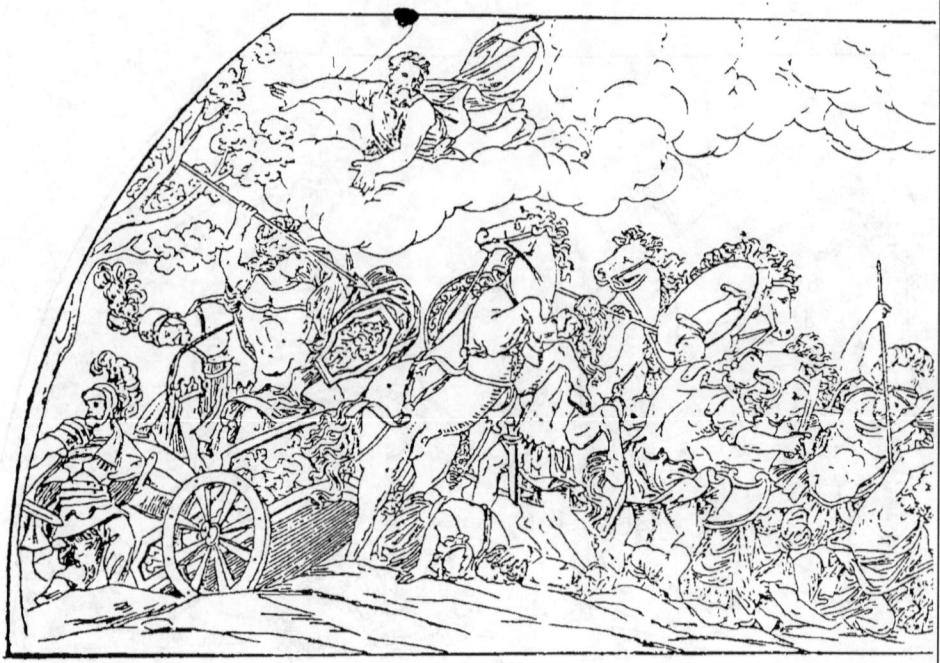

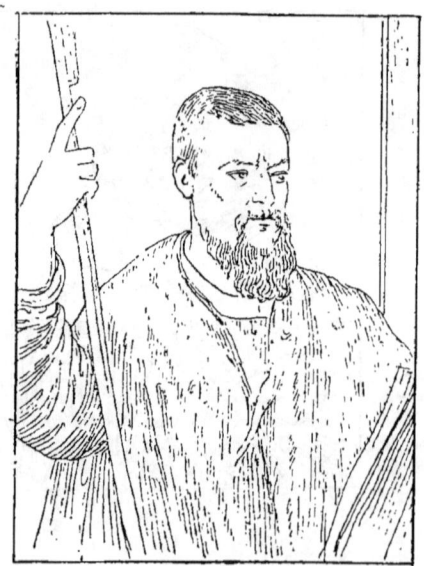

1. Mantoue. Palais ducal. Jules Ro[main]. Victoire de Diomède sur Idas. — Arco, G[iulio] Romano, p. 56, pl. 43.

2. Vienne 162. Titien. Portrait présu[mé de] Ranuccio Farnèse en S. Jacques le M[ajeur,] anciennement associé au n° 165 de V[ienne] qui représenterait l'humaniste Leoni, ma[is] Ranuccio (Cavalcaselle); les deux portrai[ts] réunis dans une copie ancienne à Berl[in.] O. Fischel, Tizian, 182.

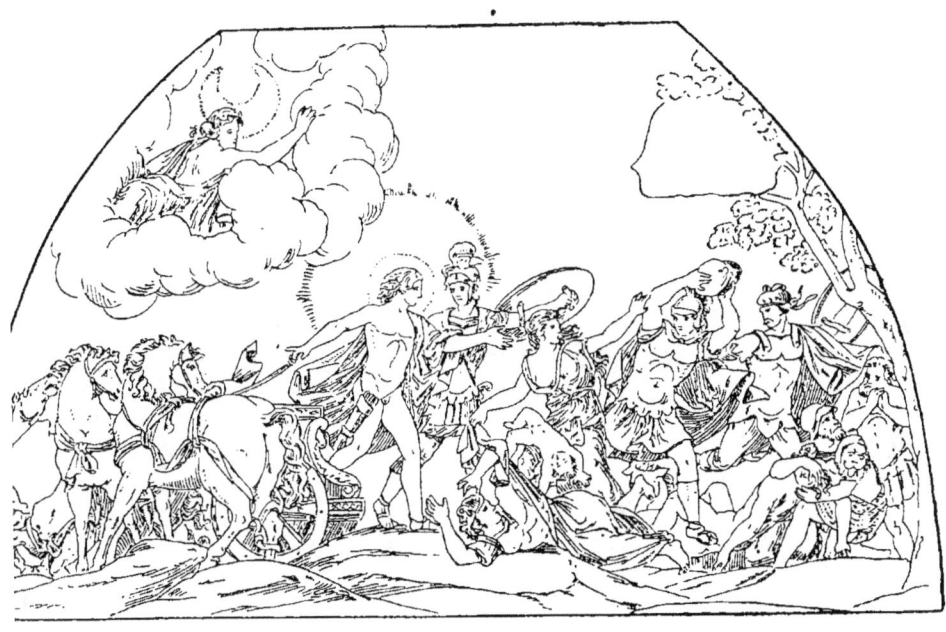

1. Mantoue. Palais ducal. Jules Romain. Combat d'Énée et de Diomède. — Arco, *Giulio Romano*, p. 57, pl. 46.

2. Florence. Uffizi. Titien. Son portrait. — Fischel, *Tizian*, 103.

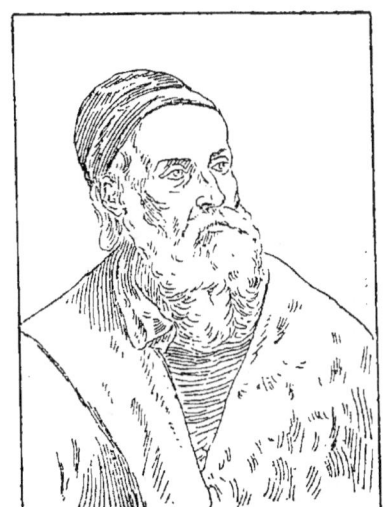

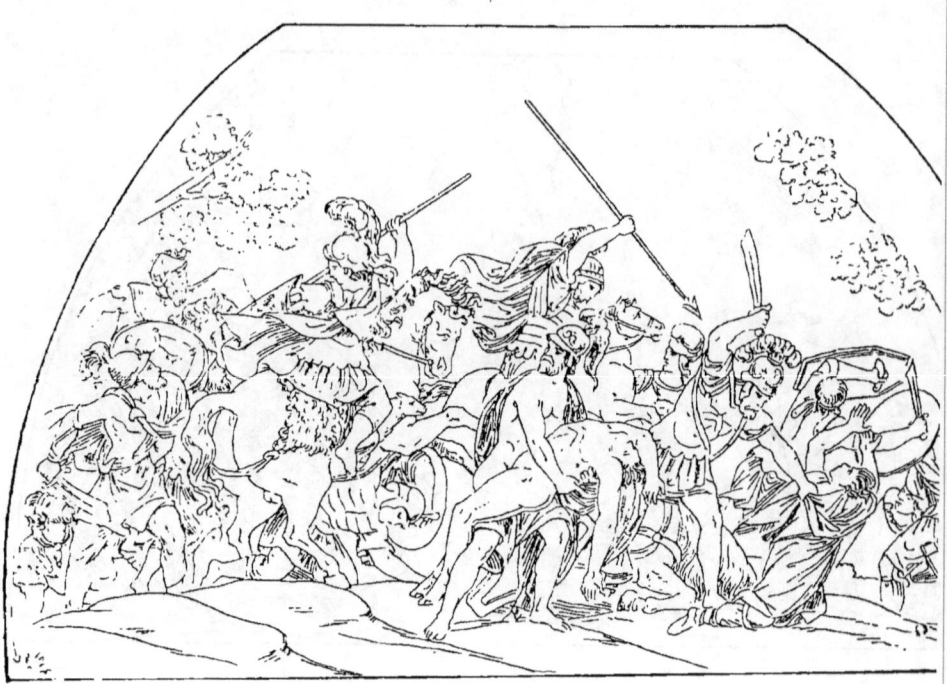

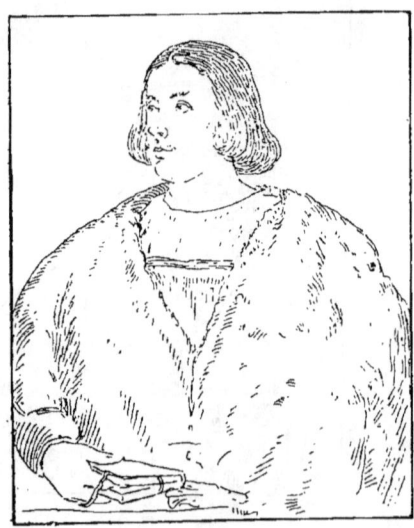

1. Mantoue. Palais ducal. Jules Combat autour du corps de Patrocle. L central est copié de l'antique. — Arco Romano. p. 47, pl. 57.

2. Hampton Court. Titien. Portr: sumé d'Alexandre de Médicis. — O. Tizian, 32.

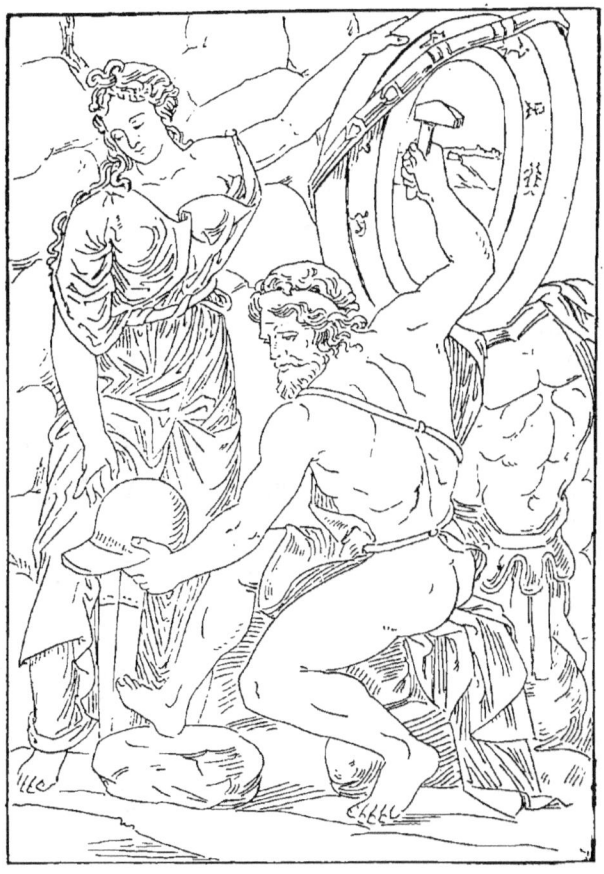

Mantoue. Palais ducal. Jules Romain. Thétis dans la forge de Vulcain qui martèle un casque. — Arco, *Giulio Romano*, p. 58, pl. 52.

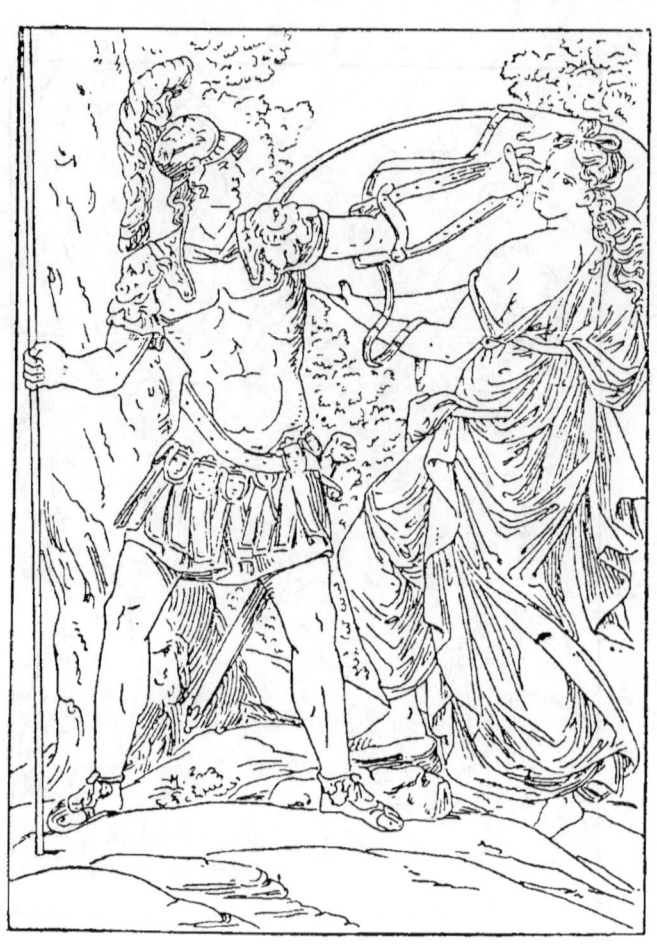

Mantoue. Palais ducal. Jules Romain. Achille armé par Thétis. — Arco, *Giulio R...* p. 58, pl. 53.

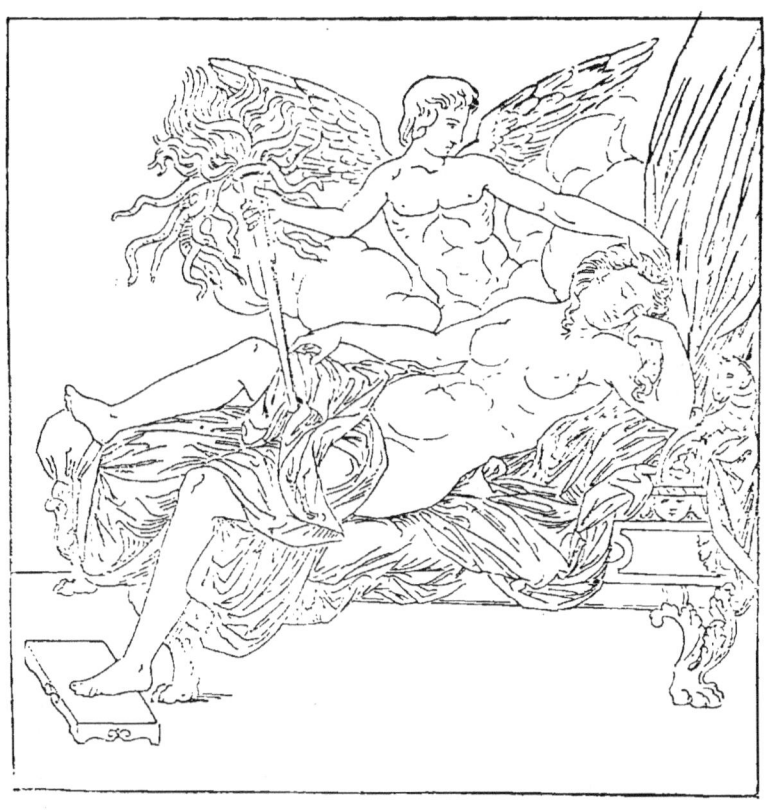

Mantoue. Palais ducal. Jules Romain. Le songe d'Andromaque (?) — Arco, *Giulio Romano*, p. 56, pl. 42; H. Schulze, *Weibliches Schönheitsideal*, 65 (incomplet).

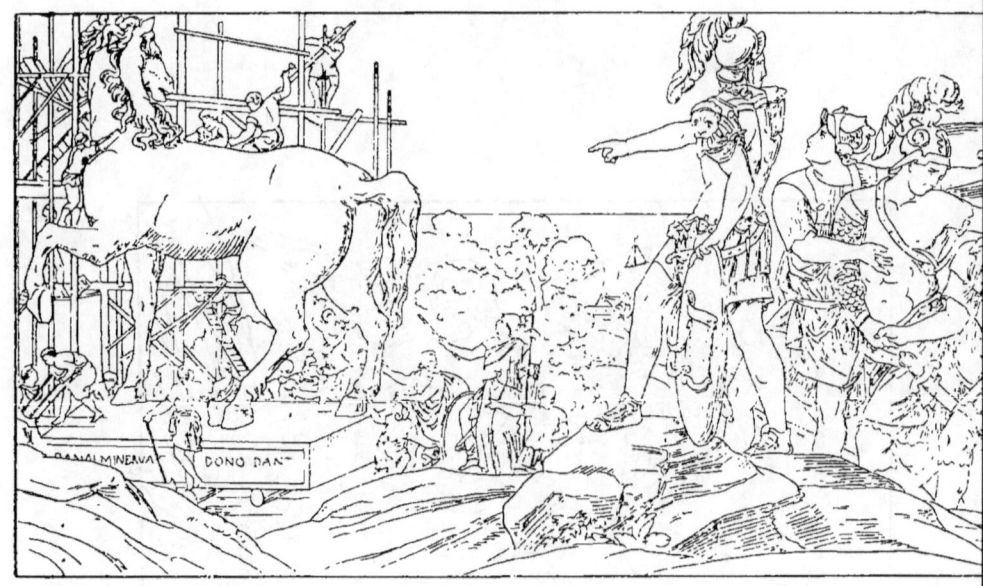

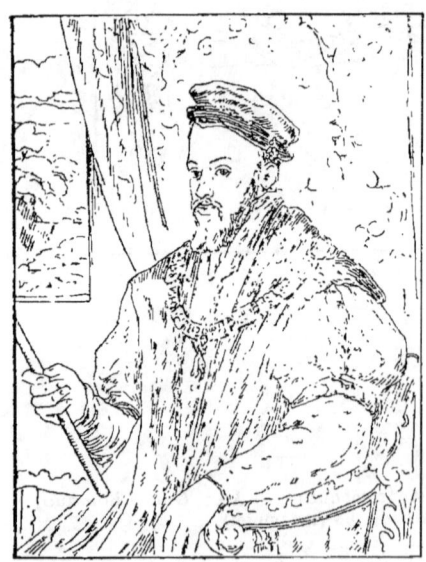

1. Mantoue. Palais ducal. Jules Romain[.] Troyens devant le Cheval de Troie. Sur la[...] on lit : *Danai Minervae donum dan[...]* Arco, *Giulio Romano*, p. 58, pl. 50.

2. Munich. Anc. coll. du peintre Fr[...] Lenbach, puis chez Mrs Emery à Cinci[...] Titien. Portrait de Philippe II. — O. Fi[...] *Tizian*, 110.

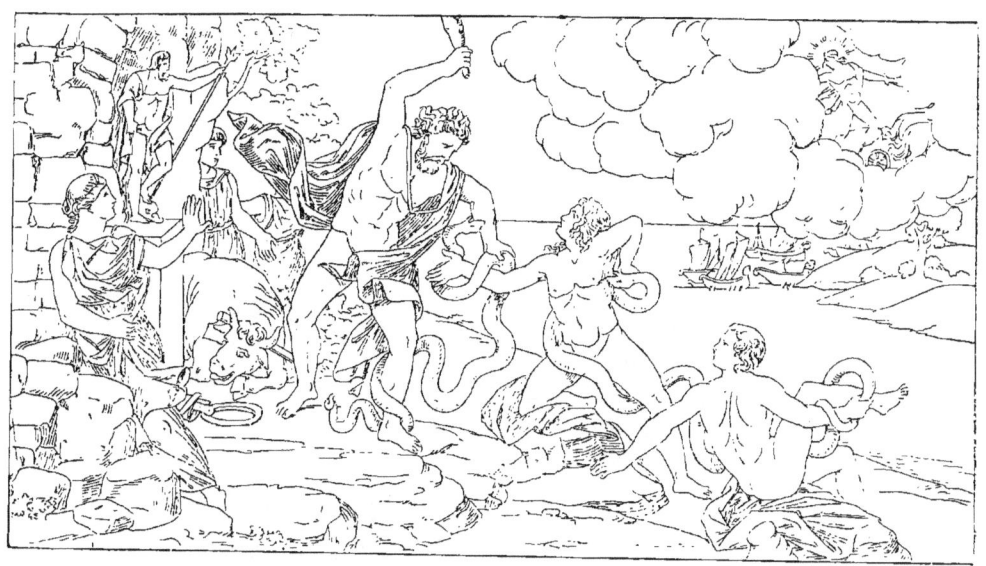

1. Mantoue. Palais ducal. Jules Romain. La mort de Laocoon et de ses fils. — Arco, *Giulio Romano*, p. 58, pl. 51.

2. Chantilly 16. Fr. Clouet. Le duc d'Alençon vers 1571, à l'âge de 17 ans (duc d'Anjou depuis 1576). — *Les Arts*, 1905, n. 46, p. 20.

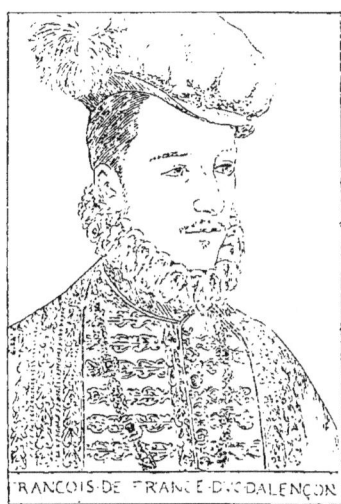

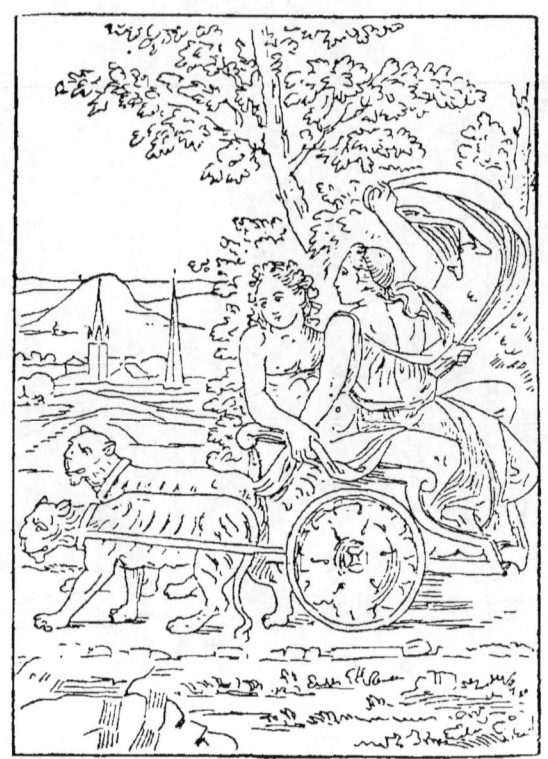

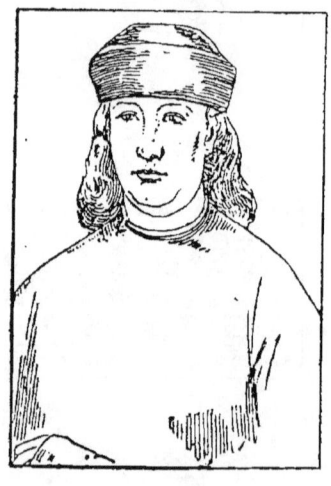

1. Mantoue. Palais du Té. Jules Romain. Hercul[e] Iole sur un char traîné par des panthères. — A[…] *Giulio Romano*, p. 50, pl. 36.

2. Anc. coll. Frizzoni à Milan. Beltraffio. Por[trait] d'homme. — *Emporium*, oct. 1917, p. 201 ; M[al]guzzi-Valeri, *La Corte di Lodovico il Moro*, t. [...] p. 86.

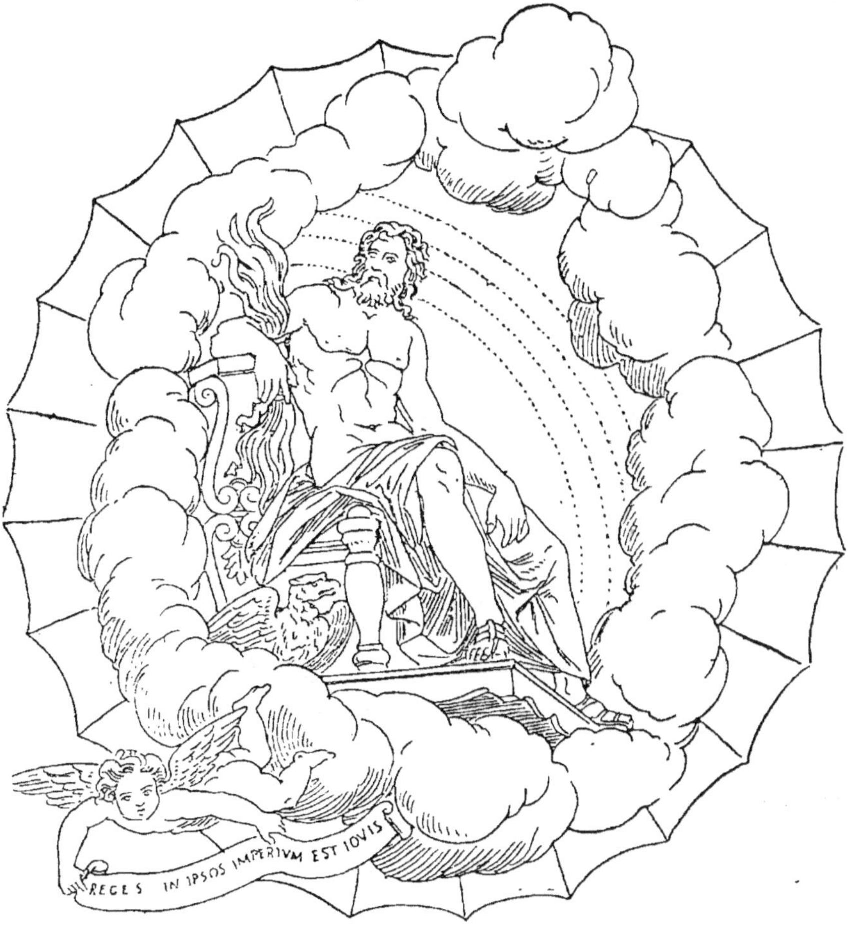

JUPITER 235

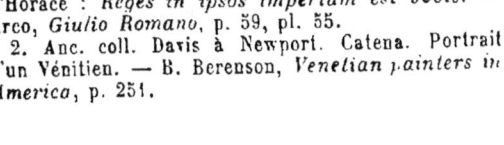

1. Mantoue. Palais ducal. Jules Romain. Jupiter. Un Amour tend une banderole où on lit le vers d'Horace : *Reges in ipsos imperium est Jovis*. — Arco, *Giulio Romano*, p. 59, pl. 55.
2. Anc. coll. Davis à Newport. Catena. Portrait d'un Vénitien. — B. Berenson, *Venetian painters in America*, p. 251.

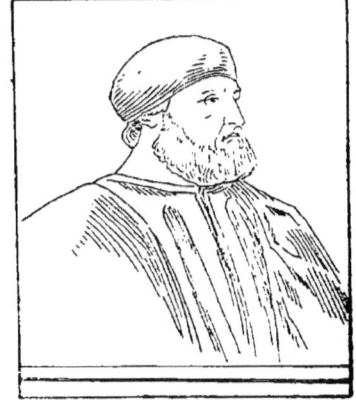

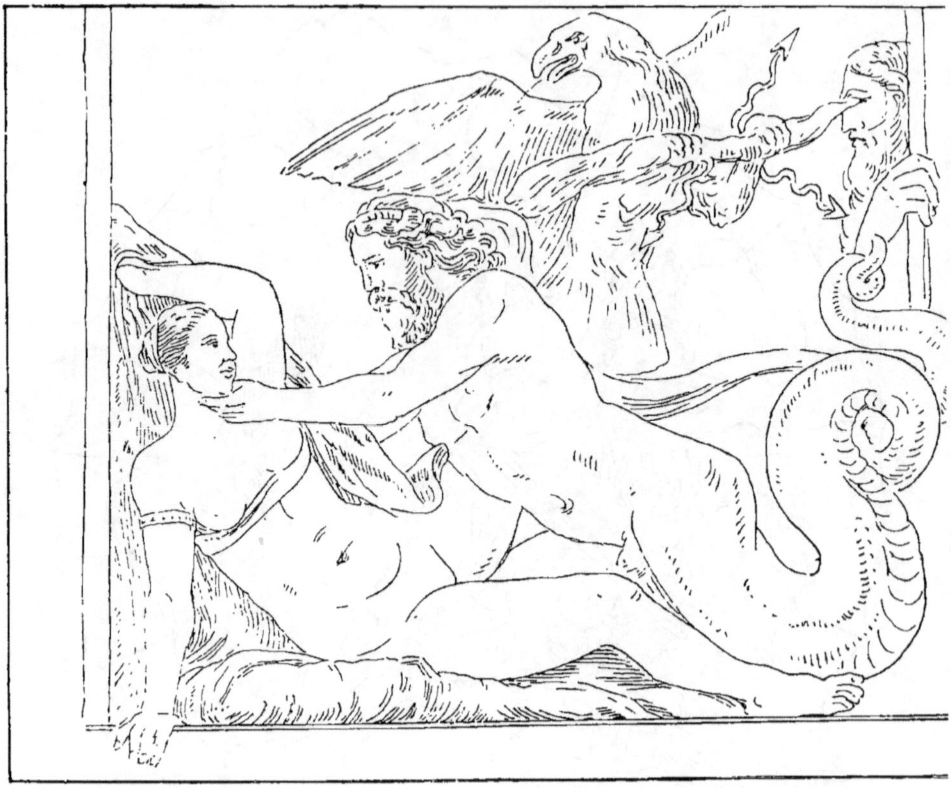

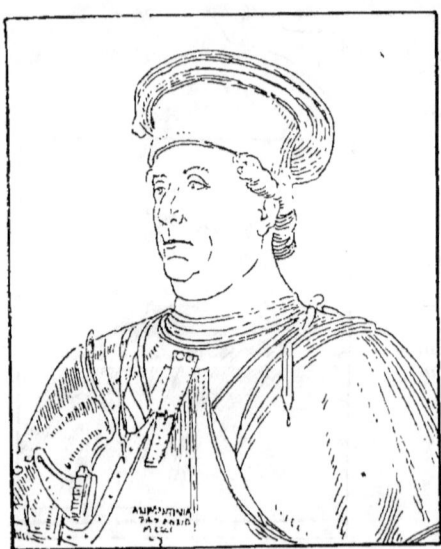

1. Mantoue. Palais ducal. Jules Romain. Jupiter, sous forme d'un dragon, courtise Olympias, future mère d'Alexandre. — H. Schulze, *Weibliches Schönheitsideal*, 64.

2. Coll. Widener à Philadelphie (autrefois gal. Sciarra à Rome). Fr. Bonsignori (fausse signature de Mantegna, 1455). Portrait d'un guerrier. — B. Berenson, *Venetian painting in America*, p. 172.

SACRIFICE A JUPITER

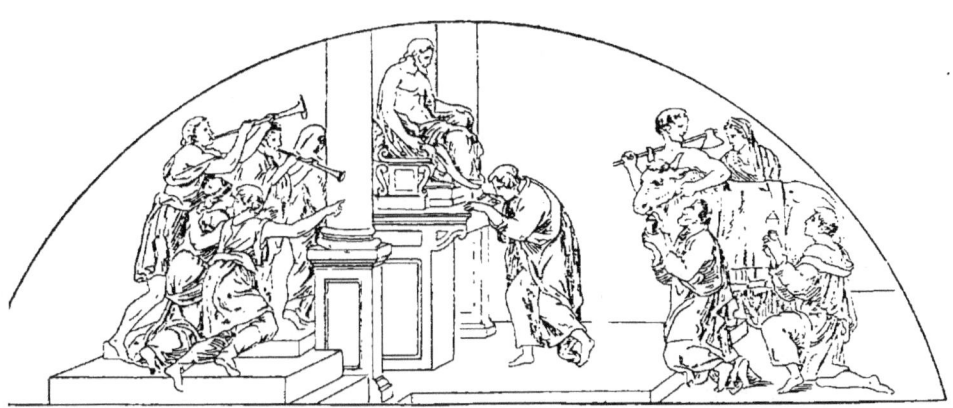

1. Mantoue. Palais du Té. Jules Romain. Prière et apprêts d'un sacrifice à Jupiter. — Arco, *Giulio Romano*, p. 49, pl. 31.

2. Nivaagaard (Danemark). Coll. Hage. Sofonisba Anguissola. Portrait du père de l'artiste, Amilcar, de sa sœur Minerve et de son frère Asdrubal (Vasari, VI, 498, éd. Milanesi). — *Blätter für Gemäldekunde*, t. I, p. 39 ; *Burl. Magazine*, XXVI, 1915, p. 228.

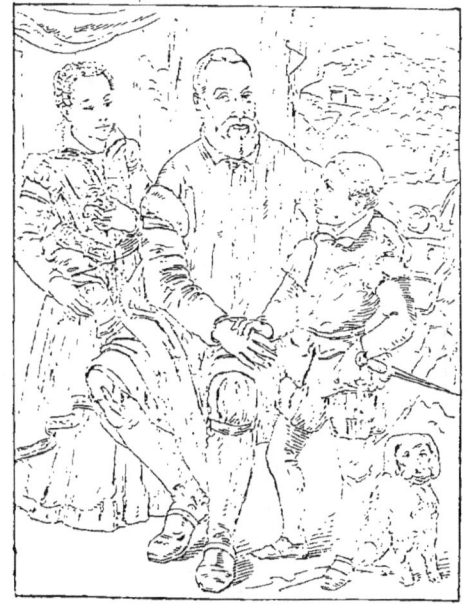

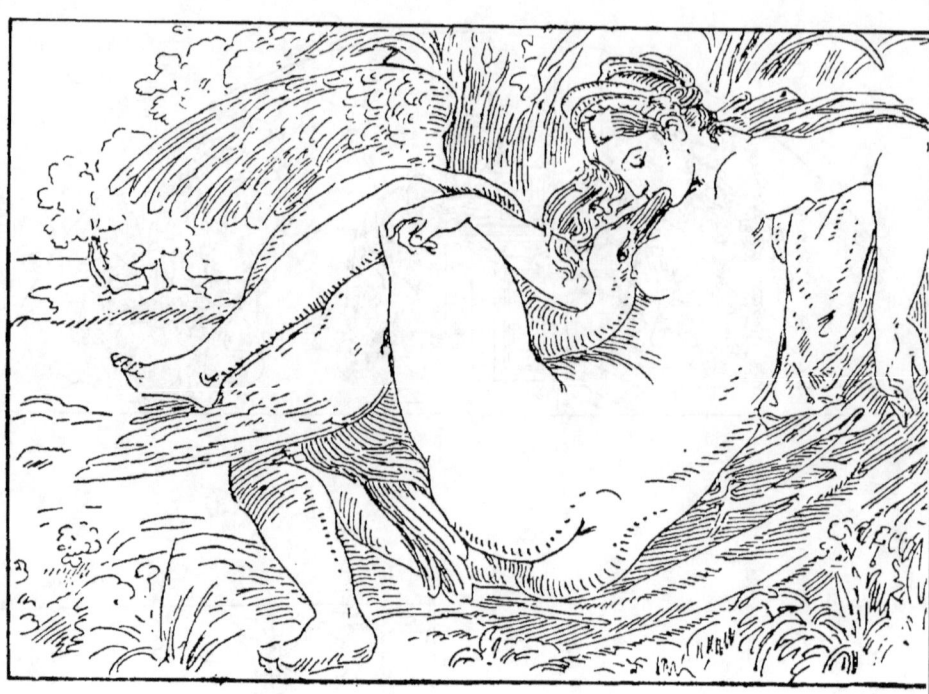

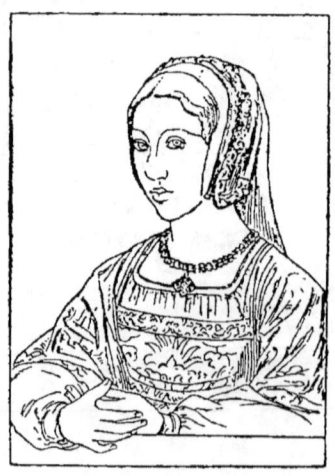

1. National Gallery (sur l'escalier en 1922). M Ange. Léda et le cygne. Tableau très endommag ginal ou copie de la peinture qui fut commandée e par Alphonse de Ferrare, que Michel-Ange ga donna à son élève Antonio Mini. Autrefois d coll. royale française (?) puis chez Lord Spen peintre Reynolds, Lord Berwick et le duc de No berland. Michaelis a montré que Michel-Ange inspiré d'un relief antique (*Rép. des reliefs*, II 4). Une copie de l'école de Rubens est à Dres F. Knapp, *Michel-Angelo*, 163; H. Schulze, *bliches Schönheitsideal*, 36 (copie de Dresd Dorez, *Bibl. de l'Ecole des Chartes*, t. LX 1917; Roy, *CR. de l'Acad. Inscr.*, juillet 1922

2. Coll. du comte Tarnowski. Jan Gossaert. I d'Autriche. — *Les Arts*, 1903, n. 24, p 3.

LÉDA

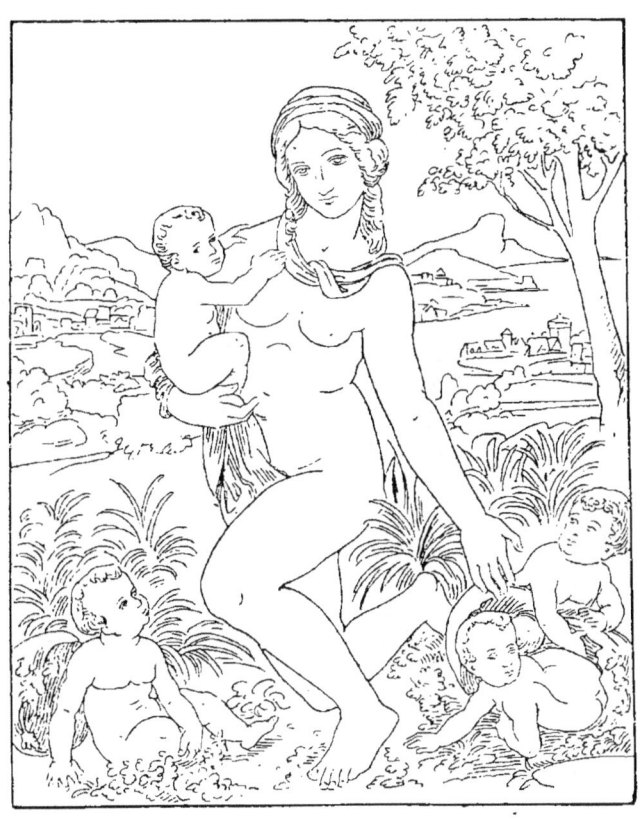

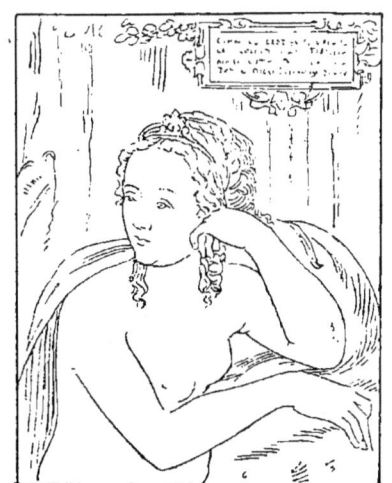

1. Collection du prince de Wied (autrefois chez Joséphine). Oggiono ou Gianpetrino, d'après un croquis de Léonard. Léda et ses enfants. — *Meisterw. Westdeutscher Malerei* (expos. de Dusseldorf), pl. 74 ; *Gazette*, 1904, II, p. 285.

2. Collection de Lord Spencer à Althorp. Ecole de Clouet (?) Portrait de Diane de Poitiers. — *Gazette*, 1920, II, p. 176.

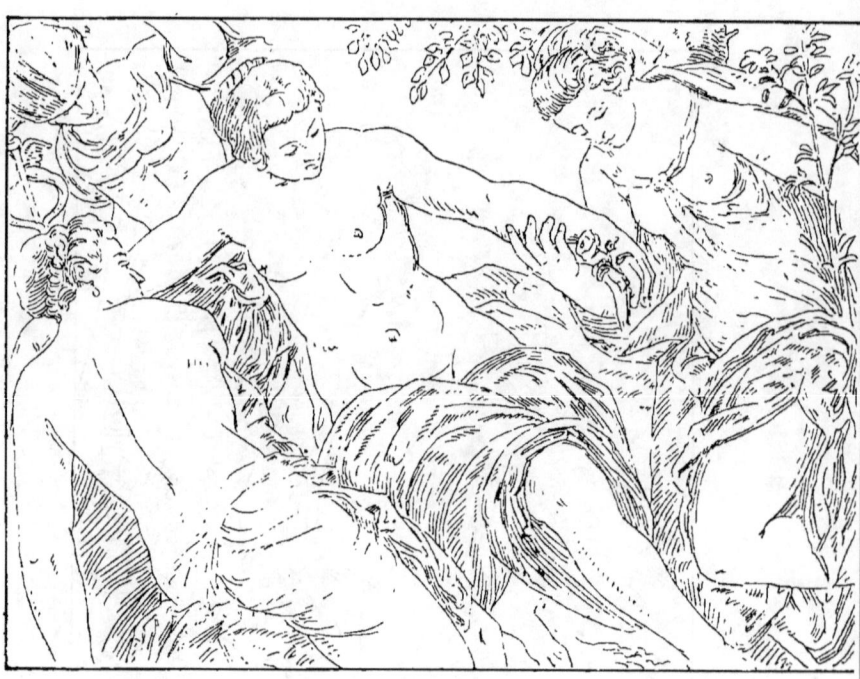

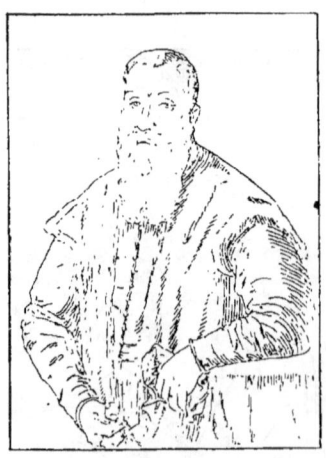

1. Venise. Palais ducal, salle de l'Anticollège
toret. Mercure et les Grâces. — Lafenestre et Ri
berger, *Venise*, pl. à la p. 283; Thode, *Tinto
fig. 52; H. Schulze, *Weibliches Schönheitsidea

2. Coll Northwick (E.-G. Spencer-Churchill).
Portrait d'un vieux noble vénitien. — *Burl.*
mars 1917, p. 87.

NARCISSE

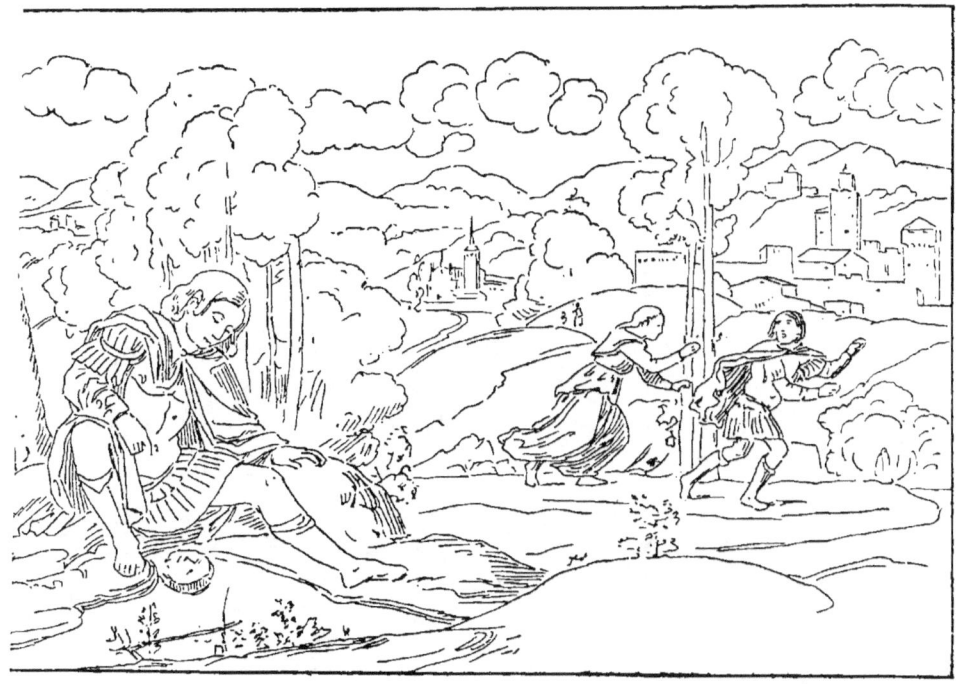

1. Musée Jacquemart-André à Paris, n. 1011. Attribué à Girolamo d'Andrea Mocetto. Narcisse à la fontaine ; Narcisse poursuivi par la nymphe Echo. Un des vingt-cinq panneaux d'un plafond en grisaille, acheté à Venise chez Guggenheim en 1886.

2. Coll. Spencer à Althorp. Sof. Anguissola. Son portrait au piano. Signé et daté 1561. — *Burl. Mag.*, mars 1915, p. 228

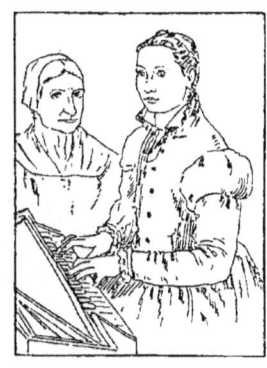

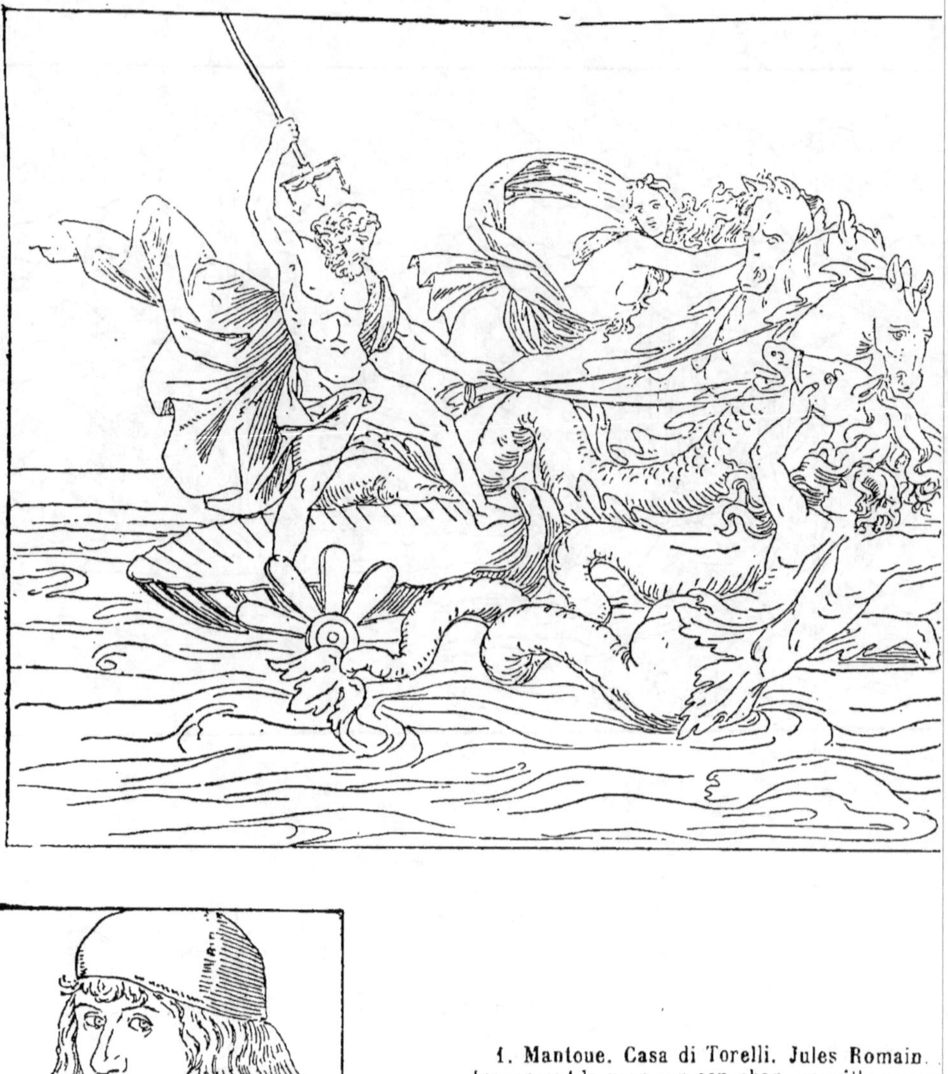

242 NEPTUNE SUR SON CHAR

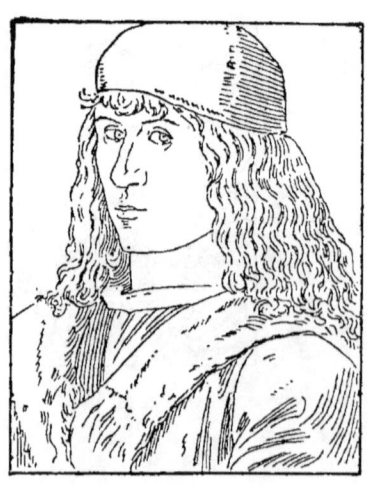

1. Mantoue. Casa di Torelli. Jules Romain traversant la mer sur son char, coquille pourv[ue] roue à l'arrière (idée d'un bateau à aubes?) — *Giulio Romano*, p. 74, pl. 62.

2. Coll. Widener à Philadelphie. Ecole vén[itienne] Portrait d'homme. — B. Berenson, *Venetian p[ainters] in America*, p. 261.

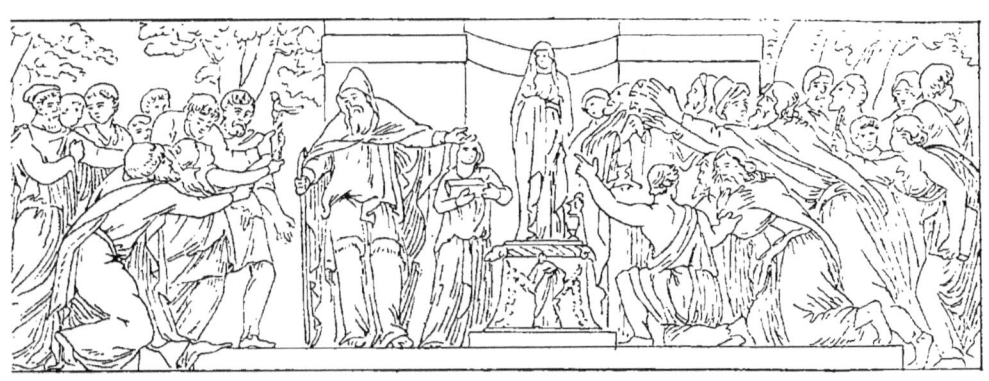

1. Façade du palais Milesi à Rome. Polydore de Caravage et Maturino de Florence. Grisaille. Une foule se presse pour sacrifier à Niobé, qui s'est substituée à Latone pour recevoir les hommages dus à la déesse. Partie d'une très grande composition relative à l'histoire des Niobides (*Rassegna d'arte*, 1905, p. 99). — Rosini, *History of painting in Italy*, V, 11, et *Atlas* de l'éd. ital., pl. 133.

2. Oldenburg 94. G.-B. Moroni. Portrait d'homme.

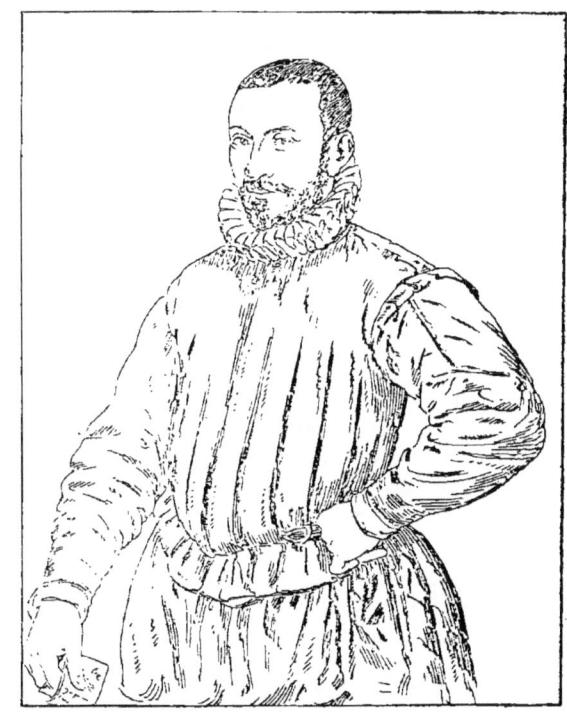

244 NYMPHE ET BERGER

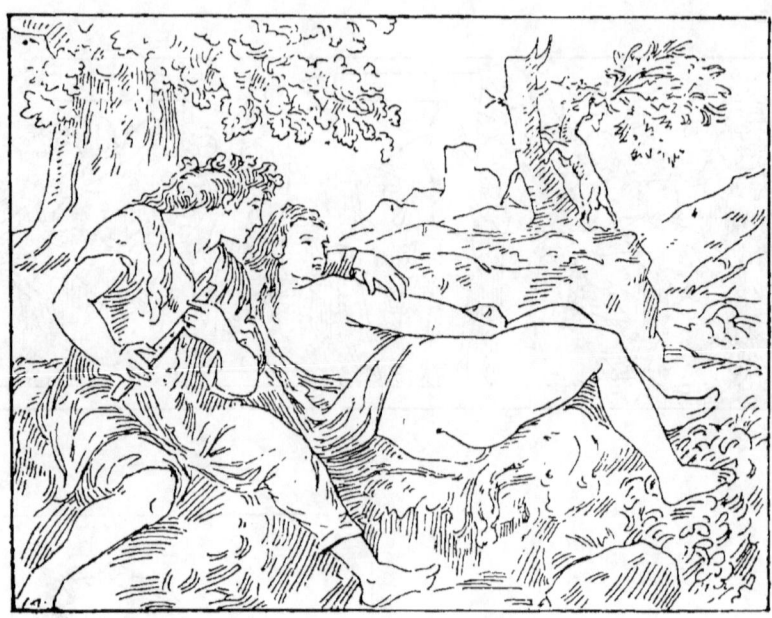

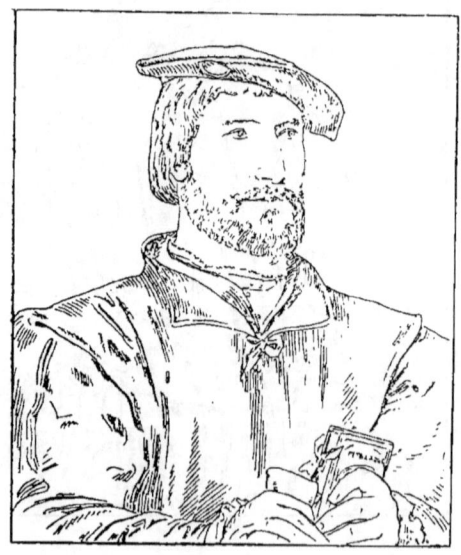

1. Vienne 186. Titien. Nymphe et berger. Tableau inachevé de vieillesse de l'artiste. Premier dans l'art moderne d'une femme cbée et vue de dos. — O. Fischel 156; Gazette, 1893, I, pl. à la p

2. Hampton-Court. F. Clouet. au livre (il tient un vol. de Pétra Dimier, French painting, pl. à Les Arts, 1905, n. 45, p. 30.

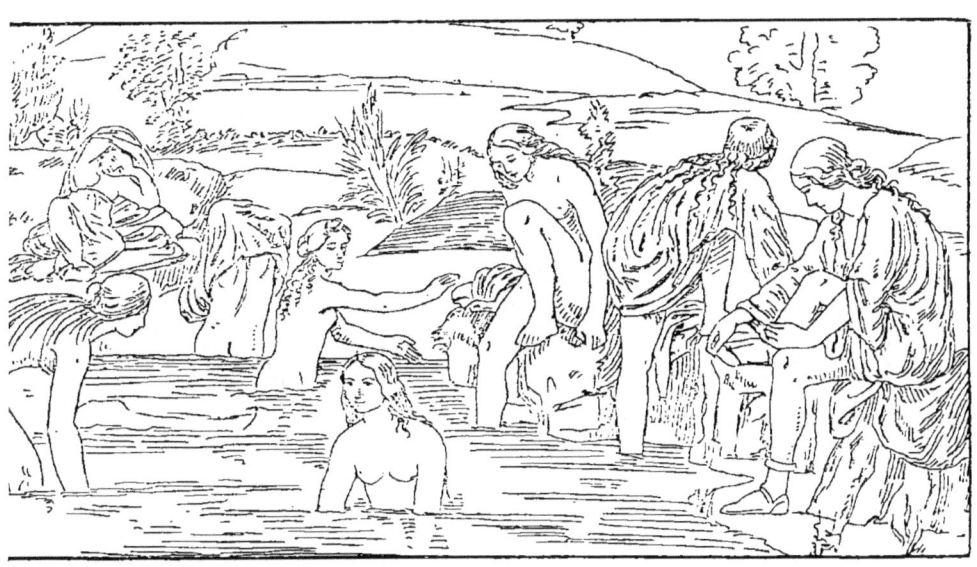

1. Milan. Brera 749. B. Luini. Bain de nymphes. — H. Schulze, *Weibliches Schönheitsideal*, 50.

2. Coll. Cook à Richmond. D'après Titien. Portrait de Ranuccio Farnese (l'original paraît perdu). — *Les Arts*, 1905, n. 45, p. 5 ; O. Fischel, *Titien*, éd. franç., 103.

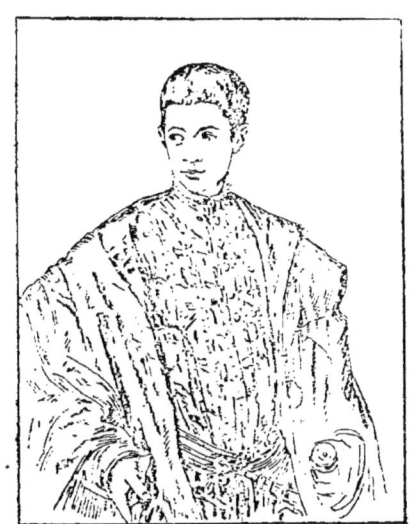

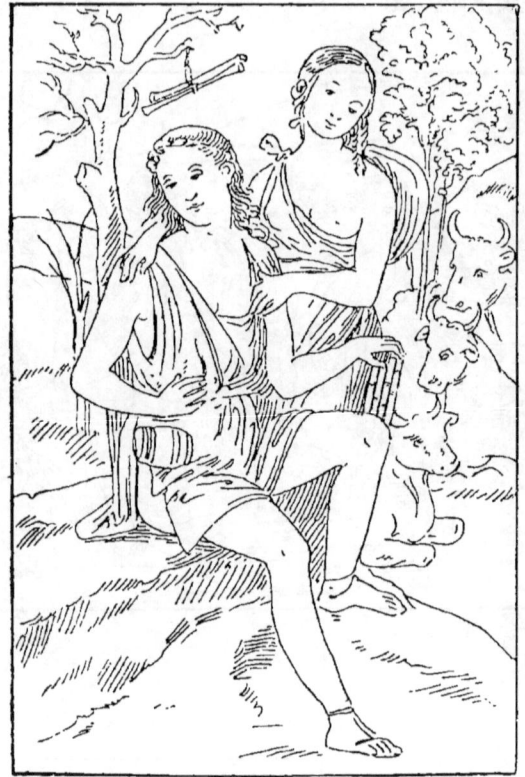
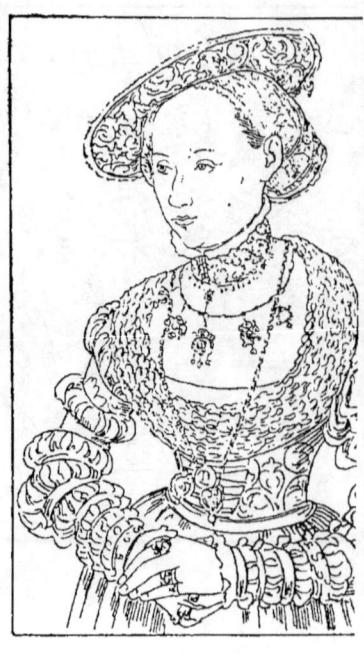
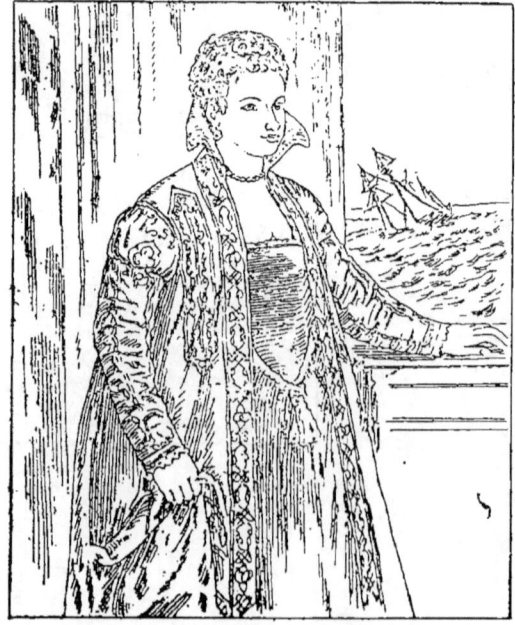

1. Giovanni Bertucci (?[...]
phée et Eurydice. Autrefoi[s...]
F. Ravaisson-Mollien, so[us le]
nom de Raphaęl. — B[...]
Calosso, *Orfeo ed Eur*[...]
dans les *Scritti di St*[...]
publiés pour les Noces F[...]
de Fabriliis.

2. Stuttgart 6. Ecole [de]
Cranach. Portrait d'une [dame]
richement parée.

3. Coll. Widener à Phi[ladel]-
phie (autrefois à Man[...]
Titien. Portrait d'Emili[a di]
Spilimbergo. — O. Fi[scel,]
Tizian, 136.

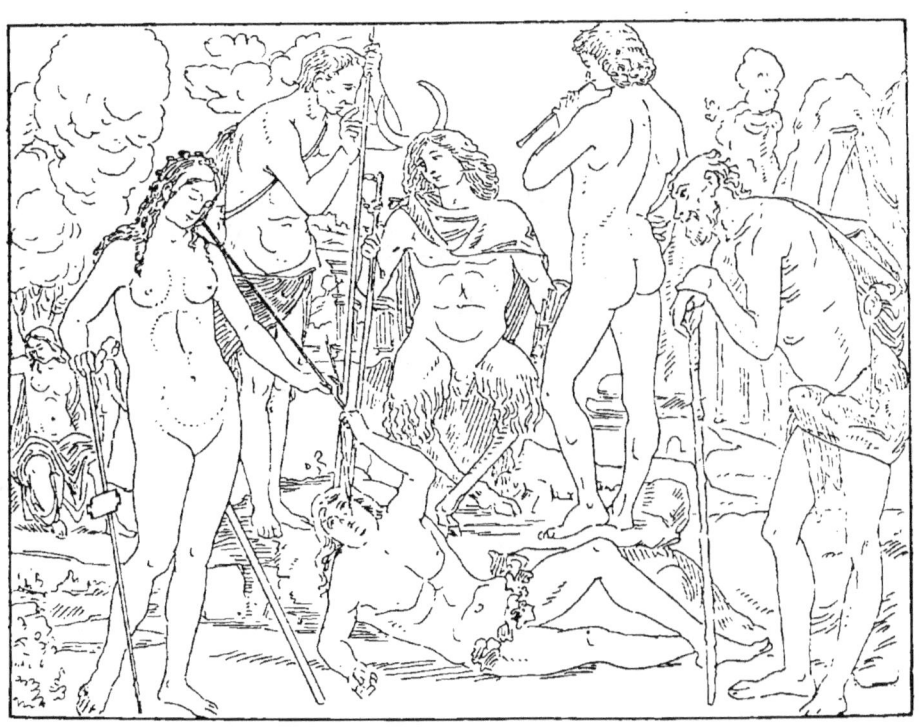

Berlin 79 *a*. Luca Signorelli. L'éducation de Pan, ou Pan dieu de la nature et maître de musique. Pan est assis sur un rocher, surmonté du croissant lunaire, tenant une flûte et un sceptre. A dr., Olympos (?) joue de la flûte ; à g., un vieux berger bat la mesure. Sur le sol, un satyre élevant la flûte dont il joue. A g., une nymphe nue (Écho ou Syrinx ?), approchant de sa bouche une longue flûte. A dr., un vieux pâtre attentif. Au fond, deux nymphes, dont l'une est endormie. Signé sur la tablette que la nymphe nue tient de la main droite : *Luca Cortonen(sis)*. Ce tableau paraît être celui que l'artiste exécuta pour Laurent de Médicis (Vasari) ; il était en 1687 au palais Pitti. Acquis en 1873 du marquis Stufa à Florence. — *Das Museum*, II, 68 ; A. Michel, *Histoire de l'art*, IV, p. 291 ; Maud Cruttwell, *Signorelli*, p. 42 ; Woermann, *Geschichte der Malerei*, t. II, p. 229.

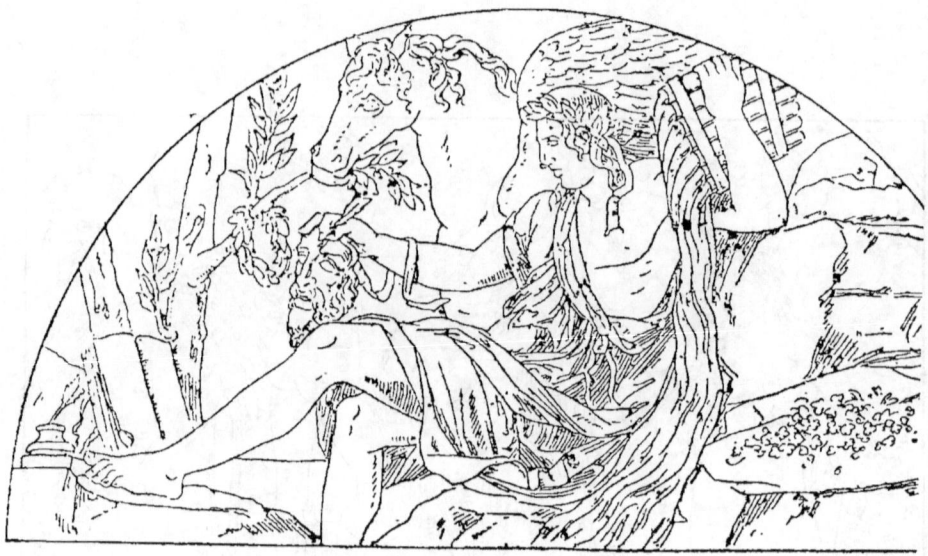

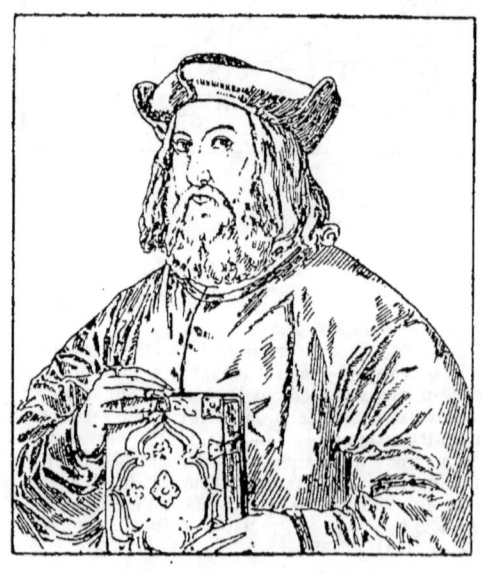

1. Mantoue. Entrée du Palais du Jules Romain. Pégase et Hippocrèn Arco, *Giulio Romano*, pl. 3.

2. Coll. Schlichting au Louvre. A bué à Giov. Bellini, puis à Catena. Portrait du poète-diplo Giorgio Trissino. — *Les Arts*, n. 87, p. 1; *Gazette*, 1920, I, p.

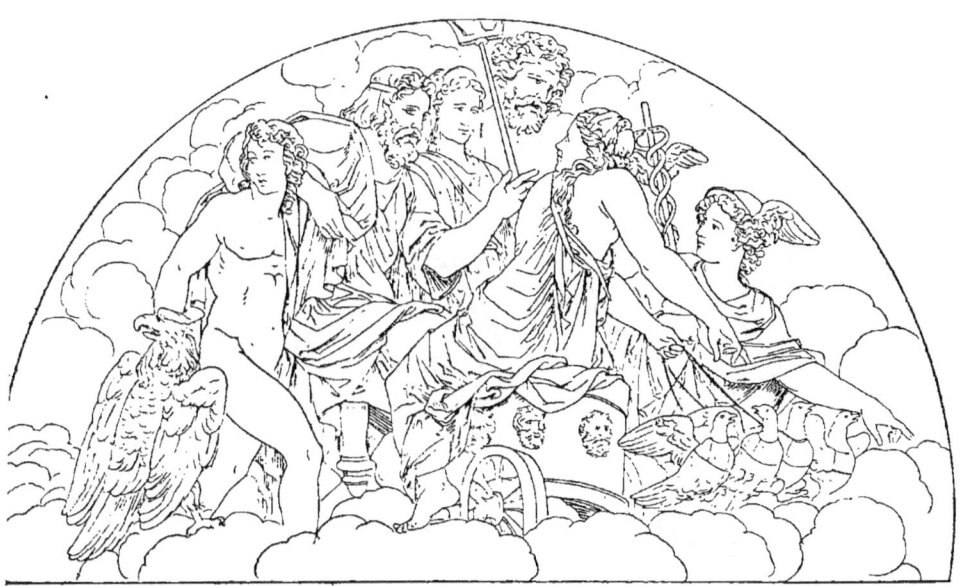

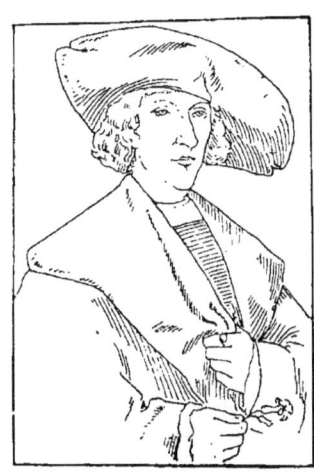

1. Mantoue. Palais du Té. Jules Romain. Vénus, en présence de Mercure, de Neptune, de Junon et de Ganymède, obtient de Jupiter que Mercure serve sa vengeance contre Psyché. — Arco, *Giulio Romano*, p. 32, pl. 4.

2. Coll. Nostitz à Prague (n. 150 du catal. de 1905). D'après Mostaert. Portrait d'homme.

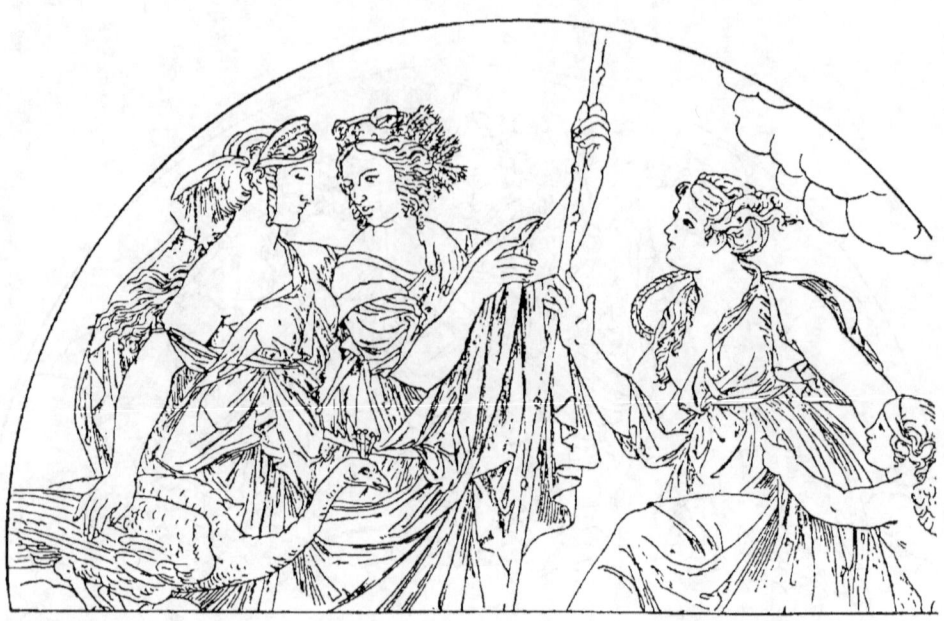

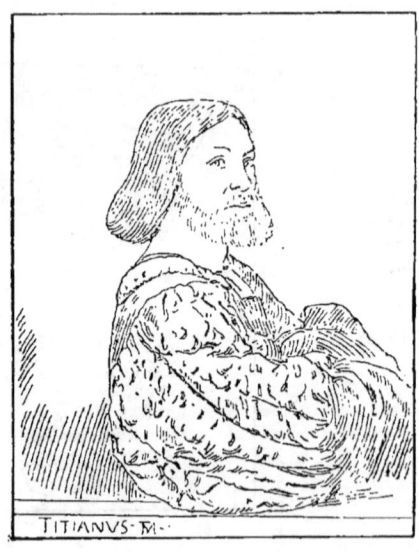

1. Mantoue. Palais du Té. Jules Rom[ain]
Vénus se réconcilie avec Cérès et Junon
Arco, *Giulio Romano*, p. 32, pl. 5.

2. National Gallery 1944. Avant 190[
Cobham Hall (Earl of Darnley). Titien. Por[trait]
prétendu de l'Arioste. Signé. — O. Fisc[hel]
Tizian, 11; *Das Museum*, V, 90; *Gaze*[tte]
1895, I, p. 349.

HISTOIRE DE PSYCHÉ

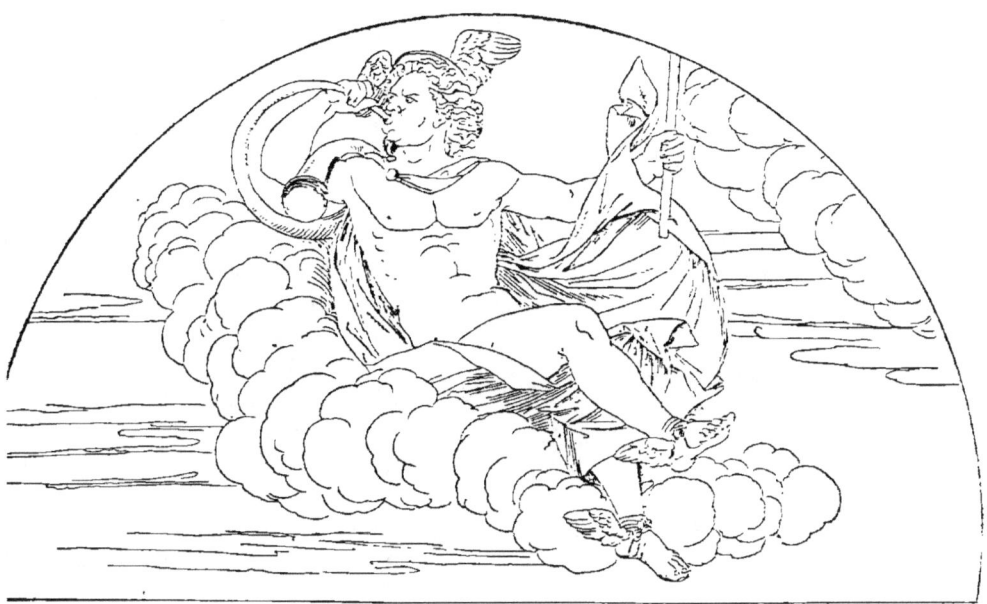

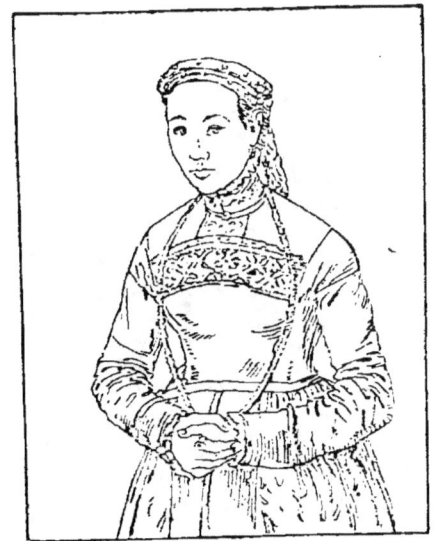

1. Mantoue. Palais du Té. Jules Romain. Mercure annonce au monde que celui qui retrouvera Psyché fugitive recevra huit baisers de Vénus. — Arco, *Giulio Romano*, p. 32, pl. 5.

2. Galerie Nostitz à Prague (n 146 du catal. de 1905). Nicolas Neufchatel (Lucidel). Portrait de femme.

252 HISTOIRE DE PSYCHÉ

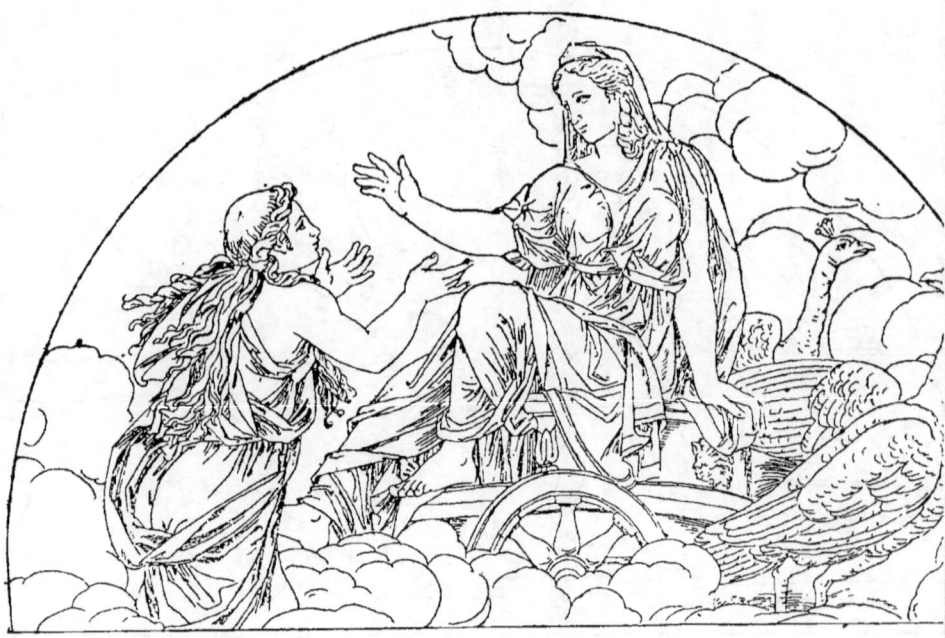

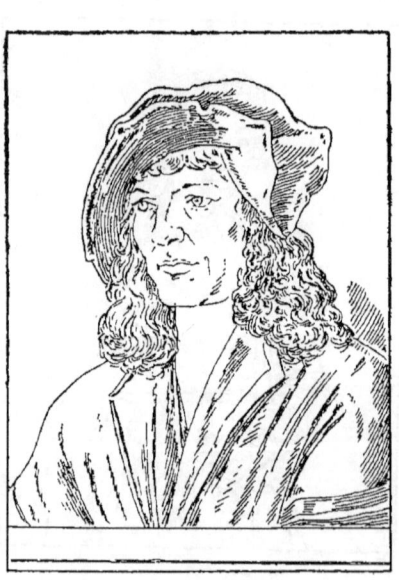

1. Mantoue. Palais du Té. Jules R[omano]
Psyché implorant le secours de Jun[on]
Arco, *Giulio Romano*, p. 32, pl. 7.

2. Ancienne coll. Lachniki à Varsovie[...]
du catalogue de 1903, avec texte pol[onais]
Attribué à Albert Dürer; peut-être de Lu[cas de]
Leyde. Portrait d'homme.

HISTOIRE DE PSYCHÉ

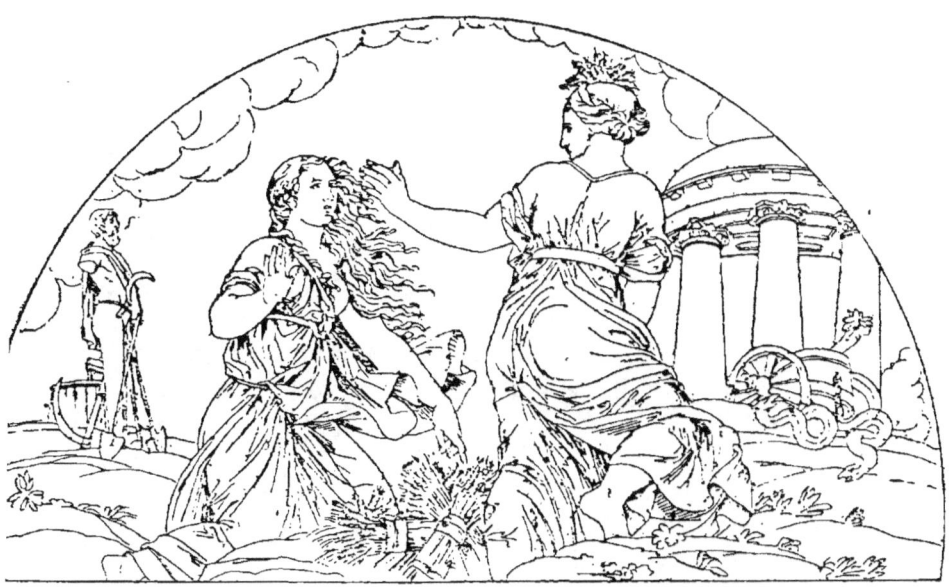

1. Mantoue. Palais du Té. Jules Romain. Psyché suppliante est éconduite par Cérès. — Arco, *Giulio Romano*, p. 32, pl. 8.

2. Coll. James Parmelee à Washington. Bartol. Veneto. Portrait d'homme. — B. Berenson, *Venetian painters in America*, p. 259.

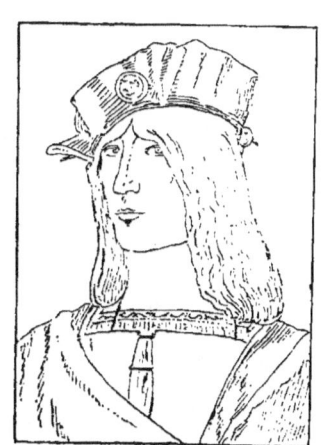

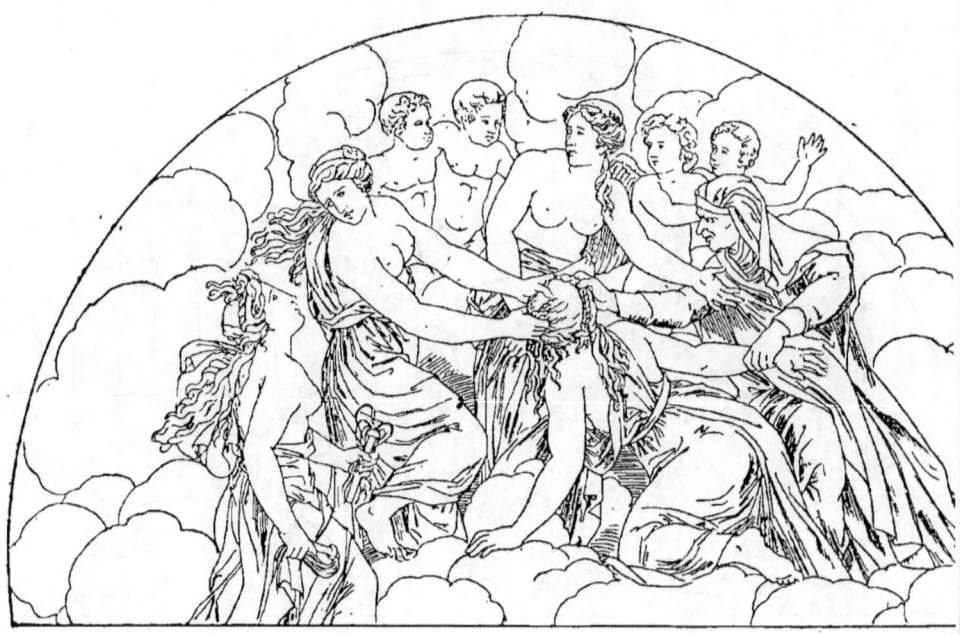

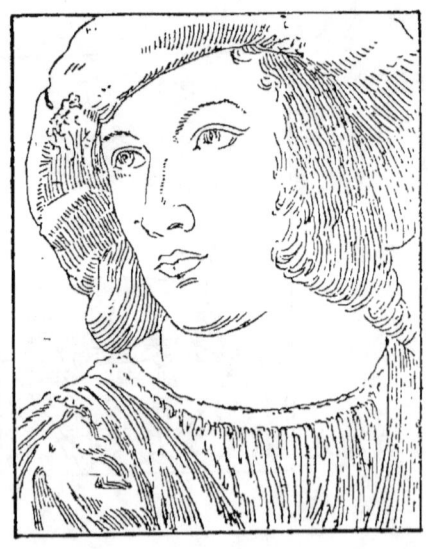

1. Mantoue. Palais du Té. Jules Rom[ano]
Psyché tourmentée par Vénus. — Arco, Gi[ulio]
Romano, pl. 9, p. 32.

2. Francfort-sur-le-Mein, 43 a. Titien. [Por]trait d'un jeune homme. La même tête [se] retrouve dans les fresques de la Scuola [del] Santo à Padoue. — O. Fischel, Tizian, 22.

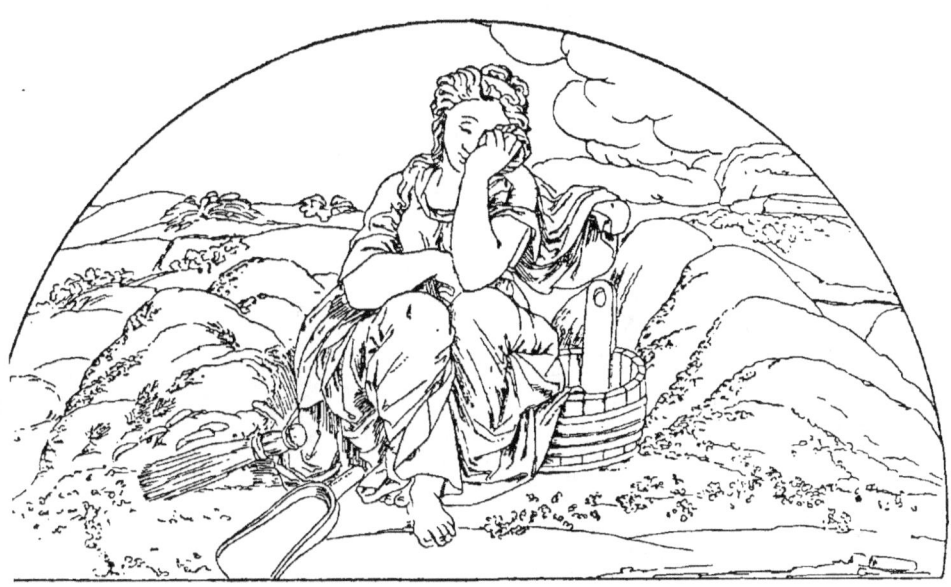

1. Mantoue. Palais du Té. Jules Romain. Psyché condamnée à trier les graines. — Arco, *Giulio Romano*, p. 32, pl. 10.

2. Vienne 154. Titien. Portrait présumé de Fippo Strozzi (à Venise depuis 1527). — Fischel, *Tizian*, 71.

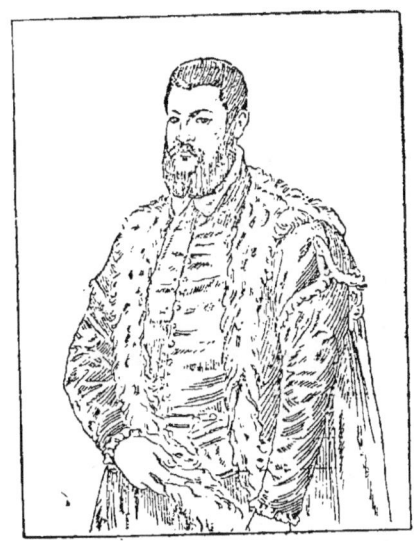

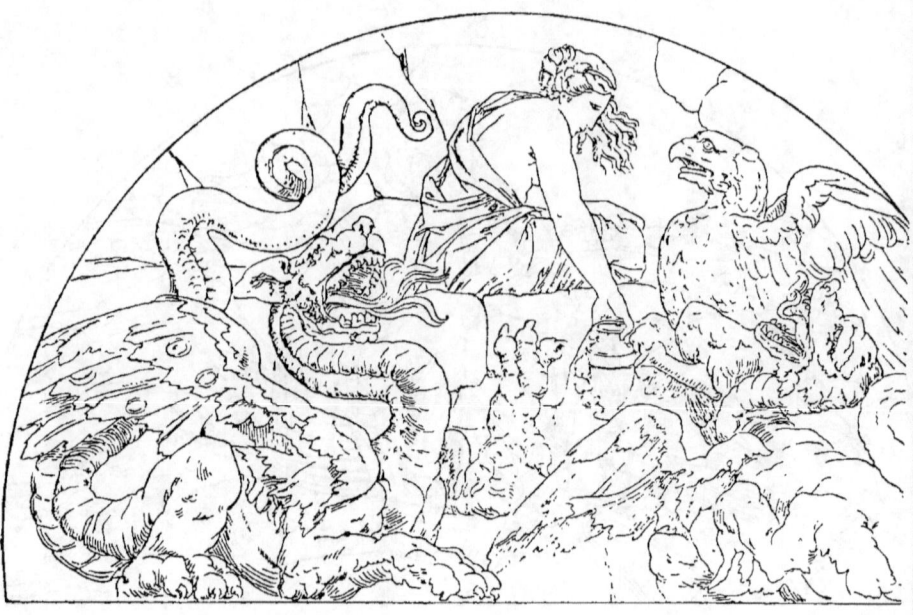

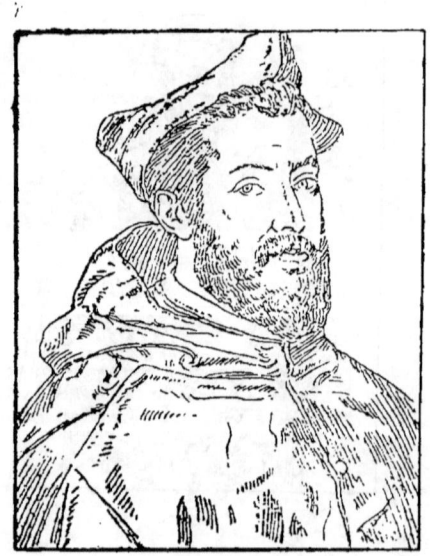

1. Mantoue. Palais du Té. Jules R
L'aigle de Jupiter aide Psyché à re
pour Vénus de l'eau du Styx. — Arco,
Romano, p. 32, pl. 12.

2. Rome. Galerie Corsini (Musée Na
754. Titien. Portrait du cardinal Farnèse
de Paul III. Tableau très endommagé, g
xviiie siècle sous le nom de Rapha
O. Fischel, *Tizian*, 82.

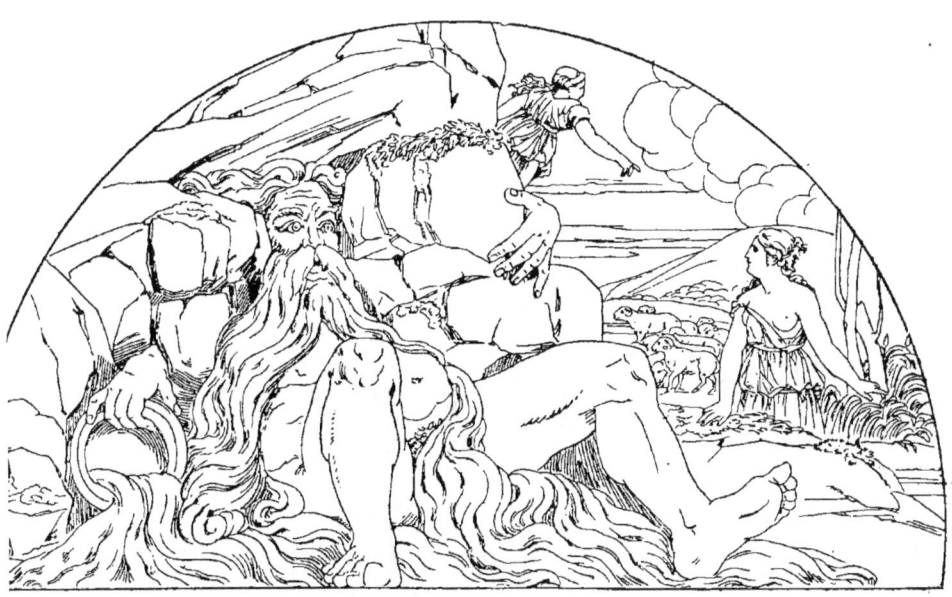

1. Mantoue. Palais du Té. Jules Romain. Psyché, sur le bord d'une rivière, représentée par un géant, recueille la laine d'or des brebis dans les branches d'arbres qu'elle secoue. A droite, émergeant des rochers, se montre l'image menaçante de Vénus. — Arco, *Giulio Romano*, p. 32, pl. 12.

2. Coll. Querini-Stampalia à Venise. Palma (?) Portrait d'homme. — *Burl. Mag.*, août 1910, p. 267.

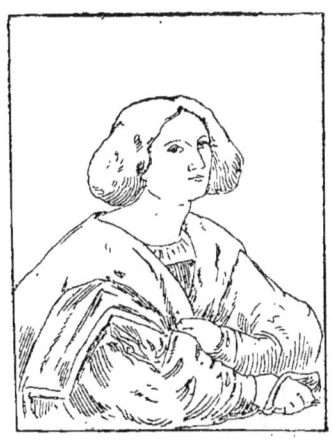

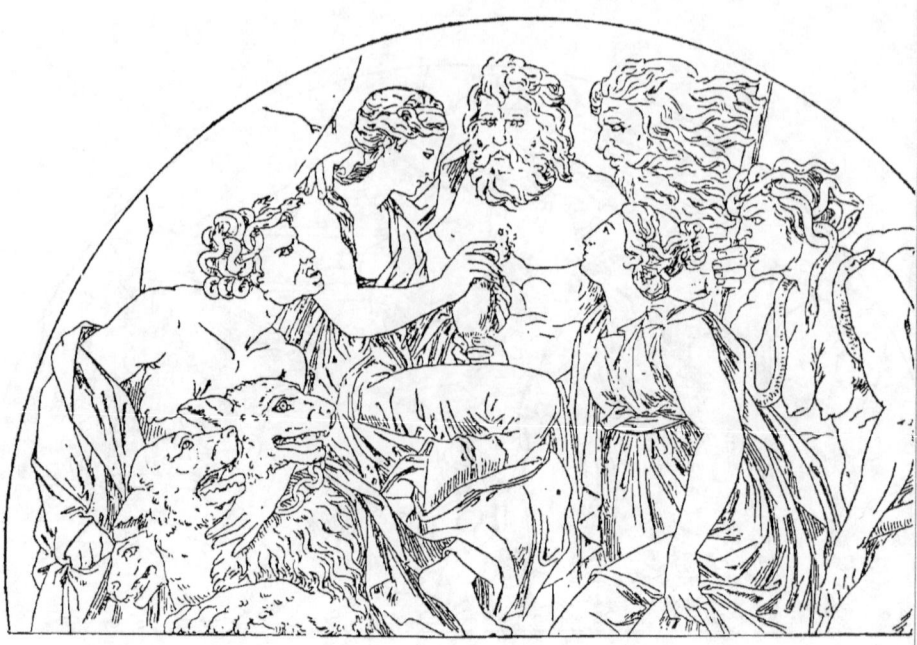

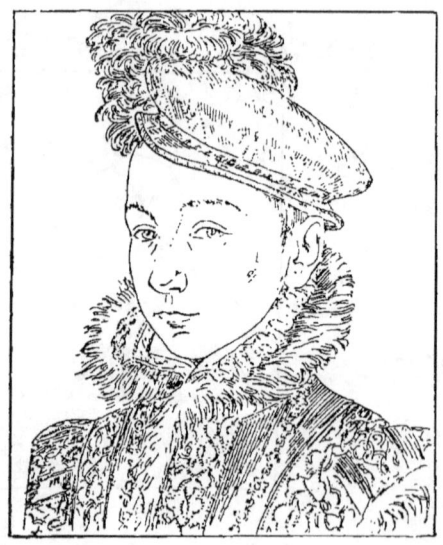

1. Mantoue. Palais du Té. Jules [...] Psyché, descendue aux Enfers, [...] vase clos des mains de Proserp[...] présence de Pluton, de Charon, de [...] et de Cerbère. — Arco, *Giulio R[...]* p. 32, pl. 13.

2. Vienne 572. F. Clouet. Por[...] Charles IX. Inscr. · *Charles Vl[...] chrestien roy de France, en l[...] XX ans, peinct au vif par Janne[...]* Signé à droite: *Iannet 1563*. Le chi[...] n'est pas certain; on a cru lire, [...] deux cas, 1569. — Dimier, *Frenc[...] ting in the XVIth Century*, p. 1[...] *Arts*, 1905, n. 45, p. 25; *Gazett[...]* II, p. 165.

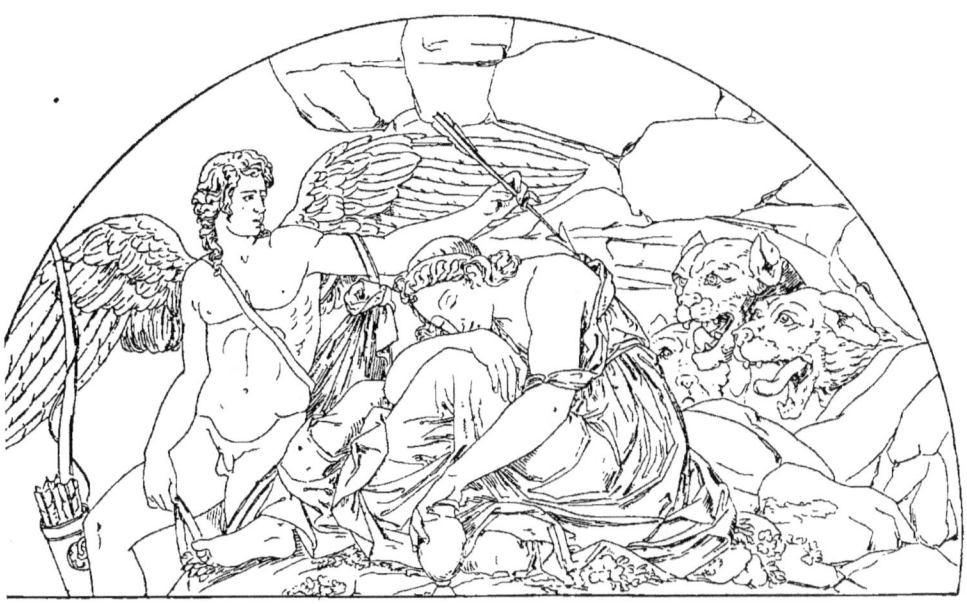

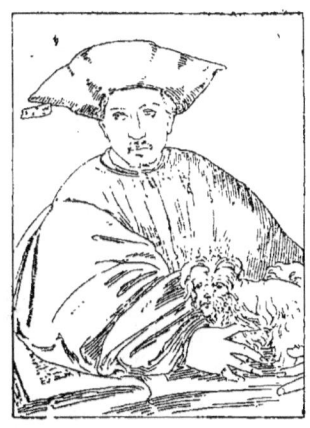

1. Mantoue. Palais du Té. Jules Romain. L'Amour accourt auprès de Psyché endormie et la délivre du sommeil qui met sa vie en danger, parce qu'elle a ouvert le vase clos remis à ses soins par Proserpine. — Arco, *Giulio Romano*, p. 33, pl. 14.

2. Coll. T. Virzi à Palerme (?) Attribué à Raphaël ou à Seb. del Piombo. Portrait d'un médecin. — *Burl. Mag.*, déc. 1910, p. 134.

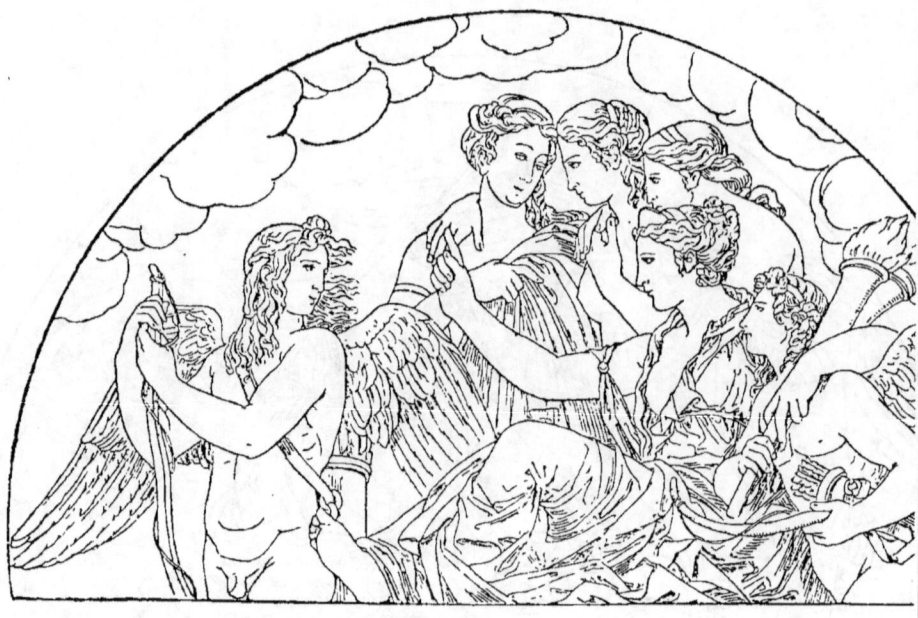

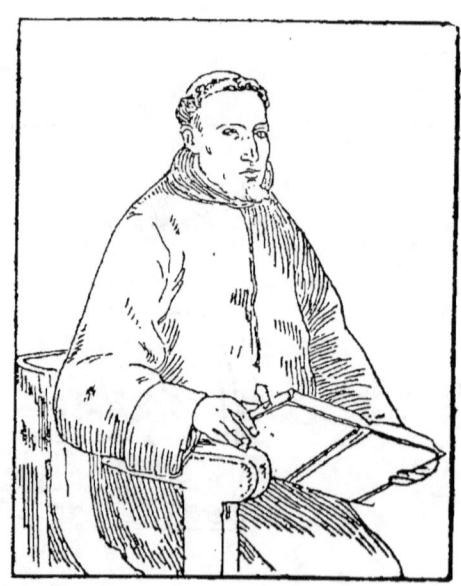

1. Mantoue. Palais du Té. Jules [Romain.]
Vénus chasse l'Amour de sa présen[ce,]
remplacé par Hyménée. — Arco,
Romano, p. 33, pl. 15.

2. Rome. Galerie Colonna 107.
Portrait d'un moine franciscain, cru [autre-]
fois Onofrio Panvinio, puis Felici [da]
Chioggia. — Lafenestre et Richten[berger,]
Rome, t. II, p. 176 ; O. Fischel, *Tiz[ian]*

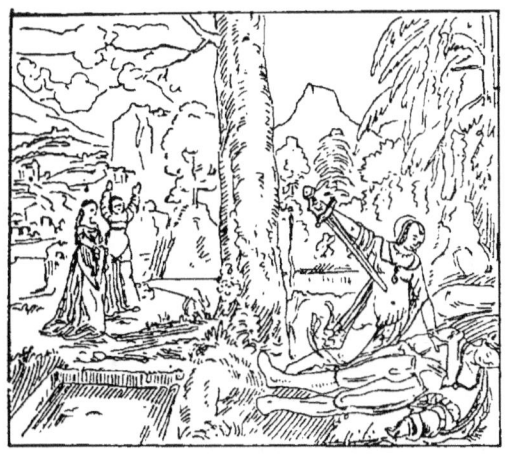

1. Bâle 421. Nicolas Manuel Deutsch. Thisbé se tue sur le cadavre de Pyrame, victime d'un lion. Signé du monogramme. — *L'art et les artistes*, juillet 1913, p. 150.

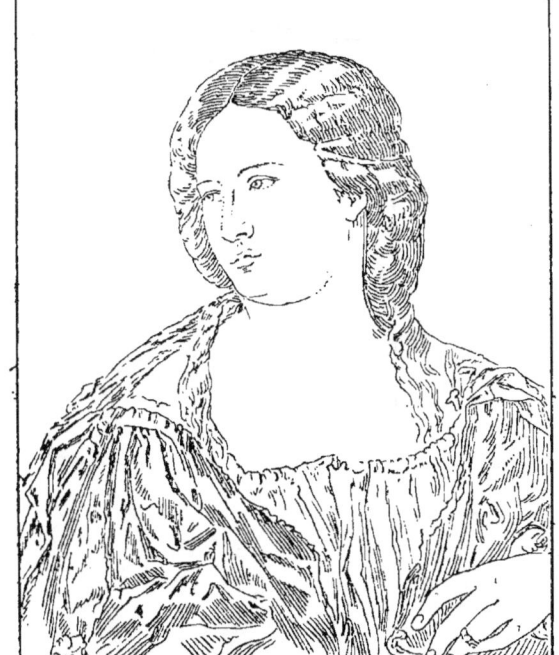

2. Vienne 137. Palma le ieux. Portrait présumé de sa lle Violante. — Schulze, *Weiliches Schönheitsideal*, 90.

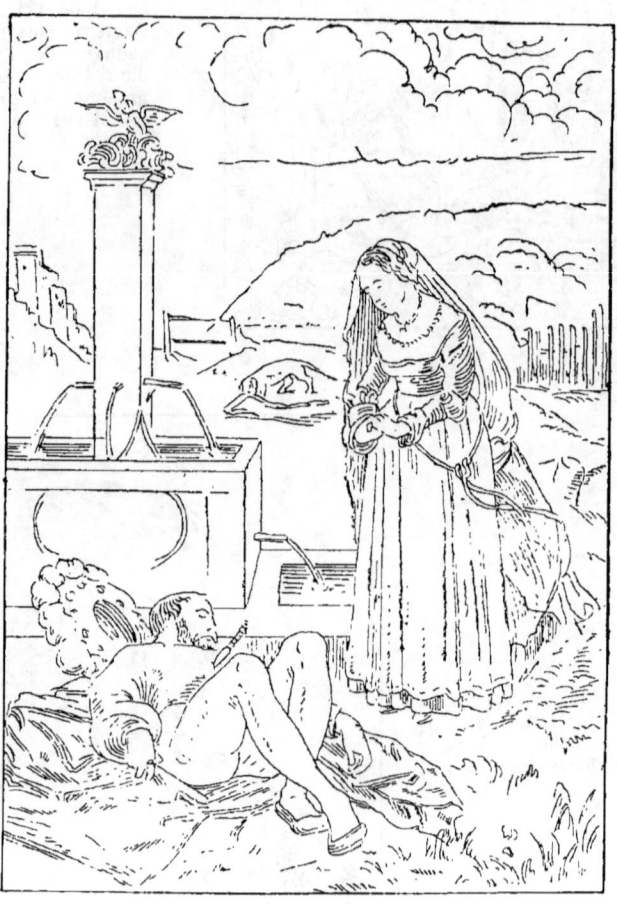

Berlin (acquis à Vienne en 1920). Baldung Grien (sous l'influence de Cranach). Pyrame Thisbé. — *Berliner Museum Berichte*, oct.-nov. 1920, p. 5.

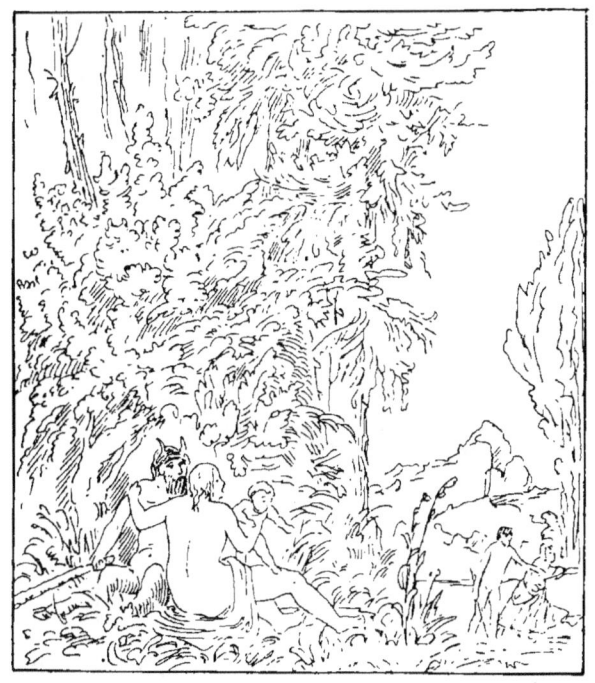

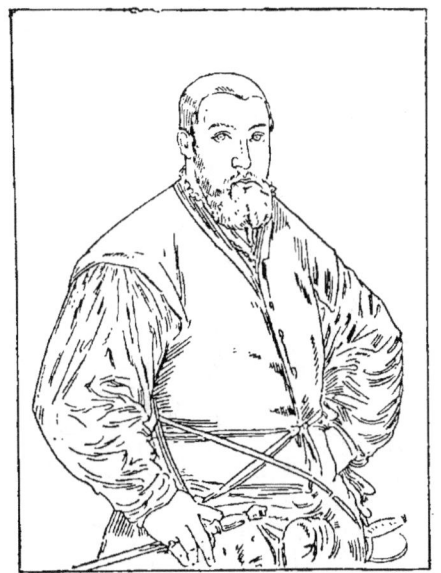

1. Berlin 638 *a*. Albrecht Altdorfer. La
mille du satyre. Signé et daté 1507. —
ans Schulze, *Weibliches Schönheitsi-
eal*, 185 ; *Gazette*, 1911, I, p. 119.

2. Augsbourg (dans une coll. privée). Chr.
mberger. Portrait du patricien Sulzer.

264 TRITONS ET NÉRÉIDES

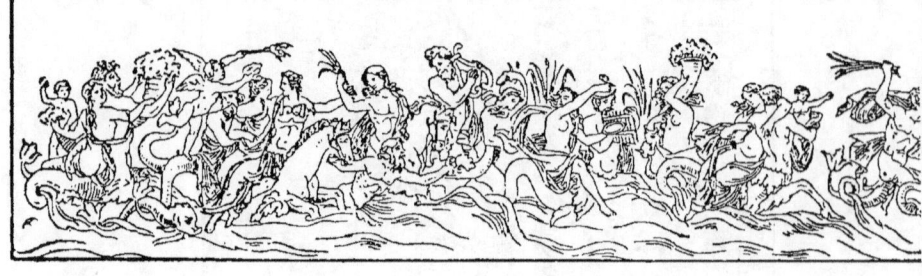

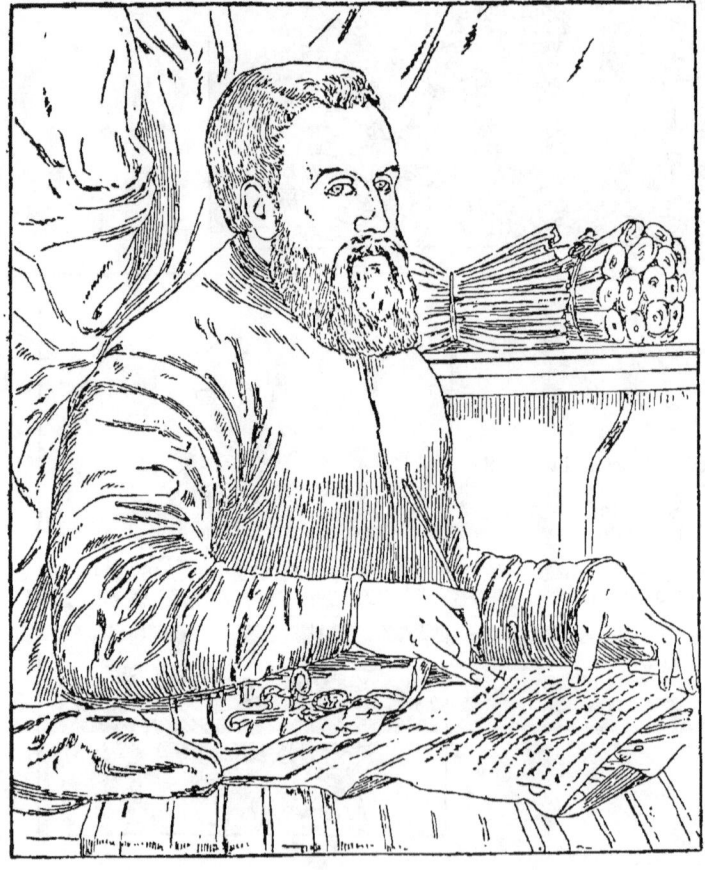

1. Mantoue. Pala[is]
Jules Romain. Trito[ns et Né-]
réides. — Arco, *Giu[no-]
no*, p. 50, pl. 38.

2. Coll. Benson à [...]
39. Jacopo del Conti[...]
Portrait de F. de Tis[...]
pontifical, dont le [...]
lisible sur le docu[ment]
qu'il a devant lui. [...]
portrait, par le mê[me,]
se voit dans une fresq[ue]
en l'église de San [Giovanni]
Decollato à Rome. (S[...]
*Porträtdarstell. vo[n...]
Angelo*, pl. 7.)

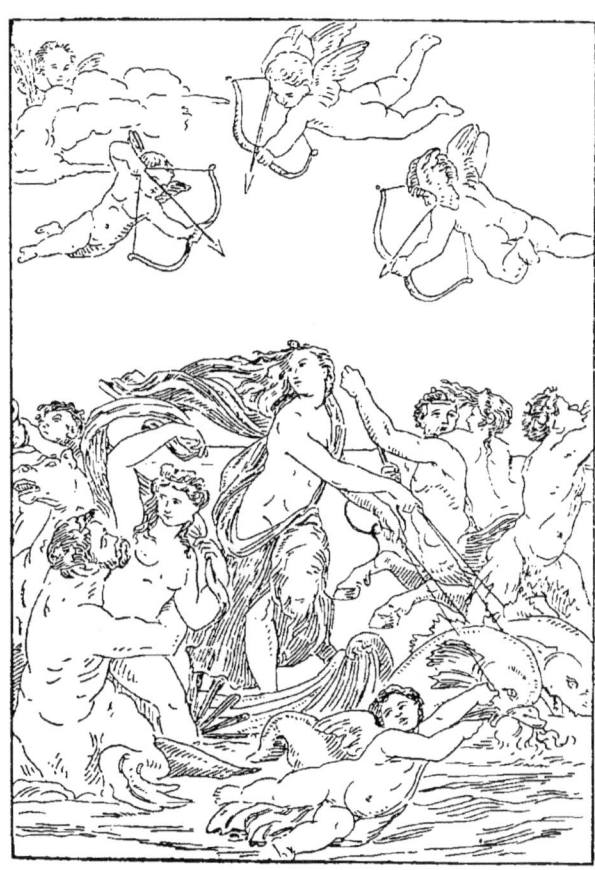

1. Rome. Villa Farnésine. Raphaël et ses élèves. Triomphe de Galatée. — H. Schulze, *Weibliches Schönheitsideal*, 32 ; Passavant-Lacroix, *Raphael*, t. II, p. 143.

2. Coll. F.-T. Sabin. Attribué à Antonio Moro. Portrait de femme. — *Burl. Mag.*, avril 1912, p. 53.

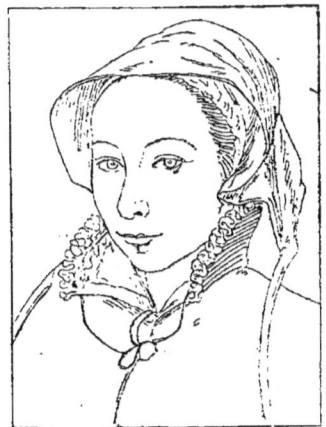

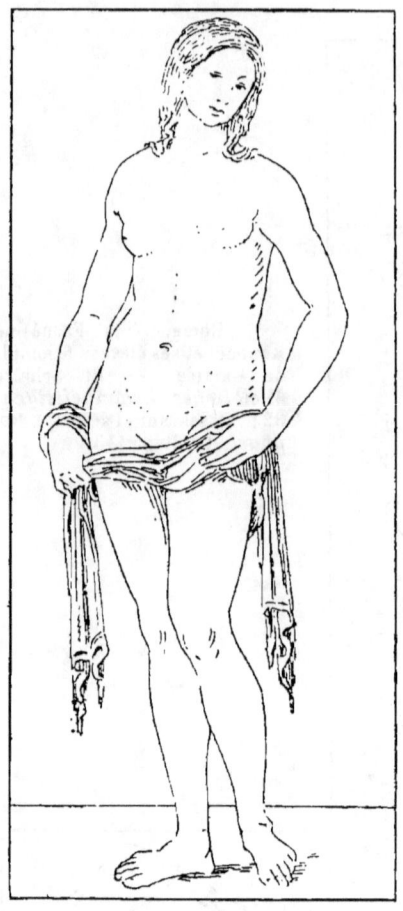
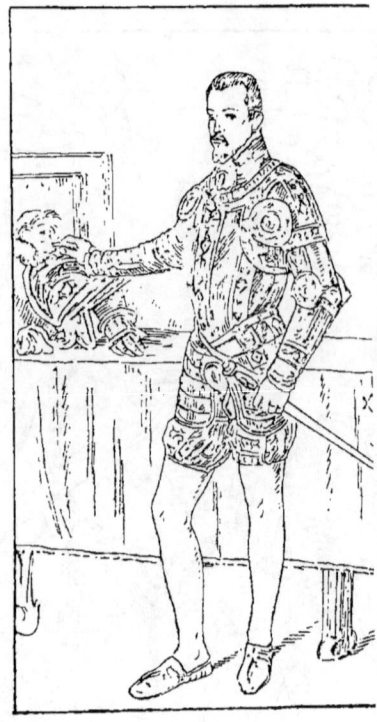
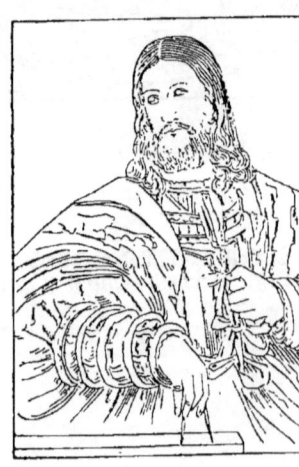

1. Budapest. Attribué à Franc. Cossa ou à Leonbruno. Vénus. — H. Schulze, *Weibliches Schönheitsideal*, 22; *Rassegna d'arte*, 1906, p.69.

2. Madrid 411. Titien. Portrait de Philippe II. — — O. Fischel, *Tizian*, 111.

3. Chez Dowdeswell, puis à Paris dans le commerce. École de Titien. Portrait d'homme.

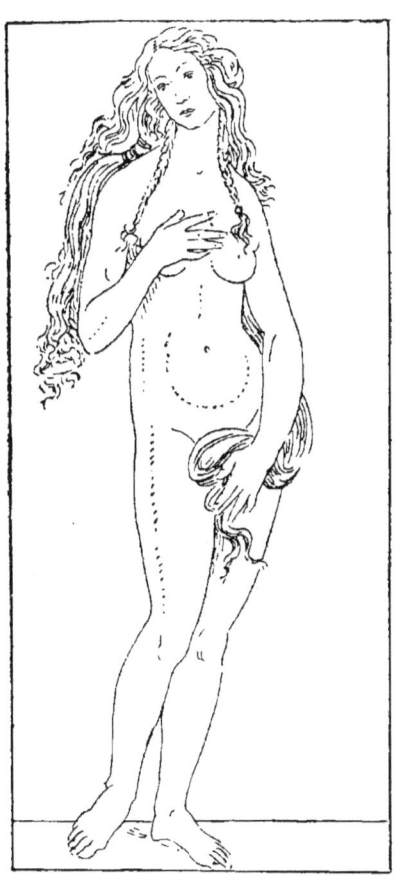 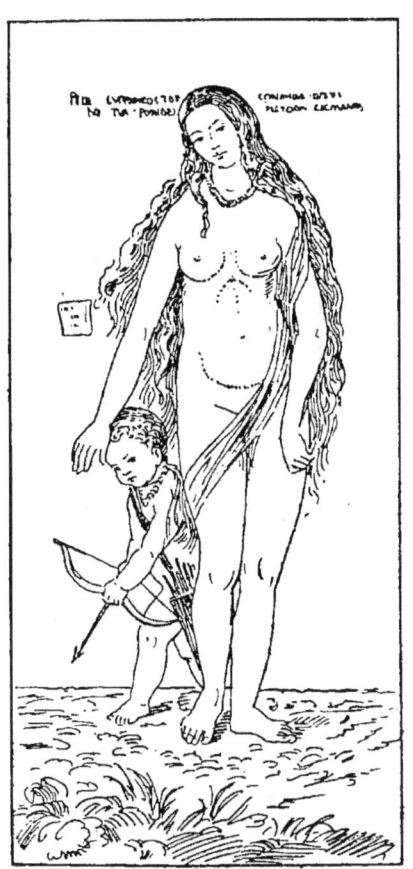

1. Berlin 1124. Botticelli (?). Vénus. — *Jahrbuch* (des musées prussiens), 1890, p. 6 ; H. Schulze, *Weibliches Schönheitsideal*, 16.
2. Ermitage 461. Lucas Cranach. Vénus et l'Amour. La meilleure de nombreuses répliques. Inscr. *Pelle cupidineos toto conamine luxus | Ne tua possideat pectora caeca Venus*. Signé et daté 1505. — Heidrich, *Altdeutsche Malerei*, 162.

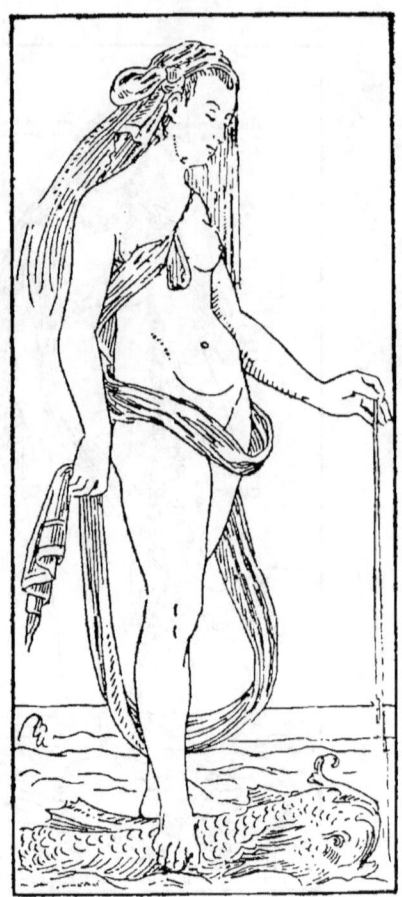 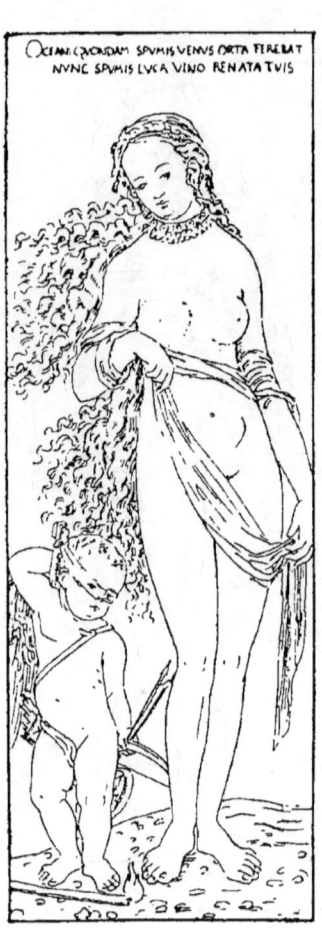

1. Dresde 59 *a*. Jacopo de Barbari (Jakob Walch). Galatée ou Vénus marine debout un dauphin qu'elle conduit à travers les flots. L'attribution, due à Morelli, a été combat (*Repertorium*, XVI, p. 379). — H. Schulze, *Weibliches Schönheitsideal*, 73.

2. Vente Dollfus, Paris, avril 1912, n. 1. Lucas Cranach. Vénus et l'Amour (les y bandés). A figuré, sous le n. 91, à l'Exposition au profit des Alsaciens-Lorrains.

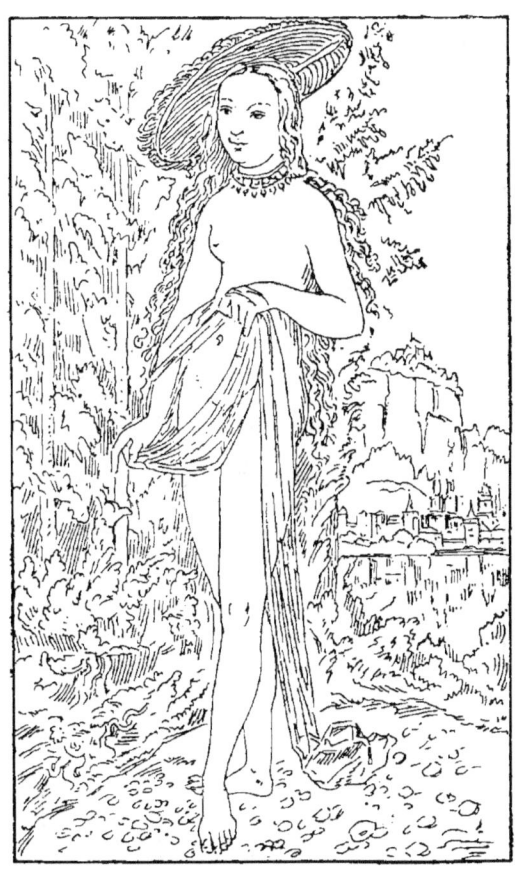

Louvre 2703. Lucas Cranach. Vénus marchant dans un paysage. Signé et daté 1529. — H. Schulze, *Weibliches Schönheitsideal*, 187.

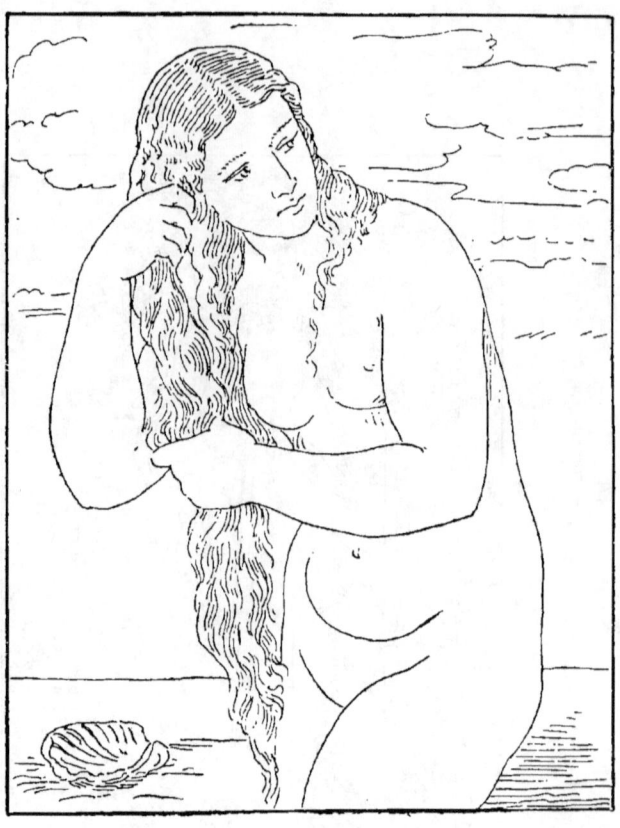

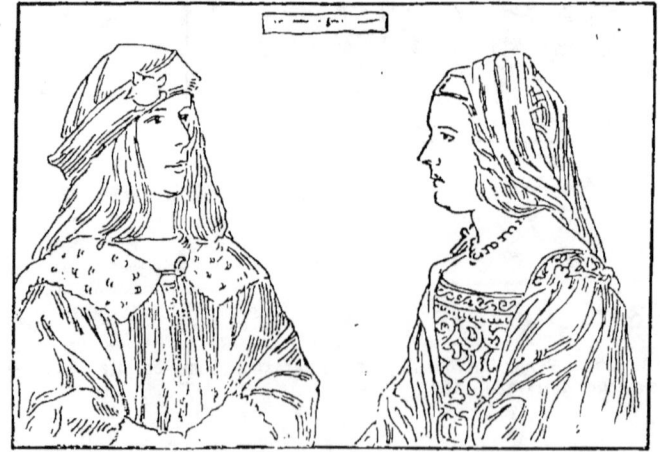

1. Londres. Brid[ge]
Gallery. Autrefois [à]
reine Christine et [du]
duc d'Orléans. Titien,
anadyomène. Table[au]
endommagé. — Be[rlin,]
*Athenische Mitth[eilun-]
gen*, 1876, 1, pl. 3 ([figure]
retournée); Cavalcas[elle-Ti-]
zian, éd. all., p.
O. Fischel, *Tizian*,

2. Detroit (Etats[-Unis]).
Giov. Paolo de A[...]
Portraits d'homme [et de]
femme. — B. Berens[on, *Ve-*]
netian painters in [Ame-]
rica, p. 262.

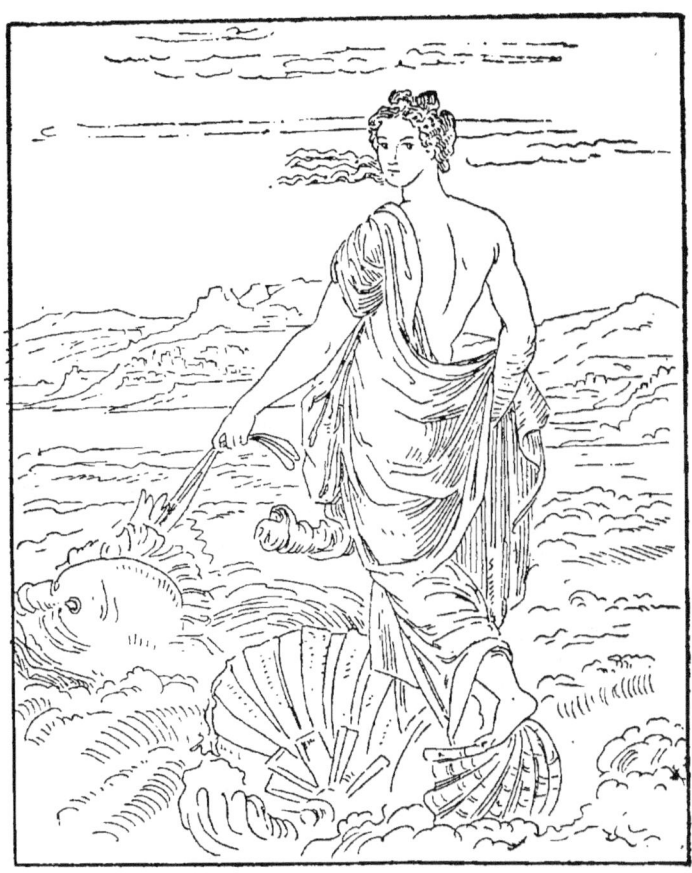

Rome. Galerie Doria. Perino del Vaga. Galatée ou Vénus marine, debout sur une coquille avec roue (cf. p. 242) et conduisant un dauphin. Peut-être d'après un dessin de Raphaël. — H. Schulze, *Weibliches Schönheitsideal*, 33.

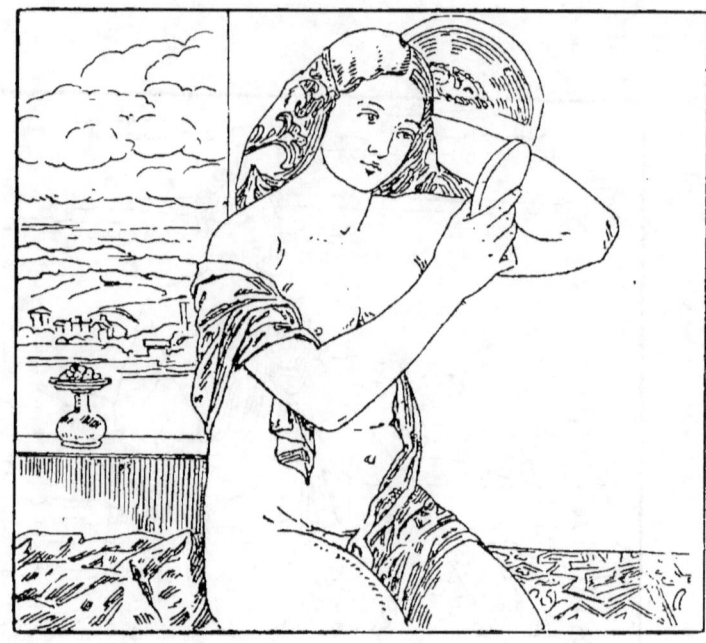

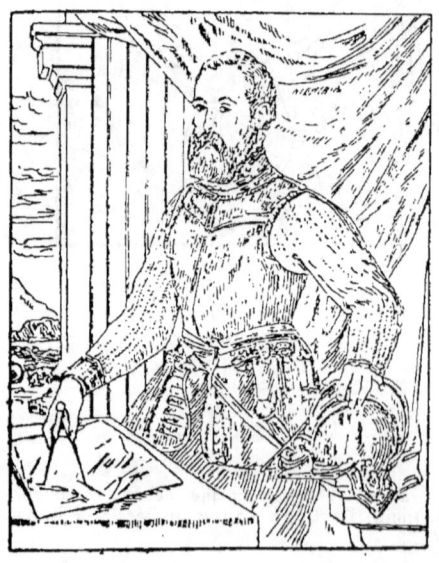

1. Vienne 13. Attribué à Bissolo.
à sa toilette. Signé *Joannes Be*
faciebat 1515 (suivant Morelli, fau
pétré par Bissolo) Très bonne r
(l'original?) chez Fairfax Murray (v
Paris, 15 juin 1914, n. 2) sous l
de Bellini. — H. Schulze, *Weib*
Schönheitsideal, 76 ; B. Berenson,
tian painters, pl. à la p. 84.

2. Vente Crespi, Paris, 6 juin
n. 35. Ecole de Bergame. Homme de
Une inscr. en partie illisible donne
du modèle, Francesco Malagrida.

VÉNUS

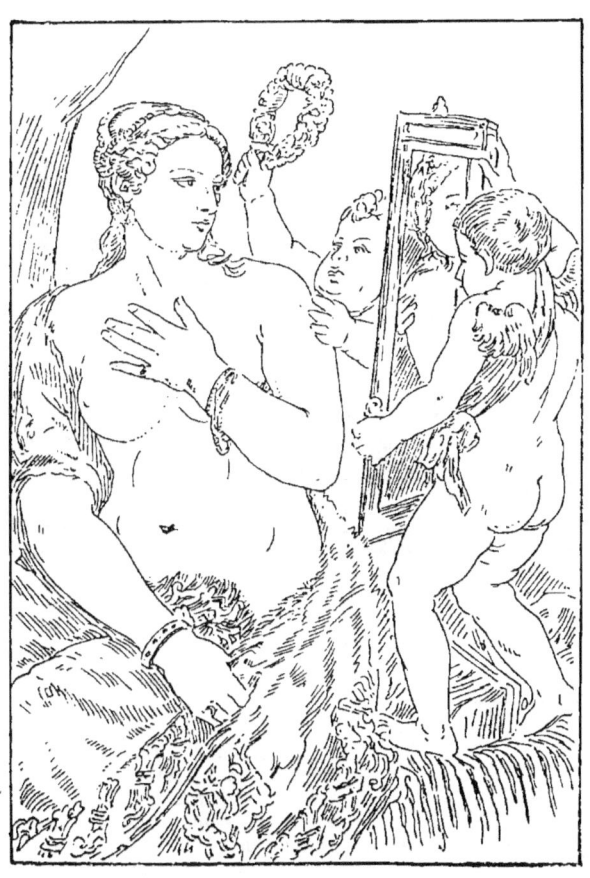

Ermitage 99. Titien. Vénus se regarde dans un miroir que lui présente un Amour; un autre Amour lui offre une couronne. Plusieurs répliques. — O. Fischel, *Tizian*, 147.

18

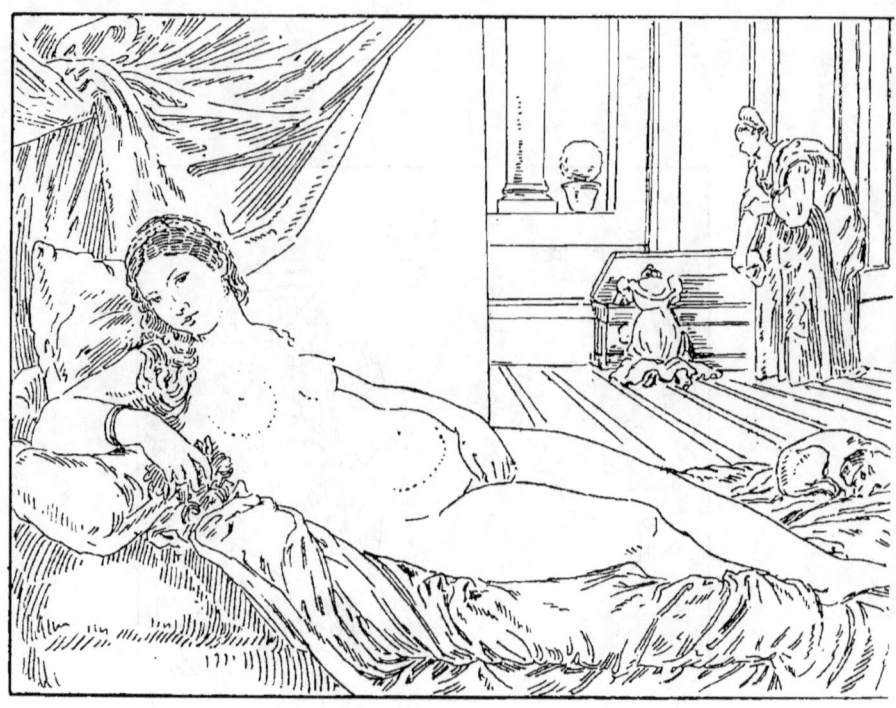

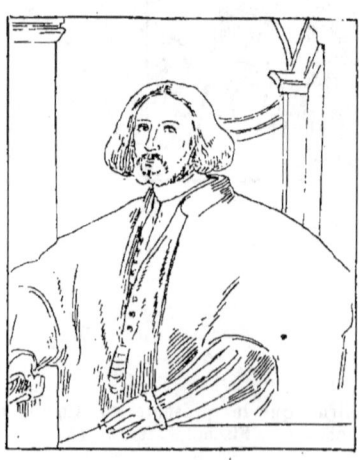

1. Florence. Uffizi 1117. Titien. Vénus couché Vénus au petit chien. Au pied, deux suivantes, do fouille dans un coffre. Peint en 1537 pour le duc Fr Maria d'Urbin. Nombreuses répliques et copie opinion mal fondée (Thausing, Gronau) veut que la d d'Urbin ait servi de modèle. — Lafenestre et Richten *Florence*, pl. à la p. 42; O. Fischel, *Tizian*, 49 ; C selle. *Tizian*, p. 319; Hourticq, *Jeunesse de* p. 250.

2. Coll. Querini-Stampalia à Venise. Palma (?) d'homme. — *Burl. Mag.*, août 1910, p. 267.

VÉNUS   275

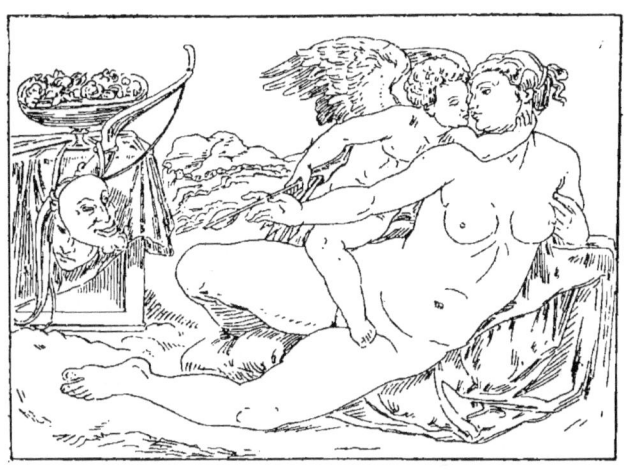

1. Villa de l'Ariana près de Genève. Ecole de Michel-Ange. Vénus et l'Amour.

2. Berlin 160 *a*. Titien. Portrait de la fille de Robert Strozzi (Clarice, mariée en 1557?). Signé et daté 1542. Tableau célébré dans une lettre d'Arétin (6 juillet 1542), acquis en 1878 au palais Strozzi à Florence. — O. Fischel, *Tizian*, 75.

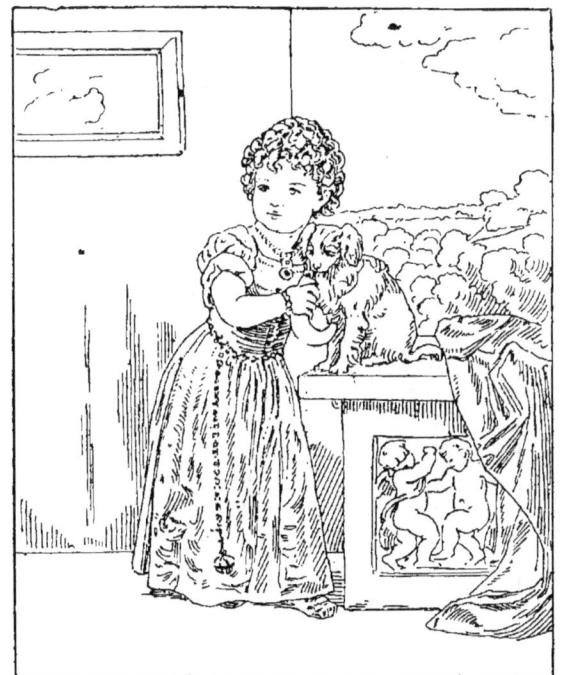

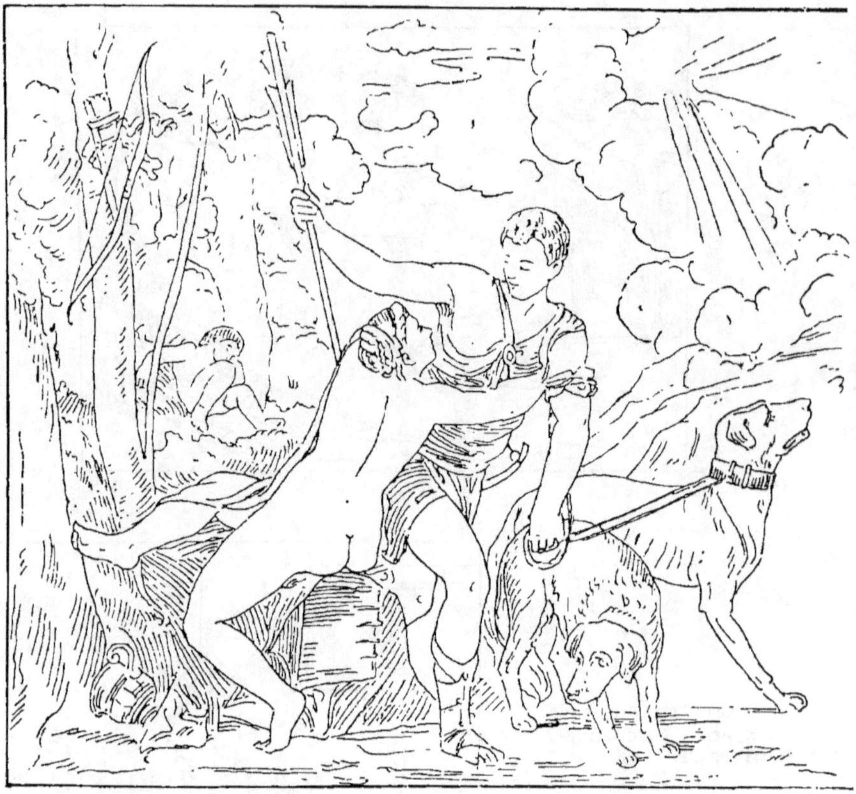

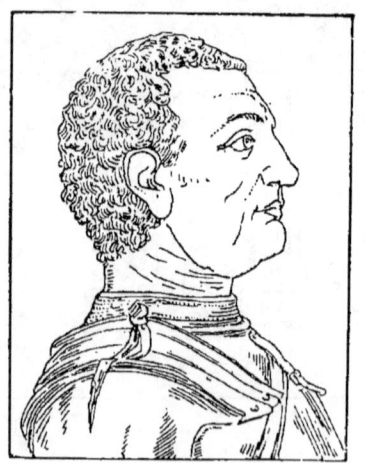

1. Madrid 422. Titien. Vénus essaie [de r]
Adonis partant pour la chasse. Peint par Philip
Nombreuses répliques, notamment à la National G
(Cavalcaselle, *Tizian*, éd. all., p. 561). — O. Fi
Tizian, 118; *Gazette*, 1906, 1, p. 457.

2. Coll. H. Walters à Baltimore. Fr. Bonsi
Portrait d'un guerrier. — B. Berenson, *Venetian*
in America, p. 171.

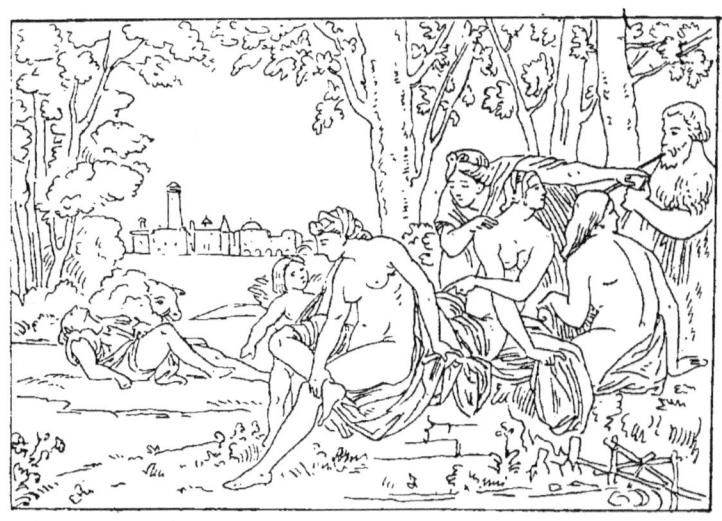

1. Florence. Uffizi 592. Attribué à Moretto ou à Sebastiano del Piombo. Vénus, l'Amour, des nymphes et Pan au moment de la mort d'Adonis, que l'on voit étendu à g. au second plan. — Rosini, *History of painting in Italy*, V, 241.

2. Brême. Ecole française. Portrait d'homme avec des armoiries à g. et la devise : *Espoir fait poursuivre*. Daté 1555.

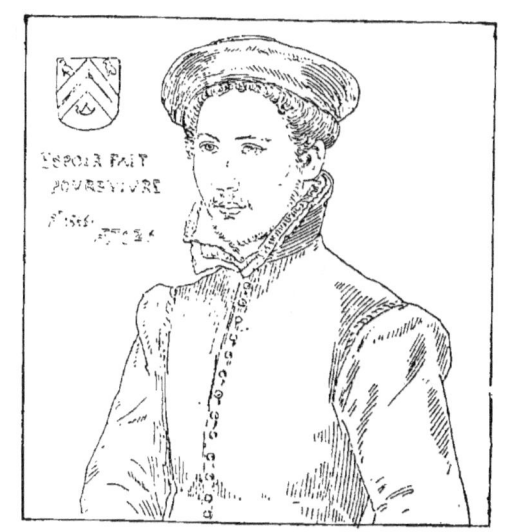

278   VÉNUS

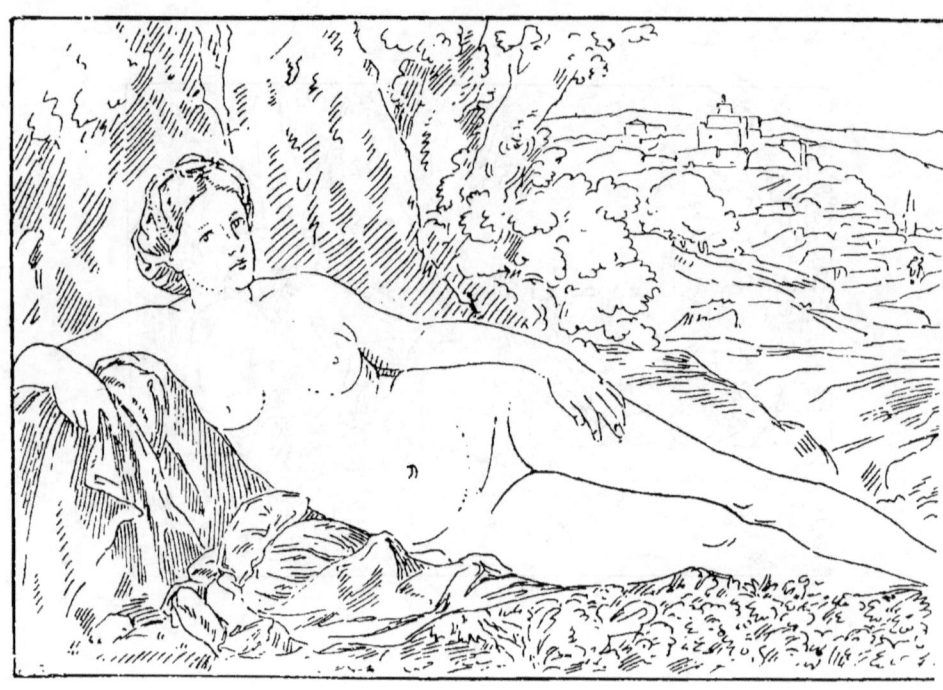

1. Dresde 190. Palma le Vieux. Vénus nue, couchée, le bras gauche appuyé sur un rocher où elle a posé ses vêtements. — H. Schulze, *Weibliches Schönheitsideal*, 81; *Meisterwerke der Gal. zu Dresden*, p. 26.

2 Forli. Lor. di Credi. Portrait de femme. — *Burl. Mag.*, mars 1912, p. 346.

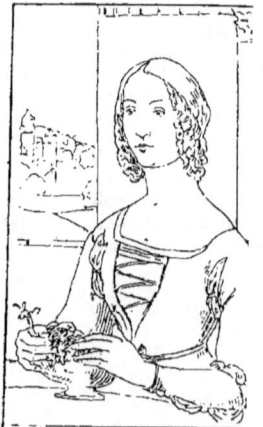

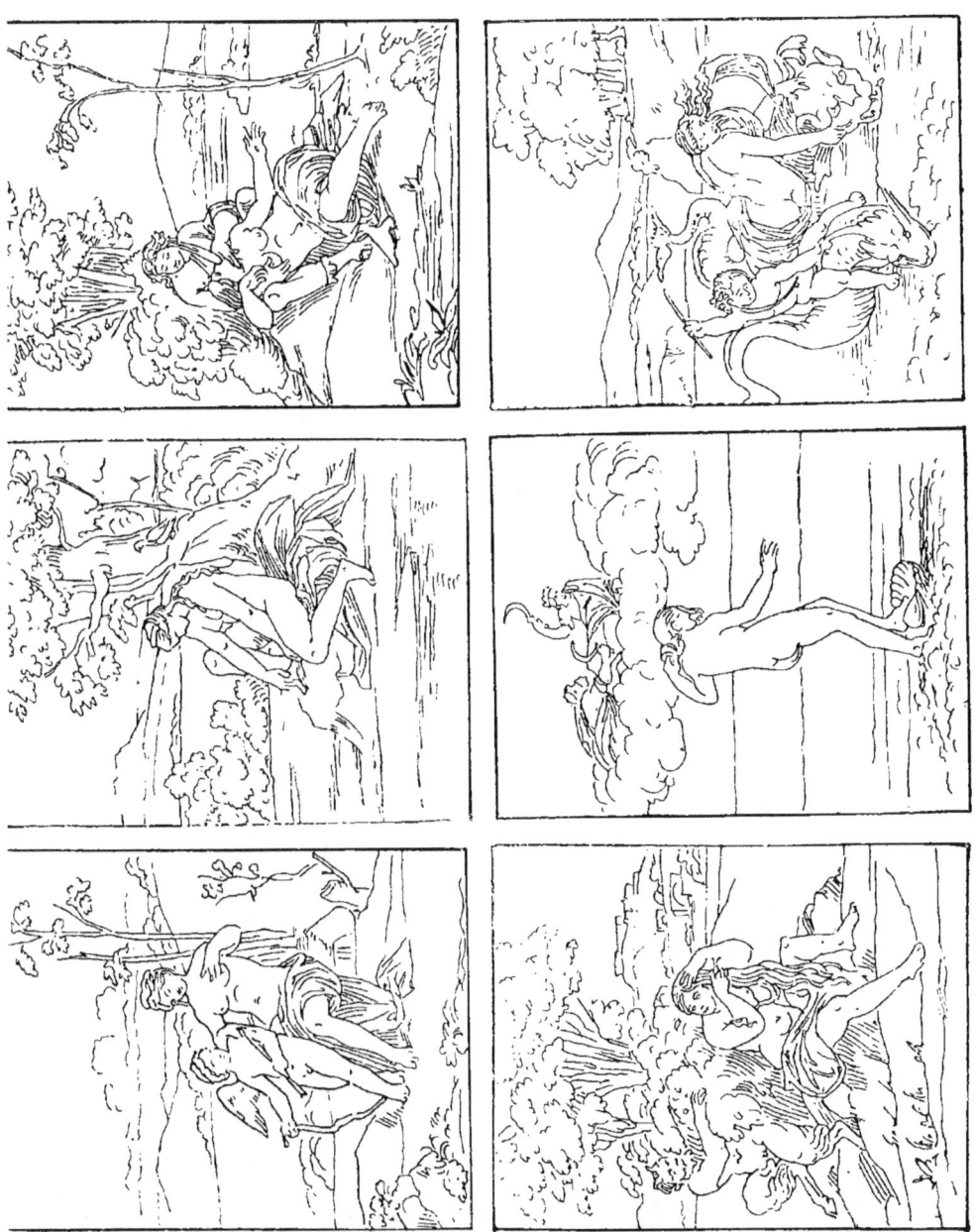

1-6. Peintures de la chambre de bain du cardinal Bibiena au Vatican Raphaël et ses élèves. Vénus blessée avec l'Amour; Vénus se retirant une épine du pied; Vénus et Adonis; Pan et Syrinx (?); naissance de Vénus; Vénus et Amour sur dauphins. — Lübke, *Raffael*, II, 73; Passavant-Lacroix, *Raphaël*, II, p. 228.

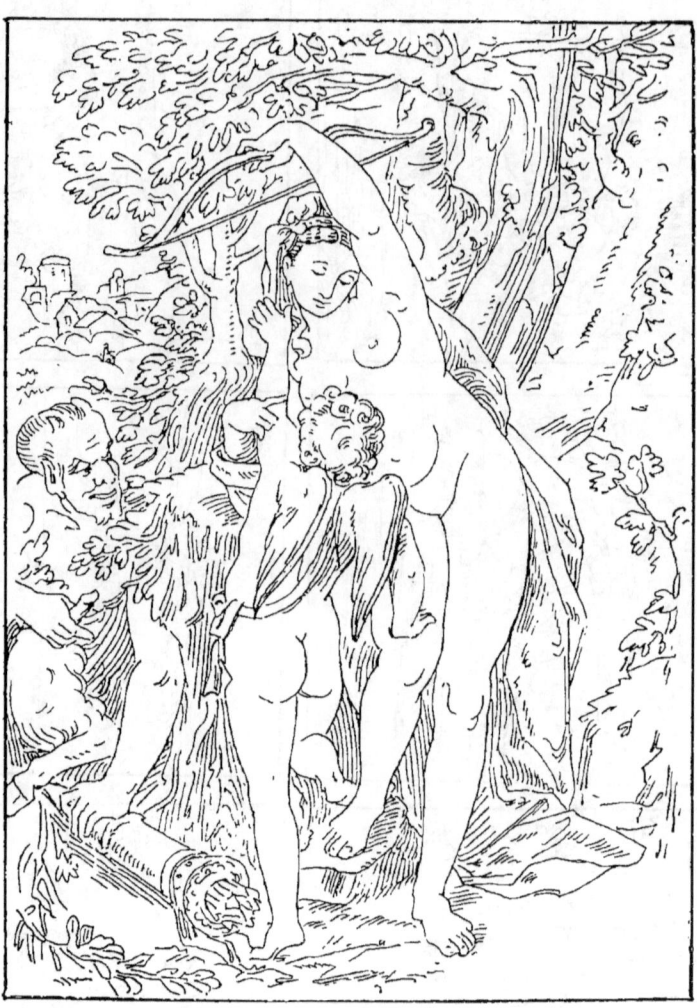

Autrefois chez Magno à Strasbourg, puis au château de Merkenau à Müllerhof, c P. Muller. Attribué à Corrège. Vénus désarmant l'Amour en présence de Pan (pendant tableau de l'Education de l'Amour à la National Gallery). D'après la gravure de Christo Guérin On a signalé d'autres exemplaires de cette composition à New-York et près Florence. — Thieme-Becker, Lexikon, art. Allegri, p. 464; Meyer, Corregio, p. 385, 3 Archiv. Storico dell' arte, III, 1890, p 162.

VÉNUS ET L'AMOUR 281

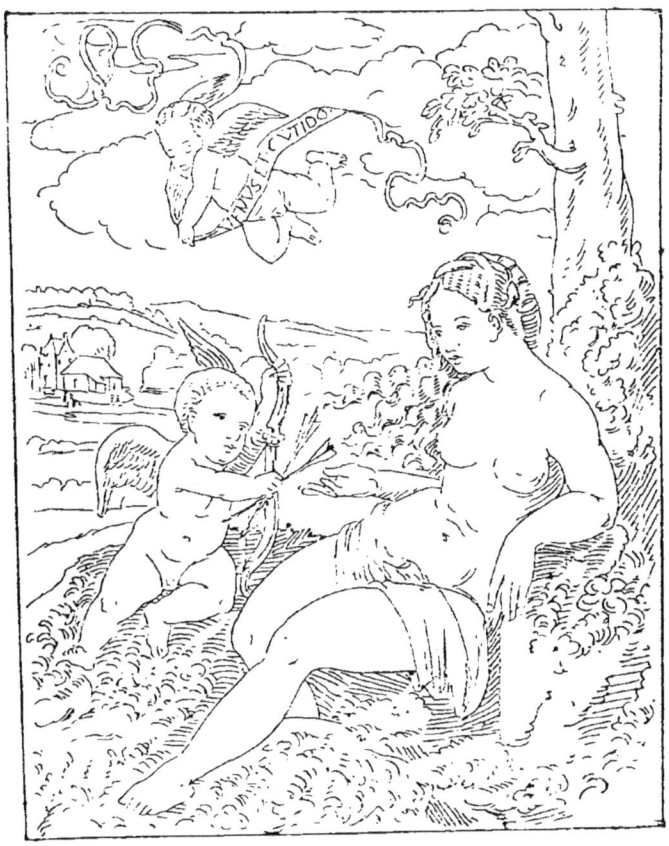

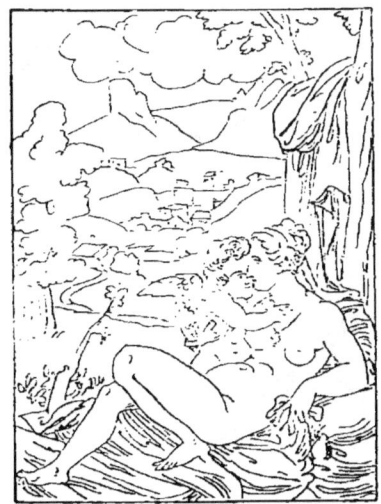

1. Augsbourg 141. Mathias Gerung (vers 1550). L'Amour offre à Vénus un arc et des flèches. Dans le ciel, un Amour avec une banderole. *Vénus et Cupido*. Peinture influencée par Cranach.

2 Autrefois attribué à Daniel de Volterre dans a coll Giustiniani (Landon, *Gal. Giust.*, pl. 40). Vénus et l'Amour.

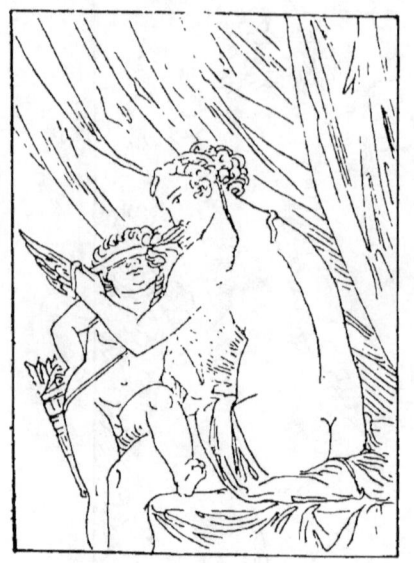
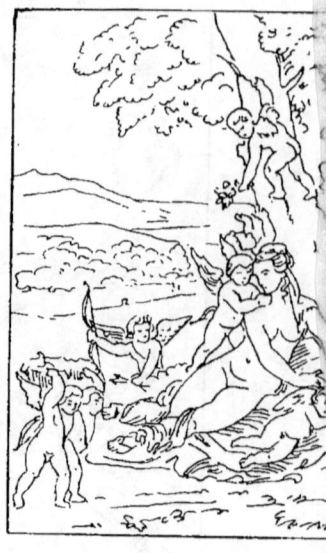
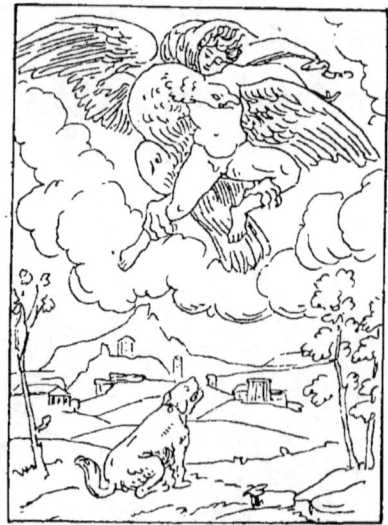

1. D'après un tableau égaré, autrefois att[ribué au] Corrège. Vénus bandant les yeux de l'Am[our.] Réveil, *Musée*, I, 123.

2. Attribué à Jules Romain dans l'an[cienne] collection Giustiniani (Landon, pl. 150). V[oir] cinq Amours.

3 Autrefois dans la coll. Giustiniani (L[andon,] *Gal. Giust.*, pl. 40) et attribué là à Michel[-Ange.] Enlèvement de Ganymède (d'après un de[ssin de] Windsor).

VÉNUS ET ADONIS

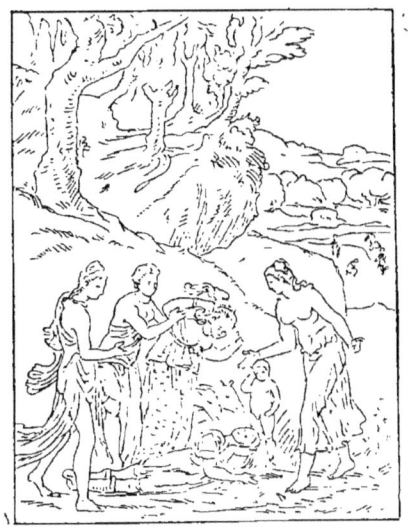

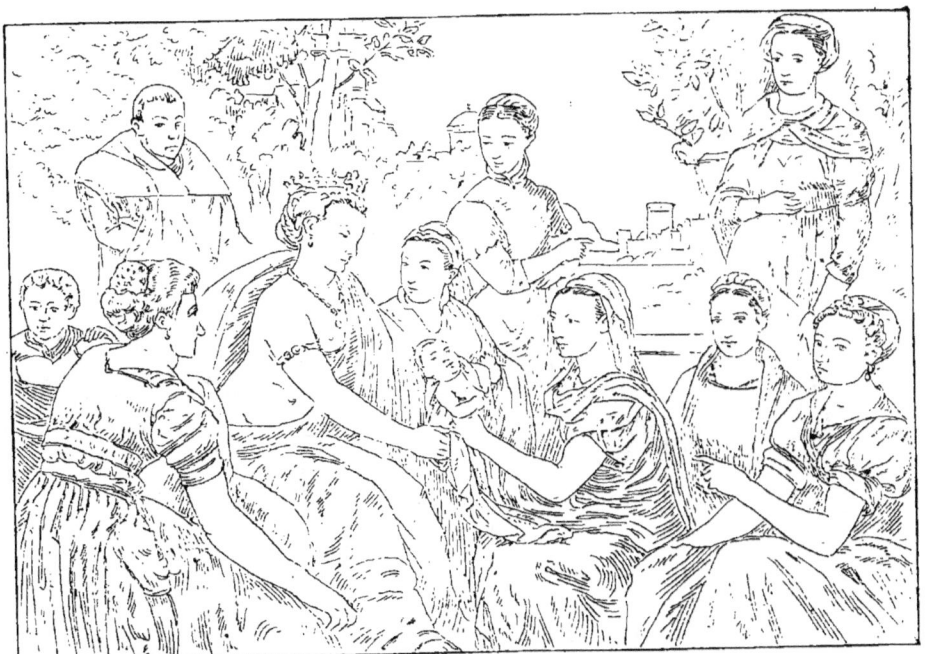

1. Vente Alexis Orloff, Paris, 29 avril 1920. Attribué à Rosso. Vénus pleurant Adonis.
2. Varsovie (autrefois chez Lachnicki). Maître flamand de l'atelier de Clouet. Visite des enfants de France à Diane de Poitiers, en 1556. Une nourrice lui présente le duc d'Alençon; François II, Marie Stuart et Catherine de Médicis dominent la scène (?) — *Gazette*, 1920, II, p. 251.

284 VÉNUS ET MARS

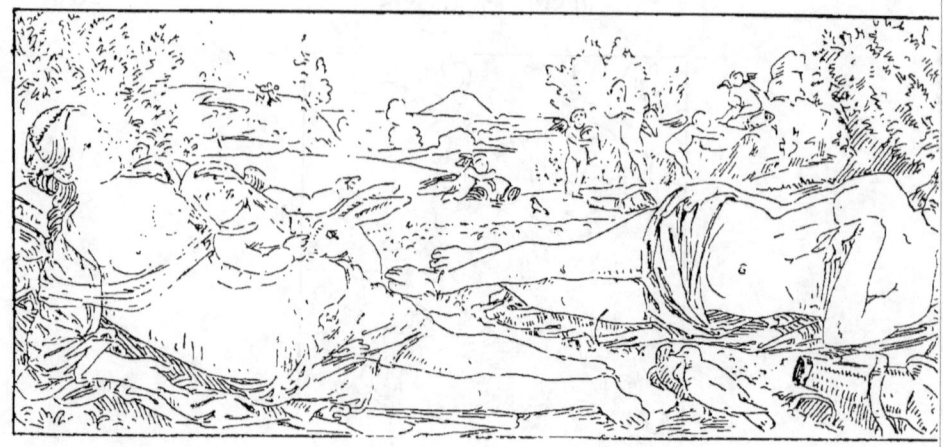

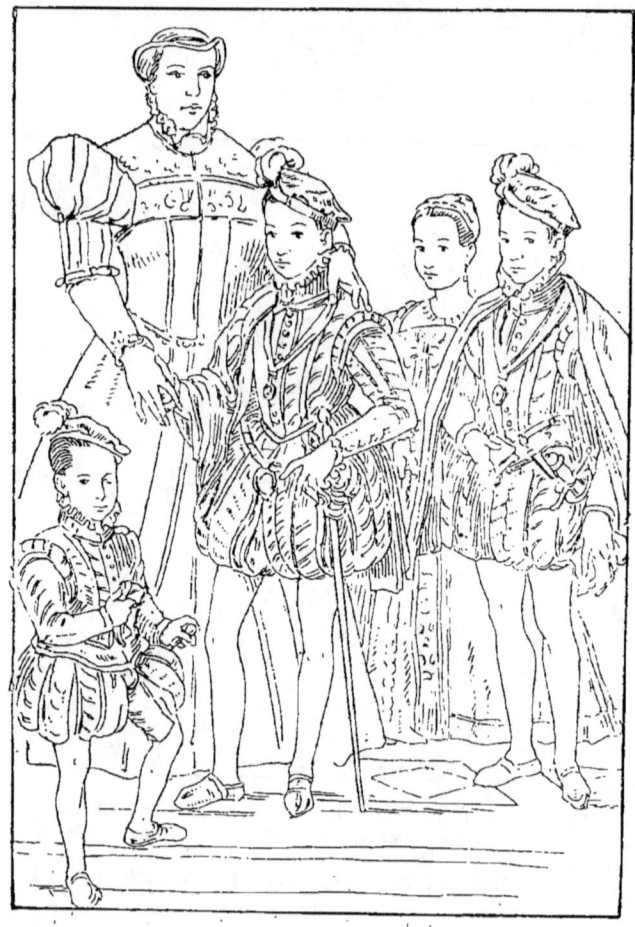

1. Berlin 107. Piero
Vénus et Mars. Autrefoi
sari. — *Jahrbuch* (d
prussiens), 1896. p. 122;
Weibl. Schönheitsidea

2. Coll. Carlisle (autref
Howard). Fr. Clouet. C
Médicis avec ses enfants
Henri III, le duc d'Alenço
rite de Valois). Peint e
Gazette, 1920, II, p. 2

VÉNUS ET NEPTUNE

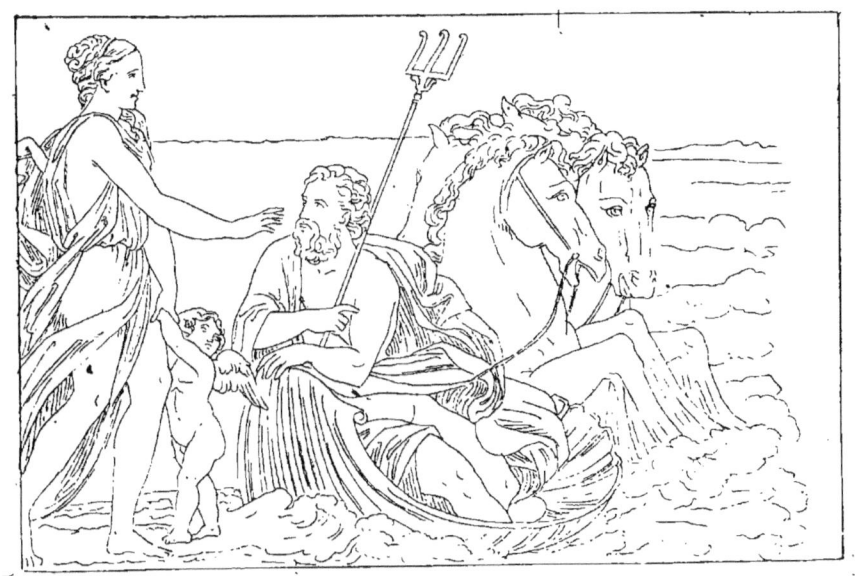

1. Modène. Autrefois au château de Scaudiano. Jules Romain. Vénus et Neptune. Un des douze tableaux peints pour illustrer l'Enéide. — Rosini, *History of painting in Italy*, V, 149.

2. Coll. Mège à Paris. Ecole allemande. Portrait l'homme. — *Les Arts*, 1909, n. 86, p. 5.

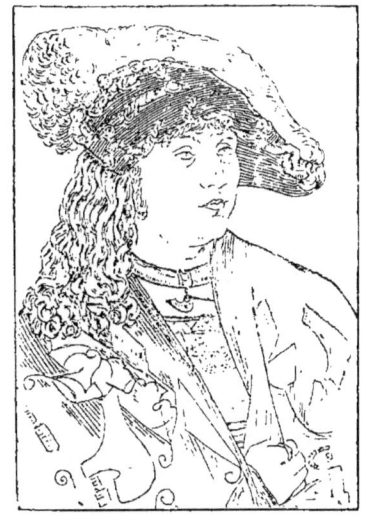

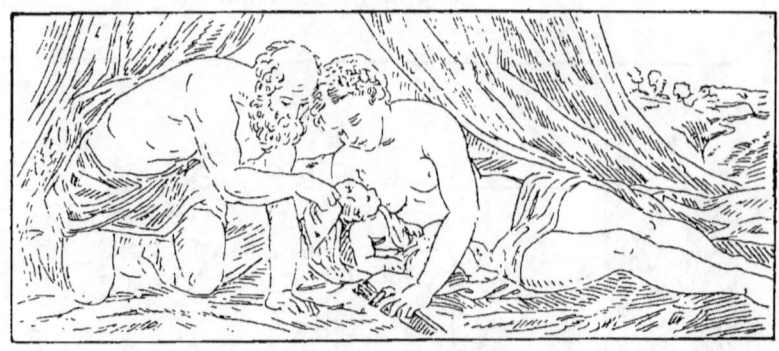

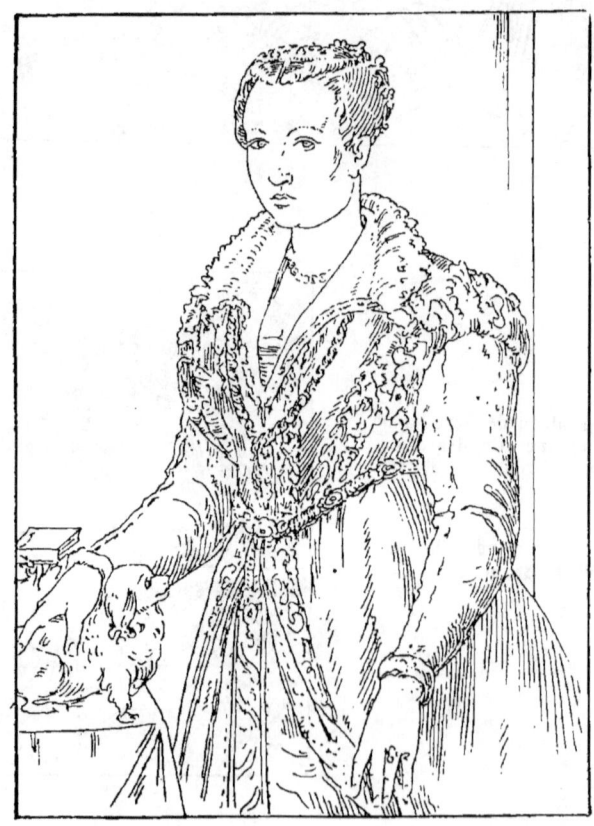

1. Pitti 3. Tintoret
Cupidon et Vulcain.
airs, Mars conduisant
(manque sur notre de
H. Thode, *Tintoretto*,

2. Vente Alexis Orlo
29 avril 1920. n. 10. l
Portrait d'une dame
épagneul.

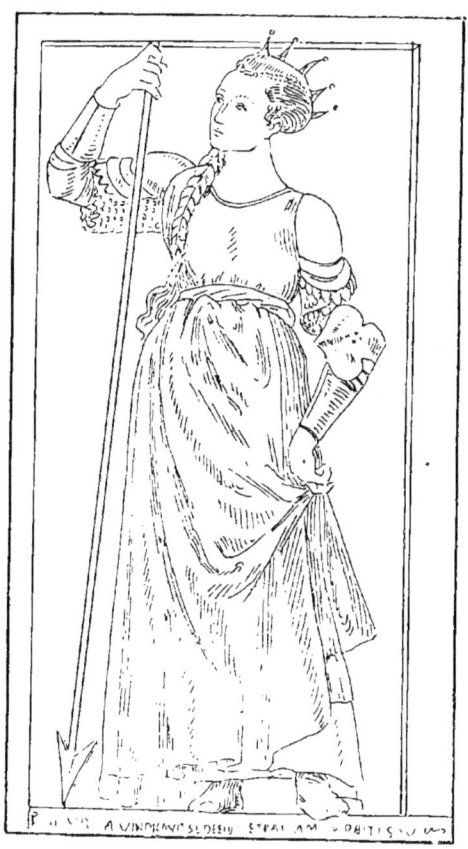

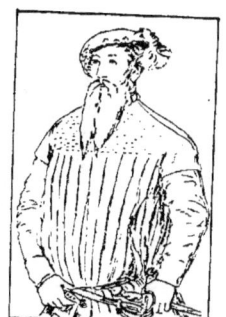

1. Florence. Ste Apollonie (réfectoire). Andrea del Castagno. La reine Tomyris. Fresque. — H. Schulze, *Weibliches Schönheitsideal*, 5.

2. Newbattle Abbey. Gerl. Flicke. Portrait de Sir Peter Carew. — *Burl. Mag.*, mai 1910, p. 72.

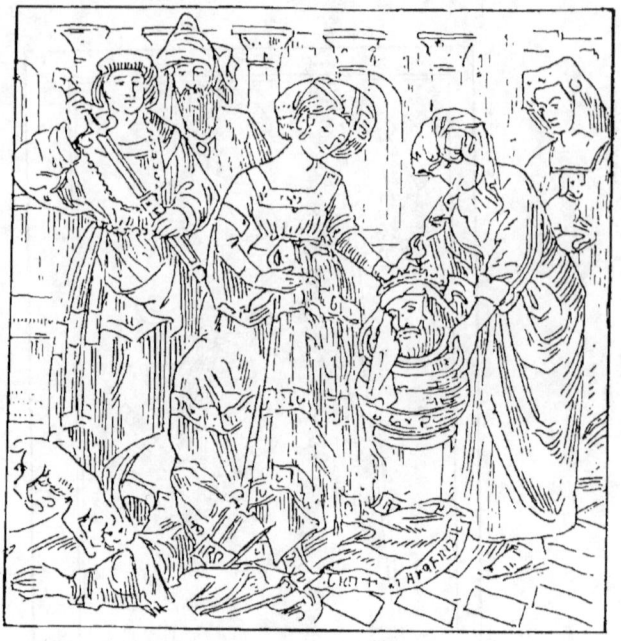

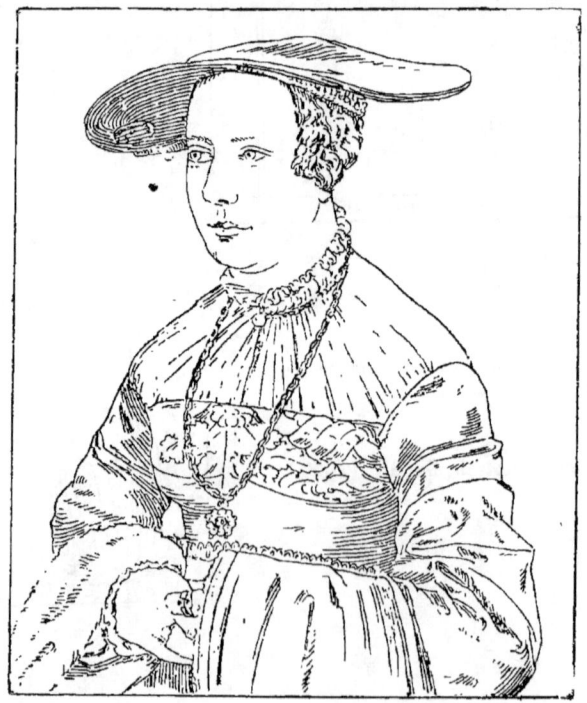

1. Berlin 537 b.
copie d'après le ma
Flemalle. La tête de C
sentée à Tomyris. — J
(des musées prussien
p. 105; *Burl. Mag.*, XI

2. Augsbourg. Maximi
Chr. Amberger. Portra
Moerz (cf. plus haut, p.

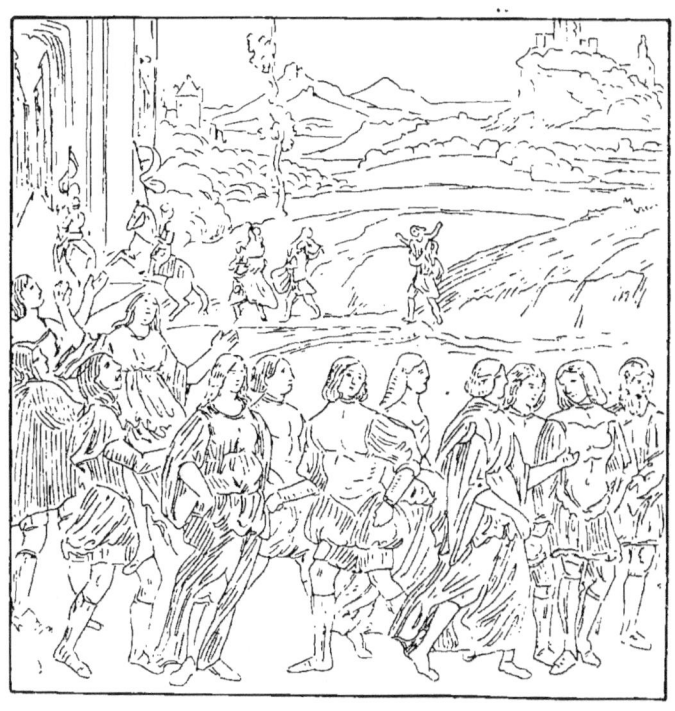

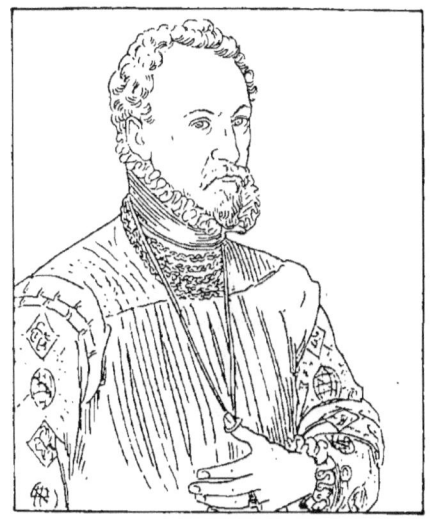

1. Vente Guggenheim, Venise, sept. 1913, n. 847. École de Ferrare. L'enlèvement des Sabines.

2. Coll. du Viscount Dillon. Ant. Mor. Portrait de Sir Henry Lee, signé et daté 1568. — *Hist. Portraits, Loan Exhib.*, Oxford, 1904, n. 99.

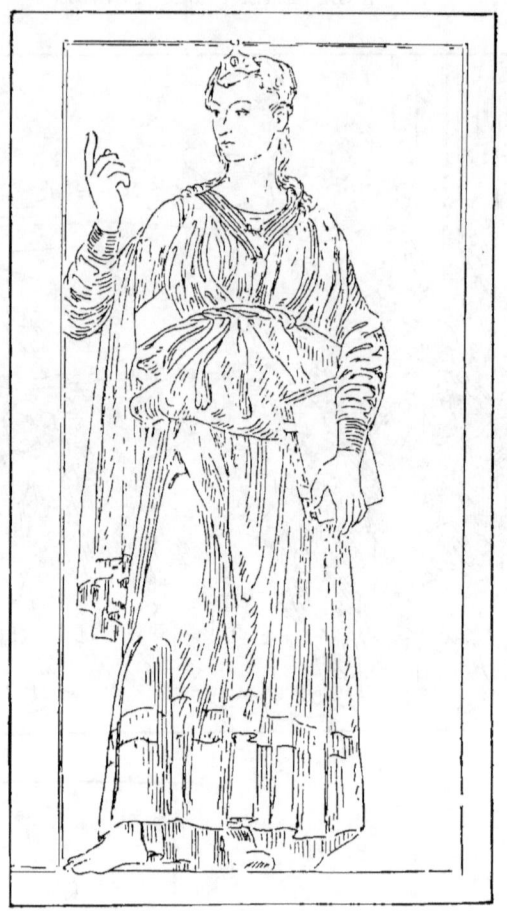

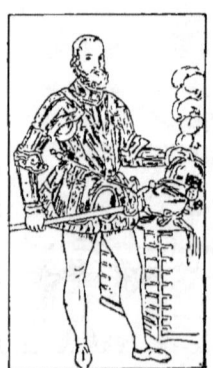

1. Florence. Ste Apollonie (réfectoire). Andrea del Casta[gno]. sibylle de Cumes. Fresque. — H. Schulze, *Weibliches Sch[önheits]sideal*, 4.

2. National Portrait Gallery. Sofonisba Anguissola. Po[rtrait de] Philippe II. — *Burl. Mag.*, fév. 1915, p. 182.

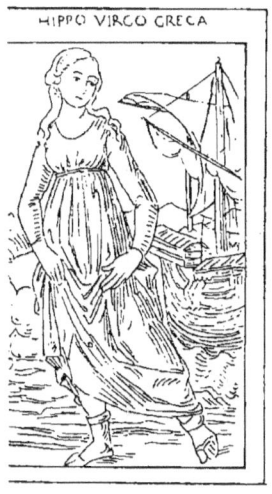
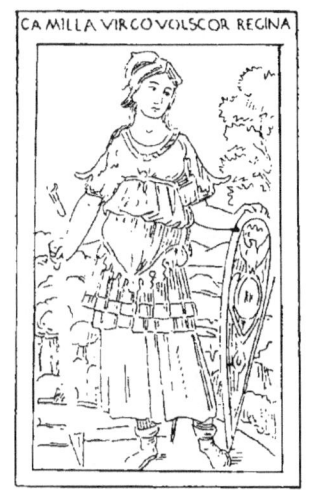
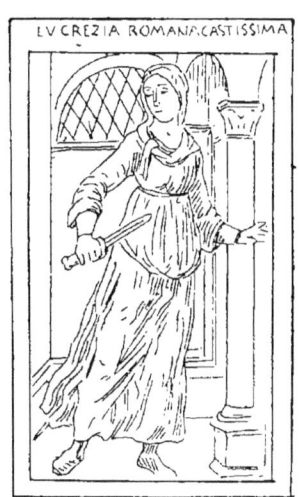

1-3. Sienne. Palais Chigi-Zondadari. Attribué à Matteo di Giovanni. *Cassone* de mariage. Les trois héroïnes Hippo, Camille et Lucrèce. — *Rassegna d'arte*, 1911, pl. à la p. 61.

4. Oldenburg. Jacob Cornelisz dit d'Amsterdam (Oostsanen), ou Lucas de Leyde. Portrait du comte Edmond le Grand d'Ostfriesland. — Bode, *Grossherz. Gem. Gall.*, p. 65.

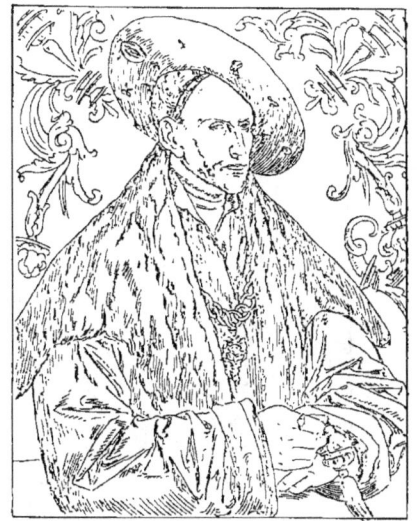

292   LUCRÈCE

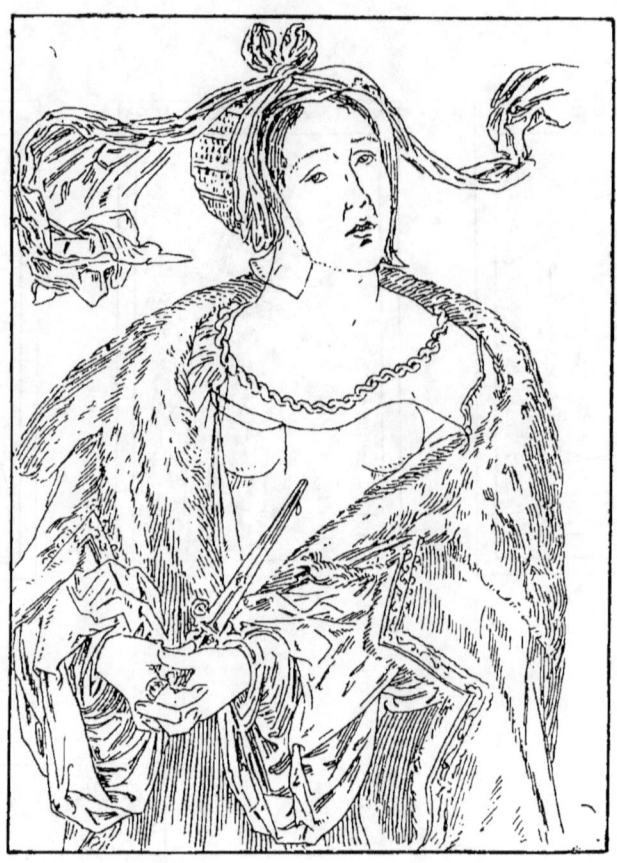

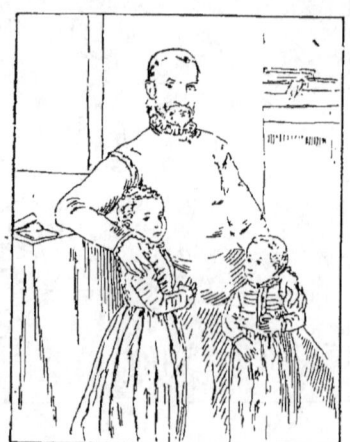

1. Vienne 687. Maître de la Mort de Marie. L[ucrèce]
se perçant d'un poignard. Autrefois attribué à Q[.]
Matsys. — H. Schulze, *Weibliches Schönheits*[-ideal]
141.

2. Dublin. Sofonisba Anguissola. Portrait d'A[.]
Anguissola avec deux enfants. — *Burl. Mag.*, mars
p. 228.

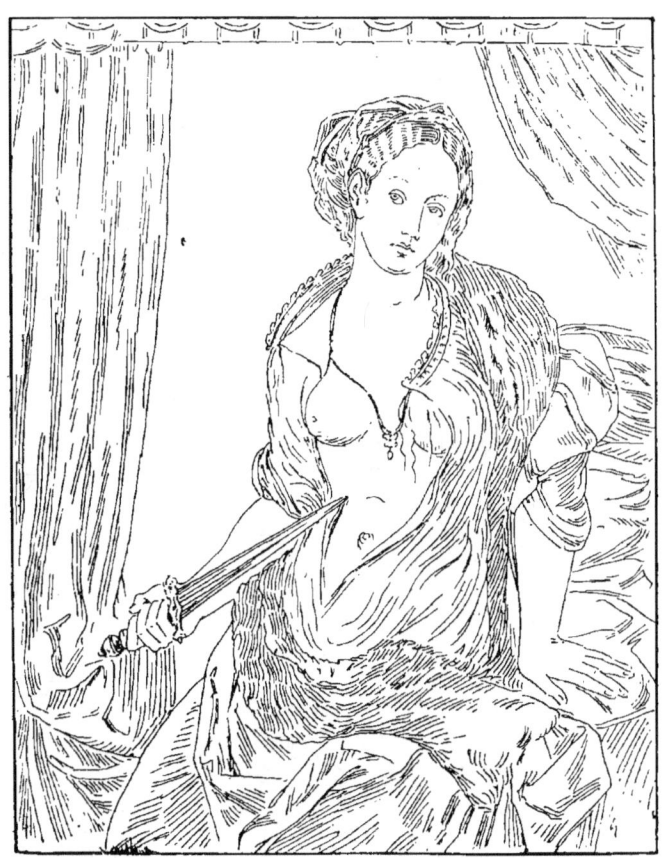

Vente Kræmer, Paris, juin 1913, n. 3. Attribué à Ambrosius Benson. Suicide de Lucrèce.

294   LUCRÈCE

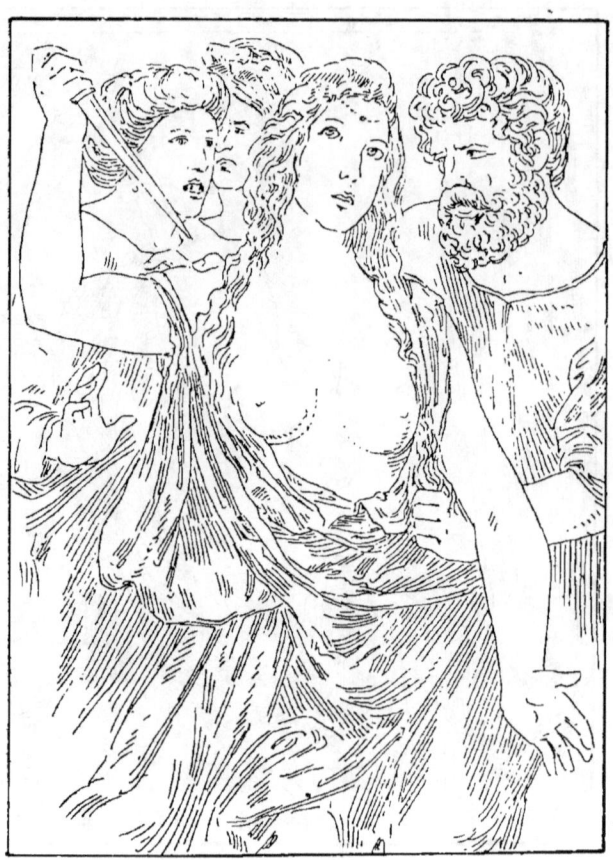

Turin 59. Sodoma. Lucrèce se tue en présence de Collatin qui essaie de la retenir, de père et d'une jeune femme. — H. Schulze, *Weibliches Schönheitsideal*, 63.

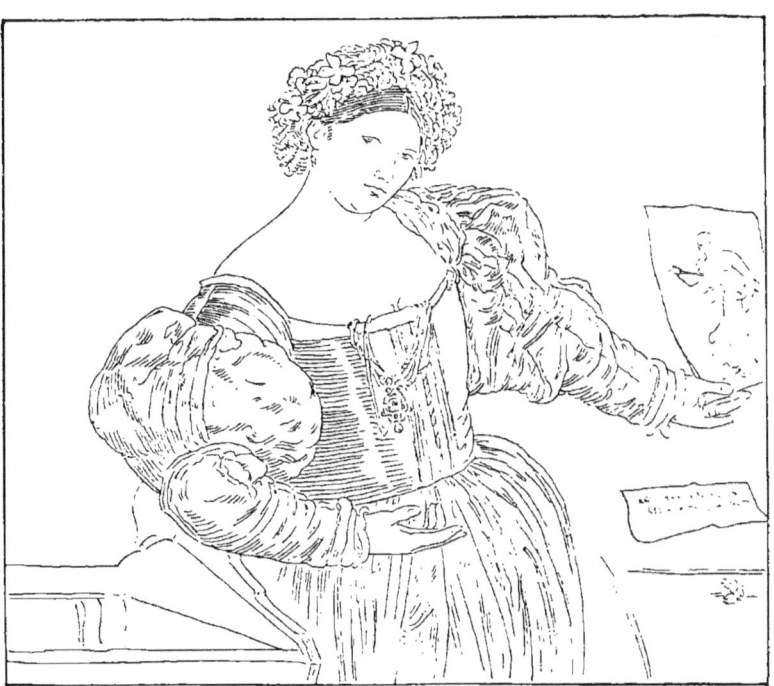

1. Londres. Dorchester House (Holford). Lorenzo Lotto. Jeune femme en Lucrèce (?) tenant en main un dessin représentant une femme nue (Lucrèce violentée?) ; sur le cartel sont inscrits les mots de Tite-Live : *Nec ulla impudica Lucretiae exemplo vivet*. Peint en 1529-1530. Ce tableau a été commenté, mais non expliqué. Copie ancienne dans la collection Liechtenstein à Vienne. — B. Berenson, *Lorenzo Lotto*, 2e éd., pl. à la p. 190.

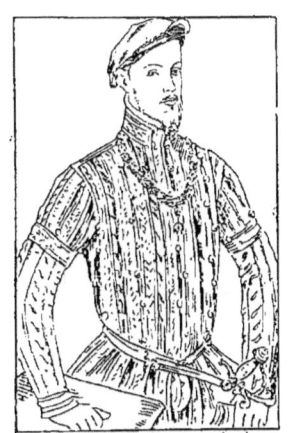

2. Buckingham Palace. Ant. Moro. Portrait de Philippe II. — *Burl. Mag.*, oct. 1910, p. 6.

CORIOLAN ET VÉTURIE (?)

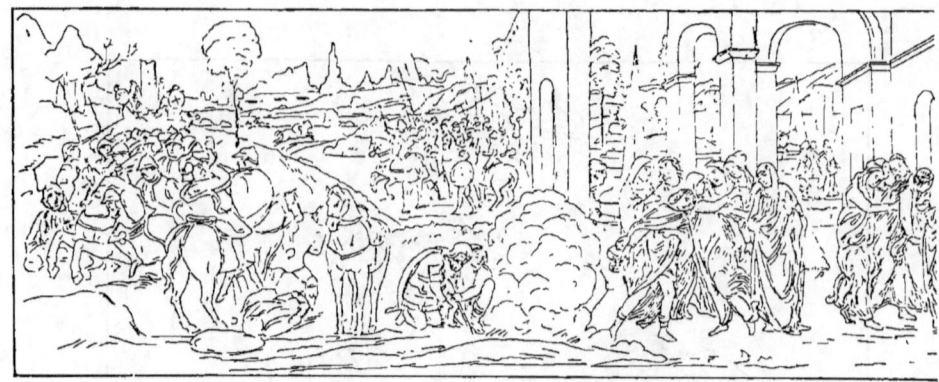

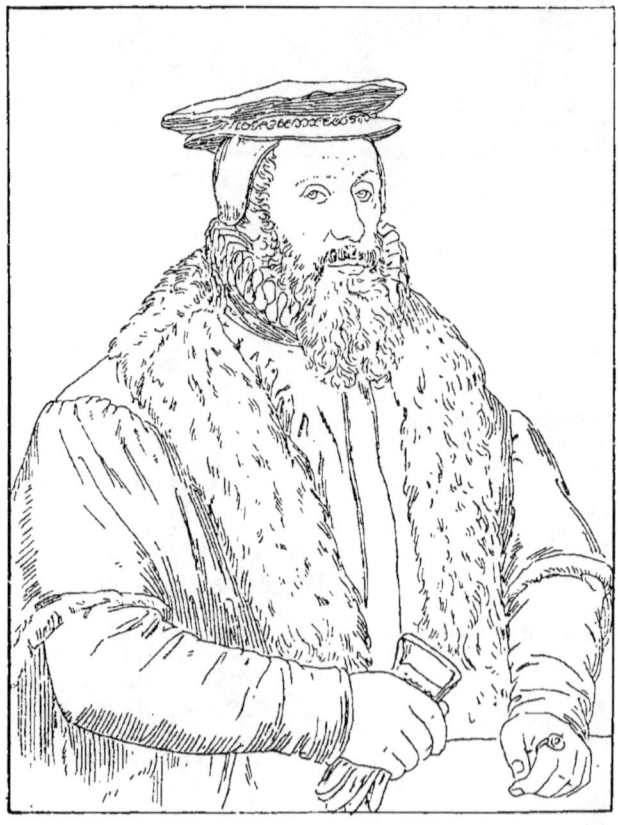

1. Autrefois dans le comm[erce] à Munich. Attribué à Jacop[o] Sellaio. Coriolan, aux port[es de] Rome, est désarmé pa[r sa] mère (?) L'interprétation [est] douteuse.

2. Autrefois dans la co[llec-]tion Leuchtenberg à Petro[grad.] Pourbus le Vieux. Po[rtrait] d'homme. — Passavant, Ga[lerie] Leuchtenberg, pl. 108.

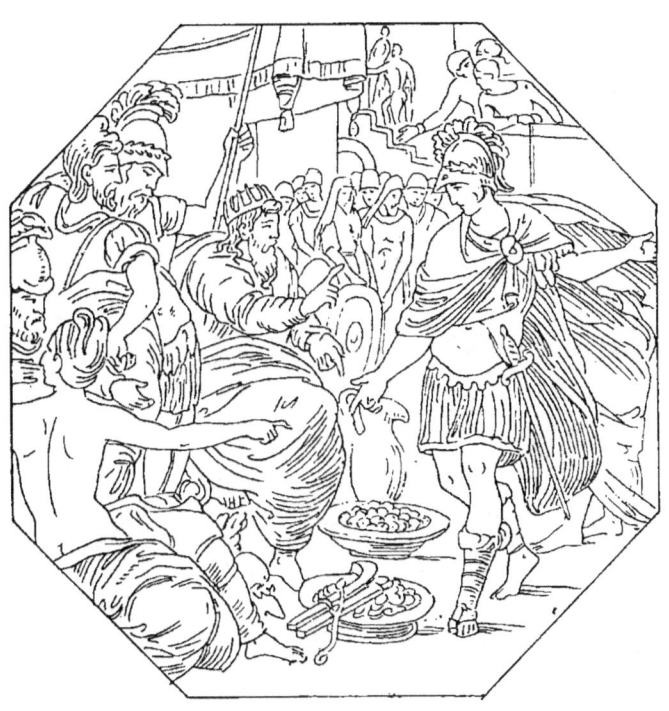

1. Palais Doria à Gênes (?) Perino del Vaga. Brennus est surpris par l'arrivée de Camille. — Rosini, *History of painting in Italy*. V, 244.

2. Buckingham Palace. Ant. Moro. Jeanne d'Autriche. — *Burl. Mag.*, oct. 1910, p. 6.

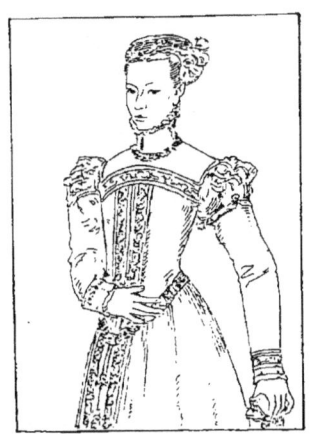

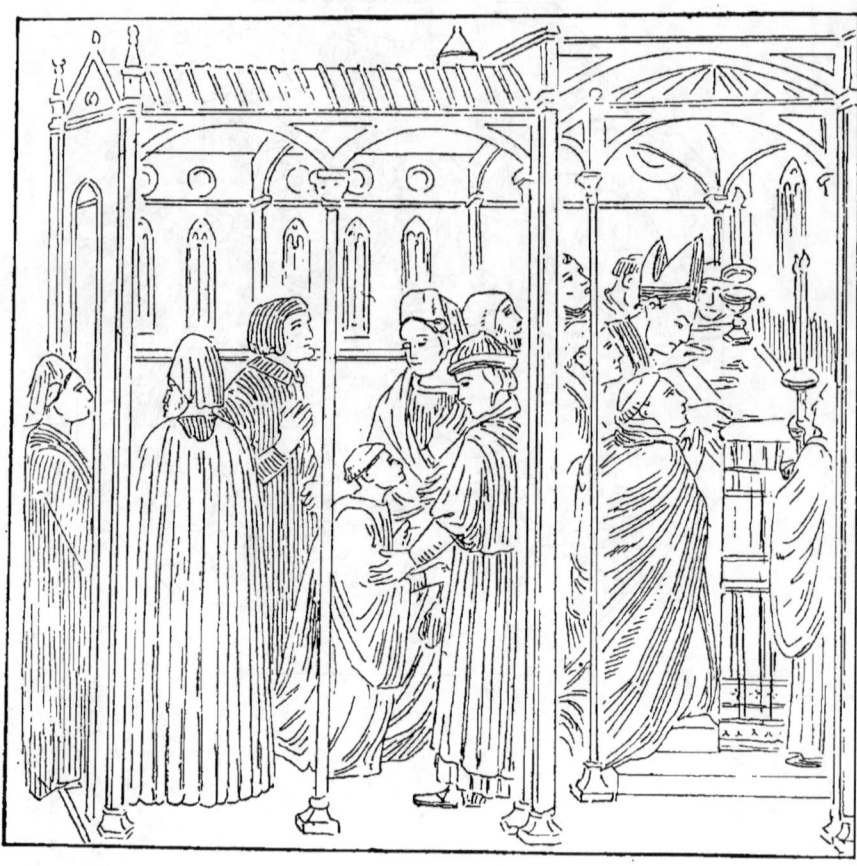

Orvieto. Cathédrale. Chapelle du Corporale. Ugolino di Prete Ilario. Le prêtre, qui a\ des doutes sur la transsubstantiation, est convaincu, en présence de l'évêque, par l'apparit de gouttes de sang sur l'hostie (1263). Fresque repeinte.

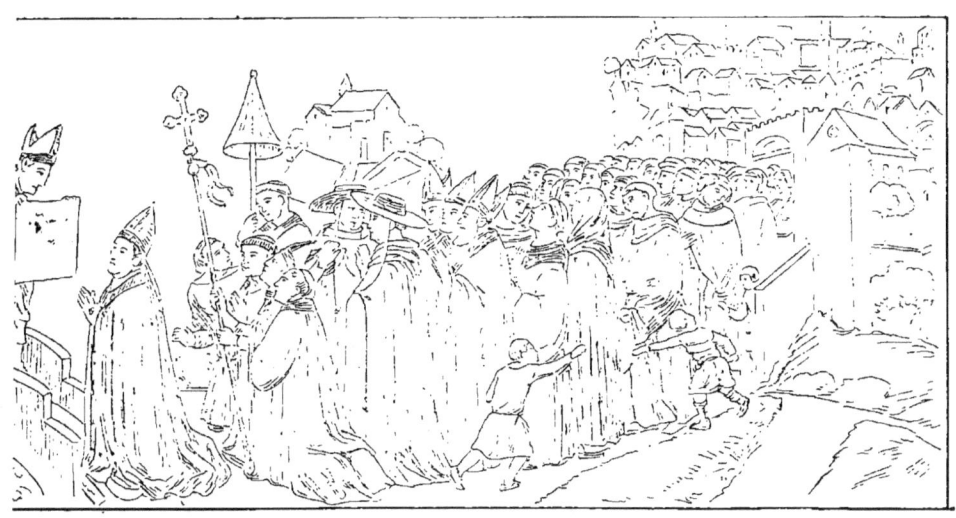

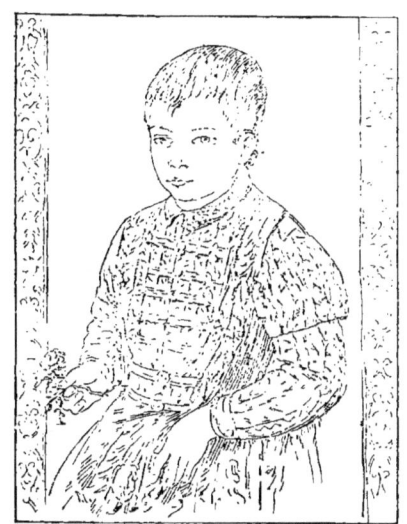

1. Orvieto. Cathédrale. Chapelle du Corporale. Ugolino di Prete Ilario. Le pape Urbain IV, suivi d'un cortège de cardinaux, d'évêques et de moines, admire les gouttes de sang qui sont la preuve du miracle (1263). Fresque très restaurée. — Venturi, *Storia*, V, p. 839.

2. Oldenburg. Attribué à Tintoret. Portrait d'un enfant vénitien.

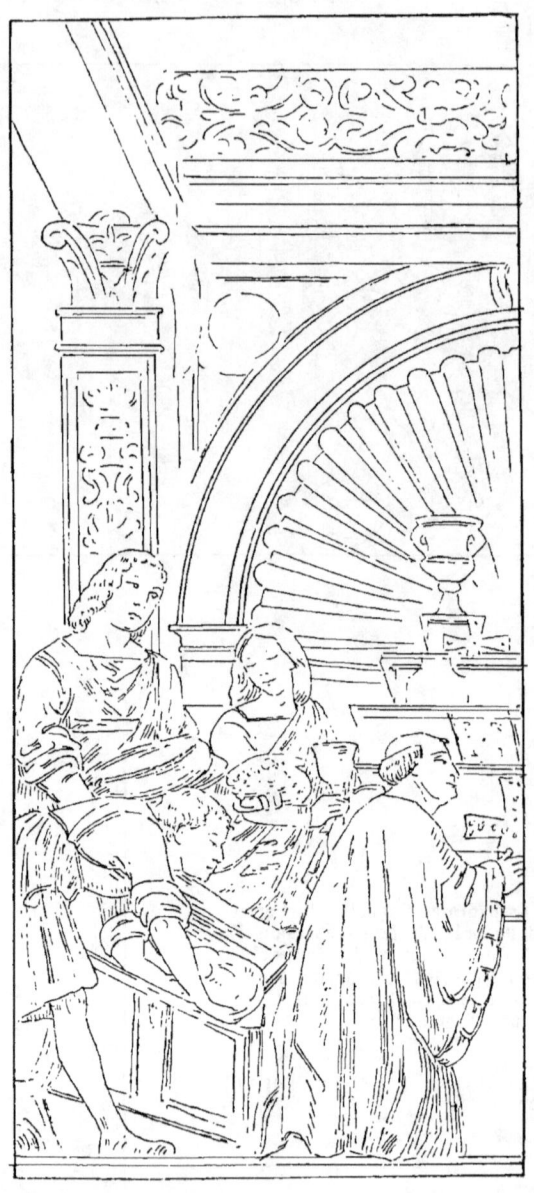

(Joindre le suivant). Monza. Cathédrale. Ecole milanaise. Volet d'orgue. Restitution du tr
de Monza revenu d'Avignon, par Giovanni Visconti (1319). — *Rassegna d'arte*, 1910, p

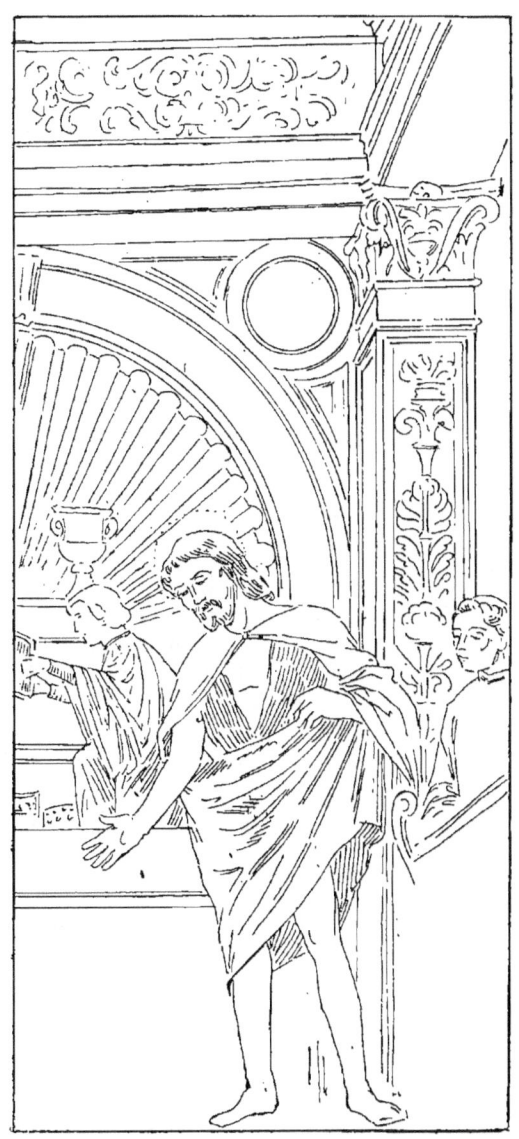

(Avec le précédent). Monza Cathédrale. Ecole milanaise. Volet d'orgue. S. Jean reçoit le trésor de Monza restitué par Giovanni Visconti (1319). — *Rassegna d'arte*, 1910, p. 88.

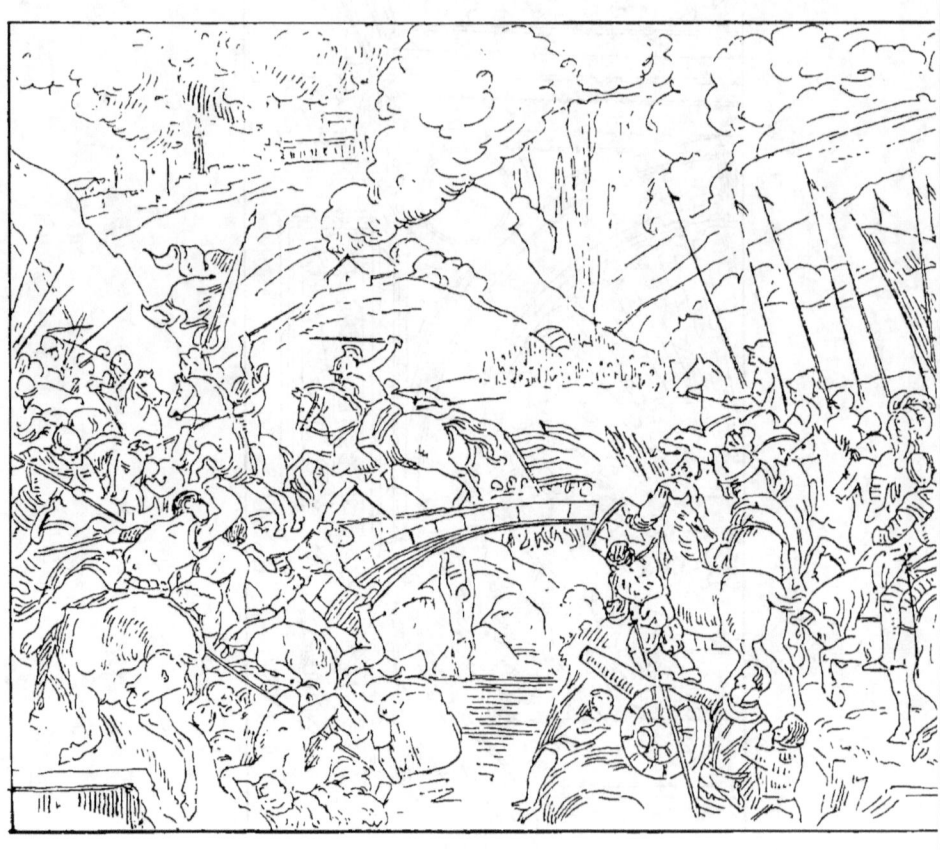

Autrefois au Palais des Doges, brûlé en 1577. Titien. La bataille de Cadore, 2 mars 1
où les Vénitiens défirent les Impériaux. D'après la gravure de Giulio Fontana. Il existe
ancienne copie partielle aux Uffizi — Fischel, *Tizian*, 65.

CONCILE DE TRENTE

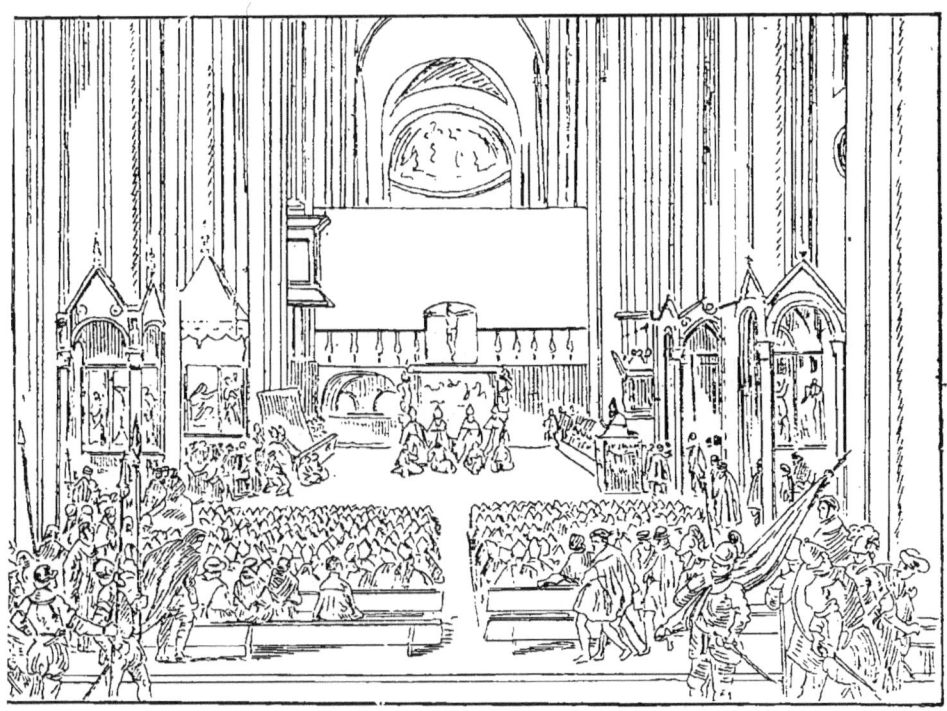

1. Louvre 1586. Attribué à Titien, à Tintoret ou à Paolo Farinati (Berenson). Le Concile réuni en 1545 dans la cathédrale de Trente, sous la garde de soldats au premier plan. Esquisse à Vienne; réplique en Hollande. — O. Fischel, *Tizian*, 175.

2. Coll. de feu Th. Davis à Newport. Bart. Veneto. Portrait d'homme. — B. Berenson, *Venetian painting in America*, p. 258.

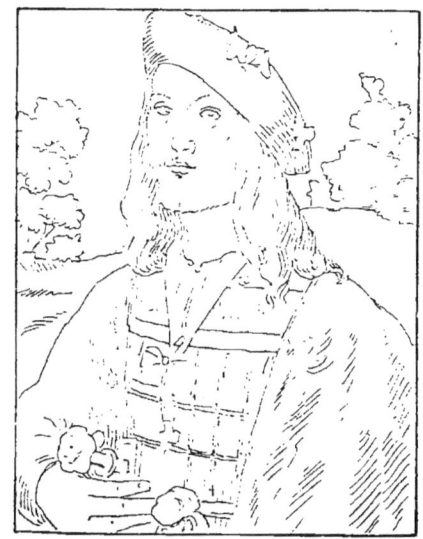

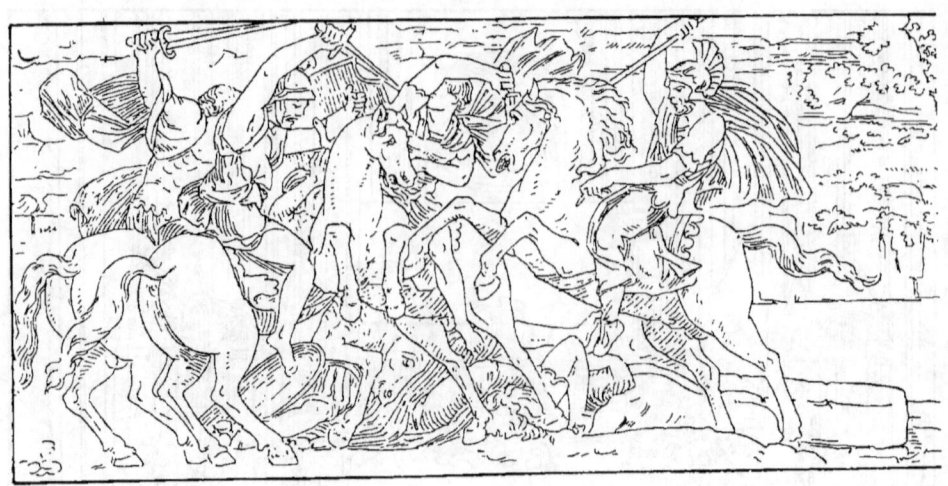

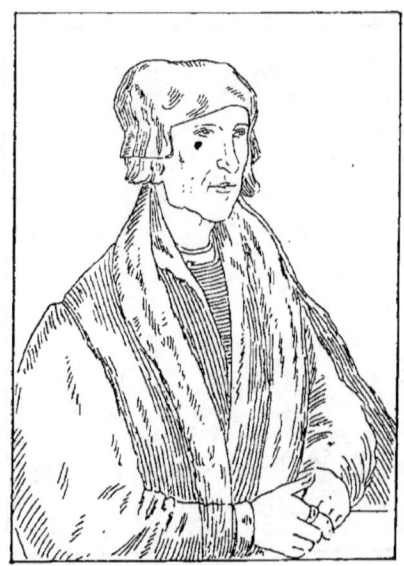

1. Mantoue. Palais du Té. Jules Romain Combat de cavalerie. — Arco, *Giulio Romano* p. 49, pl. 29

2. Cologne Hans von Kulmbach Portrait de Thomas, comte de Rieneck.

SUJET MILITAIRE

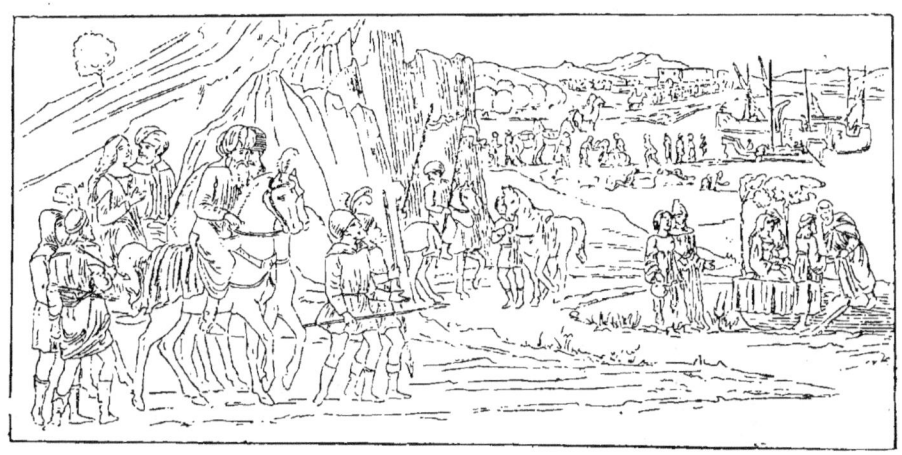

1. Autrefois chez Boehler à Munich. Atrribué à Parentino. Sujet militaire à déterminer.
2. Chantilly 36. Imitateur (du temps d'Henri IV) d'un tableau de Clouet auj. à Richmond. Gabrielle d'Estrées au bain : dans le fond, une nourrice avec le duc de Vendôme. — *Gazette*, 1920, II, p. 162.

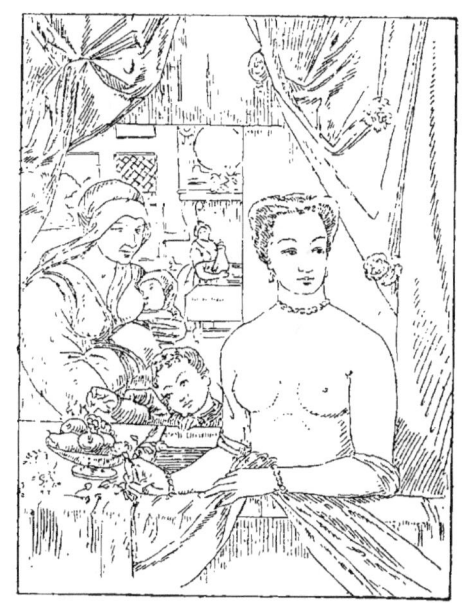

306 ALLÉGORIE DE LA VIE CHAMPÊTRE

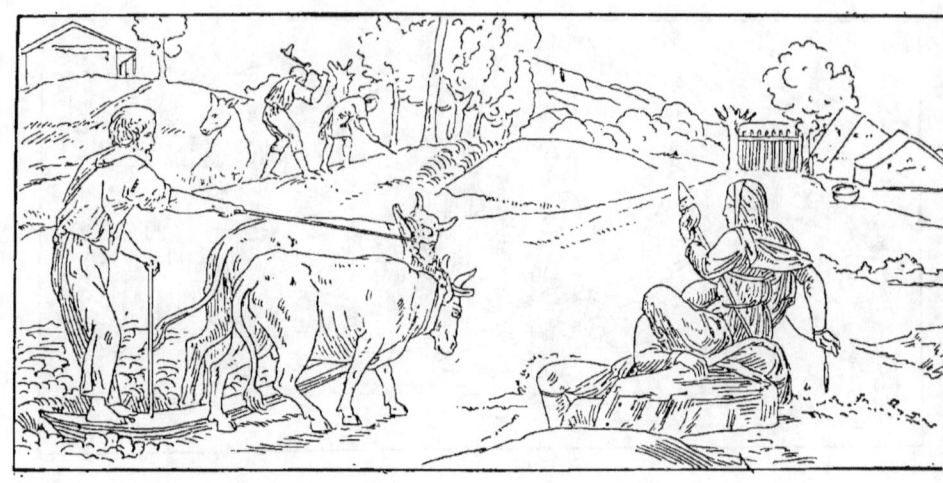

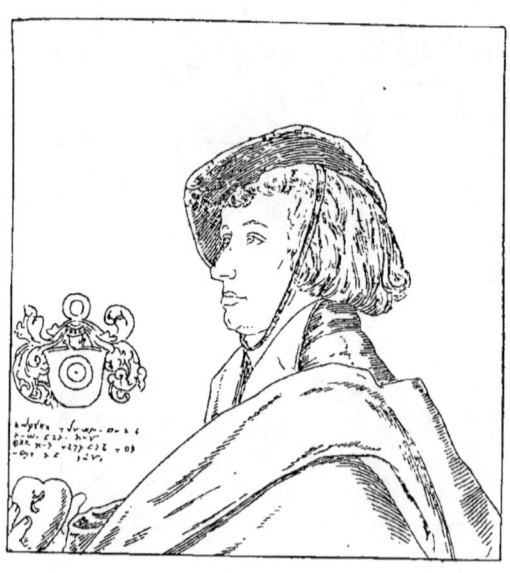

1. Mantoue. Palais du Té. J
Romain. La vie des champs.
Arco, *Giulio Romano*, p. 49, pl

2. Bâle 297. Ambrosius Holb
Portrait du seigneur de Rüdisw
(Lucerne). Aquarelle sur parcher

LA SIESTE EN ÉTÉ

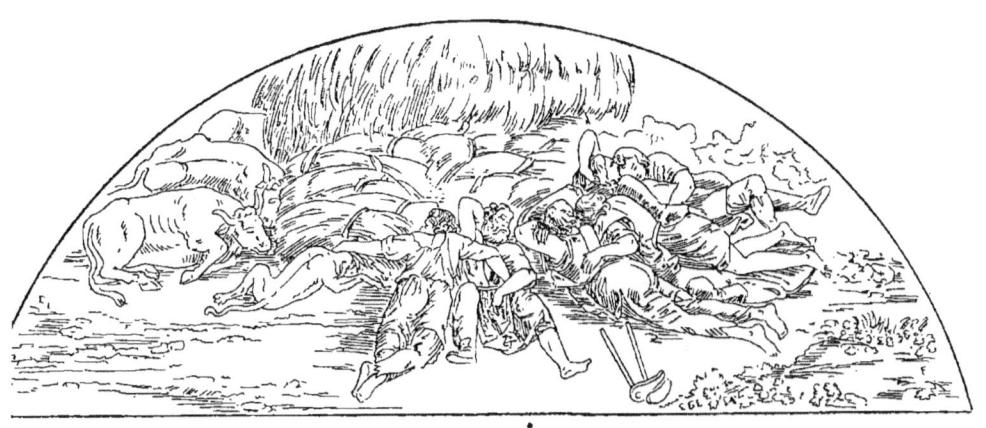

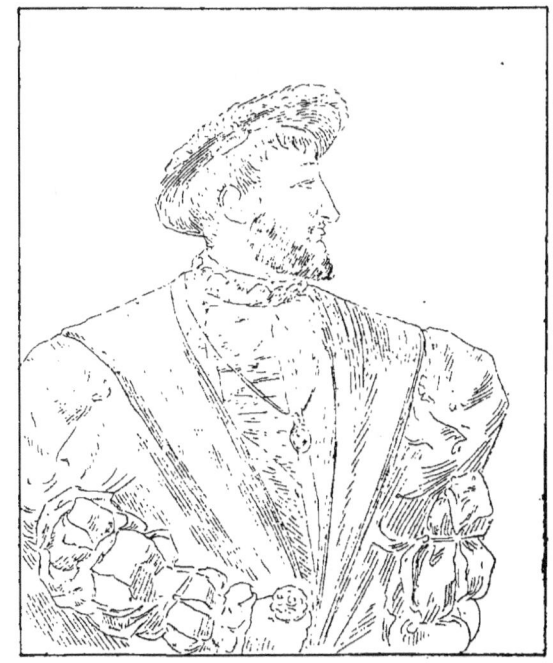

1. Casino della Grotta à Mantoue. Jules Romain. La sieste en été. — Arco, *Giulio Romano*, p. 49, pl. 30.

2. Louvre 1588. Titien. Portrait de François Ier. Peint probablement d'après une médaille. — O. Fischel, *Tizian*, 68.

308   CONCERT CHAMPÊTRE

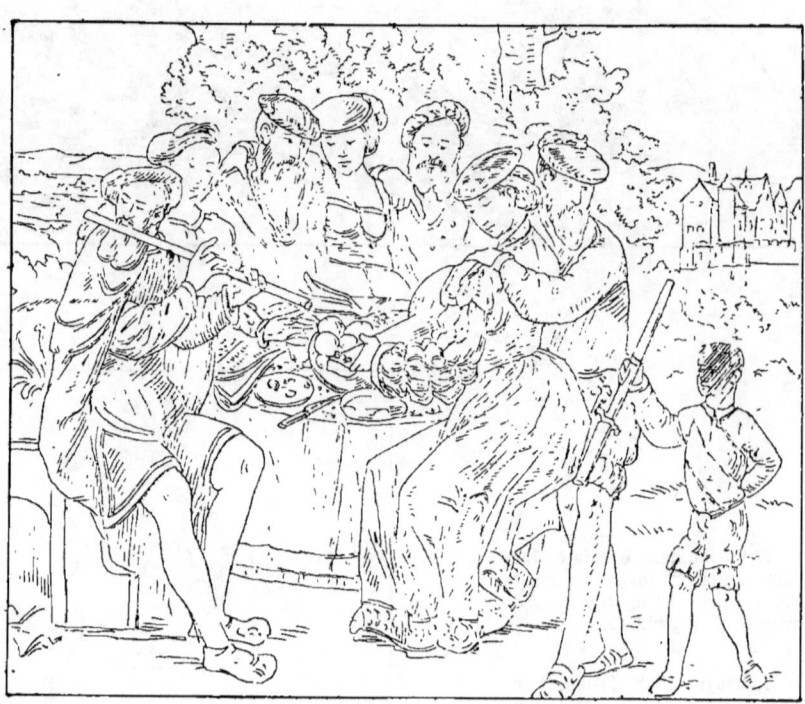

— Autrefois dans le commerce à Bâle (d'où une photographie a été adressée au Lo
Maître des femmes à mi-corps. Concert champêtre autour d'une table bien servie. Plu
répliques, entre autres à Vérone.

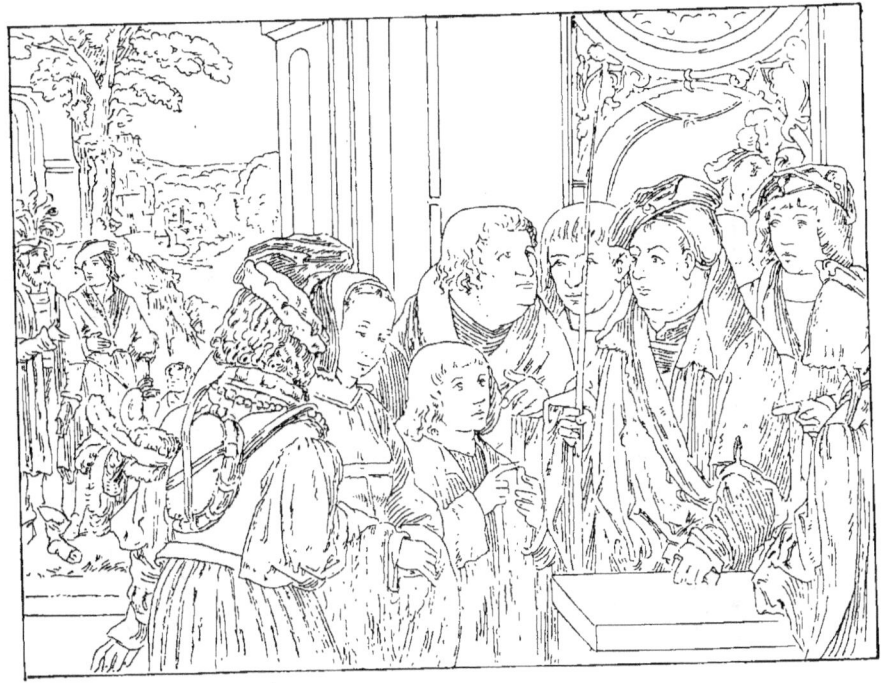

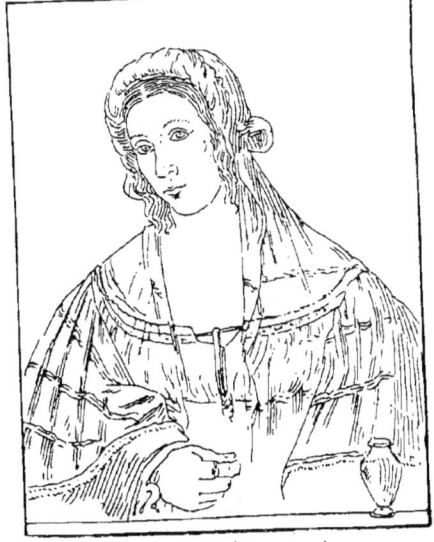

1. Brême. Lucas de Leyde. Susanne devant le juge (?) — Friedlaender, *Von Eyck bis Bruegel*, pl. 29.

2. Coll. Aug. Healy à Brooklyn. Bartol. Veneto. Portrait de femme. — Berenson, *Venetian painting in America*, p. 260.

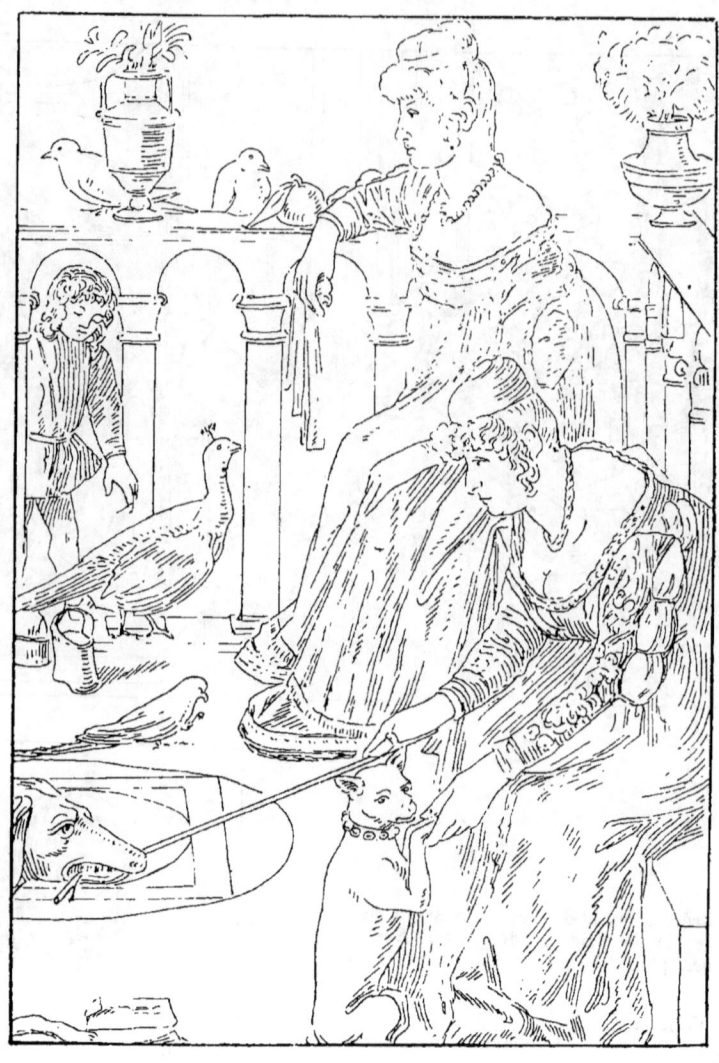

Venise. Museo Civico (Correr). Vittore Carpaccio. Tableau connu sous le nom « les courtisanes », mais qui doit plutôt représenter des diseuses de bonne aventure, entourée leurs animaux familiers. Signé : *Opus Victori Carpatio* (sic) *Veneti*. — Lafenestr Richtenberger, *Venise*, pl. à la p. 254 ; H. Schulze, *Weibliches Schönheitsideal*, 74.

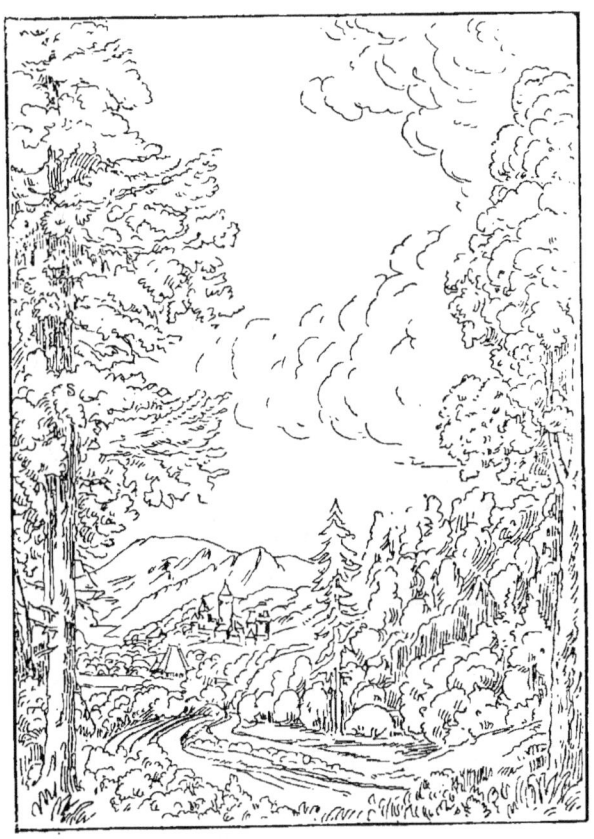

Munich 293. Albrecht Altdorfer. Paysage boisé et accidenté, traversé par une route serpentante. Signe du monogramme sur un tronc d'arbre à gauche. — Heidrich, *Altdeutsche Malerei*, 152.

312   PAYSAGE

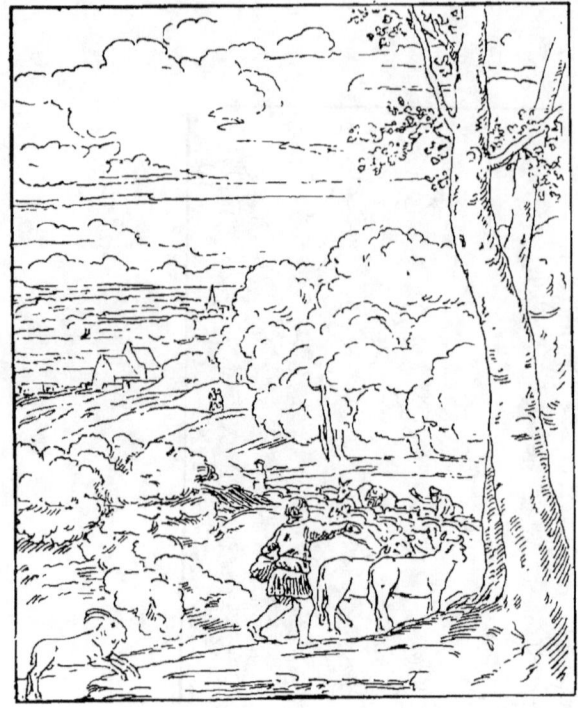

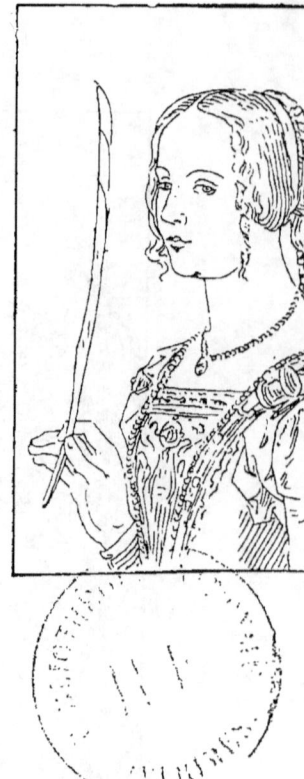

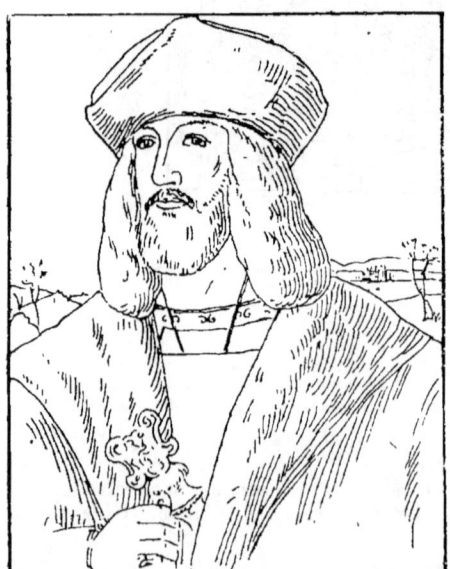

1. Londres. Buckingham Palace. Titi[en].
Paysage orageux que traverse un troup[eau]
de moutons. Peint en 1534 (souvenir [du]
voyage de l'artiste). — O. Fischel, *Tizi[an]*,
60 ; Cavalcaselle, *Tizian*, p. 326.

2. Coll. Altman au Musée de New-Y[ork].
B. Montagna. Portrait d'une dame [en]
Ste Justine. — Berenson, *Venetian pa[in]-
ting in America*, p. 184.

3. Coll. Rutherford-Stuyvesant à N[ew]-
York. Basaiti. Portrait d'homme. — *Ib[id.]*,
p. 242.

CORRECTIONS ET ADDITIONS

AU

RÉPERTOIRE DE PEINTURES DU MOYEN-AGE ET DE LA RENAISSANCE⁽¹⁾

(TOMES I-VI)

TOME I

P. 3. Le sujet est l'Impératrice Hélène qui fait mettre dans une citerne le juif Judas parce qu'il ne veut pas révéler l'endroit où sont les croix du Calvaire (*Légende dorée*, éd. Wyzewa, p. 264). J'ai suivi a tort la notice de la phot. d'Alinari (n° 9953) : *Guiseppe tolto dalla cisterna*, Cf. Walters, *Piero della Francesca*, p. 38.

P. 6, 1. Neroccio di Landi (A. Venturi).

P. 13, 1. Donné à *Filippino* Lippi.

P. 13, 2. Kübnel, *Botticini*, pl. 15.

P. 14. Giov. Baroncio da Rimini (Siren).

P. 17, 2. A New-York, coll. Phil. Lehmann (Venturi, *Storia*, VII, 3). Attribué a Cossa.

P. 23, 2. Etait chez Léo Nardus à Suresnes.

P. 24, 2. Toute la coll. Cohen a été léguée à la Nat. Gallery.

P. 36. Réplique à Sigmaringen (Bodenhausen, *G. David*, p. 174).

P. 37, 2. Réplique à Versailles.

P. 42, 2. *Derich Born*. Ce tableau est daté de 1533 ; portrait du même a Munich, p 212.

P. 53, 1. Chez Alex. Henderson à Londres.

P. 59, 2. G. Weber, *Fior. di Lorenzo*, pl. 11.

P. 62, 2. Est à Milan, après avoir appartenu à Crespi. Le portrait Corsini est différent.

P. 65. Lire : Lorenzo *Costa*.

P. 70, 2. Au lieu de *réplique modifiée*, lire *variante libre*.

P. 72. Aussi donné t. IV p. 93.

P. 74, 1. Œuvre de Daret (Tournai, 1434). Cf. Hulin, *Burl. Mag.*, juillet 1909, p. 202.

P. 77. D'après le maître de Flémalle.

P. 81, 2. Lire S. *Columban*.

P. 87, 1. Winckler, *Der M. von Flémalle*, p. 74.

P. 89. *Rass. d'Arte*, 1905, p. 82.

P. 93, 2. Portrait de Cosme de Médicis (?) La date doit être lue 1513.

P. 97, 2. *Rev. de l'art*, 1907, I, p. 163.

P. 98, 2. *Arte*, 1908, p. 449. La coll. Salting est à la Nat. Gallery.

P 101. Déposé à Bonn en 1913.

P. 105. Une réplique par Bacchiacca (?) fut vendue avec la coll. Crespi, Paris, 1914.

P. 106, 2. Coll. Widener (Philadelphie), sous le nom de Clouet.

P. 107, 1. Au fond, le palais Medici de Michelozzo (Marcel Reymond).

P. 108, 2. Coll. Cook à Richmond (1914).

P. 109, 1. Imitation de la Vierge de la coll. Benois à l'Ermitage.

P. 110. L'original (de Gianpedrino ?), était à Paris chez Brunner en 1910 ; il a été acquis pour Budapest.

P. 111. Répliques dans l'anc. coll. Franqueville a La Muette et à Bourbilly.

P. 119. *Arte*, 1907, p. 463.

P. 121. Kristeller, *Mantegna*, éd. angl., p. 122.

---

(1) Je ne tiens pas compte de *toutes* les migrations récentes d'œuvres d'art aux États-Unis et ailleurs.

CORRECTIONS ET ADDITIONS. I.

P. 127. Attribué à B. Grien (Moeller).
P. 128, 2. L'original était chez O. Huldchinsky à Berlin en 1910.
P. 129. Lire *Londres* et non *Angleterre*. Cette correction est à faire aussi p. 135, 161, 172, 192, etc.
P. 140, 141. Lire *Matteo di Giovanni*.
P. 152. Attribué à Raff. del Garbo (Crowe et Cavalc., éd. ital., t. V, p. 233). Cf. R. Jean et Perdrizet, *Coll. Campana*, p. 28.
P. 156. Walters, *Piero*, p. 62.
P. 157, 2. Portrait d'Alberto Pio de Carpi (*Pictures of Siena*, pl. 42).
P. 162, 1. Coll. Benson à Londres.
P. 164, 2. L'original était à Paris chez Féral en 1907 (*Gazette*, 1907, II, p. 10)
P. 168, 2. Portrait du Cardinal Alidosi.
P. 169, 1. Ancienne copie au Musée Calvet à Avignon.
P. 173, 1. Lire *S. Joseph* et non *S. Jacques*.
P. 173, 2. A Budapest.
P. 176. Lire *Lord Carysfort* au lieu de *Warwick*.
P. 177, 1. Réplique dans la coll. Cook à Richmond.
P. 182. Réplique à Grenade, *Gazette*, 1908, II, p. 297.
P. 192, 2. *Milanese Masters*, pl. XX, 56.
P. 193. Donné en 1912 à la National Gallery (n° 2863).
P. 200, 1. Peut-être d'un des Coninxloo. Les volets (non *reliefs*) sont publiés dans Fiérens, *Primitifs flamands*, t. III, p. 240. Tableaux analogues dans les coll. Edm. de Rothschild et Kauffmann (coll. vendue).
P. 200, 2. Comte Floris d'Egmont (cf. p. 257, 2).
P. 206, 1. A Ince Hall, puis (1922) au musée de Melbourne; œuvre de Jan van Eyck.
P. 212. Coll. Schlichting, puis au Louvre (1917).
P. 213, 2. Walters, *Piero*, p. 66.
P. 217, 2. Une autre copie était en 1910 en Normandie (E. Le Mercier, *Un tableau de Raphaël trouvé à Cesseville*, Le Neubourg, 1910).
P. 221, 2. *Bilderschatz*, n. 987.
P. 222, 2. *Burl. Mag.* XII, p. 92 sq.
P. 223, 1. Guinness, *A. del Sarto*, p. 62.
P. 223, 2. Certainement de Corrège.
P. 225. Réplique chez Lord Bute et ancienne copie à Budapest.
P. 227. Couvent des Capucins à *Bigorio*; réplique à Vienne. Une autre a passé chez Durand-Ruel. Œuvre d'un flamand italianisant (maître au perroquet).
P. 228, 2. *Burl. Mag.*, IX, p. 185.
P. 229, 1 *Bilderschatz*. n° 879.
P. 234. Était à Paris chez J. D. réplique ou original dans la coll. ganoff (*Trésors d'art en Rus* pl. 106).
P. 235. Du maître de Flémalle ou de lui-même. (*Bull. arch. du Comit* p. 74 et suiv.).
P. 237. Chez Spiridon à Paris en 19
P. 240. Œuvre de Borgognone.
P. 242. Pour le geste de l'ange, voi *Acad. Inscr.*, 12 janv. 1907, 21 oc
P 249. *Burl. Mag.*, X, p. 10.
P. 251, 1. Lire *Pinturricchio*.
P. 270. Chez Trotti à Paris en 1914.
P. 275, 1. Bodenhausen, *G. David*, Tableau d'école.
P. 274, 2. *Ibid.*, p. 160. Les saint Fausta, Agnès, Catherine, Do Apolline, Godelièvre, Barbe, Cécile plus une inconnue.
P. 277, 1. *Rev. de l'Art*, 1907, I, p. 3
P. 283. *Bilderschatz*, n 806.
P. 285. Guinness, *A. del Sarto*, p. 4
P. 295. Lire *imitateur*.
P. 298. Lire *Girolamo dai Libri*.
P. 299, 2. Copie d'un tableau au chez Lord Ashburnham, puis chez Watney à Londres (*Rev. arch.*, 1 p. 395).
P. 303, 1. S. Weber, *Fiorenzo*, pl. 1
P. 308, 2. *Ibid.*, pl. 4.
P. 309, 1. *L'art et les artistes*, nov p 100.
P. 309, 2. S. Weber, *Fiorenzo*, pl. 5
P. 327. Œuvre de Gossuin van der den autrefois à Tongerloo (*Ja des Musées prussiens*, 1913, p. 19).
P. 329, 2. La coll. Arconati-Visconti Louvre.
P. 330. Coll. Kappel à Berlin (1910 Phil. Lehman à New-York. Attrib maître de la légende de Sainte-(Conway, *The Van Eycks*, p. 33 *Rev. arch.* 1910, II, p. 173).
P. 333. Ste Madeleine et non Ste Ba
P. 336, 2. Signé de Catena.
P. 337, 2. Au Louvre (1908). 200.000 fr. (*Rev. arch.*, 1909, II, p
P. 340, 2. Coll. L. Mond à Londres.
P. 341, 1. Lire : *Sir W. Farrer*.
P. 363. *Burl. Mag.*, VIII, p. 92.
P. 367. *Bilderschatz*, n. 938.
P. 371, 2. D'après le Christ de la C Léonard.

CORRECTIONS ET ADDITIONS. 1.

374. 2. Aussi attribué à Jacopo dei Barbari.
381. Coll. Pierpont Morgan (*Pictures of Siena*, pl. 23).
383 *Pict. of Siena*, pl. 3-6.
388. Dülberg, *Leydener Malerschule*, p. 13.
395, 1. OEuvre du maître de Kappenberg (Kaesbach, *Dünwegge*, p. 39).
398 Plutôt de Lippo Memmi (*Pict. of Siena*, pl. 19).
404. *Ibid.*, pl. 7.
408. Kristeller, *Mantegna*, éd. angl., p. 156.
413, 2. Auj. aux Uffizi.
428, 2. Peut-être le cardinal Scipione Gaetano (R. Fry.).
434, 1 et 2. Anges portant les instruments de la Passion (*Cicerone*, 1912, p. 94).
436. Voir l'addition à la p. 235.
439, 2. National Gallery, n° 3375 (*Pict. of Siena*, pl. 10).
441. Voir l'addition à la p. 235.
442. Vente Aynard, 1913, n° 65.
444. Aussi attribué par Voll à Key.
446. A Paris chez Brunner, 1910.
455, 1. Attribué à B. Parentino de Vicence.
458. Guinness, *A. del Sarto*, p. 58.
463, 2. Coll. Goldman à New-York (*Burl. Mag.*, VIII, p. 338).
466. Au lieu de *Cruttwell*, etc., lire Rushforth, *Crivelli*, p. 103.
473, 1. Vente Barbarigo à Venise, 1887, n. 52, pl. 7.
473, 2. Musée de New-York (*Bull. Metrop. Mus.*, 1911, p. 131).
477 Lire « Transfiguration. »
486. Musée de Münster. OEuvre du maître de Kappenberg (Kaesbach, *Dünwegge*, p. 37). OEuvre analogue de L. Schaeufelein à Nuremberg, n. 226.
488. Perdrizet, *Vierge de Miséricorde*, 1908, p. 164.
491, 1. *Ibid.*, p. 162. Les saints sont Bernardin (à genoux), Michel et Norbert (?).
496, 2. En Ecosse.
498, 2. C'est la femme d'Edward Grimston (*Gazette*, 1887, I, p. 217).
506. Em. Mâle, *Art relig. de la fin du Moyen-Age*, p. 218.
508, 1. National Gallery, n. 3162. Le pendant chez Lady Henry Somerset.
511, 1. Coll. Bordonaro à Palerme.
516, 1. Coll. Pierpont-Morgan.

P. 516, 2. *Pict. of Siena*, pl. 22.
P. 519, 1. Maître de Flémalle. L'ecclésiastique est Henri de Werl. Daté 1438.
P. 519, 2. Etait dans la coll. G.-B. Giraud à Lyon. Inscr. suspecte.
P. 523, 1 Coll. flamande.
P. 523, 2. Coll. Pierpont-Morgan (*Pict. of Siena*, pl. 24).
P. 528, 1. Musée de New-York.
P. 529, 2. Daté 1441.
P. 534. *Burl. Mag.*, IX, p. 186.
P. 535. Presqu'entièrement repeint à Milan par Molteni.
P. 536. Volet du retable d'Isenheim à Colmar.
P. 539, 1. Vision de S. Jérôme (*Rev. de l'art chrétien*, 1910, 1re livr.).
P. 544. S. Weber, *Fiorenzo*, pl. 6.
P. 548, 1. Chez Spiridon à Paris en 1908.
P. 553, 1. Coll. Bordonaro à Palerme.
P. 553, 2. Vente Aynard, 1913, n. 62.
P. 554, 1. Lire *Quirizio da Murano*.
P. 556, 1. A la National Gallery ; n'a jamais été chez Steinkopf
P. 557. Coll. Stuart-Mackenzie (*Burl. Mag.*, XXV, p. 236 ; Durrieu, *L'art liturgique*, 1917).
P. 558, 2. National Gallery (*Rev. de l'art*, 1907, I, p 168).
P. 559, 1. National Gallery (Sirén, *Lor. Monaco*, pl. 25). Il s'agit de la vêture de deux jeunes bénédictins.
P. 567. Lire *Burgkmair*.
P. 568, 1. Kühnel, *Botticini*, pl. 3, 1.
P. 575, 2. Au château de Mentmore.
P. 576. Copie de Rogier ; l'original serait à Boston.
P. 577, 1. A Paris chez Spiridon en 1908.
P. 577, 2. Attribué à Baldovinetti par Emilio Londi, *Aless. Bald.*, Florence, 1907.
P. 578. *Burl. Mag.*, IX, p. 240.
P. 579. C'est saint Louis d'Anjou, évêque de Toulouse (Bertaux).
P. 582, 1. Aux Uffizi en 1905 (*Les Arts*, 1907, n. 62).
P. 593. Probablement S. Corneille (cf. le tableau autrefois attribué à Zeitblom. Munich, n. 179) ; S. Lifard et S. Narcisse sont figurés de même (*Heures d'Anne de Bretagne*). Cf. plus bas, t. II, p. 563.
P. 597. Du Maître de Flémalle.
P. 599. Ch. Butler, et non *Sir* Ch. B.
P. 600, 2. Vendu à Londres en juillet 1905 à Sir W. Farrer.
P. 609. Voir l'addition à la p. 235.
P. 612, 1. Attribué à Pier Francesco Fiorentino (Berenson).

CORRECTIONS ET ADDITIONS. I. II.

P. 614, 1. Attribué à Padovanino.
P. 615, 1. Noces de Thétis et de Pélée par Bartol. di Giovanni (*Arte*, 1906, p. 404; *Les Arts*, 1902, XII, p. 18).
P. 615, 2. Coll. Gardner à Boston, sous le nom de Pesellino (Berenson).
P. 616, 3. Attribué par S. Reinach à Nuno Gonzalves, portugais (*Rev. arch*, 1910, II, p. 236-42). Daté 1456.
P. 617, 1. Kristeller, *Mantegna*, éd. angl., p. 356.
P. 617, 2. Portrait de Ginevra dei Benci (Bode, *Zeitschrift für bild. Kunst*, 1902, p. 274). Feuillage de génévrier dans le fond.
P. 618, 1. *Rev. de l'art*, 1907, I, p. 339.
P. 618, 2. Copies anciennes à Cologne et ailleurs.
P. 621, 2. *Revue de l'art*, 1907, I, p. 429; *Gazette*, 1917, II, p. 290; Hourticq, *Jeunesse de Titien*, p. 127 (songe de Polyphile).
P. 622, 1. Suivant Th. Schreiber, il s'agit d'une superstition de la nuit de S. André. Une jeune fille nue (nudité rituelle) jette de l'encens sur un brasier et voit son fiancé dans un miroir.
P. 629, 2. Original à Chantilly (*Ecoles étrangères*, pl. à la p. 212).
P. 633. Peut-être la femme d'Asdrubal avec ses enfants (*Burl. Mag.*, mars 1921, p. 137).
P. 634. Coll. Ricketts, puis à New-York. Combats des Centaures et des Lapithes, où intervient Hercule.

P. 637, 2 Réplique à Berlin : imita marbre par Falconet chez Heugel (1909).
P. 638, 1. De Gianpetrino (H. Cook
P. 643, 1. Morelli, III, p. 80.
P. 644, 1. *Rev. de l'art*, 1907, I, p.
P. 646. Cf. *Rev. arch.*, 1917, I, pl.
P. 647. Réplique dans la coll. Borgh
P. 650, 1 et 2. Coll. Johnson à Philad
P. 652, 1. Coll. Borgogna à Verceil.
P. 654, 1. *Burl. Mag.*, IX, p. 188.
P. 654, 2. Lire *Spiridon*; cf. *Burl* déc. 1906; p. 205.
P. 655, 2. Lire *Sabins*. Cf. *Burl. Ma* autre cassone analogue dans Johnson.
P. 656, 1. Peut-être de Marmion o water.
P. 656, 2. De Cranach le jeune. Ven tau, 1909, pl. à la p. 10.
P. 658, 1. C'est la victoire de San I où Niccolo da Tolentino battit nois en 143? (Horne, *Monthly* oct. 1901).
P. 661, 2. Portrait du cardinal Cer
P. 663, 1 *Gazette*, 1906, I, p 152.
P. 667, 1. Tableaux analogues à Lyon, etc. Celui-ci est a Wilto Pembroke).
P. 673, 1. *Rev. arch.*, 1907, I, p. 16
P. 677. Coll. Otto Beit (p. 47 du ca mis dans le commerce, par Bod
P. 680. Signature et inscription; c *Mag.*, VIII, p. 304.

TOME II

P. 2, 1. Au Louvre (1919).
P. 5, 1. Au Musée de Berlin.
P. 11, 1. Lire *Degener* et ajouter *Friedlaender*.
P. 13, 1. Anversois vers 1510-1525 (Hulin). Chez Hutchinson à Chicago (*Burl. Mag*, XII, p. 387); réplique à Paris dans la coll. Pourtalès. A g., les trois guerriers apportent à David l'eau du puits de Bethléhem (I *Chron*. XI, 16-19).
P. 13, 2. Du maître de Moulins. Coll. Beistegui à Paris, tableau destiné au Louvre.
P. 16, 2. D'un contemporain de Rogier (Hulin). Cf. *Gazette*, 1907, II, p. 179.
P. 17, 1. Musée de Boston; analogue au Louvre (coll. Schlichting).
P. 19, 1 et 2. Kühnel, *Botticini*, pl. 10 et 14.

P. 20, 2. C'est la femme de Putipha sant Joseph. Cf. t. V, p. 18, 1.
P. 23, 1. Volet de la Cène, auj. 1 Louvain (1919).
P. 30, 2. Justi, *Miscellanea*, t. I, p.
P. 37, 2. Imité dans les Heures (bourg à Chantilly (Durrieu).
P. 38, 1. *Art et artistes*, nov. 1919
P. 41. Rendu à S. Bavon de Gand (
P. 44, 1. Lire *Simone Martini*.
P. 48, 1. Supprimer les mots *par*
P. 48, 2. Musée National (Corsini)
P. 51, 2. Du maître de la lége S⁺ Ursule (Hulin) ou de Juste (Conway, *Burl. Mag.*, janv. 1917 Réplique dans la coll. James M
P. 61, 2. Lire : 2, 3.
P. 65, 2. L'original est le tablea

coll. de Mérode à Bruxelles, exposé à Bruges en 1907.
. 74, 1. Au Musée d'Autun.
. 80, 2. *Rev. de l'art*, 1907, I, p. 402.
. 84, 2 Coll. Maurice Sulzbach à Paris.
. 88, 2. Coll. Schlichting, puis au Louvre (1917). Portrait de Catarina Colonna (*Les Arts*, 1907, n. 62).
. 92, 1. Coll. Hage à Nivaa.
. 94. Corr. Ricci, *Ravenna*, p. 60.
. 95, 2. Plutôt Antoine de Bourgogne (*Gazette*, 1907, II. p. 183).
. 96, 1. Ecole de Bohême.
. 97. « Un des *saints innocents* au crâne saignant ».
. 100. De Jan Mostaert (Hulin).
. 101, 1. Sur les volets, le roi nègre et Joseph (?)
. 106, Tableau authentique de Conrad Witz, nettoyé depuis (*Musée de Genève*, 1918. pl.).
. 109, 2. *Art et artistes*, nov. 1919, p. 101.
. 111, 1. Copie d'un tableau perdu de H. Van Eyck (?)
. 111, 2. C'est le fils de Guillaume Norman, qui s'appelait aussi Guillaume (vers 1540).
. 114, 2. A. Venturi, *Gall. Crespi*, p. 41.
. 125, 1. Figure analogue dans une miniature, *Burl. Mag*, XXV, p. 40.
. 128, 1. Donné aussi plus loin, p. 150, 1.
. 131, 1. Ecole de Rogier.
. 132, 2. Coll. Maurice Sulzbach à Paris. Une des nombreuses copies d'un tableau de J. de Mabuse.
. 134, 1. Poldi-Pezzoli à Milan ; réplique à Bergame (Frizzoni, *Gall. in Bergamo*, p. 115). Notre gravure est retournée.
. 140, 1. Atelier de Memling ; a été chez Carvalho et Kleinberger.
P. 141, 1. Autrefois chez Willett et chez Sedelmeyer sous le nom de Fouquet.
P. 147, 1. Winckler, *Meister von Flémalle*, pl. 15.
P. 147, 2. Attribué aussi à A. Moro.
P. 150, 1. Déjà donné p. 128, 1.
P. 150, 2. Aussi donné t. III, p. 390.
P. 151, 2. *Burl. Mag.*, août 1916. p. 203.
P 153, 1. Chez Kleinberger en 1911.
P. 157, 1. Cf. plus haut. p. 131, 1. Coll. R. Kann (p. 109), puis H. E. Huntington.
P. 158. 2. Attribué à Hans Maler zu Schwaz.
P. 162, 1. Coll. Heugel à Paris.
P. 162, 2. Rien de Van Orley (Hulin).
P. 163, 1. Vendu 100.000 fr. à Boehler en 1912 (Winckler, *Meister van Flémalle*; p. 75).

P. 163, 2. D'après le maître de Flémalle, cf. plus loin, t. V, p. 280, 1.
P. 166, 1. Chez Lady Wernher.
P. 169, 1. Anc. coll. Spitzer et Salting ; Nat. Gall., n. 2595. Certainement de Bouts (cf. *Gazette*, 1908, I, p. 63).
P. 172, 1. Copie du Léonard de la coll. Benois à l'Ermitage.
P. 173, 2. De Janet Clouet.
P. 175, 1. Aussi donné t. III, p. 387.
P. 177, 2. Coll. Rod. Kann (n. 106), puis Pierpont-Morgan.
P. 183, 2. *Rev. de l'art*. 1907, I. p. 276.
P. 185, 1. D'après un des Raphaël de Bridgewater House.
P. 187, 1. Ecole de Botticelli. Coll. Heugel.
P. 188, 2 et 189, 2. Peut-être d'Amberger. Il est douteux que Luther et sa femme aient servi de modèles.
P. 190, 2. Chez O. Huldschinsky à Berlin (1910). C'est un Bruyn authentique.
P. 191, 1. Attribué à Piazza (Frizzoni, *Bergamo*, p. 45).
P. 192, 2. C'est un Bruyn authentique.
P. 194, 2. Peut-être la femme de Luther.
P. 197, 2. Vendu je ne sais où.
P. 200, 1. L'original paraît être au Musée Poldi-Pezzoli, n. 581.
P. 201, 1. Très nombreuses variantes : chez Kleinberger (1912), dans la coll. Spetz à Isenheim, dans la coll. Nemes (1913), au Musée de Blois, etc. Cf. t. I, p. 94.
P. 205, 1. Signé et daté de Cariani, 1520.
P. 207, 1. Chez Spiridon à Paris.
P. 207, 2. Passavant a dit cela avant Gruyer.
P. 210, 1. Vente Weber à Hambourg, pl. 8, n. 23 ; coll. Ryerson à Chicago.
P. 213, 1. *Ibid.*, pl. 40, n. 124, sous le nom de Francia, puis coll. Van der Heydt à Berlin.
P. 218. Frizzoni, *Gall. di Bergamo*, p. 76.
P. 220, 1. Coll. Heugel. La légende hébraïque se lit : *Marco Palmezano Forlivese* (S. de Ricci).
P. 220, 2. Daté 1453 (Thieme et Becker, *Lex.*, V, p. 252).
P. 221, 1 et 2. C. Ricci, *Brera*, p. 79 et 96.
P. 226, 1. Plutôt flamand (liégeois).
P. 228, 1. Lire *Sienne*.
P. 231, 2. Aussi attribué à Franc. Bonsignori.
P. 232, 1. Coll. Heugel à Paris (1909) ; attr. à Botticini.
P. 233, 1. Même collection.
P. 236, 1. Déjà donné, t. I, p. 238.
P. 236, 2. *Hans van Melem* est sans doute

le modèle, non le peintre (*Monatshefte*, III, p. 275).
P. 237. Serait de B. Van Orley (Hulin).
P. 239. Lire *Broussole*.
P. 241. Voir p. 240, 1.
P. 245, 1. Coll. Johnson.
P. 247, 2. Nat. Gall. n. 1316. La main *droite* sur un casque.
P. 252, 1. Attribution très douteuse.
P. 252, 2. Pas authentique suivant Knapp, *Piero di Cosimo*, p. 115.
P. 254. *Arte*, 1907, p. 326-7.
P. 262. Du Maître dit de Francfort, artiste flamand (Hulin).
P. 263. Ecole de Van der Goes (Hulin).
P. 265. Daté 1509.
P. 267, 1. Vendu 60.000 fr. par Beer à l'Ermitage et raccordé à l'autre moitié. Supérieur à l'exemplaire de Munich (Hulin).
P. 268, 2. Coll. Ralph Cross Johnson à Washington.
P. 271. Déjà donné t. I, p. 213.
P. 274. Du Maître de la Mort de Marie, avec paysage de Patinir (Justi).
P. 275. Voir la note à la p. 106.
P. 279, 2. Corr. Ricci, *Brera*, p. 243.
P. 284. Coll. Johnson à Philadelphie (*Catal.*, t. I, n. 195).
P. 285. De Th. Bouts (Hulin).
P. 286. Du Maître de la légende de Ste Ursule (Hulin).
P. 287, 2. National Gall., n. 758. Aussi attribué à Baldovinetti (*Burl. Mag*, mars 1911, p. 311) et à P. Uccello (Morelli).
P. 295, 1. Peut-être du même Federigo Ioni que II, p. 287, 1.
P. 301, 2. Vente Gust. Mailand, Paris, 2 mai 1881, n. 78.
P. 306, 2. Allegorie de la Fécondité.
P. 307, 2. La coll. Richtenberger a été vendue en 1921.
P. 308, 2. Frizzoni, *Gall. di Bergamo*, p. 176.
P. 310, 2. Acquis en 1921 par Kleinberger pour les Etats-Unis. C'est le portrait de Claude Gouffier.
P. 311. Vers 1400 (Hulin).
P. 312, 2. De Jan Wouters (Hulin).
P. 313. Ecole brugeoise (maître de la légende de Ste Ursule). La figure agenouillée est copiée sur la *Mise au tombeau* de Rogier (Winckler, *Meister von Flémalle*, p. 72).
P 317, 2. Portrait de Wedigh de Cologne (Gans, *Holbein*, p. 97).
P. 3.0. Ricci, *Brera*, p. 90.
P. 328, 2. Coll. Michel van Gelder, à Uccle.

P. 333. 2. De Paris Bordone (Ber Coll. Heugel à Paris (1909).
P. 336, 2. Vente Sedelmeyer, pu Ocampo à Paris.
P. 340, 1. Coll. Aynard (1913, n. 35 au musée de Boston (*Bull.*, jui p. 1).
P. 341, 2. Ecole de Gand (Hulin) Fr. Müller, 30 avril 1907.
P. 345, 2. Portrait de Jean San Coll. Heugel à Paris (1909).
P. 350, 2. Par Marco Basaiti. Sedel lery, 1894, n. 56 (et non 57). A Johnson, n. 179.
P. 355. Maître de la Sainte *Parenté Sippe*). Musée de Berlin.
P. 356, 2. Coll. Philippson à Bruxel
P. 357, 2. Coll. Johnson.
P. 358. Copie d'après Van Eyck (Gréville, *Van Eyck*, p. 108). Rép Berlin.
P. 359. Copie faite par Mabuse je Weale, *Van Eyck*, p. 134.
P. 360. Réplique à Anvers (Wea *Eyck*, p. 160).
P. 362. Donné par Philippe le Bo 1440. Vente Kremer, juin 1913,
P. 364. Anj. chez Rob. de Rothschild
P. 368, 2. A passé dans la coll. Kau
P. 370. *Un des plus anciens table Cranach.
P. 373, 2. Manière de B. Bruyn (Hu
P. 374, 1 Peint vers 1480.
P. 374, 2. Coll. Heugel à Paris (190
P. 381. Attribué à Corneille van Co peint entre 1537 et 1538 (A. J. W *Catal. hist. du Mus. de Brux.*, p Le convive à l'extrémité de la t le prince Fr. de Taxis, maître de de l'Empire, dont la tête se voi tapisserie de N. D. du Sablon à B (*Expos. de la Toison d'Or*, p. 113
P. 385, 1. Voir la note à la p. 10 volume.
P. 387, 2. Portrait de Vigoureux d teville par A. Benson (Hulin).
P. 388, 2. Coll. Widener.
P. 389. Voir Cte Zurla, *Dissert. Ponti* t. IV (1831), p. 1 sq.
P. 390, 2. Serait de Pierre Coecke (*Primitifs flamands*, t. IV, p. 266
P. 391. Œuvre d'*Albert* Bouts.
P. 394, 2 Coll. Desmarais à Paris.
P. 399, 2. Coll. P. Errera à Bruxell
P. 402, 2. Coll. James Simon à Be
P. 403. Pas Ste Claire, mais une re du couvent de Mariapoel.

P. 404, 1. Corr. Ricci, *Bera*, p. 139.
P. 404, 2. Aussi donné t. III, p. 400, 2. Lire 1902 (et non 1903). Coll. Michel van Gelder à Uccle.
P. 415. Attribution douteuse.
P. 419, 1. N'a jamais été chez Martin-Leroy, mais était chez Kleinberger en 1913.
P. 419, 2. Ressemble à Jean Bahou de la Bourdaisière (*Crayons de Chantilly*, n. 289).
P. 426. Réplique chez l'earl of Powis. C'est Alexandre Sforza avec ses deux enfants; le tableau étant antérieur à 1460, l'attribution à Bugatto paraît impossible (Jacques Mesnil, *L'art au N. et au S. des Alpes*, p. 33 sq.).
P. 428. Attribué à Q. Metsys (Hulin).
P. 431, 1. Lire *Arezzo*.
P. 431, 2. Peut-être d'Ambrogio da Predis.
P. 441. De Jacob d'Amsterdam (Hulin).
P. 447, 1. Vente Sedelmeyer (1907).
P. 449, 2. Auj. à la Pinacothèque du Vatican.
P. 454, 1. Ce tableau était chez Kelekian en 1917, chez Demotte en 1920.
P. 455, 1. Tableau complètement incinéré en 1904.
P. 468, 2. Coll. H. C. Frick à New-York.
P. 470, 2. Attribué par S. Reinach au Portugais Nuno Gonzalves (*Rev. arch.*, 1910, II, p. 236).
P. 473. Attribué à W. Key.
P. 475. *Bibliothèque de l'École des Chartes*, 1919, p. 273, et *Mon. Piot*, 1920.
P. 476, 1. Ecole de G. David (Hulin). On en connaît plusieurs exemplaires.
P. 476, 2. Serait Marguerite d'Autriche jeune (L. Dimier).
P. 477, 1. *Mon. Piot*, 1920.
P. 477, 2. Corr. Ricci, *Brera*, p. 214.
P. 481, 2. Au Musée de New-York (Berenson, *Venetian paint. in America*, fig. 13).
P. 483. Après 1400 (Hulin).
P. 484. Légende de saint André (cf. l'addition à la p. 714, 1, et Bertaux, *Rev. arch.*, 1908, I, p. 16).
P. 490, 1. Au Musée de Valence.
P. 497. Suivant A. J. Wauters (*Catal.*, p. 220), ce volet représenterait S⁺ᵉ Anne et les Esséniens prosternés devant un ange qui annonce la venue prochaine du Messie.
P. 504. Ecole de Bohême.
P. 505, 1. Serait du maître de Flémalle (Tschudi).
P. 505, 2. Attribué à Giovanni Bellini (Berenson, *Venet. paint. in America*, p. 261;

cf. *Burl. Mag.*, XXIV, p. 158).
P. 509. Ecole de Lyon (Bertaux).
P. 512. Déjà donné t. I, p. 489.
P. 516. D'Albert Bouts (Van Even, 1870). Les volets sont gravés dans Fiérens, *Prim. flamands*, t. I, p. 86.
P. 518, 1. Ecole du maître de Moulins (Hulin).
P. 519. Ecole de Lyon (Bertaux).
P. 522. Œuvre de Moretto, déjà donnée t. I, p. 502.
P. 525, 1. Coll. Heugel à Paris (1909).
P. 528. 2 *Burl. Mag.*, VIII, p. 304.
P. 530. 1. La notice ne s'applique pas à ce tableau, mais à une peinture de N.-D. de Bruges attribuée au Pseudo-Mostaert (Friedlaender, *Meisterw. der niederl. Malerei*, pl. 54). Le tableau reproduit ici, attribué à B. van Orley, est à Anvers, n. 521; il représente la Vierge en prière, entourée de sept médaillons où sont figurées ses douleurs (autr. attribué à Altdorfer).
P. 531, 2. La Vierge soutenue par *saint Jean*. Composition de Rogier; répliques à Grenade, à Oldenbourg, dans la coll. Johnson, etc. (*Gazette*, 1908, II, p. 312).
P. 534, 1. Perdrizet, *Vierge de Miséricorde*, p. 173.
P. 535. Voir *ibid.*, p. 158.
P. 537. *Bull. d'arte*, 1918, p. 1.
P. 538. S. Reinach. *Cultes*, t. IV, p. 319 (*Rev. crit.*, 1908, I, p. 218).
P. 539, 540, 541. Rendus à S. Bavon de Gand (1919).
P. 542. Ecole flamande.
P. 543, 1. Stᵉ Catherine *d'Alexandrie*.
P. 546. Comme p. 539.
P. 552, 1. Peint en 1435.
P. 555, 1. Ecole de l'Artois (?)
P. 557, 2. Heidrich, *Altdeutsche Malerei*, p. 132-3.
P. 568, 1. Coll. Heugel à Paris (1909). Copie d'après un Rogier perdu (Hulin).
P. 568, 2. *Rev. de l'art*, 1907, I, p. 152.
P. 571, 2. Collection Pierpont-Morgan à New-York.
P. 579. *Revue de l'Art*, 1907, I, p. 188.
P. 583, 2. Ce portrait est une ancienne copie; l'original, peint en 1557, est aux Etats-Unis (Wauters, *Catal. de Brux.*, p. 130).
P. 589, 2. Restauré en 1910 par Cavenaghi (*Arte*, 1911, p. 479).
P. 590. Ecole *catalane*. Vente de Neurville, Paris, 26 mai 1904, n. 19.
P. 596. S. Weber, *Fiorenzo*, p. 117, pl. 17.
P. 600, 2. Une ancienne copie, dans la

coll. Nolleval, a été offerte au Louvre, mais refusée (1909).
P. 602. Attribution douteuse.
P. 612. Ecole de la Loire (Hulin). Coll. Maurice Sulzbach à Paris.
P. 615, 2. Coll. Edw. Tuck à Paris (léguée au Petit Palais).
P. 616, 1. Ecole de Rogier (Hulin).
P. 616, 2. Ecole du maître de Flémalle (*Gal. Weber*, pl. 4).
P. 618. Les volets sont gravés dans Fiérens, *Primitifs flamands*, I, p. 84.
P. 620. Tableau du maître de Saint-Hubert, très voisin d'Ouwater.
P. 621. Ecole castillane de la fin du xv° s. (*Revue de l'Art*, 1907, II. p. 244).
P. 626, 2. Ce tableau circulaire représente, suivant d'autres, l'assomption de Ste Madeleine. De la coll. Weber (*Gal. Weber*, 1912, pl. 11), il a passé chez Mme Huntington à New-York (voir *Johnson Coll.*, I, p. 41). Fischoff (sic) ne l'a pas acquis pour Pierpont-Morgan.
P. 627, 2. Sous le nom de Holbein chez Mme H. G. Havemeyer à New-York; aussi attribué au Maître de la mort de la Vierge.
P. 628, 1. *Gazette*, 1909, I, p. 183. Le fragment de l'Ermitage a été complété par la fig. de la Vierge (plus haut, p. 267).
P. 629, 1. C'est S. *Paul*, non S. *Marc*.
P. 633. Attribué à Bart. Bermejo (Saupere, *Quattrocentistas catalanes*, II, p. 102). Cf. *Burl. Mag.*, nov. 1905, p. 130.
P. 634. Les donateurs paraissent avoir été ajoutés plus tard.
P. 637, 1, 2. Ne concernent pas Nicolas de Cusa, mais S. Wolfgang, comme on l'a prouvé depuis. Voir t. IV, p. 587 et suiv.
P. 642, 1. Ecole *florentine*.
P. 647. Gravé aussi t. III, p. 665.
P. 651, 2. Corr. Ricci, *Brera*, p. 135.
P. 652. Horne, *Botticelli*, p. 32.
P. 656. Au Musée d'Avignon (1907). Serait d'Enguerrand Charonton (Hulin).
P. 661. *Arte*, 1905, p. 244.
P. 663, 1. Attribution arbitraire.
P. 665, 1. Ecole espagnole (Hulin).
P. 665, 2. P. Durrieu, *La messe de S. Gilles*, p. 9.
P. 681, 1. Manque le haut du tableau, gravé *Monatshefte*, 1908, p. 1083.
P. 689. Ecole de Clouet. La coll. Poncelet était à Sens. Ce tableau était, en 1921, dans la coll. Vitta à Paris.

P. 693, 2. *Burl. Mag.*, VIII, p. 308.
P. 694, 2. Joos *van* Cleve. Voir *Rev.* 1917, I, pl. 2.
P. 699. ligne 1 de la notice. Lire *Am* au lieu d'*Antonio*
P. 703, 1. *Revue de l'art*, 1907, II, et les ouvrages récents sur les Van (Durand-Gréville, Weale, Conway)
P. 705. Rendu à S. Bavon de Gand Je maintiens que le personnage sur un cheval blanc, est le duc de et que celui qui chevauche à c lui est l'empereur Jean VI de Co tinople. Voir *Rev. arch.*, 1910, II, et les corrections nécessaires, 19 p. 196.
P. 706. Rendu à S. Bavon de Gand
P. 708. Manière d'Orley (Hulin).
P. 709. Fiérens, *Primitifs flamand* p. 290.
P. 710, 1. Comparer l'allégorie du s ingrat. *Revue biblique*, 1919, p. 13
P. 713, 1. Il y a aussi une copie an à Ajaccio. Suivant Morelli (éd. p. 215), c'est une allégorie de l'humain et de l'amour divin
P. 714, 1. Le sujet de ce tableau, gr rement méconnu dans le cat Ollet, a été mis en lumière par taux (*Rev. arch.*, 1908, I, p. 16, C'est un miracle de saint And prétendu *pape* est un évêque. T analogue à Mulhouse.
P. 718, 2. *Burl. Mag.*, X, p. 309.
P. 728, 1. Lire *Anticollegio*.
P. 733, 2 Œuvre de Leonbruno, d une gravure de Mocetto.
P. 738, 2. Serait de Mario Liberi, (Berenson).
P. 742. Des fleurs naissent du sang cent.
P. 744, 1. Maître brugeois du Sain (Hulin).
P. 744, 2. Durrieu, *Messe de S.* p. 9.
P. 750, 2. Un troisième exemplaire Paris chez Stettiner en 1908.
P. 751, 1. Daté 1514; peut-être d'apr original perdu de J. van Eyck (Col
P. 751, 2. Liste des répliques par Mély dans les *Mélanges Picot*, 191 avait une très bonne réplique ve vers 1900, dans la coll. Moullé q fit voir Eug. Müntz.
P. 752, 1. Atelier de Metsys (Hulin),
P. 752, 2. L'original était à Paris d coll. Pourtalès (t. IV, p. 674, 1).

P. 753, 2. Au Musée de Munich.
P. 754, 1. Copie à Cologne ; cf Voll, *Vergl. Gemäldestudien*, Munich, 1907, pl. 17-20.
P. 758. Maître brugeois peignant en 1499 (Hulin).
P. 761, l. 3. Lire *Belgique*.
P. 762. L'attribution à Albert Bouts a déjà été proposée en 1870 par Van Even.

TOME III

P. 9. Rendu à S. Bavon de Gand (1919).
P. 21, 1. Mort de S. Joseph (?)
P 21, 2. Voir mon article de la *Gazette*, 1920, II, p. 157. 249, où sont reproduites plusieurs peintures de cette série.
P. 25, 1 Lire *Lanzani*.
P. 43, 2. Pas à Chatsworth, mais chez l'Earl of Elgin. Voir p. 443.
P. 47. Réau, *Grünewald* p. 177 (n'admet pas l'attribution).
P. 53. Coll. Johnson à Philadelphie.
P. 73, 2. Aussi donné plus bas, p. 262, 2.
P. 99. Lire *Joos van Cleve*. A g., portrait du peintre.
P. 110. Ce tableau n'a rien à voir avec l'Adoration des Mages ; il est relatif à la légende de S. Blaise, qui oblige un loup à rendre un cochon à une paysanne (Bertaux). Voir Detzel, *Christliche Ikonographie*, t. II, p. 210.
P. 120, 2. Etait chez von Bissing à Munich.
P. 121, 1. Musée du Louvre.
P. 122, 1. Peut-être de Marmion.
P. 124, 1. Plutôt de Caroto.
P. 126, 2. Coll. Johnson.
P. 137, 3. De Sebastiano del Piombo.
P. 164. Musée de New-York.
P. 170, 3. *Rassegna*, 1913, p. 65.
P. 195, 2. *Fresque* et non *tableau*.
P. 202, 1. Episode de la vie de S. Jean Gualbert ; il épargne le meurtrier de son frère ; le Christ tourne la tête vers lui.
P. 203, 2. Au Musée de Harvard à Cambridge, E. U. (*Burl. Mag.*, nov. 1921, p. 209).
P. 221, 2. De la Sizeranne, *Rev. des Deux-Mondes*, 1er août 1919.
P. 227, 2. Cf. plus bas, p. 700.
P. 242, 2. Plutôt un amateur qu'un sculpteur.
P. 248, 1. *Lochis* et non *Morelli*.
P. 260, 1. La Mort passe par dessus les pauvres pour frapper les riches ; anges et démons se disputent les âmes.
P 260, 2, 1. 2. Lire *Coter*.
P. 262, 2. Déjà donné p. 73, 2.
P. 265. Nombreuses répliques (Winckler, *Meister von Flémalle*, p. 8 ; voir aussi *Vente Hazard*, déc. 1919, n. 107)
P. 270, 2. Lire : G.-B. Moroni.
P. 279, 2. En haut un monogramme où F. de Mély a voulu lire *Hugo*.
P. 300. L'original est à Paris chez Edouard de Rothschild (*Rassegna*, 1913, p. 31).
P. 313, 1. 1. Lire *Scarsellino*.
P. 323. Aussi attribué à l'un des Coninxloo.
P. 334. SS. Jérôme, Grégoire, Augustin, Ambroise (avec sa discipline).
P. 342. Voir p. 399, 2.
P. 343, 1. S. Denis *Aréopagite*.
P. 352, 2. *Benedetto* Montagna.
P. 372, 2. Beltraffio, non Luini. Coll Heugel.
P. 375. Achevé en 1526 (non 1576).
P. 380. Peut-être de Domenico Morone (S. R.).
P. 387, 1. Déjà donné t. II, p. 175.
P. 387, 2. Copie de la Vierge avec S. Luc (Winckler, *M. von Flémalle*, p. 63).
P. 390. Déjà donné t. II, p. 150.
P. 393. Une réplique, autrefois chez Platt, est au Musée de Minneapolis (p. 57 du Catal. illustré). Ce sujet a déjà été gravé par Fumagalli, *Scuola di Leonardo in Lombardia*, 1811, pl. 7.
P. 394, 1. Ecole de Rogier.
P. 395. Ecole de Rogier.
P. 396. Nombreuses répliques, notamment à Loudun ; j'en ai vu une en 1917 chez le sculpteur R. Bigot à Paris, autrefois admirée par Puvis (Winckler, *Meister von Flémalle*, p. 63).
P. 399, 2. Voir plus haut, p. 342 et t. IV, p. 656.
P. 399, 3. D'après Van Eyck.
P. 400, 2. Déjà donné t. II, p. 404, 2.
P. 406, 2. Réplique dans la coll. Mumm à Francfort.
P. 411, 3. Portrait de l'infante Catherine Michelle, fille de Philippe II, par Coello (*Mag. pitt.*, 1879, p. 33 ; *Gazette*, 1911, I, p. 327).
P. 421, 2. Le tableau Schlichting est au Louvre (1917).
P. 422, 2. Ecole hollandaise.
P. 423, 1. Attribué à P. de Saliba (*Zeitschr.*

für bildende Kunst, nov. 1909, p. 67).
P. 429, 2. Peut-être Vittoria Colonna.
P. 432, 1. Zeitschrift für bildende Kunst, nov. 1909, p. 67.
P. 443, 3. Pas chez l'Earl of Elgin, mais à Chatsworth chez le duc de Devonshire (cf. plus haut, p. 43. 2).
P. 452. Lire Königswieser.
P 462 Ecole florentine (R. Fry).
P. 472, 2. Fiérens, Primitifs flamands, III, p. 230.
P. 474, 1. Chez Michel Friedsam à New-York (1917).
P. 477, 1. Aussi donné t IV, p. 464.
P. 486, 2. S. Bernardin et non S. Bernard.
P. 502, 2. Les Arts, 1902, XII, p. 10; Das Museum, II, 97.
P. 509. Non le Jugement dernier, mais le Purgatoire et l'Enfer.
P. 556. S. Corneille pape et S. Cyprien évêque.
P. 558, 2. Aussi donné t. IV, p. 607.
P. 559, 1. Lire Messkirch.
P. 562, 1. Crivelli et non Giov. Bellini.
P. 562, 2. Ecole catalane. S. Abdon et S. Senon (cf. t. VI, p. 1).
P. 568, 2. Burl. Mag. XXIV, p 163.
P. 582, 1. Ecole de Souabe vers 1480, comme p. 651, 1.
P. 584, 2. S. Grégoire de Nazianze.
P. 587. Martyre de S. Jacques le Mineur, assommé par un drapier.
P. 592, 2. Pas copie, mais imitation.
P. 594, 1. Attribué à B. Lanini (Arte, 1906, p. 410).
P. 595, 1. Coll. Johnson à Philadelphie.
P. 595, 2. Saint-Jean Evangéliste.
P. 599. S. Bonaventure, évêque et cardinal.
P. 603. Réplique dans la coll. Benson à Londres.
P. 604. Ecole du maître de la Vie de Marie (cf. t. IV, p. 559).
P. 611, 2. Au Musée de Chicago.
P. 621, 1. S. Alexis pèlerin.
P. 621, 2. S. Alexandre soldat.
P. 629, 1. Le tableau est d'A. Borgognone.
P. 631, 1. S. Léopold tient le modèle de l'église de Klosterneuburg.
P. 635, 1. S. Louis de Toulouse, évêque franciscain.
P. 638, 2. A la National Gallery.
P. 643, 1. S. Martin chevalier.
P. 645, 1. S. Nicolas de Bari (boules de pain).
P. 646. Ecole espagnole (cf. plus bas, p. 654, 1).

P. 647. Séb. Daig, S. Jacques le Maje
P. 649, 1. S. Philippe à Hiérapolis.
P. 656, 2. Meurtre de S. Pierre M dominicain en 1252.
P. 657, 1. S. Pierre guérit un lépreux son ombre.
P. 662. S. Nicolas de Bari.
P. 665. Déjà donné t. II, p. 647.
P. 666, 1. Ecole de Licinio.
P. 677. S. Silvestre, pape.
P. 679, 1. Gentile da Fabriano.
P. 680. Maître de l'autel de Pering (H idrich Altd. Malerei, n. 89).
P. 681, 2 Cranach le Jeune?
P. 684 Martyre de S. Afra à Chypre.
P. 685. S. Agathe tenant un réchaud Florian tenant un vase avec leq éteint un incendie.
P. 700, 1 S. Joseph et S. Dominiqu sistent au mariage.
P. 700, 2. Comparez plus haut, p. 227
P. 703, 704. S˚ Catherine d'Alexandr
P. 706. S˚ Catherine de Sienne
P. 709. A Paris de 1798 à 1815. Les sonnages sont S˚ Cécile, S. Paul, S. Evangéliste. S˚ Madeleine, S A tin (ou S. Pétrone). Passavant-La Raphaël, t. II, p. 148.
P. 710. Assise, église inférieure.
P. 711, 1. Ecole catalane (cf. plus p. 562, 2).
P. 716, 1. Plutôt de Girolamo da Croce.
P. 717, 1. S˚ Lucie portant ses yeu lés sur une broche.
P. 718, 1. S˚ Catherine d'Alexandrie
P. 719, 1. S˚ Marie l'Egyptienn S˚ Madeleine.
P. 720, 1. Supprimer la mention du Mansi.
P. 726, 1. S˚ Marthe chasse le démoi de l'eau bénite.
P. 744. Sacrements du baptême, de la firmation et de la confession.
P. 745. Sacrements de l'ordinatio mariage et de l'extrême-onction.
P. 752, 1. Dessin de Michel-Ange à V sor (d'après l'antique?)
P. 752, 2 La coll. Franqueville a été due en 1920.
P. 758, 1. Au mus. de Munich, sous l de Franciabigio.
P. 771. Vénus se préparant à band yeux de l'Amour.
P. 778, 2. Probablement de Jules Ro
P. 779. Etait chez Knoedler à Paris e avec un pendant.

CORRECTIONS ET ADDITIONS. III, IV.

P. 783. Attribution contestée.
P. 785. Coll. Sedelmeyer (1901, n. 55); autrefois chez Lord Asburnham. Les peintures chez Spiridou à Paris sont différentes.

P. 792, 2. Voir, pour les répliques, F. de Mély, *Mélanges Picot*, 1913. Une autre réplique a été vendue à la salle Petit (Paris) le 18 mai 1920. Cf. la note 11, 751, 2.

TOME IV

P. 34. Coll. Meazza, puis Strogauoff.
P. 54. Collection Martin A. Ryerson à Chicago.
P. 63. De Rogier lui-même suivant Friedlaender.
P. 75. *Art in America*, II (1914), p. 186.
P. 85, 2. L'original (perdu) était en 1725 chez Moreau de Mautour (Montfaucon, *Mon. de la monarchie*, III, pl. 47).
P. 93, 1. Déjà donné t. I, p. 72.
P. 123. Légué par M. Tuck au Petit Palais à Paris.
P. 146, 1. A la Brera.
P. 182, 2. A figuré à la vente de San Donato (Demidoff); a été acquis en Autriche, non en Russie.
P. 186, 2. Lire *Vicence* et non *Valence*.
P. 191. Heyck, *Lucas Cranach*, p. 73.
P. 195. Déjà donné, t. II, 447, 1
P. 203. Donné aussi plus loin, p. 213.
P. 213. Déjà donné, p. 203.
P. 223. Durrieu, *Gazette*, 1920, I, p. 81.
P. 243, 2. Michelle de France, première femme de Philippe le Bon, suivant S. de Ricci, *Burl Mag.*, avril 1922, p. 166.
P. 245. A reparu à la vente Alexis Orloff, Paris, avril 1920.
P. 285, 2. Coll. Frick à New-York, et non National Gallery.
P. 287, 2. L'original, daté sur le cadre (30 janvier 1440), a été retrouvé en Angleterre (*Burl. Mag.*, déc. 1921, p. 254).
P. 304, 2. Aussi donné plus loin, p. 523.
P. 305, 1. Chez Brunner à Paris en 1910. Cf. t. III, p. 435.
P. 308, 3. Lire *Cesare del Mayno*.
P. 334, 3. Tableau du maître de S. Séverin, chez Jules S. Bache à New-York.
P. 336, 1. Lire *Levaigneur*.
P. 391. Vendu à Paris en juin 1914 (2e vente Crespi).
P. 396, 1. Etait à Paris, en 1921, chez Larcade, faubourg Saint-Honoré.
P. 404, 2. *Bonn*, non *Cologne*.
P. 426, 2. A la National Gallery, sous le nom de Cariani.
P. 427, 3. Attribué à un contemporain de Matsys.
P. 431. La comtesse de Miranda est morte en 1920. Friedlaender et Hulin attribuent ce beau tableau au maître de la Mort de la Vierge; la tête de la Vierge est copiée sur Rogier (dessin au Louvre).
P. 436, 2. Lire : Lambert Lombard *de Liége* (Jahrb. des Musées prussiens, 1895, XVI, p. 32).
P. 453, 2. Lire *Kœnigswieser*. Déjà donné t. III, p. 452.
P. 456, 1. *Jahrbuch* (des Musées prussiens), 1895, XVI, p. 33.
P. 459, 1. Peut-être de Lanini.
P. 463, 1. Une des répliques est chez Lazaroni à Paris.
P. 463, 2. National Gallery, n. 2503.
P. 464, 1. Déjà donné t. III, p. 477.
P. 467, 1. Serait un faux.
P. 471, 1. L'ensemble, avec les volets, a déjà été donné t. I, p. 350, 1.
P. 520, 2. National Gallery, n. 3230. Voir *Rivista d'arte*, II. 1904, p. 160.
P. 523, 3. Déjà donné plus haut, p. 304.
P. 541, 2. *Oud Holland*, 1904, p. 92.
P. 541, 3. Coll. Frick a New-York (1914).
P. 545, 1. Coll. Phil. Lehman à New-York.
P. 549, 1. *Art et artistes*, 1919, p. 103 (avec les volets).
P. 559. Lire : t. III, p. 604.
P. 570. Probablement une copie.
P. 575, 1, 2. Coll. Pierpont-Morgan à New-York.
P. 603, 2. Vierge de l'Annonciation.
P. 604, 2. F. de Mély, *Le Cousin Pons*, 1er avril 1918.
P. 606, 2. Attribué à Ambr. Benson (Friedlaender).
P. 607, 2. Déjà donné t. III, p. 558.
P. 614, 1. A New-York.
P. 618, 2. Aussi donné plus loin, p. 627, 1.
P. 627, 1. Déjà donné p. 618, 2. Lire *Chastelé* et non *Charité*.
P. 634, 2. A la Bachstitz Gallery (La Haye) en 1921.
P. 636, 2. Lire *Kraemer*.
P. 637, 1. Voir *Gazette*, 1920, II, p. 159; le cavalier est emprunté à Carpaccio.

CORRECTIONS ET ADDITIONS. IV, V, VI.

P. 639, titre. Lire : HÉBÉ.
P. 642, 1. Chez Féral à Paris en 1920.
P. 643, 1. Vente Reitlinger, 30 mai 1908, n. 18. Acquis par la comtesse de Miranda.
P. 652, 1. Légué par Granet au Louvre.
P. 658, 2. A Mantoue, non à Milan.

P. 659, 1. Aux Uffizi, non à Milan.
P. 659, 2. Coll. Benson à Londres.
P. 666, 2. Cf. Sanpere y Miquel, *Cuatistlas catalanes*, II, p. 156.
P. 697. Coll. H.-L. Roblot; auj. en pagne.

TOME V

P. 61. Déjà donné t. II, p. 56.
P. 72. 1-2. Coll. Johnson, n. 320.
P. 116. Lire *Munich 205* (non 250).
P. 193, 2. Lire *Chantilly* 105.
P. 206, 219. Depuis 1910 à Munich, n. 5329 et 5331.
P. 215, 1. Depuis 1909 à Munich, n. 1416.
P. 246. Il y a des volets ornés de belles grisailles.
P. 266. Lire *Kraemer*; auj. coll. Martin A. Ryerson à Chicago.
P. 280, 1. Tableau analogue, t. II, p. 163, 2.

P. 286, 2 De Pier Franc. Fiorentino.
P. 299, 2. Est à Althorp. Lire *Grey*.
P. 312, 1. Lire *48* et non *148*.
P 338. Depuis 1911 à Munich.
P. 376, 1. Lire : La Vierge et l'Enfant deux *saints* (sans plus).
P. 392. La notice est déplacée; c'est de la p. 396, 1.
P. 395. Supprimer le mot *Vicence*.
P. 396. La notice est déplacée; c'est de la p. 392.
P. 444, 1. Déjà donné, t. IV, p. 496.

TOME VI

P. 279. Il y a de mauvaises phot. des fresques de Raphaël (salle de bain de Bibb dans Th. Hoffmann, *Raffael als Architekt*, IV, pl. 76-80 (1911).

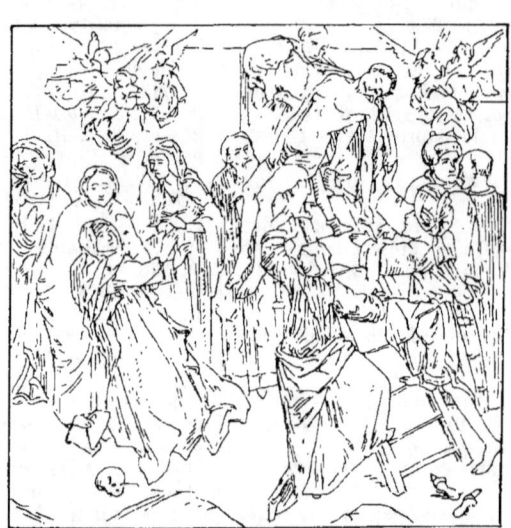

Descente de la croix. Partie centrale d'une copie ancienne d'après le triptyque dit du maître de Flémalle, à Liverpool (*Meist. nied. Malerei*, pl. 15; *Gazette*, 1902, I, p. 199; *Burl. Mag.*, 1903, I, p. 206; *Art Journal*, 1899, p. 270).

INDEX DES NOMS D'ARTISTES

N. B. — 1° *Les chiffres et groupes de chiffres précédés des lettres* b, c, d, e, f, *renvoient aux pages des tomes II, III, IV, V et VI.* — 2° *Sous les noms des maîtres, on trouvera des renvois aux œuvres de leurs élèves, de leurs imitateurs et même de leurs copistes. Pour la critique des attributions, se reporter au texte.* — 3° Add. *renvoie aux additions du tome III.* — 4° *L'indication* Voir b 394 (*ou autrement*) *invite à se reporter aux* Corrections et Additions *du tome VI.*

Aertgen de Leyde (Alaert Claeszoon) b 124 (add.), 759.
Aertsen (P.) d 675, 676.
Agnello (Mario) e 280.
Agostini (G. P.) f 270.
Albertinelli (Mariotto) 34, 44, 54 — b 51, 296, 440, — c 477. 508, 521 — e 280 — f 78.
Aldegrever (Heinrich) b 72 — e 333.
Aleni (Tommasso) de, dit *Il Fadino*) b 229.
Alaotti (Antonio) d'Argento c 456.
Alfani (Domenico) 56, 301, 346 — b 129, 253 — c 453.
Alfani (O.) c 346.
Allori (Cristoforo) 128.
Altdorfer (Albrecht) 581 — b 34, 369, 647 — c 176, 182, 543, 664, 665, 703 — d 59, 81, 165, 336 — e 42, 85, 91, 328 — f 108, 143, 263, 311.
Attobello da Melone. Voir *Melone.*
Aluuno. Voir *Niccolo.*
Amberger (Christoph) 281, 663 — b 8, 46, 50, 58, 188, 189, 468, 604, 618 — c 158, 428, 795 — d 447, 454, 555, 601 — e 53, 412 — f 1, 21, 24, 38, 44, 108, 263, 288.
Andrea d'Assisi d 37, 44, 56, 124.
Andrea da Firenze b 660.
Andrea da Milano 525.
Andrea di Bartolo e 314.
Andrea di Giovanni b 263.
Andrea di Luigi. Voir *Ingegno.*
Andrea di Niccolo 59 ; e 410.
Andrea di Salerno d 447.

Angelico (Fra Giovanni da Fiesole) 24, 25 180, 311, 411, 487, 496, 504, 548, 549, 570, 571, 579, 610 — b 63, 64, 79, 340, 414, 451, 603, 635, 636 — c 184, 203, 215, 234, 238, 517, 518, 561, 574 — d 43, 66, 423 — e 274, 294.
Angelo (Lodovico di) c 224, 255.
Auguisciola ou Anguissola (Sofonisba) c 4 ; e 141 ; f 147, 219, 237, 241, 290, 292.
Anselmi (M. A.) c 617.
Ansuino da Forli b 601, 728 — c 311.
Antonello da Messina 98, 135, 142, 153, 399, 565, 589, 666 — b 407, 468, 555, 651, 721, — c 161, 179 — d 179, 219, 222, 314, 428, 582, 584 — e 181 — f 61, 212.
Antoniasso Romano (Aquilio) 290, 492 — b 2, 39, 68, 153, 259 — c 321, 389 — d 316, 424, 449 — e 394 — f 45.
Antonio da Monza e 195.
Antonio da Pavia c 543.
Antonio da Viterbo d 126.
Apt (Ulrich) 464 — b 563 — c 177, 188 — f 105
Asper (Hans) c 481, 737.
Aspertini (Amico), 74 — e 230.
Avanzo (Jacopo d') b 686.
Bacchiacca. Voir *Ubertini.*
Baço (J.) d 536, 567 — f 43.
Badile (Antonio) c 314 — d 567 — e 163.
Bagnacavallo (Ramenghi da) b 321 — c 351.
Baldassare d'Este d 495.

Baldovinetti (Alessio) 577; *b* 238, 287 — *c* 57, 81 — *d* 424 — *e* 456.
Balducci (Matteo) 18; *c* 776.
Baldung. Voir *Grien*.
Barbari (Jacopo dei) 374 — *b* 374 — *c* 157 — *d* 295, 662 — *f* 109, 266.
Bardo (D.) *e* 204.
Baroccio *e* 460.
Baroncio da Rimini 14.
Bartoli (Domenico di) 199 — *b* 337 — *d* 664, 665.
Bartoli (Taddeo) 43, 412 — *b* 341, —610 *c* 251, 334, 488 — *f* 90.
Bartolo di Maestro Fredi 481, 482 — *b* 108 — *d* 361, 440 — *e* 118.
Bartolommeo (Fra B. della Porta) 167, 229, 273, 320, 475, 488, 606 — *b* 249, 457 — *c* 5, 15, 72, 112, 172, 345, 374, 477, 508, 521, 548 — *e* 73, 124.
Bartolommeo della Gatta 590.
Bartol. di Giovanni 615.
Bartol. Veneto ou Veneziano. Voir *Veneto*.
Basaiti (Marco) 28, 130, 145, 162, 337, 560, 561 — *b* 164, 186, 229, 280, 350, 654 — *c* 42, 132, 133, 146, 423, 427, 446, 463, 619, 620 — *d* 446, 455, 476, 479, 483, 689 — *e* 234 — *f* 312.
Bassano (Giac.) *c* 98 — *d* 43, 186, 546, 638, — *e* 200.
Bassano (Leandro) *d* 490.
Bastiani (Lazzaro) *b* 43   *c* 628, 629.
Beccafumi (Domenico) *b* 491 — *e* 129.
Beccaruzzi (Francesco) 342 — *b* 27 — *c* 734 — *d* 639 — *e* 157, 227.
Beck (L.) *f* 50.
Bedoli (Mazzola, Girolamo), *b* 282 — *c* 553 — *e* 122, 402.
Beham (Bart.) *b* 4 — *c* 125 — *d* 141, 457 — *e* 119.
Beham (Hans Sebald) 582 — *d* 39 — *f* 16, 32.
Bellechose (Henri) *b* 605.
Bellegambe (Jean) 505, 506 — *b* 130 — *d* 14, 296, 596 — *e* 329, 365 — *f* 100.
Bellini (Gentile) 214 — *b* 450, 505 — *c* 313, 441 — *d* 598 — *f* 216.
Bellini (Giovanni) 60, 119, 299, 337, 338, 373, 374, 448, 530, 561, 566, 618 — *b* 121, 126, 127, 137, 142, 152, 155, 196, 217, 218, 224, 307, 376, 392, 479, 501, 505, 646, 681 — *c* 141, 150, 204, 278, 318, 338, 352, 353, 366, 384, 412, 424, 428, 433, 437, 449, 472, 481, 508, 552, 582, 646, 700, 701, 737, 738, 755 — *d* 289, 409, 421, 495 — *e* 140, 230, 285, 290, 298, 408, 413 — *f* 159, 194, 248.
Bellini (Jacopo) 160, 266, 269, 424 — *c* 58, 106 — *d* 445 — *e* 287.

Beltraffio ou Boltraffio (Giov. Antonio 103, 104, 126, 138 — *b* 136, 144, 202, 291, 431, 668 — *c* 43, 106, 137, 253, 334, 372, 418, 443, 767 — *d* 407, 583, — *e* 121 — *f* 234.
Benson (Ambr.) *c* 306, 342, 399, 689 656 — *e* 106, 170, 204 — *d* 606 — *f* 10, 293.
Benvenuto (Giov. Battista dell' Ortola 95, 339, 364 — *b* 77, 569 — *c* 204, 21 — *d* 207 — *e* 102.
Benvenuto (Girolamo di) 246, 268, 269 338 — *d* 468.
Benvenuto di Giovanni del Guasta 17 95, 391, 392 — *d* 50, 93, 285, 328, 526,
Bermejo ou Vermejo (Bart.) *b* 464, (*add*.) — *d* 604.
Berna ou Barna da Siena 398 — *b* 43! *c* 194.
Berruguete *f* 37.
Bertucci (Giov. Battista da) 497 — *f*
Besozzo (M. de) *e* 420.
Bevilacqua (Ambrogio) *c* 367.
Bianchi (Francesco) 65, 103, 468 — *b* 394 — *c* 241 — *d* 76.
Bichler (H.) *e* 18, 75, 150, 453, 455, 463, — *f* 34.
Bissolo (Francesco) 337 — *b* 235, 376, — *c* 126, 431, 471, 563, 700 — *d* 464 367, 386 — *f* 272.
Bles (Herri met de) 72 — *b* 381, 691 - 145, 290, 448 — *d* 114 — *f* 57.
Blondel (Lancelot) *b* 341.
Boateri (Franc.) *b* 203.
Bohême (école de) *b* 96, 504.
Boccaccino (Boccaccio) 402, 504 — *b* 229, 386 — *c* 354 — *d* 314, 408, 475 - 98, 269.
Boccati (Giovanni) 272, 392, 400, 407 - 239 — *c* 463 — *d* 406 — *e* 330, 362, -
Bonasia (Bart.) *b* 478.
Bonfigli (Benedetto) *b* 43, 237, 470, 61 *c* 95 — *d* 388, 557.
Bonifazio Veronese (dei Pitati) 334, 384 *b* 92, 102, 103, 105, 280, 501 — *c* 22, 137, 139, 753, 768 — *d* 73, 333, 635, — *e* 138.
Bono da Ferrara, 563.
Bonsignori (Francesco) 244 — *b* 225, — *c* 126, 431, 607, 635 — *d* 366, 434, — *e* 320 — *f* 4, 177-9, 276, 286.
Bonvicino. Voir *Moretto*.
Bordone (Paris) 4, 531, 575 — *b* 53, 333, 613, 636, 739, 769 — *c* 17, 128, 304, 314, 315, 468, 524, 781, 790, 894 277, 371, 514, 569, 645, 648, 649, 650, (707, — *e* 27 — *f* 220.

INDEX DES NOMS D'ARTISTES

Borgognone (Ambrogio da Fossano) 137, 240 — *b* 46, 131, 204, 294, 527, 582 — *c* 231, 266, 409, 448, 467, 498, 536, 629, 666, 686, 717, 726 — *d* 68, 122, 180, 360, 386 — *e* 145, 184, 275 — *f* 40.
Borrassa (L) *d* 506, 585.
Bosch (Hieronymus van Aken) 663 — *b* 399, 710, 757 — *c* 160 — *d* 6, 97, 294, 300, 680 — *e* 7.
Botticelli (Alessandro Filippepi Sandro) 10, 11, 13, 48, 53, 71, 83, 85, 86, 88, 92, 97, 129, 138, 139, 143, 151, 152, 153, 159, 164, 194, 212, 216, 230, 231, 236, 238, 289, 365, 377, 445, 496, 507, 510, 511, 562, 592, 641, 645, 654 — *b* 128, 143, 183, 187, 188, 209, 231, 236, 298, 306, 425, 463, 652 — *c* 24, 56, 66, 171, 187, 275, 319, 441, 457, 458, 459, 460, 506, 539, 616, 741, 766, 778, 784, 785 — *d* 21, 76, 318, 349, 454, 560, 591, 618, 623, 627, 6·2 — *e* 272, 284, 312 — *f* 44, 70, 215, 267.
Botticini (Francesco), 239, 568 — *b* 19, 207, 232 — *c* 28, 278, 441, 444 — *d* 216, 537.
Bourdichon (H.) *b* 13 — *c* 174 219 — *d* 283 590 — *e* 214.
Bouts (Aelbrecht) *b* 59, 382, 391, 516, 762 — *d* 283, 599 — *e* 184.
Bouts (Dirk ou Thierri) 5, 88, 428, 450, 465, 576, 656 — *b* 9, 16, 23, 102, 131, 169, 267, 285, 382, 391, 600; 618, 650, 742, 743 — *c* 144, 219, 235, 397 — *d* 18, 137, 178, 413, 514 — *e* 215.
Bramante (Donato Lazzari) *c* 775, 789.
Bramantino (Bartolommeo Suardi) 134, 188 — *b* 90 — *c* 183, 317, 643 — *d* 262
Brea (Ludovico) di Nizza *c* 433 — *e* 198, 228, 241, 333, 431, 433 — *f* 97, 110.
Brescianino (Andrea da) *c* 480 — *d* 304 — *f* 183.
Breu (G.) *c* 485 — *d* 298, 683 — *e* 78, 93, 112, 142.
Breughel ou Brueghel le Vieux (Peter) *b* 565, 753 — *c* 791, 792, 794, 796 — *d* 676, 680, 681, 682.
Brina *e* 122.
Broeck (Crispin van den) *c* 481.
Broederlam (Melchior) *b* 5, 24, 124, 492.
Bronzino (Angelo) 25, 64, 67, 120, 174, 598, 673, 676 — *b* 74, 138, 159, 193, 384, 385, 386, 394, 686, 737, 746 — *c* 56, 170, 223, 242, 337, 402, 411, 429, 564, 697 — *d* 260, 269, 271, 415, 708 — *e* 151, 264, 269, 438, 447 — *f* 190, 211, 286.
Brosamer (Hans) *c* 384 — *e* 160 — *f* 122.
Bruyn (Barthel) 21, 52, 294, 452, 474, 481, 559, 606, 648 — *b* 117, 143, 186, 190, 192, 373, 467 — *c* 59, 175, 278, 280, 414, 415,

487 — *d* 67, 156, 220, 303, 330, 335, 672 — *e* 277, 346, 437 — *f* 35, 138.
Bruyn le jeune *c* 160 — *e* 191, 221, 295 — *f* 17.
Bugatto (Zanetto) *b* 285, 353, 426, 558, 567, — *d* 355.
Bugiardini (Giuliano) 135, 250 — *b* 134, 172, 198, 211, 457 — *c* 443 — *e* 459 — *f* 208.
Burgkmair (Hans) *b* 27, 148, 159, 220, 265, 332, 526, 693 — *c* 553, 672 — *d* 159 — *e* 206, 219, 272 — *f* 63.
Buttinone (Bernard.) *b* 324 — *c* 417, 486 — *d* 320 — *f* 23, 137.
Calcar (Jan Steph. van Calcker) *c* 434 — *e* 64, 112.
Calcar (Jan Jost) *d* 143, 147.
Caliari (Carlo) 641.
Caliari (Paolo Veronese) 641 — *b* 21, 22, 42, 380, 698, 727, 728, 739 — *c* 22, 216, 314, 376, 534, 596, 636, 715, 734, 739, 740, 742, 765 — *d* 32, 197, 231, 336, 553, 579, 688 — *e* 41, 110, 147, 444 — *f* 197, 200.
Calisto da Lodi *d* 138.
Calvis (Antonio de) *c* 321.
Campagnola (Domenico) *d* 249.
Campi (Galeazzo) 386 — *b* 229 — *c* 223 — *e* 156, 396 — *f* 29.
Campin (Robert) 465 — *b* 66.
Campolongo (Imp.) *c* 425.
Capone ou Canonibus (Raffaellino del, ou dei Cappoui) *b* 189.
Caprioli (Domenico), 115, 172, 224.
Caravage (Polyd. de) *f* 243.
Cariani (Giovanni Busi) 347, 403, 662, 664 — *b* 49, 205, 505 — *c* 85, 94, 105, 355, 439, 456, 541, 568, 621, 694, 700 — *d* 86, 142, 264, 426 — *e* 20, 160, 344, 465.
Carli (Raffaello de') 416 — *c* 346 — *d* 343, 556.
Caroto ou Carotto (Gio Franc.) *b*, 19, 740 — *c* 34, 92, 124, 323, 465 — *d* 145, 341, 370, 614, 639 — *e* 344.
Carpaccio (Vittore), 390, 485, 518, 568, 611, 651 — *b* 33, 608 — *c* 37, 42, 117, 566, 669 — *d* 27, 267, 586 — *f* 151, 161, 184, 310.
Carrara da Forli *b* 485.
Carrari (Bald.) *c* 221, 369, 385.
Castagno (Andrea del) 413, 669, 672 — *c* 143, 751 — *e* 205 — *f* 287, 290.
Castello (Franc. di) *b* 57.
Castille (école de) *b* 621.
Castro (F. de) *f* 37.
Catalogne (école de) *b* 590 ; *c* 562, 711.
Catena (Vincenzo di Biagio) 60, 179, 335, 336, 338, 344, 345, 374, 566 — *b* 386, 681, — *c* 157, 236, 477, 787 — *d* 483, 647 — *e* 35, 494, 284 — *f* 235, 248.

Cavallini *e* 67.
Cavvazola. Voir *Morando*.
Cenni di Francesco *e* 33,
Charonton (Enguerrand) *b* 534. 656 — *c* 509.
Chiodarolo (Giovanni Maria) *b* 202 — *e* 272.
Cima da Conegliano (Giovanni Battista) 114, 120, 250, 333, 524 — *b* 81, 191, 496, — *c* 407, 425, 618, 662, 668 — *d* 345, 433, 435, 451 — *e* 148, 273, 301 — *f* 114.
Cimabué (Giovanni) *b* 122 — *c* 326.
Civerchio (Vincenzo) *b* 664 — *c* 69, 542, 595. 266.
Claeis ou Claes (Pieter) *b* 448 — *f* 54.
Claeszoon (Alaert) *b* 124 (*add.*) 759.
Cleiss (Jacob) *d* 71.
Cleve (Joos van) 94. 194, 266, 305, 361, 467, 646 — *b* 6, 139, 201, 228, 274, 627, 633, 694, 754 — *c* 99, 131, 191, 437 — *d* 40, 119, 155, 204, 431, 471, 499 — *e* 9, 64, 72, 112, 136, 155, 158, 248, 287, 296, 322, 363, 364 — *f* 133, 292.
Clouet (Fr. et J.) 166 — *b* 170, 171, 173, 174, 184, 310, 331, 399, 411, 419, 689, 750 — *c* 21, 118, 294, 362, 369, 505 — *d* 10, 11. 32, 50, 53, 89, 133, 182, 334. 441, 456, 466, 482, 485, 531, 614, 637, 665, 678, 690, 693 — *e* 25, 33, 36, 47, 68, 70, 124, 131, 150, 187, 227, 233, 352, 451 — *f* 89, 145-6, 153, 155, 173, 233, 239, 244, 258, 277, 283-4, 305.
Coda (Bened.) *b* 307.
Coecke (P.) *b* 390
Coello (Sanchez) *b* 643 — *c* 411 — *d* 297, 468, 494, 636, 696, 697 — *e* 271 — *f* 104.
Colle (Raffaellino dal) 437 — *b* 47, 514.
Coltellini. Voir *Cortellini*.
Colonais (maîtres) 264, 265, 397, 454 — *f* 121, etc.
Voir *Bruyn, Lochner, Maître de la vie de Marie*, etc.
Coninxloo (famille, Cornélis, Gilles et Jan van) 200 — *b* 26, 38, 318, 381, 543, 691 (*add.*) *c* 323 — *d* 327.
Conti (Bernardino de) 91, 105, 381 — *b* 166, 449 — *d* 439, 530, 540, 554.
Conti (J. del) *f* 264.
Cordegliagli (Andrea) *b* 209. Voir *Previtali*.
Corneille de Lyon *c* 118, 431, 503, 792, (*add.*) — *d* 58, 461 — *e* 104, 105, 164, 174 — *f* 144, 174.
Cornelisz (Jac.) dit Jacob d'Amsterdam ou d'Oostsanen. 77, 350, 472, 520, 595 — *b* 96, 310, 441, 446, 744 — *c* 73, 100, 262, 309 — *d* 49, 81, 111, 113, 228, 280, 354, 471 — *f* 126, 291.
Correggio (Antonio Allegri) 54, 68, 85, 147, 172, 223, 287, 308, 348, 367, 391, 528, 637 — *b* 151, 177, 351, 493, 646, 719, 731 — *c* 163, 293, 752, 754, 757, 759, 76, 22, 142, 373, 611, 638 — *e* 122, 38 — *f* 280, 282.
Cortellini ou Coltellini (Michele) 282 ; 496 — *e* 444.
Cosimo (Piero di) 125, 490, 590, 612 634, 637 — *b* 48, 252, 735 — *c* 279 758 — *d* 77, 571, 611 — *e* 166 —
Cossa (Francesco) 17, 29, 624 — *b* 29 — *c* 241, 559, 653 — *d* 47 — *f* 74,
Costa (Lorenzo) 60, 65, 413, 673 — — *c* 101, 121, 469, 513, 708 — *d* 12, 587, 584, 662 — *e* 230, 360.
Coter (Colin de) 448, 449 — *b* 133 —
Cousin (Jean) *b* 589 — *e* 446, 464.
Coxie (Michel) *c* 206 — *e* 183, 217.
Cozzarelli (Giacomo) 289 — *d* 48, 359.
Cranach (Lucas der Aeltere) 355, 427 525, 625, 639, 640 — *b* 8, 112, 136, 158 176, 194, 223, 225, 244, 255, 258. 370 408, 725, 726, 734, 764 — *c* 10, 15, 1 136, 147, 165, 166, 180, 222, 402, 493 427, 438, 675, 681, 704, 738, 768. 7 *d* 7, 22, 114, 166, 174, 191, 329, 478 498, 541, 560, 606, 666, 625, 634, 637 673, 690, 692 — *e* 12, 14, 15, 28, 65, 159, 161, 186, 194, 215, 220, 266, 291 421, 426, 469 — *f* 110, 154, 165, 180 196, 246, 267-9.
Cranach (Lucas der Jüngere) 517, 656 — *b* 725 — *c* 335, 681, — *d* 396, 420,
Credi (Lorenzo di) 30, 51, 56, 134, 178, 208, 221, 241, 304, 501, 553, 6 *b* 78, 93, 168, 172, 202, 206, 233, 626 272, 276, 421 — *d* 77, 138, 305, 622 123, 126, 128, 281. 310, 347, 349, 3 *f* 278.
Cremona (Nicc. da) *b* 363.
Cristoforo da Parma *f* 103, 116.
Cristoforo di Moretto *d* 371.
Cristus (Petrus) 179, 234, 292, 421, 602 — *b* 40, 88, 360, 365, 455, 469 659 — *d* 71, 80, 527, 545.
Crivelli (Carlo) 41, 42, 117, 213, 466, 5 *b* 69, 156, 173, 174, 271, 273, 314, 343 481 — *c* 67, 202, 203, 319, 502, 562, 5 *d* 262, 348, 427, 552, 585, 610 — *f* 5
Crivelli (Vitt.) *c* 328, 599, 635 — *d* 48 *e* 320.
Daddi (Bernardo) 415 — *b* 699 — *c* 32 *e* 101, 200, 452.
Daig ou Deig (Seb) *b* 61 — *c* 647.
Dalmau (Lodov.) *b* 624, 703.
Daniele da Volterra (Ricciareli) 438 ; — *f* 281.
Daret (J.) 74 ; *c* 265 — *d* 123.

INDEX DES NOMS D'ARTISTES

David (Gérard) 36, 205, 267, 275, 330, 564, 578, 602 — *b* 2, 110, 111, 123, 180, 203, 290, 435, 448, 459, 476, 606, 677 — *c* 80, 109, 161, 222, 241, 286, 287, 291, 394, 396, 397, 597, 751, 774, — *d* 52, 53, 136, 149, 187, 194, 195, 256, 304, 365, 418 — *e* 134, 135, 306-8, 414 — *f* 141.
Dello (Daniello) Delli 614 — *c* 733 — *d* 628, 667.
Denisot (de Mons) *c* 798 (*add*).
Deutsch (N. M.) *e* 54, 257, 470-1 — *f* 82, 218.
Diana (Bened.) *c* 373.
Dietrich von Prag 262 — *d* 110.
Domenico Veneziano (Domenico di Bartolommeo). Voir *Veneto*.
Doni (Adone) *b* 390.
Dossi Dosso (Giovanni) 37, 178, 227, 635, 645, 674, 685 — *b* 114, 308, 723, 731, 740 — *c* 26, 433, 600, 673 — *d* 24, 484, 574, 624, 673, 684 — *e* 447.
Dosso (Battista) 655 — *b* 86 — *d* 130, 310, 522, 617 — *f* 194, 220.
Duccio (Agostino di) 383, 393, 394, 404, 412, 470 — *b* 123, 309, 490 — *c* 162 — *e* 88, 201.
Dünwegge (Victor et Heinrich) 395 — *c* 154, 208, 288 - *d* 41, 208, 533.
Durandi (J.) *f* 92.
Dürer (Albrecht) 8, 53, 81, 83, 87, 107, 230, — 460, 514, 623, 653, 665, 681, 682, 684, 685 — *b* 7, 57, 63, 82, 119, 126, 162, 208, 234, 297, 357, 421, 461, 472, 510, 554, 561, 689, 714, 730 — *c* 76, 159, 291, 371, 404, 554, 659, 684, 714 — *d* 185, 291, 315, 410, 448, 535 — *e* 3, 11, 83, 197, 268, 276, 278, 440, 459 — *f* 75, 99, 102, 166, 252.
Eeckele (Jan van) *b* 531.
Elsner (J.) *f* 21.
Engelbrechtz ou Engelbrechtsen (Cornelis) 417 — *b* 403 — *c* 196 — *d* 12, 20, 25, 105, 161, 224, 227, 241, 250, 255, 279, 375, 534, 542 — *e* 267, 408.
Eusebio di San Giorgio 84, 100, 297, 324, 357 — *e* 121.
Eyck (Hubert van) 469, 519, 591, 597 — *b* 1, 41, 110, 111, 545, 546, 702, 705, 706 — *d* 3, 55, 201, 202, 275, 284, 287, 288 — *e* 229, 250.
Eyck (Jan van) 133, 206, 228, 359, 622, 680, 681 — *b* 62, 110, 208, 344, 358, 360, 364, 365, 529, 539, 540, 541, 756 — *c* 9, 13, 284 — *d* 5, 19, 27, 53, 55, 106, 115, 160, 167, 223, 284, 287, 288, 303, 316, 317, 393, 394, 524, 527, 541, 552, 597, 605, 624, 647, 685, — *e* 293, 305, 323, 324, 455, 478 — *f* 46.
Fabriano (Gentile da) 70, 72 — *b* 142, 266, 293, 525 — *c* 387, 499, 569, 596, 656, 679, — *d* 93, 403, 405.
Farinati (P.) *d* 641 — *f* 303.
Ferrari (Defendente da) *b* 333, 560, 678, — *c* 168, 341, 530, 673 — *e* 336.
Ferrari (Gaudenzio) 16, 19, 64, 471 — *b* 272, 328, 331, 367, 412, 444, 465 — *c* 65, 417, 520, 522, 702 — *d* 155, 252, 382, 423 — *e* 370.
Feselen (Melchior) *b* 562, 611 — *c* 105, 106, 795 — *d* 454.
Flicke (G.) *f* 213, 287.
Floris (Frans) 227 — *f* 89.
Foppa (Vincenzo) 73, 399, 371, 451, 462, 588 — *b* 165, 215, 276, 625 — *c* 63, 85, 183, 421, 519, 579, 621, 667, 711 — *d* 179 — *e* 96, 426.
Forli. Voir *Ansuino*, *Carrara* et *Melozzo*.
Foschi (Sigismondo) *c* 266.
Fouquet (François) *b* 416.
Fouquet (Jean) 616 ; *b* 16, 108, 125, 141, 191, 195, 262, 470, 518.
Franceschi. Voir *Piero*.
Francesco di Giorgio 61, 150 — *b* 82 — *c* 733 — *d* 189 — *e* 450.
Francesco di Giovanni *c* 283.
Francia (Francesco di Marco Raibolini) 21, 47, 61, 62, 171, 252, 283, 382 — *b* 68, 70, 145, 162, 167, 199, 200, 201, 203, 215, 217, 300 (Dom.) 318, 458, 494, 614 — *c* 51, 81, 171, 292, 445, 468, 475, 564 — *d* 443, 482, 493, 510 — *e* 273, 362, 376, 378, 436.
Francia (Giacomo) *b* 215 — *c* 337.
Franciabigio (Francesco di Cristofano) 29, 165, 218 — *b* 55, 153, 687, 703 — *c* 41, 299, 313, 493, 713.
Fraucke *e* 108, 125, 180, 224 — *f* 118.
Fredi. Voir *Bartolo*.
Frey (Carlos) 35 — *c* 244.
Fries (A.) *c* 53, 338.
Fries (Hans) *c* 320, 578 — *d* 334.
Froment (Nicolas) *b* 12, 383, 384, 634, 656, 757 — *d* 168, 512.
Frueauf (Rueland) *b* 378, 395, 398, 445, 548, 551 — *c* 632, 634 — *e* 143 — *f* 73.
Fungai (Bern.) 499 — *b* 327 — *c* 504.
Fyol (Conrad) 431 — *b* 260.
Gaddi (Angelo ou Agnolo) 191, 548 — *b* 345.
Gaddi (Taddeo) 15, 260 — *b* 37, 345, 660 — *c* 239 — *e* 407
Gaertner (Peter) *d* 422.
Gaetano (Scipione) *c* 168.
Gallegos (F.) *e* 454, 468.
Gambara Lattanzio) *c* 226.
Garbo (Raffaellino del) 152, 162, 232, 323 — *c* 267, 778 — *d* 78, 472, 518.
Garofalo (Benvenuto Tisi da) 288, 340 —

21

b 55, 71. 84, 280, 282, 319, 346, 569, 732
— *c* 121, 124, 139, 258, 313, 320, 389, 416,
451, 475, 541, 756, 773 — *d* 142, 153, 367,
575 — *f* 15.
Gavazzi (G.) *e* 379.
Geerarts (M.) *d* 544.
Geertgen tot S. Jans (Gérard de Harlem)
76, 358 — *b* 100, 242. 462, 553 — *c* 82
263 — *d* 34, 89, 144, 148, 181, 209, 213,
443, 480, 565.
Genga (G.) *e* 427.
Gerino da Pistoia 71.
Gerung (M.) *f* 281.
Ghirlandajo (Benedetto Bigordi) 142; *b* 325.
Ghirlandajo (Domenico Bigordi), 44, 232,
313, 315, 365, 455, 515, 562, 615, 654, 655
— *b* 97, 109, 187, 205, 298, 305, 318, 352,
528 — *c* 38, 40, 86, 343, 571, 589, 590, 658,
706 — *d* 38, 73, 156, 303, 340, 400, 459,
568, 605, 653, 658 — *e* 391.
Ghirlandajo (Ridolfo), 586, 592 — *b* 411,
703 — *c* 692 — *d* 72, 255, 525, 664 — *e* 453
— *f* 165.
Giambono (Michele) *d* 267, 524 — *e* 205.
Giampetrino (Giovanni Pietro Rizzi), 92, 93,
110, 192, 638 — *b* 197, 252 — *c* 294, 393,
419, 718, 762 — *d* 438, 439, 453, 609 — *e*
390 — *f* 30-1, 239.
Gilio di Pietro 123.
Giltlinger (Gumpold) 75, 86 — *b* 107.
Giolfino (Nicc.) *b* 349 — *d* 20, 33.
Giorgione (Giorgio) 4, 10, 32, 108, 243, 277,
300, 395, 463, 620, 632, 636, 639, 644, 652,
664 — *b* 52. 104, 333, 655 — *c* 25, 456,
686, 717, 720, 761 — *d* 90, 186, 266, 399,
464, 644, 659 — *e* 32, 98, 129, 136 — *f* 49.
Giottino (Giotto di Maestro Stefano), *c* 178,
677.
Giotto di Bondone 14, 371, 409, 494, 509,
549, 551 — *b* 343, 500, 544, 546, 609, 610,
611, 641, 644 — *c* 142, 187, 218, 242, 327,
568-570, 572-576, 613, 609 — *d* 549 — *e*
167, 198.
Giovanetti (Matteo di) *c* 26, 639-642.
Giovanni della Chiesa *d* 600.
Giovanni di Paolo (del Poggio). Voir *Paolo*.
Giovanni di Piemonte (?) 295.
Giovenone (Girol.) *b* 281, 291.
Girard d'Orléans *b* 83.
Girolamo dai Libri 298 — *b* 261, 304 — *c*
465 — *d* 366, 370, 580.
Giusto d'Andrea *e* 282.
Glovio (G.) 411.
Goes (Hugo van der) 70, 182, 352, 566, 629,
686 — *b* 59, 169, 505, 516 — *c* 7, 67, 279,
395, 535, 725, 797 — *d* 4, 94, 95, 236, 253,
411, 497, 505, 513, 695 — *e* 72, 104.

Goltzius (Hubert) *d* 173.
Gonçalves (Nuno) 616 — *b* 470 (add.
40, 128-31.
Gonzalès (B.) *d* 301.
Gossaert (Jan van Mabuse) 1, 20, 113
185, 195, 197, 200, 210, 360, 607,
b 98, 132, 166, 359, 373, 381, 530, 69
72, 241, 436, 453, 798 — *d* 96, 134, 17
308, 411, 412, 414, 417, 431, 433, 43
— *e* 161, 255 — *f* 19, 83, 201.
Gozzoli (Benozzo) 193, 649 — *b* 51
588, 589, 741 — *c* 88, 335, 386, 51
560, 659, 681 — *d* 8, 9, 10, 362 — *f*
Graffione (Giov.) *b* 128 — *d* 405.
Granacci (Francesco) 164, 515 — *b*
c 495 — *d* 15, 502, 659 — *e* 348.
Grandi (Ercole di Giulio Cesare), 303
Roberti.
Gregorio (maestro) 189.
Grien (Hans Baldung) 57, 127, 603, 62
— *b* 119, 233, 379, 409, 422, 474, 71
729 — *c* 12, 466, 705, 735 — *d* 19
413, 478, 578, 621 — *e* 82, 137, 23
— *f* 23, 151-2, 167, 169, 262.
Grimaldi (Lazzaro) *c* 350.
Grünewald (Mathias) 536 — *b* 409, 42
584, 632 — *c* 47, 258 — *e* 207, 256
478 — *f* 7, 79.
Gualdo (Matteo da) 293.
Guarena (Lattanzio) *b* 769.
Guido (Pietro), *d* 353.
Heemskerk (Marten van, 204, 616 —
760 — *c* 484.
Heere (L. de) *e* 263 — *f* 193.
Hemessen (Jan van) *b* 709 — *d* 17
678, 679 — *e* 309.
Herlen ou Herlin (Fr.) *b* 316, 406
550, 766 — *c* 61, 84, 119, 685 —
165 — *f* 47.
Herneyssen (Andreas) *d* 82.
H. F. (monogrammiste) 660.
H. M. (monogrammiste) *c* 388.
Holbein (Ambrosius) 687 — *e* 140 —
306.
Holbein (Hans der Aeltere) 183, 192
396, 401, 484, 584, 596 — *b* 5. 10,
28, 33, 51, 67, 115, 135, 139, 149, 15
169, 172, 175, 178, 228, 302, 316, 317
503, 578, 639, 610 — *c* 121, 170, 171
254, 264, 528, 545, 587, 588, 678, 79
78, 124, 604, 620 — *e* 51, 61, 116,
f 119, 122, 156.
Holbein (Hans der Jüngere) 42, 122
547, 563, 647, 667, 684 — *b* 18, 21, 2
459, 482, 517, 518, 566, 592, 627, 62
723, 745, 757 — *c* 60, 239, 268, 276
324, 403, 502, 611 — *d* 10, 47, 143

173, 309, 352, 358, 418, 606, — e 10, 34, 119, 126, 128, 161, 169, 182, 216, 251, 265, 267, 275, 281, 285, 292, 311, 312, 318, 343, 348-351, 369, 374, 380, 403, 442-3 — f 10, 51, 54, 57-8, 62, 82, 86, 88, 103, 109, 111, 182, 189, 222.
Holbein (Sigismond) 393, 461 — b 160.
Hopfer (Daniel et Jérôme) e 63, 111.
Huber (Wolf) c 151 — d 645 — e 132.
Huys (Peter) d 151, 532, 535.
Imola (Innocenzo Francucci da) 166 — b 213 — c 470 — d 339, 687.
Ingegno (Luigi ou Aluigi d'Assisi) 144 — c 408.
Inglès (G.) d 292 — e 66.
Ioni (Federigo) b 287.
Jacob d'Amsterdam. Voir *Cornelisz*.
Jacob van Utrecht 268 — d 71.
Jacobello del Fiore f 36.
Jacometto da Venezia 251.
Jacopo d'Antonello e 289.
Jacopo da Valenza c 250, 606.
Jacopo de Carolis e 325.
Jean d'Orléans b 410, 417, 488.
Johann von Köln b 503.
Joos ou Joost von Cleve ou van Cleff. Voir *Cleve*.
Justus (Jodocus) de Gand 626, 627 — b 663 — d 154, 655.
Juste de Padoue (Menabuoi) c 501.
Kaltenhof (P.) e 441
Kempner (J. de) c 196.
Key (Adr.) 444 — b 147, 473.
Kirberger (Nicolas) b 549.
Kluber (H. H.) e 24 — f 78.
Körbecke (Johann) d 125.
Königswieser (Hienrich von) c 452 — d 453.
Koffermanns (Marc.) b 190, 192, 371, 688, (add.). — c 150, 152 — d 218, 496 — f 62.
Krell (H.) f 112.
Kulmbach (Hans von) 527, 580 — b 53, 561 — c 212, 452, 557, 637 — d 35, 39, 79, 362 — e 113, 261 — f 24, 37, 51, 80, 106, 140, 304.
Landi. Voir *Neroccio*.
Landinara (Cristof. da) c 584.
Lanini (Bern.) b 222, 328 — c 316, 584 — d 356, 459 — e 131, 145, 288, 417 — f 36, 113, 195.
Lanzani (Polidoro Veneziano) 341 — c 25 293, 314.
Lautensack (P.) e 5.
Laureto (Mario di) c 654, 655.
Leonbruno (Lor.) b 733 (add.) — f 189, 266.
Leyden (Lucas Jakobsz van) 521, 607, 667 — b 20, 54, 171, 219, 230, 372, 441, 454, 688, 703, 712 — c 107, 400, 483, 516 —

d 15, 117, 150, 229, 297, 302, 568, 576, 672 — e 18, 155, 300, 366, 375 — f 252, 291, 309.
Liberale Milanese c 367.
Liberale da Verona b 651 — d 602 — f 117.
Liberi (P.) b 738 (add.).
Licinio (Bernardino) 108, 600 — b 534 — c 473, 518, 600, 666 — d 9, 299, 311, 312, 358, 399, 536, 561, 607, 684, 692.
Limbourg (frères) b 344.
Lionardo da Pistoja. Voir *Pistoja*.
Lionardo da Vinci 34, 91, 110, 176, 208, 222, 242, 375, 551, 617, 618 — b 9, 169, 172, 202, 254-6, 291, 374, 532, 718 — c 421, 591, 592, 762, 764 — d 24, 66, 310, 595, 643 — e 15, 289, 361, 457, 466.
Lippi (Filippino) 13, 54, 102, 138, 239, 323, 649, — b 60, 232, 363, 513, 520, 593, 659, 661 — c 16, 18, 20, 59, 90, 135, 192, 205, 217, 245, 267, 271, 273, 322, 336, 339, 344, 409, 410, 428, 434, 442, 461, 519, 520, 527, 545, 565, 577, 606, 610, 613, 648, 649, 653, 658, 675, 698, 719, 732, 737, 743, 753, 777 — d 17, 51, 310, 634 — e 77, 279, 302.
Lippi (Fra Filippo) 28, 116, 157, 158, 271, 599 — b 64, 65, 172, 207, 211, 245, 289 — c 255, 330, 406, 504, 505 — d 60, 492, 515, 519 — e 130 — f 15, 20.
Llanos (Ferrando de) d 132.
Lochner (Stephan) 512 — b 112, 114, 447, 693, 698 — c 497, 608 — d 329 — e 60, 90, 326.
Lombard (Lambert) b 390, 708 — c 651 — d 187, 330, 436, 456.
Longhi (Luca) c 91, 356, 357, 358, 389, 446 — e 280, 355.
Lorentino d'Angelo (di Arezzo) 291 — c 331.
Lorenzetti (Ambrosio et Pietro) 258, 413, 424 — b 450, 699 — c 260, 476 — d 299, 302, 405, 424, 630 — e 285, 377, 383, 403, 451.
Lorenzo (Fiorenzo di) 18, 59, 70, 290, 303, 308, 309, 362, 543, 544 — b 231, 342, 653 — c 51, 186, 224, 464, 516, 549, 550, 618, 626 — d 377 — e 284, 320 — f 116.
Lotto (Lorenzo) 286, 344, 386, 423, 621, b 50, 214, 244, 257, 284, 301, 322, 334, 336, 587, 598, 655, 576 — c 112, 157, 227, 415, 464, 486, 487, 560, 566, 605, 626, 679, 689, 701, 724 — d 59, 158, 163, 305, 601, 619, 630, 652 — f 22, 109, 162, 168, 192, 295.
Lucas de Leyde. Voir *Leyden*.
Lucidel (Nicolas Neufchatel dit) 565 — b 223, 312, 368, 387 — c 23, 758 — f 191, 251.
Luini (Bernardino) 20, 55, 63, 82, 166, 220, 221, 245, 372, 375, 508, 522 — b 98, 154,

235, 256, 373, 657, 713, 715-718 — *c* 70, 103, 126, 158, 252, 273, 283, 300, 310, 364, 383, 445, 470, 612, 686, 692, 699, 720, 757, 791, 793 — *d* 134, 220, 352, 444, 459, 612 — *e* 189, 302, 327, 334, 466, 476, — *f* 2, 25, 29, 30, 32, 76, 138, 154, 173, 245.
Mabuse. Voir *Gossaert*.
Machiavelli (Zenobio) 345 — *b* 290.
Macrino d'Alba *b* 264, 298 — *d* 368 — *e* 411.
Magni (Cesare) *b* 255 — *c* 312.
Mainardi (Bastiano) 329 — *b* 40 — *c* 406, 437 — *d* 79, 401, 489, 503, 519, 704 — *e* 60, 95, 153.
Maineri (Francesco di) *d* 347.
Maître au Perroquet *c* 435 — *d* 305.
Maître de Flémalle (Campin?) 77, 184, 235, 236, 438, 441, 519, 597, 609, 616 — *b* 65, 73, 163, 243, 246, 344, 432, 505, 555 — *c* 265 — *d* 56, 413, 426 — *e* 80-1, 250, 280, 322 — *f* 288, 324.
Maître de Francfort 431, 629 — *b* 260, 262.
Maître de Gustrow *b* 25, 497 (*add.*)
Maître de Hogstraten *d* 322.
Maître de Kappenberg 395, 486.
Maître de l'Adoration d'Utrecht *d* 120, 121.
Maître de la Glorification de la Vierge *d* 87, 324, 550, 554, 555.
Maître de la légende de S. Madeleine *d* 484 — *f* 85, 184.
Maître de la légende de St Ulrich *f* 120.
Maître de la légende de Ste Ursule (tyrolien) *c* 728, 729.
Maître de la mort de la Vierge. Voir *Cleve*.
Maître de la Sainte Nuit *d* 404.
Maître de l'Assomption de la Vierge *c* 617, 723.
Maître de l'autel d'Heisterbach *d* 115.
Maître de l'autel de Péringsdorf *c* 680 — *f* 19, 81.
Maître de l'autel de St Barthélemy ou de St Thomas 533 — *b* 570, 574 — *c* 128, 243 — *d* 232 — *f* 64.
Maître de l'autel de Tucher *f* 6, 14.
Maître de la Perle de Brabant *b* 102, 600.
Maître de la Vie de Marie 483 — *b* 37 — *c* 34, 604 — *d* 35, 205, 222, 280, 284, 346, 384, 477, 559.
Maître de la *Virgo inter virgines* *d* 107, 203.
Maître de Lichtenstein *c* 490.
Maître de Liesborn *d* 520.
Maître de Lyversberg *b* 498 — *d* 168.
Maître de Messkirch *b* 4, 156, 356 407 439, 599, 662, 685 — *c* 173, 530, 556, 559, — *f* 2. — *d* 40, 164, 169, 273, 608.
Maître de Moulins 686 — *b* 13, 141, 354, 476, 518, 763 — *c* 64, 215 — *d* 54 — *e* 262
Maître de Neustift *c* 538, 540.

Maître de Ste Ursule 330 — *b* 51, 140, 28
Maître de S. Séverin *b* 99 — *d* 14(221, 334, 355 — *e* 153, 469, 473.
Maître de Sigmaringen *b* 421.
Maître des demi-figures (femmes corps) 30 — *b* 199, 307, 750 — *c d* 6, 30, 98, 196, 233, 275, 444, 47(622 — *e* 299, 445 — *f* 79, 193, 20(
Maître des portraits Holzhausen *d* 27 497.
Maître des saintes Parentés (*der he Sippen*) 265, 403 — *b* 355 — *c* 8, *d* 225, 347 — *e* 57, 141 — *f* 61.
Maître de Tepel *c* 65, 152.
Maître d'Oultremont *b* 124, 759.
Maître du livre de raison (*des Hausb c* 443 — *e* 178, 254, 335.
Maître du Saint-Sang 459, 744 — *d* 4
Maler zu Schwaz (Hans) *b* 158 - 799 — *d* 566, 660 — *f* 142.
Malouel (Jean) *b* 124, 475, 477, 605.
Manchello (A.) *f* 96.
Mander (Carel van) *b* 677.
Mandyn (J.) *d* 531.
Manni (Giannicola) 529 — *d* 402.
Mansueti (Giovanni) *c* 638 — *e* 374 —
Mantegna (Andrea) 21, 121, 363, 408 455, 358, 617, 659, 660 — *b* 288, 347 482, 488, 733 — *c* 119, 230, 240, 289 383, 462, 463, 586, 611, 683 — *d* 88 304, 473, 523 — *e* 100 — *f* 115, 224.
Marconi (Rocco) 23, 131, 255 — *b* ; *c* 426.
Marescalco (Buonconsiglio, dit il) *b* 118
Mariotto (Bernardino da) 280 — *b* 306
Marmion (Simon) 535, 546, 656 — (597 — *c* 122, 345, 596 — *d* 607 — *f* 1
Martini (Simone) dit Memmi 379, 538 574 — *b* 44, 430, 453, 631 — *c* 142 378, 522, 639, 642, 695, 710, 713 — *c*
Martino da Udine *c* 730.
Marziale (Marco) *d* 265 — *f* 53.
Masaccio (Tommaso di Ser Giovanni 532, 559 — *b* 40, 580 — *c* 14 — *e* 10
Masolino da Panicale (Fini) *b* 376, 552, 580, 581, 602, 673-6 — *c* 667 426 — *e* 10, 319.
Massys (Jan) *b* 17 — *d* 671.
Massys (Quinten) aussi nommé Mats Metsys 93, 111, 198, 444, 683 — 168, 237, 258, 428, 468, 473, 486, 626 714, 751, 752, 753 — *c* 229, 239, 252, 458, 459, 515, 571, 601, 609, 721, 7 *d* 98, 200, 206, 254, 288, 290, 409, 415 446, 528, 674, — *e* 246.
Matteo da Siena (di Giovanni) 140,

148, 149, 321, 650 — *b* 291, 577; *c* 123, 382, 455, 484.
Maturino (B. C.) *f* 243.
Mazzola ou Mazzuola (Fil.) *b* 150, 404 — *c* 209, 390, 400 — *d* 450, 638.
Mazzolino-Bedoli. Voir *Bedoli*.
Mazzolino (Ludovico) 376 — *d* 146, 238.
Meire (G. van der) 74, 556, 557 — *b* 147, 516.
Melanzio (Francesco) *d* 340 — *e* 242, 415.
Melem (Hans von) *b* 236. Voir *e* 236.
Melone (Altobello) 384 — *c* 649
Meloni (Marco) *d* 379 — *f* 71.
Melozzo da Forli 626, 627 — *b* 499, 629 — *c* 407, 783 — *d* 518.
Melzi (Francesco) 646 — *d* 612 — *f* 154.
Memling (Hans) 88, 127, 181, 191, 263, 328, 330, 335, 337, 358, 518, 534 — *b* 93, 113, 122, 145, 117, 263, 353, 358, 359, 455, 457, 460, 484, 571, 616, 650, 694, 695, 696, 758, 759 — *c* 79, 91, 247, 251, 259, 279, 422, 507, 604, 688, 712, 736, 746, 748-750, 788 — *d* 5, 25, 65, 205, 274, 383, 471, 705 — *e* 8, 179, 193, 213, 332.
Memmi (Lippo) 23, 188, 398 — *b* 536 — *c* 579, — *d* 259, 361 — *e* 314, 384. Voir *Martini*.
Menabuoi. Voir *Juste de Padoue*.
Menciochi (Fr.) *c* 440.
Meo da Siena (B.) *b* 310.
Michael Matei *d* 513.
Michel Angelo Buonaroti (Michel Ange) 228, 244 — *b* 405, 487 — *c* 2, 3 — *e* 10, 258, 370 — *f* 238, 275, 282.
Michele da Verona *c* 779; *d* 661 — *f* 220.
Michele Pannonio *f* 198.
Michelino (Dom. di) *c* 551, 570.
Mielich ou Muelich (Hans), *c* 614 — *d* 302, 705.
Mielich (Wolf) *d* 437
Minga (Andrea del) *b* 6.
Mino (Jacopo di) 196.
Miralbeti (J.) *e* 434.
Mocetto (Girol.) *d* 634 — *e* 31 — *f* 175-6, 182, 208, 241.
Momper (Jost de) *d* 309.
Monaco (Lorenzo) 196, 259, 497, 559 — *c* 195, 503 — *d* 306, 325, 327 — *e* 190 — *f* 142.
Montagna (Bartolommeo), 349, 350 — *b* 466, 556 — *c* 170, 320, 359, 363, 449, 796 — *d* 428, 429, 441, 539 — *e* 286, 395, 435 — *f* 312.
Montagna (Benedetto) *e* 352
Moralès (Luis) *d* 261, 434, 470 — *c* 279, 351.
Morando (Paolo Cavazzola) 56 — *b* — 178 — *c* 211, 266, 667 — *d* 1, 432 — *e* 373, 445-6.
Moralus *f* 54.

Moretto (Alessandro Bonvicino) 281, 493, 502, 509, 510, 569, 570 — *b* 227, 259, 297, 350, 522, 755 — *c* 134, 218, 319, 377, 494. — *d* 67, 149, 271, 429, 688 — *e* 156, 464 — *f* 277.
Moro (Antonio) *b* 120, 147, 152, 155, 330, 583, 585, 635 — *c* 315 — *d* 127, 172, 297, 661, 689, 694, 696, 699, 701, 702 — *e* 226, 231, 252 — *f* 195, 200, 203-4, 265, 289, 295, 297.
Morone (Domenico) 651 — *d* 436, 658.
Morone (Francesco) *c* 361, 367 — *d* 1, 152, 363, 449, 653.
Moroni (Giov. Battista) 538 — *b* 247, 266, 350, 388, 499 — *c* 25, 38, 48, 82, 168, 202, 270, 330, 343, 496, 585, 617, 618, 631, 632, 713, 716 — *d* 121, 159, 270, 399, 432, 467, 484, 671, 702 — *e* 295, 311 — *f* 243.
Morto da Feltre (P. F.) *b* 655.
Moser (Lucas) 418, — *f* 134.
Mostaert (Jan) 204 — *b* 100, 124, 356, 530, 591, 615, 759, — *c* 271, 323, 399, 563 — *d* 182, 309, 445, 534 — *e* 243 — *f* 249.
Mostaert (de Waagen) *d* 182.
Mugello (Bened. da) *b* 449.
Multscher (Hans) *b* 61, 408 — *e* 88, 171, 196, 253, 472.
Murano (A. et B. da) *b* 62, 565.
Napolitano (Francesco) 89 — *c* 366 — *d* 419, — *e* 292.
Nardini *c* 340.
Nardo (Mar. di) *e* 274.
Nelli (Ottaviano) 318, 315 — *e* 402.
Neri di Bicci 237, 261, 296, 491 — *c* 27 — *d* 353, 491 — *e* 3.
Neroccio di Foligno *d* 509.
Neroccio di Landi (di Bartolommeo) 6, 329. — *b* 214, 216, 228, 532 — *c* 384 — *d* 70, 410 — *e* 38.
Neufchatel. Voir *Lucidel*.
Niccolo Alunno di Liberatore 257 — *b* 537 — *d* 214, 380, 538 — *e* 74.
Niccolo (Andrea di) 299, 449.
Niccolo da Foligno *c* 233, 517 — *d* 211.
Niçois *f* 18, 39, 55, 95, 135-6, 166.
Nuñez (Juan) *d* 264.
Oggiono (Marco d') 248, 375 — *b* 682 — *c* 777 — *d* 396, 547, 593 — *e* 122, 291, 372 — *f* 239.
Oostsanen. Voir *Cornelisz*.
Orcagna (Andrea) 479, 531 — *b* 524, 699 — *c* 232, 256.
Orley (Barend van) 203, 449 — *b* 13, 14, 15, 25, 31, 111, 130, 132, 133, 161, 163, 164, 212, 237, 268, 497, 530, 708 — *c* 71, 280, 472, 482, 591, 746 — *d* 196, 325, 433, 445, 465, 663 — *e* 107, 133 — *f* 88.

Ortolano. Voir *Benvenuto*.
Ostendorfer (M.) c 544; d 663.
Ouwater (Aalbert van) 388, 421, 629, 656 — d 167.
Pacchia (Girol. del) c 432 — d 206, 457.
Pacchiarotto (Giac.) 45, 478 553 — c 446.
Pacher (Michel) b 637 — c 264, 527, 595, 615, 645 — d 2, 268, 338, 587, 588, 589, 590 — e 57 — f 9, 53, 132.
Padovanino (Varotari) 614; d 504.
Pagani (Gasp.) b 679.
Palma (Antonio) c 236.
Palma (Jacopo, dit Palma Vecchio) 9, 306, 334, 344, 352, 598 — b 212, 281, 513 — c 11, 94, 130, 220, 253, 368, 454, 474, 527, 670, 776 — d 111, 395, 490, 593, 629, 642, 668 — e 340, 344, 412 — f 257, 261, 274, 278.
Palma (Jacopo, dit Palma Giovine) b 511 — c 777.
Palmezzano (Marco) 162, 249, 322, 373, 550 — b 220, 303, 326 — c 68, 231, 310. 507, — d 46, 139, 146, 333, 425, 456, 481 — e 462.
Panetti (Domenico) c 361, 564 — e 138 — f 111.
Paolino. Voir *Pistoja*.
Paolo (Giovanni di Paolo dal Poggio, di Siena) 381, 511, 516, 523 — b 38, 670, 754 — c 388 — d 75, 326, 331 — e 52 — f 66.
Paolo da Brescia c 332.
Parentino (Bern.) 455 — d 528, 529, 530 — f 305.
Parmigianino dit Parmesan (Francesco Mazzola ou Mazzuola) 341 — b 213, 219, 245, 719 — c 317, 338, 450, 661, 699, 705, 730 — f 203.
Parri di Spinello 122.
Patinir (Joachim) b 274, 396, 468 — c 120, 130, 124 — d 192, 206 528, 682, 686.
Pecori (Domenico) 292, 300 b 121.
Pedro da Cordova, d 286.
Pellegrino da S. Daniele (Martino di Battista) c 730.
Pencz (Georg) b 115, 148 — c 354 — d 460, 707 — f 101, 136, 210.
Penni (Giovanni Francesco), 46, 215, 219 — b 627 — d 141. 321 — f 191.
Perino del Vaga (Buonaccorsi), c 444, 752, 775 — d 643 — f 271, 297.
Perréal (Jean) 686 — b 13, 74, 141, 206, 208, 286 — d 161. Voir *Maître de Moulins*.
Perugino Pietro Vannucci) 39, 49, 66, 71, 80, 95, 133, 163, 201, 202, 208, 233, 253, 278, 284, 290, 305, 306, 319, 357, 377, 400, 414, 432, 473, 474, 476, 477, 489, 50 583, 589, 610, 619 — b 78, 194, 20 375, 512, 575, 594, 716 — c 172, 18 205, 257, 280, 412, 442, 607, 670, 67 721 — d 37, 44, 56, 74, 124. 183, 24 357, 610 — e 120, 164, — f 137.
Peruzzi (Baldassare) 157, 652 — b 1 707, 736 — c 770 — e 179.
Pesellino (Francesco) 6, 7, 209, 31 519, 577, 615 — b 658 — c 57, 7 558, 786, 777 — d 26, 520 — f 70.
Piazza (Albertino) b 191 — c 303 — 557 — e 253.
Piazza (Calisto) c 370, 634.
Pier Francesco Florentino 116, 61 175, 754 — c 379, 387, 406 — d 49 127, 129.
Pietro Alemanno — e 313, 315.
Piero di Cosimo. Voir *Cosimo*.
Piero dei Franceschi ou della Franc 27, 156, 213, 320, 340, 378, 528, 54 633 — b 42, 76, 267, 287, 687, 7 17, 333, 380, 381, 511, 602, 677 — e 7
Pietro di Domenico 6.
Pinturicchio (Bernardino Betti) 99 136, 211, 251, 354 — b 2, 22, 31, 146. 192, 259, 276, 299, 315, 323, 47 557, 587, 595, 596, 624. 655, 667, 69 736, 747, 748, — c 186, 411, 707. 76 — d 435, 466, 647, 660 — c 302.
Piombo (Sebastiano Luciani del) 6 173, 207, 389, 405, 496, 658, 676 — 85, 88, 383, 405, 606. 667 — c 13 — d 83, 281, 288, 339, 485, 565 — 181, 193, 227 — f 67, 259, 277.
Pisano (Vittore) dit Pisanello, 529 550 — c 161 — d 540.
Pistoja (Fra Paolino da) b 249, 330.
Pistoja (Lionardo da), 101.
Pizzolo (Nicc.) b 623.
Pleydenwurff (Hans) 405, 423, 439 — — d 226, 278 — e 342.
Pollajuoli (Antonio et Piero) 24, 161 626 — b 18, 19, 182, 200, 210, 649, c 4. 6, 674 — d 23. 49, 222, 422, 617 640.
Pollak (J.) e 170, 210, 216 — f 101, 10
Pontormo (Jacopo da) — 526, 661 — 444, 556 — c 348, 370, 411, 756 — 266, 313.
Pordenone (Giov. Antonio Licinio d — b 613 — c 666 — d 59 — e 147.
Pourbus (Fr.) d 33, 55, 140, 693 — — f 5.
Pourbus (Pieter) b 77 — c 21, 40, 98 312, 432, 501 — d 90, 216, 221, 46 — f 296.

Pratese (Pier Lorenzo) *d* 421.
Predis (Ambrogio da) 197, 222, 487, 608, 668
  — *b* 254, 481, 568 — *c* 221, 476, 638, — *d*
  16, 117, 439, 440, 468, 639 — *e* 118, 361.
Prete Ilario (Ugolino da) *b* 666 — *f* 298-9.
Previtali (Andrea Cordegliaghi) *b* 129, 139,
  209, 216, 218, 554 — *c* 218, 322, 357 — *d*
  494 — *e* 458.
Prévost (Jan) *b* 11 — *d* 295.
Primatice (François) *b* 713, 733, 738 — *e*
  17, 21, 34, 227 — *f* 180.
Puligo (Dom.) *c* 448, 763.
Pulzone (Scipione) *c* 422 — *c* 215.
Quirizio da Murano 554.
Raffael (Sauti), 9, 40, 46, 95, 96, 97, 98,
  100, 125, 128, 159, 165, 168, 169, 170, 175,
  177, 207, 215, 216, 217, 233, 243, 277,
  284, 307, 396, 402, 422, 503, 585, 619, 624,
  632, 675 — *b* 129, 151, 180, 182, 185, 193,
  207, 246, 247, 248, 250, 329, 389, 413, 523,
  543, 589, 594, 600, 606, 613, 615, 627, 666,
  720 — *c* 1, 3, 4, 48, 102, 104, 111, 225,
  257, 349, 413, 414, 676, 697, 709, 752,
  775 — *d* 304, 311, 342, 592 — *e* 9, 279,
  357, 463 — *f* 165, 196, 216, 259, 265, 279.
Refinger (Ludwig) *d* 119.
Reichlich (Max) *c* 36, 83, 97 — *d* 64.
Ridolfo (Mich. da) *c* 223.
Rincon (Ant. da) *b* 440 — *d* 184, 187.
Rizzo (Francesco). Voir *Santa Croce*.
Roberti (Ercole del, de Grandis), 66, 399,
  443, 468, 633, 666 — *b* 320, 614, 622 — *c*
  471, 595 — *d* 19, 91, 234, 256, 633, 668
  — *e* 230 — *f* 112.
Roemerswael (Marinus van) 661 — *b* 751,
  752 — *c* 792 — *d* 669, 670 — *f* 75.
Romain (Giulio Pippi, Romano) *b* 193, 196,
  224, 302, 308 — *c* 122, 778 — *e* 22, 23, 158
  — *f* 155-7, 162-3, 167, 181, 183, 190, 197,
  211-4, 217, 222-237, 242, 248-260, 264,
  282, 285, 304, 306-7.
Romanino (Girolamo), 47, 171, 279, 665
  — *b* 638 — *c* 23, 417 — *d* 138, 188, 526
  — *e* 225.
Rondani (Fr.) *c* 352.
Rondinelli (Niccolo), 109 — *b* 135, 138, 337
  — *c* 358, 372, 406, 481, 612, 656.
Roselli (Cosimo), 435, 568, 599 — *b* 79.
Rosso (G. B.) *d* 360 — *f* 283.
Sacchi di Pavia *f* 11.
Saliba (P. de). Voir *c* 123.
Salviati (G.) *d* 542.
Sammachini (Orazio) *c* 690.
Sandro (Pier Franc. di) *d* 692.
Sano di Pietro 148, 258, 347, 495, 541, 542
  — *c* 282 — *d* 180, 350, 501 — *e* 383.
San Severino (Lorenzo da) *b* 256, 275.

Santa Croce (Francesco Rizzo da), 2 37,
  351 — *b* 35, 58 — *c* 378 — *d* 511 — *e* 381.
Santa Croce (Girolamo da) 9, 352 — *b* 317
  — *c* 564, 690, 716 — *d* 364.
Santi (Giovanni) 314, 317, 585 — *b* 167, 340,
  381 — *c* 52 — *d* 69 — *f* 175.
Santi di Tito *c* 292.
Sarto (Andrea del) 40, 69, 177, 180, 223,
  285, 378, 458, 493, 539, 574, 594, 678 — *b*
  181, 195, 249, 251, 277, 283, 295, 366 — *c*
  33, 143, 159, 274, 307, 313, 447, 539, 593,
  718, 763 — *d* 458 — *e* 354, 358 — *f* 89,
  144, 147.
Sassetta (Stefano di Giovanni) 309 — *b* 38,
  109 — *d* 331, 465, 549 — *e* 52, 419 — *f*
  3, 4, 41, 42.
Savoldo (Giov. Girol.) *b* 90, 95, 624, 690 —
  c 347, 351, 424, 692 — *d* 22, 611, 706
  — *e* 36.
Scacco (Chr.) *d* 507.
Scaletti (L.) *d* 29.
Scarsellino (Ippolito Scarsella, dit) *c* 313
  — *d* 462.
Schaffner (Martin) *b* 29, 238 — *c* 15, 101,
  112, 317, 489, 531, 650 — *d* 170, 198, 272,
  287, 646.
Schäufelein (Hans Leonhard) 370, 429 — *b*
  436, 437, 456, 521, 642, 684 — *c* 180, 492,
  565, 625, 644, 645, 663 — *d* 162, 176, 301,
  626.
Schiavone (Andrea Medolla) 154, 155 — *b*
  146, 229 — *c* 422, 621, 768 — *b* 373 — *e*
  182, 268, 297.
Schongauer (Martin Schön) 186, 420, 447
  — *b* 52, 83, 605 — *c* 78, 296, 605 — *d*
  159, 584 — *e* 304 — *f* 77.
Schöpfer (Hans) *c* 426, 583 — *e* 15, 304.
Schüchlin, *e* 62, 84, 249.
Schwarz (Martin) *b* 44.
Schwaz. Voir *Maler*.
Scorel (Jan van) 48, 552, 679 — *b* 28, 60,
  135, 388, 598, 735 — *c* 230, 297, 551 — *d*
  101, 102, 111, 129, 153, 171, 270, 284, 362,
  490, 653, 661, 694, 701 — *e* 287, 317 — *f*
  98
Sebastiano. Voir *Piombo*.
Seisenegger (J.) *d* 2.
Sellaio (Jacopo del) 12, 52, 151 — *b* 245,
  547 — *c* 274, 275, 385 — *d* 401, 618, 619,
  655, 656 — *f* 69, 172, 296.
Sermoneta (Girolamo da Siciolante) *c* 657.
Sesto (Césare da) 94, 109, 176, 225, 241 —
  b 277 — *c* 96, 365, 479, 594 — *d* 411, 461
  — *f* 158.
Signorelli (Luca) 15, 22, 247, 276, 294, 326,
  332, 390, 427, 456, 468, 519, 539, 554 — *b*
  20, 75, 242, 243, 336, 348, 404, 700 — *c*

129, 190, 292, 302, 308, 337, 546, 683 — *d* 37, 41, 46, 282, 374, 519, 523, 525, 581, 602 — *e* 164, 235 — *f* 247.
Simon de Châlons *c* 172, 514.
Sodoma (Giovanni Antonio de Bazzi) 106, 108, 241, 273, 590, 600. 638, 647, 649 — *b* 493, 592 — *c* 19, 89, 207, 222, 295, 388, 421, 446, 547, 581, 746, 764 — *d* 471, 488 — *f* 145, 294.
Soggi (Nicc.) *b* 299.
Sogliani (Antonio) 34, 273 — *b* 277 — *d* 321.
Solario (Andrea) 91, 391 — *b* 134, 221, 234, 248, 278, 414, 552 — *c* 53. 172, 214, 299, 426. 602 — *d* 179, 180, 185, 292, 328, 417, 442. 515 — *e* 290, 467 — *f* 74.
Solario (Antonio) *d* 463, 491.
Spagna (Giovanni di Pietro) 302, 316, 319, 356 — *b* 137, 393, 394, 570 — *c* 43, 148 — *d* 419, 471.
Speranza (Gio.) *c* 368.
Spinello Aretino 26, 254, 497 — *b* 746 — *c* *e* 384.
Squarcione (Francesco) 121, 120, — *b* 429 — *d* 476 — *e* 146.
Stimmer (Tobias) *c* 29, 788 — *e* 54, 81.
Stoer (Laurent) *d* 182.
Stormius (Fernand) *b* 30.
Streetes (Guill.) *b* 320 — *d* 323.
Strigel (Bernhard) 32, 387, 395, 457 — *b* 39, 226, 402, 671, 764, 767, 768 — *c* 295, 529, 544, 589, 800 — *d* 270 — *e* 26, 45, 46, 48, 55, 56, 359 — *f* 53, 150.
Sunter (J.) *c* 102.
Swart (Jan) *c* 107 — *d* 11.
Talpino (E. S) *e* 416.
Tamagni (Vinc.) *d* 36.
Tamaroccio (Cesare) *d* 423.
Tanzio da Varallo *c* 594.
Théodoric. Voir *Dietrich*.
Tiberio d'Assisi 430 — *b* 342 — *d* 126, 183.
Tifernate (Francesco) 318 — *b* 301.
Tintoretto (Jacopo Robusti) *b* 380, 721, 730 — *c* 209, 215, 303, 496, 533, 636, 643, 715, 716, 770 — *d* 8, 13, 150, 338, 425, 468, 667, 679 — *e* 19, 43, 57, 188, 225, 444 — *f* 146, 148, 154, 202, 217, 224, 240, 286, 299, 303.
Tiziano Vecellio, 108, 115, 144, 147, 172, 229, 342, 385, 469, 521, 572, 604, 614, 620, 621, 623, 642, 643, 644, 672 — *b* 35, 90, 133, 154, 222, 229, 240, 278, 279, 304, 494, 530, 585, 722, 724, 738, 739, 765 — *c* 49, 249, 285, 375, 411, 430, 473, 561, 576, 603, 616, 661, 726, 771, 790, 793 — *d* 257, 275, 285, 290, 311, 361, 371, 378, 427, 475, 522, 541, 547, 562, 635, 636, 651, 684, 691, 698 — *e* 1, 6, 12-3, 16-7, 21, 24, 29, 32, 35, 37,

43-4, 47, 54. 63, 66, 68, 76, 97, 110-1, 123, 148 9, 154-6, 163, 166-7 181-3 188-192, 202, 223-4, 238, 2 255, 257, 259-261, 263-4, 270-1, 2 294, 296, 298, 310, 316, 341, 343, 3 368-9, 371, 373, 377, 379, 381-396 9, 405, 418, 427-8, 437-8, 447 460, 477, 480 — *f* 2, 3, 8, 21-2, 40, 42, 64, 66-7, 69, 76, 78, 86-7, 107, 113, 133, 149, 150, 153, 158-9 170-2, 181, 187, 194-6, 199, 202, 209, 217, 223, 225-8, 232, 240, 244 254-6, 260, 266, 270, 273-6, 302-3 312.
Tommaso da Modena *d* 361 — *e* 319
Tommaso di Stefano (?) *b* 79 — *d* 7
Tom Ring (les) *c* 430 — *d* 296 — *f*
Torbido (Francesco) *c* 563 — *d* 31,
Traini (Francesco) 582 — *b* 583, 6! 653 — *d* 580.
Traut (Wolf) *d* 42.
Tricca (?) *d* 66, 700.
Treviso (Girolamo da) *d* 416.
Tura (Cosimo) 239, 366, 628 — *b* 5 392 — *d* 261, 536, 540, 544, 551, 5 622, 670 — *e* 472 — *f* 74.
Ubertini (Francesco Bacchiaccà) 67 20, 312, 320 — *d* 16, 92, 401, 422, *e* 459.
Uccello (Paolo Doni), 590, 658.
Ugolino da Siena 459.
Utili da Faenza *c* 440.
Valenza (Jacopo da). Voir *Jacopo*.
Vanni (Andrea) 188, 256, 612 — *d* 5
Vannuccio (Fr. di) *c* 281.
Vargas (Luis de) 69, 616.
Vasari (Giorgio) *c* 305 — *e* 40 — *f* 2
Vasco (el gran) *d* 128, 578.
Vecchietta (Lorenzo) 601 — *b* 670.
Vecelli (Cesare) *b* 739.
Velasco da Coimbra 58 — *b* 257.
Vellert (Dirk) *d* 116.
Veneto ou Veneziano (Domenico di Tommeo) 62, 84, 94, 146, 173, 18! 642, 662 — *b* 84, 132 — *c* 378 — *d* 164, 202, 249, 258, 276, 308, 324, 43 463, 532, 539, 554, 563, 591, 613, 64 687 — *f* 253, 303, 309.
Veneziano (Antonio) *b* 666.
Veneziano (Francesco) *c* 523.
Veneziano (Lor.) *c* 499.
Veneziano (Polidoro). Voir *Lanzani*.
Vergos (Pablo) *d* 99, 110.
Vermeyen (Jean Corneille) *b* 760.
Verona (Filippo da) *c* 467.
Veronese. Voir *Caliari*.
Verrocchio (Andrea del), 34, 107, 12

INDEX DES NOMS D'ARTISTES

132, 160, 224 304, 528, 617, 642 — *b* 170, 289, 374 — *d* 470.
Villate (Pierre) *b* 534.
Vincenzo dalle Destre ou da Treviso *d* 127 — *e* 375, 380.
Vinci. Voir *Lionardo*.
Vitale di Bologna, 187.
Viterbo (Ant. da) *c* 474.
Viti (Timoteo) 605 — *b* 161, 630 — *e* 289, 453.
Vivarini (Alvise) 98, 146 — *c* 157 — *d* 24, 91, 120, 412.
Vivarini (Antonio) *c* 58, 580 — *d* 314, 466.
Vivarini (Bartol.) 331, 356 — *b* 149, 184, 240, 241, 270, 629 — *d* 180, 320, 351, 541, 571, 592 — *e* 282, 313 — *f* 4.
Volterra (Daniele da). Voir *Daniele*.
Weitinger (Hans) 648 — *e* 435 — *f* 12.
Weyden (Gossuin van der) 327 — *e* 59, 65, 146 — *f* 59.
Weyden (Rogier van der W. ou Roger de la Pasture) 33, 38, 84, 87, 214, 325. 327, 369, 379, 380, 385, 425, 461, 465 — *b* 45, 49, 87, 89, 95, 103, 113, 157, 163, 285, 361, 426, 484, 568, 625, 672 — *c* 156, 160, 189, 201, 206, 387, 394-5, 464, 744, 745 — *d* 62 251, 263, 64, 80, 84, 85, 99, 178, 188, 198, 230, 243, 286, 352, 391, 409, 416, 430, 469, 570. 646 — *e* 58, 80-1, 120, 122, 246, 305-8 — *f* 160.
Wilhelm (Meister) 440 — *c* 401 — *d* 389 — *f* 127.
Witz (Conrad) *b* 125, 275, 385, 579, 643 — *e* 29, 30, 39, 44, 49, 208, 400 — *f* 38, 46, 96.
Wolgemut (Mich.) *b* 106, 162, 297, 508 — *c* 54, 147, 155, 157, 197, 598, 622, 680 — *e* 89, 169, 208, 260, 481 — *f* 19, 35, 81.
Wouters (Jan), *b* 312 — *c* 787 (*add*).
Ysenbrant (Adrian) 50, 112, 267 — *b* 447, 448, 530 — *c* 164 — *d* 57, 106, 131, 563.
Zaganelli (Francesco da Cotignola) 530 — *b* 36, 94, 307 — *c* 149, 362, 366, 429 — *d* 344, 462, 487.
Zeitblom (Barth.) 459 — *b* 704 — *c* 531, 605 — *d* 603 — *e* 64 — *f* 14, 93, 123-5.
Zelotti (G. B.) *c* 310.
Zenale (Bart.) *b* 131 — *d* 573 — *f* 23, 137.
Zevio (Stefano da) *c* 93.
Zoppo (Marco) 128 — *b* 4°0 — *c* 559 — *e* 461.
Zucchero ou Zuccaro (Federigo) *c* 304.

INDEX DES SUJETS

N. B. — *Les chiffres précédés de* b, c, d, e *ou* f *renvoient aux pages des tomes* II, III, IV, V, VI. — *On trouvera aussi, dans cet index, les noms de quelques localités et collections citées incidemment dans le texte.*

Abdon (S.) *c* 562 ; *f* 1.
Abel *e* 12.
Abgar *d* 585.
Abigaïl *d* 25.
Abimelek (?) 7.
Abisaï *e* 30.
Abraham et Isaac *b* 3, 9, 10, 11 ; *c* 18, 19, *d* 12 ; *e* 13, 14.
Acciajuoli (Niccolo) 670.
Acharius 527.
Achate (S.) *d* 381.
Achille *f* 230.
Actéon 631 ; *d* 635 ; *f* 202-5.
Adalbert 262.
Adam *c* 16, 17 ; *e* 5-11.
Adam et Eve 1, 30 ; *b* 3, 6, 7, 8, 63, 361 ; *c* 9-15 ; *d* 4-8, 272.
Adélaïde (S.) *c* 355.
Adonis 641 ; *b* 739 ; *c* 770 ; *d* 650 ; *f* 182, 276-7, 279, 283.
Adoration de l'agneau *d* 301 ; du Rosaire, *d* 704. Voir *Jésus*.
Adorno (G.) *e* 396.
Adraste *c* 761.
Adrichen (Albert van) *d* 182.
Aerntsz (von der Dussen) *b* 735.
Afra (Ste) *b* 526, 610 ; *c* 582, 684.
Agar *d* 11, 12.
Agathe (Ste) 271, 282, 324, 608 ; *b* 313, 621, 667 ; *c* 685, 686, 716 ; *d* 615 ; *e* 474 ; *f* 18.
Agneau pascal *d* 33.
Ages (les trois) 620 ; *b* 655, 711.
Agnès (Ste) 275, 496, 527, 594 ; *b* 12, 216, 309, 312, 313, 332, 403, 467, 570, 677 ; *e* 555, 632, 691 ; *d* 346, 347, 365, 404, 478, 594-5 ; *e* 356, 473 ; *f* 2, 55.
Agnès Sorel *d* 169.
Ajax *f* 183.
Albe (duc d') *b* 583.
Albe (duchesse d') *d* 331.
Albert (St) *b* 458 ; *c* 358.
Albert d'Autriche *f* 5.
Albert de Brandebourg *d* 191.
Albert le Brave *e* 473.
Albergati (Cardinal) *d* 167.
Albin (S.) *c* 332.
Albizzi *c* 741.
Albret (Jeanne d') *e* 124.
Albumasar *f* 7, 160-1.
Aldenham *c* 536.
Alençon (duc d') *f* 233, 283-4.
Alexandre (St) 47 ; *b* 578, 657 ; *c* 374, 612, 621.
Alexandre-le-Grand 647, 648 ; *c* 775.
Alexandre III pape *b* 746.
Alexandre VI pape *c* 661.
Alexis (S.) *c* 621.
Alidosi (Cal), 168.
Allégories 615-629 ; *b* 699-737 ; *c* 735-740.
Alphée 265 ; *b* 27, 28, 258, 540 ; *e* 45.
Alphonse IV *b* 351.
Alphonse V *f* 128.
Alphonse de Ferrare *c* 711 ; *e* 19, 298.
Aman *b* 21.
Amants vénitiens *c* 794.
Amazones *f* 184.
Ambassadeurs *b* 757.
Amboise (Charles d') *d* 328.

INDEX DES SUJETS

Ambroise (S.) 272, 506 ; *b* 279, 334, 414, 455, 580-582 ; *c* 243, 351, 498, 527, 542 ; *d* 349, 386, 526 ; *e* 398 ; *f* 11.
Ame figurée *b* 414, 507, 510, 665, 674, 676, 699 ; *c* 489 ; *f* 167.
Amelius (S.) *c* 332.
Amerbach (B.) *b* 21.
Amicus (S.) *c* 332.
Amour 614 ; *b* 719 ; *c* 733. Voir *Cupidon* et *Triomphes*.
Amour conjugal *c* 740.
Amour sacré et Amour profane 621 ; combat de l'Amour et de la Chasteté 625. Voir *Vénus*.
Amphitrite *d* 644.
Ananias (S.) *b* 639.
Anchise *d* 650.
André (S.) 254, 323, 533, 622 ; *b* 4, 306, 314, 318, 342, 343, 356, 448, 467, 484, 714 (*add*.) ; *c* 132, 133, 323, 359, 528-531, 715, 723, 797 ; *d* 160, 222, 591 ; *e* 391, 397, 484 ; *f* 3.
André del Sarto 493.
Andromaque *f* 231.
Andromède *c* 753 ; *f* 187.
Ange (château St) *b* 708.
Angèle de Foligno *e* 393.
Anges 434, 507-518 et *passim* ; *b* 357, 360, 374, 559, 566 et *passim* ; *c* 517-521 et *passim* ; *d* 205, 207, 518-523 et *passim* ; *e* 60 sq ; 96 sq. ; 162, 225-7. 324-31 ; 361, 411 ; 476-8 ; *f* 3, 8, 14, 83, 127.
Ange Politien, 178.
Angelico (Fra) son portrait *b* 700.
Angoulême (duchesse d') *b* 399.
Auguissola (S.) et sa famille, *f* 147, 237, 244, 292.
Anien (S.) *c* 686.
Anjou (duc d') *c* 118.
Anne (Ste) 253, 273, 334, 346, 358, 361, 368-372, 505, 595 ; *b* 25, 27, 30, 31, 32, 33, 35, 87, 120, 218, 226, 244, 249, 256, 258, 260, 261-3, 302, 308, 333, 344, 354, 356, 543, 571 ; *c* 36, 309, 310, 451, 461, 652 ; *d* 35, 40, 283, 311, 335, 337, 371, 392, 473. 480, 595 ; *e* 47-9, 55, 335-8 ; *f* 92, 97. Voir *Marie*.
Anne de Beaujeu (de France) *b* 354, 763.
Anne de Bretagne *b* 123.
Anne de Clèves *c* 502 ; *d* 352.
Annonciation 509, 510, 526 ; *b* 537 ; *d* 350, 377, 481, 603 ; *f* 92, 95, 97. Voir *Marie*.
Ansanus, évêque *b* 309 ; *e* 377.
Antéchrist *b* 709.
Antée *b* 729.
Autinori *b* 411.
Antiope *c* 754 ; *f* 202.
Antoine (Abbé ou ermite), 254, 256, 310, 312, 313, 315, 322, 328, 427, 430, 435, 490, 530,

534 538 ; *b* 12, 203, 238, 319, 322, 3 465, 569, 570, 583, 584, 585, 621, 255, 304, 315, 334, 337, 338, 364, 3 531-535 ; *d* 2, 211, 216. 350, 363, 591, 614, 615, 616 ; *e* 71, 373, 385 420 ; *f* 3-9, 39, 92.
Antoine de Bourgogne *b* 95 (*add*):
Antoine de Navarre *d* 10.
Antoine de Padoue 287, 302, 578 ; 327, 335, 586, 596. 610 ; *c* 351, 3 375, 564 ; *d* 338, 536, 591 ; *e* 372, 3 6, 415 ; *f* 10, 36, 116.
Antonello de Messine 135.
Apocalypse *d* 296. Voir *Jugement*.
Apollon *f* 188-191, 221.
Apollon et Daphné 360, 362 ; et 632.
Apollonie ou Apolline (S.) 254, 2 284, 596 ; *b* 296, 303, 568, 598 ; *c* 3 *d* 606 ; *f* 18, 138.
Apôtres 483, 500, 503, 512-514 ; *b* 544 521-526, *d* 525 ; *e* 71, 267-269, 4 439-45 ; 475, 484 ; *f* 25, 39, 96, 11 *leurs noms*.
Aquaviva *b* 154.
Arbogast (S.) *d* 584.
Arbre de Jessé *d* 34.
Archanges *c* 259, 516-517 ; *d* 524 ; *e* 71, 402, 479-80 ; *f* 16, 21, 92, 95, 1 *Gabriel, Michel, Raphaël*.
Archange de la peste *b* 708.
Archinto (Franc. di Bart.) 487.
Arétin (P.) *b* 630 ; *d* 285 ; *e* 258.
Arezzo *b* 610.
Argonautes 649 ; 633.
Ariane *b* 721. 722 ; *f* 195.
Arioste *f* 250.
Aristote 614 ; *b* 659.
Arius *b* 660, 661.
Armées *d* 661, 662.
Armoiries *c* 750.
Armures *b* 538.
Arnold de Louvain 327.
Arnolfini 680 ; *d* 624.
Aron *b* 3.
Arpenteurs (prétendus) 652.
Arrigoni (Giov.) *c* 357.
Arrivabeni *b* 630.
Arts libéraux *c* 741.
Arvandus *b* 634.
Ascension de saint François *b* 611.
Ascension de Jésus 476-478 ; *b* 498 *d* 284 ; *e* 265-6. Voir *Jésus*.
Assomption de Madeleine *b* 691 ; *d* Assomption de Marie 487-490 ; *b* *c* 494-496.
Assuérus *b* 20 ; *d* 32.

strologues *f* 7, 60, 161-1.
store III Manfredi *d* 29.
stronomie *d* 621.
tlantes *f* 192-3.
uguste (empereur), 656, 657; *b* 659.
ugustin (S.) 272 283, 305, 318, 350, 501, 506, 539; *b* 62, 301, 315, 320, 323, 329, 344, 403, 414, 527, 555, 557, 587, 588, 589; *c* 334, 351, 352, 355, 374, 498, 502, 506, 531, 536-543, 552, 607, 662, 682, 709; *d* 341, 349, 357, 390, 537; *e* 3, 403, 407, 414, 416-7; *f* 9, 11-6, 111.
utomne, 624.
.valos (A d') *b* 151; *f* 170-1.
.vares, 661; *b* 752.
.veroldo (B. et A.) *b* 350; *e* 259.
.verroès *b* 659, 660, 661.
.veugle guéri *d* 150.
.veugles en voyage *d* 681.
.vocat *d* 671.
.ya *b* 612. Voir *Georges* (S.).
.zurara *f* 130.
Babenberger *b* 749.
Bacchanale 634; *b* 722; *c* 756; *f* 194-6.
Bacchantes 635, 643; *b* 722; *c* 756.
Bacchus *b* 721, 722; *c* 755; *f* 197.
Bade (Philibert de) *d* 583.
Bagoas *d* 21.
Baiser de Judas, 392; *b* 397; *c* 152, 153, 155; *d* 166-169 — maternel, 198 (*add.*)
Baltazar (Dom) *b* 207.
Bandeau avec croix sur le front *b* 475.
Bandes noires (Jean des) *e* 123.
Bandinelli (Baccio) *c* 756; *e* 269.
Bandinelli (Esmeralda) 562.
Banquets *f* 155, 194.
Banquier *b* 751; *c* 787.
Baptême de Jésus 377-382; *b* 374-379; *c* 128-130; *d* 136 140; *e* 149-53.
Barbarigo *c* 303, 352, 734.
Barbaro (Daniel) *b* 698.
Barbaro (M. Ant.) *c* 310.
Barbatien (S.) *c* 337.
Barbe (S^{te}) 264, 265, 275, 335-337, 350, 355, 410, 501, 576-598, 608; *b* 222, 290, 312, 313, 332, 356, 364, 365, 447, 567, 577, 578, 667-669, 684; *c* 87, 246, 269, 341, 364, 374, 456, 501, 598, 651, 687, 688, 715; *d* 40, 210, 338, 384, 389, 390, 404, 469, 482, 596-7, 612, 615, 616; *e* 380, 400-1, 406, 414, 421-2, 424, 474; *f* 17, 28, 55, 97.
Barbe de Brandebourg 23, 660.
Barberousse *b* 746.
Barnabé (S.) *d* 349.
Barrat (Jean) *b* 66.
Bartelli (Liberato) 354.
Barthélemy (S.) 256, 308, 320; *b* 297, 554,

570, 590, 594; *c* 246, 269, 330, 544, 545; *d* 160, 211, 343, 362, 390, 538; *e* 432, 481.
Bassin aux hosties *b* 703.
Batailles *f* 302, 304.
Bataille de S. Egidio (prét.) 658.
Baumgartner 684.
Baume (S^{te}) *f* 135.
Bavon (S.) 538; *b* 567; *d* 182; *f* 17.
Béatrice d'Este. Voir *Este*.
Beazzauno *b* 594.
Beccadelli *e* 310.
Becket (Thomas à) 591.
Belle-Fourrière *f* 185.
Bellenave (Madeleine de) *b* 208.
Bembo *e* 44.
Benaja *e* 29.
Benci (Ginevra del) 617.
Benizzi (Philippe) *c* 335.
Benoît (S.) 279, 280, 292, 297, 309, 413, 419, 446, 489; *b* 82, 337, 414, 512, 556, 591, 592; *c* 195, 257, 338, 373, 546, 527, 683; *d* 350, 538 540; *f* 18.
Benoît IX *c* 347.
Bentivoglio (Giov.) *c* 241; famille *d* 398.
Berck (D.) *e* 292.
Bergavenny *f* 182.
Berger et bergère 662, 768.
Bernard (S) 292, 540; *b* 204, 282, 337, 414, 593, 594; *c* 195, 286, 330, 336, 345, 487, 548; *d* 374, 477; *e* 130, 383; *f* 19, 120.
Bernard de Sienne. Voir *Bernardin*.
Bernard III de Bade *b* 233.
Bernardin (S.) 278, 308, 329, 491, 541-544; *b* 82, 290, 322, 342, 346, 595, 596, 606; *c* 245, 330, 338, 340, 350, 368, 486, 549, 550, 635; *d* 126, 256, 348, 379, 476; *e* 211, 233, 383, 415-6; *f* 55.
Bernardo degli Uberti 489.
Berry (duc de) *b* 705 (*add.*)
Berthold de Ghistelles *f* 52.
Bertin (S.) 545, 546; *b* 597.
Bethsabée *d* 25; *e* 27-8.
Bethléhem (crypte de) *d* 666.
Bianchini (Bartol.) 47.
Bibiena 168; *f* 279.
Bisenzo *b* 481.
Bladelin (P.) *d* 85, 352.
Blaise (S.) 296; *c* 110; *d* 366, 539; *e* 392; *f* 21-2, 97.
Blaise (dom) *b* 207.
Blömersheim *b* 355.
Boccaccio (Giov.) 672; *c* 784, 785.
Bohémienne (?) 504; *c* 761.
Bojardo (Pierre) 270.
Boleyn (A.) *e* 267.
Boisena (lac de) *b* 681; (miracle de) *f* 298-9.
Bonacolsi *d* 659.

Bonaventure (S.) 487, 506, 530 ; b 320, 481 ;
  c 337, 551, 599, 711 ; d 348 ; f 14.
Boniface (S.) c 257.
Bonne d Artois d 19.
Bounivet b 310.
Borelli c 750.
Borgia c 375, 634.
Born (D.) 42.
Borselen (F. von) c 563.
Borso d'Este e 472.
Botticelli f 94.
Botzheim 535 ; c 405.
Bouffon b 565.
Bourbon (princes de) b 354, 763.
Bourbon (cardinal de) 629.
Bourdaisière (B. de la) b 419.
Bouryer (J.) e 466.
Bourse de Judas e 185.
Brauweller (A. von) d 303.
Brembati c 631.
Brennus d 654 ; f 297.
Brice (S.) 356.
Bricker (P.) d 289, 290.
Brigitte (S.) 342 ; c 413 ; f 18, 97, 135.
Brignole c 17.
Brion (amirale de) e 174.
Broccardo (A.) d 399.
Brogny (J. de) b 275.
Bruno (S.) b 329, 346 ; c 450 ; e 385.
Bubenhoven b 4.
Buffi (Gasp.) 314.
Buffles f 179.
Burgkmair b 693.
Butts (Lady) f 109.
Butts (Sir W.) e 380.
Cadard (Jean et Jeanne) b 534.
Cadavre (*cogita mori*) 629 ; c 748.
Cadore f 302.
Caffarelli b 69.
Caïn et Abel e 12.
Caiphe 394. Voir *Jésus au prétoire*.
Caire (Le) c 787.
Calamités humaines (allégorie) b 708.
Caliari et sa famille d 688.
Callisto d 636, 642 ; f 206-7.
Calomnie personnifiée d 623.
Camaldule (moine) d 200, 392.
Cambry (Jeanne) b 66.
Cambyse c 774.
Camille, Romain e 297.
Camille reine des Volsques 650 ; e 291.
Campaspe 614.
Cana. Voir *Noces*.
Canterbury (Th. de) f 118.
Cappello (Bianca) b 200, 392 ; e 151.
Capriano (Ant.) d 522.
Caraffa (cardinal) b 10.

Carapanos (Const.) b 719.
Caravaggio (G. B. da) c 568.
Carew (Sir N.) f 62.
Carew (Sir P.) f 287.
Cariani c 105.
Carlos (don) b 120.
Carondelet 658 ; b 237, 627 ; c 345.
Carpentras b 656.
Carpi (Alberto Pio de) 157.
Casio (Girol.) b 210, 291 ; c 43.
Casoti (P. et A.) b 216.
Cassien (S.) 257.
Castiglione (Balthazar) 616.
Catalina de Portugal f 196.
Catarina di S. Celso e 15.
Catherine (duchesse) e 65.
Castor (S.) 364.
Catherine d'Alexandrie (S.) 84, 9
  176, 190, 246, 254, 260, 264-266, 26
  275, 284, 287, 293, 296, 316, 320, 32
  333, 335, 338, 340, 342, 344, 34
  356, 410, 458, 484, 490, 496, 616, 61
  123, 212, 213, 217, 225, 23, 24
  284, 290, 293, 296, 307, 3 9, 314, 31
  334, 337, 345, 356, 407, 467, 543, 5l
  572, 576, 577, 579, 621, 670 6: c 8
  294, 303, 304, 329, 344, 354, 355, 36
  374, 454, 456, 471, 472, 486, 500, 50
  543, 555, 565, 582, 588, 617, 673, 67
  703-5, 718, 723, 732 ; d 40, 50, 73, 11
  234, 333, 334, 336, 342, 349, 354, 36
  369, 372, 378, 383, 384, 389, 39
  469, 471, 472, 475, 524. 598-602,
  63, 69, 228, 244, 382, 384, 287, 400-
  6, 408, 413, 420, 422, 424, 426, 475
  9, 18, 23-31, 38, 92, 135, 139, 183,
Catherine d'Aragon e 403.
Catherine de Bora c 18, 222.
Catherine de Médicis d 32 ; f 283-4.
Catherine de Sienne (S.) 246, 268, 5
  b 228, 341, 352, 670, 676-80 ; c
  351, 353, 706, 707 ; d 334, 352, 36
  e 378. Voir *Mariage mystique*.
Catherine Michelle c 411 ; d 494.
Cattanei (Alb. dei) b 298.
Cavalli c 358.
Cécile (S.) 275 ; b 313, 403, 528, 569
  c 708-710 ; f 28, 32.
Cécile (mariage de S.) 24.
Cecilia e 341 ; f 170.
Cedonius (S.) f 134.
Ceinture de la Vierge b 517, 762
  Assomption.
Celse (S,) b 556 ; e 259, 396.
Cène (la) c 143-146 ; d 154-156 ; e 166
Centaures 634 ; c 766 ; d 634, 641 ;
Centurion b 443. Voir *Jésus en croix*,

Cerbère *f* 258.
Cérès *f* 198, 250, 253.
Cernuschi *b* 715 et suiv.
Cervini (cardinal) 661.
César (Jules) *d* 655-6.
César Borgia *c* 634.
Cesaresco (Sciarra Martinengo) *b* 259.
Challant (dame de) 197.
Chambers *b* 723.
Champmol (chartreuse de) *b* 5, 80, 85, 100, 117, 477, 492, 569, 605.
Changeurs *b* 751 ; *d* 669.
Chantilly *b* 578.
Charité (allégorie) 628, 640 ; *b* 349, 386 ; *c* 738 ; *d* 617 ; *f* 143, 145.
Charlemagne *b* 320.
Charles III (Lorraine) *d* 531.
Charles IV 262.
Charles VII *b* 195, 420 ; *d* 85.
Charles VIII *b* 80 ; un de ses enfants, *d* 162, 659.
Charles IX *e* 150 ; *f* 258, 284.
Charles-Quint *b* 50, 222, 765 ; *c* 589, 800 ; *e* 1, 192, 255 ; *f* 172.
Charles le Téméraire *b* 95, 103 ; *d* 174.
Charlotte de France *c* 47.
Charon *f* 258.
Chartreux *d* 217.
Chartreuse de Dijon. Voir *Champmol*.
Chasse de Ste Madeleine *f* 85.
Chasteté 621, 625 ; *c* 733 ; *d* 618, 627 ; *f* 41, 178.
Cheseman (Robert) 684.
Cheval de Troie *f* 232.
Chevalier (Etienne) *b* 108.
Chevalier de la Foi *e* 267.
Chevalier de Malte *f* 40.
Chioggia (F. de) *f* 260.
Chiron *d* 634.
Chirurgie (scène de) *b* 753 ; *d* 679, 680.
Chloé *b* 739.
Chosroës *b* 745.
Christ. Voir *Jésus*.
Christine (S.) 326 ; *b* 574, 681, 754 ; *c* 651 ; *d* 389, 616.
Christine de Danemark *c* 301.
Christophe (S.) 290, 332, 534 ; *b* 356, 447, 455, 598-602, 704, 706, 755, 766 ; *c* 87, 186, 210, 552-554 ; *d* 355, 380, 381, 485, 540-542 ; *e* 71 ; *f* 33-5, 135.
Chrysogone (S.) *f* 36.
Chrysostôme (S. Jean) *c* 555.
Chute et Rédemption 427.
Cicéron *b* 660.
Cicogna (Pasquale) *d* 338.
Circé, 635 ; *b* 723.
Circoncision 373, 375 ; *b* 121 ; *c* 118-119 ; *e* 130.

Claire (S.) 271, 316, 430 ; *b* 295, 299, 319, 342, 543, 679, 682 ; *c* 245, 467, 470, 711 ; *d* 340, 348, 380, 593, 602, 603 ; *e* 475 ; *f* 16, 36, 97.
Claude (S.) 364.
Clélie *c* 776.
Clément (S.) *e* 343 ; *f* 55.
Clément VII 675 ; *b* 383, 603.
Cléopâtre *b* 739 ; *c* 778 ; *d* 567.
Clesio (cardinal) *e* 248.
Clèves (Anne de) *e* 275.
Clotilde (Ste) *c* 712.
Clovis (baptême de) *b* 744.
Cocagne (pays de) *b* 753.
Cœur (Jacques) *d* 520-552.
Colibrant *e* 59 ; *f* 59.
Colleoni (B.) *f* 216.
Cologne (vue de) *b* 695, 696.
Colomban (S.), 81.
Colombin (S.) 432.
Colombine *f* 154.
Colonna (Cater.) *b* 88.
Colonna (Stef.) *f* 190.
Colonna (Vittoria) *b* 85 ; *c* 429, 697.
Colonne Trajane 616.
Columba (Ste) 533.
Combat de cavalerie *f* 304.
Comparo *b* 593.
Concert 664, 665 ; *b* 710, 750 ; *c* 793 ; *f* 148, 308.
Condottière (?) 153.
Constance *b* 704.
Constantin 547 ; *b* 658 ; *c* 671, 672.
Conti (Sigismond) 284.
Continence *c* 731.
Coq de S. Pierre *c* 185.
Coquilles à roues *f* 242, 271.
Coriolan *c* 779 ; *f* 196.
Cornaro (Catherine) 147 ; *d* 598 ; *f* 196.
Cornaro (L.) *e* 17.
Corneille (S.) 593 ; *c* 534, 556, 857 (*add.*).
Cosme (S.) 311, 325, 572 ; *b* 238, 291, 414, 604 ; *c* 557, 558 ; *d* 347 ; *e* 434 ; *f* 109. Voir *Damien*.
Costanzo (S.) *b* 610.
Couple amoureux de Gotha *e* 178.
Couronnement d'épines *c* 162-164, 309, 458 ; *d* 175, 178 ; *e* 175-6, 184-5. Voir *Jésus*.
Courteville (Vig. de) *b* 387.
Courtisane *b* 752 ; *d* 673, 674.
Couseuse (vierge) *e* 344.
Cousin (Marie) *e* 464.
Cranach (L.) 433 ; *e* 469.
Crânes *b* 693 ; *d* 659.
Crâne au pied de la croix *b* 440, 449, 453 ; *d* 213 et *passim*. Voir *Squelette*.
Création du monde *e* 4.

INDEX DES SUJETS

Credi (Lor. di) *d* 622.
Crescentia *c* 680.
Crespin (S.) 299.
Crescentius, évêque *b* 309.
Crespinien (S.) 299.
Crivelli (Lucrezia)618.
Croix vivante *e* 212.
Cromwell (Th.) *f* 54.
Croy (Phil. de) *c* 279.
Cuisinière *d* 675.
Culmace (S.) 291 ; *c* 331.
Cunégoude (S.) 275.
Cunibert (S.) 410.
Cupidon *b* 737, 739; *c* 752, 754, 757, 771-773, 775; *d* 634, 652; *f* 150, 152, 157, 164, 169-71, 174, 177, 185-6, 196, 216, 224, 235, 259-60, 265, 267-8, 273, 275, 277, 279, 281-2. Voir *Amour*.
Cupidon et Psyché *c* 753.
Cuspinian *b* 39.
Cygne *f* 56.
Cyprien (S) *c* 534, 556.
Cyriaque (S.) *b* 557, 693 ; *d* 381.
Cyrus *f* 288.
Dalila 614.
Damase (S.) 568.
Damien (S.) 311, 325, 572; *b* 238, 291, 414, 604; *c* 557, 558; *d* 347; *e* 434.
Damoiseau à la chainette *b* 615.
Danaé *b* 724 ; *c* 757 ; *f* 199-20.
Daniel 704 : *c* 29.
Danse de l'œuf *c* 792; de paysans *c* 792, 794; macabre *f* 166.
Daphné 630, 632 ; *c* 757.
Daphnis *b* 739.
David et Goliath 4 ; *c* 26 ; *d* 23 ; David, 276, 429 ; *b* 3, 11, 13, 390, 438, 501 ; *c* 367, 683, 717 ; *d* 23-26 ; *e* 22-30, 390.
Dédale *c* 758.
Déjanire *d* 641.
Delawar (lord) *d* 323.
Démétrius (S.) *b* 704.
Démocrite *c* 775.
Démon *b* 522, 537 ; *d* 539. Voir *Satan*.
Démons d'Arezzo *b* 610.
Denier et tribut de César 385, 386.
Denis (S.) *b* 420, 605 ; *c* 343, 559 ; *d* 381, 543.
Derelitta d 632.
Derich Born 42.
Descente de la croix 437-440, 462; *b* 450-473 ; *c* 205-207 ; *d* 230-235 ; *e* 246 ; *f* 324.
Désir personnifié *c* 738.
Deutsch (N. M.) *e* 257.
Diable *c* 646. Voir *Satan*.
Diane *b* 725, 726 ; *c* 759, 768 ; *d* 635-7 ; *e* 454 ; *f* 163, 188, 203-7.

Diane et Actéon 631 ; *d* 635.
Diane de Poitiers *b* 738 ; *c* 369 ; *e* 36, 70, 187; *f* 89, 173, 239, 283.
Dianti (Laura) *f* 28.
Didon 652; *b* 710.
Dieu créateur *c* 1-4, 12 ; *e* 4 ; en gloire *b* 1-2 ; *c* 5, 243, 303, 512 ; *d* 342, affligeant l'humanité *c* 6 ; soul[e] Jésus 441 ; *b* 4, 5, 477 ; *c* 7, 8, 20, 23 ; avec des saints 606 ; *b* 3 ; *c* 5. *Couronnement de la Vierge, Père éte[rnel]*
Dijon (chartreuse de). Voir *Champmo[l]*
Dinteville (J. de) *b* 757.
Diodati (Germinio) *d* 606.
Diomède *f* 224, 226-7.
Dioscorus *b* 667.
Disciplinati b 587.
Docteurs disputant *b* 373. Voir *Jésus*.
Dodécaèdre *f* 7.
Domine quo vadis b 642.
Dominique (S.) 190, 269, 272, 300, 311, 345, 496, 532, 566, 599 ; *b* 123, 238, 281, 314, 326, 328, 352, 363, 407, 414, 501, 679 ; *c* 87, 146, 256, 281, 322, 343, 347, 351, 353, 371, 374, 543, 569, 700 ; *d* 348, 368, 380, 385, 387, 482, 544, 552, 577 ; *e* 3, 202, 233, 406, 414 ;
Domitien *c* 601.
Donat (S.) 276 ; *d* 350.
Donatien (S.) 358 ; *b* 606 ; *d* 393.
Doni (Angelo et Maddalena) *b* 180, 18
Donna gravida b 613.
Donna velata b 523.
Donne (John) 335.
Doria (Andrea) 676 ; *c* 565 ; *d* 691.
Doria (G.) *e* 447.
Dorothée (Ste) 66, 275, 603 ; *b* 313, 332, 683, 704; *d* 210, 342, 347, 365, 604 ; *e* 418, 421; *f* 38.
Douleurs de la Vierge *b* 530.
Dragon *f* 91, 236. Voir *Georges* (S.).
Drusiana *c* 609-611 ; *d* 564 ; *f* 65.
Duchatel *c* 381.
Dudley *b* 481.
Dürer (le père) *e* 85 ; *f* 166.
Dürer (A.) 53, 107 ; *c* 371 ; *e* 440.
Dürer (H.) 230.
Dympna (S.) *b* 543.
Ebertramme *b* 597.
Ecartèlement *b* 618.
Echo *f* 241.
Ecole (scène d') *b* 589.
Ecrouelles (?) *d* 663.
Edmond (St) *b* 357.
Edmond de Frise *f* 291.
Edouard (St) *b* 357.
Edouard VI *d* 89 ; *e* 318.

douard prince de Galles *f* 51.
glise triomphante 616 ; *b* 702, 704.
gmout (Floris d') 200, 257.
hinger (couple) *e* 376, 382.
isenmenger (Chr.) *b* 39.
lectrice de Saxe *b* 377.
léonore d'Aragon 239.
léonore de Gonzague. Voir *Gonzague.*
léonore de Portugal *b* 748.
léonore de Tolède 64, 673 ; *d* 269.
lie, 477 ; *b* 16, 389.
lisabeth (S.) 173, 180, 334, 339, 515, 516 ; *b* 224, 250, 254, 280, 283, 335, 346, 364, 526 ; *c* 261, 293, 305, 307, 310, 467, 483 ; *d* 337, 352, 360, 367, 477 ; *e* 344, 346, 355, 412, 453-4.
lisabeth d'Angleterre *d* 636 ; *f* 193.
lisabeth de Breda 327.
lisabeth de Hongrie et de Thuringe 595 ; *b* 526, 678, 684 ; *c* 693, 710, 713, 714 ; *d* 603 ; *e* 423.
lisabeth de Portugal *c* 713.
liud *c* 261.
loi (S.) 548 ; *c* 506 ; *d* 545 ; *e* 409.
loquence personnifiée *c* 742.
merentia *c* 261.
midius (S.) *b* 69 ; *d* 545.
mpereurs aux pieds de la Vierge *b* 536 ; *c* 6.
née 652 ; *f* 227.
nfants et Jésus *e* 159.
nfants jouant *c* 790 ; *d* 623-5, 634, 635.
nfant prodigue *b* 709 ; *c* 137.
nfer *e* 509.
ngelbert de Nassau *d* 103.
ngracia (S.) *d* 604.
nlèvement des Sabines *f* 289.
ntrée de Jésus à Jérusalem *c* 162 ; *e* 5.
ntremont *f* 144.
nvie *b* 733.
rasme (D.) *b* 26, 302, 517 ; *c* 239 ; *f* 22.
rasme (S.) *b* 358, 632.
rcolano (S.) 247, *b* 610, 617 ; *f* 137.
richerus *b* 693.
rmites saints *b* 706.
saü *e* 16.
scamoteur 668 ; *b* 750.
spagnac (Cte d') *b* 615.
spagne personnifiée *f* 159.
spérance *b* 349, 386.
ste (Alphonse d') *d* 310, 547, 684 ; *f* 8.
ste (Béatrice d') 222 ; *c* 638.
ste (François d') *c* 600.
ste (Isabelle d') *b* 636 ; *e* 477 ; *f* 2, 221.
ste (Lionel d') 529 ; *f* 160.
sther 11-13 ; *b* 20 ; *d* 32 ; *e* 39-40.
strées (Gabr. d') *c* 21 ; *f* 153, 305.

Eternité personnifiée *f* 178.
Etienne (S.) 247, 256, 276, 283, 286, 317, 543, 549 ; *b* 108, 289, 314, 571, 578, 608, 704 ; *c* 345, 374, 476, 563-56 ; *d* 341, 380, 546, 547 ; *e* 69, 104, 398-9, 403, 407, 413, 432, 434 ; *f* 37, 39, 80, 92, 97, 114, 137.
Etticho *b* 692.
Eucharistie *c* 692.
Euclide *b* 660.
Eugène (S.) *d* 350.
Eugène IV *c* 782.
Europe (enlèvement d') 636 ; *b* 727, 728 ; *f* 208-9.
Eurydice 636 ; *f* 210, 246.
Eusèbe (S.) 568.
Eustache (S.) 550 ; *b* 229 ; *d* 381, 548.
Eustochie (S.) 568.
Eutting (Cte d') *b* 238.
Eutychius *b* 646.
Evandre 652.
Evangélistes 256, 475, 511 ; *d* 353. *Voir leurs noms.*
Eve. Voir *Adam.*
Exhumation de S. Hubert *b* 620.
Eyck (portrait des) 123 ; *b* 703, 705.
Eynenberg-Eller *d* 355.
Ezéchiel 9.
Ezzelino *f* 211.
Fabriano *b* 404.
Famille du Satyre *d* 7.
Farnèse (Al. et Oct.) *b* 240 ; *d* 468, 472 ; *e* 190.
Farnèse (P. L.) *a* 111.
Farnèse (R.) *e* 63 ; *f* 226, 245.
Farnèse (C^{al}) *f* 256.
Faucon, *d* 91, 103.
Fausta (S^{te}) 275.
Febo da Brescia *c* 689.
Fécondité personnifiée *b* 306 ; *f* 170.
Félicien (S.) *d* 579.
Félix (S.) *b* 256.
Fenaroli *b* 247, 266, 690, 755.
Ferdinand 1er *c* 125, 800.
Ferdinand V *b* 334.
Feria (duchesse de) *d* 702.
Fernand (don) *f* 168.
Ferrier (Vincent) 435.
Fesch (cardinal) *b* 487.
Festin d'Hérode 523 ; *b* 549, 550. Voir *Hérode.*
Fête de village *c* 791, 792, 794 ; *d* 676.
Fiacre (S.) 527.
Fiera (Battista) 673.
Fileuse *f* 210.
Fillastre (évêque) *b* 620.
Fine (S.) *d* 605.

Firmin (S.) *e* 416.
Fischer (cardinal) 503.
Flavie (S.) *b* 649,
Flagellation 397 ; *b* 404-407 ; *c* 165-169 ; *d* 176-177 ; *e* 179-81, 183.
Fleuve personnifié *f* 257.
Flora 572 ; *f* 154.
Florentius (S.) *d* 388.
Florian (S.) *c* 362, 685.
Foi (la) *b* 349 ; 386 ; *c* 734 ; *f* 147, 158.
Folie (allég.) *b* 737.
Fontaine de Jouvence *f* 165 : de la Vie *d* 620.
Force (allégorie de la) 619, 624.
Fornarina (prétendue) 90, 490 ; *b* 666.
Fortunat (S.) *d* 340 ; *e* 415.
Fortune personnifiée *d* 626.
Foscari (Franç.) *b* 450.
Francesco dell' Opere *b* 716.
François d'Assise (S.) 251, 268, 272, 277, 278, 280, 284, 287, 288, 292, 300, 302, 308, 310, 313, 314, 316, 318, 319, 320, 322, 336, 345, 356, 414, 415, 430, 432, 446, 487, 502, 549, 551-553, 681 ; *b* 77, 203, 211, 215, 235, 238, 295, 299, 307, 314, 318, 319, 323, 326, 336, 342, 346, 348, 366, 414, 431, 448, 522, 527, 543, 567, 609-661, 679 ; *c* 146, 192, 255, 326, 333, 335, 337, 340, 346, 348, 352, 366, 368, 375, 376, 377, 468, 469, 470, 473, 476, 477, 478, 502, 508, 568-580, 597, 635 ; *d* 14, 73, 211, 220, 234, 256, 339, 348, 359, 362, 379, 464, 484, 549, 577 ; *e* 122, 200, 205, 233, 273, 373, 392, 394, 405-6, 415, 419 ; *f* 40-43, 45, 135.
François Ier *d* 283, 485 (?), 614, 693 ; *e* 180 ; *f* 19, 174, 307.
François II *d* 441 ; *f* 283.
François (le dauphin) *c* 294 ; *f* 174.
Frangipani *b* 28, 598.
Frédéric III *b* 748 ; *f* 156.
Frédéric le Sage *b* 561 ; *c* 427 ; *d* 637.
Frey (Hans) *b* 357.
Fries (M. von) *b* 510.
Frobenius (J.) *e* 265.
Frunsberg (G. de) *b* 58.
Fugger (famille) *b* 234 ; *c* 799 ; *d* 127 ; *e* 53, 341, 371, 412 ; *f* 105.
Fuite en Egypte 366, 372 ; *b* 367-372 ; *c* 120-122 ; *d* 48, 103, 106 ; *e* 79-182.
Furies, *f* 258.
Gabriel (l'archange) 41 ; *b* 539 ; *c* 505 ; *e* 37-8. Cf. *Marie.*
Gabrielle d'Estrées *c* 25, 451.
Gaetano (Scipio) 428.
Galatée *f* 265, 268, 271.
Galéas Marie *b* 426.
Galgano (S.) *b* 291 ; *e* 377.

Galla Placidia *c* 612.
Gallerani (Cecilia) *b* 718 ; *d* 16.
Gallus (Joh. et sa femme) *b* 152, 15
Gambara (Veronica) *d* 685.
Ganymède *c*, 760 ; *f* 181, 249, 282.
Garcia (don) 120.
Garcilasso de la Vega *b* 38.
Gardner (Mrs) *b* 543.
Garofalo *c* 258.
Gaspar, mage *e* 119.
Gaston de Foix *c* 717 ; *d* 22.
Gaucens (S.) 291 ; *c* 331.
Gaudioso (S.) 47.
Géants *f* 211-214.
Gédéon *d* 20.
Géminien (S.) *b* 351 ; *c* 502.
Généalogie figurée *b* 749.
Genève (lac de) *b* 385.
Geneviève (S.) *d* 606.
Géomètre *c* 543 ; *d* 662.
Géométrie (personnifiée) *b* 660.
Georges (S.) 254, 263, 266, 283, 31 535, 554, 555 ; *b* 218, 225, 238, 30 340, 341, 352, 355, 356, 455, 528, 54 576, 611-615, 705, 754 ; *c* 365, 5! 600 ; *d* 347, 361, 393, 550-553, 695 *f* 22, 39, 46-51, 135,
Géréon (S.) *b* 693, 705 ; *d* 550, 554,
Gertrude (S.) 275 ; *b* 677.
Gervais (S.) *c* 498 ; *f* 139.
Gethsemani. Voir *Jardin des Olivier*
Giamberti (Franç.) 125.
Gilles (S.) 556, 557 ; *d* 612.
Gillis (P.) *c* 239.
Gisze (G.) *b* 59
Giustiniani (Lorenzo) *b* 304 ; *d* 233.
Godelièce (Ste) 275 ; *f* 52.
Godsalve 122.
Goliath. Voir *David.*
Gonzague (un) *d* 523.
Gonzague (Eléonore) 672 ; *e* 102 ; *f*
Gonzague (François) 659 ; *c* 607.
Gonzague (Fréd.) *c* 81 ; *e* 341 ; *f* 8.
Gonzague (Julie) 679.
Gonzague (Louis de) *d* 658.
Gouffier (Cl.) *b* 310.
Gouvernement (allégorie du bon) *d*
Grâces (les trois) *c* 368, 741 ; *f* 215-
Granvelle *f* 22.
Gratus (S.) *e* 474.
Grata (S.) *c* 355.
Grégoire (S.) 272, 301 ; *b* 343, 35! 606, 707 ; *c* 257, 334, 531, 584 ; *d* 35 556, 605 ; *e* 410, 434 ; *f* 11, 53-4.
Grégoire de Nazianze (S.) *c* 584.
Grégoire XII *d* 707.
Grégoire, évêque d'Utrecht *f* 33.

Gresham (Lady) *f* 203.
Grey (Lady J.) *c* 299.
Grien (Baldung) *e* 280.
Grimani (Antonio) 172; *f* 158.
Grimani (Ottavio) *d* 311.
Grimston (E.) 498, 602.
Grisélidis *c* 785, 786.
Gritti (Andrea) 206 ; *e* 451.
Gualbert (S.) *d* 593.
Guarienti (Pasio) *d* 553.
Gudmarson (Ulf), 342.
Gudule (S.) 275 ; *b* 677, 754.
Guerrier *c* 146.
Guichardin 520 ; *e* 438.
Guidobaldo d'Urbin *b* 629.
Guildford *b* 630.
Guillaume (S.) 37, 303, 352 ; *b* 319, 571 ; *d* 14.
Guillaume I[er] d'Orange *b* 147.
Guillaume IV *f* 38.
Guillibald (S.) 484.
Guise (duc de) *b* 173 ; *d* 11, 693.
Guise (duchesse de) *b* 170 ; *d* 133.
Gumprecht zu Neuenahr *b* 355.
Haag (Melchior) *d* 189.
Hacquenay *b* 754.
Hallenbauer *c* 246.
Haller *c* 246 ; *d* 7.
Haneton (Philippe) *b* 133.
Hans d'Anvers *e* 128.
Hardenrath (famille) *b* 754.
Harpe *b* 542.
Harpyes *b* 366.
Haslang (W. von) *e* 428.
Hébé *d* 639.
Hélène (la belle) *b* 741 ; *f* 222.
Hélène (S.) 3, 527 ; *b* 313, 526 ; *c* 243, 246, 269, 329, 670, 675, 715 ; *d* 607.
Hélicon *f* 221.
Hennenberg (Ctesse de) *b* 156 ; *d* 608.
Henri (S.) *b* 526.
Henri d'Autriche *c* 631.
Henri de Lorraine (le Balafré) *d* 693.
Henri II *f* 141.
Henri III *e* 131 ; *f* 284.
Henri VII 591 ; *d* 395.
Henri VIII *b* 328 ; *c* 276 ; *e* 349 ; *f* 189.
Henri le Pieux *e* 266.
Henrique (don) *f* 128.
Héraclite *c* 775.
Heraclius *b* 745 ; *c* 780 ; *d* 657.
Herbster (H.) *f* 157.
Herculan. Voir *Ercolano*.
Hercule 634, 639, 640 ; *b* 729, 730 ; *d* 9, 640-2 ; *f* 194, 234.
Hercule II *d* 462.
Herlen (famille de) *b* 316.

Hérode 523 ; *b* 368, 549 ; *c* 123, 124, 601, 602 ; *e* 463. Voir *Salomé*.
Hérodiade 523 ; *b* 549 et suiv. ; 601-604. Voir *Salomé*.
Hertentein *f* 51.
Hertford (Cte de) *c* 233.
Heyndricks (Elis.) *c* 501.
Hippo *f* 291.
Hippocrène *f* 248.
Hippolyte, amazone *f* 184.
Hippolyte (S.) *b* 618
Hirschvogel (V.) *b* 115.
Hismeria 261.
Hohen-Landenberg 406.
Holbein-le-Vieux, son portrait *b* 578, 639.
Holbein (Sig. et Jean), leurs portraits *b* 639 ; *e* 369 ; *f* 86.
Holophern. Voir *Judith*.
Holzhausen *c* 795.
Holzschuher 490 ; *b* 82.
Homme à la flèche *b* 16.
Homme au chaperon rouge *d* 106.
Homme en gant *e* 396, 437.
Homme au livre *d* 464.
Homme au verre de vin *b* 470.
Homme aux œillets *b* 62.
Hommes sauvages *c* 746, 747.
Hondt (Chr. de) *b* 758.
Honorat (S.) *f* 55, 135.
Honoré (S.) *b* 619 ; *f* 56.
Honorius III *d* 658.
Hôpital de Sienne *d* 664-5.
Hornes (Jacob von) 264.
Hospital (Michel de l') *c* 505.
Howard (Cath.) *f* 58.
Hubert (S.) *b* 620 ; *c* 585 ; *d* 347 ; *e* 101 ; *f* 57.
Hugues (S.) *e* 411.
Hugues de Grenoble (S.) *f* 56.
Hulot *b* 432.
Humbracht (famille) 431.
Humilité *f* 41.
Hundertpfund (A.) *d* 645.
Hydre *d* 640.
Hylas 637.
Hymen, hyménée *f* 170, 260.
Hypsipyle *c* 761.
Icare *f* 173.
Idas *f* 226.
Immaculée Conception 506, 506. V. *Marie*.
Imhoff (H.) 681.
Imhoof, consul *e* 22.
Inghirami *b* 543.
Innocent III *b* 609.
Innocent VIII *b* 69.
Inondation *b* 581.
Instruments de la Passion *d* 202, 283, 348 t *c* 185-6 ; *f* 96.

Io 637.
Iole *f* 234.
Irène (S^{te}) *b* 575.
Isaac *b* 3; *c* 19; *e* 16.
Isabelle d'Autriche *e* 479; *f* 238.
Isabelle de Bourgogne *b* 98.
Isabelle d'Este. Voir *Este*.
Isabelle Claire Eugénie *d* 301, 468.
Isabelle de Portugal *d* 697-8; *e* 461.
Isaïe *b* 704; *d* 267.
Isenheim 536; *b* 584.
Isidore (S.) *b* 621.
Isotta da Rimini *b* 287.
Jacob *c* 20; *e* 16, 17.
Jacob (bénédiction de) 2.
Jacqueline de Bavière *b* 144; *c* 342, 399; *d* 656; *f* 102.
Jacques d'Ecosse *d* 660.
Jacques le Majeur 148, 172, 256, 265, 319, 550, 558; *b* 27, 260, 308, 328, 329, 355, 389, 455, 456, 516, 566; *c* 132, 133, 269, 316, 329, 348, 369, 582, 586-588, 605, 647, 650; *d* 222, 333, 351, 357, 368, 485; *e* 46, 381, 409, 417, 441, 481; *f* 58-61, 95, 102-3, 137, 226.
Jacques le Mineur *b* 27, 349, 574; *e* 587, 605; *e* 45; *f* 51.
Jacques (S.) de Bergame *b* 554.
Jacques de Savoie (S.) *f* 213.
Jacques III et Jacques IV *c* 797.
Jahel *d* 463.
Jansenius *e* 296.
Janvier (S.) *f* 62.
Jardin des Oliviers (Jésus au) *b* 392-396; *c* 146-150; *d* 157-162, 228; *e* 169.
Jason 649.
Jean-Baptiste (S.) 245, 247, 248, 249, 256, 283-5, 287, 289, 297, 302-304, 306, 308, 309, 314, 317, 319, 325, 333, 337, 347, 352, 356, 358, 499, 518-520, 523-5, 530; *b* 3, 97, 352, 353, 356, 357, 363, 375, 389, 413, 414, 420, 545 et sv., 556, 560, 562, 567, 568, 600; *c* 204, 256, 274, 278, 293, 321, 329, 333, 335, 336, 345, 348-350, 354, 362, 365, 366, 370, 374, 376, 454, 478, 479, 501, 502, 505, 543, 548, 555, 590-604, 690, 698, 723; *d* 1, 133, 134, 349, 353, 361, 368, 371, 376, 379, 386, 389, 395, 396, 486, 557, 563, 608, 615; *e* 46, 71, 207, 332, 345 sq. 388, 390, 393, 403, 406, 408, 410, 412, 416, 418-20, 427, 432, 466, 474; *f* 9, 16, 18, 39, 42, 59, 92, 99, 137, 301. Naissance. 515, 516; *c* 590; *e* 453-5; part pour le désert, 516; *b* 547; prêche 517; *c* 592-597; *e* 457-63; sa mort 379; *b* 549; *d* 558, 559; *c* 466-72; sa tête coupée 520-523; *b* 550-552; *c* 501-604; *d* 560-562;

e 466-72; son exhumation 553. Rét *e* 474-5. Voir *Baptême de Jésus*.
Jean Colombin (S.) 289.
Jean de Bourgogne *c* 798.
Jean Frédéric de Saxe *e* 21.
Jean le Bon *b* 83.
Jean l'Evangéliste (S.) 284, 286, 289, 374, 514, 518, 530, 532, 411, 413, 416, 419, 678; *b* 3, 4, 27, 260, 315, 318, 339, 341, 343, 349, 352, 366, 382, 411, 418, 426-8, 506, 507, 531, 559, 568, 594; *c* 132, 133, 185, 257, 258, 281, 321, 566, 582, 595, 605-613, 653, 683, 709; 193, 286, 333, 368, 379, 389, 487, 534, 591, 592, 615, 616; *e* 120, 203, 206-7, 222, 229, 235, 332, 395, 409, 416, 418, 481; *f* 61, 63-6, 84, 90, 96-7, 135-7. *Jésus en croix et Marie*.
Jean Gualbert (S.) 489, 559; *b* 414, 5, 202.
Jean Hospitalier (S.) *f* 42.
Jean II de Portugal *f* 128.
Jean VI Paléologue *b* 705 (*add*.).
Jean évêque de Rastibonne *f* 12.
Jean Sans Peur, *b* 345.
Jeanne d'Autriche *f* 297.
Jeanne de France *b* 353.
Jeanne de Laval. Voir *Laval*.
Jeanne La Folle *c* 27.
Jephté 6.
Jérôme (S.) 9, 47, 93, 245, 246, 252, 268, 269, 272, 273, 276, 284, 288, 289, 293, 302, 305, 307, 308, 312-315, 326, 345, 347, 351, 356, 357, 422, 432, 499, 524, 530, 539, 560-569, 586; *b* 91, 217, 221, 224, 228, 229, 279, 280, 284, 290, 301, 303, 314, 315, 327, 332, 342, 343, 355, 414, 465, 481, 527, 555, 557, 558, 560, 616, 622, 623-626; *c* 186, 243, 257, 285, 293, 304, 322, 333-5, 337, 347, 348, 351, 353, 370, 372, 376, 456, 469, 472, 473, 477-479, 506, 508, 542, 552, 614-629, 675, 683; *d* 220, 335, 343, 345, 350, 361, 363, 374, 376, 466, 471, 474, 483, 566-569; *e* 373-4, 379, 387, 390, 399, 411-2, 418; *f* 11, 6, 111.
Jessé (arbre de) *d* 34.
JESUS. Ensemble de sa vie 14; *c* 30-34 nativité 48-58; *b* 73-89; *c* 66-84, *d* 72-89, 106; *e* 79, 85-95, 237; adora des bergers et mages 59-86; *b* 90-*c* 85-109, 448, 481; *d* 90-121; *e* 96, 141, 452; Jésus enfant avec la Vie S. Jean, Joseph, des anges et des 67-364; *b* 113-366; *c* 264-487; *d* 133, *e* 120-130; *f* 3, 10, 34, 35, 97; J

INDEX DES SUJETS

parmi les docteurs 376; *b* 373. *c* 126, 127; *d* 134, 135; *e* 147-8; consacrant le pain et le vin, 371; prenant congé de sa mère, 391; *c* 151; *d* 163-165; au prétoire et devant Pilate, 393-396; *b* 400-402; *c* 154-161; *d* 171-172; *e* 170-80, 188; portant la croix 391, 395, 398-402; *b* 408-414; *c* 173-175; *d* 157, 182-190; *e* 191-7; en croix 403-425, 529; *b* 311, 415-449; *c* 175-204, 501; *d* 157, 187, 192-229; *e* 2, 3, 71, 198-220, 404, 413; *f* 39, 92, 95; mort entre les bras de Marie (*Pièta*) 443-467; *b* 454-477; *c* 208-224, *d* 157, 236-268; *e* 225-45, 429; *f* 18; intercédant *c* 6; porté par des anges 369, 442; *b* 478-482, 640; *c* 230-233; *e* 225-7; aux enfers 470; *b* 489-492; *d* 272; *e* 252; ressuscité 396; *e* 141, 185, 253-60, 434; *f* 61 (voir *Ascension, Résurrection*); avec Madeleine au jardin 472-73; *b* 493-495; *c* 242; *d* 281; *e* 261, 434; avec Marie *e* 262; Christ de douleur 394, 399, 400; *b* 399-401; *c* 170-172; *d* 178-181, 268; *e* 181-190; *f* 97, 138; bénissant 373, 379, 396; *b* 500, 501; *c* 463, 571, 609; *d* 285-289; en gloire 479; *b* 489, 496, 703; *c* 246-257; *d* 285-292; *e* 268-71; couronnant la Vierge 494-504; *b* 519, 525; *e* 450-2; vainqueur de Satan 433; de la mort 471; *b* 492.
Joachim (S.) 15, 253, 265, 346, 505; *b* 25, 27, 30, 31, 33, 35, 258, 260, 262, 344, 554; *c* 33, 461; *d* 35, 68, 283, 337, 370; *e* 47-9, 55.
Joachim de Brandebourg *b* 112.
Job 8; *b* 14, 15, 526; *c* 505; *d* 29, 30.
Joconde (Monna Lisa) 551; *d* 24
Joos van Cleve, portrait de sa femme *b* 694.
Joseph, 2, 4; *b* 20; *c* 20, 21; *d* 14-16; *e* 18-20.
Joseph 173, 560; *b* 369, 371, 372, 522, 554, 561; *c* 21, 700; *d* 56, 363; *e* 57-8; 338-71; 400-2; 453; *f* 10; Joseph imberbe, 169, 176. Voir *Marie*.
Joseph d'Arimathie, 401, 449, 451, 453, 457, 459; *b* 452, 454, 455 sqq; *e* 238, 247. Voir *Descente de la croix, Lamentation sur Jésus*.
Josse van Cleve *e* 9.
Josué *b* 3.
Joueurs de cartes 667.
Joueurs d'échecs *d* 672.
Joueuse de clavecin, 30.
Joueuse de luth *f* 74, 171, 206.
Jouvence (fontaine de) *f* 165.
Juan d'Autriche *d* 696.
Juana, fille de Charles-Quint *d* 696.
Judas Iscariote 392; *b* 392 et suiv., 414; *c* 155.

Judas de Jérusalem 3.
Judas Thaddée, 265; *e* 45.
Jude *b* 27; *c* 337; *d* 585.
Judith 10; *b* 17; *c* 24, 25; *d* 21, 22; *e* 34-6.
Juges équitables, *b* 705.
Jugement dernier *c* 258, 260; *d* 223, 293, 301.
Jugement de Pâris 638; *b* 734; *f* 217-20.
Jugement de Susanne *f* 309.
Juges israélites *c* 751.
Juif errant *e* 218.
Jules II, 585; *c* 311.
Julien l'Apostolat *b* 553.
Julien (S.) 501; *b* 289, 306, 389.
Julien de Médicis 92, 128.
Julienne (S.) *b* 337; *d* 366, 539, 602.
Junon 638; *b* 730; *f* 181, 249-50, 252.
Jupiter *b* 10, 730; *d* 642; *f* 181, 202, 220, 235, 249, 256.
Juste (S.) 315; *b* 27.
Justice (allégorie) 624; *d* 624; *e* 425.
Justine (S.) 279; *b* 324, 501; *c* 373, 376, 668, 683, 686, 716, 734; *d* 350; *f* 77-8.
Kalé (Cyriacus, *b* 512.
Ketzler *f* 21.
Kilian (S.) 79.
Knoblauch (Catherine) *d* 272.
Knoblauch (H) *f* 197.
Kratzer (N.) *c* 374.
Krelerin (Eliz.) *d* 396.
Krell (famille) *c* 269.
Krell (Oswald) 682.
Kressin (Barbara) *b* 534.
Laban *e* 17.
Laboureur *f* 306.
Laïs *b* 23.
Lambert de Vence (S.) *f* 55.
Lamentation sur Jésus mort 445-467; *b* 454-481; *c* 208-224, *d* 236-265; *e* 228-45.
Landenberger *b* 316.
Landsberg-sur-Lech *e* 86.
Langton *c* 300.
Launoy (Baudoin de) *d* 605.
Laocoon *f* 233.
Lapidation *b* 608.
Lapithes, 634.
Lardi (Pierre de) 270.
Larrons (voir *Jésus en croix*). Larron en croix 436; *e* 215-9.
Latone *f* 243.
Latran (vue du) *b* 609.
Laura (Madonna) *c* 227.
Laurent (S.) 251, 252, 254, 257, 283, 286, 311, 321, 570, 571, 599; *b* 238, 326, 352, 355, 389, 414, 557, 648; *c* 246, 256, 329, 332, 369, 630, 644, 706; *d* 216, 264, 474, 591; *e* 63, 69, 403, 413, 434; *f* 18, 55, 80, 92, 97, 135.

Laurent le Magnifique *e* 40.
Laval (Jeanne et René de) *b* 12, 757; *e* 122.
Lavement des pieds 387; *c* 140; *d* 152-153, 174.
Lavinia *c* 110. 270, 379; *f* 197.
Layard (Lady) *c* 241.
Lazare (S.) 383, 388, 389; *b* 14, 15, 380, 383, 384, 554, 572, 691; *d* 144-148; *e* 157, 219; *f* 131.
Lecchi *b* 350.
Le Clercq (Rob.) *c* 788.
Léda *b* 731; *c* 762-765; *d* 643; *f* 238-9.
Lee (Lady) *e* 119.
Lee (Sir H.) *f* 289.
Leeuw (Jan van der) *d* 5.
Légion thébaine *b* 693.
Leitgeb *e* 160.
Lemmi (villa) *c* 741.
Léon IX 492; Léon X, 675.
Léonard (S.) 528; *b* 289.
Leoni *f* 226.
Léopold (S.) *b* 510; 631-633.
Lépante *c* 734; *f* 168.
Lestrange-Parade *b* 744.
Le Strange (Th.) *e* 10.
Liberale (S.) 277; *b* 705; *c* 347, 555; *d* 479.
Licorne *b* 501; *c* 686; *f* 77-8.
Liévin (S.) *b* 341.
Lionel d'Este, 529; *f* 160.
Liverius (S.) 430.
Lochmann (Eliz.) *c* 54.
Longford Castle *c* 230.
Longin (S.) 420, 421, 423; *b* 421, 444; *c* 198; *e* 210, 213, 216, 218.
Longoni (J. Chr.) *b* 248.
Longwy (Françoise de) *c* 174.
Loredano 530; *c* 313.
Lorenzo Giustiniani (S.) *b* 304; *c* 233.
Lorraine (Claude de) *b* 173.
Lot, patriarche *e* 15.
Lotto (portrait du peintre et de sa famille) *b* 244.
Louis II *c* 800.
Louis de Bavière *c* 344.
Louis de France (S.) *b* 420; *d* 348.
Louis de Gonzague (S.) *b* 23, 660.
Louis X de Munich-Landshut *e* 435.
Louis XI *e* 75.
Louis de Toulouse (S.) 251, 312, 316, 319, 579; *b* 290, 501, 596, 610, 626; *c* 146, 245, 635; *d* 345, 348, 586; *e* 71, 415.
Loups *b* 624, 717.
Louvre (vue du) *b* 420, 454.
Luc (S.) 360; *b* 315, 316, 506, 627, 628; *c* 531, 683; *d* 570; *f* 81-3.
Lucas de Leyde *e* 155.
Lucie (Ste) 249, 254, 273-5, 282, 334, 337,
484; *b* 36, 253, 281, 313, 314, 330, 686; *c* 717; *d* 336, 362, 475; *d* 526, *e* 413, 417, 473-4; *f* 23, 135-138.
Lucien, prêtre *b* 607.
Lucrèce, 653, 654; *b* 744; *c* 776, 777; 653; *f* 291-5.
Lucrezia Alardi filia *d* 121.
Lucrezia dei Pucci 25.
Lucrezia del Fede 574; *c* 539.
Ludmilla (Ste) 262.
Ludovic de Mantoue, 659.
Ludovic le More *b* 431; *c* 334.
Lune 414, 417, 419, 423; *b* 353, 354, 356, 439.
Luternamo (Aug. vou) *c* 481.
Luther, 433, 525; *b* 183, 189 (sa fem 228, 381; *c* 147; *f* 180. Voir Catheri Bora.
Luxembourg (Pierre de) *b* 645.
Luxure personnifiée *c* 738-740.
Macaire (S.) *c* 715.
Macchabées *c* 29.
Machiavel (Nicolas) *b* 159.
Macpherson (Robert) *b* 487.
Madeleine (Ste) 192, 260, 285, 300, 308, 333, 338, 344, 406, 410, 414, 417, 420, 421 446, 447, 528, 530, 552. 604-607; *b* 12 54, 77, 179, 208, 216, 217, 219, 229, 281, 284, 288, 290, 313, 337, 341, 348, 381, 382, 384, 387, 411, 414, 428 et s 525, 543, 570, 571, 573, 577, 579, 626, 687, 688-691, 706, 713; *c* 5, 120, 189, 242, 243, 373, 471, 555, 608, 656, 695, 718-725. Avec Jésus au jardin, 472, 47 493-495; *c* 242; *d* 220, 265, 334, 339, 356, 384, 389, 395, 468, 472, 602, 608 622; *e* 1, 120, 190, 198, 203, 206-7, 2 240-2, 381, 412-3, 423, 432; *f* 21, 23 38, 84-9, 92, 97, 102, 134-5. Voir *en croix.*
Madonna del Parto *c* 511.
Maelbeke (Nic. van) *d* 394.
Maestà *b* 309.
Mages. Voir *Jésus.*
Magne (S.) *b* 496.
Main baisée *e* 420.
Main chaude *c* 791.
Malades soignés *d* 665.
Malagrida (Fr.) *f* 272.
Malaspina (Riccarda) *b* 213.
Malatesta (Pandolfo) 268.
Malatesta de Rimini *d* 659.
Malchus 392; *b* 397 et suiv.; *d* 169.
Maldeghem *d* 33, 55.
Manfrin *b* 624.
Manne (récolte de la) *d* 18-20.
Mansi (à Lucques) *c* 722.

INDEX DES SUJETS

Marc (S.) 311, 435, 514, 524, 572 ; *b* 290, 308, 315, 414, 501 ; *c* 146, 352, 374, 636-638, 734, 781 ; *d* 2, 571, 586 ; *f* 90, 158.
Marc Aurèle (statue de) *b* 661.
Marcellin (S.) *c* 636, 637.
Marcello (N.) *c* 16.
Mardochée *b* 21 ; *d* 32.
Marguerite (S^{te}) 309, 490, 527, 528, 608 ; *b* 316, 348, 611, 621 ; *c* 501, 527, 583, 725 ; *d* 210, 338, 354, 612 ; *e* 414, 421 ; *f* 9, 33, 64, 91-3.
Marguerite d'Autriche *b* 307, 476 ; *f* 102.
Marguerite de Bourgogne *d* 48.
Marguerite d'Ecosse *d* 695.
Marguerite de Parme *b* 77, 643.
Marguerite de Valois 631 ; *e* 105.
Mariage mystique de sainte Catherine 180, 250, 303, 318, 342, 355 ; *b* 676, 680 ; *c* 354, 690, 698-701 ; *d* 334, 352, 365, 369, 372, 383 615 ; *e* 339, 340, 342-3, 420-1.
Mariage mystique de saint François *c* 575.
Mariage d'Alexandre et de Roxane 647 ; *c* 775.
MARIE (la Sainte Vierge). Ensemble de sa vie *d* 452 ; naissance 16 ; *b* 31-34 ; *c* 33-35 ; *d* 36, 39 ; *e* 58-9 ; éducation *e* 55 ; présentation au temple 17 ; *b* 35 ; *c* 37, 38 ; *d* 41, 42 ; mariage 18-20 ; *b* 36-38 ; *c* 40-43 ; *d* 43-46 ; conception, annonciation 22, 23, 24-42, 318 ; *b* 39-70 ; *c* 44-65, 501 ; *d* 47-66, 222, 404 ; *e* 60-79, 237, 259, 404, 406, 429, 475 ; visitation 44 ; *b* 71-72 ; *c* 63-65 ; *d* 67-71 ; *e* 80-4 ; nativité (voir Jésus) ; repos en Egypte 185, 204, 205 ; *b* 369-72 ; *c* 120-122 ; *d* 82, 116, 129-132 ; *e* 132-9 ; Vierge et Enfant (avec S. Joseph et S. Jean) 87-237 ; *b* 122-366 ; *c* 13, 264-487 ; *d* 302-494 ; *e* 272-427 ; *f* 81, 83, 97 ; Vierge adorant l'Enfant 237-241 ; *b* 73-93 ; *c* 271-279 ; *d* 402-403 ; *e* 120-130 ; doulou-reuse *e* 79, 187, 221-2, 224, 437-8 ; mort et assomption de la Vierge 245, 489, 499 ; *b* 503-517 ; *c* 488-491, 494-496 ; *d* 495-499, 501-503 ; *e* 441-4, 447-9 ; funérailles de la Vierge 486 ; *c* 492, 493 ; *d* 500 ; *e* 445-6 ; Vierge couronnée 494-504 ; *b* 519-525 ; *c* 497-510 ; *d* 505-513 ; *e* 450-2 ; Vierge gué-risseuse, tutélaire 488, 491, 492, 493 ; *b* 532-537 ; *c* 6, 270, 459, 511-515 ; *d* 516, 517 ; *e* 11, 430-8 ; en armure *b* 538. Voir Jésus.
Maries, Jésus chez les Maries *c* 138.
Marie Cléophas 253, 265, 449, 451 ; *b* 27, 258 ; *e* 45. Voir *Lamentation*.
Marie Salomé 253, 265, 449, 451 ; *b* 27, 258 ; *e* 46. Voir *Lamentation*.
Marie, impératrice *d* 297 ; *e* 1.

Marie d'Aptriche *d* 701.
Marie l'Euyptienne *b* 706 ; *c* 719.
Marie de Bourgogne *c* 800.
Marie de Hongrie *c* 206.
Marie Stuart. Voir *Stuart*.
Marie Tudor *d* 701.
Marin (S.) *b* 307.
Marinazzo (Pietro) *c* 367.
Marquand *b* 360.
Mars et Vénus 645 ; Mars *b* 364, 733, 739 ; *c* 648, 772 ; *d* 645 ; *f* 221, 284, 286.
Marsili *b* 491.
Marsyas 632 ; *f* 189.
Marthe (S^{te}) 628 ; *b* 380, 384, 691, 713 ; *c* 255, 257, 316, 471, 726, 727 ; *e* 219, 429 ; *f* 134.
Martial (S.) *e* 639-642.
Martigné-Briand *e* 104.
Martigues (vicomte de) *d* 482.
Martin (S.) 573, 574 ; *b* 298, 356, 608, 630, 631 ; *c* 324, 344, 643, 644 ; *d* 573, 608 ; *e* 211, 228 ; *f* 94, 136.
Martinengo (Ludov.) *d* 613.
Martyre de 10.000 chrétiens sous Sapor. 527 ; *d* 210.
Martyrs (chœur des) *c* 683.
Martyrius *b* 657 ; *c* 612.
Massacre des Innocents 365 ; *c* 123 ; *d* 103 ; *e* 131.
Massue de la Vierge *b* 537.
Matheron (J. de) *b* 757.
Matthieu (S.) 286 ; *b* 315, 506, 563 ; *c* 535. Voir *Evangélistes*.
Maur (S.) *c* 257 ; *d* 350 ; *f* 95, 135.
Maurel (S.) *b* 564 ; *d* 572.
Maurice (S.) *b* 12, 101, 632 ; *c* 651 ; *e* 398.
Maxence, empereur *b* 674.
Maximilien Ier, empereur *b* 568, 768 ; *c* 371, 800.
Maximilien II *d* 694.
Maximin (S.) *f* 134-5.
Médecin de François Ier *d* 53.
Médecine (allégorie de la) *f* 162.
Médée 621, 633, 649.
Médicis *b* 183, 193 ; *c* 90, 337 ; *d* 9.
Médicis (Alex. de) *c* 170 ; *f* 228.
Médicis (Carlos de) *d* 304.
Médicis (Cath. de) *d* 32 ; *f* 283-4.
Médicis (Cosme de) 93 ; *c* 56, 88 ; *d* 9.
Médicis (Ferd. de) *b* 631.
Médicis (Hippolyte de) *d* 192 ; *f* 133.
Médicis (Jean de) *b* 384 ; *e* 123.
Médicis (Julien de) *b* 556.
Médécis (Laurent de) *c* 88.
Mélanchton *f* 10.
Mélanion *f* 192-3.
Mélancolie personnifiée *d* 625.

Melchissédec *b* 9, 10.
Melem *b* 236.
Mellini (G.) *d* 647.
Melzi (Fr.) *e* 121.
Memelia *c* 261.
Menghini (Mantoue) *b* 479.
Mercure *b* 734 ; *c* 752 ; *d* 643 ; *f* 217, 220-1, 240, 249, 251.
Mère des Douleurs *b* 531. Voir *Marie*.
Mériou *f* 223.
Merlo (l'ami le) *b* 754.
Messe de S. Grégoire *b* 616.
Messkirch *b* 439.
Metabus 630.
Methuen (lord) *b* 525.
Meurville *b* 590 (*add.*).
Meyer (Barbara) *e* 24.
Meyer sum Pfeil *f* 167, 169.
Meyer (Jakob) *c* 268 ; *e* 350.
Meyer (Jakob et sa femme) *b* 18, 29.
Michée *b* 41, 704.
Micault (Jean) *b* 760.
Michel (S.) 140, 256, 284, 296, 309, 315, 317, 329, 342, 489, 491, 502, 519 ; *b* 4, 281, 314, 352, 431, 448, 512, 522, 528, 562, 584, 616, 633 ; *c* 87, 193, 256, 259, 280, 330, 341, 516 ; *d* 50, 264, 348, 349, 376, 524, 574 ; *e* 410, 474, 479 ; *f* 18, 20, 39, 92, 95-7, 166.
Michel-Ange *d* 488.
Micheli *b* 368, 492, 599.
Michelle de France *d* 243, 552.
Midas *f* 189.
Middelbourg *d* 85, 99.
Minarets *b* 464.
Minerve, 616, 617 ; *b* 732 ; *c* 766 ; *f* 224.
Mise au tombeau, 413, 461, 465, 469 ; *b* 483-488 ; 225-230 ; *d* 269-271 ; *e* 247-51, 434.
Mitre (S.) *b* 634.
Mocenigo (Alvise) *d* 667.
Mocenigo (Giov.) 450.
Modèle d'église *b* 524, 543, 622.
Modération (allégorie de la) 619.
Modestie (allégorie de la), 713.
Modestin (S.) *c* 680.
Moerz (Afra) *f* 108, 288.
Moerz (G.) *f* 1.
Moerz (H.) *f* 24.
Mois personnifiés *d* 683.
Moïse 5, 477 ; *b* 3, 12, 389, 659 ; *c* 22 ; *d* 17 ; *e* 1, 21, 238.
Momelin (S.) *b* 597.
Momus 616.
Monique (Ste) 279 ; *b* 348 ; *c* 538 ; *d* 537 ; *f* 9, 14.
Monte-Berico *b* 466.
Montefalco *b* 517.
Montefeltre (Fr. de) 320 ; *c* 333 ; *d* 655.

Montfort (Jean de) *d* 336 ; *e* 331.
Monti (cardinal) *c* 423.
Montmartre *b* 454.
Montmorency (Anne de) *c* 503.
Montpelliers (Marie) *b* 300.
Monza (trésor de) *f* 300-1.
More (J.) *e* 161.
More (Sir Th.) *e* 343.
Morcel (Guillaume) *b* 93.
Morcel (Marie) 127.
Morette *b* 169.
Moro (Ant.) *b* 635 ; *d* 689.
Moro (femme de) *d* 661.
Moro (G.) *f* 225.
Morsperg *b* 409.
Mort personnifiée *b* 396, 699 ; *c* 748 ; 2, 163-4, 179. Voir *Squelette*.
Morte *e* 122.
Morus *b* 5.
Mosmüller *b* 510.
Mosti (T.) *e* 282.
Müffel (Jakob) *b* 63.
Münster (Séb.) *b* 46.
Murthyr *f* 111.
Muse *b* 731 ; *c* 735 ; *f* 190, 221.
Musignano (prince de) *b* 487.
Musiciens 664-666, 676, 677 ; *c* 541, 30, 275, 308, 322, 382, 396, 444, 66!
Musique (allégorie de la) 626 ; *b* ? 737, 743.
Mustiola (Ste) *b* 342.
Myrrha *f* 182.
Naissance (allégorie de la) *f* 156.
Napoléon (S.) *c* 560.
Narbonne (parement de) *b* 410, 417.
Narcisse *c* 767 ; *f* 241.
Narcisse (S.) *b* 563.
Nassau-Orange *c* 40.
Nastagio degli Onesti 654 ; *c* 784, 78
Navagero *b* 594 ; *c* 104, 632.
Nazaire (S.) *b* 556 ; *e* 259, 396 ; *f* 95.
Nègre *f* 28.
Nemours (duc de) *f* 213.
Neptune 616 ; *b* 732, 733 ; *c* 545 ; *d* 159, 242, 249, 285.
Néréides *f* 264-5.
Nesselrode (J. de) *e* 473.
Nessus *d* 641.
Neuenahr *b* 355.
Neudorfer (Jean) *b* 148.
Neustift *b* 637.
Neuville (N. de) *f* 155.
Neville (G.) *f* 182.
Nicaise (S.) *b* 754.
Nicodème 449 453, 457, 459 ; *b* 421, *d* 234. Voir *Descente de la Croix, M tombeau.*

INDEX DES SUJETS

Nicolas de Bari ou de Myra 190, 254, 268, 269, 276, 281, 301, 303, 304, 309, 310, 313, 318, 326, 331, 336, 502, 575-579, 586 ; *b* 12, 229, 240, 253, 298, 305, 327, 522, 554, 635, 636, 637 ; *c* 347, 349, 360, 366, 367, 563, 598, 641, 645, 662 ; *d* 344, 351, 364, 591 ; *e* 101, 244, 405 ; *f* 97-8.
Nicolas de Cusa (?). Voir *b* 637.
Nicolas de Tolentino *b* 323 ; *c* 193, 338, 662, *d* 574, 575 ; *e* 211.
Nicostrate, 364.
Niobé *f* 243.
Noces de Cana *c* 139 ; *d* 149.
Noé *c* 16 ; *d* 8, 11 ; *e* 1.
Noerdlingen *b* 684.
Norbert (S.) *c* 507.
Norfolk (duc de) *b* 566.
Norman (Guill. de) *b* 111.
Nudité rituelle 622.
Numan (Marguerite) *b* 133.
Nymphe 622 ; *b* 725, 726, 733 ; *c* 768 ; *d* 636-7, 642 ; *f* 196, 202, 204-5, 244-5, 247, 277.
Ocko de Wlaschim, 262.
Odile (S^{te}) 608 ; *b* 356, 543, 621, 692 ; *d* 40 ; *e* 133.
Odoni (A.) *f* 162.
Offenburg (Dorothée) *b* 23, 33.
Oiseau (grand échassier) *b* 754.
Olivazzi (Verc.) *d* 671.
Olympe *f* 181.
Olympias *f* 236.
Olympos *f* 247.
Omphale, 639, 640 ; *d* 642.
Onigo (Giov.) *d* 464.
Onuphre (S.) 247, 285 ; *c* 487, 645 ; *d* 210 ; *f* 99.
Oriant (Chârles) *b* 13.
Orléans (duc d') *b* 494, 727, 731.
Orley (B. van) 623.
Ortnburg (Cte M.) *e* 352.
Orphée 636 ; *f* 221, 246.
Oswald (S.) *b* 99.
Othon empereur *b* 742, 743.
Othera (J.) *f* 122.
Otto Heinrich, comte palatin 582.
Oultremont *d* 182.
Overbecke (Guill. van) 352.
Pacheco (Béatrice) *b* 184 ; *f* 144.
Paele (van der) *d* 393.
Paix personnifiée *d* 617.
Pala Sforzesca c 334.
Pallavicini (A.) *e* 257.
Palma d'Urbin *b* 267.
Palma Vecchio *d* 668.
Pan 645 ; *b* 733 ; *c* 754 ; *f* 189, 247, 277-80.
Pandare *f* 224-5.

Pantaléon (S.) *f* 22.
Panvinio (O.) *f* 260.
Paque juive *b* 23.
Paracelse *e* 459.
Paradis 618 ; *b* 528 ; *d* 291 ; *e* 7. V. Jugement.
Parenté de la Vierge *b* 26-29 ; *c* 261-263 ; *d* 40, 41 ; *e* 45-6, 56-7.
Paris, jugement de, 638 ; *b* 734 ; naissance, 639 ; *d* 644 ; enlève Hélène, *b* 741 ; *f* 222.
Parlement de Paris (tableau du) *b* 420.
Parma, docteur *f* 64.
Parnasse *f* 221.
Parr (Catn.) *f* 103.
Parthénice *c* 737.
Passalacqua *b* 657.
Passau (duc Ernest de) *d* 141.
Patatiknitz, duc de Bavière *d* 457.
Patriarches *e*, 1, 252. *Voir leurs noms.*
Paul (S.) 248, 256, 290, 294, 314, 319, 321, 322, 324, 356, 362, 458, 514, 524, 530, 532, 580, 618 ; *b* 3, 67, 124, 216, 218, 229, 253, 285, 302, 309, 318, 543, 564, 565 sq., 629, 638, sq., 641 sq. 659 ; *c* 193, 256, 346, 351, 352, 356, 501, 508, 646, 647, 651, 655, 658, 698, 709 ; *d* 339, 342, 356, 370, 371, 377, 391, 576 ; *e* 217, 391, 394, 408, 474 ; *f* 100-1, 103-4.
Patmos *f* 63.
Patrocle *f* 223, 228.
Paul Ermite *b* 706 ; *f* 6-8.
Paul III *b* 240, 304 ; *d* 692 ; *f* 209.
Paule (S^{te}) 568.
Pauvreté (personnifiée) *c* 575 ; *f* 41.
Paysans *d* 671, 675-677.
Pêcheur *c* 781.
Pégase *f* 221, 248.
Peigne de S. Blaise *d* 366 ; de S. Vérène, 537.
Péjéron *d* 172.
Pelage 406 ; *c* 713.
Pélagie (S^{te}) *b* 526.
Pelée, 615.
Pélée et Thétis, 615.
Pèlerins d'Emmaüs *c* 236 ; *e* 264.
Pèlerins (saints) *b* 706.
Pèlerin blessé *d* 682.
Pélican *b* 417.
Pellegrin (S.) *d* 383.
Pellucca *b* 715 sq. ; *c* 699.
Pénée *c* 757.
Pénelope *c* 769.
Pénitents blancs *e* 244.
Pentecôte *c* 524 ; *e* 439-40.
Percepteurs du fisc *c* 192 ; *d* 670.
Père Éternel 441, 530, 606 ; *b* 353, 355, 375, 377, 379, 474, 477, 512, 516, 519, 523, 532, 691 ; *d* 1, 493 ; *e* 125, 130, 326, 372, 402,

406, 429, 432 ; *f* 8, 135. Voir *Adam, Trinité, Création.*
Perkmeister *f* 35.
Persée *c* 753 ; *f* 187.
Pérugin (P.) *b* 589 ; *d* 132.
Pesaro *b* 624 ; *c* 375.
Peseuse d'or, 20.
Pétrarque *c* 701.
Pétrone (S.) *b* 215, 298 ; *d* 577.
Pétronille (Ste) *e* 434 ; *f* 135-6.
Peutinger (Conrad) *b* 8.
Pfalz-Neuburg (Phil. de) *d* 555.
Pfalz-Neuburg (Ctesse de) *d* 119.
Phaéthon, 630.
Pharisiens *b* 443 ; *c* 126, 522 ; *d* 149.
Philippe (S.) 490, 539 ; *b* 62, 339 ; *c* 580, 648-650 ; *d* 388 ; *e* 481 ; *f* 102.
Philippe Benizio, 47.
Philippe de Bourgogne, év. d'Utrecht, 200.
Philippe de Florence (S.) *f* 44.
Philippe, évêque de Spire *b* 72.
Philippe le Beau *c* 27, 383, 589, 800.
Philippe le Bon *b* 345 ; *c* 464 ; *d* 80, 151, 251.
Philippe II *e* 1, 223 ; *f* 168, 232, 266, 290, 295.
Philosophie (personnifiée) *b* 661.
Pic de la Mirandole *c* 189.
Pic II *b* 747, 748 ; *c* 782 ; *d* 660.
Pienzenau (K. de) *c* 304.
Pierre (S.) 245, 290, 294, 299, 309, 319, 320, 321, 322, 324, 325, 331, 334, 337, 352, 362, 383, 386, 387, 388, 392, 458, 490, 514, 524, 528, 530, 618 ; *b* 3, 67, 101, 124, 206, 229, 253, 285, 302, 309, 314, 318, 321, 326, 329, 339, 340, 342, 343, 344, 354, 382, 383, 386, 389, 467, 505, 506, 507, 516, 524, 543, 565, sq., 640 sq., 642 sq., 678, 680 ; *c* 132, 133, 140, 193, 256, 335, 351, 352, 354, 375, 432, 501, 508, 639, 642, 651-658, 698 ; *d* 169, 170, 333, 342, 359, 364, 370, 377, 396, 479, 576-579, 592 ; *e* 158, 164, 217, 375, 386, 397, 405, 408-9, 432, 474, 481 ; *f* 34, 96, 105 6, 135-6.
Pierre d'Assise *c* 573.
Pierre Damase 257.
Pierre Lombard 506.
Pierre de Luxembourg (S.) *f* 92.
Pierre Martyr 599 ; *b* 240, 314, 335, 414, 646 ; *c* 333, 367, 656, 662, 669 ; *d* 216, 495 ; *e* 406 ; *f* 55, 107.
Pierre de Vérone 311.
Pierre II de Bourbon *b* 34, 206.
Pilate 39-396 ; *b* 402 et suiv., 416 ; *c* 154, 155, 156 et suiv., 163, 173 ; *d* 228 ; *e* 170 sq. ; 188.
Pirckheimer *c* 371.
Placide (S.) *b* 646 ; *c* 257.
Platina *c* 733.

Platon *b* 659.
Plautilla *b* 640.
Pluton *f* 258.
Poisson et hostie *b* 666.
Pola (Laura di) *b* 214.
Pomone et Mars *d* 645 ; Vertumne, 64! *f* 220.
Poitailler (Cl. de) *b* 759.
Pont du Gard *b* 760.
Ponte (Nic. da) *e* 168.
Poortier (Robert) *d* 527.
Porcia (Antonio) *c* 576.
Portement de croix 395, 398-402 ; *b* 29 414 ; *c* 181-189 ; *d* 181-188.
Portier des chartreux *c* 545.
Portinari *c* 535, 725.
Possédé *b* 665.
Pottier (Jean) 506.
Pracise (S.) *d* 350.
Prédication *c* 795.
Prémontré *b* 691 ; *d* 397.
Présentation au temple 368, 369-372 ; 120 ; *c* 111-117 ; *d* 122-127, 404 ; *e*
Prestidigitateur *d* 673.
Prêtre juif *e* 44.
Priape 643.
Prime (S.) *d* 579.
Printemps *d* 622.
Procope (S.) 262.
Procris *b* 735.
Prométhée *c* 758.
Prophètes *c* 20, 302 ; *e* 1, 88, 331. Voi noms
Prosdocime (S.) 279 ; *c* 683.
Proserpine *f* 258.
Protais (S.) *c* 498 ; *f* 139.
Prudence (allégorie) 624, 626.
Psyché *b* 719 ; *c* 753 ; *f* 169, 216, 252
Puissances (personnifiées) *b* 538.
Purgatoire *c* 509.
Putiphar *e* 18-20.
Pygmée *f* 194.
Pyrame *f* 261-2.
Quad (Irma von) *d* 355.
Quintianus *b* 667.
Quiriacus 527.
Quirinus (S.) 581 ; *b* 647 ; *c* 663-665 ; *f* 108.
Quth (Pierre) *d* 182.
Raccomandati *b* 536.
Rachel *e* 17.
Ram (Giov.) *e* 14.
Raimondi (D.) *f* 53.
Raineri Rasini *f* 42.
Raimundus (Thomas) *d* 451.
Raphaël (archange) 298, 315, 599 ; 393 ; *c* 280 ; *d* 216 ; *f* 92, 95.

Raphaël Sanzio 29, 277; *b* 340, 627, 747; *e* 463; *f* 175.
Rasponi (Raff.) *c* 91.
Raymonde (S) *d* 316.
Rehlingen (Conrad) *b* 767.
Rehm (famille) *e* 272, 333.
Reine de Saba 6, 7; *b* 13.
Reiset *b* 534.
Reitmohr (A.) *d* 308.
Religion (allég. de la) *f* 159.
René d'Anjou *b* 12; *e* 444.
Renommée *f* 163, 176, 178.
Repas d'Emmaüs 390; chez Simon 190; *b* 381, 382; *d* 149; *e* 165.
Repos en Égypte 185, 344, 367; *b* 274; *c* 121, 122; *d* 129-132; *e* 133-39.
Résurrection de Jésus 473-475; *b* 492, 493; *c* 235-240, 243-245; *d* 273-279; *e* 253-60.
Résurrection des morts *b* 502. Voir *Jugement, Lazare, Tabitha*.
Reuss (J. St.) *e* 291.
Reyns (Adrian) *b* 460.
Reys (Cristina) 255; (Weicker) 656.
Rheden (Marie de) *d* 296.
Rhétorique (allégorie) 627; *b* 660.
Richard II *b* 357.
Rieneck (Cte de) *f* 304.
Rispach (B.) *e* 24.
Rispach (B.) *f* 78.
Robert, abbé de la Chaise-Dieu *b* 282.
Roch (S.) 285, 316, 344, 572, 596; *b* 240, 281, 317, 354, 356, 535, 598, 599, 648; *c* 363, 367, 374, 554, 666-670, 675; *d* 353, 363, 580, 592, 614; *e* 389, 416; *f* 36, 109, 110, 112, 135.
Rochechouart (Gabr. de) *b* 104.
Rois et princes de France *b* 535.
Roland et Rodomont, 655.
Romuald (S.) 413, 582; *b* 347, 414; *c* 257; *d* 580.
Roque (Jacques de la) *b* 634.
Rose (S^{te}) *b* 330; *c* 354.
Rossi (Bern. del) *d* 619.
Rossi (Girolamo) *c* 389.
Rothan *b* 615.
Rovere (Fr. M. della) *b* 600; *f* 223.
Rovello (Lorenzo) *b* 564.
Roxane 647; *c* 775.
Ruccellai (Girolamo) 568.
Rüdiswyler *f* 306.
Ruhl (Ch.) *b* 616.
Ruprecht (évêque) *b* 332.
Ryht (Joh. von) 481.
Saba (reine de) 6, 7; *b* 13; *d* 27, 28; *e* 35.
Sabellius *b* 660, 661.
Sabina Poppaea *f* 173.
Sabins et Romains 665; *d* 653; *e* 289.

Sablon (église de) *b* 497.
Sabothaï *e* 29.
Sachs (Hans) *d* 82.
Sacrements *c* 744, 745.
Sacrifice *f* 237.
Sagesse (personnifiée) *e* 735; *f* 149.
Saint-Esprit. Descente sur la Vierge 43. Voir *Marie, Annonciation* et *Pentecôte*.
Saintes Femmes 469; *c* 238, 241, 608, 682, 731; *d* 286; *e* 160, 224, 232-3, 257. Voir *Marie Cléophas*.
Saint-Gelais *f* 145.
Saint-Marsault *c* 362.
Saint-Suaire. Voir *Véronique*.
Salomé 520, 521, 522, 523; *c* 601; *d* 558-563, 686; *e* 297, 464-71.
Salomon, 6, 7; *b* 11, 13, 438; *d* 27, 28; *e* 31-3.
Salvaresio (Fabr.) *e* 29.
Salviatis (B. de) *b* 606.
Samaritaine et Jésus 383, 384; *c* 134, 135; *d* 141-143.
Samson 614; *b* 390; *c* 23.
Sanford (J.) *b* 525.
San Gallo (Giuliano da) 612.
Sansedoni (Ambr.) *b* 82.
Sansovino (J.) *e* 274.
Santiago *c* 654.
Santillana (Mis et M^{ise} de) *d* 292; *e* 66.
Sara *b* 11.
Sarcophage *b* 478; *c* 86, 699.
Sarto (Andrea del) *b* 181, 295.
Sassetti (Fr.) 232.
Satan 433, 502; *b* 700, 714; *f* 4, 26, 105, 132, 135.
Satyres 643; *b* 722; *d* 7, 638; *f* 263.
Saül *c* 717; *d* 24.
Sauve'age *f* 1461
Savelli (A.) *c* 48.
Savinus, évêque *b* 309.
Saxe (Maurice de) *d* 692. Voir *Frédéric*.
Scappi (Evang.) *b* 494.
Scheppere *e* 170, 204.
Scheuring (D^r) *b* 761.
Schirmer *c* 354.
Schlandersberg (Ulrich von) *d* 298.
Schlichting *c* 421.
Schmitgen 467.
Schmitz (H.) *e* 295.
Schoenborn 405.
Schoenhoven (Agata van) 48.
Schoenitz (H. von) *b* 562.
Schombeke (Gilles van) *c* 277.
Schwartz (Barbara) *b* 604.
Schwartz (Math.) *b* 618.
Schweizer (J.) *e* 81.
Sciarra *b* 370.

INDEX DES SUJETS

Sciences (personnifiées) *b* 660 ; *c* 751.
Scipion *b* 454.
Scolari (Filippo) 669.
Scolastique (S^{te}) 419 ; *c* 257, 683.
Scot (Duns) 506.
Sébastien (S.) 254, 269, 285, 290, 306, 314, 323, 326, 332, 344, 536, 572, 583-590, 618; *b* 4, 227, 291, 321, 327, 334, 356, 535, 571, 575, 577, 598, 599, 648-655, 764, 766; *c* 337, 345, 350, 357, 358, 363, 366, 374, 456, 473, 478, 481, 502, 636, 667-676, 638, 698; *d* 142, 210, 340, 366, 380, 388, 390, 468, 483, 581-585, 592; *e* 71, 259, 388-9, 405, 410-434; *f* 110-7.
Secrétan *b* 425.
Segundo (comtesse de San) *b* 213.
Selves (Georges de) *b* 757.
Sennen ou Senon (S.) *c* 562; *f* 1.
Séparation des apôtres *c* 525, 526 ; *e* 481.
Seria (S.) *d* 340.
Sermon sur la montagne *e* 161.
Serpent (allégorie du) *b* 710.
Servatius (évêque) *b* 312 ; *c* 261.
Sévère (S) *e* 415.
Seymour (Jane) *b* 592.
Sforza (famille) *c* 542.
Sforza (Al.) *b* 426.
Sforza (Battista) 320, 553.
Sforza (Béatrice) *c* 334.
Sforza (Bianca Maria) 668 ; *b* 764 ; *c* 221 ; *e* 118.
Sforza (Catherine) *b* 88.
Sforza (Cesarino) *b* 394.
Sforza (François) *b* 426, 449, 558, 567 ; *c* 103; *d* 355, 461.
Sforza (Ginevra) *c* 241.
Sforza (Jean) *c* 661.
Sforza (Max.) 188; *c* 158.
Sibylles *b* 144, 736, 759; *c* 312 ; *d* 243, 647; *e* 238 ; *f* 290.
Sibylle et Auguste, 656, 657 ; *d* 646.
Sibylle, électrice de Saxe 625.
Sibylle de Clèves *e* 220.
Sicinnius (S) *c* 612.
Sienne, ville figurée *b* 532.
Sieste *f* 307.
Siffrein (S.) *b* 656.
Sigismond (S.) 262 ; *b* 570 ; *c* 359.
Signorelli *b* 700.
Silène *f* 195-7.
Silvestre (S.) *c* 677.
Siméon 368, 369-371 ; *b* 115, 119, 120, 554; *c* 337.
Simon apôtre 265.
Simon de Cyrène 401 ; *b* 413, 455; *d* 187; *e* 191-2.
Simon le Mage *c* 659 ; *f* 104.

Simon le Pharisien *b* 381, 382, 384.
Simon (S.) *d* 585.
Simonetta (la Bella) 511.
Simonetta Vespucci *e* 166.
Simplice (S.) 365 ; *b* 693.
Singe *e* 379.
Sipriot *b* 363.
Sisinnius (S.) *b* 657.
Sixte IV 506 ; *c* 783.
Sluter (Cl.) *b* 546.
Soderini 598.
Soldats du Christ *b* 705.
Soleil *b* 439. Voir *Lune*.
Somzée *b* 721.
Sophie (S^{te}) 317.
Soranzo (J) *f* 217.
Sorcières *f* 316.
Source miraculeuse *f* 143, 165.
Souricière *d* 56.
Southampton (Earl of) *e* 442.
Southwell (Sir Richard) 647.
Speybrouk *b* 349.
Sphinx *d* 379 (cf. *Harpyes*).
Spilimbergo (Emilie et Irène de) *f* 2.
Spinelli (Nicolas di Sforzore) *c* 161.
Spini (famille) *c* 571.
Spini (B.) *c* 618.
Spini (P.) *c* 617.
Squelette *c* 748, 749 ; *f* 164.
Stallanus *c* 261.
Steenken (H.) *b* 364.
Stefaneschi *b* 641, 644.
Stefano (L. de) *d* 399.
Storndorf (Etienne de) *b* 433.
Stoer (Laurent) *d* 182.
Stokesley *b* 745.
Strada (Ottavio) *d* 425.
Strada (P.) *e* 294.
Straub et sa femme *f* 101, 136.
Strossmeyer *e* 443.
Strozzi (Anna) *d* 274.
Strozzi (Fr.) *c* 255.
Strozzi (Madeleine) *b* 185.
Strozzi (Nicolas) *b* 113.
Strozzi (fille de Robert) *f* 275.
Stuart (Arabella) *d* 544.
Stuart (Marie) 146, 283 ; *f* 146, 283.
Stymphale (oiseaux de) *b* 730.
Suaire *b* 698. Voir *Véronique*.
Suce (Mme de) *b* 33.
Sulzer *f* 263.
Susanne *b* 22 ; *c* 41-43; *f* 319.
Susanne de Bourbon *b* 354, 476.
Sylvestre (S.) *b* 658.
Sylvius (Aeneas) *b* 747, 748.
Symphorien (S.) 364.
Synagogue *b* 701, 702.

INDEX DES SUJETS

Syvinx *f* 279.
Tabitha *c* 657.
Tablettes *c* 593.
Talbot (Lady) 498.
Tamis brisé *b* 591, 592.
Tanai de Nerli *c* 344.
Tanfelder (W.) *b* 158.
Tarquinius *b* 658.
Tasso (Domenico) *b* 527.
Tasso (Torquato) *c* 337.
Taxis (Fr. de) *b* 381 (*add*.).
Tempérance (allégorie) 624; *d* 629; *e* 425.
Temple de Jérusalem *d* 26
Temps personnifié *b* 737; *f* 177.
Tenailles *d* 51.
Tentation de S. Antoine *b* 584; *d* 528-535.
Tentation de Jésus 383 : *c* 131 ; *e* 162.
Tentation de S. Vit *c* 680.
Termagant (J.) *d* 90, 216.
Terzi (Lodov. di) *c* 25.
Théodose *b* 582.
Théodosie personnifiée *b* 661.
Thérèse (S^{te}) *b* 317.
Thétis 615: *f* 229-30.
Thiem *b* 382, 622.
Thisbé *f* 261-?.
Thomas (S.) 503; *b* 337, 355, 496, 517, 573, 762 ; *c* 243, 495, 678 ; *d* 282 ; *e* 481.
Thomas d'Aquin 532 ; *b* 60, 82, 314, 414, 659-661; *c* 343, 347, 357, 679 ; *d* 586.
Thomas de Villeneuve *b* 630.
Thuison les Abbeville *b* 362, 619.
Timothée (S.) *b* 756.
Tiranni (Pietro) *b* 481.
Tisio (F. de) *f* 264.
Titien et sa famille *b* 279; *c* 726; *f* 170, 181, 227.
Tmolus *f* 189.
Tobie 13, 298, 307, 599; *b* 18, 19; *c* 27, 28, 280 ; *d* 31, 216 ; *e* 37-8, 71, 480; *f* 16, 21.
Tomyris *f* 287-8.
Tongerloo *b* 455.
Tornabuoni 97 ; *c* 741; *d* 38, 303.
Torquemada (cardinal) *c* 203.
Torre (Agost. et Nicc.) *b* 257.
Torre (Flaminio) *b* 354.
Totila *c* 546.
Tour de Babel *d* 9-11.
Tour de David *b* 358.
Tournoi *c* 790.
Transfiguration 477; *b* 388, 389; *c* 141, 234 ; *d* 280 ; *e* 163.
Trémoille (duchesse de la) *d* 629.
Trente (concile de) *f* 303.
Trévisano (D.) *c* 787.
Trinité. Voir *Dieu*.
Triomphes 613 ; *f* 174-9 ; triomphe de l'Amour 612, 614 ; *c* 733 ; *d* 618, 628 ; *f* 174, 177 ; de la Charité *d* 627 ; de la Chasteté 621 ; *c* 733 ; *d* 618, 619 ; *f* 178 ; de Constantin 651 ; de la Gloire 615 ; *f* 176, 178 ; de Minerve 617, de la Mort *d* 631 ; *f* 179 ; de Venise *c* 734 ; de Vénus 615.
Trissino (G.) *f* 248.
Tritons *f* 264-5.
Tuccia *d* 654.
Tucher (Elis.) *b* 512.
Tucher (H.) *e* 11.
Tucher (Ursule) *b* 125.
Tuke (Sir Bryan) *f* 57.
Tybis (Dirck) *b* 459.
Uberti (Bernardo degli) 674.
Uberti (Farinata degli) 674.
Ulner (P.) *d* 156.
Ulrich, évêque *b* 332; *f* 119-20.
Ulrich, comte de Wurtemberg *f* 43.
Uranie *d* 621.
Ulysse *c* 769.
Urbain IV *f* 299.
Urbin (Fr. Mar. d') *f* 171.
Urbin (Guidob.) *f* 175.
Urbin (duchesse d') 672 ; *f* 274.
Ursule (S^{te}) 338, 410, 504 ; *b* 99, 217, 313, 356, 577, 693-7, 704 ; *c* 353, 359, 727-729 ; *d* 40, 210, 363 ; *f* 32, 93, 121-2.
Ursus (S.) *c* 324.
Val d'Emma *b* 440.
Val di Non *c* 612.
Valenti, cardinal *b* 482.
Valentin (S.) *e* 434 ; *f* 123-5.
Valérie (S^{te}) *b* 332.
Valladolid *b* 457, 621.
Vallombrosa *b* 374,
Valois (Marguerite de) *f* 284.
Van Eyck (dame) 123. Voir *Eyck*.
Vanité personnifiée *b* 713 ; *c* 734, 736 ; *d* 621 ; *f* 150-2.
Vanni (Guccio di) *b* 431.
Vanozza (Catarina) *b* 470,
Varchi (B.) *e* 427.
Veau d'or *d* 17.
Veenlant (Pierre) *b* 478.
Velle (Livine van) *b* 760.
Venceslas 262.
Vendanges *c* 790.
Vendeurs du Temple *d* 151.
Vendôme (duc de) *f* 153, 305.
Vendramin (Gabriel) *b* 631.
Veniero (Séb.) *c* 734.
Venise personnifiée *c* 734.
Vénus 622, 623 ; *b* 33, 721, 737-739; *c* 48, 770 ; *d* 649, 708 ; *f* 150, 169, 224, 249-50, 254, 257, 260, 266-86 ; naissant 644 ; *f* 270 ; fuyant devant la Chasteté 621,

triomphant 615 ; c 771 ; avec Adonis 644 ; b 639 ; c 770 ; d 650 ; f 276-7, 279, 283 ; avec l'Amour 642-645 ; c 752, 771, 772, 773 ; d 640, 661, 652 ; f 260, 267, 268, 275, 280-2 ; avec Mars 645 ; b 738 ; f 221 ; avec Vulcain f 286 ; avec Médée 621.
Vérau (S.) 135.
Vérèue (Ste) 537.
Vergognosa de Pise d 8.
Vérité personnifiée c 737.
Véronique (Ste) 401, 609 ; b 411, 526, 698 ; c 163, 189 ; d 184, 585 ; f 126-7.
Verrocchio 175.
Vertumne et Pomone 645, 646 ; f 220.
Vertus 647 ; b 660, 707 ; c 751 ; f 220.
Vespucci (S.) e 166.
Vestales d 654.
Vices 617 ; b 610 ; e 752.
Victoire f 168.
Victor (S.) 668 ; b 309 ; c 336.
Victorinus b 646.
Vie (allégorie de la) f 164.
Vigoureux de Courteville b 387.
Villars (duchesse de) c 21 ; e 25 ; f 153.
Villeneuve-lez-Avignon b 464.
Villeroy f 155.
Violoniste b 606.
Vincent (S.) 320 ; c 486 ; f 128-30.
Vincent Ferrier (S.) c 358, 559.
Violante f 261.
Virgilien (S.) b 332.
Virginie c 778.
Visconti (Blanche-Marie) b 426, 558, 567 ; d 355.
Visconti (G.) f 301.
Vit (S.) 262 ; b 662 ; c 553, 680 ; c 381.
Vital (S.) f 5.
Vlandenberg (Barbara de) b 122.
Vocation des apôtres c 132, 133 ; e 158.
Voie lactée b 730.
Voleur d 680.
Volto Santo 433. Voir *Véronique*.
Vos van Steenwijk 547.
Vulcain 616 ; b 739 ; f 221, 229, 286.

Vvdt (J. de) b 110.
Walburge 608.
Warham (W.) f 88.
Wartburg b 578.
Wedigh (famille) b 317 ; e 281 (H.).
Weiss (Martin) b 466.
Wellenburg b 28, 598.
Welling (Séb.) d 287.
Welser (Marg.) f 21.
Welser (Veronica) b 640 ; une autre e
Wendelin (S.) b 704.
Werl (H. de) 519.
Werner (Gotfried) b 356.
Wied (princesse de) b 597.
Wilhelm, évêque de Strasbourg b 139
Willett b 368, 402.
Wilczek (comte de) b 470.
Wickenblüthe Madonna, c 401.
Wohlgemuth b 689.
Wolfgang (S.) b 637 ; d 210, 587-590 ; f 11 132-3.
Wolkamern b 508.
Woodwille (E.) f 149.
Würzbourg b 676.
Wyatt (Marg.) e 119.
Wyatt (Sir H.) e 351.
Yves (S.) c 543.
Zabulon c 132.
Zacharie 144, 344, 515, 516 ; b 280, 346, 539, 546, 561 ; c 261, 589, 590 ; d e 57, 453-4.
Zambeccari b 426.
Zébédée b 27, 258 ; c 139 ; e 46.
Zelle (G. de) c 472.
Zeno (S.) b 304, 347 ; c 360, 367.
Zenobio 304, 315, 592 ; c 335, 336, 681 591.
Ziani, doge b 746.
Zifrers (Marguerite) d 358.
Zimmern (Werner von) d 608.
Zingarella e 430. Voir *Bohémienne*.
Zucchero (Taddeo) c 304.
Zymbern (comte de) b 156.

INDEX TOPOGRAPHIQUE ET MUSÉOGRAPHIQUE

DES TOMES I-VI

N. B. — Les noms des collectionneurs (passés ou actuels) se trouvent à leur rang alphabétique, dans quelque pays que la collection ait été formée ou vendue. Le nom d'une ville, sans autre indication, désigne le musée public ou la principale église. Les noms des peintres ne sont indiqués que sous réserve et pour fixer les idées, les informations complémentaires devant être cherchées dans le texte.

L'astérisque désigne les collections qui ont été dispersées.

PRINCIPALES ABRÉVIATIONS

A = Ange.
D = Donateur ou donatrice.
E = Enfant.
F = Femme.
H = Homme.
J = Jésus.

M = Maître.
P = Portrait.
S = Saint ou Sainte.
SS = Saints ou Saintes.
S J B = Saint Jean-Baptiste.
S J E = Saint Jean-Évangéliste.

V = la Vierge Marie.

Abbeville. — S. WULFRAM. Français *Jugement dernier b* 502.
Abdy*. — Botticelli *Nativ. d* 76 ; *Vie de S. Zenobio d* 591 ; Gent. da Fabriano *Ador. des M. d* 93 ; Ghirlandajo *V. E. SJB. d* 340 ; Giorgione *Malatesta et sa maîtresse d* 659.
Agliardi. — Basaiti *V. E. d* 446.
Agnew*. — Clouet *Charlotte de France e* 47.
Agram. — Carpaccio *S. Pierre Martyr et S. Sébastien c* 669.
AIX-EN-PROVENCE. — Botticelli *V. E. SJB. b* 187 ; Holbein *Th. Morus b* 5 ; M. de Flémalle *V. E. SS. b* 344 ; Vénitien *S. Sébastien b* 650.
  CATHÉDRALE. Froment *S. Mitre b* 634.
  S. MADELEINE. Français *Annonciation b* 67.
  S. SAUVEUR. Froment *Buisson ardent b* 12.
Albani (Florence). — B. Luini *V. E. e* 302.
Albani (Rome). — Pérugin *Nativ. d* 74.
Albenas*. — Provençal *J. pleuré b* 468.
Albino. — Moroni *J. en croix c* 202.
Allendale. — Giorgione *Ad. des Berg. d* 90.
Alnwick. — Bellini et Titien *Bacchanale f* 194.

Altenburg. — Allemand *Daniel interprète les songes* (?) c 29; Fra Angelico *Trois dominicains* c 564; Ansuino V. E. S. Joseph c 311; Antoniazzo V. E. c 389; Tad. Bartoli *J. tenant un livre* c 254; Benv. di Giovanni *Disc. d. Mages* c 95; Bern. Daddi V. E. ... ... et *Couronnem. de la V.* ... ... ; Paolo V. E. c 388; L... M... S. *François* c 579; Siénois J. *au tombeau* c 232; Silinnrl (? *Entrée d'un général* c 785; Fr. Veneziano *Apôtres en prière* c 52...

Althorp (Lord So...). — Anguissola P. *de son père* f 24; Clo. et Duno *de Poitiers* f 239; Holbein *Henri VIII* f 169; Joos van Cleve *P. de famille* 616; M. des demi-fig. *Jane Grey* (? e ...; f 138; Moro.. *P. d'h.* d 689; Neofch G. *P. d'Anna Boisheim* 508; Pourbus *Henr. de Lorraine* d 623.

Altman (musée de New York). — Ant... nello P. *d'h.* f 61; Bottic. *d. S. Jérôme* f 70; Bouts P. *d'h.* c 218; Giorgione *P. d'h.* c 153; Holbein *Marg. Lee* c 249; Mantegna V. E. SS. d 423; Mem.ling *P. de f.* f 312; Memling *P. de Vieillard* c 179; *Toma Sorco d'Este* c 172.

Amherst*. — Ries (? *Ador. de Rois* c 418; Flamand *Mar. de S. Catherine* b 624.

Amiens - Vivarini V. E. SS. 334.

Amsterdam. — Cleve *Joos van P. d'h.* b 6; Geertgen *Ador. des Mages* b 100; *Parenté de la V.* c 263; Gossaert *Philippe, évêque d'Utrecht* 260; Metsys V. E. 111; Scorel *S. Madeleine* 252; Scillio V. E. S. J. d 648.

Ancône. — Crivelli S. E. b 156; Lotto V. E. SS. 286; Titien *J. en croix* c 212; V. E. SS. c 192.

André Jacquemart - Carpaccio *Thésée et les Amazones* f 184; Clouet *Cath. de Méd.* d 32; Juste de Gand *Fréd. de Montefeltre* d 655; Léonard *P. de f.* b 532; Metsys *P. de Cosme de Méd.* 93; Mocetto *David* c 25; Salomon c 34; *Triomphes* f 175-6; *Myrrha et Adonis* f 182; *Enlèv. d'Europe* f 208; *Narcisse* f 244; Vénitien *P. de Pérugin* d 132; Véronais *Atalante* f 192-3.

Angers. — Lor. di Credi V. E. SJ. c 310.

Anhalt. — Voir Woerlitz.

Antokolski*. — Holbein *P. d'homme* b 10.

Anvers. — Antonello de Messine *J. en croix* c 179; Berson V. E. *prophètes et sibylles* c 342; *P. de f.* c 399; Brugeois *J. sauveur* c 251; *L'abbé des Dunes* c 788;

Bruyn *P. d'h.* c 278, 280; Clou... *dauphin François* c 294; Corneill. Lyon *Le duc d'Anjou* c 118; Cori *P. d'h.* c 73, 262; Cranach *Adam* e. c 10; *La Charité* c 738; Cranach *P. de f.* c 375; G. David *Saintes* f..n..c 24..; *Repos en Egypte* c *Juges et soldats* c 751; Eyck S. J. d 597; V. *à la fontaine* d 316; Fla. *P. d'h. avec livre* 256; Fouquet (? *à la flèche* b 16; V. E. AA. b 125; sacré V. E. c 436; Juste de Gand *bénissant* b 663; Holbein (? *P. d'h.* c Hollandais *Ador. des Mages* c 107 mone Martini *Annonc.* b 44; Cr b 430; Desc. *de la croix* b 443; Men V. E. b 358; Chrétien de Houdt b N. Spinelli c 161; *Seigneur de Cr* 279; *Chanoine* c 5..; Metsys *Miss tombeau* b 488; *Courtisan... et viei* b 752; *P. de Peter Gillis* c 239; S Face c 435; V. *en prière* c 459; J n... rt c 574; *Volets de la mis. au beau* c 604; S. *Madeleine* c 724; ... sacré *P. de Fr. von Borselen* c Orley *P. d'h.* c 280, 746; V. *des douleurs* 540; Pourbus *Gilles d. S. hombeke* c Ent.. Hendricks c 504; Roemersw *Les avares* c 792; Schaffner *P. d'h* 317; Titien *Jean Sforza présenté* Pierre c 664; Weyden *Les sacremen* 202, 714, 74..; *Philippe le Bon* c 464; ATHÉDRALE. Weyden *Mar. de la* 38.

Arconati Visconti (au Louvre). — Cl Charles IX c 110; L. de S. Gelais f 1 Nic de Neuc He f 155; Luini V. E. e 34; Mainardi *P. d'h.* c 60; *P. d* e 153; Ambr. da Predis *Bianca Sf* c 118.

AREZZO. — Lorentino d'Angelo V. E. 291; c 34; Neri di Bicci V. *prolég récolle* 404; Signorelli V. E. *avec Do* et SS 276; V. E. SS. b 348.

S. AGOSTINO D. Pecori Circonc. b
S. ANNUNZIATA. Spinello Aretino *Annonc* 26

BEATO Giotto *J. en croix* 409.
S. B. NUOVO. Pecori V. E. SS. 292.
CATH. DI LE. Barna *J. en croix* b 4 P. d. Francesca S. *Madeleine* b 6 Signorelli V. *montant au temple d Naissance et mariage de la V.* d 37,

S. DOMENICO. Pecori S. *Madeleine d* SS. 300.

S. FRANCESCO. P. della Francesca *nonc.* 27; *Songe de Constantin* 5

INDEX TOPOGRAPHIQUE ET MUSÉOGRAPHIQUE. T. I-VI 361

Judas dans la citerne 3; *Défaite de Chosroës* b 745; *Mort d'Adam* c 17.
S. MICHELE. Neri di Bicci V. E. SS. 261.
.riana. — Voir Genève.
.shburnham*. — Angui-sola, P. de son père f 219; Botticelli *Hist. de Nastagio* c 785; *Mort de Lucrèce* 654; Gozzoli *Les Argonautes* 649; Ghirlandajo *Naissance de S. J.* 515; Holbein *Cath. Parr* f 103; Lippi (Filippino). *Départ des Argon.* 649; Piero della Francesca (Dom Veneziano) *P. de femme* 642; Pisanello *Vision de S. Eustache* 550.
.shburton*. — Corrège SS. *Marguerite et Marie-Madeleine entre S. Pierre et S. Léonard* 528; Giorgione *Paysage avec fig.* 620; Licinio *Prof. à l'Université de Bologne* 600; Titien *E. avec chien* 524.
.SSISE. — CATHÉDRALE. Nic. Alunno *Triptyque* 257.
S. DOMENICO. Tib d'Assisi V. E. SS. b 342.
S. FRANCESCO. Cimabué V. E. SS c 326; Doni *La Cène* b 390; Giotto *S. François prêchant devant le pape* 549; *Mort du Seigneur de Celano* 551; *Vie de S. François* b 609, 610, 611; *S. François apparaît au pape* c 568; *Fondation de l'ordre des Franciscains* c 569; *S. François chez le sultan* c 570; *S François prêchant aux oiseaux* c 572; *Délivrance de Pierre d'Assise* c 573; *Vœu d'obéissance de S. François* c 574; *Mariage de S. Fr. avec la Pauvreté* c 575; *Vœu de chasteté de S. Fr.* c 575; *Appar. de S. Fr. aux moines* c 576; Lorenzetti *Desc. de la croix* b 450; V. E. SS. c 476; S. Martini *Songe de S. Martin* 573; *S. Martin ceint de l'épée par Justinien* 574; *Epis. de la vie de S. Martin* b 631; *S. Madeleine et S. Catherine* c 695; *S. Claire et S Elisabeth* c 710; Nelli V. avec E. et SS. 310; Spagna V. avec E. et SS. 316; Tiberio d'Assisi *Christ en croix avec V. et SS.* 430.
.ugsbourg. — Allemand *Héraclius* d 657; *P. d'un orfévre* e 300; Cte *d'Ortnburg* e 352; *P. d'un prince* f 127; *P. d'Ulrich de Wurt.* f 43; Altdorfer *Naiss. de la V.* b 34; Amberger *P. de Peutinger* b 8 (au Maximilianeum); Andrea da Salerno V. E. d 447; Apt *Les deux larrons* c 177; J. en croix c 188; Beham *Le comte palatin Otto Heinrich* 582; P. Bordone, *Toilette de Vénus* d 649; Burgkmair *J. et la V. en gloire* b 526; *J. en croix* e 206; *Larrons en croix* e 219; Coëllo *P. d'une princesse* c 411; Cranach *Alb. de Brandeb. au pied de la croix* d 191; Elsner *P. de Ketzler* f 21; Gerung *Venus* f 261; Giaupetrino *S. Madeleine* d 609; Holbein le-V. *Baptême de S. Paul* b 639; *S. Paul et S. Pierre* b 640; *Supplice de S. Dorothée* d 604; V. E. Ste Anne e 337 S. *Ulrich et S. Wolfgang* f 119; Léonard (imitateur de) *P. de f* b 9; Licinio *P. de f.* c 558; Luini *S. Catherine* c 692; Mazzola V. E. d 450; Milanais *P. de f.* c 732; Pacher *Nic. de Cusa* (S. Wolfgang) b 637; S. *Ambroise* c 527; *S. Jérôme* c 615; *Dispute de S. Wolfgang* b 587; *S. Wolfgang et le Diable* f 132; Parmesan V. E. *S. Bruno* c 430; Pleydenwurf *J. en croix* d 226; *Résurr. de J.* d 278; Previtali *P. de f.* c 218; Reichlich *Annonc.* d 64; Scarsellino V. E. SJB. *S. Joseph* c 313; Schaffner *Reniement de S. Pierre* d 176; Tintoret *J. chez Marthe et Marie* b 380; Tom Ring *Astrologues* f 7, 60; Zeitblom *S. Valentin* f 123-5.
DÔME. Holbein le V. *Naiss. de la V.* e 51.
S. JACQUES. Grünewald *Annonc.* c 47.
S. MORITZ. All. *Nativ.* e 86.
MAXIMILIANEUM. All. *Ador. des M.* e 115; Amberger *P. de Moerz* f 1; *P. d'une Welser* f 21; *P. du duc Guill. IV* f 38; *P. d'Afra Moerz* f 288.
ST. ULRICH. All. *Lég. de S. Ulrich*, f 120.
COLL. PRIVÉES (non désignées). Altdorfer *Source mirac.* f 143; Amberger *P. de Sulzer* f 263.
Austen. — Botticelli V. E. SJB 164; V. E. et S. Joseph 238; Lippi (Filippino) V. et E. avec S. Claire et S. Agathe 271; Piero di Cosimo *Triomphe de la Gloire* 615; Raphaël *P. de jeune h.* 159.
Autun. — M. de Moulins *Nativ.* b 74 (jadis à l'évêché).
Avignon. — Français J. *adoré par chevalier et évêque* b 242; *S. Catherine et S. Lazare* b 572; *S. Michel* b 633; *Pierre de Luxembourg* b 645; Froment *S. Siffrein* b 656 (jadis au Séminaire).
PALAIS DES PAPES. Siénois (Martini et Giovanetti) *Prophètes* c 26; *Entrée de J. à Jérusalem* c 142; *J. à Gethsémani* c 150; *J. et les apôtres*; *S. J. et les Pharisiens* c 522; *Histoire de S. Martial* c 639, 642; *S. Elisabeth* c 713.
Aynard*. — Angelico, V. E. SS. b 340; Corneille de Lyon *P. de f.* c 164; *P. di Cosimo* V. E. c 318; Français V. E. b 124;

Mantegna (école), J. *mort* 242; P. della Francesca, P. de B. Sforza 553.
Ayr. — Bourdichon *P. du Dauphin Orlant* b 13.
Azay-le-Rideau. — Primatice *Nymphes de Diane* b 733.
Babbott (F.-L.). — Crivelli *S. Jacques* f 58.
Bache (S.). — All *V. E. SS. d* 334; Luini *S*te *Agnès* f 2.
Back (Szegedin). — Véronèse *Suzanne et les vieillards* b 22.
Badetty* (Marseille). — Vénitien *V. E. SS.* b 279.
Badia a Isola. — Sano di Pietro *V. E SS. d.* 350.
Bagnols. — Ombrieu *V. E. e* 352.
Bâle. — All. *S. Georges* f 48; N. M. Deutsch *Décap. de S. J. e* 470; *Jug. de Pâris* f 218; *Pyrame et Thisbé* f 261; Fries *Naiss. de la V. e* 53; Froment *Couronn. de la V. d* 512; B. Grien *Vanité et Mort* f 151; *P. de J. Meyer* f 167, 169; Ambr. Holbein *P. d'enf. e* 140; *P. de Herbster* f 157; *P. de Rüdiswyler* f 306; Holbein le Jeune *Amerbach* b 21; *Dorothée Offenburg en Vénus* b 33; *Laïs* b 23; *Erasme* b 26; *Jakob Meyer* b 18; *La femme de J. Meyer* b 29; *F. el E.* b 28; *J. mort* b 482; *V. E. e* 405; *Mise au tomb. e* 251; *P. de Froben e* 265; *son p. e* 369; *P. de f. e* 182; Holbein le Vieux *Mort de la V. b* 503; Kluber *Barb. Meyer e* 24; *f de Rispach* f 78; Stimmer *J. Schweizer e* 81; *Elis. Lochmann e* 54; Tintoret *J. mort e* 225; Witz *Joachim et Anne e* 49; *Prêtre juif e* 44; *Esther e* 39; *Sabathaï e* 29; *Abisaï e* 30; *S. Martin* f 94.
Baradat (Aix). — Français *Croix vivante* c 212.
Barbarigo*. — Carrara de Forli *Mise au tombeau* b 485; Cossa *SS. Michel et Jean* b 562; Costa, *J. appar. à S*te *Madeleine* 473; L. de Leyde *V. E.* b 171; N. Pizzolo *S. Jérôme* b 623.
Barberini (Rome). — Mainardi *P. d'h.* b 40; Raphaël *Prét. Fornarina* b 606; *V. de la maison d'Albe* b 248; A del Sarto *V. E. S. Joseph* b 277; Titien *Bembo e* 44.
Barbiano. — Montagna *V. E. AA. c* 320.
Bardini*. — Siénois *Deux portraits* 17.
Bari. — Vivarini *V. E. SS. d* 351.
Barot*. — Flamand *Hérodiade c* 602.
Barracco (Rome). — P. di Cosimo *S. Madeleine* b 48.
Baudot*. — Français, *Trinité* b 3; *Triptyque* b 5.
Battersea*. — Botticelli *V. E.* 129 pedrino *V. E.* 192; Filippo Lipp Francesco Florentino) *V. E.* 11 laiuolo *V. E. avec ange* 161; *V. E. c* 421.
Bayeux. — Clouet *Anne de Montr* d 466.
Beattie. — L. di Credi *P. d'h. d* da Predis *Fr. Sforza enfant,* d Veneto *P. de Veronica Gambara* Venitien *P. d'h., d* 594.
Beistegui (Paris). — Français *P. phin Orland* b 13.
Beit (O.). — Bacchiacca, *Musicie* Ghirlandajo *Nativ. d* 72.
Bellune. — Montagna *V. E. d* 4
Benneville*. — Brina *Ador. de l'*
Benois (à l'Ermitage). — Léonard 289.
Benson (M. et M*me*). — Bartolom neto *V. et E. avec deux ang* Basaiti *P. de noble vénitien* 28 *avec SS.* 337; Beccaruzzi *V. SS.* 343; Bellini (Basaiti) *S. Jéro* Bellini *Bacchus enfant c* 755; Siena (Memmi) *J. portant la cro* Cariani *V. E. avec S.*|*Joseph* 347 *d* 621; e 20; Carpaccio *S. lisant* tena *V. E. S. Joseph* 179; J. del de Tisio f 264; Corrège *J. prena* de sa mère 391; Dosso *Circé* 635 *Scènes de la vie de J.* 383; Garb del) *V. E.* 162; Ghirlandajo *P. Vasselli* 232; Giorgione, *Malat Rimini d* 659; Lorenzetti *J. en cr* Luini *S. Sisinnius* b 657; *Martyr di Non c* 612; Palma *P. d'h. d* 60 Cosimo *Hylas* 638; Raff. del G *E. AA.* 162; Seb del Piombo *F* 52; Raff. dei Carli *Messe de* S *d.* 556; Titien *V. E.* 115; *Salom* Tura *Fuite en Egypte* 364; Véniti *avec S. Joseph* 179.
Bercioux. — Raphaël *V. E. S.* 311.
Berenson (Settignano). — Baldov *E. d* 424; Cima *S Séb. f* 114; *J. en croix e* 200; Gent. da Fab *E. AA. d* 405; Giambono *S. Mich* Lorenzetti (S. Martini) *V. E. S* Lotto *P. d'h. c* 112; Sassetta *S.* d 549; f 42; *V. E. AA. d* 465.
BERGAME (fonds Carrara, Locl relli). — Antonello *S. Sébastien* 582; Jacopo d'Antonello *V. E. c* 2 ducci *Clélie c* 776; Basaiti *P. d'*

J. bénissant c 463; Bartol. Veneto V. E. b 132; Beccaruzzi P. de f. b 27; La Vanité c 734; Gent. Bellini Le doge Lorédan c 313; Giov. Bellini V. E. b 137; c 424, 431, 478; Beltraffio V. E b 136, 144; J. Sauveur c 253; Boccaccino Présentation au temple b 120; Bonifazio Persée et Andromède c 753; Bonsignori P. de G. F. Gonzaga c 607; Bordone Les vendanges c 790; Borgognone V. E. b 131; S. Ambroise et Theodose b 582; J. mort c 231; V. E. c 448 S. Jérôme et SS. c 629; S. Agathe c 686; S. Lucie c 717; S. Marthe c 726; Botticelli P. de Julien de Médicis 92; J. couronné d'épines c 171; Virginie c 778; Botticini Tobie c 28; Bronzino P. d'Alex. de Médicis c 170; Campolongo V. E. c 425; Cariani Berger et bergère 662; P. d'h. b 49; c 105; P. de Caravaggio c 568; P. de femme c 621; V. E. D. b 205; S. Catherine c 604; Caroto Ador. des Mages c 92; Carpaccio Naiss. de la V. b 33; S. Roch c 669; Catena Pèlerins d'Emmaüs c 236; Cima V. E, SJB. b 191; Civerchio S. lisant c 664; Clouet Saint Marsault c 362; Crivelli V. E. b 173; Defendente Flagell. c 168; G. da Fabriano V. E. b 142; G. Ferrari V. E. b 272; Anges dansant c 520, 521; Florentin S. J. Ev. c 606; Nicc. da Foligno Ange pleurant c 517; Foppa S. Jérôme b 625; J. en croix c 183; Francia J. portant la croix c 171; Garofalo Mass. des Innocents c 124; P. de l'artiste c 258; V. E. c 389; Giorgione Eurydice 636; Giovenone V. E. SS., D. b 281; Holbein P. d'h. b 51; Hollandais V. E. c 290; Jacopo da Valenza Le Sauveur c 250; P. d'h. c 606; Ner. Laudi V. E. c 384; Licinio P. de f. c 600; Lombard P. d'h. c 202; V. E. et deux guerriers c 363; Fior. di Lorenzo S. Jérôme c 618; Lotto Mise au tombeau c 227; V. E. SS. c 486; S. Dominique c 560; S. Etienne c 566; P. d'h. c 605; P. de f. c 626; Mar. mystique de S. Catherine c 701; Luini Nativité c 285; Mantegna V. E. c 383; Massaccio Flagell. b 405; Mazzola Une morte e 122; Dom di Michelino S. Bonaventure c 551; Enseignement d'un saint c 570; Milanais P. d'h. c 786; Montagna V. E. SS. c 363; Morando P. de f. c 266; Moretto J. et la Samaritaine c 134; J. et un donateur c 248; Moroni P. d'enfant c 38; P. de vieillard c 82; P. d'h. c 270, 343, 585; P. de Pace Spini c 617; P. de B. Spini c 618; P. de Brembati c 631; Deux saintes c 716; Oggiono S. Roch c 666; Ombrien S. Dominique c 543; Palma V. E. SS. c 454; Pérugin Nativité b 78; Pesellino Griselidis c 785, 786; A. Piazza V. E. SS. c 303; C. Piazza P. de César Borgia c 634; Pisanello P. de Lionel d'Este 529; Pontormo P. de Bandinelli c 756; Pordenone Légende de S. Roch c 666; A. da Predis Jeune page c 496; Previtali V. E. b 139; V. E. SS. DD. b 216; V. E. S. Jérôme et S. Anne b 218; V. E. SS. c 357; Raphaël S. Sébastien c 676; Romanino Samson c 23; Fr. da Santa Croce Annonciation b 58; Girol. da Santa Croce V. E. SS. b 317; SJB. et S. Catherine c 690; Schiavone S. Jérôme et S. Alexis c 621; Scorel P. d'enfant d 661; Sodoma Homme sauvage c 746; Solario V. E. b 134; Ecce Homo c 172; Squarcione S. Bernardin d 476; Tintoret P. de vieillard c 643; Tura V. E c 392; B. Veneto Saints divers d 591; Vénitien, P. de Lorenzo Giustiniani c 233; P. de f. c 514; P. d'h. c 598; Martyre de S. Appoline c 697; B. Vivarini V. E. b 241.

S. BARTOLOMEO. Lotto V. E. SS. c 374.
S. BERNARDINO. Lotto V. E. SS. b 322.
S. SPIRITO. Borgognone V. E. SS. b 527; Lotto V. E. SS. b 334; Previtali SJB, SS b 554.

Bernatzky*. — Colonais Ste Parenté e 57.

BERLIN. — Altdorfer Nativ. e 91; Repos en Egypte b 369; J. en croix c 182; Famille du Satyre f 263; Amberger Charles Quint b 50; P. de Frundsberg b 58; P. de Séb. Münster b 46; Antonello P. d'h. 666; Jac. dei Barbari P. d'h. d 295; Basaiti V. E. AA. 145; Giov. Bellini J. mort b 479; Beltraffio S. Barbe b 668; Boccati Tobie e 480; Borgognone V. E. c 409; Botticelli V. E. SS. 289; S. Sébastien b 652; Vénus f 267; Botticini J. en croix d 216; Bouts J. en croix 428; Elie dans le désert b 16; La Pâque b 23; J. chez Simon b 382; Broederlam Triptyque b 5; Bronzino Eléonore de Tolède 673; Bruyn P. de Joh. von Ryht 481; J. van Cleve P. de jeune h. 194; Coruclisz V. E. SS. 350; S. Anne et S. Elisabeth 595 b Salomé 520; Donateurs et donatrices; 96; Corrège Léda b 731; Cossa L'automne 624; Cranach Rep. en Egypte b 370; V. E. S. Anne b 244; Bethsabée e 28; Fontaine de Jouvence f 165; Apollon et Diane f 188; P. Cristus Lady Talbot 498; Nativ. b 88; Annonc. b 40; Daret Ador. des

Mages 74 ; G. David *J. en croix d* 194 ; Duccio *Nativ. e* 88 ; Dürer *Holzschuher b* 82 ; *Frédéric le Sage b* 561 ; Jak. *Müffel b* 63 ; *P. de femme b* 57 ; *e* 3 ; *V. au serin b* 208 ; Engelbrechtsen *J. raillé b* 403 ; Eyck (H. et J.)[1] *Annonc. b* 41 ; *SJB et SJE. b* 546 ; *Anges musiciens b* 541 ; *Anges chantant b* 540 ; *L'Archange Gabriel b* 539 ; *Ermites et pèlerins b* 706 ; *Juges et chevaliers du Christ b* 705 ; *Josse et Isab. Vydt b* 110 ; *L'h. à l'œillet b* 62 ; *V. E. SS. b* 365 ; *P. d'Arnolfini d* 624 ; *P. de Bonne d'Artois d* 19 ; *P. de B. de Lannoy d* 605 ; *P. d'h. d* 27 ; *J. en croix d* 201 ; *V. à la fontaine d* 317 ; Foppa *Dépos. de la croix* 454 ; Fouquet *Etienne Chevalier b* 108 ; Francia *V. E. S. Jos. e* 362 ; Garbo (Raff. del) *V. E. SS.* 323 ; Geertgen S. J. *à Patmos d* 565 ; Giorgione *P. de jeune h. b* 52 ; Goes *Nativ. c* 67 ; *Ador. des Mages d* 94 ; Gossaert *V. E.* 110, 118, 195 ; *Adam et Eve* 1 ; *Peseuse d'or* 20 ; *Neptune et Amphitrite d* 644 ; Gozzoli S. *Zénobie ressuscite un enfant c* 681 ; B. Grien *J. mort e* 236 ; *Pyrame et Thisbé f* 262 ; *Vieillard f* 23 ; Heemskerk *Triomphe de Momus* 616 ; *F. tenant un fruit* 204 ; Hemessen *Scène de cabaret d* 677 ; Holbein le jeune *P. d'h.* 547 ; *P de Gisze b* 59 ; *P. de Wedigh e* 281 ; Hollandais *Décap. de SJB. d* 558 ; Kulmbach *Ador. des M. e* 113 ; Leonbruno *Apollon et Marsyas f* 189 ; L. de Leyde *V. E. AA. b* 230 ; Lippi (Filippo) *Ador. de l'E. e* 130 ; Lippi (Filippino) *V. E.* 138 ; *c* 410 ; *V. E. SS.* 323 ; *J. en croix c* 192 ; *La Musique c* 743 ; Fior. di Lorenzo *V. E. c* 320 ; Lotto *J. quittant sa mère d* 163 ; Lucas de Leyde *Joueurs d'échecs d* 672 ; *S. Jérôme d* 566 ; Mainardi *Portraits* 329 ; M. de Flémalle *Crucif. b* 432 ; *Tomyris f* 288 ; M. de la Glorification *Nativ. d* 87 ; M. de la mort de Marie *Ador. des Mages d* 119 ; M. de la Vie de Marie *Ascension d* 284 ; *V. E. SS. d* 384 ; M. de la *Virgo inter virgines*, *Ador. des Mages d* 107 ; M. des Parentés *V. E. SS. (DD. b* 355 ; Mantegna *V. E.* 121 ; *S. Sébastien f* 115 ; Marinus de Roemersw. *S. Jérôme f* 75 ; Marmion *Vie de S. Bertin b* 597 ; Melzi *Pomone et Vertumne* 646 ; Metsys *V. E.* 198 ; *Madeleine c* 722 ; Moretto *V. E. SS. b* 350 ; Morone *V. E. d* 436 ; Mostaert *Rep. en Egypte* 204 ; *L'homme à la médaille c* 272 ; Multscher *Nativ. e dev. Pilate e* 171 ; *Marche au calv Résurr. de J. e* 253 ; Néerlandais (f ou hollandais) *V. E.* 110, 112, 18 *V. E. SS.* 327 ; *V. E. S. Jérôme* 264 ; *Annonc.* 33 ; *Ador. des Ma* 77 ; *Desc. de la croix* 440 ; *Hist. de* 2 ; *Abiméleck épiant Isaac* 7 ; (1539), 130 ; *S. Jérôme en priè S. Sébastien* 587 ; Oostsanen *V. d* 471 ; Ouwater *Résur. de Laza* Patinir *Paysage d* 686 ; Piero dell cesca (Domenico Veneziano) *P. de* 642 ; Piero di Cosimo *Vénus et I* 284 ; Pinturricchio *V. E.* 136 ; Po *Annonc. d* 49 ; David *d* 23 ; Rap *au livre b* 129 ; Roberti (Erc. di) *rôme b* 622 ; Savoldo S. *Madeleine* Schongauer *Nativ. c* 78 ; Scorel *b* 60 ; *P de Cornelis van der D* 735 ; *Lucrèce d* 653 ; *P. d'h. d* 171 ; tiano del Piombo *P. de Dorothée d'h.* 405 ; *J. del Sellaio Meurtre d d* 655-6 ; Signorelli *P. d'h.* 8 38 ; *les bergers f* 247 ; Sodoma *La C* 143 ; Squarcione *V. E.* 125 ; *Strig pinian b* 39 ; Titien *P. d'h. e* 190 *nia e* 379 ; *La fille de R. Strozz L'amiral Moro f* 225 ; Tura *S. Ch d* 540 ; Van Utrecht *P. d'h.* 268 ; *P. d'h. d* 279 ; Verrocchio *V. E.* 170 ; *P. de f.* 224 ; R. van der V *V. E.* 87 ; *Charles le Téméraire Nativ. d* 85 ; *Apparition de l'an Mages d* 99 ; *J. mort d* 268 ; *Augus Sibylle d* 646 ; Witz *J. en croix* Ysenbrant *V. E.* 112.

PALAIS IMPÉRIAL. — Cranach *Joa de Brandebourg b* 112.

Berne. — Bichler *V. A. e* 68, 75 *de J. e* 150 ; *Ann. à Zacharie e* 453 *et SJB. e* 455 ; *Prédic. de SJB. e Christophe f* 34 ; Beltraffio *P. de I e* 121 ; N. M. Deutsch *Naiss. de* 54 ; *P. de l'artiste e* 257 ; *Décap. e* 471 ; *S. Luc f* 82.

Besançon. — Aldegrever *Philippe, de Spire b* 72 ; Cranach *Diane er b* 726 ; Titien *P. de Granvelle f* 2

CATHÉDRALE. — Fra Bartolome *SS. c* 345.

Beurnonville*. — Botticini *V. E.* 207 ; Franco-Flamand *Bapt. de b* 744 ; *S. Rémi* (?) *bénissant b* 6

---

[1]. Les volets du Retable de l'Agneau ont été restitués à Gand (1919).

Pierre et S. Jacques b 566; V. E. b 267; Holbein P. d'h. c 611.
Béziers. — Coxcie P. de f. e 183; Flamand P. d'évêque e 165; Francia V. E. e 273; Gozzoli SS. Dorothée et Madeleine f 38; Holbein P. d'h. e 126.
Bianco. — Defendente da Ferrari V. E. SS. b 333; Traïni S. Antoine b 583.
Bibbiena. — S. Maria del Sasso. Fra Paolino V. E. SS. b 330.
Bibliothèque Nationale (Paris). — Français Anne de Bretagne b 123; Charles VIII b 80; Girard d'Orléans Jean le Bon b 83; Pisanello Louis II d'Anjou b 99.
Bigorio — Dosso (Floris) V. E. 227.
Biot. — Niçois V. de la Miséric. e 432; J. tenant la croix e 185.
Bissing (Munich). — Allemand P. d'h. d 224; Fuite en Egypte c 120; S. Benoit d 538; Bourguignon Michelle de France d 552; Cranach Vieillard et courtisane d 674; Française Joseph en prison d 14; Königswieser V. E. SJ. d 433; Liégeois J. en croix d 199; Ostendorfer P. d'h. d 633; Schaffner J. en croix d 198; J. aux Enfers d 272.
Blakeslee. — Holbein J. More e 161.
Blois. — Clouet Duc et duchesse de Guise d 11, 133; Luini Colombine d 612.
Boehler (Munich)*. — Allemand P. d'h. c 423; P. de vieillard d 707; J. à Gethsemani d 160; Mise au tombeau d 269; Amberger P. d'h. c 428; Borgognone V. E. SS. d 360; Brosamer P. de f. c 384; Brugeois Phil. le Beau c 383; S. Nicolas de Tolent. d 574; J. descendu de la croix d 243; Bruyn P. d'h. c 414; P. de f. c 415; Cariani P. d'h. d 264; Cranach Fréd. le Sage c 427; P. de f c 681; Mort de la V. d 498; Festin d'Hérode d 560; V. E. d 420; Lor. di Credi P. d'h. c 421; Crivelli V. E. d 427; G. David Mar. myst. d 365; Engelbrechtsen Ador. des Mages d 105; V. E. S. Joseph d 375; Eyck J. sortant du tombeau d 275; V. E. AA. e 324; Flamand V. E. AA d 323; Joseph devant Pharaon d 15; Fries Mar. myst. d 334; Geertgen Nativ. d 89; Ghirlandajo Nativ. d 73; Gossaert Christ à la colonne d 178; B. Grien J. en croix d 193; Jug. dernier d 293; Holbein le Vieux Ecce homo c 170; Luc. de Leyde Joseph devant Pharaon d 15; e 18; M. de la Ste Parenté Volets f 61; M. de l'Assomption V. E. d 394; M. des f. à mi-corps Desc. de la croix d 233; Mainardi Nativ. d 79; Memling V. E.

AA. d 474; Orley V. E. d 323; Palma P. de f. c 220; Parentino Sujet militaire f 305; Patinir J. en croix d 192; Pollaiuolo V. E. d 422; Pourbus P. de f. c 432; Raff. del Garbo Anges d 518; Nativité d 78; Schöpfer P. de f. c 426; H. von Schwaz P, d'h. c 416; Siénois V. E. d 417; Théod. de Prague Ador. des Mages d 110; Tintoret Résurr. de Lazare e 157; Tyrolien S. Georges d 550; Weyden Annonc. d 62; V. E. d 416; Zaganelli V. E. SJ. d 462; Zeitblom Saintes d 603; S. Bonaventure f 14.
BOLOGNE. — Bugiardini Mariage de S. Catherine 250; V. E. 135; Cima V. E. 407; Coltellini Mort de la V. d 496; e 444; Cossa V. E. SS. b 298; Costa Saints d 577; Francia Adoration de l'E. 62; V. E. SS. 283; e 273; Innoc. da Imola V. E. SS. c 470; Palmezzano V. E. d 425; Pérugin V. E. SS. 284; Raphaël S. Cécile c 709; Tim. Viti S. Madeleine 605; Vitali di Bologna V. E. AA. D. 157.
S. **Cecilia.** — Costa Légende de S. Cécile c 708; Francia Mariage de S. Cécile 21.
S. **Domenico.** — Filippino Lippi Mariage de S. Catherine c 678.
S. **Giovanni.** — Costa V. E. et famille Bentivoglio d 398.
Bonjean*. — L. de Leyde Ador. des Mages d 117.
Bonn. — Basaiti V. E. c 423; Bonifazio V. E. SS. d 333; Costa V. E. SS. c 469; M. de la Ste Nuit V. E. d 404; Moretto V. E. c 319; Pacchia V. E. c 432; Rhénan V. E. SS. d 390; Scorel Ador. des Mages d 101; Seisenegger Deux enfants d 2; Zaganelli V. E. c 429. Voir Wesendonck.
Bonom. — Niçois Rét. de SJB. e 475.
Bonson. — Niçois Rét. de S. Benoît f 18.
Bonsor. — Morales V. E. SS. d 470.
Bopfingen. — Herlen Adoration des Mages c 110; Nativité c 84.
Bordonaro (Palerme). — Allemand J. pleuré c 219; Anversois Nativ. d 82; Boccati V. E. c 463; Bissolo V. E. SS. c 471; Botticelli S. Jérôme c 616; V. E. SJ. c 441; Brescianino V. E. SS. c 480; Raff. dei Carli V. E. SS. c 346; Catena V. E. SS. c 477; Civerchio La famille Sforza c 542; Costa V. en prière c 513; Cranach V. E. c 438; G. David V. E. c 396; Engelbrechtsen S. Christophe d 542; Flamand Annonciation c 45; J. parmi les docteurs c 125; Nativité c 74;

Florentin *V. E. SJ.* c 439 ; P. della Francesca *Hérode devant la tête de S. JB.* c 602 ; Giottino *J. en croix* c 178 ; Franc. di Giovanni *V. E.* c 283 ; L. Gambara *Mise au tombeau* c 226 ; Giov. di Paolo *J. et les Évangélistes* 511 ; B. Gozzoli *V. E.* c 386 ; Holbein *P. de Marg. Zifrers* d 358 ; Mario di Laureto *S. Paul* c 635 ; *S. Pierre* c 634 ; Licinio *V. E. SS.* c 473 ; Filippo Lippi *J. bénissant* c 255 ; Filippino Lippi *Une sainte* c 732 ; Neri di Bicci *Tobie* c 27 ; Pacchiarotto *S. François* 553 ; Padouan *J. pleuré* c 213 ; Sano di Pietro *V. E.* c 282 ; Giov. dal Poggio *J. et les Évangélistes* 511 ; Sellaio *V. E. S. Joseph* c 275 ; *V. E.* c 385 ; Spagna *J. à Gethsémani* c 148 ; Traini *S. Pierre* c 655 ; Vasari *V. E. SS.* c 305 ; Weyden *V. E.* c 387.

Borghèse (Rome). — Allemand *P. de L. de Bavière* c 344 ; Antonello *P. d'h.* b 555 ; Bacchiacca *Hist. de Joseph* c 20 ; Fra Bartolomeo *V. E SS.* c 477 ; Giac. Bassano *Ador. des Mages* c 98 ; Bissolo *V. E.* c 431 ; Bonifazio *L'Enf. prodigue* c 137 ; *J. chez Zébédée* c 139 ; Botticelli *V. E. AA.* 230 ; Brescianino *P. de f.* f 183 ; Bronzino *P. de Cosme de Médicis* c 56 ; Cariani *V. E. S. Pierre* c 439 ; *Scène galante* d 86 ; Catena *V. E.* e 284 ; Corrège *Danaé* c 757 ; Piero di Cosimo *V. E. SJ.* c 279 ; Cranach *Vénus et Amour* c 772 ; L. di Credi *V. E. SJB.* 221 ; *Nativité* c 276 ; Dosso *Circé* b 723 ; *David* c 26 ; *V. E.* c 433 ; *Rep. en Egypte* d 130 ; Florentin *Joseph* e 20 ; *V. E. S. J. S. Joseph* c 277 ; Francia *V. E.* c 292 ; *V. E. SS.* c 475 ; *S. Étienne* c 564 ; Franciabigio *Vénus et Amour* c 773 ; Garofalo *Noces de Cana* c 139 ; *V. E. SS.* c 475 ; D. Ghirlandajo *P. d'h.* c 453 ; Rid. Ghirlandajo *S. Catherine* c 692 ; Gianpedrino *V. E.* c 419 ; Giorgione *P. de f.* c 720 ; Innoc. d'Imola *P. de f.* d 687 ; Pol. Lanzani *Judith* c 25 ; *V. E. SS.* c 293 ; Licinio *P. de famille* c 9 ; Lotto *V. E. SS.* c 487 ; *P. d'h.* c 724 ; Luini *S. Agathe* c 686 ; *S. Martini V. E.* c 378 ; Moroni *P. d'h.* c 713 ; Oggiono *J. bénissant* c 252 ; Ortolano *J. pleuré* c 216 ; Palma *V. E. SS.* c 474 ; *P. de jeune h.* d 593 ; *Lucrèce* c 776 ; Parmesan *P. d'h.* c 338, 705 ; Pérugin *S. Sébastien* c 670 ; *Madeleine* c 721 ; Peruzzi *Vénus* c 770 ; Pinturricchio *J. en croix et S. Christophe* c 186 ; Seb. del Piombo *P. de f.* d 339 ; Pontormo *P. d'h.* 661 ; Raphaël *P. de Pérugin* b 589 ; *Mise au tombeau Allég. des Vices* c 752 ; *Alexan Roxane* c 775 ; A del Sarto *V. E.* 294 ; *Madeleine* c 748 ; Santi di E. c 292 ; Savoldo *P. d'h.* c 692 ; 36 ; Cesare da Sesto *P. de f.* f mon de Châlons *Ecce homo* c 172 ; *douloureuse* c 514 ; Sodoma *J.* par la *V.* c 222 ; *Léda* c 764 ; *V. Joseph* c 446 ; Solario *Portem croix* b 414 ; Strigel *Charles-Q Phil. le Beau* c 589 ; Titien *J. à lonne* c 181 ; *Amour sacré et Amo fane* 621 ; *S. Dominique* c 561 ; *V Amour* c 771 ; Véronèse *SJB. au* 596 ; Vénitien *Pétrarque* c 701.

BORGO SANSEPOLCRO. — CATHI Palma jeune *Assompt. de la V.* Pérugin *Ascens. de J.* 476 ; Signo *en croix* 427.

SANTA CHIARA. P. della Frances *sompt. de la V.* 276.

Borgogna (Verceil). — Peruzzi *Di Enée* 652.

Borromée (Milan). — Engelbrechtse de *S. Antoine* d 534 ; Mazzola d 638 ; Bart. Veneto *P. de f.* d 554

Bosch (au Musée de Madrid, 19 Cima *V. E.* e 273 ; Coello *Impér.* d 297 ; Engelbrechtsen *J. en croix* Eyck *V. E.* e 323 ; Flamand *J. bé* d 288 ; *V. E. et chanoine* d 467 ; *Christ bénissant* d 290 ; *V. E.* b 16 rales *V. E.* e 351 ; Orley *V. E. SS.*

Boscovitz* — Memling *V. E. AA.*

Boston. — Angelico, *V. E.* b 340 ; B *Couronn. de la V.* d 506 ; Botticelli *SJB.* b 188 ; Bouts *V. E.* b 131 ; Clo *d'h.* e 33 ; Crivelli *J. mort* 466 ; F Lorenzo *Annonc.* c 51 ; Holbein *S. et S. Paul* b 67 ; M. de S. Séverin *de J.* e 153 ; *J. en croix* d 221 ; *V.* d 355 ; *SJB. et S*t*° Agnès* e 473 ; *de SJB.* e 469 ; *J. Metsys Judith* R. van der Weyden *S. Luc peign V.* b 628 ; Wolgemut *Mort de la V.*

Botkine (à l'Ermitage). — Pinturr *V. E.* e 302.

Boughton-Knight. — Mantegna *des Berg.* e 100.

Bourg en Bresse. — Français *Hist. Jérôme* c 622-627.

Bourgeois*. — Giov. Bellini *V. E.* Botticelli *J. pleuré* b 463 ; A. Boi *en prière* d 283 ; Bronzino *P. de* 74 ; G. David *V. E. S. François* Flamand *V. E. S. Eliz.* d 477 ; Fr

INDEX TOPOGRAPHIQUE ET MUSÉOGRAPHIQUE. T. I-VI

Flamand Jean *Barral et sa f.* b 66; *Mort de la V.* d 498; D. Ghirlandajo *V. E. AA.* b 205; Graffione *V. E.* b 128; M. de S. Ursule *V. E.* b 140; Mantegna *Allég.* b 733; Pourbus aîné *Marg. de Parme* b 77; Scorel *P. d'h.* d 154; *P. de f.* d 153; Sévillan *Marche au Calv.* d 181; Seb. del Piombo *Cath. Sforza* b 88; Vitt. Colonna b 85; Bart. Veneto *P. d'h.* b 84; Weyden *V. E.* d 430.

Bourges. — Bern. dei Conti *Ch. d'Amboise* d 540; Français *Anges de la maison de J. Cœur* d 520-2; Milanais *V. E. SJB.* 219; Ombrien *V. E. SJB.* 167.

Bouryer. — J. Cousin *Portr.* e 446, 464.

Bouyon. — Niçois *V. E. SS.* e 413.

Boyce. — Flamand *P. d'h.* 383.

Brancacci*. — Ghirlandajo *P. de f.* d 664; Raphaël *P. de f.* d 592; Titien *P. d'h.* d 275.

Brême. — All. *Trinité* e 2; Altdorfer *Nativ.* e 85; Beham *P. d'h.* f 16; Clouet *P. d'h.* f 277; Cranach *P. d'h.* e 131; J. et AA. e 186; Dürer *Buste de J.* e 268; S. Onuphre f 99; Luc de Leyde *Susanne devant le juge* f 309; Masolino *V. E.* e 319; Montagna *V. en prière* e 435.

BRESCIA. — Seb. del Piombo *P de cardinal* d 83; Raphaël *J. ressusc.* 396.

   DÔME. — Moretto *Assompt. de la V.* c 494.

   EGLISE DU PAITONE. — Moretto *Madonna di Paitone* 493.

   S. FRANCESCO. Foppa *Ador. des Berg.* e 96.

   S. MARIA DEI MIRACOLI. Moretto *V. E. S. Nicolas* 281.

   S. MARIA DE MEDOLA. Titien *Appar. de J.* e 263.

   SS. NAZARO E CELSO. Moretto *Couronn. de la Vierge* 507 (et b 522); Titien *Résurr.* e 259. Voir *Martinengo*.

Breslau — Pleydenwurf *J. en croix* b 425.

Briançonnet. — Niçois *V. de Misér.* e 430.

Bridgewater House. — H. Maler zu Schwaz *P. d'h.* d 566; Raphael *V. de Bridgewater* 96; Titien *Les trois âges* 620; *Diane et Actéon* f 205; *Diane et Callisto* f 207; *Vénus* f 270.

Brinsley-Marlay. — Filippino Lippi *Amour et Psyché* c 753.

Brownlow (Earl of). — Gent. Bellini *P. de Colleoni* f 216; G. Bellini (Catena) *Nativ.* 60; Cima *V. E. SS.* 333; Batt. Dosso *Combat de Roland et de Rodomont* 655; Florentin *Ange volant* 508; Titien *Madeleine* 604.

BRUGES. — G. David *Justice de Cambyse* c 774; *Baptême de J.* d 136; J. van Eyck *P. de sa femme* 133; *V. E. et SS.* d 393; Goes M. *de la Vierge* d 497; L. Lombard *V. E. SJ.* d 456; M. des f. à micorps *Dame écrivant* f 79; Pourbus *P. de Termagant et de sa femme* p 216, 90; Prévost *Jug. dernier* d 295; Weyden *V. douloureuse* d 188; *Christ* d 178; *P. de Phil. le Bon* d 251.

   CATHÉDRALE (S. SAUVEUR). Bouts *Mort de S. Hippolyte* b 618; Eeckele *V. Mère des Douleurs* b 531; Flamand *J. en croix* 410, 434.

   HÔPITAL S. JEAN. Memling *Ador. des Mages* c 91; *Nativ.* c 79; *Présent. au temple* 368; *Sibylle persique* 127; *V. E.* b 145; *Desc. de la croix* b 460; *Débarq. de S. Ursule* b 695; *Mass. des Vierges* b 696; *S. Ursule* b 694.

   NOTRE-DAME. Flamand *N.-D. des Sept Douleurs* b 530.

   SŒURS NOIRES. M. de S. Ursule *Vénération des reliques des Vierges* b 697; *La Synagogue* b 701.

Bruneck. — Tyrolien *La V. au temple* c 39.

Brunner*. — P. Huys, *J. chassant les vendeurs* d 151.

Brunswick. — Amberger *P. d'h.* 281; Bruyn *P. d'h.* 52; *P. de f.* b 117; Colonais *Scènes de la Passion* c 175; Cranach *Hercule et Omphale* 639; Cranach jeune *Prédic. de SJB*, 517; Flamand *S. Bavon* 538; *V. E. avec chartreux* 358; Giorgione *P. d'h.* b 114; Holbein le jeune *P. de Cyriacus Kale* b 518; L. de Leyde *P. de l'artiste* b 712; Palma *Adam et Eve* c 11.

Brüx. — Allemand *Circonc.* c 118; *Visit.* c 65; *S. Madeleine* c 719; *S. Catherine* c 694; B. Grien *Mar. mystique* c 705.

Bruxelles — Aertsen *Cuisinière* d 675; Allemand *S. Marie Madeleine et S. Thomas* b 573; Amberger (ou Feselen?). *P. d'Holzhausen* c 795; Benson *S. Antoine de Padoue* f 10; Alb. Bouts *J. chez Simon* b 382; *La Cène* b 391; *Assompt.* b 516; *Volets de tryptique* b 762; D. Bouts *Les sentences d'Othon* b 742, 743; *La Cène* b 391; *S. Sébastien* b 650; Brugeois *V. E. SS.* b 313; *S. Georges et S. Catherine* b 576; Bruyn *P. de f.* b 192; *P. d'h.* c 487; Cleve (Joos van) *V. E. SS.* 361; *Rep. en Egypte* b 274; Coello *Marg. de Parme* b 643; Coninxloo *S. Anne et S. Joachim* b 26; *S. Madeleine* b 691; Cranach *Adam* b 8 ; *Eve* b 8 ; *P. du docteur Scheuring* b 761 ; P. *Cristus J. pleuré* b 455 ; Crivelli *V. E.* b 273 ; *S. François* c 571 ; G. David *Ador. des Mages* b 111 ; Eyck *Adam et Eve* c 9 ;[1] *J. en croix* d 202 ; *Sibylles* d 647 ; Flamand *Crucif.* b 428 ; *Assompt.* b 516 ; *V. E. SS.* b 226 ; *Phil. le Beau et Jeanne la Folle* c 27 ; Gossaert (ou Connixloo) *J. chez Simon* b 481 ; *Un chev. de la Toison d'Or* c 798 ; Hemessen *Enf. prodigue* b 709 ; Herlen *Flagell.* b 406 ; *Ascens. de J.* b 498 ; Holbein *P. d'h.* c 798 ; L. Lombard *La Cène* b 290 ; *Calamités humaines* b 708 ; L. de Leyde (Koffermans) *Bal de Madeleine* b 688 ; Maître de la Parenté de la V. (*Sippe*), *J. en croix* c 198 ; M. de Moulins *V. E.* b 141 ; Matsys *V. E. et S. Anne* b 258 ; *Annonce de la naiss. de la V.* b 30 ; Memling *Guill. Morcel* b 93 ; *Barb. de Vandenbergh* b 122 ; Nic. Strozzi b 113 ; *V. E. et S. Anne* b 263 ; *Crucif.* b 426 ; *S. Jérôme et S. Georges* b 558 ; *SS. et Saintes* b 567 ; A. Mor *P. du duc d'Albe* b 583 ; Mostaert *S. Pierre, S. Paul et DD.* b 124 ; *Miracles de S. Benoit* b 591 ; *Claude de Pontaillier* b 759 ; *Montée au Calv.* d 182 ; Orley *Epreuves de Job* b 14, 15 ; *Lament. sur le corps de J.* 449 (attrib. à C. de Coter) ; *V. E.* 203 ; b 130 *Phil. Hanneton* b 133 ; *Guill. de Norman* b 111 ; *Mar. de S. Anne* b 25 ; *Naiss. de la V.* b 41 ; *Appar. de J.* b 497 (attrib. au M. de Gustrow) ; *P. de G. de Zelle* c 472 ; Patinir *Rep. en Egypte* b 274 ; Puligo *Léda* c 763 ; Vermeyen *Jean Micault et sa famille* b 760 ; Weyden *Nativ.* b 87, 89 ; *Ch. le Téméraire* b 95 ; *Annonc. et présent. au temple* b 45 ; *Crucif.* b 426.

Bucharest. — Cranach *Vénus et l'Amour* c 772 (chez le roi).

Buccleuch (duc de). — Garofalo *V. E. S. Joseph et S. Catherine* 340 ; Holbein *P. de Carew* f 62.

Buckingham Palace. — Bles *Ador. des M.* d 114 ; *Bohémien V. E.* d 452 ; Borgognone *V. E. SS.* d 386 ; Dürer *P. de j. h.* d 535 ; Goes *Couronn. de la V.* d 505 ; Gozzoli *Mort du Mage Simon* c 659 ; Moro, *Philippe II* f 295 ; *Jeanne d'Autriche* f 297 ; Titien *Paysage* f 312.

Budapest. — = Aertsen *Paysans* d 675 ; Bassano *P. de vieillard* d 638 ; Bellini *P. de Cat. Cornaro* d 598 ; Bichler e 465 ; Bronzino *Ador. des berge* Corneliszen *Lucrèce* b 744 ; Cossa f 266 ; Crémonais *P. de f.* 640 ; *V. E.* 213 ; Dürer *P. d'h.* b 126 ; 83 ; Giorgione *Les bergers et Pâris P. d'h.* d 266 ; *P. d'A. Broccardo* Gianpedrino *V. E.* 110 ; Gossaert *C. Quint* e 255 ; Holbein *le V. Mort* e 443 ; Lotto *P. d'h.* d 630 ; Luini *SS.* d 352 ; Michel Pannonio *Cérès* Ombrien *V. E.* 124 ; Palma *P. de f.* Previtali *V. E.* b 129 ; Raphael *jeune h.* b 151 ; Romanino *P. d'h.* Seb. del Piombo *P. d'h.* 173, 207 ; *tien P. de noble* 173 ; Vasari *Les* f 215.

Buffalini (Città di Castello). — Pi chio *V. E.* b 146 ; Signorelli *V. E. SS. Christophe et Sébastien* 332.

Bullock Hall. — Romain *V. et E. S. J.* 217.

Burgos. — Flamand *V. E. AA.* d 4

Burke*. — Piero di Cosimo *Bacchana*

Burne Jones*. — Florentin *Diane* *téon* 631 ; Giorgione *Enlèv. d'I* 636.

Bute. — Tintoret *P. de P. Cicogna*

Butler (mai 1911)*. — Ant. Romano *guérissant Léon IX.* 492 ; Florenti *de Pâris* 638 ; *Miracle de S. Nicola* Giovanni di Paolo *Scènes de la S. J.* 381, 516, 523 ; Krell *P. de f.* Masaccio *Evêque et SS.* 532 ; Matt Siena *Hist. de Camille* 650 ; *V. et* A. Melone (Catena) *J. et la Samar* 384 ; Ombrien *Funér. de la V.* 48 simo Rosselli *S. Catherine de* 599 ; Ubertino *Joueur de luth* 577.

Buxton. — All. *P. d'un joaillier* f

Cagli. — G. Santi *V. E. SS.* b 340 ; *entre S. Jérôme et S. Bonaventure* (à San Domenico).

Cagnola. — Giac. Bellini *V. E.* b Morando *V. E.* b 178 ; B. et A Murano *Annonc.* b 62.

Calcar. — Joest *J. et la Samarit.* Résurr. *de Lazare* d 447.

Cambridge (Fitzwilliam Museum). P. d'h. e 169, 222 ; *Albert le Br* 473 ; Holbein *Earl of Southamp.* 442 ; Luc. de Heere *P. d'h.* e 26 Vanni (L. Memmi) *V. E.* 188 ; B. V *P. d'h.* d 164.

---

1. Rendu à Gand (1919).

Cambridge (Massachusetts, Harvard, Fogg Museum). — Angelico *Crucif.* c 203; Girol. da Benvenuto *V. E. SS.* 268; Siennois *Ador. des Bergers* e 96 ; Weyden *V. E. et évêque* d 468·

Campanari. — G. Ferrari *V. E. S. Jos.* e 370.

Campe. — Corrège *V. E. SS. d* 373.

Canobbio (Pietà). — G. Ferrari *Montée au Calvaire* b 412.

Cantiano. — Ombrien *V. E. SJB.* b 190.

Caraman-Chimay*. — G. Bellini *Mar. myst. de S. Catherine* c 700.

Cardon*. — Broederlam *Vie de la V. et de J.* b 24; Goes *V. E.* c 395; Gossaert *Isab. de Bourgogne* b 98; Liégeois *J. raillé* c 161; Milanais *P. d'h.* c 192; Weyden *P. d'h.* c 160.

Carlsruhe. — Allemand *J. en croix* 406, 418, 420 ; *d* 210; *SS. Antoine et l'érène* 537; *S. Dorothée* b 683 ; *S. Odile* b 692; *Mort de la V.* b 506 ; *S. Sébastien et S. Ursule* b 577; Bles *Ador. des Mages* 78; Burgkmair *Famille de la V.* b 27 ; Colonais *J. pleuré* 454 ; *V. E. SS. AA. triptyque* 264 ; *V. E.* b 268 ; Cranach *Mar. myst. de S. Catherine* 355 ; *Jug. de Páris* b 734 ; Credi *Nativ.* b 78 ; Culmbach *SS.* 527 ; Flamand *V. E.* 205 ; *Lam. sur J.* 463 ; Gossaert *V. E.* 113 ; Grünewald *Chemin du Calvaire* b 409 ; *Crucif.* b 427 ; Hemessen *Joyeuse compagnie* d 678 ; Herlen *Mort de SJB* b 550 ; Holbein le V. *J. portant la croix* 401 ; S**te** *Ursule* b 122 ; Innocenzo da Imola *V. E. S. J. et S. Catherine* 166 ; M. de Messkirch *Flagell.* b 407 ; *S. Lucie* b 685 ; *S. Vit* b 662 ; M. de Sigmaringen *Crucif.* b 421 ; Pencz *P. de Hirschvogel* b 115 ; Santa Croce *V. E. S.* 351 ; Schäufelein *Présent. au temple* 370 ; *Crucif.* b 436; Schongauer *Gethsemani* d 159 ; *Deux saints* d 584 ; Strigel *Annonc.* 22 ; *J. pleuré* 457 ; *J. raillé* b 402 ; *Lavement des pieds* 387 ; Zeitblom *Alleg. de l'Eglise* b 704.

Carrington*. — Marconi *P d'h.* 131.

Carstanjen*. — Allemand *V. E. SS.* b 355.

Cartwright. — Pier Francesco *V. E. AA.* d 493.

Carysfort. — Luini *Enfant aux tablettes* c 793 ; Cesare da Sesto *V. au bas-relief* c 479.

Casentino. — Fra Paolino *V. E. SS.* b 330.

Cassel. — Allemand *P. de Johann Neudorfer* b 148; Bruyn *P. de f.* 21 ; *P. d'h.* 648 ; Cleve (Joos van) *Evêque de Strasbourg* b 139 ; Coninxloo *J. avec SS.* b 543 ; Cornelisz, *J. apparait à Madeleine* 472 ; *Glorif. de la Trinité* b 3 ; Cranach *Diane endormie* b 725; Dürer *Eliz. Pusch.* b 162; Français *P. d'h.* b 141 ; Giolfino *V. E. SS.* b 349 : Grien *Hercule et Antée* b 729 ; Key *Guillaume I*er *d'Orange* b 147 ; M. de Flémalle *Annonc.* b 65 ; M. de Messkirch *Ador. de la Trinité* b 4 ; A. Moro *Johannes Gallus* b 152 ; *F. de Joh. Gallus* b 155 ; *Don Carlos* b 120 ; Neufchâtel *P. d'h.* b 149 ; Orley *P. d'h.* b 161 ; Pontormo (ou Bronzino) *Garcilasso da Vega* (?) b 138 ; Romanino *S. Paul* b 638 ; Scorel *Transfig. du Christ* b 388 ; *Tableau de famille* b 135 ; Titien *P. d'Aquaviva* (?) b 154 ; Véronèse *Cléopâtre* b 739 ; Wolgemut *P. d'Ursule Tucher* b 125.

Castelfranco. — Giorgione *V. E. SS.* 277.

Castello d'Eboli*. — Voir *Verospi*.

Castiglione d'Olonna. — Baptistère. Masolino *Bapt. de J.* b 376 ; *Hérodiade* b 552.

Castle Howard. — Clouet *Famille de Henri II* f 284 ; Titien *Homme au faucon* f 223.

Cavalieri*. — E. Grandi *Deux saints* f 112 ; Padouan *J. mort* e 226 ; Pérugin *Ador. de l'E.* e 120.

Cavalli*. — L. Longhi *V. E. SS.* c 358.

Centurione*. — Flamand *Desc. de la croix* d 23 ; Florentin *V. E.* d 442.

Cerano. — Lombard *J. en croix* c 204.

Cernuschi*. — Borgognone *V. adorant l'E.* 240 ; Crivelli *S. François d'Assise* 532 ; Foppa *Desc. de la croix* 462 ; *J. consacrant le pain et le vin* 371 ; G. Ferrari *Naiss. de la V.* 16 ; Credi *Nativ.* 51 ; Flamand *Louise de Savoie en Sibylle* b 144 ; Hollandais *Ador. des M.* e 117 ; Luini *Circonc.* 375 ; Mantegna (Parentino) *Desc. de la croix* 455 ; L. de Gonzague et Barbe de Hohenzollern 23 ; Milanais ou Parmesan *V. E. avec S. Elisabeth et S. Jacques* 173 ; Neri di Bicci *V. E. SS.* d 353 ; R. van der Weyden *V. E. S. Joseph* b 151.

Cerralbo (Madrid). — Titien *P. de la duchesse d'Albe* d 311.

Chaalis — Flamand *Philippe le Bon* d 151.

Chabert*. — J. de Carolis *V. E. AA.* e 325

Chabrière-Arlès*. — Français *Le roi René et sa femme* e 444, 122.

Chaix d'Est Ange. — Anversois *Ador.*

24

des Mages d 94 ; Florentin *Portrait de Michel Ange d* 488 ; Holbein *Portrait de femme d* 173 ; Hollandais *Ador. des Mages d* 104 ; Pourbus *Phil. de Maldeghem et ses filles d* 33, 55.

Chalandon. — A. Bouts *S. Catherine d* 599

Chantilly. — Botticelli *Histoire d'Esther* 13 ; Charonton *V. tutélaire b* 534 ; Clouet *Michel de l'Hôpital c* 505 ; *Jeanne d'Albret e* 124 ; *Henri III e* 131 ; *O. de Coligny e* 227 ; *Duc a'Alençon f* 223 ; Corneille de Lyon *P. d'h. c* 503 ; *Gabr. de Rochechouart e* 104 ; *Marg. de France e* 105 ; *Le dauphin François f* 174 ; Eyck *P. de f. et d'h. e* 455, 478 ; *François P. de François Ier e* 180 ; *Gabrielle d'Estrées f* 305 ; Memling *V. E. SS. et crucif. b* 353 ; *P. d'Ant. de Bourgogne e* 193 ; *P. di Cosimo Simonetta e* 106 ; Pulzone *P. d'h. e* 215 ; Raphaël *V. E. c* 413 ; Sassetta *S. François f* 41 ; Titien *J. au roseau e* 183.

Charmettant*. — Flamand *Saints et saintes d* 616 ; Véronais *J. mort e* 232.

Chartres. — Albertinelli *V. E. SS. b* 296 ; Bruyn *H. à l'œillet b* 443 ; Cornelisz *Crucif. b* 446 ; Florentin *S. Pierre b* 642.

Chatsworth. — Beltraffio *P. d'un poète c* 443 ; Memling *V. E. SS.* 355 ; *SJB.* 518 ; *S. Christophe et S. Antoine* 524 ; Eyck *Consécr. de Th. à Becket* 591 ; Schaeufelein *Roue de la fortune d* 626.

Cheltenham*. — Granacci *V. et E. b* 185.

Cheramy*. — Foppa *Jésus d* 179 ; Masolino *V. E. d* 426.

Chicago. — Metsys *P. d'h. c* 611.

Chichester. — Anglais *V. E. d* 325.

Chigi-Zondadari. — Matteo di Giovanni *Hippc. Camille, Lucrèce f* 291.

Chiusdino. — Sassetta *V. E. SS. e* 419.

Cherbourg. — Siénois *V. de miséric. c* 270.

Chigi. — Botticelli *V. E. SJB.* 159 ; Ortolano *S. Antoine et S. Cécile b* 569.

Cimiez. — Brea *Pietà e* 228.

Città di Castello. — Colle (Raff. del) *Desc. de la croix* 437 ; *Annonc. b* 57 ; *Assompt. de la V. b* 514 ; Lippi (Filippino) *Couronn. de la V. b* 520 ; Giovanni Piemontese *V. E. SS. AA.* 295 ; Signorelli *Bapt. de J. c* 129 ; *Martyre de S. Sébastien d* 581 ; Fr. Tifernate *Mar. myst. de S. Catherine* (église *Tutti Santi*) 318 ; *V. E. SS. b* 301 ; Vivarini *V. E. d* 314.

Civiletta d'Arno. — Fior. di Lorenzo *V. E. e* 284.

Clary (Teplitz). — Costa *Armée en bataille d* 662.

Coblentz (Léonce). — All. *Tent. e* 162.

Cohen (Misses, depuis 1906 à la N. Gallery). — Botticelli *Ange* 507, 5 *de f.* 97 ; L. Costa *P. de Battista* 673 ; Moretto *Ange* 509, 510 ; S. 569 ; *S. Joseph* 570 ; Moroni *Noble tien* 558 ; Pollaiuolo *P. de jeune*

Colleoni. — Moroni *P. d'h. armé c*

Colmar. — Grünewald *J. en croix Résurr. de J. e* 256 ; *V. E.* 321 *musiciens e* 478 ; *S. Antoine et S. 7* ; *S. Sébastien et S. Antoine* 536 ; *de S. Antoine b* 584 ; Santa Croce *de la V. b* 36 ; Schongauer *Ann* 52.

SAINT-MARTIN. Schongauer *V. au. e* 304 ; Ste *Justine f* 77.

Coinaghi*. — Allemand *P. de Rei d* 308 ; Carpaccio *P. d'un sénateur P. de femme f* 161 ; Dürer *V. E.*

COLOGNE. — Bocaccino *P. de f.* Bordone *Bethsab. c* 27 ; Bruyn *Arnc Brauweiler d* 303 ; *P. de Schmitz F. à l'œillet f* 35 ; Colonais *Famille V.* 265 ; *Couronn. de la V. d* 512 di Credi *V. E. e* 349 ; Dürer *Fifre e bour* 665 ; Lochner *V. E. e* 326 ; M. Glorific. *S. Géréon d* 550 ; Kulmb *de Lieneck f* 304 ; *Baptême et mart saint d* 554, 555 ; M. de Lyver *Baiser de Judas d* 168 ; M. de S. rin *Ador. des Mages b* 90 ; *J. c Pilate d* 71 ; M. de la Ste *Pareuté V. d* 347 ; M. de la Vie de Marie *J. en d* 202, 222 ; *V. E, S, Bernard d* 4 *en croix d* 213 ; M. de S. Thomas *I de S. Thomas c* 243 ; Wilhelm *V fleur de pois c* 401.

CATHÉDRALE. Lochner *Annonc. e* 60 ; *des Mages b* 112 ; *S. Ursule et S. C b* 693.

Colonna (Rome). — Alunno *V. à la sue b* 537 ; Bugiardini *V. E. SJB François b* 211 ; Ferrarais *P. d'h. d* 233 ; D. Ghirlandajo *Enlèv. d bines d* 653 ; *Réconc. des Romains Sabins* 655 ; Lippi (Filippo) *V. E. G. Santi P. de Guidob. d'Urbin f* Titien *P. d'un moine f* 260 ; C. T. Roveretto, *S. Paul et S. Maurel* Véronèse *P. d'h. e* 444 ; Bart. Vi *V. E. b* 270.

Côme. — CATHÉDRALE G. Ferrari *Mc la V.* 19 ; *Fuite en Egypte b* 367 ; *Ador. des Bergers* 63 ; *Ador. des* 82 ; *V. sur trône avec SS* 246.

INDEX TOPOGRAPHIQUE ET MUSÉOGRAPHIQUE. T. I-VI 371

Constantin* (Grand-duc). — Florentin *J. mort e* 230; Pontormo *P. de f. d* 265.
Constantini*. — B Ghirlandajo *V. E.* 142.
Contes. — Niçois *Saints et saintes f* 135
Conway. — Foppa *V. E. e* 421; Maineri *V. E. SS. d* 347.
Cook (Richmond). — P. Alemanno *V. E. e* 315; Allemand *P- de f. d* 373; *P. d'h. e* 333; Antonello *Christ de douleur* 399; Boccati *V. E. AA. d* 406; Botticelli *Tête de jeune f b* 306; Cima (Jac. dei Barbari) *Tête de SJB* 374; Clouet *Diane de Poitiers e* 36; *C¹* de Hertford e* 233; Dürer *V. E. d* 315; *Marche au Calvaire d* 185; *Saintes f. au tombeau* 469; Piero della Francesca *P. de f. e* 74; Gianpedrino *V. E. c* 393; Giorgione *Onigo d* 464; Gossaert *Hercule et Omphale* 640; Holbein *P d'h. e* 216; Lippi *S. Bernard et S. Michel f* 20; Seb. del Piombo *P. de f.* 493; Portugais *Mar. myst. d* 352; Erc. di Roberti *Médée* 633; Ces. da Sesto *V. E. SS. c* 365; Sodoma *S. Georges c* 581; Tintoret *P. d'un sénateur f* 154; Titien *P. de f.* 108; *Ador. des Berg. e* 97; *P. de Ranuccio Farnese f* 245; Zoppo *V. E.* 128.
Coombe-Abbey. — Cariani *P. d'h. e* 465.
Copenhague. — Baroccio *P. de f. e* 460; J. Bassano *P. d'h. e* 200; Eyck *Donateur et S. Antoine d* 527; Luini *S¹⁰ Cath. f* 29; Mantegna *J. mort b* 482; Piazza *P. d'h. e* 253.
Corciano. — Florentin *Annonc.* 38.
Corsini (Florence). — Antonello *J. en croix d* 219; Botticelli *V. E. AA. b* 231; *Fig. allégoriques d* 627; Ghirlandajo *P. de j. h. d* 255; Holbein *P. d'h. d* 309; Filippino Lippi *V. E. SS. c* 267; *V. E. c* 409; Maudyn *Tent. de S. Antoine d* 531; Memling *P. d'h. d* 705; Pollaiuolo *P. d'h. d* 222; Pontormo *V. E. SJ. d* 313; Raff. dei Carli *V. E. SS. d* 343; Signorelli *V. E. SS. d* 374; Titien *Vénus et Amour d* 651.
Corsini (Rome). — MUSÉE NATIONAL. Antoniazzo *V. E. SS. e* 394; Bronzino *P. de Stef. Colonna f* 190; Bugiardini *V. E. b* 134; P. di Cosimo *Madeleine d* 535; Dosso Dossi *P. d'h. e* 447; Francia *S. Georges b* 614; Franciabigio *P. d'h. b* 153; Giorgione *S. Georges f* 49; Holbein *P. de Henri VIII e* 349; Hollandais *J. en croix d* 215; A. Lorenzetti *Couronn. de la V. e* 451; M. de la Mort de Marie *P. de Clesio e* 248; Ombrien *V. E. SS.* 335; Padovanino *P. de f. d* 504; H. Schwarz *P. de Tanvelder b* 158; Spagna *V. E. b* 137; *J. à Gethsemani b* 394; Titien *C¹ Farnèse f* 256; Bart. Veneto *P. d'h. d* 324; Vénitien *V. couseuse e* 344.
Cortone. — CATHÉDRALE. Lorenzetti *V. E AA. d* 405; Signorelli *Concept. de la V.* 22; *Dépos. de la croix* 456; *Ador. des Bergers b* 92.
S. DOMENICO. Sassetta *V. E. SS.* 309.
GESÙ. Angelico *Annonc.* 25; Signorelli *V. E. SS. b* 336.
S. NICCOLO. Signorelli *V. E. SS.* 294; *Dépos. de la croix* 468 (Compagnia di S. Niccolo).
Costabili*. — *J. apparaît à Madeleine* 473; Francia *V. E. SJB. b* 199; Ortolano *V. E.* 95; Sano di Pietro *V. E. SS.* 347; Siénois *Couronn. de la V.* 498; Vénitien, P. Bojardi avec *la V. et l'E.* 270.
Côte (Cl.). — Botticelli *V. E. e* 312; Français *J. desc. de la croix d* 242.
Cracovie. — Cima *J. et les docteurs c* 148; Holbein *P. de J. Meyer e* 350.
EGLISE DE LA VIERGE Kulmbach *Ensev. de Sᵗᵉ Catherine f* 24.
Crawford. — Carpaccio *P. de f.* 518. Cranach *Mélancolie d* 625; Duccio. *J. en croix* 404; Florentin (Pietro di Domenico?) *Triomphe de Jephté* 6; *Fêtes et tournois c* 790; Pesellino (?) *Salomon et la reine de Saba*, 6, 7; Cassoni 622, 623, *Hist. de Phaéthon et d'Apollon* 630; Raffaellino del Garbo, *V. E. SJB. et deux anges* 162; Ces. da Sesto *SJB. c* 594; Signorelli *Hist. de S. Joachim* 15; Naiss. de S. J. 515; Vénitien *P. de vieillard*, 261; Weyden *V. E. e* 308.
Crawshay — Crivelli *J. mort soutenu par la V. b* 481.
Crea. — Ambrogio da Predis *Martyre de S. Marguerite* 608.
Crémone. — Hollandais *Hist. de Job d* 29, 36; *V. E. d* 319.
S. ABBONDIO. Campi *V E. SS. e* 396.
S. AGOSTINO. Perugin *V. E. SS. d* 357.
S. SIGISMONDO. Bocaccino *J. en gloire e* 269; Campi *Deux saintes f* 29.
Crespi*. — Antonello *S. Sébastien d* 584; Bacchiacca *Ador. des Mages d* 92; *V. E. d* 422; Basaiti *V. E. SS. d* 476; Bellini *V. E. d* 409; Beltraffio *V. E. d* 407; Bergamasque *P. de Fr. Malagrida f* 272; Boccaccino *V E. d* 408; Bordone *Vénus et Adonis d* 650; Bosch *L'escamoteur b* 750; Bruyn *P. d'h. d* 330; Corrège *Nativité* 51; Cranach *Tête de V. d* 487; Crist. di Moretto *V. E.*

S. *Anne et donateur* d 371 ; Crist. da Parma S. *Jacques et S. Paul* e 103 ; B. del Dosso *P. d'h.* d 522 ; G. Ferrari *Lamentation sur J.* d 252 ; V. E. d 423 ; Giampedrino V. E. d 439 ; V. E. SJ. d 453 ; Innoc. d'Imola V. E. AA. SS. d 339 ; B. Licinio V. E. SJ. d 312 ; V. E. SS. d 358 ; Luini *J. en croix* d 220 ; Mainardi *Ador. du Rosaire* d 704 ; Marziale, *Lament. sur J.* d. 265 ; Mazzolino *Résurr. de Lazare* d 146 ; Michel-Ange V. E. e 370 ; Moretto *Visitation* d 67 ; Moroni *P. d'h.* d 467 ; Oggiono *Triptyque* d 396 ; *S. Etienne et évêque* d 547 ; *Trois saints* d 593 ; Piazza *S. Augustin et SS.* f 16 ; A. da Predis V. E. d 440 ; Romanino *J. portant la croix* d 188 ; Santa Croce *Couronn. de la V.* d 511 ; *Deux saints* f 116 ; *Apôtre et S. militaire* d 571 ; Solario *V. en prière* d 515 ; *Jésus* d 179 ; *J. bénissant* d 292 ; V. E. d 442 ; Talpino V. E. SS. e 416 ; Titien *P. de f.* d 108 ; Bart. Veneto *P. d'h.* d 62 ; V. E. d 437 ; Vivarini *J. entre deux anges* d 180 ; Weyden V. E. SS. d 394.

Crews. — Français *Présentation de J. à la foule* b 401.

Crombez. — Pleydenwurf *Desc. de la croix* 439.

Cuvillier. — Français *Annonc.* b 66.

Czartoryski. — Français *P. d'h.* e 159 ; Léonard *Dame à la belette* b 718 ; Raphaël *P. de j. h.* b 600.

Czernin. — Dürer *P. d'h. âgé* 87 ; Titien *P. d'A. Griti* e 451.

Dalkeith. — Holbein *P. de Carew* f 62.

Dannat*. — Jan Metsys *Judith* b 17.

Dantzig. — Marienkirche. Memling *Jugem. dernier* c 259.

Darmstadt. — Allemand *S. Odile, S. Barbe, S. Agathe, Walpurga* 608 ; *La V. tenant le corps de J.* 447 ; *Mort de la V.* b 503 ; *Ador. des Mages et Nativ.* c 92 ; Holbein *P. de jeune h.* b 157 ; Lochner *Présent. au temple* b 114 ; Rhenan *Famille de la V.* b 312 ; Véronèse *Vénus et Adonis* 641 ; Wilhelm *J. en croix* 440. Palais grandducal. Holbein *La Vierge du bourgmestre J. Meyer* c 268.

Davis (Newport*). — Angelico V. E. e 294 ; P. Franc. Fiorentino V. E. b 175 (= c 387) ; Léonard (Trica) *P. de f.* d 66 ; Filippino Lippi V. E. e 302 ; Moroni *P. d'une abbesse* d 121 ; *P. d'h.* d 270 ; Ortolano *Ador. des Berg.* e 102 ; Seb. del Piombo *P. d'h.* d 585 ; B. Veneto *P. d'h.* f 303 ; B. Vivarini V. E. b 183.

Deberghe*. — Holbein *P. d'h.* d 143

Demidoff*. — Français *P. de f.* d 43

Demotte. — Français *P. de Bellerière* f 185.

Desmotte*. — P. Fr. Florentino V. 387.

Despuig*. — Hemessen V. E. e 309.

De Trost*. — Raphaël *P. de l'artiste*

Detroit. — Agostini *Double portrait*

Dickermann. — Holbein *P. de Tuke* f 57.

Dijon. — Clouet *Diane de Poitiers* B. Daddi *Ador. des Berg.* e 101 ; nacci V. E. SJB b 194 ; van H sen *Ch. le Téméraire* d 174 ; Si Holbein *P. de f.* b 160 ; Luini V. 154 ; M. de Flémalle *Nativ* b. 73 toret *Assompt. de la V.* c 496. Palais de justice. Bouts et Christ d 284.

Dillon. — Moyo *P. de sir H. Lee* f 21

Dinkelsbuhl. — S. Georges. Alle *Ador. de la V.* c 512 ; *J. en croix* c S, Daig *S. Paul et S. Jacques* c Dürer (école) *S. Christophe et S.* c 554 ; *Martyre de S. Afra* c 684 *couv. d'un crucifix dans le lit de S sabeth* c 714 ; Herlen *Vie de la V. S. Agathe et S. Florian* c 685 ; I bach *Martyre de S. Marc et S. Mar* c 637.

Doccia (Villa). — Caroto V. E. SJ.

Doetsch*. — Bacchiacca V. E. S. J. *P. de f.* c 320 ; Behain *P. de Ferdin* c 125 ; Bronzino *P. d'une Médicis* c Cariani *Ador. des bergers* c 85 ; C *P. de f.* d 334 ; *P. de François Ier* c *P. de François II* d 441 ; Colonais c 77 ; Cranach V. E. c 402 ; P. Krelerin d 396 ; Feselen *P. d'h.* a Flamand *P. d'Henri VII* d 395 ; del Garbo V. E. AA. c 267 ; Clé c 778 ; Giampedrino, *Léda* c 762 ; gione *P. d'h.* 463 ; Benv. di Gio V. E. c 391 ; Gossaert *P. de Henr* d 395 ; Heemskerk V. E. AA. c. Holbein *P. de Henri VIII* c 276 ; J. More e 161 ; Licinio *Barbara K* b 534 ; Lotto *P. d'h.* c 461 ; Luini SJ. c 300 ; Mazzola V. E. c 390 ; M *Deux portraits* c 168 ; Oggiono *J* brassant S. J. c 592 ; Orley *Nativité* V. E. S. *Joseph* c 482 ; Parmes *cardinal et son secrétaire* c 661 ; tormo E. SS. c 348 ; Pourbus *P. d'u sau-Orange* c 40 ; *P. d'une pri* c 312 ; Puligo V. E. SS. c 448 ; Ra

P. de Navagero c 104 ; Savoldo P. d'h.
c 424 ; Scarsella P. d'Hercule II d 462 ;
Scorel, P. d'un savant c 551 ; Tanzio da
Varallo SJB. c 594 ; Tintoret P. d'Agostino Barbarigo c 303 ; Vénitien Madonna
Laura c 227 ; Zelotti P. de M. A. Barbaro c 312 ; F. Zucchero. P. de Taddeo
Zucchero c 304.
Dollfus*. — All. Martyre de Ste Catherine
f 27 ; J. en croix e 203 ; Beham Gaspar
e 119 ; Boccati V. E. AA. e 330 ; Bronzino
P. d'Anna Strozzi d 274 ; Brugeois V. E.
e 288 ; V. E. SS. c 385 ; Colonais Prés.
au Temple e 141 ; Massacre de Ste Ursule f 121 ; Coxcie J en croix e 217 ;
Cranach P. d'h. d 616 ; Vénus et Amour
f 268 ; P. Cristus V. E. 254 ; Vitt. Crivelli V. E. e 320 ; G. David V. E.
SS. e 414 ; Flamand P. de f. d 282 ;
Florentin Joseph e 20 ; Esther e 40 ;
Lament sur J. e 237 ; l'E e 283 ; V. E.
SS. e 393, 409 ; Mort de la V. e 442 ;
Ghirlandajo V. E. SS, e 391 ; Hollandais
P. de f. en Marie Salomé d 608 ; Jacob
d'Amsterdam Ste Véronique f 126 ; Salviati P. d'h. d 542 ; L. Stuer P. d'h.
d 182 ; Seb. del Piombo, Princesse d'Urbin d 288.
Donaldson*. — Allemand SS. d 615 ; B.
Grien P. d'h. d 578 ; A, da Predis P. de
Béatrice d'Este c 638.
Donaueschingen. — All. Cte J. de Montfort e 331 ; Bruyn P. de f. e 277 ; Cranach P. d'h. e 426 ; P. de jeune fille
f 110 ; Gossaert V. E. d 417 ; Holbein le
V. Le baiser de Judas 392 ; Pilate se
lavant les mains 396 ; Portem. de la
croix 401 ; Mise au tombeau c 228 ; Hollandais Ador. des M. e 114 ; J. dev. Pilate e 172 ; V. E. SS. e 401, 424-5 ; Kaltenhof M. de la V. e 441 ; M. de Messkirch Donateurs b 156 ; V. E. SS. b 356 ;
Crucif. b 439 ; S. Christophe b 599 ; V.
E. SS. d 40 ; Baiser de Judas d 169 ; J.
quittant sa mère d 164 ; S. Madeleine
d 608 ; Memling J. sortant du tombeau
d 274 ; Oggiono V. E. e 372 ; Sano di
Pietro V. E. e 383 ; Scorel V. E. e 317 ;
Vénitien Prés. au Temple e 144 ; Weyden V. E. d 409.
Dorchester-House. — V. Holford.
Doria (Gênes). Perino del Vaga Brennus
et Camille f 297 ; B Veneto P. de f. d 687.
Doria (Rome) — Anguissola Double p. e
141 ; Basaiti S. Sébastien b 654 ; Giov.
Bellini V. E. SJB. b 196 ; Bocaccino V.
E. SS. b 229 ; Bronzino P. de Macchiavel

b 159 ; P. de G. Doria e 447 ; Chiodarolo
V. E. et S. Joseph b 202 ; Dosso Didon b
740 ; Garofalo Visit. b 71 ; Nativ. b 77 ;
V. E. SS. b 280, 346 ; Giovanni di Paolo
Mar. de la V. b 38 ; Hollandais Rep. en
Egypte b 372 ; Lippi (Filippo) Annonc. b
65 ; Memling V. E. b 359 ; Paolino da
Pistoja V. E. S. Joseph, SJB. et AA. b
249 ; Giov. di Paolo Naiss. de la V. e 52 ;
Parentino S. Antoine d 528-530 ; Perino
del Vaga Galatée f 271 ; Pesellino S. Silvestre b 658 ; Raphaël A. Navagero et A.
Beazzano b 594 ; Roemerswael Les Avares b 752 ; Roudinelli V. E. b 135, 138 ;
A del Sarto V. E. SJB. b 195 ; Scorel P.
d'Agata van Schoenhoven 48 ; Seb del
Piombo P. d'Andrea Doria 676 ; Tintoret P. de vieillard f 224 ; Titien Hérodiade c 603 ; P. de Jansen e 296 ; Véronèse Desc. de la croix d 231.
Dorides (Ch. des)*. — Vittorio Crivelli V.
E. SS. c 328, 599, 635.
Dortmund. — Dünwegge S. Parenté d 41.
Douai. — Bellegambe Glorif. de la V.
505, 506.
Douglas*. — Français Polyptyque c 30, 31.
Dourdine. — Lippo Memmi V. E. e 314.
Dowdeswell*. — Allemand J. raillé 159 ;
Antoniazzo V. E. d 449 ; Anversois
Ador. des Mages d 103 ; G. Bellini V. E.
c 437 ; Beltraffio P. de f. c 137 ; Bonsignori P. d'h. d 643 ; Botticini V. E. c
441 ; Bronzino P. d'h. c 223 ; Bruyn P.
d'h. e 437 ; Bugiardini V. E. SJ. c 443 ;
Calcar P. d'h. c 434 ; Cariani P. de f. c
700 ; Cima V. E. d 433, 454 ; Civerchio
SJB. c 595 ; Clouet Edouard VI d 89 ; Crémonais V. E. c 434 ; Crivelli V. E. SS.
d 348 ; G. David V. E. c 304 ; Pier Fr.
Fiorentino V. E. c 379 ; Flamand V. E.
c 398 ; Banquier et sa femme c 787 ; J.
disputant d 135 ; P. d'Engelbert de Nassau d 103 ; Florentin V. E. c 415 ; Français Femme en prière f 45 ; P. della
Francesca S. Catherine c 677 ; Francia
V. E. S. c 468 ; Franciabigio V. E. SS.
c 313 ; Garofalo J. et la Samaritaine, d
142 ; Geerarts P. d'Arab. Stuart d 544 ;
Gianpedrino S. Madeleine c 718 ; Goes
V. en prière d 513 ; Gossaert V. E. d
433 ; Holbein P. d'Anne de Clèves d
352 ; Hollandais J. raillé d 174 ; Koffermans J. en croix d 218 ; Lambert
Lombard V. E. d 436 ; V. E. AA. d
330 ; Licinio Quatre portraits d 158 ;
Lotto P. d'h. d 305 ; Lucidel P. d'h. c
758 ; M. de la S. Parenté J. en croix d

225; M. des fig. à mi-corps *Musicienne d* 444; M. de Moulins *Annonc. d* 54; Manuel *V. adorant l'E. d* 402; Matteo di Giovanni *V. E. AA. c* 455; Mazzola *P. d'h. c* 400; Metsys *Lamentation sur J. d* 254; A. Moro *P. d'h. c* 315; Mostaert *V. E. d* 309; Pacchia *V. E. d* 457; Palma *P. de f. c* 130; Pérugin *V. E. c* 412; Piémontais *V. E. AA. d* 489; Pinturricchio *V. E. c* 411; *d* 425; Pourbus *Trois portraits d* 221; Schaeufelein *Gethsemani d* 162; *Flagellation d* 176; Sellaio *V. E. SJB. c* 274; Solario *J. à la colonne d* 180; Tintoret *Vénus et Adonis c* 770; Titien *V. E. SS. d* 378; *P. d'h. f* 266; *Vénitien P./h. d* 691; Véronais *V. E. c* 427; Vivarini *Saints d* 592; *V. E. d* 412; Weyden *V. E. d* 426; Zaganelli *V. E. SS. d* 344, 487.
Dreicer (au Mus. de New-York). — Weyden *Lionello d'Este f* 160.
Dresde. — Antonello *S. Sébastien* 589; J. de Barbari *Vénus f* 268; Bruyn *J. pleuré* 452; Cleve (Joos van), *P. d'h.* 305; Corrège *Nativ. (La Nuit)* 68; *V. et S. François* 287; *V. E. SS. b* 351; *Madeleine d* 611; Cossa *Annonc.* 29; Cranach *Duch. Catherine e* 65; *Henri le Pieux e* 266; Dosso *La Justice d* 624; *La Paix d* 617; *S. Michel d* 574; Dürer *B. d'Orley* 623; Eyck *Annonciation d* 53; *V. E. d* 303; *S. Michel et S. Cath. d* 524; Garofalo *Neptune et Minerve b* 732; *Bacchanale c* 756; *Mars, Vénus et l'Amour c* 773; Giorgione *Vénus couchée* 614; Holbein *Th. Godsalve et son fils* 122; *Morette b* 169; Licinio *P. de f. d* 299; Maître de la Mort de Marie *Ador. des Mages c* 99; J. Metsys *Paysans chez l'avocat d* 671; Palma *Les trois sœurs c* 368; *Vénus f* 278; Roberti (Erc. di) *Chemin du Calvaire* 399; J. Romain *Madonna della Catina b* 224; Tintoret *Musiciennes f* 148; *Sauvetage f* 146; Titien *Le denier de César* 375; *V. E. SS. b* 229; *P. de f. e* 68, 99, 148; *Lavinia e* 110; *V. E. S. Jos. e* 368; *P. d'h. e* 480; Tura *S. Sébastien d* 583; R. Veneto *Salomé d* 563; Véronèse *Moïse sauvé c* 22; *Léda c* 765; *Suzanne e* 41.
Drey*. — Alsacien *Mar. myst. e* 339.
Dreyfus (héritiers de Gustave). — Jac. Bellini *P. d'enfant c* 106; Beltraffio *P. d'h. c* 106; Botticelli *V. E. SJ. d* 318; Cima *V. E. d* 435; Cossa *Deux portraits c* 241; Credi *V. E. d* 305; Crivelli *S. Madeleine d* 610; Florentin *Sainte et Saints*

f 139; Ghirlandajo *V. E. A. d* Lippi *V. d* 515; Lorenzo Pratese *V.* 421; Ombrien *V. E. AA. d* 332; Mai *P. de f. c* 437; Erc. di Roberti *Ado Bergers d* 91; Signorelli *S. Claire*
Dublin. — All. *P. de Knoblauch f* Altdorfer *Comte de Montfort d* 336 guissola *P. de famille f* 292; Düny *J. devant Pilate* 395; Ferrarais (T *P. d'un violoniste d* 653; Flaman *racles d'un S.* 576; W. Huber *P.* 645; *Cath. Knoblauch d* 272; Mac velli *V. E. SS. b* 290; Palmezzano *SS.* 249; Signorelli *Repas chez S* 390.
Du Bourg*. — Français (Memling?, *l'œillet b* 177.
Duchâtel*. — Metsys *Carondelet b* **Dunn** (J.). — Holbein *P. de Cath. Ho f* 58
Durand Ruel*. — Allemand *Ador Mages b* 101; *Baiser de Judas b* Girol. di Benvenuto *V. E. SS. b* Botticelli *V. E. b* 128, 143; Clouel *chesse de Guise b* 170; *Princess France b* 171; Cranach *Princesse mande b* 176; G. David *J. pleuré b* Florentin *V. E. b* 150; Français *b* 184; Gianpedrino *V. E. SJB.* 252; Holbein *P. d'h. b* 172, 175; *Veenlant b* 178; Hollandais *Ador Mages b* 101; Fred. Ioni *V. E.* 287; Lanini *V. E. S. Joseph b* 222; *SS. DD. b* 328; Lippi (Filippo) *SJB. A. b* 211; L. de Leyde *Cruc* 441; Metsys *Le Chirurgien b* 753; nais *V. E. b* 176; Orley *David et mon b* 13; *V. E. b* 132; Rapha Georges *b* 615; Siénois *Crucif. b* 43 p. 287); Weyden *Annonc. b* 49.
Durazzo-Pallavicini. — M. de la lé de Madeleine *V. E. SS. d* 462.
Durrieu. — P. Huys *Tentation de S. toine d* 532; Ombrien *V. E. SS. b* J. Prévost *Abraham, Sara et un a* 11.
Ehrich*. — L. Ghirlandajo *P. de f. d* Schopfer *P. de f. e* 15.
Elgin. — Beltraffio *P. d'h. c* 43.
Emden. — Orley *V. E. AA. d* 325.
Emery (M^rs). — Titien *P. de Philipp* 232.
Empoli. — Pesellino *V. E. AA. c* 33
Erle-Draxel*. — Tim. Viti (Raff. di *J. mort* 446 (dans le commerce 191)
Ermitage (S. Pétersbourg). — Bor *Vénitienne avec son fils b* 636; B

INDEX TOPOGRAPHIQUE ET MUSÉOGRAPHIQUE. T. I-VI 375

P. d'une f. avec sa fille 606 ; Cranach *P. d'une princesse de Saxe* 625 ; *Vénus et Amour* f 267 ; Eyck *Annonc.* d 55 ; *J. en croix et Jug. dernier* d 233 ; Francia *V. SS.* 252 ; *V. E. b* 145 ; Giorgione *Judith* 10 ; Ambr. Holbein *P. d'h.* 687 ; Léonard *V. Litta* 91 ; *V. E. S. Joseph et S. Catherine* (Cesare da Sesto) 176 ; *F. nue à mi-corps e* 15 ; *V. E. e* 289 ; Luc. de Leyde *Deux porte-blasons* d 302 ; *Guérison de l'aveugle* d 150 ; Luini *Colombine* f 154 ; A. Moro *Lady Gresham* f 203 ; Raphaël *S. Famille avec S. Joseph imberbe* 169 ; *V. de la maison d'Albe b* 247 ; J. Romain *V. E. SJB. b* 196 ; A. del Sarto *V. E. avec S. Elisabeth. S. Jean et S. Joseph* 180 ; Titien *Paul III b* 304 ; *V. E. b* 143 ; *Danaé b* 724 ; Ste *Madeleine* f 87 ; *S. Sébastien* f 113 ; *Vénus au miroir* f 273 ; *P. de f e* 102 ; Véronèse *J. pleuré* c 216.
Errera. — Cranach *La Charité* 640 ; Français D^{sso} *d'Angoulême b* 399.
Escurial. — J. Bosch *J. raillé b* 399 ; Titien *Cène e* 167 ; *Ecce Homo e* 188 ; *P. de Pallavicini e* 257 ; *J. en gloire e* 271 ; *V. E. SS. e* 381.
Espagne (?). — A. del Rincon *J. présenté à la foule b* 400.
Este. — Consolazione. Cima *V. E.* 120.
Evans (A). — Tintoret *Agar et Ismaël* d 13.
Fabri (Pio). — Ott. Nelli *V. E. SS. e* 402.
Faenza. — Scaletti *P. d'Astore III* d 29.
Fairfax-Murray* — Dürer *J. bénissant* d 291.
Fano. — S. Maria Novella. Pérugin *Mariage de la V.* d 44 ; *Naiss. de la V.* d 37 ; *Annonciation* 39 ; d 56 ; *Présent. au Temple* d 124 ; Giov. Santi *Visit.* d 69.
Farham. — Bellini *V. E. SJB. S. Jérôme b* 224 ; Garofalo *Nativ.* b 84 ; Luini *Vanité et Modestie b* 713 ; Flamand *Banquier et sa femme* b 312.
Farrer (Sir W.). — Franciabigio *P. de Raphaël* 29 ; Lanzani *V. E. SS.* 341 ; Licinio *P. d'un savant* 600 ; Montagna *V. E.* 349 ; Signorelli *S. Georges* 554.
Faucigny-Lucinge*. — Français *Baigneuses e* 25.
Féral*. — Ant. da Viterbo *V. E. SS. c* 474 ; Cranach, *Herc. et Omph.* d 642.
Ferrare. — Carpaccio *Funér. de la V.* 485 ; Coltellini *V. E. SS.* 282 ; Cossa *S. Jérôme* f 74 ; Garofalo *V. E. SS.* 288 ; Erc. Grandi *Société musicale* d 668 ; Tura *S. Georges b* 551 ; *S. Maurèle d* 573.

Palais Schifanoja. Cossa *Allégories* f 160, 161.
Ferroni*. — Alunno *J. en croix* d 214 ; Andrea del Sarto *V. E. SJ.* d 458 ; G. Bellini *P. d'h.* c 444 ; *P. di Cosimo Nativité* d 77 ; L. di Credi *Nativ.* d 77 ; Crivelli *J. mort* d 262 ; Ecole des Marches *S. Jacques* f 60 ; Vivarini *S. Emilio* d 517 ; Flamand *Nativ.* d 80 ; *Desc. de la croix* d 237 ; *S. Sébastien* f 117 ; Florentin *V. E.* d 435 ; *Mar. myst.* d 372 ; *J. en croix* d 210 ; *V. sortant du tombeau* d 503 ; *V. E. SJ.* d 457 ; Lorenzetti *V. E.* d 302 ; Martini *V. E. AA.* d 326 ; Ombrien *Mar. de la V.* d 44 ; *J. en croix* d 201 ; Palmezzano *Mar. de la V.* d 46 ; *Baptême de J.* d 139 ; Sermoneta *P. de f* c 657 ; Siénois *Mar. myst.* d 369 ; Sodoma *V. E. SS.* d 488 ; Spagna *V. E.* d 419 ; Tamaroccio *V. E.* d 423 ; Toscan *S. François et S. Philippe* f 44 ; Vénitien *P. d'h.* c 28, 137 ; Verrochio *V. E. SJ.* d 470 ; Vivarini *V. E.* d 320 ; *S. Antoine* d 545 ; f 4.
Fesch*. — Ferrarais *J. mort* e 235.
Fiesole. — S. Ansano. Sellaio *Triomphes* d 618-9.
Figdor. — Bosch *Enfant prodigue* d 158 ; Frueauf *S. Jérôme* f 73.
Flameng*. — Clouet *P. d'h. e* 33 ; Corneille de Lyon *Amirale de Brion e* 174 ; Cranach *P. d'h. e* 12 ; Ombrien *V. E. SS. e* 389.
Flauerling. — Tyrolien *Parenté de la V.* c 262 ; *S. Henri et S. Léopold* c 631.
Flersheim. — Engelbrechts *J. et les Apôtres e* 267.
FLORENCE.
Académie. — Angelico *Desc. de la croix b* 451 ; *J. pleuré* c 215 ; Fra Bartolemeo *Apparition de la V. à S. Bernard* c 548 ; Botticelli *Couronn. de la V.* c 506 ; *Salomé* d 560 ; *V. E. SS.* d 349 ; Botticini *Tobie et les anges b* 19 ; *S. Augustin et S. Monique* d 537 ; Credi *Ador. des bergers b* 93 ; Gent. da Fabriano *Ador. des Mages* 70 ; Ghirlandajo *S. Jérôme* 562 ; *Ador. des bergers c* 86 ; *V. E. SS.* c 343 ; Giotto *V. E. SS.* c 327 ; Filippo Lippi *Couronn. de la V. c* 505 ; Filippino Lippi *SJB c* 606 ; *S. Marie l'Egyptienne* c 719 ; Lippi et Pérugin *Desc. de la croix c* 205 ; Pérugin *Assompt. de la V.* 489 ; b 512 ; *Dom Blaise et D. Baltazar b* 207 ; *Lamentation sur Jésus* d 257 ; Pesellino *Nativité c* 71 ; *Martyre des S. Cosme et Damien c* 558 ; Signorelli *J.*

en croix c 190 ; Verrocchio *Bapt. de J.* b 374.

S. Annunziata. — Franciabigio *Mar. de la V.* c 41 ; Andrea del Sarto *Naiss. de la V.* c 33.

S. Apollonia. — Castagno *Crucif.* 413; *Tomyris* f 287; *Sibylle* f 290.

Badia — Lippi (Filippino) *V. et S. Bernard* b 593.

Bargello. — Engelbrechtsen *Gédéon* d 20; *David et Abigaïl* d 25 ; Français *V. E. et crucif.* b 314; *Salomon et la reine de Saba* d 28 ; Milanais (Trica) *P. de f.* d 700 ; Roemerswaele, *Changeurs* d 669.

Buonarotti (GALERIE). — Pesellino *Vie de S. Nicolas* 577.

Calza (LA). — Pérugin *Christ en croix* 432.

Carmine (BRANCACCI). — Filippino Lippi *Jugement et supplice de S. Pierre* c 653; *Déliv. de S. Pierre* c 658; *S. Paul visitant S. Pierre* c 658; Masaccio *S. Pierre et le poisson* 389; *Adam et Eve* c 14; Masolino *Adam et Eve* e 10; *Résurr. de Tabitha* c 657.

Castagno (MUSÉE). — Castagno *Acciajuoli* 670; *Gio Bocaceio* 672; *Filippo Scolari* 669; *Farinata degli Uberti* 671 ; *la Cène* c 143.

Croce (SANTA). — Taddeo Gaddi *S. Joachim et S. Anne à la Porte d'Or* 15 ; *Mar. de la V.* b 37; Giottino *Miracle de S. Silvestre* c 677; Giotto *Naiss. de SJB* b 546; *Résurr. de Drusiana* c 609; *Ascens. de SJB* c 613 ; Lorenzetti *V. E. SS* e 383 ; Mainardi *Assompt.* d 503.

Innocenti. — D. Ghirlandajo *Ador. des Mages* b 97; *Mass. des Innocents* 365.

S. Maddalena dei Pazzi. — Pérugin *J. en croix* c 195.

Marco (SAN). — Angelico *Annonc.* 24; *J. en croix avec S. Dominique* 411 ; *Grande crucif.* b 314; *V. E. SS.* 311; *J. en croix* c 184; *Transfig.* c 234; *Saintes femmes au tombeau* c 238; *Appar. de J. à deux dominicains* c 574; Cavallini *Annonc.* e 67; Bened. da Mugello *Crucif.* b 419.

Maria Novella (S.). — Botticelli *V. E. SJ. AA.* c 460; Taddeo Gaddi *Triomphe de S. Thomas* b 660 ; *Résurr. de J.* c 239; Ghirlandajo *Présent de la V.* c 38; *Mar. de la V.* c 40 ; *Appar. de l'ange à Zacharie* c 589; *Naiss. de S. Jean* c 590; *Naiss. de la V.* d 38; Filippino Lippi *Adam* c 16; *Noé* c 16; *Abraham* c 18; *Jacob* c 20; *Résurr. de Drusiana* c 610; *Martyre de SJB.* c 613; *Miracle de S. Philippe* c 648; *Martyre de S. Philippe*

c 639 ; *La Musique* c 757 ; Orcagn *gloire* c 256.

Ognissanti. — Botticelli *S. Augustin* Ghirlandajo *S. Jerôme* d 568; *Cène*

Pitti. — Albertinelli *J. entre la V. A.* 54; Fra Bartolomeo *J. et les gélistes* 475 ; *Desc. de la croix* Boateri *V. E. S. Antoine* b 203 ; B cino *Bohémienne* 504 ; Bonifazio *en Egypte* e 138 ; Botticelli *V. E.* 231 ; *Bella Simonetta* 511 ; *Mine Centaure* c 766 ; Botticini *V. a l'E.* 239 ; Bronzino *V. E. SJB et* seph b 174; Clouet *Claude de Lo* b 173; *P. di Cosimo ou Bart. della Tête de saint* 590 ; L. di Credi *V. Joseph adorant l'E.* 55 ; Ferrarais d'Este d 547 ; Florentin *Allég. d pent* b 710 ; Franciabigio *L'h.* a b 687 ; *L'orfèvre* b 703 ; D. Ghirl *Ador. des Mages* b 109 ; Giorgio *Concert* 300 ; Granacci *V. E. SJB.* Licinio *P. de Guidob. da Montefe* 685 ; Lippi (Filippino) *V. ador. l'E Lucrèce* c 777 ; Lippi (Filippo) *V* 461 ; Lotto *Les trois âges* b 655 ; B S‍te Catherine f 29 ; Aurelio Lu *Madeleine* b 179; Mantegna Carlos *de Médicis* d 304 ; *P. d'un zaque* d 523 ; P. Minga *Création* b 6 ; Parmesan *V. au long col* c Pérugin *Ecce homo* c 172 ; *De. la croix* d 246 ; *S. Madeleine a* Pollaiuolo *S. Sébastien* c 674 ; R *P. de Jules II* 585 ; *P. de Léon X P. d'Inghirami* b 343 ; *P. d'Angel* b 180 ; *P. de Maddalena Doni* b *Donna velata* b 523 ; *Donna gra* 613 ; *V. du Grand Duc* 97 ; *Vis.* chiel 9; *V. au baldaquin* 329 ; J. R *Apollon et les Muses* f 190 ; A Sarto *Annonc.* 40 ; *J. pleure* 45 *de l'artiste* 493 ; b 181 ; *V. E. SS. SJB jeune* c 593 ; Sebastiano del Pi *Martyre de S. Agathe* 667 ; Soggi *SS.* b 299 ; Tintoret *Vénus et V* f 286; Titien *La Bella* 672 ; *l'Arétin* b 530 ; *Le Sauveur* c 249 ; *Cornaro* e 17; *P. de T. Mosti* e 28 *d'Alphonse I*er e 298 ; *Mar. myst.* P. d'h e 428; S‍te *Madeleine* f 86 ; C‍al *Hipp. de Médicis* f 133 ; Véron *de Daniel Barbaro* b 698.

Riccardi. — B. Gozzoli *Cortège de mages* c 88.

S. Salvi. — Andrea del Sarto *La C* 143.

INDEX TOPOGRAPHIQUE ET MUSÉOGRAPHIQUE. T. I-VI 377

Scalzo. — Andrea del Sarto *La Charité f* 144; *La Foi f* 147.
S. Spirito. — Filippino Lippi *V. E. SS.* c 344.
S. Trinità. — Ghirlandajo *Résurr. d'un enfant par S. François* 571; *Honorius III confirme la règle de S. François d* 658.
Uffizi. — Albertinelli *Annonc.* 34; *Visit.* 44; Alfani *V. E.* e 346; Allori (d'après Raphaël) *Julien de Médicis* 128; Angelico *Couronn. de la V.* 496; *Anges du tabernacle* c 518; Antoniazzo *V. E. d* 424; Baldovinetti *V. E. SS. b* 238; *Annonc.* c 57; Fra Bartolomeo *Nativ.* c 72; *Présent. au temple* c 112; G. Bellini *Allég. religieuse* 618; Jac Bellini *V. E d* 443; Botticelli *Ador. des Mages* 71, 85, 86; *Judith* 10; *Naiss. de Vénus* 641; *V. E.* 194; *V. du Magnifical* 143; *Annonç.* c 56; *V. E. AA.* c 458; *La Calomnie d* 623; *Holopherne d* 21; Bronzino *P. d'enfant* 120; *P. de Lucrezia dei Pucci* 25; Castagno *J. en croix* 413; Corrège *V. E. AA.* 147; Piero di Cosimo *V. SS.* 490; Costa *S. Sebastien d* 584; Cranach *P. de l'artiste* e 469; L. di Credi *P. d'A. Verrocchio* 175; *Annonc.* 30; *Vénus* 643; Culmbach (H. von) *Martyre de S. Paul* 580; Dosso *P. d'h.* 674; Dürer *Ador. des Mages* 81; *P. de Dürer père* 685; *V. E.* c 404; *S. Philippe et S. Jacques f* 102; Fior. di Lorenzo *V. E SS. d* 377; *P della Francesca Batt. Sforza* 320; *Char triomphal* 613; Fed. da Montefeltro 320; Francia *P. d'Evang. Scappi b* 494; Franciabigio *V. E. SJB* (*Vierge au puits*) 218; Froment *Résurr. de Lazare b* 384; Geertgen *J. en croix d* 213; D. Ghirlandajo *V. E. SS.* 315; B. Ghirlandajo *Miracl. de S. Zénobie* 592; Gump. Giltlinger *Les Rois Mages* 86; Goes *Nativ* 70; *Volets du triptyque des Portinari* c 535, 725; Granacci *Assompt. de la V.* c 495; *Joseph en prison d* 15; *Victoire de L. de Gonzague d* 659; Holbein *Sir Richard Southwell* 647; *P. de l'artiste f* 86; Hollandais *J. en croix d* 203; Kulmbach *Prédic. de S. Pierre f* 106; Léonard *Annonc.* 34; Lippi (Filippino) *Ador. des Mages* c 90; *V. E.* c 271; *V. E. SS.* c 331; *Le Portier des Chartreux* c 545; Lippi (Filippo) *V. E. A.* 158; Mantegna *Circonc.* c 119; *Ascens. de J.* c 240; *V. E.* c 289; Martini (Simone) *Annonc.* 23; Melozzo *Ange d* 518; Memling *V. E. AA.* 181; Lippo Memmi *Annonc.* 23; Michel Ange *V. E. S. Joseph* 244; Lorenzo Monaco *V. E. AA.* 259;

Couronn. de la V. c 503; *E. V. d* 325; Moretto *Vénus et Adonis f* 277; A. Moro *P. de l'artiste b* 635; Moroni *P. de savant b* 499; Pérugin (L. di Credi?) *P. de jeune h.* 208; *P. de Francesco dell' Opere b* 716; *V. E. SJB. et Sébastien* 306; *J. en croix* 432; Pisan *Hist. de S Romuald d* 580; Pollaiuolo *La Justice* 624; *La Prudence* 626; *P. d'h. b* 182; *Hercule et l'Hydre d* 640; *La Charité d* 617; *La Tempérance d* 629; Raphaël *V. au chardonneret* 216 (et mieux *b* 246); A. del Sarto *V. E. SS. b* 366; Sebastiano del Piombo *Prêt. Fornarina* 90; Signorelli *V. E.* c 302; *V E. S. Joseph* c 308; Sodoma *S. Sébastien* 590; *P. d'h. b* 493; Titien *Flore* 572; *Vénus et Amour* 642; *Jean des Bandes noires* e 123; *V. E. SS.* e 373; *P. de Sansovino* e 274; *P. de Beccadelli* e 310; *V. en prière* e 437; *P. d'Eléon. de Gonzague f* 66; *P. de Fr. M. della Rovere f* 171; *P. de Catarina Cornaro f* 196; *Vénus couchée f* 274; *P. de l'artiste f* 181, 227; Traini, *S Romuald* 582; Tura *S. Dominique d* 544; Vasari *Laurent le Magnif.* e 40.
Fogg Museum. — Voir *Cambridge.*
Fogliano. — Lorenzetti *V. E. SS.* e 377.
FOLIGNO. — NUNZIATELLA. Pérugin *Bapt. de J b* 375.
S. BARTOLOMMEO. — Alunno *Mort de S. Barthélemy d* 338.
S. NICCOLO. — Neroccio *Couronn. de la V. d* 509.
Fontainebleau. — Primatice *Groupe de divinités f* 180.
Fontanellato. — Parmesan *Diane et Actéon f* 203.
Foresti (a Carpi). — D. Ghirlandajo *V. E. SS. b* 305.
Forli. — Lor. di Credi *P. de f. f* 278; Palmezzano *Son portrait d* 146
Forbes. — Pinturicchio *V. E. SJ. d* 466.
FRANCFORT-SUR-LE-MEIN.
MUSÉE STAEDEL. — Allemand *Crucif.* 416; *P. d'h. et de f.* 579; Amberger *P. d'h.* 663; Bartol. Veneto *S. Catherine* 94; *P. de f.* 662; Botticelli *P. de f. b* 183; Bouts *J. mort* 450; *La Sibylle et Auguste* 656; Bruyn *L'h. à l'œillet* 194; *L'h. au rouleau* 474; *P. de f. b* 186; Cleve (Joos van) *J. pleuré* 467; Clouet *P. d'une veuve b* 174; *Béatrix Pacheco b* 184; Cranach *Vénus d* 652; P Cristus *V. E. S. Jérôme et S. François*, 292; Crivelli *L'archange Gabriel* 41; *V. en prière* 42; G. David *Annonc.* 36; *S. Jé-*

rôme 564; Dürer *Job et sa femme* 8; Eyck *V. E. e* 284; Fiorenzo di Lorenzo *V. E. SS.* 290; Flamand *J. en croix* 417; Francia (Aspertini) *P. d'h.* 74; Giorgione (Dosso) *S. Georges et S. Guillaume* 37; Graffione *V. E. AA. d* 405; B. Grien *Deux Bacchantes* 635; *Nativ.* 57; Holbein *Sir George of Cornwall* 667; Lochner *Martyre des douze apôtres* 512, 513; Macrino d'Alba *V. E. b* 264; M. de Flémalle *Dieu portant J.* 441; *Larron en croix* 436; *S. Véronique* 609; *V. E.* 235, 236; M. de Francfort *J. en croix* 431; *Cogita mori* 629; *Famille de la V. b* 260; Memling *P. d'h.* 191; Memling (Bouts) *V. E.* 88; Metsys *L'h. aux lunettes* 683; Palma *Jupiter et Calisto d* 642; Palmezzano *SJB. e* 462; Pérugin (Eusebio di San Giorgio) *V. E.* 100; *V. E. SJB.* 163; Sodoma *P. de f.* 679; Strigel *S. Catherine b* 671; Titien *P. d'h. f* 254; Verrochio *V. E.* 132; R. van der Weyden *Bapt. de J.* 380; *Vie de SJB.* 379; *V. E. SS.* 325.

MUSÉE DE LA VILLE. — B. Grien *Présent. au temple b* 119; *Bapt. de J-C b* 379; Grünewald *Deux saints b* 557; Rhénan *V. au Paradis b* 528.

Fréjus. — Durand *Rét. de Ste Marguerite f* 92.

Fribourg-en-Brisgau. — B. Grien *V. E. d* 413. — CATHÉDRALE. B. Grien *Crucif. b* 422; *Visit. e* 82.

Frick. — Avignonnais (?) *J. pleuré b* 468; Botticelli *Lamentation b* 463; Holbein *Sir Th. Moore e* 343; *P. de Cromwell f* 54; Titien *P. de l'Arétin d* 285; *P. d'h. d* 541.

Friedsam (E.) (New-York). — A. da Viterbo *V. E. SS. c* 474.

Frizzoni (Bergame). — Beltraffio *P. d'h. f* 234; Caroto *Naiss. de la V. c* 34.

Frizzoni (Milan). — G. Bellini *V. E. c* 412.

Fry (Lewis). — Cranach *P. de f. d* 690.

Fugger — Amberger *Ant. Fugger e* 53; *P. d'une Fugger e* 412; U. Apt *P. d'Ulrich Fugger f* 105; Burgkmair *P. de H. Rehm e* 272; Moro *P. d'une Fugger d* 127; Titien *P. d'une Fugger e* 341, 371.

Gagarine*. — Duccio *J. en croix e* 201; Lippo Memmi *V. E. SS. e* 384.

Ganay*. — Clouet *P. d'h. e* 352; Corn. de Lyon *Claude de France d* 58; G. David *Un évêque f* 141; Français *Louis XI e* 75.

Gand. — Brugeois *J. mort d* 266; Clouet *François Ier d* 693. — S. BAVON. Eyck (H. et J.) *Dieu le Père b* 1; *S. lisant b* 529;

SJB. *b* 545. Voir Berlin (Eyck), pan rendus à S. Bavon en 1919 (*b* 4) 540-1, 705-6; *c* 9).

Gans*. — Marmion *Intron. de S. A tin f* 13.

Gardner (Boston). — Bermejo *S. cia d* 604; Botticelli *V. E. SJB. Mort de Lucrèce* 654; *P. di C Triomphe* 615; Giorgione *J. port croix* 395; Giotto *Présent. au* 371; Holbein *P. de Butts e* 380; *Butts f* 109; Titien *Enlèv. d'Eur* 209.

Gay (W.). — Corneille de Lyon *A de Brion e* 174.

Gelder (M. van). — Mazzola *P. d'h.* Streetes *Henri VIII b* 328.

GÊNES.

PALAZZO BIANCO. — Brea *J. en croix* Corrège *V. E. b* 477; G. David *V* 180; Palma *V. E. SJB. et S. Cat b* 212

PALAZZO DURAZZO. — Flamand *V. DD. d* 484.

PALAZZO REALE. — Hollandais *S. d* 594; *S. Catherine d* 598.

PALAZZO ROSSO. — Beccaruzzi *P.* 157; Bonifazio *Ador. des Mages* Campi *P. d'h. c* 156; Garofalo *V. b* 282; Léonard (école de) *SJB.* Metsys *S. Jérôme b* 626; A del Sa *E. S. Anne SJB. b* 249; Véronèse *A b* 42.

PALAZZO SPINOLA. — Allemand *Luther femme b* 188, 189.

GENÈVE. — Agnelli *V. E. e* 280; *Cléopâtre d* 567; Fra Bartolomeo nonc. e* 73; Brugeois *V. E. d* 28 tena *Morche au Calvaire e* 194; Sabina Poppaea *f* 173; G. David *d* 304; Florentin *V. E. e* 279; *Eu* 140; Tadd. Gaddi *V. E. SS. e* 407; bard *J. mort e* 233; Seb. del Piom *portant la croix e* 181; Vénitien *l d* 459; Witz *Ador. des M. b* 106; *S. Pierre b* 275; *Pêche mirac. Délivr. de S. Pierre b* 643.

VILLA ARIANA. — Catena *Judith* Flamand *Hérodiade c* 604; Florent *E. SJ. e* 345; Hollandais *V. E. S.* 366; Lombard *V. E. SS. e* 422; M Ange *Vénus et Amour f* 275; On *V. E. SS. e* 406; Piémontais *S. R S. Côme f* 109; Seb. del Piombo *M au Calvaire e* 193.

Gibbs. — M. de Moulins *La Visit. Présent. au temple c* 115.

Illy (Ant.). — Niçois *V. E. SS. e* 388.
Imignano (S.). — San Agostino. B. Gozzoli *Education de S. Augustin b* 558, 589.
Iraud (Lyon).* — Pesellino *S. Jean et S. Michel* 519.
Iustiniani*. — Dan. de Volterre *Vénus et Amour f* 284 ; Michel-Ange *Ganymède f* 282 ; J. Romain *Vénus et Amour f* 282.
Iasgow. — Allemand *S. Eustache d* 548 ; Bart. Veneto *S. Catherine* 84 ; Catena *V. E. SS.* 338 ; Francia *Nativité* 61 ; Gossaert *V à la fontaine d* 308 ; M. de Moulins *S. Victor et un donateur* 686 ; Romanino *Deux musiciens* 665 ; Titien *V. E. SS. e* 418.
logau. — Dôme. Cranach *V. E. c* 403.
oldman (New-York). — Titien *P. d'h.* 463.
;oldschmidt (L.).* — Dürer *P. de l'artiste* 107 (au Louvre) ; A. de Monza *Marche au Calv. e* 195 ; Titien *Isab. d'Este e* 477.
;oldschmidt (S.* — Bellini *Circonc.* 373.
;oldschmidt-Przibram (Bruxelles). — Holbein *P. d'h. f* 82.
;olenischeff. — All. *Joachim et Anne e* 50.
;otha. — All. *Couple amoureux e* 178.
;ooden (Stephen). — Isenbrant *V. E. SS. D.* 267.
;radara. — G. Santi *V. E. SS.* 317.
;rafton. — Seb. del Piombo *Carondelet et son serviteur* 658.
;randi*. — Beltraffio *P. d'h. d* 628.
;ranet*. — Lotto *Vénus et Amour d* 652 (au Louvre).
;rasse. — Niçois *Rét. de S. Honorat f* 55.
;rassi. — Ombrien *V. E. e* 295.
;raz. — Dosso *Hercule et les Pygmées f* 194.
;renfell. — Ortolano *Repos en Egypte* 329.
;renoble. — Pérugin *S. Sébastien et S. Irène* 573.
;réolières. — Niçois *Rétable de S. Etienne f* 39.
;rossgmain. — Frueauf *Prés. au Temple e* 143.
;rossmann. — Amberger *J. raillé c* 158 ; G. David *Ador. des Mages c* 109 ; H. von Kulmbach *V. E. SJ. c* 432 ; Perino del Vaga *V. E. SJ. c* 444 ; Previtali *V. E. SS. c* 322 ; Véronais(?) *S. Paul c* 646.
Gualdo Tadino. — Alunno *Polyptique d* 380.

Gubbio. — P. Fr. Fiorentino *Ador. de l'E. e* 127 ; P. Lorenzetti *V. E. SS. e* 403. — S. Maria Nuova. Nelli *V. E. SS.* 315.
Guggenheim (Venise)*. — Bassano *P. de f. d* 490 ; Bordone *P. de Grégoire XIII d* 707 ; Cranach *Fréd. de Saxe d* 637 ; Dosso Dossi *P. d'un guerrier d* 484 ; Ferrarais *Enlèv. des Sabines f* 289 ; P. Francesco di Jac. di Sandro *Paul III d* 692 ; Morando *Obs. de la V. e* 445-6 ; Moroni *P. d'h. d* 484 ; Panetti *Rev. en Eg. e* 138 ; Spinello Aretino *V. E. SS. e* 384 ; Tintoret *P. de sénateur a* 679 ; Titien *Le musicien Capriano d* 522 ; B. Vivarini *V. E. e* 382.
Guidi di Faenza*. — Andrea di Milano *S. Jean* 525 ; *Mar. myst. de S. Catherine* 180 ; Bartolommeo Veneto *P. d'h.* 556 ; Bertucci *Couronn. de la V.* 497 ; Bordone *Chasteté de Joseph* 4 ; Botticelli *Bapt. de J.* 377 ; Bronzino *Eléon. de Tolède* 64 ; P. Soderini 598 ; Carpaccio *Le cheval de Troie* 651 ; Catena *V. E SS.* 315 ; Costa *Ador. des Bergers* 60 ; Florentin *V. avec SS. Michel, Jean, Antoine et Paul* 256 ; Holbein *P. d'h.* 407 ; Jacometto da Venezia *P. de f.* 254 ; Lippi (Filippino) *V. E. SJB.* 54 ; Lippi (Filippo) *V. E.* 242 ; Lotto (?) *P. d'h.* 423 ; Simone Martini *S. Antoine, évêque de Thébaïde* 538 ; Palma Vecchio *Prophète ou S. Jérôme* 9 ; Palmezzano. *Christ bénissant* 373 ; Pisan *SS. Thomas, Jean, Paul, Dominique,* 532 ; Romain *P. d'un Cardinal* 428 ; A. del Sarto *Buste de J.* 378.
Guillaume II*. — Cranach *Flagell. c.* 164.
Gumprecht*. — M. de Flémalle *P. d'h. e* 250 (en vente en 1922).
Hainauer*. — Mostaert *Damoiseau à la chainette b* 615 ; M. Schaffner *S. André et S. Luc c* 531.
Hambourg. — Dürer *V. E. d* 410 ; Francke *Ador. des M. e* 108 ; *Ador. de l'E. e* 125 ; *Flagell. e* 180 ; *Saintes femmes e* 224 ; *S. Thomas de Canterbury f* 118 ; Holbein le Vieux *Présent. au Temple d* 124 ; Schaffner *J. en gloire d* 286 ; Tom Ring *P. de Maria de Rheden d* 246.
Hamilton* (New-York). — Botticelli *P. de l'artiste f* 44.
Hamon Le Strange*. — Holbein *P. de Le Strange c* 10.
Hampton-Court (Collection royale d'Angleterre). — Clouet *L'homme au livre f*

244 ; Corrège *V. E. S. Joseph et S. Jacques* 172: Dosso *P. d'h.* 685; Francia Bapt de *J.* 382; Holbein *John Reskimer f* 111; Léonard (Oggiono) *J. et SJB* 575; Zotto *P. d'Odoni f* 102; Titien *Alex. de Médicis f* 228.

Hanford (Chicago). — Holbein *P. d'un ecclésiastique b* 338.

Hanovre. — Holbein *Melanchton f* 10; *P. du prince de Galles f* 51; M. des f. à mi-corps *Joueuse de luth f* 206.

Hardy*. — Pérugin *Sainte en prière* 610.

Harnisch. — Lippi *V. E. AA. d* 492.

Haro*. — Allemand *Couronn. de la V. d* 504; Bissolo *V. E. SS. d* 464 ; Bouts *V. E. d* 413; Bruyn *P. d'h. d* 61 : Colonais *Visitation d* 71 ; *V. E SS. d* 334; Cranach *Hercule et Omphale d* 642; *Baiser de Judas d* 166 ; Engelbrechtsen *J. descendu de la croix d* 241 ; Flamand *V. E. d* 413; Français *J. fille d* 12; *S. Georges b* 612; Goltzius *J. raillé d* 173 ; Gossaert *V. E. d* 414; Gozzoli *Donateurs et saints f* 9; Lotto *P. d'h. d* 59; Cesare da Sesto *V. E. d* 411.

Harrach. — Allemand *P. d'h. d* 52, 119; M. des demi-figur.s *Concert b* 750; Oostsanen *P. d'h. d* 49.

Harriman (Rome). — Memling *Messe de S. Grégoire b* 616; Metsys *V. E d* 427.

Hartmann*. — Allemand *Deux saints militaires c* 562; *Jésus apôtres et saintes femmes c* 682 ; *S. Elizabeth et S. Pelage c* 713 ; Bolonais *P. de f. c* 742 ; Florentin *Annonc. c.* 50, *J. saignant c* 254; *V. E. SS c* 454; Matteo di Giovanni *V. E. c* 382; Ecole de Ratisbonne *Mort de Joseph c* 21 ; *Ador. des Mages c* 103; Tyrolien *J. pleuré c* 217; *V. E. S. Joseph c* 447 ; *Saintes femmes c* 608.

Havemeyer (New-York). — Matsys, *Carondelet b* 627.

Hazard*. — M. de Flémalle *V. E. e* 322.

Healy (Aug.). — B. Veneto *P. de f. f* 309.

Helbing* (ventes). — Allemand *S. Anne avec deux enfants d* 595 ; *Jésus au tombeau d* 268: *L'archange Michel e* 479 ; Bonsignori *S. Antoine f* 4 ; Jörg Breu *Jug. dernier d* 298 ; *Annonc. e* 78; *Nativ. e* 93; *Ador. des M. e* 112; *Prés. au T. e* 142; Breughel *Danse de paysan c* 794; Cranach *Judith d* 22; G. David *V. E. c* 291; Dürer *V. E. c* 291; Garofalo *S. Augustin et l'enfant f* 15; Hollandais *P. de f. d* 247; M. de la mort de Marie *V. E. c* 437; M. du livre de raison *(Hausbuch) V. E. S. Joseph c* 443; Metsys *J. descendu de la croix c* 229 ; Moraulus de *S. Grégoire f* 54; Multscher de *S. J. B. e* 472; J. del Sellaio *rie f* 472.

Helleputte. — Eyck *Centre de tri d* 394 ; *parties supérieures, d* 685.

Henderson (Alex.). — Botticelli 53.

Henneberg*. — Hollandais *Ador Mages c* 103; Maître H. M. *V. E.* Palma le jeune *Lucrèce c* 777 ; main *Repos en Egypte c* 122.

Hermannstadt. — GYMNASE. Van *P. d'h.* 228.

Hertz (Rome). Angelico *Martyre sainte* 610; Bonifazio *brennus* Montagna *V. E. D.* 350; Solario *cienne f* 74; Spagna *Trois saints*

Hervey. — Ombrien *Annonc.* 40.

Herzog*. — Catalan *Mort d'un év* 666; Cranach *Vieillard et courti* 673; Goes *V. E d* 411; A. da *P. de f. d* 117; Vivarini *V. E.* 466.

Heseltine*. — Catena (Palma) *Re Egypte* 344.

Heugel (P.ris). — Jac. dei Barbari *b* 374; Bordone *P. d'h. b* 333; R. *V. E. S. J. b* 232; Lor. di Credi *b* 233; Gent. da Fabriano *Courot la V. b* 525; Flamand *Jean sans* 345; Français *P. d'h. b* 191; Frai *E. b* 162; Ghirlandajo *V.E. b* 18 Metsys *Judith b* 17; Raphaël *P.* 592; Weyden *SS. b* 568.

Hewetson. — Léonard *S. J. B. c* 4

Heydt (van der). — Innoc. da Imol *myst. b* 213.

Heyl de Herrnsheim. — M. de la de Marie *V. E. AA. d* 324.

Hochon (B.)*. — All. *J. et la V.* Catalan *Deux saints f* 1; Flamand *e* 287.

Hoffmann — Giltlinger *Ador. des* 75.

Hohenbuhel. — Tyrolien *Flagell.*

Holford (Dorchester House). — Ar *Couronn. de la V.* 504; Bonifazio *SS.* 334; Brantino. *Max. Sforz* G. Ferrari *S. Famille avec le nal Taverna* 64; Gossaert *P. d'l* Lotto (Campi?) *Dame au griffor Lucrèce f* 295; Pérugin *V. E.* 13. *ellino V. E SS.* 312; Pordenon *lomé* 522; Rondinelli *P. de j. h.* 10 *doma V. E. SS. c* 295; Streetes W. *West. d* 323; Titien *Andrea*

206; *Catar. Cornaro* 147; *V. E. S. Jos. e* 369; Cos. Tura *Eléon. d'Aragon* 239; B. Veneto *P. d'h. d* 93.

Holyrood. — Goes *La Trinité* c 7; *Jacques III et S. André* c 797; *Marg d'Ecosse et S. Georges d* 695.

Horne*. — Lotto *P. d'un Franciscain* c 455.

Horwath. — Gianpedrino *Ste Catherine f* 31.

Houghton Hall. — Bern. dei Conti *P. d'h. d* 580; Garofalo *V. E. SJ. c* 415; Hollandais *J. desc. de la croix d* 247; Matteo di Giovanni *V. E. AA. c* 484; Filippino Lippi *V. E. c* 434; Memling *Ecce homo d* 205; Orley *J et SJ. s'embrassant* c 591; Palmezzano *V. E. SS.* c 310; Parmesan *P. d'h. c* 130.

Houssaye (A. et H.)* — Allemand *P. de Cristina Reys* 255; *P. de Weicker Reys* 656; Français *Diane de Poitiers b* 738; e 187.

Houtart de Monceau. — Flamand *J. en croix d* 196.

Hughes. — Allemand *Marche au Calvaire d* 184.

Hulin. — Clouet *François Ier d* 677.

Huldschinsky (Berlin). — Bruyn *P. d'h. b* 190; Raphaël *P. de Julien de Médicis* 128 (l'original).

Huntington (Mme) (New-York). — Lor. di Credi *Assompt. d'une sainte b* 626.

Hutchinson (Chicago). — Flamand *David et les guerriers b* 13.

Huth (Edw.). — Holbein *Sir Th. Moore e* 343.

Huybrechts. — Matsys *V. E. d* 405; Moro *P. de f. e* 252.

Ince Hall. — Eyck *V. E.* 206.

Inspruck. — Tyrolien *La V. au temple* c 217.

Ionides' — Botticelli *Esmer. Bandinelli* 502; Giotto *Couronn. de la V.* 494.

Isola Bella. — Bellini *P. d'h. c* 449; Beltraffio *P. de magistrat* 126; Butinone *V. E. SS. b* 324.

Issakoff. — Bruyn *P. d'h. d* 672.

Jacquemart. — Voir *André*.

Janiello*. — Ferrarais *Le duc Alphonse e* 19; Mich Matei *Couronn. de la V. d* 513; Panetti *Quatre saints f* 111.

Jarves (New-Haven). — Baldovinetti *Enfance de J. e* 546; Bonfigli *Enf. de SJB, d* 559; Sassetta *S. Antoine f* 3, 4.

Jekyll. — Titien *Amour tirant de l'arc* 614.

Johnson (Philadelphie.) — Angelico *Nativ.*
b 79; *V. E. e* 294; Antonello *P. d'h. f* 212; Fra Bartolomeo *Adam et Eve c* 15; Bissolo *J. dev. les docteurs c* 126; Bern. dei Conti *P. de F. d.* 39; *P. di Cosimo P. d'h c* 609; Dürer *P. de Frey b* 357; Goes *Annonc. e* 72; Holbein *P. d'h. e* 311; Lippi, *V. E. b* 245; Longhi *V. E e* 280; Lotto *V. E. SS. b* 281; Mainardi *Ador. du Rosaire d* 704; Matteo da Siena *Camille* 650; Van der Meire *V. E.* 147; Moroni *P. d'h. b* 350; Erc. di Roberti *SJB. c* 595; Solario *Annonc. c* 53; Tommaso da Modena *V. E. et S. Jérôme d* 361; A. Vivarini *S. François et S. Philippe c* 580; *P. d'h. d* 120.

Johnson (Ralph Cross). — Orley *V. E. b* 268.

Joigny. — Français *V. E. SS b* 262

Kann (R.)*. — Bouts *Moïse devant le buisson ardent* 5; Bronzino, *P. d'une Medicis b* 193; G. David *Rep. en Egypte e* 134; Gozzoli *Miracle de S. Zenobio c* 681; Luini *Fresques de la Pellucca b* 715, 716, 717, 718; Memling *S. Guillaume, S. Anne et DD b* 571; Schaffner *P. de f. d* 646.

Kappel. — Memling *V. E. Se Anne* 330.

Kaufmann* (Vente 1917). — Allemand *Present. au Temple c* 111; *P. d'h. d* 358; Basaiti *S. Jérôme c* 620; Bassano *P. d'h. d* 43; Beccaruzzi *P. d'h d* 639; Berna da Siena *Crucifix c* 194; Blès *La Cène c* 145; Bohémien *Ador. des Mages c* 94; *J. en croix c* 181; *Martyre d'une sainte c* 732; Bosch *J raillé c* 160; Botticelli *Judith c* 24; G. Breu *V. E. AA. c* 485; Breughel *Pays de cocagne b* 735; Bruyn *P. de deux femmes c* 160; Cleve (Joos van) *P. de l'artiste b* 663; Colin de Coter *V. douloureuse* 448; Crivelli *Ador. des Mages c* 100; P. di Cosimo *Dédale c* 758; Cranach *Luther c* 147; *Cath. de Bora c* 222; *J. en croix c* 180; *P. d'h. d* 478; Crivelli *J. en croix c* 202; G. David *Nativ. c* 80; *J. soutenu par la V. c* 222; *SJB et S. François c* 597; Engelbrechtsen *J. en croix c* 196; Espagnol *S. Paul et Sant' Iago c* 654; Gent da Fabriano *V. E. c* 387; Froment *Résurr. de Lazare b* 383; P. Gaertner *P. d'h. d* 422; Erc. Grandi *V. E. et Saintes c* 471; Geertgen *Nativ. c* 82; Giorgione *S. Agathe c* 686; Laz. Grimaldi *V. E. SS. c* 356; Holbein le vieux *V. E. c* 264; *Martyre de S. Barthélemy c* 545; Hollandais *Nativ. c* 81; *V. E. c* 435; *S. Antoine c* 532; Hopfer *Annonc. et Visit. c* 63; W. Huber *J. prend congé* *de sa mère c* 151; Koffermanns J. à *Gethsémani c* 150; *Arrest. de J. c* 152; Kulmbach *P. d'h. d* 362; Lochuer *SJE et S Madeleine c* 608; Lucas de Leyde *V. E. c* 420; Lucidel *P. d'h. c* 23; Maitre de l'Assomption *de Marie S. Jérôme c* 61?; *Volets c* 723; Maitre de S. Thomas *Bapt. de Jésus c* 128; Memling *J. pleuré b* 455; Memmi *V. E. c* 378; Milanais *V. E. c* 420; Moroni *P. de Savelli c* 48; Ps. Mostaert *V. E. DD. c* 323; *Donateurs d* 534; Ombrien *Ador. des Mages c* 87; Panetti *V. E. SS. c* 361; Pencz *Chevalier et écuyer d* 460; Schiavone *V. E. c* 422; H. von Schwaz *P. de Fugger c* 799; Siénois *Crucifix c* 193; Strigel *V. E. AA. c* 295; Tintoret *Ottavio Strada d* 425; Vannuccio *V. E. c* 281; Vénitien *Histoire et obsèques de Drusiana c* 610, 611; Weyden *P. d'h. d* 352.

Kay (A.). — Solario *Annonc. c* 13.
Kemp (G.). — Giorgione *P. d'h.* 463.
Kervilly. — Français *Diane de Poitiers, e* 70.
Khanenko (Kieff). — Brugeois *Ador. des M. e* 111; Hollandais *P. de f. d* 529; Palmezzano *V. E. SS. d* 333.
Kinnaird. — Voir Rossie Priory.
Kleinberger*. — Hollandais. *Annonc. c* 70; A. Solario *V. E. e* 290.
Klosterneuburg. — Allemand (Autrichien) *Ador. des Mages b* 104, 105; *Présent. au temple b* 116, 148; *V. E. b* 165; *V. E. SS. b* 332; *Crucif. b* 418, 423, 433, 442, 443; *Desc. de la croix b* 452; *Mise au tombeau b* 458; *J. apparait à Madeleine b* 495; *Mort de la V. b* 507; *V. tutélaire b* 533; *V. en armure b* 538; *S. Jean et S. Jérôme b* 559; *Trois saints b* 571; *Découverte du corps de S. Etienne b* 607; *S. Barbe b* 669; *Généalogie de la famille Babenberger b* 749; *Scènes de la Passion c* 199; L. Bastiani *Annonc. b* 43; Dürer (d'après) *Mort de la V. b* 510; Frueauf *Bapt. de J. b* 378; *J. a Gethsémani b* 395; *Arrest. de J. b* 398; *Crucif. b* 445; *Arrest. de SJB. b* 548; *Mort de SJB* 551; *Fondation de Klosterneuburg c* 634; *Vision de S. Léopold c* 652; Kirberger *Mort de SJB. b* 549; Vivarini *V. E. b* 149.
Kohlermann*. — M. des fig. à mi-corps *Lucrèce d* 98; *Allég. de la Séduction d* 275; *Femme écrivant d* 476, 487; *S. Madeleine d* 622.
Kotschoubey. — Cima *V. E. e* 301; P. di Cosimo *P. de f. d* 571; *V. E. e* 2 di Credi *V. E. e* 371.
Kræmer*. — Allemand *P. de Me Haag d* 189; *V. E. e* 288; Amienoi *e* 168; *Ascension e* 266; *Pentec* 440; *SJB, e* 462; Benson *Lucrèce* Bronzino *Éléonore de Tolède* Clouet *Charles III de Lorraine* vicomte de Martigues *d* 482; Coell d'Angleterre *d* 636; Corneille de Echevin *d* 461; Flamand *V. E.* Florentin *P. de Th. Raimundus* Français *P. d'un seigneur d* 485 chesse de la Trémoïlle *d* 629; Gr *V. E. e* 348; Koffermans *S. Janvie*
Lachnicki (en partie à Varsovie). *V. E e* 299; Andrea del Sarto *S deleine f* 89; Corrège *V. E. SS.* Dürer *P. d'h. f* 252; B. Peruzzi *colonne e* 179; Raphaël *V. E. SJ.* Van Eyck *J. mort e* 229; Véronèse *des M. e* 110; *J. et les docteurs e*
La Haye. — Piero di Cosimo *Franç, berti* 125; Giuliano da San Gall Cornelisz *Salomé* 520; Holbein *Cheseman* 684; *L'homme au fauco P. de f. e* 348.
Lamponi*. — Antonello *Christ à lonne b* 407; Florentin *V. E.* 102 *SJB.* 168; Lucas de Leyde (Fran *J. pleuré b* 454.
Lanckoronski (Vienne). — Albertin *Jérôme f* 78; A del Castagno *J. en* 205; Clouet *Antoine de Navarre d* 1 *decin de François Ier d* 53; Dosso *peintre f* 220; Giorgione *J. port croix d* 186; Holbein *P. de f.* Holbein le Vieux *P. d'h. d* 78; *Ange d* 519; Sano di Pietro *Chr douleurs d* 180; Titien *Jeux d'enf* 790.
Landor (W. Savage)*. — Giorgio *d'h. e* 136.
Lane (Hugh). — Titien *P d'h. d* 54
Langen (Alb.)*. — Cornelisz *Abra Melchissédec b* 10; Cranach *P. d* 494.
Lanna* (autrefois à Prague). — Vé *S. en armure b* 197.
Lansdowne. — Cariani *Concert cham* 664; Giorgione *P. d'h. e* 129; Lu *Madeleine c* 720.
Lanz (a Amsterdam). — Brea *V. E.* Caroto *Didon abandonnée b* 740.
Laurent Richard*. — Clouet *Dia Poitiers c* 369.
Layard (Nat. Gallery). — G. David *J.*

sur la croix d 187 ; Savoldo S. Jérôme b 624 ; Tura Printemps d 622
Lazaro (Madrid). — F. de Castro S. Dominique f 37 ; Weyden Descente de la croix e 246.
Lazzaroni. — Crivelli J. mort d 262 ; Licinio Salomé d 561 ; Provençal J. pleuré b 471.
Leatham. — Francia P. de Fréd. Gonzague c 81.
Le Bar. — Niçois Danse macabre f 166.
Leclanché*. — Botticelli V. E. e 312.
Leconfield. — Holbein P. de Dick Berek e 292.
Lederer. — Gir. da Treviso V. E. d 416.
Legnano. — B. Lanino Mass. des Inn. e 131 ; Prés. au T. e 145 ; S. Sébastien f 113 ; S. Roch f 36.
Lehmann (New-York). — Bellini V. E. e 290 ; P. Cristus, S. Eloi d 545 ; Cossa Portraits 17 ; Memling (école) V. E. D. 330.
Leighton*. — Berna da Siena (Memmi) J. portant la croix 398,
Leipzig. — J. Van Eyck Femme nue (allégorie) 622 ; P. d'h. d 160 ; Metsys V. E. d 415.
Lemoine*. — A. Benson S. Barbe c 689.
Lemonnier*. — Lor. di Credi Ador. de l'E. e 126 ; Francia V. E. SS. e 376.
Lemprecht*. — Bruyn P. d'h. e 346.
Lempertz*. — B. Grien P. de l'artiste e 280 ; M. de la Mort de Marie P. d'h. f 133.
Lenbach*. — Titien P. de Philippe II f 232.
Lenglart*. — Gossaert V. E. d 414.
Lepke*. — Sodoma V. E. SS. d 471
Le Puy — Français V. tutélaire b 535.
Le Roy — Voir Martin.
Leuchtenberg (S. Petersbourg ; coll. en partie vendue). — Sof. Anguisciola P. de f. c 4 ; Antonio da Silaro V. E. SJ. d 441 ; Bassano Marche au Calvaire d 186 ; Lapid. de S. Etienne d 546 ; Bellini V. E. d 421 ; P. Bordone J. et sa mère d 514, S. Jérôme d 569 ; Bouts Bapt. de J. d 137 ; Bronzino P. de f. c 429 ; J. sur les genoux de la V. d 260 ; Caroto S. Antoine et S. Roch d 614 ; Catena V. E. SS. d 483 ; Dosso Dossi Prestidigitateur d 673 ; G. Ferrari La Cène d 155 ; V. E. SS. d 382 ; Francia V. E. SS. d 482 ; Garofalo Lav. des pieds d 133 ; Hist. de S. Nicolas d 575 ; Giorgione Ador. des Berg. e 98 ; Holbein le Vieux P. d'h. c 121 ; Holbein le Jeune Double portrait d 706 ; Léonard V. E. SJ. d 310 ; S. Agnès d 595 ; Licinio Salomé d 561 ; Filippino Lippi P. d'h. c 428 ; Annonc. e 77 ; Lotto S. Cath. d 601 ; Luini V. E. d 444, 459 ; Masolino J. descendu de la croix d 238 ; Moretto V. E. d 429 ; P. d'h. d 688 ; Moroni V. E. SS. d 399 ; Palma V. E. SS. d 395 ; Penni J. et la Samarit. d 141 ; Seb. del Piombo V. E. SS. d 483 ; Pourbus P. d'h. d 670 ; f 296 ; Scip. Pulzone P. du cardinal Monti d 422 ; Romanino P. d'h. d 526 ; A. del Sarto P. d'h. c 159 ; Schiavone V. E. SS. d 373 ; Ces. da Sesto V. E. SJ. d 461 ; Solario V. E. SJ. d 463 ; Titien Diane et Callisto d 636 ; V. E. SS. d 361, 371 ; P. d'h. d 691 ; Vénitien V. E. d 426 ; Véronèse Famille du peintre d 688.
Levagneur*. — Véronèse V. E. SS. d 336.
Leyde. — Lucas de Leyde Jug. dernier d 297 ; S. Pierre et S. Paul d 576.
Liebreich*. — Spagna (dit Raphaël) Mar. de la V. c 43.
Liechtenstein (duc d'Urach). — Allemand Annonc. c 46 ; J. couronné d'épines c 163 ; J. ressuscité c 253 ; V. E. SS. c 301 ; V. E. AA. c 325 ; P. d'un étudiant c 382 ; S. Grégoire c 584 ; SJB. c 591 ; S. Pierre et S. Anne c 652 ; S. Pierre portier du Paradis c 660 ; Un évêque c 676 ; Deux saintes femmes c 731 ; Byzantin Annonc. c 62 ; Lanzani V. E. SS. c 314 ; M. de Liechtenstein Mort de la V. c 490 ; Maître de Messkirch S. André c 530 ; S. Corneille et S. Cyprien c 556 ; S. Denis c 559 ; Tyrolien Vision de S. Léopold c 633 ; Zeitblom (école de) Père de l'Eglise c 53.
Liechtenstein (Vienne et Urach). — All. P. d'h. e 127 ; Botticelli Esther 11 ; P. de jeune h. 365 ; Cranach Sacrif. d'Abraham e 14 ; Fouquet P. d'h. 616 ; Goes Ador. des M. e 104 ; Matsys J. en croix d 206 ; P. de Gardiner d 288 ; Memling V. avec D. 338 ; Titien V. E. SS.. e 382 ; Verrocchio (ou Léonard) P. de f. 617.
Lierre. — Gossuin van der Weyden Annonc. e 65 ; Mar. de la V. e 59 ; Prés. au T e 146 ; Triptyque de Colibrant f 59.
Lieuche. — Niçois Annonc. e 71.
Lille. — Botticelli V. E. b 209 ; Flamand V. soutenue par un ange b 531 ; Ange harpiste b 542 ; Véronèse L'Eloquence c 742.
Lindsay. — Angelico S. Nicolas c 579 ; Botticelli V. E. 139.
Liphart. — Titien P. d'h. d 684.

Lipperheide*. — W. Huber *Fuite en Eg. e* 132; Titien *Laura Dianti f* 28.
Lippmann*. — Allemand *Ador. des Mages d* 108, 115; *P. d'h. d* 7, 19, 292; Bart. di Fredi *Ador. des M. e* 118: Beham *P. de Palatiknitz d* 457; Bellegambe, *S. Barbe d* 596; Bouts *V. E.* 397; Breu *Mars et avril d* 683; Colonais *Ador. des Mages d* 115; Costa *P. de f. d* 124; Cozzarelli *Annonc. et fuite en Egypte d* 48; Cranach *Baiser de Judas d* 166; *S. Christophe d* 541; Engelbrechtsen, *Agar et Ismaïl, d* 12; Flamand *V. E. SS. d* 392; *S. Jérôme f* 72; Français, *Ador. des Mages, b* 96; *Mort de la V. b* 504; *Nativité, d* 83; Giotto *Enseign. de S. François d* 549; Kulmbach, *Naiss. de la V. d* 39; Luini *J. disputant d* 134; Mainardi *Ange d* 519; M. de Hogstraten *V. E. A. d* 322; M. de Messkirch, *Résurr. de J. d* 273; Matsys, *J. en croix, d* 200; Michel de Verone *Sujets militaires, c* 779; *d* 661; Moretto, *Jeux d'Amours d* 634; A. Moro *P. de f. e* 231; J. de Momper *V. E. d* 309; Patinir *Pèlerin blessé d* 682; Pourbus, *P. de f. d* 465; Ambr. da Predis, *Bianca Sforza c* 221; W. Traut, *Présent. de la V. au temple, d* 42; D. Vellert, *Ador des Mages d* 116.
Lisbonne. — Frey Carlos, *J. paraît à la V. c* 214; Coello, *P. de f. e* 211; *P. d'h. f.* 104; Cranach *Salomé e* 297; Dürer *S. Jérôme f* 75; Goes. *Lament. sur J. d* 236; Goncalves *S. François f* 40; *Rétable de S. Vincent f* 128-131; Holbein *Fontaine de vie d* 620; Luini *J. port. la croix e* 189; Memling *Mar. myst. d* 383; Moro *P. d'h. e* 226; Portugais *Ador. des Mages c* 97; *V. E. AA. b* 292; *Nativité c* 73; *Un évêque f* 140; Vasco *Prés. au temple et fuite en Egypte d* 128; Velasco *Nativité* 58; *Visitation b* 72; *V. E. AA. b* 257.
Lisieux. — Ant. de Calvis, *V. E. SS. c* 321.
Liverpool — Allemand *Lament. sur J. d* 251; *J. devant Pilate d* 172; Catena *V. E. SS.* 336; M. de Flémalle *Desc. de la croix f* 324; Erc. di Roberti *Pietà* 443.
Lizé*. — Allemand *Funérailles de la V.* 486; *Pape lisant* 593; *Tête de SJB.* 523; *V. E. SS. AA. b* 226; Morales *V. soutenant J. d* 261; Ombrien *V. E S. Jérôme D. AA.* 357; Primatice, *Naissance d'une princesse b* 713; A. del Sarto, *P. d'h.* 678; Titien *Vénus et Mars b* 738.
Loches. — S. ANTOINE. Bourdichon *Montée au Calvaire c* 174; *J. en croix e Mise au tombeau c* 229.
Lodi. — INCORONATA. Borgognone *An b* 46; *Visit. d* 68; *Prés. au temple d* Giov. della Chiesa *S. Cath. d* 600; *Couronn. de la V. d* 508.
Londres. — Voir *National Gallery*.
SOCIETY OF ANTIQUARIES. — Lotto *P f* 22, 168.
Loreto. — PALAIS APOSTOLIQUE. Lot. *Christophe b* 598; Signorelli *J. et S. mas d* 282; *Anges d* 519, 523; *Apôt* 525.
Lothian. — Botticelli *Couronn. de* 496; Dello Delli, *Triomphe de l'Am* 733
Louis-Philippe* (?). — Raphaël *palmier*, 177.
Louvain. — S. PIERRE Bouts *La C* 144.
Louvre. — Allemand *Flagell. c* 167; touello *Condottière* 153; Antoniazz *E. d* 316; Baldovinetti *V. E. c* 381 Bartolomeo, *V. E.* . 320 SS; Belled *Martyre de S. Denys, b* 605; Jac. B (ou Gentile da Fabriano) *V. E. b* Bellini *V. E. AA. c* 481; *Christ béni d* 289; *P. de Trissimo f* 248; Belt *V. de la famille Casio b* 291; Bor *Vertumne et Pomone f* 220; Borgog *S. Augustin et un donateur c* 536; *au T. e* 145; Botticelli *V E.* 151; *P. c* 187; *Albizzi et Tornabuoni c* Bronzino *P. d'un sculpteur c* 242; riani *Deux portraits b* 503; Cateu ception d'un ambassadeur c* 787; *G. Mellini d* 647; Clouet *P, de Qu* 182; Colonais *Prés au T. e* 141; Cor *Antiope c* 754; Cranach *P. de f. d Vénus f* 269; Dalmau *V de S. Isido* 621; G. David *Noces de Cana d* 149; D *Tête de vieillard b* 714; J. van Eyck, *chancelier Rolin* 359; Florentin *B clius c* 780; Fouquet *P. de Charles b* 195; *L'h. au verre b* 470; Fra *F. au myosotis b* 198; *J. pleuré b* 464; *Crucif. (tableau du Parlement) Mise au tombeau b* 48; Gabr. *d'Estr* 451; Francia *V. E. SJ. c* 445; Franc gio *Jeune homme a la barrette noi* 493; Froment *Renée et Jeanne de L b* 757; Garofalo *V. E. c* 416; Geer *Résurr. de Lazare d* 144; D. Ghirlan *Noces de Thétis* 615; *P. d'un vieillar d'un enfant b* 528; D. Ghirlandaj Mainardi *Visit.* 44; Giltinger *Ador. Mages b* 107; Giorgione *Concert c*

INDEX TOPOGRAPHIQUE ET MUSÉOGRAPHIQUE. T. I-VI 385

pêtre 664; *V. E. et S. Sébastien* c 456; Holbein *Erasme* b 517; *P. d'Anne de Clèves* c 502; *Sir H. Wyat* e 354; *N. Kratzer* e 374; *P. de Warham* f 88; Girolamo dai Libri *V. E. A.* c 465; Jean d'Orléans *Parement de Narbonne, Montée au Calvaire* b 410; *Crucif.* b 417; *Mise au tombeau* b 489; Léonard *V. aux rochers* 242; *V. E. S. Anne* 208; *Lucrezia Crivelli* 618; *Sœur de François I*ᵉʳ 631; Luini *Salomé* 522; *J. bénissant* c 202; *V. E. S. Joseph* c 445; Maître de Moulins *S. Pierre et Pierre II* b 206; *Anne de Beaujeu* b 763; *S. Madeleine et donatrice* b 208; Maître des demi-figures *F. lisant* b 199; Malouel *J. mort* b 477; *Martyre de S. Denys* b 605; Mantegna *J. en croix* 408; *Minerve victorieuse des vices* 617; *S. Sébastien* f 115; *Le Parnasse* f 221; Marmion (?) *Découv. de la croix* d 607; Memling *P. de vieille* 337; Metsys *J. pleuré* b 468; *Le banquier et sa femme* b 751; *J. bénissant* c 252; *V. E.* d 409; Montagna *Ecce homo* c 170; *Enfants musiciens* c 796; Lor. Monaco *V. E.* d 306; Orley *V. E. S. Joseph et D.* b 212; Perugin *S. Sébastien* c 671, 673; Perréal (?) *V. aux colonnes historiées* b 286; *Fils de Charles VIII* d 162; Pesellino *S. Jérôme* f 70; *Résurr. d'un évêque* f 70; Pollaiuolo (?) *V. E.* c 406; Raphaël *Apollon et Marsyas* 632; Balthazar *Castiglione* 619; *Belle Jardinière* 217; *V. au voile* 215; Sacchi *Les quatre docteurs* f 11; Andrea del Sarto *V. E. AA.* c 307; Savoldo *Gaston de Foix* d 22; J. del Sellaio *Couronn. d'Esther* 12; *V. E.* 151; Solario *V. au coussin vert* 91; *Connétable d'Amboise* d 328; Titien *J. couronné d'épines* e 175; *J. conduit au supplice* e 182; *Mise au tombeau* e 247; *Arétin jeune* e 258; *Pèlerins d'Emmaüs* e 264; *Vierge au lapin* e 341; *V. E. SJ.* e 356; *L'homme au gant* e 396; *V. E. SS.* e 398; *S. Jérôme* f 69; *Allégorie* f 170; *Jupiter et Antiope* f 202; *Concile de Trente* f 303; *P. de François I*ᵉʳ f 307; Vénitien *P. de f.* c 378; Weyden *Annonc.* d 23; *Triptyque* d 286; *SJE. et S*ᵗᵉ *Madeleine* e 120.

Lovere. — Jac. Bellini *V. E.* b 160.
Lübeck. — Marienkirche. Memling *J. en croix* e 213.
Lucques. — Fra Bartolomeo *Dieu le Père, S. Madeleine et S. Catherine* 606 (= c 5); *V. de la Miséricorde* 488; Neroccio *Visit.* d 70; Pontormo *P. de Julien de Médicis* b 556.

S. Frediano. Francia *Couronn. de la V.* d 510.
S. Michel. Filippino Lippi *S. Sébastien avec SS.* c 175.

Lütschena. — M. de Flémalle *Visitation* e 80.
Lyon. — Bianchi Ferrari *Nativité* d 70; Bouts *J. couronné d'épines* e 184; Bruyn *P. d'h.* d 220; Clouet *Guill. de Montmorency* d 665; Cranach *P. de f.* c 675; Ferrarais *S. Jérôme* d 569; Flamand *J. en croix* d 3; Lament. sur *J.* d 236; Florentin *P. de j. h.* 103; *V. E. SJ.* d 459; *V. E.* e 351; Français *Couronn. de la V.* b 519; *Mort de la V.* b 509; M. de la mort de Marie *P. d'h.* d 40; Pérugin *Deux saints* f 137; Tintoret *Danaé* f 202.

Macquoid. — Flamand *P. du comte Floris d'Egmont* 257.

Madrid. — Fra Angelico *Annonc.* b 63; Giov. Bellini *V. E. S. Ursule, Madeleine* b 217; Boccaccino *Remise des clefs* b 386; Bosch *Ador. des Mages* d 97; *Adam et Eve* d 6; *Opér. de la pierre* d 680; Bronzino *Jeune violoniste* 676; Castilan *Baptême de J.* e 151; Coello *Isab. Claire Eugénie* d 468; Cath. Michelle d 494; *Don Juan d'Autriche* d 646; Corrège *V. E. SJB.* 2.3; *J. apparaît à Madeleine* b 493; *P. Cristus Visit.* d 71; *Nativ.* d 80; Dürer *P. de l'artiste* 53; *P. de H. Imhoff* 684; *Adam et Eve* 7; Espagnol *V. adorée par Ferdinand V* b 334; Eyck (H. et J.) *Sources des eaux vives ou triomphe de l'Eglise* b 702; Eyck (M. de Flémalle) *Prêtre en prière et S. Jean* 519; S. Barbe *lisant* 597; Gallegos *Naiss. de SJB.* e 454; *Décapit. de SJB.* e 468; Gossaert *V. E.* 197; B. Grien *Les trois âges* b 117; Hemessen *Chirurgien* d 679; Holbein *P. d'h.* e 312; Léonard *Joconde* 551; Luini *Salomé* e 466; Matsys *Tent. de S. Antoine* d 528; Morales *V. E.* d 434; Moro Pezeron d 172; *Marie Tudor* d 699; *P. de f.* d 664; f 200; *Marie d'Autriche* d 701; *Maximil. III* d 694; *Juana, fille de Charles V* d 646; *Duchesse de Feria* d 702; *Reine de Portugal* f 195; Parmesan *Dame et trois enfants* d 213; *V. E. S. Joseph* b 219; Raphaël *P. d'un cardinal* 168; *V. à l'agneau* 175; *V. au poisson* 307; *V. a la rose* 170; *Visit.* 46; *Spasimo* b 413; Rœmerswael *Les changeurs* b 751; A del Sarto *Lucrezia Fede* 574; *V. E. S. Joseph* 177; Tintoret *Joseph* c 19; *P. de f.* c 215; Titien *Jardin d'Amour* 623; *V. E. SS.* 343; *Danaé* b 724; Char-

25

les-Quint b 765; P. de l'artiste c 726; Isabelle de Portugal d 698; V. E. d 409; Trinité e 1; Adam et Eve e 6; P. de J. e 35; J. douloureux e 189; J. et Simon e 191-2; Mise au tomb. e 250; J. ressuscité e 261; V. douloureuse e 438; Bacchanale f 193; Charles Quint f 172; Chevalier de Malte f 40; Diane et Actéon f 204; Diane et Callisto f 206; Fréd. Gonzague f 8; Ste Marguerite f 91; Philippe II et don Fernand f 168; Philippe II f 266; La Religion secourue par l'Espagne f 159; Vénus et Adonis f 276; Véronèse Fille de Titien f 197; R. van der Weyden J. en croix 425; Le denier de César 385; Desc. de la croix c 206; Philippe le Bon d 80.
 ACADÉMIE D'HISTOIRE. Espagnol Quatre anges e 477.
Mackenzie. — Léonard Joconde nue, d 24.
Magliano. — Neroccio V. E. d 410.
Magno. — B. Veneto Musicienne d 308.
Mai*. — H Holbein P. d'h. c 611.
Mallieux. — Flamand Arrest. de Jésus c 155; Lambert Lombard J. et S. Pierre c 651; Pourbus Ador. des Mages c 98; Rosso V. E. SS. d 360.
Malmann. — Pourbus Alex. Farnèse d 472; Titien V. E. S. Jérôme c 285.
Malmesbury* (earl of). — D. Ghirlandajo P. d'h. f 165.
Manfrin*. — Lotto V. E. SS 344; Titien Mise au tombeau 469; Verrocchio V. E. 127.
Mannelli-Riccardi*. — D. Ghirlandajo J. mort 455.
Mantegazza. — Lanino V.E. e 288.
Mantoue. CASA DI TORELLI. Jules Romain Neptune f 242.
 CASINO DELLA GROTTA. Jules Romain Allégorie de la Naissance f 150; La Sieste f 307.
 CASTELLO DI CORTE. Mantegna Réception du Cardinal de Gonzague 659; L. de Gonzague et sa famille 660.
 PALAIS DUCAL. Jules Romain Ajax f 183; L'Olympe f 181; Jugement de Paris f 217; Enlèvement d'Hélène f 222; Mérion et Patrocle f 223; Diomède et Pandare f 224-5; Victoire de Diomède f 226; Combat de Diomède avec Enée f 227; Combat autour du corps de Patrocle f 228; Thétis et Vulcain f 229; Achille armé f 230; Songe d'Andromaque f 231; Cheval de Troie f 232; Laocoon f 233; Jupiter f 235; Jupiter et Olympias f 236.

 PALAIS DU TÉ. Jules Romain Da 22, 23; Banquet f 155; Allégorie d mour f 157; La Médecine f 162; La et la Renommée f 163; Allégorie de f 167; Bacchus et Silène f 197; Chu Géants f 211-214; Hercule et Iole Sacrifice à Jupiter f 237; Pégase Histoire de Psyché f 249-260; Tri Néréides f 264; Combat de Caval 304; Vie des Champs f 306.
Marabelle. — A. del Sarto V.E.S.J.
Marcuard. — Feselen P. de Schö 562; S. Georges et S. Marguerite Herlen SS. et D. b 766.
Marly le-Roi (église). Français J. e 231.
Marseille. — Botticelli V. E. 152; velli S. Sébastien d 585; Holbei d'h. d 147; Pérugin Famille de 253.
Martinengo (Brescia). — Moretto Sa 464; Quirizio da Murano S. Geor le dragon 554.
Martin Le Roy. — Allemand P. 222; Basaiti P. d'h d 689; B Madeleine l'sant d 656; Bouts douloureuse d 514; V. Crivelli V. d 486; Dello Delli Société dans u dm d 667; Triomphe de l'Amour Espagnol S. Georges d 535; Fla Quatre saints b 555; Florentin J Pâris f 219; Triomphe de l'Am 174; Français Annonc. d 61; J. en d 217; P. d'h. c 291; Giov. di V.E. A d 331; Martyre de S. J. Ev. Harlémois J. descendu de la croix e Lombard J. et S. Jean d 133; Ma Schwaz P. d'h. d 660; Mantegna gers à Bethléem d 88; Memmi J. s genoux de la V. d 259; Neroccio 38; Ombrien Jeux d'enfants d 623 Strigel Volets f 33.
Mason Perkins — Chiodarolo V. 272
Massari. — Bald. Carrari V. E. Cossa Annonc. d 47.
Masure Six. — Colin de Coter Volets
Mathys* (Bruxelles). — R. van der den V. E. b 163.
Maurice de Saxe (Princesse). — Lo Nativ e 90.
Mawson*. — G. David S. Catherine
Maxwelli. — Signoreli Lament. su 235.
Mayence. — Flamand P. d'h d 51; S. Barthélemy S. André et S. Col 553.

Mayer van den Bergh (Anvers). — Français *Nativité* b 80, 85 *Ador. des Mages* b 106; *Présent. au temple* b 117; *V. E. S. Bernard* b 204; *Massacre des Innocents* b 368; *J. vainqueur de la mort* b 492; *S. Christophe* b 599.

Meazza*. — G. Bellini *V. E.* b 152; Cranach *Luther* 525; *Diane endormie* b 725; Flamand *Ste Madeleine à la chasse* f 85; Luini *V. adorant l'E. avec SS.* b 235; Memling *P. de vieille* f. 337; Morando *P. de f.* 56; Pinturricchio *S. Sébastien* b 635; Scorel *V. E.* e 287.

Mège. — All. *P. d'h.* f 285.

Melzi — B. Veneto *Jahel* d 462.

Menton. — Manchello *Rét. de S. Michel* f 96.

Merkenau. — Corrège *Vénus et l'Amour* f 280.

Mérode. — M. de Flemalle *Annonc.* d 56.

Mexico — All. *V. E. SS.* d 377; Brugeois *J. en croix* d 197; G. David *V. E.* d 418; Geertgen *Résurr. de Lazare* d 148.

Meyendorff. — B. Daddi *Couronnement de la V.* e 452.

Meyer (Gotthelf). — All. *P. d'h.* e 103; Brosamer *P. d'un chancelier* f 122; *P. de Leitgeb* e 160; Colonais *P. d'Imhoof* e 22.

MILAN.

Ambroisienne — Botticelli *V. E. AA.* 238 (et b 236); Bramantino *Ador. des Bergers* b 90; Cariani *J. chez les saintes f.* e 160; Geertgen *V. E.* d 443; Léonard *SJB.* e 437; Léonard *Béatrice d'Este* 222; Luini *V. E. S. Joseph SJB. S. Anne* b 256; B. Veneto *V. E. SJ.* d 460; *P. d'h.* d 517, 661.

Archevêché — Oggiono *S. Claire* b 682; *S. Catherine* c 696.

Borromée. — Voir ce nom.

Brera — M. A. Auselmi *S. Jérôme et S. Catherine* c 617; Antonio da Pavia *Trois saints* c 543; Basaiti *Lament. sur J.* e. 234; Lazz. Bastiani *Hist. de S. Jérôme* c 628; Mazz Bedoli *S. Bénédictin* c 553; G. Bellini *Pietà* 448; *V. E.* c 384 428; Beltraffio *DD. en prière* 128; *Girol Casio* b 210; *Pala Sforzesca* c 334; Bissolo *S. Nicolas de Bari S. Etienne et S. Antoine* c 563; Bonifazio *Moïse sauvé* c 22; *J. et la femme adultère* c 136; Bonsignori *S. Louis et S. Bernardin* c 635; Bordone *V. E. SS.* b 279; *Bapt. de Jésus* c 128; *V. E. SS.* c 304; *La Pentecôte* c 524; *Amants vénitiens* c 794; Borgognone *V. E. c.* 266;

V. E. et un chartreux 467; *Assompt. de la V.* c 498; *S. Roch* c 666; *J. au roseau* d 180; *S. François* f 40; Bramante *Héraclite et Démocrite* c 77; *Deux guerriers* c 789; Bramantino *V. E. S. Joseph* 134; *J. en croix* c 183; *V. E. AA.* c 317; *S. Martin* c. 643; *J. mort* d. 262; Bronzino *S. Doria en Neptune* c 564; Butinone *V. E.* c 417; *V. E. SS.* c 486; Campi *J. mort* c 223; Cariani *V. E. SS.* c 355; Carpaccio *Présent. de la V.* c 37; *Mar. de la V.* c 42; *S. Etienne prêchant* c 566; Bald. Carrari *V. E. SS.* c 369; Cima *S. Jérôme* c 618; *S. Pierre martyr, S. Nicolas et S. Augustin* c 662; Civerchio *Nativ.* c 69; Corrège *Ador. des Mages* 85; Cossa *S. Pierre et SJB.* c 653; Costa *Ador. des Mages* c 101; Nicc. da Cremona *V. E. SS.* b 363; Crémonais *S. Pierre* d 578; Crivelli *J. mort* b 477; *J. en croix* c 203; *V. della Candeletta* c 319; *Couronn. de la V.* c 502; Defendente da Ferrari *SJB. et S. Jérôme* b 560; *S. André* c 530; *S. Sébastien et Ste Catherine* c 673; Dosso Dossi *SJB et S. Georges* c 600; *S Sébastien* c 673; G. Genga *V. E. et docteurs* e 427; Gent da Fabriano *Couronn. de la V.* c 499; *S. François recevant les stigmates* c 569; *SJ. au désert* c 596; *Mort de S. Pierre Martyr* c 656; *S. Thomas* c 679; Ferrarais *V. E.* b 181; Gaud. Ferrari *V. E.* c 417; *Martyre de S. Catherine* c 702; Foppa *S. François stigmatisé* c 579; *S. Jérôme et S. Alexandre* c 621; *Supplice de S. Sébastien* c 667; *S. Claire et S. Bonaventure* c 711; Foschi *V. E. SS.* c 266; P. della Francesca *V. E. adorés par F. de Montefeltre* c 333; Francia *Annonc.* c 51; Giac. Francia *V. E. SS.* c 337; Giaupedrino *V. E.* c 294; B; Gozzoli *S. Dominique ranimant Napoléon* c 560; Lauini *V. E. SS.* c 316; Lanzani *Couronn. de la V.* c 499; Liberale da Verona *S. Sébastien* b 651; L. Longhi *V. E. SS.* c 356; Lotto *Laura di Pola* b 214; *P. d'h.* c 679; P. di Febo da Brescia c 689; Luini *V. E. et Ste Anne* c 310; *V. E. SS.* c 364; *V. E.* c 383; *V. E. SS.* c 470; *Ensevel. de S. Catherine* c 699; *Daphné* c 757; *Jeu de la main chaude* c 791; *Nymphes* f 245; Ces. Magni *V. E. S. J. et S. Joseph* c 312; Mansueti *S. Marc baptise S. Anien* c 638; Mantegna *J. mort* c 230; *V. E. SS.* c 463; *Polyptyque de S. Justine* c 683; Martino da Udine *S. Ursule* c 730; Mazzola *P. d'h.* b 209 ; Milanais *Bapt. de SJ.* c 377 ; Montagna *V. E. SS.* c 352, 359 ; Moretto *V. E. SS.* c 377 ; Moroni *Assompt. de la V.* c 496 ; *P. de Navagero* c 632 ; Franc. Napolitano *V. E.* 89 ; Oggiono *V. sur trône avec deux saints* 248 ; *Adam et Eve* c 13 ; *Trois archanges* c 517 ; Ortolano *J. en croix* c 204 ; Pacchiarotti *V. E. SS.* c 466 ; Palma *S. Hélène* c 670 ; Palma et Cariani *Ador. des Mages* c 94 ; Palmezzano *Nativ.* c 68 ; *Couronn. de la V.* 507 ; Call. Piazza *V. E. SS.* c 370 ; *SJB* d 557 ; Erc. Roberti *V. E. SS.* b 320 ; Romanino *V. E.* c 417 ; Rondinelli *SJB. apparait a Galla Placidia* c 612 ; Girol. da Santa Croce *S. Etienne* c 564 ; G. Santi *Annonc.* c 52 ; Savoldo *V. E. SS.* c 351 ; C. da Sesto *V. E.* 225 ; Signorelli *Flagell.* b 404 ; *V. E.* c 292 ; *V. E. SS.* c 331 ; Sodoma *V. E. avec mouton* 106 ; Solario *V. E, S. Joseph et S. Jérôme* b 221 ; *P. d'h.* b 221 ; *V. E.* c 426 ; G. Speranza *V. E. SS.* c 368 ; Titien *P. d'Antonio Porcia* c 576 ; Tintoret *Dépos. de la croix* c 209 ; *Sainte Hélène* c 715 ; Titien *S. Jérôme* c 616 ; *P. de vieillard* e 32, 234 ; Torbido *P. d'h.* c 563 ; Véronèse *S. Antoine, S. Corneille et S. Cyprien* c 534 ; Zaganelli *V. E. SS.* 362 ; Stefano da Zevio *Ador. des Mages* c 93.

Museo Castello Sforzesco. — Foppa *S. Sébastien* 588 ; Luini *P. de François II Sforza* c 103 ; *P. de Max. Sforza* c 159.

Poldi Pezzoli. — Voir à ce nom.

Milesi (Rome). — Polydore de Caravage *Sacrifice* f 243.

Miller Aichholtz*. — Neri di Bicci *V. E. S. Michel et S. Blaise* 296.

Miltenberg*. — Allemand *Martyre des Maccabées* c 29 ; Maitre de la *S. Parenté S. Trinité* c 8 ; Patinir *S Madeleine* c 724 ; H. Tom Ring *V. E.* c 430.

Miranda (C^{esse} de). — Français *Léda* d 643 ; M. de la Mort *V. E.* d 431.

Modène. — Bianchi Ferrari *Annonc.* b 70 ; Bonasia *J. mort* b 478 ; Batt. Dosso *Nativ.* b 86 ; Alph. d'Este d 310 ; Meloni *V. E. SS.* d 379 ; *S. Jérôme* f 71 ; Pagani *Mar. myst. de S. Catherine* b 679 ; J. Romain *Vénus et Neptune* f 285 ; Rondani *V. E. SS.* (a San Pietro) b 352 ; Solario *J. portant la croix* 391 ; Tura *S. Antoine* d 536.

Molinari. — Gossaert *Joueuse de clavecin* 30.

Monaco. — Brea *Rét. de S. Nicolas* f Seb. del Piombo *Deux sœurs* f 67.

Monaldini. — Voir *Ravenne*.

Monastero-Maggiore (près de Milan) Luini Ste *Catherine* f 25 ; *Deux sain* 32 ; *J. avec SS.* f 138.

Monclar*. — Portugais (?*J. mort* 454

Mond (Londres ; Coll. léguée à la Gall.) — Fra Bartol. *Ador. de l'E. e* Gentile Bellini *V. sur trône avec E.* : Beltraffio *P. d'h., d* 585 ; Botti *S. Zenobio* 592 ; Catena *V. E.* 336 ; Piero della Francesca *P. c* 340 ; Francia *V. E. A.* d 493 ; Magna *V. E. S. Jean et S Jo.* 363 ; Peruzzi *P. d'h.* 157 ; Raphael *en croix* 422 ; Signorelli *Esther et suérus* b 20 ; *Vision de S. Jérôme* Sodoma *V. E.* 108 Titien *V. E. d*

Montauban. — Flamand *P. a'h.* d 54

Monte Berico. — Mantegna *J. pleu* 466.

Montefalco. — Melanzio *V. E. SS.* d e 415

Montelupo. — B. Ghirlandajo *V. E.* b 425.

Montemerano. — Sano di Pietro *Asso* d 501.

Monte Oliveto. — Signorelli *S. B* devant *Totila* c 546 ; Sodoma *Mirc de S. Benoît* b 592 ; *Messe de S. Be* c 547.

Monterchi — P. della Francesca *Ma na del Parto* c 511.

Montmorillon. — Français *V. E. S* 420.

Montone. — Fior. di Lorenzo *V. tuté* d. 516.

Montpellier. — Botticelli *V. E. SJB*. Flamand *J. ressuscité* e 257 ; *J. de M* Rubiano *V. à la massue* d 517 ; Rap *P. de j. h.* d 304.

Mus. Soc. Archéol. — Française G *d'Estrées au bain* f 153.

Monza. — Lombard *J. aux Enfers e Restitution du trésor* f 300-1 ; Mila Fr. *Sforza et Bianca Maria* d 355

Moreton (Sidney). — Bissolo *V.E.S.* e 367.

Morgan (Pierpont) New-York). — G landajo *Giov. Tornabuoni* a 303 ; G di Paolo *Bap. de J.* 381 ; *Naiss. de* 516 ; *Tête de SJB. sur un plat* 523 ; phaël *V. du roi de Naples* d 342.

Morrison. — Ambr. da Predis *P. de Bi Sforza* 668 ; L. di Credi *P. d'h.*, Foppa *P. d'h.* 339 ; Franc. Napolit.

e 292; Franciá *V. E. SS.* e 378 ; Luc de Heere *Elizabeth d'Angleterre* f 193.
Moulins. — Beuv. di Giovanni *V. E.* c 392. — CATHÉDRALE. — Maître de Moulins *Annonc.* b 48 ; *V. E. DD.* b 354.
Muller* (ventes à Amsterdam). — Engelbrechtsen *Lament. sur J.* d 254 ; Français P. *d'h.* d 128 ; Gossaert *V. E.* d 412, 435 ; Morone *P. d'h. d.* 653 ; Oostsanen *V. E. SS.* d 354 ; Pourbus *P. de f. d* 140.
Münchhausen* — Cranach *V. E. SJB. AA.* b 223 ; Corrège *Mar. myst.* 348 ; Luini *V. E. SJB.* 221 ; Orley *V. E.* b 164.
Munich. — Altdorfer *Susanne* e 42 ; *V. E. AA.* e 328 ; *Paysage* f 311 ; Angelico *Mort de SS. Côme et Damien* b 604 ; H. Apt *J. pleuré* 164 ; *S. Narcisse et S. Mathieu* b 563 ; Bacchiacca *V. E. SS.* d 401 ; Basaiti *V. E. SS.* d 483 ; P. Bordone *P. de dame en velours* b 769 ; Bouts *Abraham et Melchissédec* b 9 ; *Ador des Mages* b 102 ; *S. Christophe et S. Jean* b 600 ; *La Manne* d 18 ; Burgkmair *P. de Martin Schön* b 226 ; *SJB.* f 63 ; Calcar *P. de f.* e 64 ; *P. d'h.* e 112 ; Cleve (Joos van) *P. d'h.* b 228 ; *Donateurs* b 754 ; Conti (Bern. dei) *V. E.* b 166 ; Lor. di Credi *Ador. de l'E.* e 128 ; Corrège *Faune* d 638 ; G. David *V. E. SS.* 275 ; Dürer *Les Baumgartner* 661 ; *P. de Hans Dürer* 230 ; *P. de J. Fugger* b 234 ; *P. de Wolgemut* b 689 ; *Lucrèce* 653 ; *Osw. Krell* 682 ; *S. Jean et S. Pierre* 514 ; *S. Marc et S. Paul* 514 ; *Quatre saints* b 554 ; *J. pleuré* b 461 ; *Nativ.* c 76 ; *P. de l'artiste* e 440 ; Eyck *Christ* d 287 ; Flamand (imitateur de Léonard) *V. E.* 222 ; Flamand *Baiser de Judas* d 167 ; D. Ghirlandaio *V. E. SS.* b 352 ; *S. Catherine et S. Laurent* c 706 ; Giampedrino *V. E.* 90 ; H. van der Goes *Annonc.* b 59 ; Gossaert *V. E.* 210 ; *Danaé* f 201 ; B. Grien *P. de Bernard III de Bade* b 223 ; M. Grünewald *S. Maurice et l'évêque Erasme* b 632 ; Holbein le V. *S. Sébastien* 584 ; *Annonc.* b 56 ; e 61 ; *Prés. au temple* b 115 ; *S. Barbe et S. Elisabeth* b 578 ; *Ador. des M.* e 116 ; Isenbrant *Repos en Egypte* d 131 ; Kulmbach *S. Joseph et S Zacharie* b 561 ; B. Licinio *P. d'h.* d 536 ; *P. de f.* d 607 ; Lippi (Filippino) *J. pleuré* c 217 ; *J. apparaît à la V.* 245 ; Lippi (Filippo) *Annonc.* 28 ; Lucas de Leyde *Annonc.* b 54 ; *V. E. D. et Madeleine* b 219 ; Lotto *Mar. myst. de S. Catherine* b 676 ; Maître de S. Barthelemy *Trois saints* b 570 ; *S. Christine et S. Jacques* b 514 ; *SJE. et Ste Marguerite* f 64 ; Maître de la Mort de Marie *Mort de la V.* d 499 ; *P. d'h.* b 228 ; *Repos en Eg.* e 136 ; *P. de f.* e 322 ; Maître de la Vie de Marie *Mar. de la V.* b 37 ; *Naiss. de la V.* c 34 ; *Joachim et S. Anne* d 35 ; Franc. Mantegna *Triomphes* f 177-9 ; H. Melem *P. de l'artiste* b 236 ; Metsys *Pietà* 444 ; *P. de Carondelet* b 237 ; Moretto *P. d'h.* b 227 ; Neufchâtel *P. d'h.* b 223 ; Pacher *S. Grégoire* f 53 ; Palma *V. E. S Roch et S. Madeleine* b 281 ; Palmezzano *V. E. SS.* 322 ; Pérugin *V. et S Bernard* b 594 ; Pleydenwurf *J. en croix* 423 ; *Mar. myst.* e 343 ; Raphaël *V. de la Casa Tempi* 95 ; *V. della Tenda* b 193 ; *V. Canigiani* b 250 ; Roemerswaele *Percepteurs* d 670 ; A. del Sarto *V. E. SJB. AA.* b 251 ; Schaffner Cte *von Eutting* b 228 ; *Annonc.* c 55 ; *Présent. au temple* c. 112 ; *Mort de la V.* c 489 ; Schongauer *Nativ.* b 83 ; Signorelli *V. E.* b. 242 ; Strigel *Conrad Rehlingen* b 226 ; *Famille Rehlingen* b 767 ; *David* e 26 ; *Maximilien empereur* b 769 (dans le commerce ?) ; Titien *Vénus Satyre et Bacchante* 643 ; *Charles Quint* b 222 ; *P. d'h.* e 43, 188 ; *J. couronné d'épines* e 176 ; *V. E.* e 316 ; *V. E. S.J.* e 253 ; *Femme au miroir* f 153 ; Verrocchio (Léonard) *V. E.* 107 ; R. van der Weyden ; *Ador. des M.* 81 ; *Annonc.* 38 ; *Prés. au T.* 369 ; *S. Luc* d. 570 ; Wilhelm *S. Véronique* f 127 ; Wolgemut *J. à Getsemani* e 169 ; *J. en croix* e 208 ; *Résurr. de J.* e 260 ; *Sépar. des apôtres* e 481 ; Zeitblom *Ste Marguerite et Ste Ursule* f 93.

Munich. — **Musée National.** — Allemand *Portrait d'un couple* d 84 ; Haller et sa femme d 7 ; *P. d'un monétaire* e 13 ; *P. de f.* e 31 ; *Ador. des M.* e 103 ; *Ecce homo* e 178 ; *J. en croix* e 205, 218 ; *V. E. DD.* e 428 ; *S. Vital et S. Antoine* f 5 ; *Ste Catherine et S Barbe* f 26, 28 ; *Drusiane* f 65 ; *S. Wolfgang* f 133 ; Amberger *Phil. de Pfalz-Neuburg* d 555 ; Beham *Duc Ernest de Passau* d 141 ; Grünewald *S. Kilian* f 79 ; Kulmbach *Lég. de S. Etienne* f 37 ; *SS. Laurent et Etienne* f 80 ; *un évêque* f 140 ; Lautensack *Adam et Eve, entrée de J. à Jérus.* e 5 ; Maître de la Mort de Marie *P. d'h.* e 158 ; H. Mielich *Une femme et sa fille* d 502 ; W. Mielich *P. d'h.* d 437 ; Pacher

S. *Augustin et S*te *Monique* f 9; J. Pollack *J devant Pilate* e 170; *J. en croix* e 210, 216; *Martyre de S. Paul* f. 101; *S. Pierre et Simon le Mage* f 104; *S. Pierre guérisseur* f 105; Refinger Ctesse *de Pfalz-Neuburg* d 119; Schöp'er *P. de f.* d 141; H. Wertinger *Duc de Landshut* e 435; Witz *Deux saintes* f 38.

Munster. — Allemand *Funér. de la V.* 486; M. de Liesborn *Ange* d 520.

Murano — S. PIERRE MARTYR. G. Bellini *V. E. et le doge Barbarigo* c 352.

Murnaghan (J.). — Italien *Eurydice morte* f 210.

Nancy. — All. *P. de Paracelse* e 459; Tadd. Bartoli *V. E.* e 394; Bart. Veneto *P. d'h.* d 532.

Nantes. — Allemand *Frédéric III* f 156; Bronzino *P. d'h.* e 269; Fiorenzo di Lorenzo *Deux saints* f 116; Français *P. de f.* e 152; Marinus de Roemersw. *Changeurs* d 669; Vénitien *P. de f.* e 18.

Naples. — J. Baço *S. Jérôme* d 567; Jac. dei Barbari *Le duc d'Urbin et Pacioli* d 662; G. Bellini *Transfig.* c 141; Botticelli *V. E. SJB. et S. Jacques* 143; Breughel *Aveugles* d 681; *Petit voleur* d 680; Lotto *L'évêque Dei Rossi* d 619; Ces. Magni *V. aux rochers* b 255; Oostsanen *Nativité* d 81; Parmesan *La Bella* b 245; Pérugin *V. E.* 202; Raphaël *V. E. S. J. et S. Anne* 207; Ces. da Sesto *Ador. des Mages* c 96; Crist. Scacco *Couronn. de la V.* d 507; Titien *Paul III et ses neveux* b 240; *Paul III* f 209; *P. L. Farnese* e 111; *Cardinal Farnese* e 190; *Charles-Quint* e 192; *Philippe II* e 223; *Danaé* f 199; Verrocchio *V. E. S. Léonard et S. Julien* b 289; Bart Vivarini *V. E. SS.* b 240; C. Witz *V. E. SS.* e 401; Zaganelli *Mar. de la V.* b 36.

S. LORENZO. — J. Baço *S. François* f 43.

S. PIETRO. — J. Baço *S. Antoine* d 536.

Narbonne. — P. Franc. Fiorentino *Ador. de l'E.* e 129.

Nardus (Leo). — G. Bellini *P. d'h.* c 150; Botticelli *V. E. SJB.* c 457; P. Cristus *P. d'h.* c 659; Holbein le Vieux *P. d'h.* c 171; Holbein *P. d'h.* d 418; Filippino Lippi *V. E. SS.* c 339; Mantegna *L. de Gonzague et Barbe de Hohenzollern* 23; *V. E.* c 462; Memling *P. de vieille femme* 337 (au Louvre); *S. Barbe* c 688; *S. Clotilde* c 712; Nardini *S. E. SS.* c 340.

National Gallery (Londres). — A di Luigi *V. E.* c 408; Angelico *An* d 66; Antonello *S. Jérôme* 565; *l'artiste* b 721; Bacchiacca *Hist Joseph* d 16; Basaiti *V. E.* b 180 *Jérôme* c 619; G. Bellini *Circonc. Le doge Loredano* 530; *S. Jérôme V. E.* b 127; *J. à Gethsémani* b 39 *ressuscité* b 501; *Meurtre de S. marlyr* d 646; *S. Dominique* c 56 *Pierre martyr* d 495; *P. d'h.* f 159; *traffio V. E.* 90; Bissolo *P. de f.* Boccaccino *Portement de la croix* Bono da Ferrara *S. Jérôme* 563; B gnori *P. d'h.* c 431; P. Bordone *et Adonis* b 739; *P. de f.* c 17; B gnone *V. E.* 137; *V. S. J. porta croix* b 294; Botticelli *Ador. des* 83; *V. E. SJB.* 88; *Mars et Vénus Nativ.* c 66; *P. d'h.* c 319; f 215; ticini *S. Jérôme* 568; *Tobie et S. Ra* b 19; Bouts *V. E.* b 169; *P. de l'a* c 219; Bronzino *Vénus et Cupidon* b *P. de f.* b 746; *P. d'h.* c 402; Cater *E S Joseph et un chevalier* 335; *V. E* c 425; Cimabué *V. E. AA.* b P. di Cosimo *Guerrier florentin* b *Mort de Procris* b 735; Corrège *J. ronné d'épines* c 163; *V. à la corbe* 293; *Educ. de l'Amour* c. 752; Cos *Vincent Ferrier* d 559; L. Costa *SS.* b 339; Cranach *P. de f.* b 255; di Credi *V. E.* c 272; Crivelli *V. E. Annonc.* b 69; *V. E. SS.* b 314; G. I *Ador. des Mages* b 110; *Mar. mys S. Catherine* b 290; *S. Donatien*, *tin, S. Bernardin* b 606; Dosso Mi *poète* b 731; Duccio *V. E. SS.* b Dürer *P. de son père* f 166; *J. van Arnolfini et sa femme* 680; *P. de thée* b 756; *Homme au chaperon ro* 106; G. Ferrari *J. ressuscité* 421; renzo di Lorenzo *V. E. SS.* 308; maud *V. E. S. Pierre et S. Paul* b *Mort de la V.* b 505; *Exhum. de S bert* b 620; *Vie de S. Gilles* 556; *Henri V* d 116; Florentin *Combat m mour et de la Chasteté* 625; *Ador. des Mages* 73; P. della Fran *Bapt. de J.* 378; *Palma d'Urbino* b *Isotta da Rimini* b 287; *Nativ.* b Francia *V. E. Jérôme et SS.* b 217; rofalo *V. E. SS.* b 319; *Vision d Augustin* c 541; D. Ghirlandajo *f.* c 658; R. Ghirlandajo *Montée au vaire* b 411; Giorgione *Salomon* e 32; saert *Ador. des Mages* d 96; B. G

Enlèv. d'Hélène b 741 ; V. E. SS. c 335 ;
Erc. Graudi V. E. SS 303 ; B. Grien P.
d'h. 621 ; J. pleuré b 474 ; H. Holbein Les
ambassadeurs b 757 ; P. de Christine de
Danemark c 304 ; Lanini V. E. SS. d 356;
Léonard V. aux rochers b 254 ; Girol. dai
Libri V. E. S. Anne b 261 ; Licinio P.
de L. de Stefano d 399 ; Juste de Padoue
Triptyque c 501 ; Lippi (Filippino) V. E.
SS. c 322 ; V. E. SJ. c 442 ; Ange priant
c 520 ; S. François entouré d'anges c 577 ;
Lippi (Filippo) Annonc. b 64 ; Lochner,
S. Véronique b 698 ; Lotto Le peintre
sa f. et deux e. b 244 ; Agost. et Niccolo,
della Torre b 257 ; Luini Jésus et les
docteurs c 126 ; Maître de Flémalle P.
d'h. b 243 ; P. de f. b 246 ; Maître de S.
Gilles Scènes de la vie de S. Gilles 556 ;
Mantegna J. a Gethsémani b 392 ; V. E.
SJB. S. Madeleine b 288 ; Marmion Cinq
anges 545 ; L'âme de S. Bertin portée au
ciel 546 ; Marzia'e P. de Doralice Raimondi f 53 ; Melozzo da Forli (Flamand ?)
La Musique 626 ; La Rhétorique 627 ; Memling V. E. D. 263 ; Metsys J et la V.
c 609 ; Michel-Ange V. E SJB. AA. 228;
Mise au tombeau b 487 ; Léda f 238 ; Morando S. Roch c 667 ; Moretto P. du
comte Sciarra b 259 ; P. de Fenaroli b
755 ; Moroni P. de Fenaroli b 247, 266 ;
P. d'un Chanoine c 25 ; Orcagna Couronn.
de la V. b 524 ; Pérugin Triptyque c
280 ; V. E. SJB. c 442 ; Pinturricchio
Pénélope c 769 ; Pisanello V. S. Antoine
et S. Georges 535 ; Vis. de S. Eustache
550 ; Pollaiuolo S. Sébastien b 649 ; Pontormo P. d'un cardinal c 370 ; A. da
Predis P. d'Archinto 487 ; Raphaël V.
Garvagh 165 ; Sainte Catherine c 697 ;
V. des Ansidei c 349 ; Erc. di Roberti
Nativ. 65 ; Mise au tombeau 468 ; Ré-
colte de la manne d 19 ; Roermerswael
Les avares 661 ; Romanino Nativ. 47 ;
P. de vieillard d 138 ; A del Sarto V. E.
SJB. S. Elisabeth b 283 ; P. de l'ar-
tiste b 295 ; Savoldo Madeleine b 690 ;
Schiavone V. E. AA. 154 ; Sebastiano
del Piombo Résurr. de Lazare 389 ;
Jac. del Sellaio Nativ. 52 : Signorelli
V. E. SS. 326 ; Ador. des Bergers b 75 ;
Sodoma Tête de J. c 388 ; Solario P.
de Longoni b 248 ; L'homme à l'œillet
b 278 ; Tête de SJB. b 552 ; Spagna J. à
Gethsémani b 393 ; Tintoret La Voie
lactée b 730 ; Titien V. E. S. Jean et S.
Catherine b 229 ; J. apparaît à Made-
leine b 494 ; Bacchus et Ariane b 722 ;

Concert c 793 ; P. de l'Arétin d 285 ; P.
de l'Arioste f 250 ; Ador. des Berg. e 99 ;
P. Uccello Bataille 658 ; B. Veneto P. de
Lud. Martinengo d 613 ; Véronèse J. et
Madeleine b 387 ; Enlèv. d'Europe b 727 ;
Vis. de S. Hélène c 715 ; Allég. c 739,
740 ; Verrocchio V E. AA. 160.
National Portrait Gallery. — Anguis-
sola Philippe II f 290 ; Clouet Marie
Stuart f 146 ; Holbein Anne Boleyn e
267 ; Cath. d'Aragon e 403 ; Cath. Howard
f 58.
Nemes*. — Botticelli Nativ. d 76 ; Bruyn
V. E. SS. d 335 ; Kulmbach P. d'h. d 35 ;
P. de f. d 79.
Neustift. — Tyrolien Offrande de Joa-
chim c 32 ; J. en croix c 200 ; Départ de
S. Augustin c 538 ; Enseign. de S. Augus-
tin c 540 ; Martyre de S. Marthe c 727.
Nevers. — Florentin V. E. b 147 ; Lo-
renzo da San Severino V. E. AA. b 275.
Nevin*. — Crivelli J. mort d 262 ; Viva-
rini V. E. d 320.
Newbattle Abbey. — G. Flicke P. du duc
de Nemours f 213 ; P. de Sir P. Carew f
287 ; Moro P. de f. f 295.
Newhaven (Etats-Unis). — Voir Jarves.
New-York. — Bellini V. E. c 412 ; Car-
paccio J. mort d 267 ; P. di Cosimo
Centaures et Lapithes 634 ; P. Cristus
V. E. b 360 ; Crivelli S. Georges et S.
Dominique d 552 ; G. David Rep. en
Egypte e 134 ; Flamand Lég. de Ste Gode-
lieve f 52 ; Giambono J. douloureux e 205;
Holbein P. de Hertenstein f 51 ; Isen-
braut Annonc. et Visit. d 57 ; Ador. des
Mages, Nativ., Fuite en Egypte d 106 ;
Mantegna V. E SS. d 473 , Metsys Ador.
des Mages e 98 ; Moretto Mise au tom-
beau de 71 ; Raphaël V. E. SS. d 342.
Voir Morgan.
Nice. — L. Monaco Obsèques d'un évêque
f 142 ; Niçois Rétable de SJB. e 474 ; Ré-
table de S. Michel f 95.
PÉNITENTS NOIRS. — Brea V. de miséric.
e 433 ; Miralheti V. de miséric. e 434.
ST. AUGUSTIN. — Brea Pietà e 241.
Nieuwenhuys*. — Goes V. en prière d
513 ; Gossaert J. enfant et S. J. d 134 ;
Pérugin V. E. 95.
Nimes. — Ombrien Mar. myst. e 340.
Nivaagard. — Anguissola Famille de
l'artiste f 237 ; Badile P. de f. e 163 ; G.
Bellini P. d'h. e 443 ; Schiavone Double
portrait e 268.
Nördlingen — Séb. Deig Annonc. b 61 ;
Herlen V. E. SS. DD. b 316 ; Nativ. e 94;

J. chez Simon e 165 ; Saint-Georges f 47 : Schaeuffelein *Lament. sur J. b* 456 ; Couronn. de la V. b 521 ; Ste Elisabeth de Thuringe et S. Barbe b 684.
Norfolk. — Dünwegge *Crucif. d* 308.
Northampton. — Dosso *Vertumne et Pomone* 645.
Northbrook. — Fra Bartolomeo *V. E. SJB.* 167; Crivelli *V. E.* 117 ; Flamand *V. E.* 226 ; Mazzolino *J. et les docteurs* 376 ; Raphaël *V. E.* 126; R. van der Weyden *V. E.* 214.
Northwick. — Titien *P. d'un vieillard f* 240.
Nosseda (Milan)*. — Foppa *V. E. et anges b* 276.
Nostitz (Prague). — Beham *P. de f. f* 32; Cranach *J. et les enfants e* 159 ; M. de la lég. de Ste Madeleine *P. de vieillard f* 184 ; Mostaert *P. d'h. f* 249 ; Neufchâtel *P. de f. f* 251.
Nuremberg. — Altemand *Dieu archer c* 6; *Mass. des Innocents c* 124 ; *Scènes de la Passion c* 198 ; *J. montrant ses blessures c* 246 ; *Parenté de la V. c* 261 ; *V. E. SS c* 269; *Obsèques de la V. c* 493; *Couronn. de la V. c* 510; *SJE S. Georges et SS. c* 562 ; *S. Pierre, S. Paul, S. Maurice c* 651 ; *Obsèques d'un saint c* 682 ; *S. Catherine et S. Agnès c* 691 ; *Hommes sauvages c* 747 ; *L'homme au gant e* 436 ; *Allégorie de la vie et de la mort f* 164 ; *Double portrait f* 41 ; *P. d'h. f* 30 ; Altdorfer *Martyre de S. Quirin b* 647 ; *c* 664, 665 ; *J. en croix e* 176 ; *S. Quirin f* 108 ; Benson *V. E. SS. c* 306 ; *Bouts Résurr. de J. c* 235 ; Bruyn *Portement de la croix c* 175 ; Burgkmair *V. E. b* 159, 265 ; *S. Christophe et S. Vit. c* 553 ; *S. Sébastien c* 672 ; Clouet *P. de f. b* 59 ; Colouais *S. Catherine et S. Elisabeth c* 693 ; Cranach *P. de f. b* 258; *Décoll. de S. Catherine c* 704 ; *P. de Reuss e* 291 ; Dünwegge *J. devant Pilate c* 154 ; *J. pleuré c* 208 ; *V. E. c* 288; Dürer *V. E. pleuré* 460 ; *Hercule et les oiseaux b* 730 ; Flamand *S. Georges c* 583 ; *Vis. de S. Hubert c* 585 ; H. Fries *V. E. c* 320 ; *S. François stigmatisé c* 578; *V. E. Ste Anne e* 338; Feselen *Ador. des Mages c* 105, 106; H. van der Goes (M. de Moulins) *P. de cardinal* 629; Bald. Grien *Création d'Eve c* 12 ; *Deux alleg. c* 735; *Rep. en Egypte e* 137 ; Grünewald *Jug. dernier c* 258 ; Holbein le Vieux *V. E. AA.* 183, 192 ; *Martyre de S. André c* 528 ; *Martyre de S. Jacques c* 587, 588 ; *Martyre de S. Thomas c* 678 ; Lochner

Crucif. b 447 ; Kulmbach *J. pleuré S. Cosme et S. Damien c* 557 ; *S. G f* 51 ; Maître de la Parenté (*Heilige J. en croix* 403 ; Maître de la Marie *Mort de la V.* 483 ; M. de l'au Peringsdorf *S. Luc f* 81 ; M. de Mes *Montée au Calvaire c* 173 ; M. de la m Marie *Tentat. de J. c* 131 ; M. des figures *Ador. des Mages c* 104 ; *V. E. c* 399 ; Muelich *S. Jérôme c* 61 cher *V. E. c* 264 ; *SJB. c* 595 ; *S. Ni* 645 ; G. Pencz *P. de Schirmer c* 3 *d'h. d* 707; *P. de Straub et de sa f* 101, 136 ; Pleydenwurff *J. en croix* Schaffner *Ador. des Mages c* 10 *Philippe et S. Jacques c* 650 ; S felein *J. en croix* 429 ; *Délivran S. Pierre b* 642; *Obsèques de la V. S. Etienne e* 565 ; *S. Jérôme c* 6 *Martin et S. Laurent c* 644 ; *S. Oa reçoit l'hostie c* 645; *S. Quirin c* Scorel *P. de f. c* 230; Schoepfer *P margrave d* 583 ; *P. de Pienzenau* Scorel *P. d'h. d.* 392 ; M. Sc *Annonc. et Nativ. b* 44 ; Strigel *M de S. André c* 529 ; *Martyre de S thélemy c* 544 ; Ste *Parenté e* 4 *P. de f. e* 48 ; *Educ. de la V. e* 55 *S. Jos. e* 359 ; *P d'h. f.* 150; Wol *P. d'h. b* 297; *Gethsémani c* 147 ; vant *Pilate, baiser de Judas c Scènes de la Passion c* 157 ; *J. en c* 197 ; *SJB et SS. c* 598 ; *Légen S. Vit c* 680 ; *Vision de S. Bernard P. de Perkmeister f* 35; Zeitblo *pleuré* 459.
Frauenkirche. Maître de l'aut Tucher *S. Antoine et S. Paul f* 6 ; *gustin et St^e Monique f* 14.
Ny-Carlsberg. — Titien *P. d'h.* 257
Obervellach. — J. Scorel *Famille V. b* 28; *S. Christophe et S. Apol* 598.
Ocampo. — Botticelli *V. E. SJ. e* Goes *Ador. des Mages d* 95.
Odiot*. — Flamand *P. de f. d* 230 ; *Ador. des Mages d* 95; Gossaert (M. mort de la V.) *V. E. d* 431 ; H (Benson) *P. de Germinio Diodati*
Okhotinsky. — B. Veneto *P. d'h. c*
Oldenburg. — All. *V. E.* Ste *Anne e Tête de SJB. e* 466 ; Amberger *P.* 601 ; Taddeo di Bartolo *Evangeli* 90 ; Bissolo *V. E. SS. e* 386 ; B guone *V. E. e* 275; Botticelli *VE.* Corrège *SJB. e* 459 ; L. Costa *V.E. e* 360 ; Cranach *Sermon e* 161 ;

Luther f 180 ; Credi Ador. de l'E. e 113 ;
V.E. e 347 ; Dosso Rep. en Eg. d 130 ;
Ferrarais Rep. en Eg. e 139 ; Def. Ferrari
V.E. Ste Anne e 336 ; Flamand Ste Barbe
et donateurs f 17 ; SJEv. f 63 ; Francia
V. en prière e 436 ; Giaupedrino V.E d
438 ; Hollandais P. d'h. d 543 ; Jacob
d'Amsterdam P. d'Edmond de Frise f
291 ; Kulmbach P. d'h. e 261 ; Lanini
V.E.AA. e 327 ; Lippi P. d'h. d 310 ;
Mansueti V.E.SS. e 374 ; Moroni P. d'h.
f 243 ; Neufchatel P. d'h. f 191 ; A da
Predis P. de f. d 113 ; Previtali SJB. c
458 ; Seb. del Piombo Trois portraits d
281 ; Solario Salomé e 467 ; Tintoret P.
a'enfant f 299 ; Vénitien J mort e 227 ;
Weyden V. soutenue par SJE. e 222.
Oldenburg (princesse Eugénie d')*. —
Lippi S. Augustin et l'enfant f 15.
Oppenheim*. — Benson P. de Mme Scheppere e 171 ; P. de Scheppere e 204 ; Bouts
P. d'h. e 245 ; P. Cristus S. Eloi d 543 ;
Memling P. de vieillard e 179 ; Weyden
V.E. e 306.
Oppolzer*. — H von Kulmbach Annonc. b
51
Orloff (A*. — A del Sarto V. E. SJ. e 358 ;
Bohèmien V. E. SS. e 418 ; Bosch Paradis e 7 ; Bouts Lament. sur J. e 245 ;
Bronzino P. de f. f 286 ; P. de Guicciardini e 438 ; Cranach Lot e 15 ; Bacchanale f 196 ; Giotto Cène e 167 ; Lor.
Monaco J dans la tombe e 190 ; Mariotto di Nardo V.E. e 274 ; Rosso Vénus
et Adonis f 283.
Orvieto. — CATHÉDRALE. — A di Giovanni
V. E. (A. b 273 ; Gentile da Fabriano
V. E. S. Catherine b 293 ; Lippo Memmi
V. tutélaire b 536 ; Ombrien Chrétiens
et Sarrasins c 780 ; Signorelli L'Antéchrist b 700 ; Chœur des Martyrs c 683 ;
Ugolino da Prete Ilario Miracle du poisson b 666 ; Miracle de Bolsena f 298-9.
Ossuna. — Espagnol V. E. b 148 ; J.
pleuré b 476 ; Stormius V. S. Anne et
Joachim b 30.
Ostrooukhof. — Flamand V. au pied de
la Croix e 221.
Otlet*. — Allemand Mise au tombeau b
484 ; Bourguignon Saints Evêques b 665 ;
Brugeois Annonc. e 43 ; Flamand DD. b
300 ; Légende de S. André b 714 ; Lucas
de Levde Esther et Assuérus b 20 ; Memling J. pleuré b 457 ; Jan Metsys Judith
17 ; Weyden Desc. de la croix d 230.
Oulmont — Bruyn Volets f 17.
Oxford. — Anglais Eliz. Woodwille f 149 ;

Bonifazio Diane et Actéon d 635 ; P. di
Cosimo S. Madeleine d 611 ; P. della
Francesca V. E. SS. 213 ; Holbein Anne
de Clèves e 275 (St. John's College) ; Filippino Lippi Chiron d 634.
Pacully*. — Bosch Jug. dernier d 300 ;
P. de Cordova J. et saintes femmes d
286 ; G David, V. embrassant J. mort
d 256 ; Gonzalès Infante Isabelle-Claire-
Eugénie d 301 ; M. des fig. à mi-corps
Home écrivant d 6.
PADOUE. — **Musée.** — Basaiti V. E. SS. d
479 ; Boccaccino V. E. SS. d 475 ; Bonifazio Nativ. d 73 ; D. Campagnola Lament. sur J. d 249 ; Garofalo V. E. SS.
d 367 ; Mantegna J. mort d 267 ; Palma
V. E. DD. d 490 ; Palmezzano V. E. S.
J. d 456, 481 ; Previtali V. E. D. d 494 ;
Erc. di Roberti Argonautes d 633 ; Romanino V. E. SS. 279 ; Torbido P. d'un
musicien d 362 ; Véronèse Martyre de
SS. d 579 ; Vinc. de Trévise Prés. au
temple d 127.
S. AGOSTINO. — Ansuino S. Christophe
b 601.
ARENA — Giotto Entrée de Jésus à
Jérusalem c 142 ; J. en croix c 187 ; J.
pleuré c 218 ; J. et Madeleine c 242.
EREMITANI. — Mantegna S. Jacques baptisant c 586 ; S. Jacques conduit au supplice 558.
S. GIORGIO. — Avanzo Mort de Ste Lucie b 686.
SCUOLA DEL CARMINE. — Titien Joachim
et Anne e 47.
SCUOLA DEL SANTO. — Titien Miracle de
S Antoine b 585.
Paganico — Andr. di Niccolo V. E. SS. c
410
Palerme. — Catalan (?) Triomphe de la
Mort d 631 ; Gossaert V. E. SS. 200 ;
Hollandais Lament. sur J. d 248.
Palffy. — Francia V. E. et S. Joseph b
200
Pallavicini. — Botticelli Derelitta d 632.
Paris. — (Voir Louvre). — MUSÉE DE
CLUNY. Ecole de Tours Crucif. b 416.
Paris. — Ventes diverses ; Catalan S.
Barthélemy b 590 ; Lotto P. de f. b 301 ;
Siénois V. E. SS. b 295.
Parme. — Corrège V. della Scala b 151 ;
V. della Scodella 367 ; V. de S. Jérôme
308 ; Martyre de S. Placide b 646 Holbein
Erasme b 302 ; Mazzola Bedoli V. E.
SJB. et S. Robert b 282 ; V. E. SS. e 402 ;
Parmesan Mar. myst. c 699.
SAN PAOLO. Corrège Diane e 759.

Parmelee — B. Veneto *P. d'h. f* 253.
Passalacqua*. — Milanais *S. Alexandre et S. Etienne b* 578.
Pastré. — Titien *Isab. d'Este e* 477.
Pausola. — Ant. da Murano *S. Pierre et S. Paul b* 565.
Pavie. — CHARTREUSE. Luini *V. E. c* 273.
S. MARINO. Gianpedrino *V. E SS. c* 390.
Pembroke. — Français *Richard II et la V. b* 367 ; Lucas de Leyde *Partie de cartes* 667.
Pepys. — Luini *V. E. SJB.* 220.
Perego*. — Bart. Veneto *P. d'h. d* 38 ; *P. de f. d* 645.
PÉROUSE. — Musée. — Alfani *Nativ.* 56 ; *V. E. SS.* 301. 316 ; *b* 253 ; Angelico *V. E. SS.* 160 ; *Annonc b* 64 ; *S. Nicolas arrête le bras de son bourreau b* 635; *Mort de S. Nicolas b* 636; Bartoli (Domenico) *V. E. SS. b* 337; Bartoli (Taddeo) *Desc. du S. Esprit* 43 ; *V. E. SS. b* 341 ; *S. François vainqueur des vices b* 610; Boccati *Arrest. de J.* 392; *J. montant au Calvaire* 400 ; *J. en croix* 407 ; *V. SS. AA.* 272 ; *V. E. AA. b* 239 ; Bonfigli *Annonc. b* 43 ; *V. E. AA. b* 237; *Obsèques de S. Herculan b* 617; Eusebio di San Giorgio *Ador. des Mages* 84 ; *V. E. SS.* 297; Fiorenzo di Lorenzo *Ador. des Bergers* 59 ; *Ador. des Mages* 79 ; *Archange c* 516 ; *Miracles de S Bernardin* 543, 544 ; *c* 549, 550 ; *V. E. SS.* 303, 319, 362 ; *b* 342 ; *V. E. AA. b* 231 ; *c* 464 ; *S. Sébastien b* 653 ; P. della Francesca *Annonc. b* 42 ; Agnolo Gaddi *Mar. myst. de S. Catherine b* 345 ; Matteo da Gualdo *V. E. SS.* 293 ; Giannic. Manni *J. en gloire avec SS.* 529 ; Bern. di Mariotto *V. E. SS.* 280 ; *b* 306 ; *Mar. myst. de S. Catherine b* 680 ; Meo da Siena *V. E. AA. b* 310 ; Pérugin *Ador. des Bergers* 66 ; *Christ de douleur* 400 ; *J. en croix* 414 ; *Couronn. de la V.* 500 ; *Nativ.* 49 ; *Martyre de S. Sébastien* 583 ; *Transfig.* 477 ; *V. E. AA.* 201 ; *V. E. et les membres d'une confrérie* 277 ; *V. E. SS.* 278 ; Pinturricchio *V. E. SJB. b* 276 ; *V. E. SS. b* 315 ; *J. mort b* 478 ; *Annonc. et SS.* 557 ; *S. Augustin b* 587 ; Raphaël *V. E.* 98 ; Spagna *V. E. SS.* 302.
S. AGOSTINO. — Eusebio di S. Giorgio *V. E. SS.* 324.
BEATA COLUMBA. — Pérugin *J. portant la croix d* 183.
CAMBIO. — Pérugin *Allég. de la Force et de la Modération* 619.

CATHÉDRALE. — Fiorenzo di Lor *Pieta c* 224 ; Florentin *V. E. SS. d* Lod. di Angelo *J. enseignant c* Signorelli *V. E. SS.* 247.
S. FIORENZO. — Bonfigli *V. E. d* 388.
S. PIETRO. — Bonfigli *J. pleuré b* Raphaël *J. et SJB.* 233.
S. SEVERO. — Raphaël *La Trinité c*
PESARO. — ATENEO. — Squarcione *Cr b* 429 ; Zoppo *J. mort b* 480.
S. FRANCISCO. — G Bellini *Cour de la V. c* 508 ; *S. Georges c* 582 ; *version de S. Paul c* 646.
Pétersbourg (Pétrograd). — Voir E tage.
Philadelphie. — Macrino d'Alba *V SS. d* 36*.
Pichon (J.)*. — Français *Gabr. d'Es et la duchesse de Villars c* 24.
Picot* (E). — Maler zu Schwaz *P. a* 145.
PISE — MUSÉE. — G. da Fabriano *V. rant l'E. d* 403 ; Hollandais *S. B d* 597 ; *S. Cath. d* 599 ; Lombard I *e* 350 ; Macchiavelli *V. E SS* 345.
CAMPO SANTO. — B. Gozzoli *Noé Tour de Babel d* 9, 10 ; Loren *Triomphe de la Mort b* 699 ; *Damn bienheureux c* 260 ; *Jug. dernier d* S. CATARINA. — Traini *S. Thomas b*
CATHÉDRALE. — A del Sarto *S. A* 594 ; Sodoma *Sacrif. d'Abraham c*
PISTOIE. — CATHÉDRALE — L. di C *V. E SS.* 304,
S. DOMENICO. — Fra Bartolomeo 229 ; R. Ghirlandajo *S. Sébastien, S rôme et un autre saint* 586.
Pitigliano — Cozzarelli *V. E. SS. d*
Plaoutine. — Eyck *S. Georges f* 46.
Platt (Englewood). — Andr. di Barto *E. e* 314; Antoniasso *S François* Bellini *V. E. e* 285; Boccati *V. E. E* 362; Botticelli *V. E. e* 284 ; Ambr. renzetti *V. E. e* 285; Luini *Ange e* Montagna *V. E. e* 286; Morando I *SS e* 373; Moroni *V. E. e* 314 ; Jac Sellaio *S. Jérôme f* 69 ; Vénitien *V.* 290 ; *P. d'h. d* 493 ; Tim. Viti *V.* 289 ; B. Vivarini *V. E. e* 313.
Poggioferro. — Giov. di Prato *VE. d* 326.
Poldi Pezzoli (Milan). — Bellini *V.* 287 ; Beltraffio *V. E.* 103, 104 ; B gnori *P. de vieillard* 244 ; Bott *Lament. sur J.* 445 ; Capone (Raff. *V. E. SJB. b* 189 ; Conti (Bern. de

E. 105; Crivelli *Appar. de J. à S. Dominique* c 562; Foppa *P. d'h.* b 215; P. della Francesca *P. de f.* 528; Mantegna *V. E* c 382; Palma *P de f. d* 111; Previtali *P. d'h.* b 209; Solario *Repos en Egypte* c 299; *V. et J. portant la croix d.* 185; *Jésus d* 179; Cosimo Tura *La Charité* 628.
Poncelet*. — J. Cousin Ste *Madeleine* b 689 (chez Vitta à Paris en 1921).
Pontalba* (Senlis). — J. Bosch *Concert satyrique* b 710.
Potenziani (Rieti). — G. Bellini *V. E. c* 290.
Pourtalès. — Metsys *Vieillard et courtisane* d 674.
PRAGUE. — P. Bordone *P. d'un médecin* d 677, B Grien *Martyre de Ste Dorothée* 603; Geertgen *Ador. des Mages* 76; Gossaert S. *Luc peignant la V.* 360; Holbein le V. S. *Barbe*, S. *Apolline*, S *Roch* 595; *Mort de la V.* 484; Théodore de Prague *Ex-voto de l'archevêque de Wlashim* 262; Wertinger *Alexandre et son médecin* 648.
STRAHOV (Couvent de). Dürer *Fête du Rosaire* c 371.
Prato. — Lippi (Filippo) *P. de Francesco Datini* 599; Lippi (Filippino) *V. E. S. Jean et S. Etienne* b 289; *S. Etienne et S. Catherine* c 565; *V. E.* b 363 (fresque du tabernacle); *S. Antoine et S. Marguerite* c 527.
SPIRITO SANTO. — Fra Bartolomeo *V. E.* 273.
Fuget-Theniers. — Niçois *J. en croix* e 211.
Puy Le). — Français *Henri II* f 141.
Quédeville*. — Flamand *V. E. D.* 330.
Querini Stampalia. — Palma *P. d'h. f* 257, 274.
Quesnet (J.). — Français (?) *V. glorieuse*, b 518.
Quincy-Shaw* (Boston). — Francia *V. E.* b 167.
Radziwill. — Memling *Annonc.* d 65.
Raguit*. — Milanais *V. E.* d 407.
Rasi. Voir *Ravenne*.
Raczynski. — Anguissola *Les sœurs f* 147; M. des fig. à mi-corps *Joueuse de clavecin* 30.
Raguse. — SAN DOMENICO. — Titien *S. Blaise f* 21.
Rath. — Scorel *V. E. SJ.* c 297.
Ravaisson*. — Bertucci *Orphée f* 246; A. da Predis *P. de Béatrice d'Este* c 638
RAVENNE. — Antonio Alaotti *V. E.*

SS. c 456; Antoniasso *V. E. SS.* c 290; Brea *V. E.* c 433; Bald. Carrari *J. pleuré* c 221; Ferrarais *Annonc.* c 60; Niccolo da Foligno *J. portant la croix* c 233; Crist. da Landinara *S. Grégoire* c 584; Longhi *P. de R. Rasponi* c 91; *P. u'Arrigoni* c 357; *P. de Girol. Rossi* c 389; *V. E. SS.* c 446; L. Monaco *J. en croix* c 195; Romagnol *V. E.* c 327; Rondinelli *V. E. SS.* b 337; c 358, 572; Titien *V. E. SS.* c 373; Utili da Faenza *E. V.* 440; Zaganelli *Ador. des bergers* b 94; *Gethsémani* c 149.
DÔME. Palmezzano *J. mort* c 271.
M^{ONAL'INI}. Rondinelli *S. Pierre et S. Madeleine* c 656.
MONT DE PIÉTÉ. Rondinelli *V. E.* c 406.
CASA RASI. P. Bordone *Le Sauveur* c 250.
Recanati. — S. MARIA SOPRA MERCANTI. — Lotto. *Annonc.* b 50.
Reinach Joseph)*. — Giac. Francia *V. E. S. François et S. Pétrone* b 215; Garofalo ou L Costa *Repos en Egypte* c 121 (au Louvre).
Reinach S.). — Franc. Napoletano *V. E.* d 419.
Reinach (Th.). — Perino del Vaga *Mercure* d 643.
Requin*. — M. de Moulins *P. a'h. f* 2.
Révoil (P.)*. — Français *J. raillé* e 177; *Jésus mort* e 240; *Ascension* e 265; *Pentecôte* c 439.
Rezzonico*. — Basaiti *S. Jérôme* 560; Caprioli *V. E. S. Jean et S. Joseph* 224; Morone *Triomphe de Constantin* 631; Orley *V. E.* b 163; Penni *V. E SJB.* 219; Peruzzi *Didon recevant Enée* 653; Pontormo *P. de Guichardin* 520; Ambr. da Predis *La dame de Challant* 197; Andrea del Sarto *V. E. S. Joseph et S. Jean* 169; Sodoma (Gianpedrino) *Junon* 636.
Richmond. — Voir *Cook*.
Richtenberger*. — Clouet *P. d'h.* b 310; Flamand *Crucif.* b 435; M. des demi-figures *Marg. d'Autriche* b 307.
Richter. — Coninxloo *V. E. AA.* d 327.
Ridolfi. — Seb. del Piombo *Les deux sœurs f* 67.
Rigaux (Lille). — G. David *V. E.* e 307.
Rillabona. — Tyrolien *Naiss. de la V.* c 35; *Présent. au temple* c 113.
Rimini. — Giov. Bellini *J. mort* b 479.
Ritter*. — A del Sarto (?) *P. de Lucrezia del Fede* c 539; Oggiono *V. E.* e 291.
Roblot*. — Coello *Isab. de Portugal* d 697.

Roccalbegna. — Lorenzetti *V. E. d* 424 ; Vanni *S. Pierre d* 579.
Roden*. — A. da Predis *P. de f. d* 16.
Röhrer (Munich)*. Gossaert *Nativ. c* 72; *V. E. S. Joseph c* 453; Patinir *J. à Gethsémani, b* 396.
ROME. — Voir *Barberini, Borghèse, Colonna, Corsini, Doria, Rospigliosi, Sciarra*, etc.

    Académie de Saint-Luc. — Raphaël *Enfant bachique b* 720 ; *S Luc peignant la V. b* 627; Titien *Amour et Vanité f* 150.

    Capitole. — Giov. Bellini *P. d'h. b* 121; *P. de l'artiste b* 681 ; L. di Credi *V. E. AA. b* 206; Dosso *V. E. S. Joseph* 178 ; Francia *V. E. SS. b* 318; Garofalo *Annonc. b* 55; Macrino d'Alba *V. E. SS. b* 298; Marescalco *P. de l'artiste b* 118 ; Titien *Bapt. de J. c* 149.

    S. Clemente. — Masolino *Crucif. b* 415 ; *Hist. de S. Ambroise b* 580, 581 ; *Hist. de S. Christophe, b* 602 ; *Hist. de S. Catherine, b* 673-676.

    S. Cosimato. — Pinturicchio *V. E. SS b* 299.

    Farnesina. — Raphaël *Trois Grâces f* 217; *Triomphe de Galatée f* 265; Sodoma *Mar. d'Alexandre* 647

    S. Giovanni in Laterano. — Palmezzano *V. E. S. b*. 303.

    Latran. — Crivelli *V. E.* 213 (et mieux, *b* 271); *V. E. SS. b* 343 ; B. Gozzoli *Hist. de S. Thomas b* 517 ; Palmezzano *Annonc. b* 68 ; *V. E. SS. b* 326.

    S Marco. — Melozzo da Forli *S. Pierre b* 629.

    S. Maria dell' Anima. — J. Romain *V. E. SS b* 308.

    S. Maria del Popolo. — Pinturicchio *Naiss. de la V. b* 31; *Présent. de la V. b* 35; *Nativ. b* 91; *V. E. SS b* 323; *Assompt. b* 515; *S. Jérôme b* 624; *Sibylles d* 647; Sebastiano del Piombo *Naiss. de la V. b* 32

    S. Maria in Araceli. — B. Gozzoli *S. Antoine de Padoue b* 586; Pinturicchio *Mort et glorif. de S. Bernardin b* 595, 596; *S Madeleine au désert b* 690.

    S. Maria sopra Minerva. — Antoniasso Romano *Annonc. b* 39; Filippino Lippi *Annonc. b* 60; *Assompt. b* 513; *Miracle de S. Thomas d'Aquin b* 659; *Triomphe de S. Thomas d'Aquin b* 661.

    S. Onofrio. — Beltraffio (Léonard) *V. E. D. b* 202.

    S. Pierre. — Giotto *V. E. AA. SS. b* 343; *J. sur tône b* 500; *Apôtres Martyre de S. Paul b* 641 ; *Mart S. Pierre b* 644; Jules Romain *V. b* 302.

    S. Pietro in Montorio. — Anto *Père Eternel b* 2 ; *V. E. S. Anne* Peruzzi *David et Salomon b* 11 ; Co *de la V. b* 523; *Vertus théologales Sibylles b* 736; Sebastiano del P *Flagell. b* 405.

    Quirinal. — Melozzo da Forli *gloire b* 499.

    Trinita dei Monti. — Daniel d terre *Desc. de la croix* 438.

    Vatican et Sixtine. — Angelico *de S. Etienne* 548, 549; *S. Laure sant l'aumône* 570; *S. Laurent de juge* 571; Bernardino dei Conti *Fr. Sforza* 510; Ecole des M *S. Antoine de Padoue f* 36; Melozz *c* 407; *Fond. de la Bibl. Vaticane* Michel-Ange *Dieu créateur c* 2, 3; *et Eve e* 11 ; Moretto *V. à la poire* Pérugin *Remise des clefs e* 164; ricchio *Suzanne b* 22; *S. Barbe b* *Musique b* 712; Pordenone *V. b* 613; Raphaël *Allég. de la Sage la Force et de la Modération* 624 ronn. *de la V.* 503; *V. de Folign Transfig. b* 389; *Dieu créateur c* 1 *Annonc. c* 48; *Ador. des Mages Présent an temple c* 111; *Adam e* 9; *Peintures de la salle de b Bibiena f* 186; Titien *Doge Marcello e* 16; *SS. e* 405.

Roncalli. — B. Veneto *Résurrectio d* 276
Rosebery. — P. Bordone *P. de f.* di Credi *S. Georges* 555.
Rosenberg*. — M. de Moulins *Adi J. à sa mère e* 262; Titien *Le do man* 172.
Rospigliosi (Rome). — Lotto *La C poursuit Vénus* 621; Signorelli *V.* et *S. Joseph b* 243.
Rossi*. — Gavazzi *V. E. SS. e* 379.
Rossie Priory. — Solario *J. pleure*
Roth (G. von) — Titien *F. a e* 156.
Rothschild (Alphonse, puis Édoua. — Palma *P. de f.* 306; *e* 340; R (Seb. del Piombo) *Violoniste b* 60
Rothschild (Gustave, puis Robert Van Eyck *V. E. SS. b* 364.
Rothschild (Léopold de). — Aud Sarto *V. E. SJB.* 223.

Rothschild (Maurice de). — Titien *P. de f.* d 473; Weyden *Sibylle* d 243.
Rothschild (Max). — Bronzino *P. d'Ezzelino da Romano* f 211.
Rouen. — G. David *V. E. SS.* 275; Florentin *Tuccia* d 654; Français *Diane et ses nymphes* d 637; Pérugin (Gerino) *Ador. des Mages* 71; Bapt. *de Jésus* 377; *Résurr. de J.* c 474; Santa Croce (F. de) *Annonc.* 37; *Bénéd. de Jacob* 2.
 SAINT-OUEN. Allemand *Flagell.* 397.
 PALAIS DE JUSTICE. Français *Crucif.* b 438.
Ruck (A.). — Lotto *P. d'h.* f 192.
Rumerskirch*. — Allemand *Lavement des pieds* c 140; *Flagell.* c 167; *Prédication* c 795; B. Gozzoli *Ange* c 519; Hollandais *Résurr. de J.* c 237; Holbein le Vieux *J. enseignant* c 254; Lochner *Assompt. de la V.* c 497; Lucas de Leyde *Archange* c 516; Maître de Tepel *Nativ.* c 65; *Baiser de Judas* c 152; Ecole d'Utrecht *Arrest. de Jésus* c 153.
Rutherford-Stuyvesant. — Basaiti *P. d'h.* f 312.
Ryerson (Chicago). — Voir Kraemer, *Amiénois* (b 210, d 54, e 266).
Sabin (Fr. J.). — Michel de Verone *Jug. de Paris* f 220; A. Moro *P. de f.* f 285.
Sagan*. — Bronzino *P. de jeune h.* b 686.
Saintes — Primalice *Judith* e 34.
Saint-Germain-en-Laye (Musée municipal). — J Bosch *L'escamoteur* 663.
Saint-Martin d'Entraunes. — Brea *V. de miséric.* e 431.
Saint-Pierre-Azif. — J. van Cleve *P. de f.* e 72.
Salis (Cte de).* — Luini *Ste Catherine* f 30.
Salomon (Nice). — Brea *Deux saints* f 110.
Salting (à la Nat. Gall.) — Beltraffio *Narcisse* c 767; Brnyn *P. d'h.* 559; Cariani *P. de vieillard* 403; Cleve (Joos van) *V. E. S. Joseph* 94; P. Cristus *P. de jeune h.* 179; Français *Clément pape et un donateur* b 603; Holbein *P. de Landenberger* b 316; M. de Flémalle *V. E.* 184; Erc. di Roberti *Concert* 666; A. Vivarini *P. de jeune h.* 98.
Samuelson. — Raff. del Garbo *V. E. AA.* 232; *V. E. SS.* d 472; Lippi *Moïse frappant le rocher* d 17; *Culte du veau d'or* d 17; Mantegna *V. E.* d 441.
San Domenico. — L. di Credi *Bapt. de J.* d 138.
San Feliciano. — Nicc. da Foligno *J. en croix* d 211.
San Gimignano. — B. Gozzoli *S. Augustin enseignant* c 587; Filippino Lippi *Annonc.* d 51; Ghirlandajo *S. Fine* d 605.
 S. AGOSTINO. — B. Gozzoli *Educ. de S. Augustin* b 588, 589; Tamagni *Naiss. de la V.* d 36.
Sangiorgi (Rome)*. — Bellini *V. E. e* 298; Clouet *P. de f.* d 678; Credi *V. E. e* 281; Dosso Dossi *P. d'Alph. d'Este* d 684; Français *P. d'h.* d 438; Mainardi *V. E.* c 277; Romain *Cardinal Hipp. de Médicis* d 192.
Sankt Wolfgang. — Pacher *Préd. du S.* d 588; *Le S. bâtit une chapelle* d 589; *Le S. distribue du blé* d 590; *Nativ.* e 87.
San Marino. — SAN FRANCESCO. — Giov. Bellini *V. E. SS.* b 307.
San Pietro d'Orzio. — B. Veneto *J. sur les genoux de la V.* d 258.
Sansepolcro. - Voir Borgo.
San Severino. — S. AGOSTINO. — Lorenzo di S. Severino II *V. E. SS. AA.* b 256.
 — CATHÉDRALE. — Pinturicchio *V. E. AA. D.* 354.
Santillane. — G Inglès *Marquis et Marquise de Santillane* d 292; e 66.
Santini*. — Coltellini *V. E. SS.* d 376; Ferrarais *J. en croix* d 197; Ortolano *J. en croix* d 207; Erc. di Roberti *Desc. de la croix* d 234.
Saracini (Sienne). — D. Ghirlandajo *P. de f. en S. Catherine* b 318; Isenbrant *Nativ.* b 50; N. Landi *V. E. SJB. et S. Madeleine* b 216; Sassetta *Ador. des Mages* b 109.
Saronno. — SANCTUAIRE DELLA VERGINE. — Luini *Anges* 508; *Mar. de la V.* 20; *Nativ.* 53; *Présent. au temple* 372; *Ador. des Mages* b 98; *Jésus et les docteurs* b 373.
Sarrasin (Bâle). — Léonard *SJB.* e 457.
Sartoris. — P. Alemanno *V. E.* e 313.
Saturnia. — Gir. da Benvenuto *V. E. S. Sébastien* d 468.
Savone. — Bardo *J. en croix* e 204.
Scarpa*. — Francia *V. E. et S. Joseph* 171; Giorgione *Concert.* 243; Parmesan *V. S. Madeleine et S. Zacharie* 341; Raphaël (Seb. del Piombo) *P. d'h.* 207; Romanino *V. E. et S. Joseph* 171; Cesare da Sesto *V. E, S. Jean et S. Joseph* 241; Titien *Vénus et l'Amour* 644.
Schevitch*. — Cranach *J. et la femme adultère* c 136; Flamand *J. pleuré* c 220; Hollandais *Marie-Madeleine* b 525; *J. chez les Maries* c 138; M. de Flémalle *V. E.* c 265; Metsys *V. en prière* c 515.
Schickler*. — Antonello *J. douloureux* e 181; Botticelli *P. de l'artiste* f 44; G.

David *Père Eternel entre deux anges* b 2; Vivarini *P. d'h.* d 24.

Schiff*. — Breughel *Danse de l'œuf* c 793; Français *Repos en Egypte* c 122; M. de la mort de Marie *J. en croix* c 191; Scorel *P. de f.* d 490.

Schimmelpennink*. — Allemand *P. Bricker et sa femme* d 289, 290.

Schippers*. — Neri di Bicci *Trinité* e 3.

Schleissheim. — Cranach *J. en croix* e 215.

Schlichting (du Louvre). — G. Bellini *Trissino* f 248; Botticelli *V. E.* 212; Seb. del Piombo *P. de f.* b 88; Titien *P. d'Andrea Doria* d 691.

Schloss (Mme). — Catena *V. E. SJ.* d 455; P. Cristus *J. pleuré* b 469; Koffermans *Repos en Egypte* b 371; Luc de Leyde *V. E. é* 300, 375; Weyden *J. devant Pilate* c 156.

Schœnborn. — Holbein *P. de jeune h.* b 317.

Schouvaloff*. — All. *S. Madeleine et S. J. B. f* 84; Borgognone *J. entre deux saintes* e 184; Espagnol *J. en croix* e 199; *Volets* e 220, 223; M. de la Mort de Marie *V. E. S. Jos.* e 363.

Schubart*. — Amberger *Barbara Schwartz* b 604; *M. Schwartz* b 618; Cranach *Diane endormie* b 768.

Schweitzer. — Solario *V. E.* d 417.

Sciarra*. — Bonsignori *P. de guerrier* f 236; Holbein *P. d'h.* c 611; Palma *P. de f.* 306; e 340; Titien *P. de famille* e 54.

Sé de Vizeu. — Portugais *Bapt. de J.* 152; Vasco *S. Pierre* d 578.

Sedelmeyer*. — Antionasso *V. E.* b 153; Bagnacavallo *V. E. SS.* b 322; Jac dei Barbari *P. d'h.* b 374; Basaiti *V. E.* b 164; Bissolo *J. devant les docteurs* c 126; Blondeel *V. E. SS.* b 341; Bonifazio *Ador. des Bergers* b 92; Botticelli *Hist. de Nastagio* c 785; Bronzino *Giov. de Médici* b 384; *P. de f.* b 385; *Bianca Capello* b 386; *Cesarino Sforza* b 394; Bruyn *Desc. de la croix* b 467; Bugiardini *V. E. SJB.* b 198; Cleve (Joos van) *V. E. S. Joseph* b 201; Clouet Mme de Suce b 331; *Duchesse d'Angoulême* b 339; B. dei Conti *Duchesse de Milan* d 417; Cranach *V. E.* b 138; *Electrice Palatine* b 377; *P. d'h.* b 408; Lor. di Credi *V. adorant* b 233; G. David *Crucif.* b 418; d 195; Dürer *P. d'h.* b 357; G. da Fabriano *Couronn. de la V.* b 525; Ferrarais *J. mort* e 235; Flamand *Jean Sans Peur*

b 305; *Saints et Saintes* b 563; Fr. *V. E.* b 162; *V, E. et S. Joseph* b *V. E. et S. Georges* b 201; *V. E. SS.* b 300; E. Ghirlandajo *V. E.* b 187; gone *P. d'h.* b 343; Goes *Annonc.* Gossaert *V. E.* b 166; *P. de f.* b Hollandais *P. de f.* b 379; Innocen Imola *Mar. myst de S. Catherine* b Isenbrant *Crucif.* b 447; Filippino *V. E. SJB.* b 232; *V. E. e* 279; Lot *E. SS* b 284; *P. de f.* b 336; Lui *de f. c* 372; *V. E. e* 302; Mazzola b 150; *P. d'h.* b 404; Metsys *J.* sant c 399; Morales *V. E. e* 279 Moro *P. d f.* b 330; Moroni *P. a* 350, 388; d 159, 671; Mostaert *P.* b 356; Neufchâtel *P. de f.* b 368 *d'h.* b 387; Orley *V. E.* b 268; *Le Sauveur* c 527; Palmezzano *SJB. et S. Joseph* b 220; Pollaiuo *E. A.* b 200; *V. E. AA.* b 210; (Ra *V. de Lorraine* b 182; Sebastiano Piombo *Pape Clément VII* b 383; Ja Sellaio *V. E. SJB. A.* b 245; Solar *E. AA.* b 234; Streetes *P. de Henri* b 328; Titien, *V. E. SJB. et S. J.* b 278; *Noble vénitien* d 275; Tom *Nativ.* b 79; Vénitien *P. d'h.* b 40 van der Weyden *V. E.* b 157.

Seitz*. — Allemand *Annonc.* c 50; ling *V. E.* c 422.

Sekeyan*. — Bellegambe *V. E. AA.* *V. E. S. Jos.* c 365; Brugeois *Ador Berg.* e 101; Bruyn *Donateurs* e 22 David *Rep. en Eg.* e 135; Dürer *Scèn la Passion* e 197; Flamand *S. Jér* 68; Gossaert *François Ier f* 195; He dais *Nativ.* c 92; *Ador. des M.* c 109; homo e 173, 174; L. Longhi *V. E.* 355; M. de la Mort de Marie *V. E. e* Fr. M-lauzio *Lament. sur J.* e 242; taert *J mort* e 243; B. van Orley *des M.* e 107.

Sellar*. — G. David *V. E. SS.* e 414; rentin *Mort de la V.* e 442.

Semur. — Bourguignon *Marg. de l gogne* d 48.

Sepp*. — Schongauer *V. au buisso roses* 186.

Serravalle. — Titien *V. E. SS.* e 39'

Sessa — Pisanello *Lég. de S. Ben* 540.

Séville. — Brugeois *V. E. SS.* e 423 nez *J. mort* d 264. — CATHÉDRALE. de Vargas *Ador. des Bergers* 69; *L'E triomphante* 616.

SIENNE. - ACADÉMIE. — Altdorfer *Hi.*

S Quirin 581; Andrea di Niccolo *J. en croix* 519; *Nativ.* 59; Spinello Aretino *Couronn. de la V.* 497; Domen. di Bartolo *V. E. AA.* 199; Beccafumi *Desc. de J. aux Enfers b* 441; Girol. di Benvenuto *V. E. SS.* 246; Mich. di Besozzo *V E. SS.* e 420; P. Bordone *Annonc. b* 53; Cozzarelli *V. E. SS.* 289; Bartol. di Fredi *Mort de la V.* 482; *Présent. de la V. au temple* 17; *Ador. des Mages b* 108; B. Fungai *V. E. SS b* 327; Taddeo Gaddi *V. E. SS. AA.* 260; Fr. di Giorgio *V. E. SJB. A.* 150; *Nativ. b* 82; *Montée au Calvaire d* 189; *J. raillé d* 180; *Couronn. de la V. e* 450; Benv. di Giovanni *V. E. AA. d.* 328; *Ascension d* 285; *S. Ambroise et S. Lucie d* 526; *S. Michel et S. Cath. d* 613; Matteo di Giovanni *V. E SJB. S. Jacques AA.* 148; *V E. AA.* 149; *V. E. SS. b* 291; Maestro Gregorio *V. E A.1.* 189; Simone Martini *V. AA.* 255; Neroccio dei Landi *V. E. SS.* 329; *V. E. SS. b* 214, 228; Pacchiarotto *Asc. de J.* 478; *Visit.* 45; Gilio di Pietro *V. E.* 123; Sano di Pietro *V. E. SS* 258; *Couronn. de la V.* 495; Pinturicchio *V. E. SJB. b* 192; Siénois *V. tenant un vase* 491; Sodoma *Desc. de la croix c* 207; Andrea Vanni *Triomphe de l'Amour* 612.

S. AGOSTINO. — Matteo di Giovanni *Mass. des Innocents c* 123; Sodoma *Ador. des Mages c* 89,

ARCHIVIO. — Neroccio dei Landi *V. protectrice de Sienne b* 532.

S. DOMENICO. — Franc. di Giorgio *Nativ.* 61; Benv. di Giovanni *V. E. SS. A 4.* 169; Matteo di Giovanni *S. Barbe b* 577; Sodoma *Extase de S. Catherine* 600.

DUOMO (OPERA DEL). — Duccio *Maesta b* 309; *J. au prétoire* 393; *J. devant Caïphe* 394; *J aux Enfers* 470; *J. apparait aux disciples b* 490; *J. couronné d'épines c* 462.

FONTE GIUSTA. — Fungai *Couronn. de la V.* 499; *c* 504; R. Peruzzi *La Sybille et Auguste* 657.

LIBRERIA. — Pinturicchio *Hist. de Pie II b* 747, 748; *c* 782; *d* 660; *Canon. de S. Catherine c* 707.

S. MARIA DELLA NEVE. — Matteo di Giovanni *V. E. SS.* 321.

S. MUSTIOLA. — A. di Niccoló *V. E. SS.* 299.

OSPEDALE. — Bartoli *Visite de l'évêque d* 664; *Lavement des pieds d* 665.

PALAZZO PUBBLICO — Spinello Aretino *Triomphe d'Alexandre III b* 746; Taddeo Bartoli *Mort de la V. c* 488; Lorenzetti *Bon gouvernement d* 630; Sano da Pietro *S. Bernardin* 541, 542; Vecchietta *S. Catherine* 601.

S. STEFANO. — Andrea Vanni *V. E. SS.* 257.

Sigmaringen — All *Résurr. de J. e* 254; G. David *Annonc. d* 52.

Simon (Edouard). — Bronzino *P. d'un amateur d* 703.

Sinigaglia. — S. MARIA DELLE GRAZIE. — P. della Francesca *V. E. AA.* 156; Perugin et Spagna *V. E. SS* 319.

Sirén. — P. di Cosimo *V. E. e* 318.

Soleure. — Alsacien *V. assise e* 303; Holbein *V. E. SS c* 324.

Soltmann* (Berlin). — Schaüfelein *Crucif. b* 437.

Somers Somerset — Granacci *Assompt. d* 502; Pesellino *Ange d* 520.

Somzée*. — Anversois *J. au jardin, Crucif. etc. d* 157; Bonifazio *J. et la Samaritaine* 384; Bourguignon *Martyre de S. Denys d* 543; Bruyn P. *d'h. b* 190; Clouet *P. de f. d* 690; Cranach. *S. Cath. d* 114; G. David *Annonc. d* 53; *Miracle de S. Nicolas* 578; Engelbrechtz *V E. SS e* 408; Français *Nativ. d* 86; *V. E. S. Joseph d* 369; Huys *Tent. de S. Antoine d* 535; Isenbrant *SJB. et un bénédictin d* 363; L. de Leyde *Salomé* 521; L. Lombard *J. et Simon d* 187; M. de Flémalle *V. E. d* 184; Matsys *V. E. d* 446; Michel-Ange *Résurr. de J. e* 258; Oostsanen *Ador. des Mages d* 111; Titien *Culte de Venus c* 771; B Veneto *P. d'h.* 173.

Sospel — Niçois *Pietà e* 244; *V. et SS. e* 429.

South Kensington. — Voir *Victoria and Albert Museum.*

Soyez (Amiens) — Français *V. E. b* 362; *S. Honoré b* 619,

Spello. — S. ANDREA. — Pinturicchio *V. E SS.* 351.

S. GIROLAMO. — Fiorenzo di Lorenzo *Mar. de la V.* 8.

S. MARIA MAGGIORE. — Pinturicchio ou Pérugin, *V. E. SS.* 296; Pinturicchio *V. E.* 11; *Sibylle Erythrée b* 736; Spagna, *V. E. b* 99

Spencer. — Voir *Althorp.*

Spinelli*. — Antonello *Jésus d* 179.

Spire. — M. de La Vie de Marie *Salomé d* 559; *Transfig d* 280.

Spiridon (Paris). — Neri di Bicci *V. E.* 237; Taddeo Gaddi *S. Eloi* 857; D. Ghirlan-

dajo *Histoire de Nastagio d. Onesti* 654; *V. E. SS. e* 391; Filippo Lippi *V. E. b* 207; Pesellino *Trois martyrs* 577.
Spitzel* (Munich) — Strigel *P. de Bianca Sforza b* 764
Spolète. — Spagna *V. E. SS.* 356. — Dôme. Filippo Lippi *Annonc.* 3i; *Couronn. de la V. c* 504.
Squindo*. — Allemand *V. E. c* 414; H Asper *P. d'A. von Luternamo c* 481; *P. de f. c* 737; Bruyn *P. d'h. c* 59; Cranach *P. de Cath. de Bora c* 18; Crispin van der Broeck *Ador. des Rois c* 481; Flamand *V. E. c* 398; Jacob d'Amsterdam *V. E. S. Anne c* 309; J. de Kempner, *J. en croix c* 196; Schäuffelein *J. en croix c* 180.
Steer (Wilson. — Bugiardini *P. de f. f* 208.
Stein*. — Flamand *V E. et S. Anne c* 451.
Stoclet. — Français *Isab. de Portugal e* 461; Giov. da Paolo *Résurr. de Drusiane d* 564.
Stolk (van). — Froment *P. d'h d* 168.
Stertzing. — Hôtel de ville. — Multscher *Annonc et Mort de la V. b* 61; *J. à Gethsémani et montée au Calvaire b* 408.
Stoop — G. David *Repos en Egypte c* 286.
Strasbourg. — Altdorfer *P. d'un géomètre c* 513; Bacchiacca *Astronomie d* 621; Botticini *V. E. SJB. c* 278, 444; Bruyn *P. d'h. f* 138; Cariani *P. d'un musicien c* 541; Carpaccio *Reine de Saba d* 27; Cima *Triptyque c* 668; Corneille de Lyon *H. au faucon c* 431; Corrège *Judith d* 22; Cranach *Adam et Eve c* 15; Crivelli *Nativ. c* 67; Flamand, *V. E. et S. Anne c* 309; *P. d'h. c* 445; Giotto *J. en croix e* 198; Bald. Grien *V. E. AA. c* 466; Lippi (Filippino), *Ange c* 519; M. de la Mort de Marie *P. d'h. e* 155; Marconi *V. E. c* 426; Memling (?), *J. en gloire c* 247; *La Vanité c* 736; *Diables c* 746; *Squelette* 748; *Crâne c* 749; *Armoiries c* 750; Montagna *V. E. S. Joseph c* 449; Palma J. *sauveur c* 253; C. Witz *S Catherine et S. Madeleine b* 579; Zeitblom *SJE. et deux saints c* 605.
Street. — Florentin *S. Bernard* 540; Giotto *Triptyque* 14.
Stroganoff (Rome). — Borgognone *V. E. et Chartreux b* 204; Botticelli *Deux anges* 510; Engelbrechtsen *Gethsemani d* 164; Geertgen *Arbre de Jessé d* 34; B. Grien *P. d'h. d* 478.
Stuart (Sir M. Shaw). — Cima *V. E.* 114.
Stuttgart. — All. *P. d'h. e* 276; *P. d'une*

Welser *e* 279; *Frau von Ehinger e* ; *H. von Ehinger e* 382; Amberger *P. de* 44; Fra Bartolomeo *Couronn. de la* 508, 521; Basaiti *V. E.* 130; *V. E* Sainte *c* 446; Bellini *V. E SS.* 299; nateur vénitien *c* 157; P Bordone *V* et *S. Antoine c* 315; *Résurr. de J. d* Bronzino *P. d'un prélat* 41; *P. d'h* 415; Carpaccio *Lapid. de S. Etienn* 608; *S. Thomas d'Aquin d* 586; Cran *P. de f. f* 246; Dosso *David et Saül d* Filippo de Vérone *V. E. SS. c* 467; maud *V. E. d* 306; Gianpedrino *V* et *S. Jérôme* 93; Giorgione *Chevalie page c* 717; Gossaert *J. en croix d* B. Grien *P. de Morsperg b* 409; Holl *P. d'h. f* 103; Hollandais *P. de f. e* Licinio *P. d'h. et de f. d* 196, 692; Al Melone *P. d'h. c* 649; Memling *Beths d* 25; *Eve d* 5; Palma Ste *Famille e* 334; *V. E et S. Pierre* 352; *Résurr J. c* 236; Penni *V. E. SJ. d* 321; *Pér V. E. SJB. AA.* 233; Andrea del S *V. E. SS. c* 447; Schiavone *Nymph berger* 768; Strigel *Mise au tombea* 270; Tintoret *P. d'h. c* 716; Véron *P. de f. c* 314; Zeitblom *Annonc. e* Musée des antiquités. — Amberge de Moerz et de sa femme *Afra f* 24,
Sulley. — Allemand *Montée au Calvai* 183.
Sulzbach (Mme). — Botticelli *V. E. S* 454; Brugeois *S. Georges b* 512; Cat Funér. de la V. *d* 500; Gossaert *V* 132; Mainardi *V. E. SJ. d* 401; Most *V. E. d* 445; Neri di Bicci *V. E. A.* 481; B. Veneto *P. d'h. b* 84.
Sutton — Lochner *V. E. AA. d* 329; sellino *Constr. du Temple d* 26.
Swinton*. — Français *Diane de Poitie* 68.
Syracuse. — Sicilien *V. E. AA. e V. E. SS. e* 404; *V. E. e* 315.
Tabourier*. — Clouet *P. d'h. b* 411, Colin de Coter *V. douloureuse* H. Holbein *P. du Cardinal Fischer* Sig. Holbein *P. de jeune f.* 393; *P jeune h.* 461.
Talacchini. — Luini *Allégorie f* 173.
Tarnowski. — Gossaert *Isabelle d truche f* 238.
Taylor. — Cima *V. E. SS. c* 668.
Terni. — Gozzoli *V. E. SS. d* 362.
Thompson (Hubert). — Flamand *Mis tombeau d* 271; *Vierge honorée d* 603.
Tiefenbronn. — L. Moser *Les Saint Provence f* 134; Schüchlin *Annonc. e*

Visit. e 84; *Mise au tombeau e* 249.
Todi. — Masolino *V. E. d* 423.
Toscanelli*. — Spinello Aretino *V. E. SS.* 254; Tiberio d'Assisi *V. E. AA.* 144; Taddeo Bartoli *J. en croix* 412; Dom. di Bartolo *V. E. AA* 209; Neri di Bicci *V. E.* 237; Cenni *V. E. SS.* 259; L. di Credi *V. adorant l'E.* 241; B. Daddi *J. en croix* 415; Duccio *J. en croix* 412; Gentile da Fabriano *Ador. des Mages* 72; Florentin *SS. divers* 526; Piero della Francesca *Profil de f.* 553; Bart. di Fredi *Mort de la V.* 481; Angelo Gaddi *V. E. AA.* 191; Taddeo Gaddi *Vie de S. Eloi* 548; D. Ghirlandajo *V. E. SS.* 312; Giotto *Concert d'anges* 509; Glovio *J. en croix* 411; Hugo van der Goes *V. E. AA.* 182; *S. Dominique et S. Jérôme* 566; Lucas de Leyde *Marie Madeleine* 607; Filippino Lippi *V. E.* 102; Filippo Lippi *V. E. AA.* 157; A. Lorenzetti *J en croix* 424; Mantegna *J. mort entre deux anges* 442; Simone Martini *Christ bénissant* 379; *V. E. SS* 258; Lippo Memmi *V. E.* 188; Jacopo di Mino del Pelliciaio *V. E.* 196; Lorenzo Monaco *J. couronnant la V.* 497; *V. E. AA.* 259; Orcagna *J. en gloire* 479; *Grand retable* 531; Pacchiarotto *S. François recevant es stigmates* 553; Giovanni di Paolo del Poggio *J. et les Évangélistes* 511; Pesellino *Exéc. de trois martyrs* 577; *S. Jean et S. Michel* 519; Sano di Pietro *V. E. SS.* 148; Andrea del Sarto *Lég. de S. Philippe* 539; Cesare da Sesto *V. E.* 109; Parri di Spinello *V. E.* 122; Trini *Vie de S. Romualda* 582.
Toulouse. — Pérugin *SJE. et S. Augustin c* 607
Tours. — Ainuno *Annonc. e* 74; Bellini *Circonc. e* 140; Eusebio di S. Giorgio *Ador. de l'E. e* 121; Flamand *Ador. des M. e* 105; Mor ui *P. d'h. d* 432; Squarcione *Guerrier e* 146; Zoppo *SJB. e* 464.
Traumann (Madrid). — Flamand *J. en croix V. et D.* 434.
Tresto. — Venitien *V. E. d* 428.
Trevelyan. — Allemand *V. E. SS. d* 381; *SS divers f* 22; Francia *V E. d* 443.
Treviglio. — Butinone *V. E. AA. d* 320; Zenale *S. Martin d* 573; *Saintes et Saints f* 23, 137.
Trower. — Allemand *Ador. des Mages d* 109.
Trevi. — Ste MARIA DELLE LACRIME. — Pérugin *Ador. des Mages* 81.
Trevise. — DÔME. Lotto *P. d'h. f* 109;

Titien *Annonc. c* 49. — S. NICOLO. Savoldo *V. E. SS. c* 347.
Triqueti*. — Angelico *V. E. SS. b* 340; *Buste de J. c* 517; Botticelli *V. E. SJB.* 153.
Trivulzio (Milan) — Antonello *P. d'h.* 142; G. Bellini *V. E.* 119; Beltraffio *Ludovic le More b* 431; Botticelli *P. de f. b* 425; Foppa *V. E. b* 165; Mantegna *V. E. SS. b* 347; Pontormo *P. de savant b* 444; Jacopo del Sellaio *S. Jean-Baptiste b* 547.
Troyes. — Malouel *J. pleuré b* 475.
Tucher. — Hollandais *J. descendu de la croix d* 239; *Flagell. d* 177; *J. en croix d* 212; B. Veneto *P. d'h. d* 202.
Tuck. — Daret *Prés. au temple d* 123.
Turbie (La). — Niçois *Pietà e* 239.
Turin. — Botticelli *Triomphe de la Chasteté d* 618; L. di Credi *V. E. b* 168; Defendente da Ferrari *Mar. myst. de Ste Catherine b* 678; *V. E. SS. c* 341; Engelbrechtsen *Lament. sur J. d* 250; J. van Eyck *S François recevant les stigmates* 681; G. Ferrari *Crucif. b* 444; *J. pleuré b* 465; Florentin *Triomphe de la Chasteté d* 627; Francia *Mise au tombeau b* 438; Franciabigio *Annonc. b* 55; Hollandais *Ecce homo d* 173; *J. en croix d* 193; Lanino *V. E. SS. e* 417; Maccino *V. E. SS. e* 411; M. de Flémalle *Annonc. e* 81; Orley *Guérison des écrouelles d* 663; Paolo de Brescia *V. E. SS. c* 332; Pollaiuolo *Tobie et trois archanges* 13; *Tobie et un archange b* 18; Savoldo *Ador. des Bergers b* 90; Schiavone *V. E. b* 146; Sodoma *V. E. SS.* 273; *Lucrèce f* 294; Sogliani *V. E. SJB. b* 277; Titien *S. Jérôme f* 67; Véronèse *Danaé f* 200; T. Viti *V. E b* 161.
Turner (Sir Ch.). — Cranach *P. de f. f* 154; Crivelli *S. Jacques f* 58.
Ulm. — CATHÉDRALE. — M. Schaffner *Famille de la V. b* 29.
Ulrich. — Lucas de Leyde *V. E. AA. c* 483.
Urach. — Voir *Lichtenstein*.
URBIN. — CATHÉDRALE. — T. Viti *S. Martin b* 630.
  MAISON DE RAPHAEL. — G. Santi *V. E. b* 177.
  PALAIS DUCAL. — G. Santi *V. E. SS.* 314; *S. Sébastien* 585; Juste de Gand *La Cène d* 154; Titien *La Cène e* 166; *Résurr. de J. e* 255.
Utelle. — Niçois *Annonc. e* 69.
Utrecht. — Engelbrechtsen *J. en croix d* 227; *Résurr. d* 279; Geertgen *J. portant la croix d* 181; *J. en croix d* 209; *V. E.*

S. Anne d 480; Hollandais V. E. SS. d 478;
Appar. de la V. à S. Dominique d 385,
387; V. E. et moine d 397; Ador. des
Mages d 110, 112, 120; Roi nègre et
Joseph d 121; V. E. d 307; Préparatifs
de la Crucif. d 190; Pèlerins à Bethléem
d 666; Oostsanen J. desc. de la croix
d 240; Ador. des Mages d 113; J. en
croix d 228; Scorel Ador. des Mages
d 102; Volets f 98; Repos en Egypte
d 129; P. de f. d 694; Donateurs d 701.
Val d'Emma. — Chartreuse. — Albertinelli Crucif. b 440.
Valence. — Espagnol J. aux et fers b 490;
Ferr. de Llanos Repos en Egypte d 132.
Valencia de San Juan. — Pourbus le
jeune Isabelle d'Autriche e 479; Albert
d'Autriche f 5.
Valenciennes. — Flamand SJB. et un
prêtre c 596; Memento mori c 748.
Valois (N.)*. — Angelico J. en croix c 203
(à Harvard).
Varano. — Bald. d'Este Mar. de la V. d
495; Erc Grandi Lament. sur J. d 256.
Varèse. — Baptistère. — Giovenone V.
E. SS. b 294.
Varsovie. — Français Famille de Henri
II f 283
Vasel. — Franciabigio P. de jeune h. 165.
Vasnier*. — Vénitien P. de Pic de la Mi-
randole c 189.
Vecchietti. - Lor. Monaco V. E AA. d 327.
VENISE. — Académie. — Basaiti Voc. des
fils de Zébédée c 132; Gethsémani c 146;
G. Bellini V. E. b 126, 155, c 318; V.
E. SS. 338; b 218; La Vérité c 737;
Boccaccino V. E. SS. c 354; Bonifazio
J. sur trône b 501; V. E. SS. b 280;
Ador. des Mages b 102, 103; P. Bordone
L'anneau de S. Marc c 781; Bosch Bien-
heureux d 294; Carpaccio Présent. au
Temple c 117; Cima V. sur trône avec
SS. 251; J. et S. Thomas b 496; Bened.
Diana V. E. SS. c 373; Pordenone P. de
f. e 147; Swart Tour de Babel d 11; Tin-
toret Miracle de S. Marc c 636; Adam et
Eve d 8; Le doge Mocenigo d 667; Titien
Lament. sur J. c 238; SJB. e 460; P. de
Fr. Soranzo f 217; Présent. de la V. au
temple b 35; Véronèse V. E. SS. c 376.
Carmine. — Cima Nativ. b 81.
Correr (Museo Civico). — Ansuino P.
d'h. b 728; Gentile Bellini P. de Giov
Mocenigo b 450; Giov. Bellini Transfig.
c 141; J. en croix c 204; G. Schiavone
V. E. e 297; Tura J. mort d 261; Car-
paccio Courtisanes f 510.

Oratorio dei Crociferi. — Titien
somption e 447.
S. Crisostomo. — G. Bellini S. Jér
S. Christophe et S. Augustin c 552;
del Piombo S. Chrysostome avec S
555.
S. Ermagora. — Titien L'Enfan
avec des SS. f 3.
S. Francesco della Vigna. — G. Be
V. E. SS. c 478.
Frari. — G. Bellini c 338; Titiel
de la famille de Pesaro c 375; Asso:
tion e 448; Vivarini S. Marc d 571.
S. Giacomo dall' Orto. — Maresc
S. Sébastien, S. Laurent et S. Roch b
S. Giobbe. — Savoldo Ador. des
gers b 95.
S. Giorgio. — Carpaccio S. Jérôme
Giovanelli. — Giorgione Adrast
Hypsipyle c 761; Vinc. dalle Destre V
SS. e 375, 380.
S Giovanni e Paolo. — G. Bellini V.
c 353; Titien Meurtre de Pierre Mar
f 107.
S. Giovanni Elemosinario. — Titiei
Jean Hospitalier f 42.
S. Maria dall' Orto. — Cima SJB.
SS. 324.
S. Maria della Pietà. — Moretto F
tin chez Simon d 149.
S. Maria della Salute. — Titien F
dic. de S. Marc 572; Cain et Abel e
Sacrifice d'Abraham e 13; David e 24
S. Maria Formosa. — Palma V.
Barbe 598.
S. Maria Mater. — Catena Mar
de S. Christine b 681.
S. Marziale. — Titien Tobie e 37.
Palais Ducal — Tintoret Ariane c
ronnée b 721; Mercure et les Grâce
240; Titien S. Christophe f 35; Allég.
la Foi f 158; Bataille de Cadore f 3
Véronèse Enlèv. d'Europe b 728; Tric
phe de Lépante c 734.
Palais Royal. — Titien La Sagess
149.
Redentore. — A. Vivarini V. E. 146
San Rocco. — Titien J. douloureu
189.
Scuola di san Rocco. — Titien A
nonc. e 66.
S. Salvatore. — Carpaccio Repas d'E
maüs 390; Titien Annonc. e 76; Trans
e 163
S. Sebastiano. — Titien S. Nicola
98; Véronèse Triomphe de Mardoché
21; Couronn. d'Esther d 32; Martyre

SS. *Marc et Marcellin* c 636 ; *J. en croix* d 197.
Seminario. — Giorgione *Apollon et Daphné* 632 ; Léonard *V. E. S. Jos. e* 361 ; Lippi (Filippino) *J. et la Samaritaine* c 135.
S. Trovaso. — Jacobello del Fiore *S. Chrysogone* f 36 ; Tintoret *Tent. de S. Antoine* c 553.
Verceil. — S. Catarina. — Lanini *Amours* f 185.
Verhaegen. — Bellegambe *Conversion de S. Paul* f 100.
Vernon Watney. — Botticelli *Hist. de Nastagio* c 784.
VERONE. — G. Bellini *Crucif.* b 424 ; Bonsignori *V. E. SS. AA.* b 225 ; *V. E.* d 434 ; Caroto *Tobie et AA.* b 19 ; *Résurr. de Lazare* d 145 ; *Hebé* d 639 ; Crivelli *V. E. AA.* b 174 ; Girol. dei Libri *V. E. S. Joseph. l'archange Raphaël et Tobie* 298 ; Hollandais *Ador. des Mages* d 118 ; L. de Leyde *J. en croix* d 229 ; Liberale *S. Sébastien* f 117 ; Morando *V. E.* d 432 ; Morone *Lav. des pieds* d 152 ; *J. V. D. SJB.* d 1 ; *V. E. SS.* d 363 ; *V. E.* d 449 ; Torbido *Tobie et l'ange* d 31 ; Véronèse *P. de Guarienti* d 553 ; Morando *J. pleuré* c 211.
S. Anastasia. — Liberale *Madeleine montant au ciel* d 502.
S. Giorgio. — *V. E. et deux évêques* b 304.
S. Giovanni. — Caroto *V. E. SS.* d 341, 370.
S. Maria in Organo. — Giolfino *Récolte de la manne* d 20 ; *Agneau pascal* d 33 ; Morone *V. E. SS.* c 360 ; Titien *Assompt.* e 449.
S. Nazzaro e Celso. — Bonsignori *V. E. SS.* d 366 ; Montagna *S. Blaise et S. Julienne* d 539 ; *SS.* b 536.
S. Paolo. — Girol. dai Libri *V. E. SS.* d 370.
S. Tomaeo. — Girol dai Libri *S. Roch* d 580.
Verospi. — Bagnacavallo *V. E. SS* c 351 ; Bronzino *P. de Vitt. Colonna* c 697 ; Ferrarais *P. d'Alphonse de Ferrare* c 711 ; Ecole de Lippi *Annonc.* c 59 ; F. Menciochi *V. E. S. Joseph* c 440 ; Or. Sammachini *Mar. myst.* c 690.
Versailles. — Corneille de Lyon *Beatrice Pacheco* f 144 ; Français *Charles VII* d 85.
Verulam. — P. Cristus *P. d'E. Grimston* 602.

Vésubie (St Martin). — Niçois *Saints et Saintes* f 136.
Vicence. — S. Giovanni Ilarione. — Montagna *V. E. SS. e* 395.
Vich. — Borassa *S. Simon et S. Jude* d 585.
Victoria and Albert Museum. — Botticelli *Esm. Bandinelli* 562 ; Giotto *Couronn. de la V.* 494.
Vienne. — Académie. — Basaiti (Palmezzano) *P. d'h.* 163 ; G. Bellini *Désir et Luxure* c 738 ; Botticelli *V. E. AA.* c 459 ; Dürer *J. pleuré* b 472 ; Monogrammiste H. F. *P. d'h.* 660.
Musée. — Aertsen *Fête de Paysans* d 676 ; Amberger *Martin Weiss* b 466 ; Antonello *V. E.* d 314 ; Basaiti *Vocat. des fils de Zébédée* c 133 ; Lazz. Bastiani *Obsèques de S. Jerôme* c 629 ; Beck *S. Georges* f 50 ; G. Bellini *Bapt. de J.* b 376 ; Bissolo *Vénus* f 272 ; P. Bordone *P. de f.* 531 ; *Anchise et Vénus* d 650 ; *Pomone et Mars* d 615 ; Boccaccino *V. E.* d 314 ; Breughel le V. *Bouffon* b 565 ; *Fête de village* c 791 ; d 676 ; *Paysage* c 796 ; d 682 ; Burgkmair *Le peintre et sa femme* b 693 ; Cima *V. E. SS.* d 345 ; Clèves (Joos van) *V. E DD.* 266 ; Clouet *Charles IX* f 258 ; Corrège *Io* 363 ; *Ganymède* c 760 ; *S. Sébastien* d 14? ; Cranach *Trois jeunes filles* c 194 ; Dürer *V. E. e* 276, 278 ; Eyck Jan van der Leeuw d 5 : *Albergati* d 167 ; Fariuato *Hercule et Déjanire* d 641 ; Français *P. d'h.* b 467 ; Franciabigio *Repos en Egypte* c 298 ; Geertgen *J. pleuré* b 462 ; *Exhum. de SJB.* b 553 ; Giorgione *Les arpenteurs* (Enée et Evand. e) 652 ; *David et Goliath* 4 ; Goes *Adam et Eve* d 4 ; *Lament. sur Jésus* d 253 ; Gossaert *S Luc* f 83 ; B. Grien *P. d'h.* b 762 ; *Vanité et Mort* f 152 ; H. Holbein *Dirk Tybis* b 459 ; *Jane Seymour* b 592 ; *P. de jeune h.* b 707 ; *P. de John Chambers* b 723 ; *P. de f.* d 47 ; e 285 ; Licinio *P. d'Ottavio Grimani* d 311 ; Lotto *P. d'h.* b 587 ; Luini *S Jérôme* f. 76 ; *M. de la mort de Marie V. E. S. Joseph* d 471 ; *Lucrèce* f 292 ; *M. des f. à mi-corps P. de f* e 445 ; Meuling *V. E. A.* b 331 ; *Adam et Eve* e 8 ; Moroni *P. d'h.* e 295 ; Pacher *V. E. SS.* d 338 ; *Jésus mort* d 268 ; Palma *P. de f.* b 513 ; *P. de Violante* f 261 ; Parmesan *l'Amour* b 719 ; Patinir *Bapt. de J.* c 130 ; A de Predis *Maximilien* b 568 ; Savoldo *P. de f.* d 706 ; Santa Croce *V. E. SS.* e 381 ; Schongauer *V. E. et S. Joseph* c 296 ; Strigel *Maximilien et sa famille* c

800; Sunter *Ador. des Mages* c 102; Tintoret *Susanne* e 43; Titien *V. aux cerises* 144; *V. E.* c 430; *Enfant au tambourin* d 635; *Jean-Fréd. de Saxe* e 21; *Salvaresio* e 29; *Ranuccio Farnese* e 63; *f* 226; *J. et la f. adultère* e 155; *Mise au tombeau* e 248; *J. la main sur le monde* e 270; *Lavinia* e 270; *Strada* e 294; *V. E. SS.* e 399; *Bened. Varchi* e 427; *Isabelle d'Estef* 2; *P. de Parma* f 64; *P. d Eléon. de Gonzague* f 78; *Allégories* f 169, 171; *Nymphe et berger* f 244; *P. de Fil. Strozzi* f 255; R. van der Weyden *V. E.* b 361; *S. Catherine* b 672; *J. en croix* c 189.
Villamantilla*. — R. Van der Weyden *J. en croix* d 198.
Villard du Var. — Niçois *Annonc.* e 79.
Villeneuve-les-Avignon. — Charonton *Couronn. de la V.* c 509.
Virzi — Raphaël *P. d'un médecin* f 259.
Viterbe. — Giov. di Paolo *Les deux S. Catherine* b 670.
Vittadini*. — Beltraffio *J. bénissant* c 254; Foppa *Annonc. et Visit.* c 63; *Nativ.* c 85; *Deux anges* c 519.
Volterra. — Albertinelli *Annonc.* b 51; Cenni *Reine de Saba* e 33; Benv. di Giovanni *Annonc* d 50 (à S. Girolamo).
Wagner. — Dello Deli *Triomphe de l'Amour* 614; G. Gozzoli *V. E AA.* 193; Koerbecke *Prés. au temple* d 125; Masaccio ou Lor. Monaco *S. Jean Gualbert instituant l'ordre de Vallombrosa* 559; Ugolino da Siena *Desc. de la croix* 439.
Wallace (Manchester Square). — Cima *S Justine* c 668; Titien *Andromède* f 187.
Walters. Bonsignori *P. d'h.* 276.
Wantage (lady.*. — Allemand *P. d'h.* d 703; Cranach *S. Geneviève et S. Apolline* d 606; L. di Credi *Couronn. de la V.* 501; G. David *légendes de S. Nicolas et de S. Antoine* 578; Francesco di Giorgio *Triomphe de la Charité* c 733; Pérugin, *S. Jérôme* 560; *S. Sébastien* 589.
Warneck. — Eyck *P. d'h.* d 115.
Wartburg. — Cranach *Chute de l'homme et Rédemption* 427.
Watelin* — Bâlois *P. d'h.* e 82; Bles *S. Hubert* f 57.
Waters. — Léonard *SJB.* e 466.
Wattel. — Brina *Ador. de l'E.* e 122.
Weber*. — Altdorfer *P. de f.* d 81; *Annonc.* d 59; Beham *P. d'h.* d 39; Broederlam *Triptyque* b 5; Bruyn *P. d'Ulner* d 156; *V. E. SS.* d 333; *J. portant la croix* e 194; Burgkmair *Gethsemani* d 159; Colonais *V. E. SS.* d 389; *Annonc. et*

Nativ. d 58; *f* Cranach *Cupidon* d 634 raillé d 174; Flamand *Messe de S. Gregoire* b 616; *V. E.* d 410; B. Grien *Vanité* d 621; Herneyssen *Hans Sach* 82; Jacob d'Utrecht *P. de f.* d 71; J van Cleve *J. en croix* d 204; *P. d'.* 155; Koffermans *Mar. de la V. d.* Kulmbach *P. de f.* d 79; *P. d'h.* d Mainardi *V. E. AA.* d 489; *Maître f. à mi-corps Joueuse de viole* d 30; M Saint Séverin *V. E. SS.* d 355; *Bapt* d 140; *Décap. de SJB.* e 469; *SJB* Ste *Agnès* e 473; M. de la Vie de M *V. E. SS.* d 346; M. du Saint Sang *E. SS.* d 469; Schaüfelein *Ador. l'agneau* d 301; Scorel *J. et S. Madel* d 281; Tintoret *Oct. Farnèse* d 4 Titien *Paysage* d 684; Weyden *Nati* d 84.
Weimar. — Cranach *V. E.* b 136; *Sib de Clèves* e 220; Dürer *P. de Tuch* 11. — STADTPFARRERKIRCHE. — Cran *Allég. de la Rédemption* 433.
Weiner. — G. d'Andrea *V. E.* e 282; Fr çais *Joachim et Anne* e 48; Tomm. Modena *V. E.* e 319.
Wendelstadt. — Bellini *V. E. SS.* e
Weld Blundell. — Eyck *V. E.* 206 (à N boun).
Wernher. — Altdorfer *J. prenant co de sa mère* d 165; J. Bellini *Annonc.* c Filippino Lippi *Repos en Égypte* c 5
Wertheimer. — A. Solario *V. E.* d
Wesendonck. — G. Ferrari (?) *Visi* 65 à Bonn; voir Bonn.
Westminster (Mis de). — Raphaël *V. SJB.* 243; Titien *J. et la f. adultè* 154.
Weyer. — Allemand *Gethsemani* d 158
White. — Allemand *Desc. de la cr* d 235; Pérugin *Résurr. de J.* 473.
Wickham-Flower. — Botticelli *Na* 53; Gianpedrino *S Madeleine* 192.
Widener (Philadelphie). — Bellini Titien *Bacchanale* f 194; Bonsignori *de guerrier* f 236; Clouet *Comte Palatine* 106; G. Bellini *V. E. SS.* c 4 Beltraffio *V. E* c 418; Dürer *P. d'h* 659; Flamand *V. E. avec Adam et Ev* 13; P. della Francesca *V. E.* c 380; A. Predis *P. de Bianca Sforza* c 221; Titi *Irène et Emilie de Spilimbergo* f 76, 2 Vénitien *P. d'h.* f 242.
Wied (prince de). — Oggiono *Léda* f 2
Wiesbaden. — Anversois *J. pleuré* b 4
Willett*. — Antonello *P. d'h.* 135; F mand, *Christ de douleur* 394; Giot

INDEX TOPOGRAPHIQUE ET MUSÉOGRAPHIQUE. T. I-VI

Présent. au temple 371; Matteo da Siena *V. E. SJB et S Michel* 140.

Wilten. — Ecole d'Altdorfer *Mort de S. Catherine* c 703; M. Reichlich, *S. Anne* c 36; *Nativ.* c 83; *Ador. des Mages* c 97; Tyrolien *Annonc.* c 44; *Nativ.* c 75; *Ador. des Mages* c 108; *Présent. au Temple* c 114 116; *Mort de la V.* c 491; *Sépar. des Apôtres* c 325, 526; *Lapid. de S. Etienne* c 567; *Martyre de S Laurent* c 630; *Lég. de S. Ursule* 728, 729.

Wimborne. — Ortolano *S. Joseph présentant l'E. à la V.* 364; Schiavone *V. E. AA.* 155.

Windsor. — Joos van Cleve *La femme du peintre* b 696; Holbein *P. de Derich Born* 42; *P. du duc de Norfolk* b 566; *P. de Sir H. Guilford* b 629; *P. de l'évêque Stokesley* b 745; *P. de Hans d'Anvers* e 128; *P. d'Edouard VI* e 318; Josse van Cleve *P. de l'artiste* e 9; Titien *Le peintre et un sénateur* e 154; Vivarini *Homme au faucon* d 91.

Windsor (Lord). — Lor. di Credi *P. d'Ange Politien* 168; Luini *Nativ.* c 70; Raphaël *J. portant la croix* 402.

Winthorp. — Giov. di Paolo *Nativ.* d 75.
Wittgenstein. — Castagno *Vertus et Sciences* c 751.
Woerlitz. — Gothisches haus. — Cranach *Mar. myst. de S. Catherine* b 225; e 421; Flamand *J. en croix* 421; R. van der Weyden *P. de f.* b 484.
Wood. — M. de *S. Barthél. Desc. de la croix* d 232; Titien *P. d'h.* d 290.
Wrangel. — Tintoret *P. d'h.* d 150.
Xanten. — Dünwegge *Tent. de S. Antoine* d 533.
Yerkes*. — Marmion *Intronisation de saint Augustin* f 13.
Youssoupoff. — Lotto *P. de f.* d 158.
Ypres. — Hospice Belle. — Flamand *V. E. avec S. Georges et S. Catherine* 333; *V. E.* e 305.
Yturbe. — Maître de Moulins *Suzanne de Bourbon* b 476.
Zelikine*. — Flamand *J. mort* d 245.
Zurich. — Franc. Napoletano *V. E.* c 366; d 419.
Zwickau. — S. Marie. — Wolgemut *Annonc.* e 54; *Nativ.* e 89.

TABLE DES MATIÈRES DES SIX VOLUMES

ANCIEN TESTAMENT

Dieu le Père, la Trinité *b* 1-6 ; *c* 1-8 ; *d* 1-3 ; *e* 1-4.
Adam et Ève 1 ; *b* 7, 8 ; *c* 9-17 ; *d* 4-8 ; *e* 5-12.
Abraham *b* 9-11 ; *c* 18, 19 ; *d* 12-13 ; *e* 13-14.
Jacob et Joseph 2-4 ; *c* 2-4, 20, 21 ; *d* 14-16 ; *e* 6-20.
Moïse 5 ; *b* 12 ; *c* 22 ; *d* 17-20 ; *e* 21.
Samson *c* 23.
David, Salomon 4, 6, 7 ; *b* 13 ; *c* 26 ; *d* 23-28 ; *e* 22-33.
Job 8 ; *b* 14, 15 ; *d* 29, 30.
Élie, Ézéchiel 9 ; *b* 16.
Judith, Esther, Tobie 10-13 ; *b* 17-21 ; *c* 24-28 ; *d* 21, 22, 31, 32 ; *e* 34-40.
Daniel, les Macchabées *c* 29.
Suzanne *b* 22 ; *e* 41-43.

NOUVEAU TESTAMENT

Ensemble de la Vie de Jésus 14 ; *c* 30, 31 ; de la Vierge *b* 24.
Saint Joachim et sainte Anne 15 ; *b* 25-30 ; *c* 32 ; *d* 33 ; *e* 46-49.
Naissance de la Vierge et présentation au temple 16, 17 ; *b* 31-35 ; *c* 33-39 ; *d* 36-42 ; *e* 50-55.
Mariage de la Vierge 18-20 ; *b* 36-38 ; *c* 40-43 ; *d* 43-46 ; *e* 58-59.
Conception de la Vierge 22, 43.
Annonciation 23-42 ; *b* 39-70 ; *c* 44-63 ; *d* 47-66 ; *e* 60-79.
Visitation 44-46 ; *b* 71-72 ; *c* 63-65 ; *d* 67-71 ; *e* 80-84.
Nativité (Vierge adorant Jésus) 47-62 ; *b* 73-88 ; *c* 66-85 ; *d* 72-89 ; *e* 85-95 ; 120-130.
Adoration des Bergers et des Mages 63-86 ; *b* 89-112 ; *c* 86-110 ; *d* 90-121 ; *e* 96-119.
Présentation au temple 368-372 ; *b* 114-120 ; *c* 111-117 ; *d* 122-128 ; *e* 141-146.
Circoncision 373-375 ; *b* 121 ; *c* 118-119 ; *e* 140.
Fuite et repos en Égypte ; massacre des Innocents 366, 367 ; *b* 367-372 ; *c* 120-124 ; *d* 128-132 ; *e* 131-139.
Jésus parmi les docteurs 376 ; *b* 373 ; *c* 125-127 ; *d* 133 ; *e* 147, 148.
Baptême de Jésus 377-382 ; *b* 374-379 ; *c* 128-130 ; *d* 136-140 ; *e* 149-153.
Vie, enseignement et miracles de Jésus 383-391 ; *b* 380-396 ; *c* 131-151 ; *d* 141-156 ; *e* 154-169.
Arrestation et Passion de Jésus 392-402 ; *b* 397-414 ; *c* 152-175 ; *d* 157-190 ; *e* 170-197.
Jésus en croix 403-436 ; *b* 415-449 ; *c* 176-204 ; *d* 191-229 ; *e* 198-224.
Descente de la croix, lamentation sur Jésus mort, mise au tombeau 450-488 ; *b* 437-469 ; *c* 205-233 ; *d* 230-271 ; *e* 225-251.
Jésus aux Enfers, vainqueur de la Mort, ressuscité, avec Madeleine au jardin, douloureux, en gloire 470-479 ; *b* 489-501 ; *c* 235-257 ; *d* 272-292 ; *e* 251-271.
Jugement dernier *c* 258-260 ; *d* 293-301.

LÉGENDES CHRÉTIENNES

La Parenté de la Vierge *c* 261-263 ; *e* 56, 57.
La Vierge Marie avec l'enfant, des saints, des anges, 87-364 ; *b* 122-366 ; *c* 264-487 ; *d* 302-494 ; *e* 272-440.
Mort, funérailles, assomption et couronnement de la Vierge 480-586 ; *b* 504-526 ; *c* 488-510 ; *d* 495-513 ; *e* 441-452.
Vierge tutélaire, glorieuse, etc. 490-493 ; *b* 532-538 ; *c* 511-515 ; *d* 514-517 ; *e* 430-438.
Anges, Évangélistes, Apôtres. 507-514 ; *b* 539-544 ; *c* 516-526 ; *d* 518-525 ; *e* 476-481.
Histoire de S. Jean-Baptiste 515-555 ; *b* 543-553 ; *c* 589-604 ; *d* 557-563 ; *e* 453-475.
Saints et saintes (suivant l'ordre alphabétique) 526-611 ; *b* 554-698 ; *c* 527-732 ; *d* 526-616 ; *f* 1-143.

ALLÉGORIE, MYTHOLOGIE, HISTOIRE

Triomphes 612-615 ; *b* 699 ; *c* 733, 734 ; *d* 618, 619, 627-8 ; *f* 174-179.
Allégories diverses 616-629 ; *b* 700-718 ; *c* 735-752 ; *d* 617-632 ; *f* 144-173.
Personnages de la fable païenne (suivant l'ordre alphabétique) 630-646 ; *b* 719-738 ; *c* 752-773 ; *d* 633-653 ; *f* 180-286.
Personnages légendaires et historiques 647-660 ; *b* 739-749 ; *c* 774-788 ; *d* 653-661 ; *f* 287-303.

GENRE

Sujets de la ville réelle, paysages 661-667 ; *b* 751-753 ; *c* 789-796 ; *d* 662-686 ; *f* 304-312.

ICONOGRAPHIE

Portraits 668-687 ; *b* 755-770 ; *c* 797-800 ; *d* 687-708 *et passim au bas des pages dans les six volumes.*

SOCIÉTÉ FRANÇAISE D'IMPRIMERIE ET DE PUBLICITÉ. — ANGERS, 4, RUE GARNIER. PARIS, 2, RUE MONGE.

ÉDITIONS ERNEST LEROUX, 28, RUE BONAPARTE, PARIS

SALOMON REINACH
Membre de l'Institut,
Conservateur des Musées Nationaux.

RÉPERTOIRE DE LA STATUAIRE GRECQUE ET ROMAINE

4 tomes en 5 volumes. . . . . 55 fr. »
— Tome I. — Clarac de poche, contenant les bas-reliefs de l'ancien fonds du Louvre et les statues antiques du *Musée de Sculpture* de Clarac, avec une introduction, des notices et un index. Nouvelle édition in-12; illustré de 617 planches contenant 3.500 figures . . . . 12 fr. 50
— Tome II (en 2 volumes). — Sept mille statues antiques réunies pour la première fois, avec des notices et un index. Seconde édition en 2 volumes in-12. Chacun . . . . 10 fr. »
— Tome III, contenant deux mille six cent quarante statues antiques réunies pour la première fois, avec des notices et trois index. In-12. . . 12 fr. 50
— Tome IV, contenant quatre mille statues et trois index. In-12. . 10 fr. »

RÉPERTOIRE DE PEINTURES DU MOYEN AGE ET DE LA RENAISSANCE (1280-1580)

— Tome I, contenant 1.046 figures avec texte et index topographique et muséographique. In-12 . . . . 20 fr. »
— Tome II, avec 1.200 figures et trois index. In-12 . . . . . . 20 fr. »
— Tome III, avec 1.350 figures et trois index. In-12 . . . . . . 20 fr. »
— Tome IV, avec 1.274 figures et trois index. In-12 . . . . . . 20 fr. »
— Tome V, avec 775 figures. In-12 . . . . 20 fr. »

RÉPERTOIRE DE RELIEFS GRECS ET ROMAINS

Trois volumes gr. in-8, avec plusieurs milliers de figures. Chaque volume . . . . 20 fr. »

RECUEIL DE TÊTES ANTIQUES IDÉALES OU IDÉALISÉES

1 vol. in-8, illustré de 276 planches et de 26 photogravures dans le texte. 20 fr. »

RÉPERTOIRE DE PEINTURES GRECQUES ET ROMAINES

1 vol. gr. in-8, avec environ 3.000 gravures. . . . . 45 fr. »

Société Française d'Imprimerie et de Publicité. — Angers, 4, rue Garnier.
Paris, 2, rue Monge.

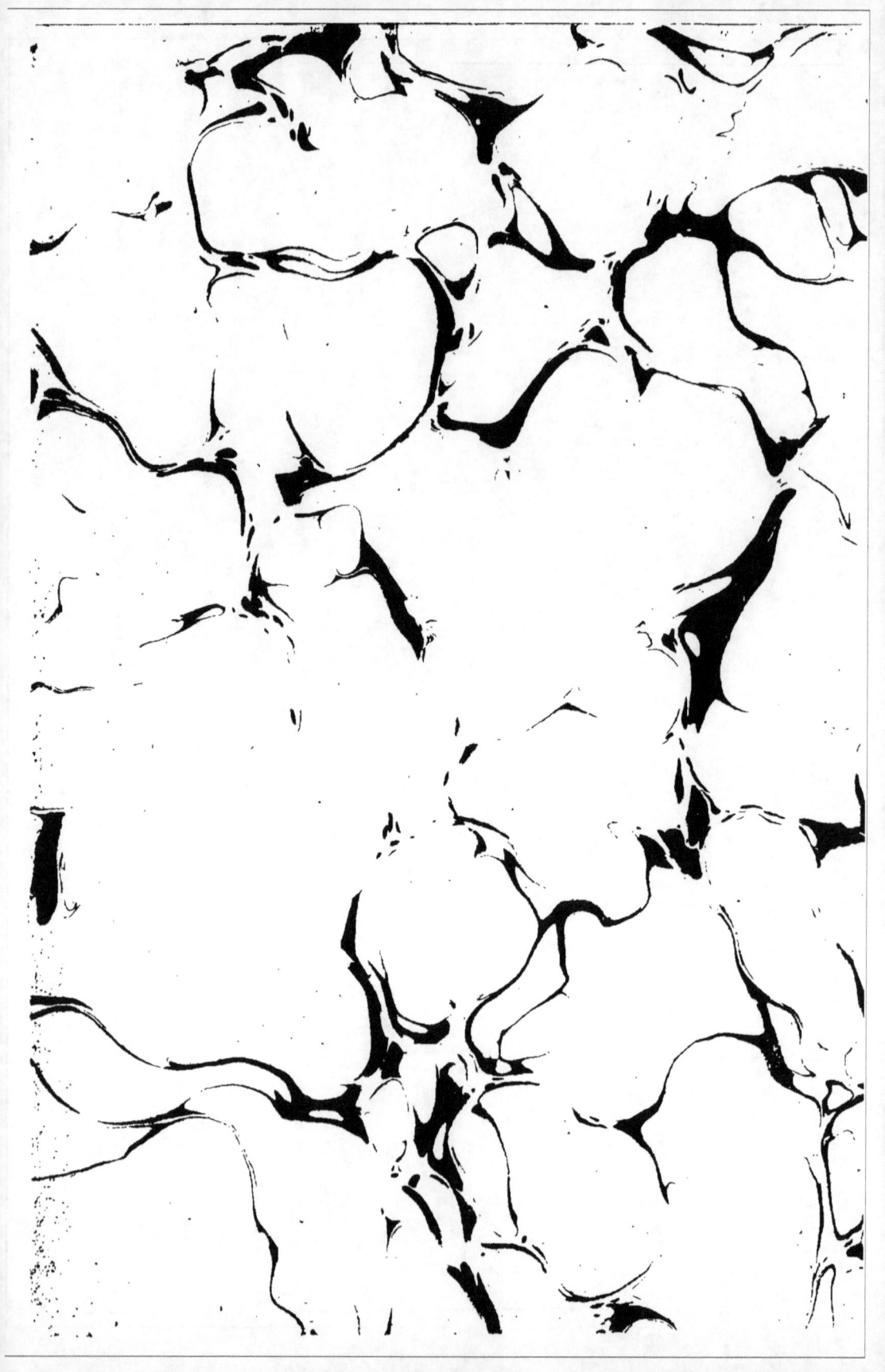

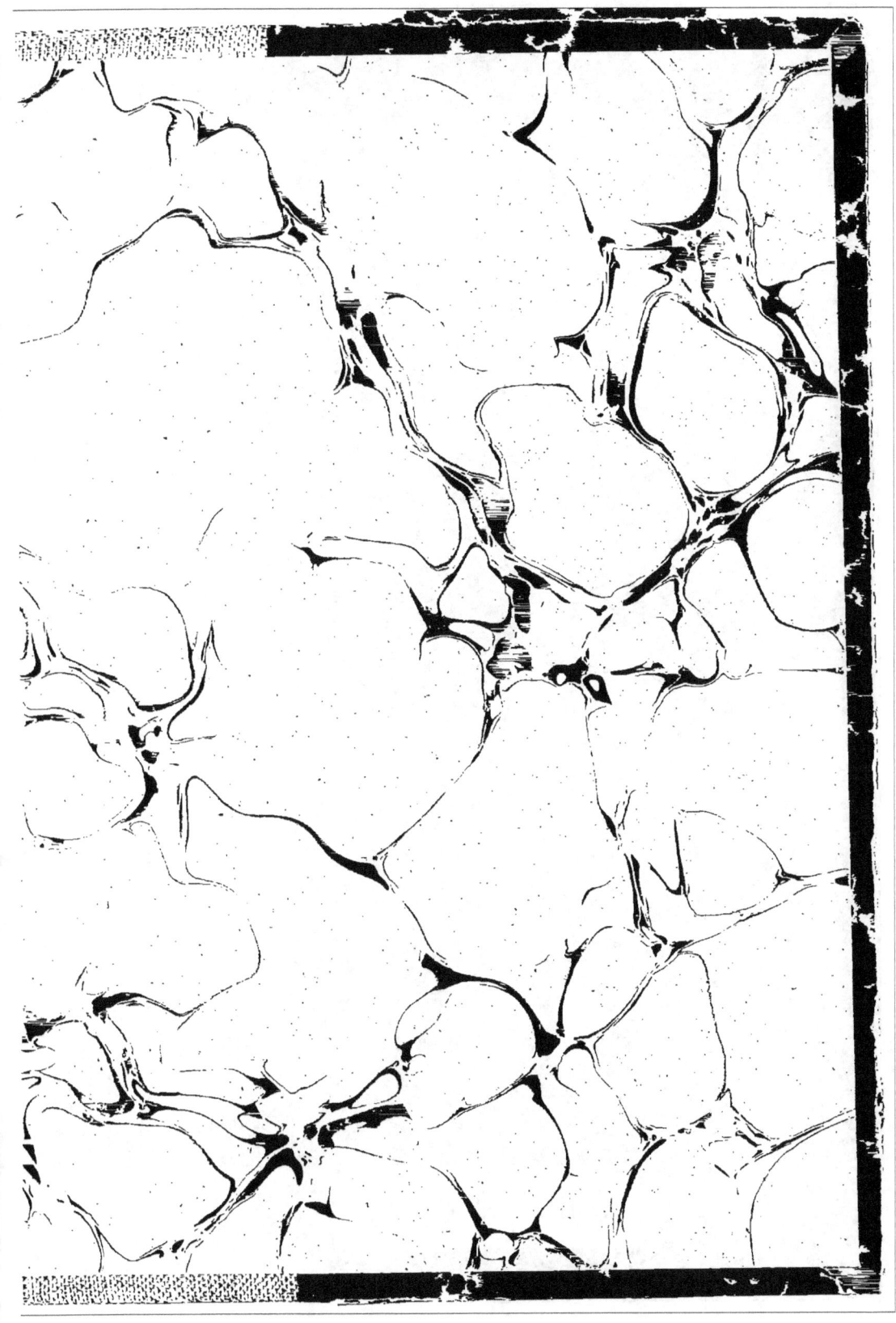

BIBLIOTHEQUE NATIONALE DE FRANCE

3 7502 014706156

www.ingramcontent.com/pod-product-compliance
Lightning Source LLC
Chambersburg PA
CBHW050151230526
45470CB00001B/44